希腊世界
（第四版）

中国日用化学工业研究院

中国日用化学工业研究院（简称：日化院）是我国专业从事表面活性剂和家用化学品研发的国家级科研院所，其前身是成立于1930年的中央工业实验所。表面活性剂国家工程研究中心、国家洗涤用品质量监督检验中心、全国表面活性剂洗涤用品标准化中心、中国日用化学工业信息中心、表面活性剂和洗涤剂行业生产力促进中心、山西省表面活性剂重点实验室、山西省表面活性剂工程研究中心、山西省纳米技术应用工程研究中心等国家和地方机构均依托日化院设立。

日化院拥有一支本领域权威的专家队伍和一批高素质的专业技术人员，其中有教授级高级专业技术人员29人，享受政府特殊津贴的专家12人。近年来，完成科研项目350余项，其中国家攻关、863、973、国家自然基金及省部项目百余项，获得省部级以上奖励90余项。具有硕士学位授予权，建有联合博士点和博士后科研流动站。

随着中国日化院上海分院和中轻日化科技有限公司的成立和运行，日化院形成了集实验研究、产业实体、工程技术开发、分析检测与标准化、传媒与信息研究、工程咨询与设计、人才教育与培养等于一体，面向中国表面活性剂和家用化学品领域的产业和技术服务格局，成为产、学、研相结合的现代化科研院所。

地址：山西省太原市文源巷34号（030001）
电话：0351-4044836
传真：0351-4040802
邮箱：ridci@ridci.cn
网址：www.ridci.cn

（2014）

中国表面活性剂行业年鉴

ALMANAC OF CHINA SURFACTANT INDUSTRY

表面活性剂和洗涤剂行业生产力促进中心◎编
Edited by Productivity Promotion Center of Surfactants & Detergents

中国轻工业出版社

2015年9月

图书在版编目（CIP）数据

中国表面活性剂行业年鉴．2014／表面活性剂和洗涤剂行业生产力促进中心编．—北京：中国轻工业出版社，2015.9
ISBN 978-7-5184-0589-3

Ⅰ．①中… Ⅱ．①表… Ⅲ．①表面活性剂—化学工业—中国—2014—年鉴 Ⅳ．①F426.7-54

中国版本图书馆CIP数据核字（2015）第202586号

责任编辑：杜宇芳
策划编辑：杜宇芳　　责任终审：劳国强　　封面设计：锋尚设计
版式设计：锋尚设计　　责任校对：吴大鹏　　责任监印：张　可

出版发行：中国轻工业出版社（北京东长安街6号，邮编：100740）
印　　刷：三河市万龙印装有限公司
经　　销：各地新华书店
版　　次：2015年9月第1版第1次印刷
开　　本：787×1092　1/16　印张：29.5　插页：20
字　　数：700千字
书　　号：ISBN 978-7-5184-0589-3　定价：800.00元
邮购电话：010-65241695　传真：65128352
发行电话：010-85119835　85119793　传真：85113293
网　　址：http：//www.chlip.com.cn
Email：club@chlip.com.cn
如发现图书残缺请直接与我社邮购联系调换
150837K4X101HBW

本卷编委会

《中国表面活性剂行业年鉴》编辑部

主　　编： 王万绪

执行主编： 赵永杰

参编人员： （以姓氏笔画为序）

齐　武　宋永波　张广良　李奋强

李晓辉　周继维　段又生　赵永杰

徐志阳　殷海龙　裴　鸿

广告策划： 弓　昕

联系电话： 0351-4070639（太原）　010-58937468（北京）

传　　真： 0351-4085741（太原）　010-58937468（北京）

电子邮箱： xxbwh-ty@163.com

网　　址： http://www.cicdci.net.cn

广告招商： 北京中顺研国际信息技术研究院

联 系 人： 武继旺

表面活性剂和洗涤剂行业生产力促进中心

表面活性剂和洗涤剂行业生产力促进中心（以下简称中心）系由中国日用化学工业研究院根据国家科技部及中编办批准于2005年12月在北京成立，并经国家事业单位登记管理局核准注册的中国日用化学工业研究院下属的事业单位。中心于2010年6月被国家科技部认定为国家级示范生产力促进中心，并于2012年7月被列为科技成果转化试点单位。

作为中国日用化学工业研究院重要的对外交流、服务与合作的窗口，中心充分利用中国日用化学工业研究院在科研、标准、信息方面的优势，联合行业内的知名企业，努力搭建行业服务平台。根据国家科技部对行业生产力促进中心“利用依托科研院所及所在行业的技术成果，向以中小企业为主的行业内广大企业提供各种技术支持与成果转化”的要求，中心积极探索和凝聚行业内各方技术力量，于2011年7月成立了涵盖产学研领域13家单位的第一届理事会。

近年来，中心通过实施一系列包括科技成果转化、专题信息研究与咨询、技术培训、会展组织、行业年鉴编撰、国家火炬计划项目申报与实施等面向行业的服务与合作工作，得到了业内企业的广泛参与和支持。中心将以此为契机，全面提升各项服务与合作水平，为行业的技术进步发挥积极作用！

主要业务：标准检测、技术转让、信息咨询、期刊出版、年鉴编纂、第三方认证等。

地址：北京市海淀区永丰高新技术产业基地永澄北路2号院1号楼B座
邮编：100094
电话：010-58937468
传真：010-58937468
电邮：sc58937468@163.com
网址：www.cicdci.net.cn

表面活性剂和洗涤剂行业生产力促进中心
第一届理事会

理事长单位：

中国日用化学工业研究院

常务理事单位（排名不分先后）：

北京绿伞化学股份有限公司
广州浪奇实业股份有限公司
广州天赐高新材料股份有限公司
广州星业科技股份有限公司
重庆海帆生化科技有限公司
伽蓝（集团）股份有限公司
浙江赞宇科技股份有限公司
天津浩元精细化工有限公司
中轻化工股份有限公司
辽宁华兴集团化工股份公司
陕西科技大学
北京工商大学
中国中轻国际工程有限公司

本卷编撰说明

《中国表面活性剂行业年鉴 2014》作为行业第四卷专业性年鉴，主要针对2014年国内外表面活性剂行业的市场发展趋势、主要产品及原料的生产与销售、上下游行业应用市场及需求、当年行业标准修订颁布工作、国家政策法规出台、主要企业的经营情况、行业技术研究成果等内容进行详细的论述和汇总。

2014年，受国内外经济增长放缓以及国内相关行业市场需求萎缩的影响，当年表面活性剂生产与市场走势有所放缓，但是突出问题是2014年年底的主要产品和原料的库存压力较大，这为2015年上半年行业走势造成更多的不稳定因素。磺化装置、乙氧基化装置等主要表面活性剂项目建设并没有停止，主要规模企业通过借贷和上市融资实现主要产品的项目建设，产品同质化现象依然严重，主要产品供大于求的矛盾依然没有解决，造成行业未来发展存在更多的潜在风险。

具体分析，脂肪醇醚硫酸盐、烷基苯磺酸盐、脂肪醇醚、聚醚多元醇等主要产品装置开工率同比下降，实际市场销售量和消耗量出现同比减少，平均减少比例超过3.5%。本土脂肪醇与进口产品之间的竞争更加激烈，国家依然没有出台反倾销政策。环氧乙烷年底价格剧烈震荡，给脂肪醇醚、脂肪醇醚硫酸盐以及减水剂大单体等产品造成不小影响。相反，以APG为代表的绿色表面活性剂发展尤为迅速，产品质量和性能更加被行业认可和广泛使用，绿色环保成为今后行业发展的主题。

《中国表面活性剂行业年鉴 2014》创新在于重点汇总磺化和乙氧基化装置建设情况，为解决同质化产品提供信息，同时大力提倡行业和谐、稳定和透明化发展思路，建议把产品质量作为企业首要任务，加大出口力度。

在此，对参与年鉴编撰工作的专家和企业表示诚挚谢意，恳请广大读者对新一卷年鉴提出宝贵意见。

《中国表面活性剂行业年鉴》编辑部

2015年9月

"烷基糖苷 APG"的时代到来了
FC
GreenAPG 发凯

坚持科技创新，打造民族品牌

——西安开米股份有限公司简介

开米品牌创建于1992年，历经20余年的创业发展，开米公司已成为我国环保型液体洗涤剂研发、生产、销售的国家级高新技术企业，并已是国内、外同行公认的中国洗涤用品技术领军企业。开米公司开创了中国洗涤用品行业“衣用液体洗涤剂、洗手液、无毒级果蔬清洗剂和餐具清洗剂”的三大科技进步和消费潮流，为我国洗涤用品赶超世界先进水平做出了重大贡献。

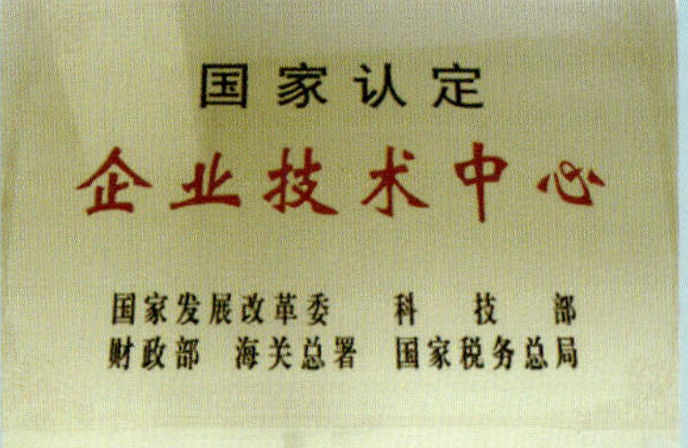

二十多年来，公司荣获国家、省、部、市级荣誉百余项，主要荣获“国家高技术产业示范工程百家重点项目”、“中国环境标志杰出贡献奖”、“中国驰名商标”、“中国名牌”、“全国商业信用企业”、“最具市场竞争力品牌”、“陕西3A级纳税企业”等国家和省部级荣誉。2012年又荣获国家发改委等五部委授予的“国家认定企业技术中心”及国家工信部和财政部颁发的“国家级技术创新型示范企业”荣誉称号。开米系列产品是中国唯一纳入联合国采购目录的洗涤用品，并被指定为人民大会堂专供产品，开米消毒系列产品被国家工信部列入政府采购目录。公司主持和参与制订、修订国际、国家和行业标准29项。开米商标也在美国，英国等一百多个国家陆续注册成功，产品已批量出口澳大利亚、俄罗斯等国家，“开米”已成为中国液体洗涤形象代表。

目前，开米公司正快速建设马鞍山工厂和上海嘉定工厂，西安高新区总部基地项目正在设计之中；未来五年，公司将坚持科技创新，以国家“十一五”科技支撑计划项目“含MES超浓缩液体洗涤剂”及国家“十二五”科技支撑双子表面活性剂项目为重点产业化项目，形成年产60万吨，产值过百亿元的经济规模，以改变我国环保型洗涤产品及原料落后的局面，为洗涤行业技术进步、转型升级，为我国环境保护事业发展做出应有的贡献。

目录

CONTENTS

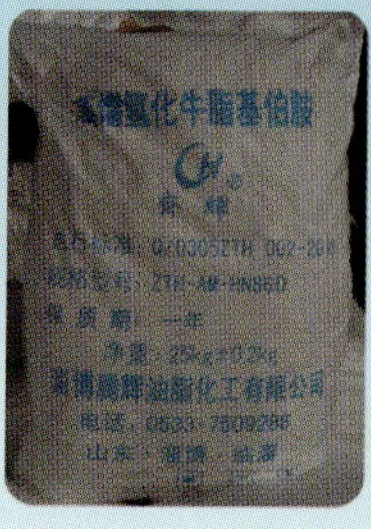

核心价值观“和谐、共赢”

企业精神“严谨、专业、创新、卓越”

③安徽金桐精细化学有限公司7万吨年多品种表面活性剂项目（2010年轻工行业优秀工程咨询三等奖）

④安徽开米绿色科技有限公司年产15万吨液洗项目

⑤烷基苯-琪优势（太仓）有限公司年产10万吨洗涤剂烷基苯项目

⑥东明中油燃料石化有限公司四聚丙烯中试装置项目

⑦博兴华润油脂化学有限公司60000吨年油脂水解、20000吨年脂肪胺工程（2007年度轻工行业优秀工程设计二等奖、2009年度全国优秀咨询工程成果二等奖）

⑧嘉兴三江化工有限公司年产10万吨表面活性剂工程

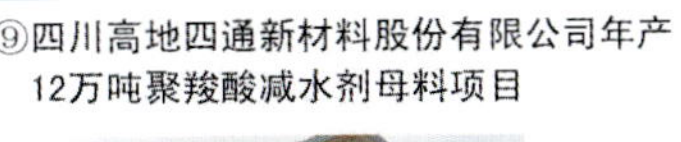

⑨四川高地四通新材料股份有限公司年产12万吨聚羧酸减水剂母料项目

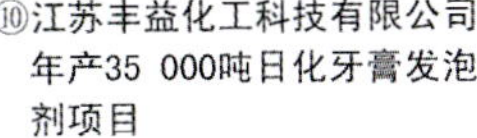

⑩江苏丰益化工科技有限公司年产35 000吨日化牙膏发泡剂项目

⑪嘉里油脂化学工业（天津）有限公司200吨天氢化脂肪酸工程

⑫天津天女化工集团股份有限公司绿色表面活性剂产业化基地建设项目

⑬山东金达双鹏集团有限公司年产10万吨棕榈油连续加氢（总承包）项目

CIEC 中轻国际

地址：北京市朝阳区白家庄东里42号 邮编：100026 电话：010-65827371

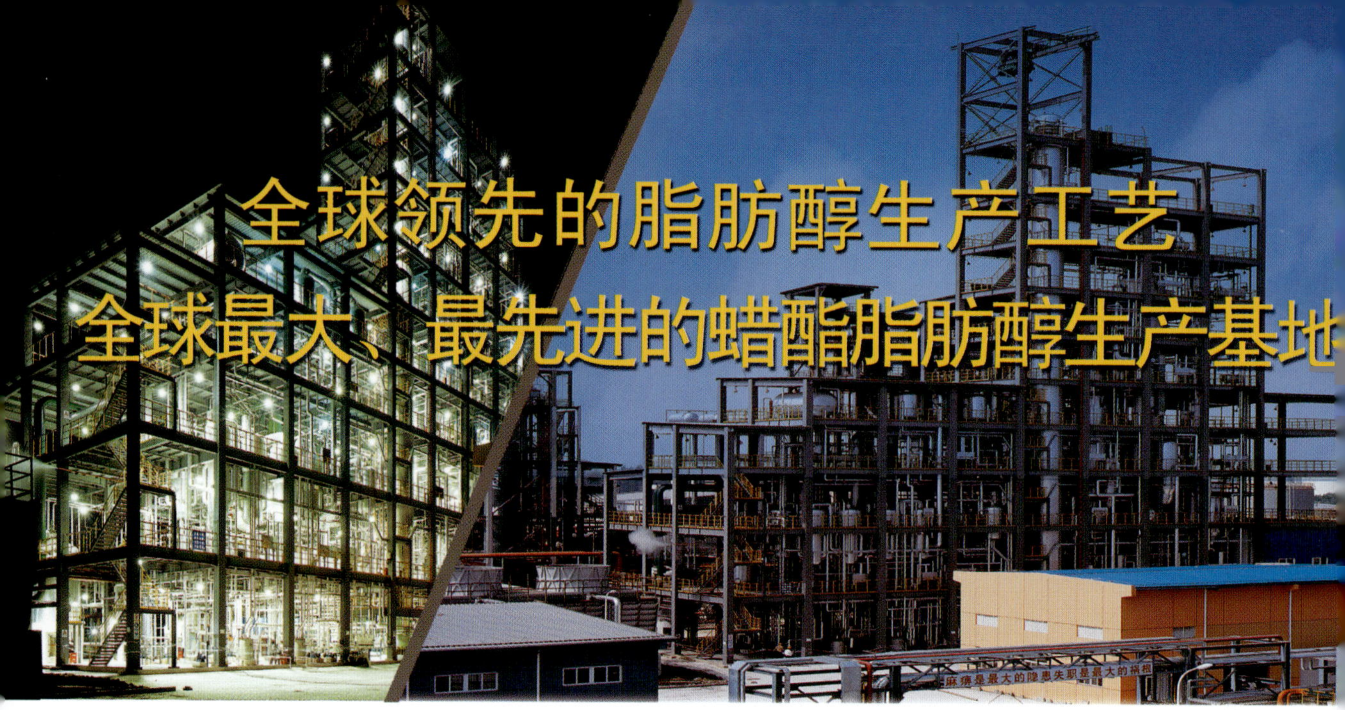

全球领先的脂肪醇生产工艺
全球最大、最先进的蜡酯脂肪醇生产基地

德源集团始源于马来西亚 ，成立至今已有 80 年，由 70 多家跨行公司组成，主要涉及资源基础工业、大型农业等行业，拥有大片棕榈种植园，是一家具备很强的资金实力和较高科技开发水平的大型企业。德源（中国）高科是以棕榈仁油、棕油及椰油为原料，具有年生产 13 万吨脂肪酸、10 万吨脂肪醇、5 万吨蜡酯及 2 万吨医药级高含量甘油的能力。德源拥有目前全球同行业技术水平领先的德国鲁奇全球最大的设备，采用先进的蜡酯处理技术，保证了生产工艺的先进性和产品质量的稳定性。

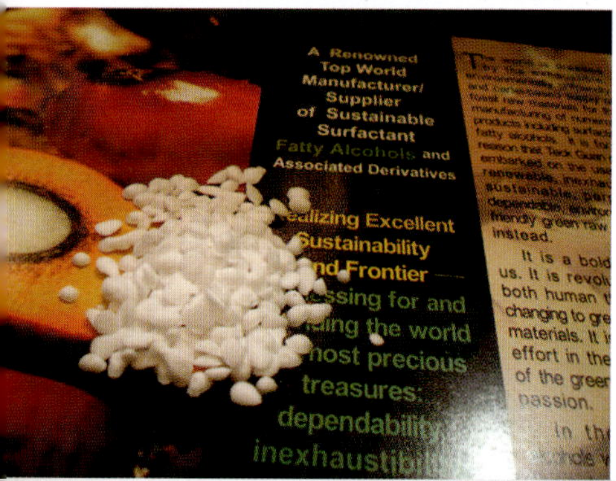

由于原料来自光合作用，因此德源就是向老天爷取得非地球、永续性的财富，然后滋养社会，最终希望达到全球共荣。

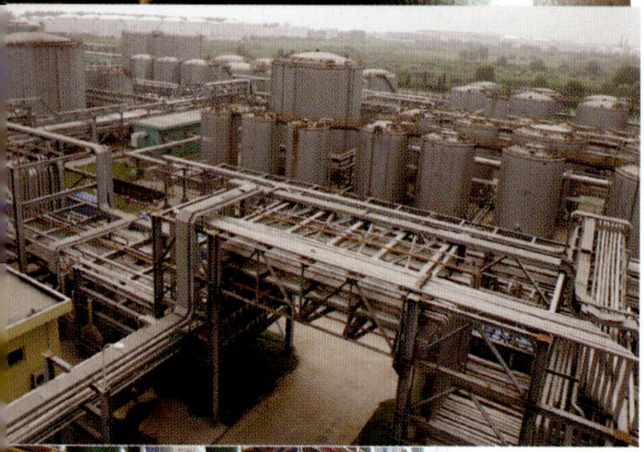

天然脂肪醇 C8、C10、C12、C14、C16、C18、C8/10、C12/14、C16/18

天然脂肪酸 C8、C10、C12、C14、C16、C18、C18:1、C8/10、C12/14、C16/18

水解甘油 99.5%、99.8%

天然蜡酯 C8/10、C12/14、C16/18

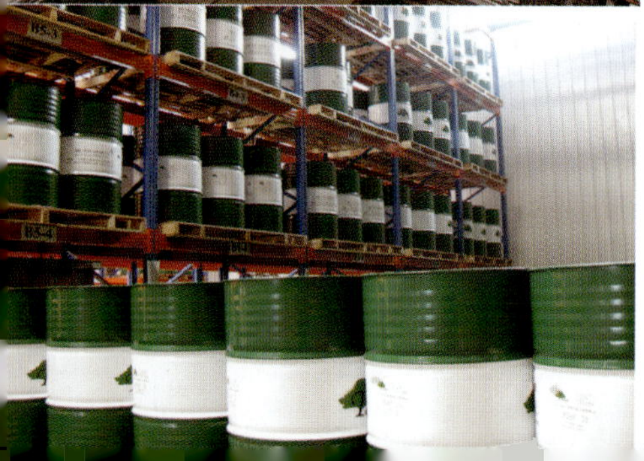

Teckno

德源(中国)高科有限公司

Teck Guan(China) Ltd

网址：http://www.teckguan.com/cn

第一章 行业综述

INDUSTRY OVERVIEW

关于石化和化学工业节能减排的指导意见

各省、自治区、直辖市及计划单列市、新疆生产建设兵团工业和信息化主管部门，中国石油和化学工业联合会，有关中央企业：

为贯彻落实党的十八大关于加强生态文明建设的战略部署，促进工业经济与生态环境协调发展，推动石化和化学工业提高能源资源利用效率、降低污染物产生和排放强度，促进绿色循环低碳发展，现就进一步加强石化和化学工业节能减排工作提出如下意见：

1 石化和化学工业节能减排形势严峻

石化和化学工业是我国国民经济的基础产业，也是能源资源消耗高和污染物排放量大的重点行业。“十一五”以来，石化和化学工业按照国家节能减排总体要求，加快产业结构调整步伐，积极推广节能环保新技术、新装备，不断加强企业能源和环保管理，全行业节能减排工作取得显著进展。炼油、乙烯、合成氨、烧碱、电石等重点产品单位综合能耗均有较大幅度下降，重点污染物减排任务均超额完成，部分企业能效指标居于世界先进水平。

但是，石化和化学工业能源资源消耗高、污染物排放量大的局面尚未得到根本改变。2012 年全行业综合能源消费量 4.73 亿 t 标准煤，约占全国工业能耗总量的 18%；2011 年全行业排放化学需氧量 58.1 万 t，排放废水 43.9 亿 t、二氧化硫 231.1 万 t、氨氮 11.5 万 t、氮氧化物 98.3 万 t，均位居工业行业前列。行业技术装备、工艺水平参差不齐，企业间节能、清洁生产、综合利用等方面工作开展情况差距较大，部分企业单位产品能耗与国际先进水平差距较大，节能环保水平离生态文明建设的要求还有一定差距，行业可持续发展面临新的挑战。

为确保国家中长期节能减排约束性目标和能源消费总量控制目标顺利完成，石化和化学工业必须坚定不移走新型工业化道路，将发展方式转变到内生增长、创新驱动上来，进一步提高能源利用效率，积极推行清洁生产，大力发展循环经济，努力建设资源节约型、环境友好型企业。

2 指导思想和主要目标

2.1 指导思想

全面贯彻落实党的十八大和十八届三中全会精神，坚持把石化和化学工业节能减排与产业转型升级、化解过剩产能相结合，加快形成转变行业发展方式的倒逼机制；坚持强化责任、健全法制、完善政策、加强监管相结合，建立健全激励和约束机制；坚持政府为主导、企业为主体、市场有效驱动、全社会共同参与的节能减排工作格局，大幅度提高能源利用效率，显著减少污染物排放，促进行业绿色循环低碳发展。

2.2 主要目标

到 2017 年底，石化和化学工业万元工业增加值能源消耗比 2012 年下降 18%，重点产品单位综合能耗持续下降，全行业化学需氧量、二氧化硫、氨氮、氮氧化物排放量分别减少 8%、8%、10% 和 10%，单位工业增加值用水量降低 30%，废水实现全部处理并稳定达标排放，水的重复利用率提高到 93% 以上，新增石化和化工固体废物综合利用率达到 75%，危险废物无害化处置率达到 100%。

2.3 重点任务

（1）优化调整产业结构，提高产品质量水平。继续做好淘汰落后产能工作，2015 年底前，淘汰 200 万 t/ 年及以下的常减压装置（青海格尔木、新疆泽普装置除外），淘汰 380 万 t 电石落后生产能力；积极推进炼化一体化和乙烯原料结构优化，提高资源利用效率；控制氮肥、磷肥、“三酸两碱”、电石等高耗能、大宗基础化学品的总量，淘汰或改造其中部分能耗高、污染重的产能和装置，提高新建项目的能效和环保门槛；在化工产业集聚区，通过集中建设热电联产机组逐步淘汰分散燃煤锅炉。大力发展高性能合成材料、新能源产业基础材料、高端专用化学品等技术含量和附加值高的产品，延伸产业价值链，提高石化和化学工业的精细化率。

（2）推动节能减排技术研发和推广。支持企业、科研院所建设技术创新平台，积极开展石化装置能量系统优化技术、化工固体废弃物资源化利用技术、高浓度难降解有机废水削减和治理技术等关键共性技术的研发攻关和应用示范。加快推广应用回收低位工艺热预热燃烧空气技术、高效清洁先进煤气化技术、低能耗水溶液全循环尿素生产技术、氧阴极低槽电压离子膜电解技术、电石炉和黄磷炉尾气净化综合利用技术、氮肥生产污水零排放技术、低汞触媒技术、盐酸脱吸技术等重点节能减排技术，编制推广方案，组织实施示范工程。

（3）加快低碳能源的开发利用，积极发展低碳技术。加快以页岩气、煤层气为代表的非常规低碳能源的勘探和开发步伐，突破水平井钻完井、储层多段压裂改造、页岩气含气量及储层物性分析测试等关键技术，推动能源结构优化和低碳化。大力支持以二氧化碳驱油技术、煤基多联产技术、二氧化碳作为碳源合成有机化学品技术等为代表的生产过程中二氧化碳产生少、好收集、可再利用的工艺技术装备的研发和推广应用。在合成氨、甲醇、电石、乙烯和新型煤化工等重点碳排放子行业中开展碳捕集和封存的示范项目。

（4）夯实节能减排管理基础。完善企业节能减排责任制度，督促重点用能企业和污染物排放企业建立能源管理体系和环境管理体系，鼓励有条件的企业积极开展能源管理体系和环境管理体系认证。加强石化和化工企业能源审计和能源统计工作，建立和完善石化和化学工业节能减排信息监测系统，抓好污染物排放在线监测和突发事件应急处置工作。加强企业节能减排能力建设，针对石化和化学工业生产特点，有计划、有步骤、有针对性地对企业节能环保管理人员、技术人员和重点岗位操作人员进行系统培训，使重点用能企业和污染物排放企业均具备专业化节能环保人员队伍。

（5）推动信息化和智能化建设。在炼油、乙烯、化肥、氯碱、电石、纯碱、无机盐、橡胶等子行业开展企业能源管理中心建设，对能源的购入存储、加工转换、输送分配、最终使用和回收处理等环节实施动态监测、控制和优化管理，实现系统性节能降耗。到2017年，石化和化学工业力争建设150个企业能源管理中心。鼓励产学研联合开发石化和化学工业企业能源信息化、智能化管理技术和系统，逐步建立统一的企业综合能耗及排放数据采集、传输、处理接口标准，为构建石化和化学工业节能减排信息监测系统提供支撑。

（6）加强企业能效对标达标工作。完善石化和化学工业能效领跑者发布制度，定期发布合成氨、甲醇、烧碱、乙烯等产品的能效领跑者及其指标，制定石化和化学工业能效提升路线图计划，指导、督促石化和化工企业开展能效对标达标活动。组织行业协会不断完善能效对标信息平台和对标指标体系，总结并发布能效最佳实践案例，引导企业提高能源资源利用水平。

（7）落实大气污染防治计划，推进重点领域治污减排工作。重点做好石油化工、煤化工、农药、染料等污染物排放量较大子行业的污染防治。石油炼制企业的催化裂化装置都要安装脱硫设施。推进挥发性有机物污染治理，在石化行业实施挥发性有机物综合整治，完善涂料、胶粘剂等产品挥发性有机物限值标准，推广使用水性涂料，鼓励生产、销售和使用低毒、低挥发性有机溶剂，京津冀、长三角、珠三角等区域要于2015年底前完成石化企业有机废气综合治理。加强基础化学原料制造和涂料、油墨、颜料等行业重金属污染防治工作，减少重金属排放。推进磷矿石、磷石膏、电石渣、碱渣、硫酸渣、废橡胶等固体废物综合利用；加强与钢铁、建材企业合作，联合处置铬渣。

（8）全面推行循环经济和清洁生产。构建以企业为主体、市场引导和政府推动相结合的循环经济和清洁生产推行机制，在全行业推广硫酸、磷肥、氯碱、纯碱、农药、橡胶等子行业推进循环经济和清洁生产的成功经验。推广以煤电化热一体化为代表的共生耦合产业发展模式。加强对石化和化学工业的清洁生产审核，针对节能减排关键领域和薄弱环节，采用先进适用的技术、工艺和装备，实施清洁生产技术改造，到2017年重点行业排污强度比2012年下降30%以上。推进非有机溶剂型涂料和农药等产品创新，减少生产和使用过程中挥发性有机物排放。制修订氮肥、磷肥、农药、染料、涂料等重点子行业清洁生产技术推行方案和清洁生产评价指标体系，指导企业开展清洁生产技术改造和清洁生产审核。引导企业开展工业产品生态设计，尽可能少用或不用有毒有害物质，在农药等重点领域开展有毒有害原料（产品）替代，开发推广环保、安全替代产品。实施一批清洁生产示范项目，培育一批清洁生产示范企业，创建一批清洁生产示范园区。

（9）推进企业责任关怀行动。推广以资源节约、环境友好、安全健康、清洁生产为主旨的企业责任关怀行动，构建有中国特色的责任关怀体系，制定评价标准，探索评估认证方法，促进规范有序发展。把责任关怀与“健康、安全、环保”（HSE）工作紧密结合起来，深入开展责任关怀试点，大力宣传石化和化学工业责任关怀工作成效，树立责任关怀工作先进典型，提升石化和化学工业整体形象，增强企业社会责任意识，提高行业整体竞争力。

（10）加强行业节水工作。制定石化和化学工业高耗水产品、工艺、设备淘汰类目录。推动企业加强节水管理，重点用水企业制定和完善节水管理制度、规划，配备节水设施和器具。加快研发先进节水技术、设备、器具及污水处理设备，大力推广节水新技术、新工艺、新设备，加大节水技术改造资金投入。加快推进工业废水深度循环利用，开展废水“零排放”试点，到2017年，在石化和化学工业树立一批节水标杆企业。

（11）开展资源节约型、环境友好型企业创建活动。选择一批有代表性的石化和化工企业，开展“资源节约型、环境友好型”企业创建试点工作。制定“资源节约型、环境友好型”企业认定标准。积极总结先进典型经验，加强经验交流和推广，研究制定鼓励“资源节约型、环境友好型”企业发展的具体政策，推动全行业向资源节约型、环境友好型发展模式转变。

2.4 政策措施

（1）强化监督管理。各级工业和信息化主管部门要进一步加强对重点用能企业和污染物排放企业的监督管理，建立和完善石化和化学工业节能减排统计、监测和考核体系，定期组织相关分析，开展预测预警工作。认真贯彻落实涉及石化和化学工业的产业政策，严格执行合成氨、电石、氯碱等行业准入条件。加快研究制定石化和化学工业项目节能评估和审查办法，从严控制大宗高耗能产品产能扩张。开展重点产品能耗限额标准实施情况督查行动，定期公告落后产能企业名单。

（2）完善节能减排机制和优惠政策。发展节能环保服务业，鼓励专业节能服务机构为石化和化工企业提供能源审计、节能减排工程、合同能源管理、节能项目融资等服务。研究出台能效领跑者激励机制和优惠政策。引导石化和化工企业积极开展电力需求侧管理、能源梯级利用等工作。研究支持石化和化学工业废弃物利用的优惠政策，完善废弃物管理体系，理顺废弃物来源渠道，鼓励废弃物专业化收集和处理。

（3）建设节能减排标准体系。制修订石化和化学工业节能减排技术的标准和规范。完善重点产品能耗限额标准体系、统计标准体系、审核和认证标准体系，制定尿素、乙烯、二甲醚等重点耗能产品的能耗限额标准，修订合成氨、烧碱等产品的能耗限额标准。推动制定石化和化学工业主要耗能设备效率测定与评价标准，不断完善石化和化学工业资源综合利用标准体系。继续做好重点产品清洁生产标准的制修订工作，编制重点耗能产品能效对标指南等技术标准。

（4）积极鼓励技术创新和技术改造。推动国家级石化和化学工业节能减排工程技术研究中心建设，建立跨部门、跨行业、产学研紧密结合的科技创新体系。加大新技术研发资金投入，开展行业共性关键技术的研发与工程应用。鼓励装备制造骨干企业提升制造水平，带动石化和化学工业产业升级和技术进步。加大技术改造工作力度，鼓励企业采用先进的环保技术装备，加快先进适用环保技术装备的产业化应用和推广。筛选一批对行业节能减排工作具有重要意义的节能减排技术，制定专项工程实施方案，会同相关部门给予政策支持。

（5）加强企业节能减排制度和能力建设。通过有针对性的引导政策和奖惩措施，充分调动企业的积极性，引导企业完善节能减排管理制度。鼓励重点用能企业开展企业内部能源计量在线监测和分析工作，提高企业的能源管理水平。深入开展企业能源管理负责人培训，引导企业建立和完善能源管理岗位的设置、职能、考核指标与方法、奖惩等制度。

（6）充分发挥行业协会等社会力量。相关行业协会要进一步做好节能减排政策建议研究、信息收集、统计分析等工作。鼓励行业协会和社会中介组织搭建节能减排技术和产品交流平台。发动社会各方面力量做好节能减排宣传工作，通过多种渠道广泛宣传国家节能减排的法律法规和政策，交流先进技术和管理经验，提高行业节能减排意识。

中华人民共和国工业和信息化部

全球表面活性剂的发展概况

据相关数据统计，2013 年全球表面活性剂总产量超过了 1850 万 t（仅统计传统意义表面活性剂品种，不包括脂肪酸、皂类和硬脂酸盐等初级加工产品），产品主要集中在烷基苯磺酸、油脂基系列衍生的大宗产品。从产品结构来看，2013 年全球阴离子表面活性剂产品所占比例为 50% ~ 55%，产量在 925 万 ~ 1020 万 t，其中烷基苯磺酸产量超过（100% 活性物统计）425 万 t，占比 40% ~ 45%；2013 年全球非离子表面活性剂产品占比为 35% ~ 40%，产量合 645 万 ~ 740 万 t；阳离子表面活性剂产量约合 95 万 t，占比 5.1%，包括两性离子及其他特种表面活性剂产品产量约合 130 万 t，占比超过 7.0%。

全球表面活性剂消费情况：亚洲消耗量约为 600 万 t，占比约为 35.3%，北美地区约为 450 万 t，占比 26.5%，欧洲约为 380 万 t，占比 22.4%，包括拉丁美洲、非洲等其他地区消耗约为 270 万 t，占比 15.9%，其他地区主要集中在巴西、阿根廷和南非等地。

1 原料市场

目前全球表面活性剂行业产品生产加工原料还是主要集中在烷基苯、环氧乙烷、动物油脂和天然脂肪醇等。

1.1 烷基苯（LAB）

烷基苯最早由煤油馏分和苯化合而成，称为煤油苯。1950 年开始出现四聚丙烯苯（TPB），其中的烷基来自四聚丙烯，由四个丙烯聚合而成，由于带有支链，不易被微生物分解（降解），被称为硬性烷基苯，制成的洗涤剂为硬性洗涤剂。由于使用后排入水域，污染环境，现已较少使用。1965 年前后，开始生产直链烷基苯（LAB），由于 LAB 易被降解，称为软性烷基苯，制得的洗涤剂为软性洗涤剂。直链烷基苯已成为洗涤剂生产中最为重要的原料。直链烷基苯的生产首先是制取直链烷烃（又称正构烷烃，俗称轻蜡），然后和苯进行烷基化，制成成品。

直链烷基苯近几年产能维持在 400 万 ~ 450 万 t，开工率大约 80%，年产量维持在 350 万 t 左右，对应的重烷基苯的年产量约合 30 万 t，全球烷基苯主供烷基苯磺酸加工，一般生产规模下，1.0 t 烷基苯可制备 1.34 t 的烷基苯磺酸。

2013 年开始，全球烷基苯产业出现短期繁荣期，部分发展中国家的产能也将出现增长，预计到 2020 年，全球烷基苯产能将超过 540 万 t，年产量达到 435 万 t，2014—2020 年期间的复合年增长率将达到 2.8%。

图 1 给出 2013 年全球烷基苯的产能布局情况。全球主要烷基苯生产集中在亚太地区、中国和北美等地区，北美和拉丁美洲产能比重占 24.1%，中国占 18.2%，西欧占比 11.5%，包括印度和中东等亚太地区约合 27.4%。目前规模烷基苯产能主要集中在人口大国和石油生产国，诸如中国、印度和海湾及北美等地，这几个地区产能比重超过 65%。

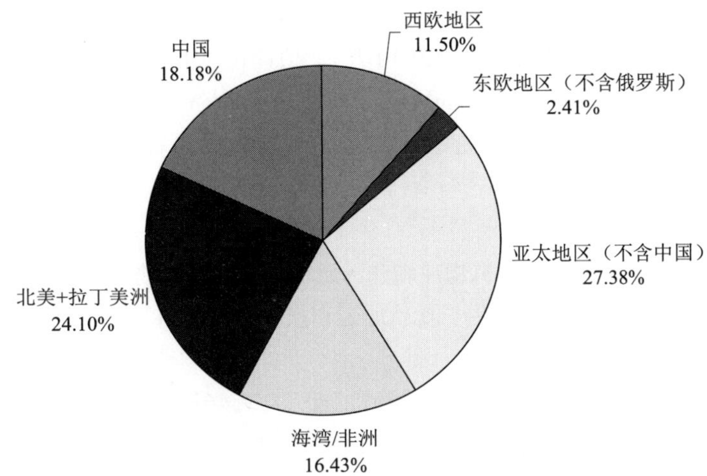

图 1　2013 年全球烷基苯的产能布局

据 Grand View 公司最新研究报告，全球线性烷基苯市场到 2020 年将达到 92.7 亿美元，亚太地区等新兴市场对家居清洁和公共清洁产品的需求增多是推动整个市场发展的主要因素。然而，原材料价格波动也给整个行业的发展带来巨大的挑战，2014 年原油价格下跌，推动当年烷基苯产量同比较大幅度增长，同比增长超过 5%。

2013 年，亚太地区（含中国）总量占全球线性烷基苯市场份额的 46.0%，该地区成为线性烷基苯市场发展最快的区域，2014—2020 年期间的复合年增长率将达到 3.6%，其中，中国和印度的工业化发展以及人均可支配收入增加是推动该地区线性烷基苯市场发展的主要原因。北美和欧洲的线性烷基苯市场相对成熟，在未来六年中的行情可能比较低迷，北美市场预计到 2020 年将达到 11.4 亿美元。

2014 年，在全球石油价格持续下行的影响下，全球烷基苯价格也随着走低，据 ICIS 消息，由于亚洲和中东地区线性烷基苯需求量下降，再加之中国出口价格较低，亚洲和中东地区线性烷基苯的现货价格持续走低。其中，原材料工业苯的成本下降以及航空煤油的价格变化都对线性烷基苯市场造成了影响。2014 年中期，东南亚地区的线性烷基苯进口成本加运费价为 1800 美元 ~ 1830 美元 / t，短期相比每吨价格下降了 10 美元 ~ 20 美元，中东地区的出口价为 1740 美元 ~ 1780 美元 / t，短期相比也下降了 10 美元 ~ 20 美元。

中东和东北亚地区的大量商家都投入到印度和东南亚市场中。2014 年，中国线性烷基苯企业的库存量较高，国内企业将线性烷基苯低价出口至南亚和东南亚地区，依次增加东北亚和中东地区线性烷基苯原料的降价压力。

在印度，线性烷基苯的进口成本加运费价格为 1790 美元 ~ 1800 美元 / t，短期相比下降了 10 美元 ~ 30 美元 / t，由中国出口印度的线性烷基苯成本加运费价格为 1750 美元 / t，由东南亚地区出口印度的线性烷基苯成本加运费价格为 1740 美元 / t。

2014 年年底，在东北亚和东南亚地区，96% 的线性烷基苯磺酸盐现货价格稳定。不过，据业内人士透露，虽然销售商供货充足，但采购商的库存较高，采购活动较少。由于需求较少，而供货充足，印度市场的出口价格下跌了 30 美元 / t。

尽管如此，泰国石油和日本三井公司的线性烷基苯合资工厂 Labix 还是计划如期开工，这家线性烷基苯工厂位于泰国，年产能为 10 万 t，预计在 2015 年第 4 季度投产。泰国石油和日本三井公司在 2013 年年初成立 Labix，用于线性烷基苯生产，其中泰国石油占 75% 股份，日本三井占 25% 股份。另外，其优势在中国也有扩产 LAB 的计划。

1.2 油脂产品

目前国际油脂产品主要分为动植物油脂和天然植物油脂，动物油脂主要作为皂类产品和生产柴油生产，天然油脂 85% 以上用于食品加工和家庭消费使用。工业油脂加工比例全球比例不到 15%。

动物油脂主要作为硬脂酸及皂类产品原料，近几年市场保持平稳，增长幅度不是很大，以棕榈油、椰子油和棕榈仁油为代表的天然油脂成为过去 20 年表面活性剂行业原料发展的亮点，在能源日益紧缺的今天，行业原料已经开始由石化原料向动植物油脂转变，产品功能性和安全性也被日益提升。

过去五年，受国际动物保护组织和消费者消费结构的转变，以及动物油脂结构成分的自身限制，全球牛羊油等动物油脂产量持续下滑。根据油世界杂志的统计分析，2014 年度全球动物油脂产量出现连续第二年下滑，主要因美国和澳大利亚的产量下滑引起。据初步统计，2014 年全球动物油脂产量减少到 843 万 t，低于 2013 年的 849 万 t，也低于 2012 年的 853 万 t。

牛油是牛肉和羊肉的副产品，用于化学及食品加工行业，也用来生产生物柴油。由于美国生物柴油行业的需求强劲，因而美国动物油脂出口可能停滞不前。美国是全球最大的动物油脂出口国，美国动物油脂产量下滑值得警惕。2014 年美国动物油脂产量不完全统计约为 340 万 t，低于 2013 年的 344 万 t，也低于 2012 年的 359 万 t。2014 年度美国动物油脂出口量与 2013 年持平，维持在 60 万 t 左右，出口量占全球的比例不足 40%；相比之下，较 2011 年之前的 50% 少了 10 个百分点。

另一方面，2014 年，澳大利亚动物油脂出口量减少至 39 万 t 左右。主要是受气候的影响，畜牧业发展放缓，相应的动物油脂产量出现短期下滑。

与动物油脂相比，过去五年全球天然植物油脂发展比较强劲，呈现年均增长趋势。根据美国农业部数据不完全统计，2014 年年度全球植物油产量达到 1.76 亿 t，较 2013 年度增加约 700 万 t，棕榈油和豆油增产主要贡献植物油产量的增加部分。全球大豆产量增加奠定豆油产量增长的基础。2014 年度大豆压榨量为 2.5 亿 t，较 2013 年度增加 1223 万 t，豆油产量达到 4715 万 t，较 2013 年度增加 229 万 t。棕榈油产量增长的格局未变，2014 年度全球棕榈油产量和库存继续大幅增加，全球棕榈油产量达到 6279 万 t，增加 373 万 t；2014 年度油菜籽压榨量为 6784 万 t，较 2013 年度增加 142 万 t，菜籽油产量达到 2705 万 t，较 2013 年度增加 62 万 t。

受油脂成分结构的影响，目前表面活性剂行业油脂原料还是以少量棕榈油、大多棕榈仁油和椰子油为主。据不完全统计，2014 年，全球用于工业加工棕榈油脂的量占全球棕榈油脂产量的比例约为 10%，即 630 万 t 左右，包括棕榈仁油和椰子油在内的工业用途天然油脂的总量在 850 万 ~ 900 万 t，占全球油脂的消耗比例较小。

根据油世界杂志统计，2014 年全球棕榈仁油和椰子油出口量结束了 2013 年的下滑态势，部分原因在于菲律宾椰子产量出现恢复性增长。据不完全统计，2014 年度全球棕榈仁油产量约为 675 万 t，较 2013 年的 647 万 t 同比增长 4.33%。其中印度尼西亚棕榈仁油产量从 322 万 t 增至 342 万 t。另外，全球椰子油产量初步估计从 2013 年的 316 万 t 增至 2014 年的 325 万 t，较 2012 年度的 345 万 t 同比减少 5.80%。其中菲律宾产量增幅最大，约合 134 万 t，同比增长 9.84%。

2014 年全球棕榈仁油和椰子油的出口量不完全统计为 540 万 t，高于 2013 年的 500 万 t。2014 年度全球椰子油出口量从多年的低点位置呈现恢复性增长。其中，2014 年度全球棕榈仁油出口量初步统计约为 345 万 t，高于 2013 年的 313 万 t。椰子油出口量为 195 万 t，高于 2013 年的 188 万 t。

图 2 给出 2014 年全球油脂产品的市场结构。其中棕榈油比重占 34.05%，大豆油市场比重较 2013 年上升 3 个百分点，达到 25.57%，菜籽油比重为 14.67%，主要用于食用油脂，椰子油和棕榈仁油比重接近 5.5%，动物油脂不到 5.0%，较 2013 年同比减少。

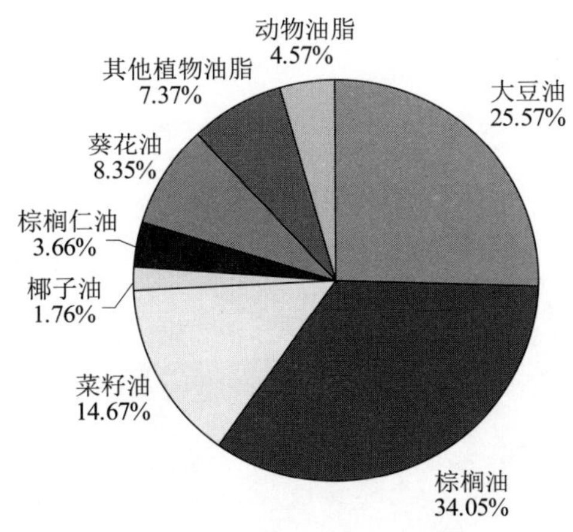

图 2　2014 年全球油脂产品市场结构

初步统计 2014 年全球植物油脂产量约合 1.76 亿 t，动物油脂约为 845 万 t，各占市场比例分别为 95.43% 和 4.57%。受气候影响和政策影响，葵花油和动物油脂均出现同比下降趋势。包括大豆油和棕榈油等在内的大众油脂均呈现增长态势。在种植面积和较好环境气候影响下，2014 年全球大豆油和棕榈油均实现 5.10% 和 6.32% 的同比增长。

1.3　环氧乙烷

目前全球环氧乙烷产能主要分布在亚洲、北美和中东地区，其中亚洲大约占全球 38% 的产能，据不完全统计，2014 年全球环氧乙烷产能约合 3020 万 t，中国环氧乙烷产能当年接近 543 万 t（联产装置统计），占比约 18%。预计 2015 年全球环氧乙烷将达到 3050 万 t。目前全球排名前 20 的环氧乙烷企业占了全球 65% 的产能，规模企业包括巴斯夫、科莱恩、陶氏化学、亨斯迈、英力士化学、利安德巴塞尔化工、Old World Industries、信诚工业、沙特基础化学、壳牌以及中石化、中石油等。

目前环氧乙烷市场主要消耗包括乙二醇、减水剂单体、乙醇胺、氯化胆碱等产业。2011年，全球环氧乙烷产值超过280亿美元，预计到2018年将超过400亿美元。2013—2018年年复合增长率将超过6.0%。亚洲和北美洲市场占有比例超过65%。对应的乙二醇市场产值，2011年超过240亿美元，2018年将达到380亿美元，年复合增长率超过7.0%。

环氧乙烷作为表面活性剂原料主要用于减水剂单体、嵌段共聚醚和脂肪醇醚以及其他类型表面活性剂的深加工原料，市场比例近几年增长幅度比较平稳，相关产业对环氧乙烷尤其是商品环氧乙烷的需求增长逐步跟进。

从产品消费结构来看，2013年全球环氧乙烷消耗量为2500万～2600万t，其中，用于生产乙二醇比例约为67.0%，非离子表面活性剂约占14.5%，聚醚多元醇约4.0%，二乙二醇醚占4.0%，乙醇胺约占5.5%，聚乙二醇2.5%，包括氯化胆碱等其他行业占比2.5%左右（图3）。国内环氧乙烷领域，以脂肪醇醚、聚醚多元醇、乙醇胺为代表的精细化学品的快速发展，带动商品环氧乙烷市场繁荣，但是随着国内环氧乙烷产能的不断扩展，以及商品量的增长超过需求量增长，2013—2014年，国内商品环氧乙烷价格较2011—2012年出现较大幅度的下跌。

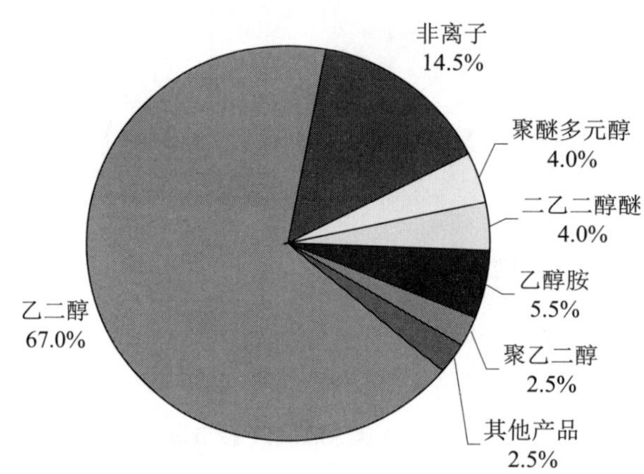

图3　2013—2014年全球环氧乙烷下游产品消耗比例

1.4　脂肪醇

根据原料来源，脂肪醇主要分为合成脂肪醇和天然油脂衍生脂肪醇产品，合成脂肪醇目前主要集中在北美和中东地区，这两个地区产能占全球合成脂肪醇的85%以上，天然脂肪醇由于原料油脂的灵活性，全球主要地区和国家均配套天然脂肪醇装置。

2014年全球天然脂肪醇产能超过450万t，其中亚洲产能超过250万t，占比超过53.2%，东南亚作为全球棕榈油、棕榈仁油和椰子油产出区，主供全球天然脂肪醇原料供应，每年出口天然油脂的量超过上千万吨。亚洲脂肪醇企业主要集中在印度尼西亚、马来西亚和中国。

2014 年，印度尼西亚、马来西亚和中国均有脂肪醇新产能释放。其中，印尼增加了 25 万 t，包括：益海 15 万 t，春金 10 万 t。马来西亚 KLK 公司新增 10 万 t。中国增加了 10 万 t，为江苏盛泰所新建，并配套建设脂肪醇醚装置。整体来说，2014 年脂肪醇装置开工率较低。仅亚洲装置饱和开工，就可满足全球脂肪醇市场的需求，未来市场走势不明朗，局部地区产能过剩将会带来产品非理性竞争。

亚洲脂肪醇产能见图 4 所示，其中印度尼西亚产能比重占 29.09%，马来西亚产能占比 20.99%，中国产能占比 25.77%，包括印度、泰国和菲律宾等在内的其他地区脂肪醇产能合计比重约合 24%。

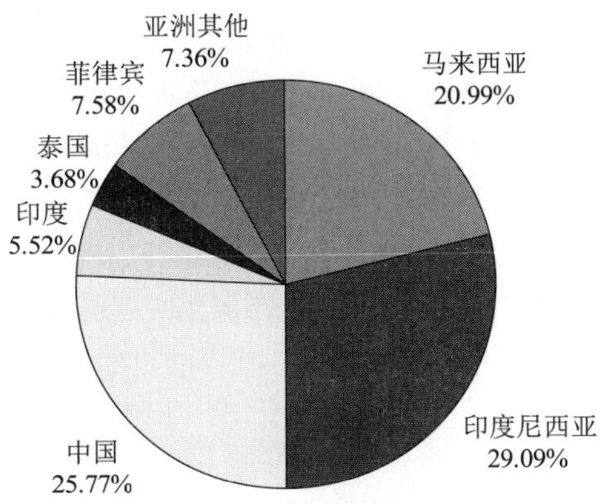

图 4　2014 年亚洲脂肪醇产能布局统计

未来脂肪醇行业发展方向：提升产品质量，发展产业链，实现多元化产品生产，降低单一产品市场竞争风险，同时加大棕榈仁油和椰子油的利用率，通过改进精馏技术，发展单一碳链产品系列，实现高附加值产品工业化。

2　全球表面活性剂市场与发展战略

目前全球表面活性剂市场主要集中在北美、亚太、欧洲和拉丁美洲等地区，受生产技术和工业化水平的差异，全球不同国家在表面活性剂行业的发展速度和产品以及主要应用存在差异。印度、中国和拉丁美洲等发展中国家，表面活性剂产业消耗还是主要集中在民用领域，民用表面活性剂的消费比例超过或者接近 50%，而民用洗涤产品成为表面活性剂消耗量最大的一块。包括加拿大、美国和西欧等发达国家，受人口消费能力的影响，过去五年对表面活性剂的需求增长速度并不是很快，部分地区甚至出现负增长，产品结构方面，传统以石油基衍生产品市场增长明显放缓，绿色表面活性剂市场有很大的发展空间。

从产品供应来看，国际大型表面活性剂生产企业主要分布在北美以及欧洲等发达国家或地区，如阿克苏诺贝尔、陶氏化学、巴斯夫、亨斯迈、罗地亚、三菱化学、沙索化学、科莱恩、壳牌、禾大化学、斯泰潘等。

近年来，环氧乙烷和羟乙基物衍生表面活性剂产品的业绩增长一直主要集中在新兴市场（如沙特基础工业公司所在沙特阿拉伯市场，科莱恩所在中国市场和 Oxiteno 所在巴西市场）。

除此之外，壳牌也开始大力推进亚洲产品基地的项目建设，2013—2014 年，壳牌确定在新加坡投资 EO 和乙氧基化装置，初步统计，亚洲市场对脂肪醇聚氧乙烯醚需求量年均增长在 6.0% ~ 7.0%。

另外，成熟的环氧乙烷精细深加工市场也在大力推进行业规模和发展力度，ME Global 继亨斯迈之后在美国新增 EO 产能，壳牌也正考虑在荷兰进行市场扩张。亚洲市场的增长潜力并不仅限于 EO 产业。预计亚洲 2015 年将新上不少于 5 家的脂肪醇工厂，全球脂肪醇的产能大约将增加 30%。一定程度上推动脂肪醇醚和聚醚多元醇市场的快速发展。

行业发展与政策密切相关，普洛麦格和巴斯夫对产品性能和刺激性测试不在选择动物机体。开发可替代测试方法的意义十分重大，到 2018 年，REACH 规定需要用成百上千中物质进行皮肤过敏反应测试，但欧盟已经从 2013 年 3 月全面禁止欧洲市场进行化妆品原料的动物实验，这将影响未来表面活性剂行业产品结构和性能的验证标准。

从全球行业布局来看，欧洲表面活性剂呈现兼并和收购现象，部分企业在本土和欧盟严格法规以及受制于东南亚原料运输成本的限制，开始进行生产基地搬迁或者海外建厂，包括中国和印度等在内的新型国家表面活性剂生产与市场集中度越来越高。2013—2015 年，全球表面活性剂新增产能 55% 以上集中在亚太地区。

2.1　欧洲市场

尽管在过去几年因为中欧和东欧市场的开放，以及出口形成的海外经济市场，欧洲工业略显进步，但欧洲表面活性剂 (SAA) 市场和许多其他的成熟的经济体一样基本上是与其 GDP 同步发展的。非离子 SAA 作为一个被广泛使用的大宗品种，正在发展超阴离子 SAA。阳离子 SAA 仍然由酯基季铵盐和氨基甜菜碱占据主导地位，现在已经成为洗发水和沐浴露配方的基本组分。

据不完全统计，欧洲每年表面活性剂的消费量超过 380 万 t，其中民用领域产品比例超过 60%。展望未来，浓缩低温洗涤剂和生物表面活性剂的使用将越来越受到重视。其中，东欧每年的需求量大约为 80 万 t，预测在 2018 年至少达到 93 万 t，年平均增长率约为 3%，而西欧的年增长率预计约为 0.5%，初步统计，2014 年西欧民用表面活性剂市场容量接近 150 万 t。

根据 2012 年 ICIS 欧洲表面活性剂会议信息，欧洲作为全球主要表面活性剂市场，也是全球特种表面活性剂产品最大市场，欧洲拥有全球 28.5% 的表面活性剂市场，个人护理产品的多样化和高附加值产品开发决定其特种产品消耗量占据全球 42% 以上，年消耗量超过 15 万 t，市场规模达到 4 亿欧元以上。巴斯夫收购科宁之后，成为欧洲市场主要的特种表面活性剂供应商。巴斯夫对阴离子（欧洲最大的种类）和非离子表面活性剂的供应都处于领先地位，在两性表面活性剂的供应上，仅次于赢创处于第二位。阳离子表面活性剂是欧洲市场目前增长速度最快的特种表面活性剂，英国禾大公司是阳离子表面活性剂的主要供应商，亨斯迈、科莱恩和赛比克是另外三位主要的供应商。在销售额方面，两性表面活性剂中甜菜碱占主要部分，阳离子表面活性剂中十六烷基三甲基氯化铵占主要部分。

烷基糖苷具有很好的性能，2010 年仅占了欧洲市场的比例不到 2.0%。2014 年这个数值增长至 2.5%，市场容量在 9.0 万 ~ 10.0 万 t。APG 最开始是为了取代手洗餐具洗涤剂配方中醇醚硫酸盐而开发的，但因没能达到可承受的成本/有效性标准而发展受阻。特别是那些所谓对产品的温和性改进目前并不被消费者所认同。现在 APG 主要用于作物保护和高性能个人护理产品，其高效的润湿性和助溶性大大增强了灭生性除草剂的性能。

在欧洲，尽管乙氧基化非离子表面活性剂不断增长，但直链烷基苯磺酸盐（LAS）仍然是洗涤剂消耗量最大的产品。同时，月桂醇醚硫酸盐是化妆品（洗发水和沐浴露）最好的清洁剂，这两者占据了表面活性剂 1/3 以上的市场。LAS 地位的巩固是基于许多研究从科学方面证实了 LAS 本质上对人类和环境是安全的。LAS 可能是经多次毒性测试的表面活性剂。人们公认 LAS 利大于弊，为 LAS 继续在家用洗涤剂以及工业中的应用、从油漆和涂料到作物保护再到金属加工液等众多领域的应用解除障碍。

由于石蜡油磺酸盐的理化性质和它们的无芳香基结构，人们正逐步深入开发。同样，AOS 系列产品在欧洲市场的潜力还有待进一步挖掘。

高效/特种阴离子表面活性剂产量的过剩将使人们更加关注特殊表面活性剂市场的应用。例如：合成的温和性肥皂中的羟乙基磺酸盐、洗发水和沐浴露中的半磺基琥珀酸和肌氨酸、颜料分散用的磺基琥珀酸、乳化聚合中的烷基磷酸酯以及金属加工的羧酸醚酯等。

2.2 亚洲市场

基于中国和印度消费市场，以及东南亚天然油脂和中东地区石化原料的充足，亚洲是世界最大的表面活性剂市场，也是增长最快的市场地域。2014 年全球经济和欧元危机对亚太经济有一定影响，包括马来西亚和印度尼西亚等产品出口表面活性剂出口受到一定影响，但在新兴市场和国家巨大需求的带动下，亚洲表面活性剂行业呈现繁荣景象，各国通过项目建设和新产品开发加大行业发展力度。

近 10 年来欧洲洗涤剂产量和利润增长速度不断放缓，各大跨国企业遂把目光转向亚洲。随着直链烷基苯（LAB）等多套生产装置的投产，亚洲已经成为表面活性剂中间体生产集中区域，并将成为全球表面活性剂最大投资市场。有专家分析，适应低温洗涤的环保低碳新产品，特别是支链官能团改性产品将有广阔的市场空间。随着技术创新和产业规模的扩大，成本的降低将使新产品在未来市场占据重要地位，新型表面活性剂中间体将成为亚洲投资热点。特别是中东和东南亚地区，由于具有丰富的表面活性剂原料资源，将成为投资高增长地区。

据不完全统计，2014 年，亚洲表面活性剂市场容量超过 600 万 t，占全球的比例为 35.3%。其中民用产品占比超过 53.5%，超过 320 万 t，工业表面活性剂约合 280 万 t。亚洲个人消费能力的快速增长以及经济带动工业产品的提升，推动当地表面活性剂增长比例远超过欧盟和北美地区，2010—2014 年，亚洲表面活性剂年均复合增长率超过 5.5%。

中国 2014 年表面活性剂行业虽然受国内外经济形势的影响，装置开工和进出口有所放缓，但是据不完全统计，当年国内主要表面活性剂的产量接近 400 万 t，其中工业表面活性剂市场比例超过 53.0%，产品主要集中在水泥外加剂、纺织助剂、农药乳化剂和油田化学品等。民用领域表面活性剂年需求量在 180 万 ~ 190 万 t，产品结构多元化，种类基本与国际接轨，民用表面活性剂市场主要集中在洗涤和日用化学品领域，前者消耗比例 82.0%，后者约合 18.0%。

日本作为亚洲较少发达国家之一，每年表面活性剂的生产和需求比较有规模。根据日本产经省统计数据：2012 年日本表面活性剂产量约为 94 万 t，较 2011 年同比下降 1.3%。其中，阴离子表面活性剂产量为 38 万 t，同比增长 4.4%；阳离子产量为 3.96 万 t，同比下降 7.3%；非离子型表面活性剂产量为 46.5 万 t，同比下降 4.6%；两性产品产量为 25250 t，同比下降 3.1%。产量下降受大地震影响较大。不完全统计，2014 年，日本表面活性剂市场容量在 70 万 ~ 80 万 t。

据 Frost & Sullivan 公司的最近分析数据，印度表面活性剂市场在 2013 年的收入为 22.78 亿美元，预计到 2017 年，该市场将达到 37.48 亿美元，这期间的年平均增长率约为 13%。其中，用于个人护理产品的表面活性剂产品在 2013—2017 年间的增长率预计将达到 23%，其在 2017 年的总收入将增至 5.47 亿美元。

印度巨大的个人消费品市场，为近几年行业的快速发展提供便利条件，行业发展环境和条件与中国基本相似，原料以石油基合成中间体和东南亚油脂衍生品为主，带来的不稳定结果，表面活性剂市场的价格波动较大，如果表面活性剂原材料价格的增加，那么这些产品价格也将随之增加，消费者就不会愿意去选择那些创新性强而价格较高的产品，这将会阻碍整个市场的创新发展。生产商要占领这个市场，就需要以高品质低价格的产品为主打，在产品必要功能和使用便捷方面进行创新，而多功能表面活性剂正好符合要求。

2013 年，印度表面活性剂市场中阴离子表面活性剂的用量最多，占据了全部市场份额的 65.7%；其次是非离子表面活性剂，占据 32.0% 之多；两性表面活性剂和阳离子表面活性剂占有市场份额的 2.3%。表面活性剂最大的终端应用领域则是家庭护理市场，占到应用市场的 60%；第二大应用为纺织品和皮革制品，占到了 19%；并列第三位的是个人护理化妆品，以及涂料和乳剂，各占有 10% 的市场份额。

预计至 2017 年，印度表面活性剂用量最大的三个终端市场分别为家庭护理，纺织品和皮革制品以及个人护理，其用量将分别达到 41.2 万 t、18.0 万 t 和 14.4 万 t。而在不同种类的表面活性剂中，阴离子表面活性剂的用量将在 2017 年排名首位达到 60 万 t，其次是非离子表面活性剂，将达到 30 万 t。

亚洲不仅是全球最大的表面活性剂消耗地区，借助印尼和马来西亚天然油脂优势，也是全球天然油脂衍生表面活性剂重要供应和出口地区。

2.3 北美市场

北美表面活性剂市场消耗主要集中在加拿大和美国，其中美国是该地区最大的表面活性剂生产和消耗国。与新兴市场比较，美国表面活性剂消耗主要集中在水处理、油田化学品、工业清洗等工业领域，相反，近几年民用领域需求呈现平稳发展，短期出现负增长。

预计到 2018 年，美国市场对表面活性剂的需求量将增加 2.9%，达到 460 万 t，总价值 145 亿美元。美国表面活性剂市场发展的主要推动因素为基础建设的快速发展，石油天然气开采量增加，以及个人护理产品的需求量回升。

由于美国市场经济发展，建筑行业活动增多，以及石油天然气开采行业的发展，工业用表面活性剂的需求量增加，这将从市场总量和市场总值这两个方面推动表面活性剂市场发展。表面活性剂可用作水泥混凝土添加剂，而美国大量的非住宅建筑修建对这类表面活性剂的需求逐步增多，同时，住宅用建筑修建和制造加工业开工增加，使得表面活性剂在油墨、涂料和塑料行业的发展机遇也较大。尽管原油价格在 2014 年年底至 2015 年年初这段时间不断下跌，但石油天然气生产对油田表面活性剂的需求增长速度高于往期平均速度。特种表面活性剂在工业用表面活性剂的使用量中占较大份额，因为客户对这类产品的高效、多功能、安全和可持续性十分满意。

在工业应用方面，增长量较多的表面活性剂类型为：两性表面活性剂、硅酮、含氟表面活性剂、嵌段共聚物、季胺盐化合物和脂肪胺氧化物。由于清洁产品为表面活性剂最固定的终端应用，而清洁产品的产量增速较快，所以美国清洁产品市场对表面活性剂的需求量将稳步增长。清洁产品行业对表面活性剂的需求还受到产品可持续性和多功能性需求的推动，整个行业更倾向于使用糖基型特种表面活性剂，而对较便宜的普通产品需求较少，比如线性烷基苯磺酸盐。

在个人护理产品方面，那些对皮肤和头发温和不刺激且对环境没有影响的表面活性剂预计将快速增长，比如两性表面活性剂、硅酮和某些类型的非离子表面活性剂。此外，在洗手类产品市场，洗手液的用量逐步高于传统固体肥皂，而洗手液中更倾向于使用更多更贵的表面活性剂，这将进一步推动表面活性剂市场的发展。由于消费者对天然产品的需求增多，天然的生物表面活性剂在个人护理产品市场的份额将进一步增加，但由于其成本问题，它在工业和清洁产品市场应用将受到限制。

3 发展方向

全球表面活性剂市场预计在 2020 年将达到 420 亿美元，市场总量将达到 2280 万 t，2014—2019 年期间的销量复合增长率将达到 5.40%，销售额复合增长率将达到 5.80%。在 2013 年，全球阴离子表面活性剂占有的市场份额最多，其总量为 910 万 t，其次是非离子表面活性剂，占有的市场份额为 620 万 t，预计非离子表面活性剂在 2014 —2019 年期间的复合年增长率将高于阴离子表面活性剂、阳离子表面活性剂和两性表面活性剂。

表面活性剂市场的主要推动因素是肥皂、洗涤剂、个人护理产品和公共设施清洁行业的快速发展。由于亚太地区和中东非洲地区新增项目和投资的增多，表面活性剂新兴市场的发展速度加快，这些因素都将继续推动表面活性剂行业的需求增加。合成表面活性剂占有的市场份额仍然最多，然而由于相关环境保护的法律法规更加严格，生物表面活性剂的复合年增长率将持续增加，生物表面活性剂由于原材料成本较高，其售价也高于合成表面活性剂，但随着目前的研发项目增多，生物表面活性剂的成本也在进一步降低，大部分生物表面活性剂都是非离子表面活性剂或两性表面活性剂，由于生物表面活性剂的快速发展，再加上非离子表面活性剂毒性低，且生态环保，非离子表面活性剂将进一步发展。

2014年中国表面活性剂行业整体发展概况

1 基本情况

2014年，受国际油价持续下跌、经济增长放缓、货币汇率波动、失业增长以及需求增长放慢等众多因素的影响，国内表面活性剂行业在原有的基础上呈现一些新的特征和趋势：①大众产品产能、产量与市场需求增长放缓之间的矛盾进一步加剧；②产品出口与进口之间的贸易差距进一步加大；③主要产品装置开工不容乐观，装置产能消化能力同比2013年有所下降，企业主要产品获利情况呈现“阴霾”态势，生产利润进一步被压缩，部分企业甚至出现亏损；④好的方面，企业已经通过改变生产、销售和管理思路，通过产业链、新产品开发，装置改造升级，产业结构转型等措施提高自身竞争力，部分能耗大，污染配套设备跟不上的中小企业已经开始被淘汰。总而言之，中国表面活性剂行业已经开始进入转型时期，未来三至五年，行业可能进入理性发展时期，发展也将更加透明。

2 产品与市场

根据表面活性剂和洗涤剂行业生产力促进中心不完全统计，2014年国内主要原料、中间产品、终端领域的企业已经开始通过装置改造和新项目建设，通过扩大规模和对主要需求地区进行相互渗透，来实现经济放缓背景下与其他企业的战略合作。表面活性剂行业原料供应与中间产品加工之间的拉锯式矛盾进一步加剧，加上终端产品对配方原料成本的进一步压缩，使得原料、中间产品、终端产品之间的利润矛盾日益突出，其结果造成三者行业竞争加剧，整个产业链呈现不理性、不公平的竞争。

（1）主要原料

2014年，国内脂肪醇产量约合34.5万t，销售量约合29.0万t（当年脂肪醇开工率取决于下游企业产品定制需求），进口量为26.3万t，出口量为2221t，全年国内消化能力约为55.0万t，产量和市场需求均较2013年有增长，产量增长得益于嘉化能源和盛泰科技脂肪醇装置的释放。脂肪醇需求主要集中在脂肪醇醚、脂肪醇硫酸盐、化妆品（高碳醇直接使用）等领域，进口和国产比例分别为53.5%和46.5%，进口产品与本土产品的拉锯式竞争并没有停止，国家计划出台有利于油脂加工企业的海关贸易政策。2014年3~4月，江苏盛泰化学科技有限公司10万t/年脂肪醇新装置投产运行，无锡东泰和商丘龙宇脂肪醇装置继续保持停产状态，当年脂肪醇净增长产能大约为5万t，可运行总产能大约为65万t，开工率为50%。价格行情方面，脂肪醇继续保持下跌趋势，3月中下旬价格为当年最高14650元/t，年底降至9250元/t，最大降幅超过了36.9%，全年脂肪醇生产利润微薄，部分厂家生产出现亏损。

2014年，国内民用硬脂酸产量在92万~95万t（硬脂酸和皂类产品），进口量为24万t，出口量约为0.7万t，国内表观硬脂酸消化能力在115万~120万t。硬脂酸需求主要集中在皂类产品和工业添加剂加工，由于硬脂酸生产工艺比较简单，投资不大，产品应用结构多样化，短时期市场增长不大，发展比较平稳。2014 年一级硬脂酸行情走势呈现中间高两头低的趋势，当年最大波动超过了 18.4%。主要影响因素是国际油价引起的东南亚棕榈油和进口牛羊油价格的下跌。

环氧乙烷，作为石油化工重要分支，其商品化对推动表面活性剂行业起到至关重要作用，2014 年，全年商品环氧乙烷新增产能超过 150 万 t，截止到 2014 年 12 月 31 日，商品 EO 总产能接近 400 万 t，围绕商品环氧乙烷企业周边建设表面活性剂装置，成为过去三年行业发展一个突出特点，有些下游企业为了摆脱原料供应区域限制，根据自己发展布局配套规模商品环氧乙烷装置，诸如扬州奥克、南京德纳、联泓控股、镇海炼化、菏泽玉皇化工等总计完成超过 50 万 t 商品环氧乙烷项目建设。据初步统计，2014 年国内商品环氧乙烷总产量大约为 220 万 t，市场主要集中在东北、华东和华南以及西南地区，聚醚、乙醇胺、乙二醇醚、氯化胆碱、减水剂单体和非离子表面活性剂成为消化商品环氧乙烷主要生力军。

脂肪胺，由于脂肪胺种类较少，国内市场需求量不大，2014 年国内脂肪胺生产主要集中在索尔维（张家港）、阿克苏（博兴）和四川天宇等 10 余家公司，但是应该注意的，2014 年益海嘉里完成近 4.0 万 t 脂肪胺项目建设，未来国内脂肪醇企业有建设脂肪胺项目计划，行业可能会出现竞争加剧局面。据不完全统计，2014 年国内脂肪叔胺产量大约为 13 万 t，脂肪伯胺产量大约为 6.5 万 t，其他脂肪胺产量大约为 0.85 万 t。产品主要集中在季铵盐生产、出口和部分工业应用等。

烷基苯，烷基苯作为过去 30 年洗涤用品主要组分上游原料，长期以来一直在洗涤行业占据很重要的地位，目前国内烷基苯生产主要集中在抚顺洗化厂、琪优势（太仓）化工、南京烷基苯厂、金桐石油化工和金桐化学等五家公司，2014 年国内烷基苯总产量大约为 67 万 t，出口总量超过 13 万 t，国内市场容量约合 54 万 t，换算烷基苯磺酸产量接近 72 万 t。

（2）主要产品

国内表面活性剂产品种类比较集中，主要有：烷基苯磺酸（含磺酸盐，简称 LAS）、脂肪醇醚硫酸盐（AES）、脂肪醇醚（AEO）、烷基酚醚、烯烃烷基磺酸盐（AOS）、烷基季铵盐、烷基甜菜碱和烷基咪唑啉等。

目前国内烷基苯磺酸（含盐）企业基本通过采购烷基苯作为主要原料，通过磺化实现工业化生产，市场销售烷基苯磺酸活性物含量一般在 95% 以上，烷基苯磺酸盐市场产品按照下游市场需求，活性物含量存在差异，一般有 60%、70%、80% 和 90% 系列产品。2014 年烷基苯磺酸及其盐的统计并不完善，根据当年烷基苯的国内市场供应量来计算，按照 100% 磺酸计算，当年国内产量在 70 万 ~ 75 万 t。市场容量增长幅度不大，与 2013 年基本持平，部分烷基苯磺酸企业主要以定制产品销售为主。

脂肪醇醚硫酸盐作为国内第二大种类阴离子表面活性剂，2014 年市场表现比较平淡，作为天然油脂衍生的阴离子表面活性剂，当年产量在 40 万 ~ 45 万 t，市场消化能力较 2013 年同比降低了 1.5%，主要影响因素是 2014 年国内经济发展放缓，尤其是第三季度，GDP 增长更加严峻，造成国内下游市场需求和出口量的减少，截止 2014 年 12 月 20 日，AES 库存较 2013 年同比出现较大幅度增长，未来 2015 年上半年消化库存的压力较大。国内 AES 产品类型主要集中在活性物为 65% ~ 70% 的产品，应用集中在液体洗涤剂产品。目前国内 AES 市场供应主要以下游行业定制产品需求为主。

脂肪醇醚作为2014年国内非离子表面活性剂最具影响力的产品，在脂肪醇行情持续低迷的影响下，当年乙氧基化装置的平均开工率较2013年有所降低。2014年脂肪醇醚生产和销售比较理性，企业不在盲目的进行规模化生产，而是通过改变与下游企业的合作模式，通过战略合作伙伴关系实现产业链发展，一定程度上为完成同地域上下游企业的产品整合起到积极作用。同时企业通过提高脂肪醇醚的产品质量，发展单套装置多元化产品生产，以满足不同领域和地域的市场需求，企业年底的脂肪醇醚库存较2013年和2012年均同比下降，但受国内外经济低迷影响，当年脂肪醇醚市场获利情况并没有达到过去两年的平均水平，初步统计当年脂肪醇醚市场容量在35万～40万t。

烷基酚醚，烷基酚醚作为目前最具争议的产品，2014年的生产与市场比较平稳，国家在相关产品出台了一些了政策和措施：严格禁止烷基酚醚作为民用洗涤产品原料使用，同时限制烷基酚醚在石油工业、特种纺织产品等领域应用，烷基酚醚应用最多领域集中在工业清洗、农药乳化以及部分纺织印染前处理剂等领域，受欧进出口服装残留化学品检测政策影响，一般成品纺织品在相关地域销售不得检测出烷基酚醚等相关化学品，这过去五年很大程度影响着中国纺织行业的发展，但对推动中国纺织印染行业的健康、可持续发展具有一定的重要作用，希望未来可以开发具有高性能的替代性表面活性剂产品。根据当年烷基酚产量初步统计当年烷基酚醚产量在13.5万～15万t。

2014年新产品、绿色产品发展呈现快速增长态势，根据表面活性剂和洗涤剂行业生产力促进中心不完全统计，当年APG成为绿色表面活性发展的一个标杆，全年规模以上APG企业产能超过6.0万t，由于企业技术和工艺差异，以满足不同领域需求，企业之间的竞争并不是很激烈，产品性能和应用开始被下游企业和消费者接受，产品的安全性备受国内外下游企业青睐，当年APG产销量约合3.0万t，其中出口大约5000 t，产品利润获取明显高于其他表面活性剂产品，但是随着未来三年国内APG产品项目的不断上马，预计到2018年，国内APG市场将进入平稳发展时期。市场潜力巨大，但风险因素评估偏高，理性发展至关重要，产品的使用标准有待提升。

除此之外，包括甜菜碱、咪唑啉、硫酸酯和磷酸酯在内的其他表面活性剂产量在18万～22万t，这些产品由于具有较高附加值，产品价格和市场行情还是比较客观，单个企业生产规模不是很大，一般规模在万吨级左右。

3 进出口统计

2014年国内表面活性剂的总进口量为28.30万t，出口量为42.90万t，净出口量为14.6万t，以出口为主。其中，当年阴离子表面活性剂总进口量约为5.58万t，进口额度为1.389亿美元，均价2488.35美元/t，出口量为17.36万t，出口额度为2.639亿美元，出口均价1520.13美元/t，净进口量为–11.78万t，以出口为主；当年非离子表面活性剂总进口量为21.07万t，进口额度为5.134亿美元，均价2436.35美元/t，出口量为11.84万t，出口额度为2.673亿美元，出口均价2258.64美元/t，净进口量为9.23万t，以进口为主；当年阳离子表面活性剂总进口量为 9659t，进口额度为 3522.54 万美元，均价 3646.90 美元/t，出口量为 8.11 万 t，出口额度为 1.79 亿美元，出口均价 2201.50 美元/t，净进口量为 −7.14 万 t，以出口为主；当年其他类型表面活性剂总进口量为 6766 t，进口额度为 1845.07 万美元，均价 2727.01 美元/t，出口量为 5.59 万 t，出口额度为 1.099 亿美元，出口均价 1964.53 美元/t，净进口量为 −4.91 万 t，以出口为主（具体见表 1 所示）。

表1　2014年中国表面活性剂产品进出口情况统计

项目类别	进口量/kg	进口额/美元	出口量/kg	出口额/美元
产品海关税则号				
34021100（阴离子）	55805901	138864720	173579000	263861967
34021200（阳离子）	9658895	35225437	81097907	178537324
34021300（非离子）	210745947	513451671	118366663	267347251
34021900（其 他）	6765913	18450716	55944086	109903829
合 计	282976656	705992544	428987656	819650371
净出口量/万 t	14.6			

数据来源：中国海关

整体来看，2014 年国内表面活性剂的进出口保持 2013 年的基本趋势和特征，中国成为全球主要表面活性剂出口国，在国内市场竞争加剧以及需求饱和影响下，部分企业开始通过产品出口降低市场风险，具体来看，阴离子净出口同比增长 28.28%，非离子净进口同比增长 −13.23%，阳离子净出口同比增长 11.41%，其他类型产品净出口同比增长 7.72%。通过主要四种表面活性剂进出口情况分析可看出，2014 年国内表面活性剂产业开始走向全球，这是降低目前竞争和市场风险的唯一出路（图 1~ 图 2 所示）。

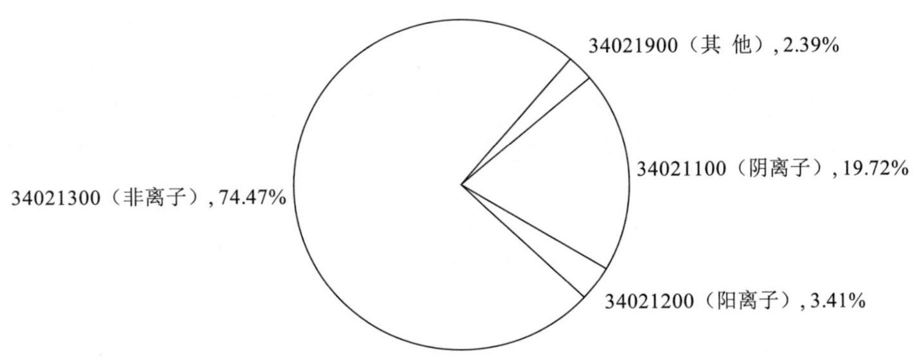

图 1　2014 年表面活性剂进口产品结构统计

从 2014 年表面活性剂产品及其制品的进出口情况分析（海关税则号 3402 系列产品）当年进口国或地区排名前十的分别为美国（12.32 万 t）、德国（4.29 万 t）、新加坡（4.02 万 t）、日本（3.88 万 t）、马来西亚（3.63 万 t）、韩国（3.32 万 t）、中国台湾（3.25 万 t）、泰国（1.11

万 t）、印度尼西亚（1.07 万 t）和法国（1.03 万 t），如表 2、图 3 所示。进口来源国或地区排名前 20 名总进口量为 41.64 万 t，进口额度达到 12.67 亿美元，进口均价为 3041.64 美元 /t。

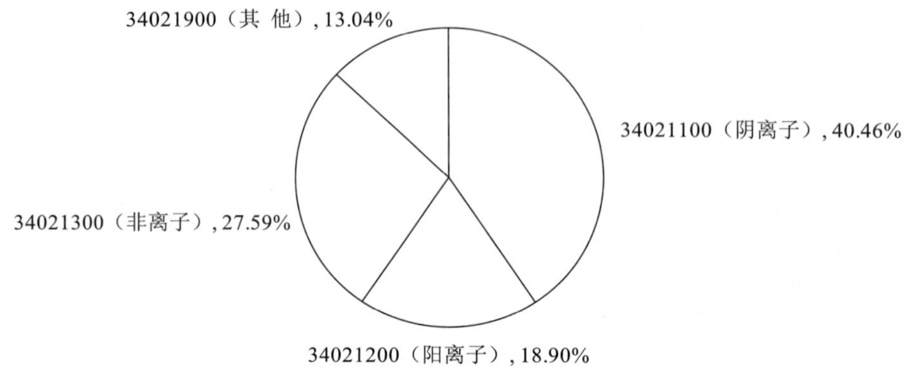

图 2　2014 年表面活性剂出口产品结构统计

相关产品出口国或地区排名前十的分别是香港（11.43 万 t）、日本（6.34 万 t）、台湾金马关税区（6.09 万 t）、美国（5.20 万 t）、马来西亚（4.39 万 t）、韩国（3.86 万 t）、澳大利亚（3.84 万 t）、安哥拉（3.51 万 t）、加纳（3.30 万 t）和泰国（3.29 万 t），如图 4、表 3 所示。出口目的国或地区排名前 20 总出口量达到了 76.49 万 t，出口额度 11.74 亿美元，出口均价仅为 1534.32 美元 /t，较进口价低了 1507.32 美元 /t，差价超过 49.56%。

进口均价较高的地区主要集中在德国、日本、法国、意大利和荷兰等，产品出口较高价格主要集中在泰国、印度尼西亚、新加坡和印度等。对比 2014 年表面活性剂进口和出口数据，中国行业目前还处于附加值中低端水平，一些高性能和高附加值产品还需依赖进口，这成为制约表面活性剂行业快速发展的一个主要因素之一。

表2　2014年表面活性剂主要进口国家和地区数据统计

进口国或地区	进口量/kg	进口额/美元	均价/（美元/t）	进口量同比/%	进口额同比/%
502　美国	123231544	343709002	2789.13	2.5	4.3
304　德国	42902827	197978606	4614.58	–0.5	2.1
132　新加坡	40169095	93968395	2339.32	–14.4	–7.2
116　日本	38854481	205522614	5289.55	9.0	7.4
122　马来西亚	36303475	62646768	1725.64	24.8	35.3
133　韩国	33234315	79078853	2379.43	29.2	30.9
143　台澎金马关税区	32536427	82992901	2550.77	4.0	3.6
136　泰国	11109992	19221638	1730.12	–2.2	1.1
112　印度尼西亚	10731738	17330258	1614.86	42.0	43.3
305　法国	10292026	47339542	4599.63	44.0	37.3

数据来源：中国海关，表面活性剂和洗涤剂行业生产力促进中心编辑整理。

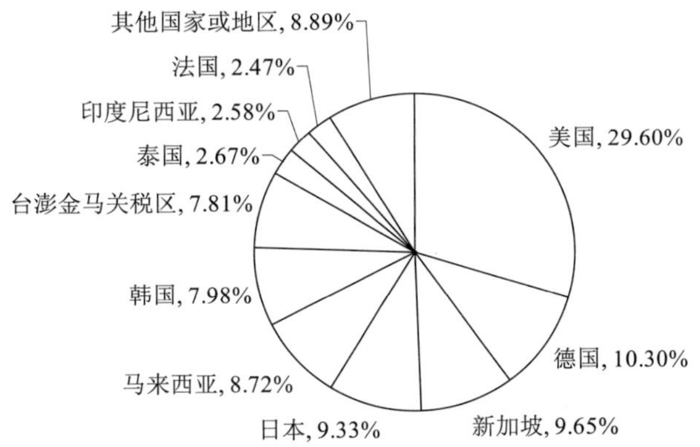

图 3　2014 年表面活性剂主要进口国或地区数据比重统计

表3　2014年表面活性剂主要出口国贸易数据统计

出口国或地区	出口量/kg	出口额/美元	均价/（美元/t）	出口量同比/%	出口额同比/%
110　香港	114267279	165733776	1450.40	2.2	5.5
116　日本	63464501	112124211	1766.72	1.3	6.0
143　台澎金马关税区	60957281	65519054	1074.84	8.5	10.9
502　美国	52005094	91589186	1761.16	11.8	8.6
122　马来西亚	43966911	70199156	1596.64	–6.2	–2.7
133　韩国	38628176	50195318	1299.45	–4.9	–1.1
601　澳大利亚	38444350	58076788	1510.67	20.9	22.9
202　安哥拉	35082359	30125278	858.70	14.5	13.5
220　加纳	33040278	30027253	908.81	3.1	–2.9
136　泰国	32904788	90249056	2742.73	19.7	44.1

数据来源：中国海关，表面活性剂和洗涤剂行业生产力促进中心编辑整理。

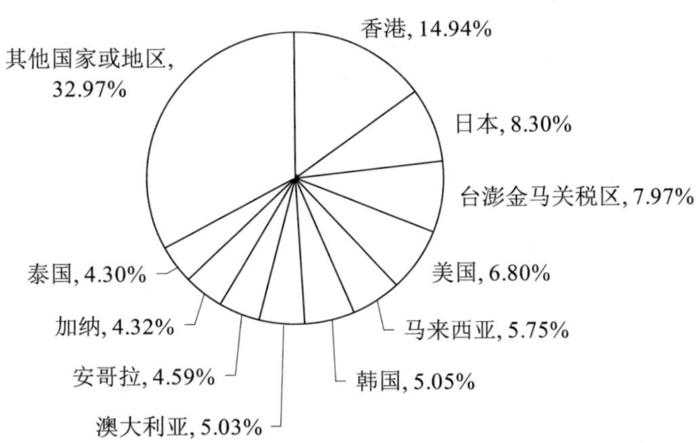

图 4　2014 年表面活性剂主要出口国或地区数据比重统计

2014 年 3402 系列产品进口省市主要集中在华东和华南地区，如表 4 所示，包括上海市（13.2 万 t）、广东省（12.0 万 t）、江苏省（5.69 万 t）、浙江省（3.31 万 t）和山东省（2.44 万 t），分别较 2013 年同比增长 6.1%、4.2%、0.2%、–15.0% 和 16.7%，其中上海市进口均价较高，达到 3777 美元 /t，折合人民币 23800 元 /t。

进口省市比重中来看，如表 5 所示，上海和广东省分别占 30.94% 和 28.22%，合计接近 60%，从产品类型来看，上海和广东进口海关 3402 系列产品主要集中在中高端洗涤产品及高性能表面活性剂制品等，说明华东和华南地区作为经济较发达地区，对洗涤产品结构选择和原料青睐与内地市场出现较大偏差。

表4　2014年国内表面活性剂进口省市数据统计

进口省市	进口量/kg	进口额/美元	均价/（美元/t）	进口量同比/%	进口额同比/%
31　上海市	131551083	496812931	3777	6.1	9
44　广东省	119990491	335978430	2800	4.2	8.7
32　江苏省	56898500	170680415	3000	0.2	–3.2
33　浙江省	33100062	74764310	2259	–15	–4.6
37　山东省	24392253	54629276	2240	16.7	10
12　天津市	19954656	48697935	2440	35.2	21.8
11　北京市	11909381	44329982	3722	5.7	1.3
21　辽宁省	8014156	19388850	2419	29.3	10.3
35　福建省	5838138	18537210	3175	22.3	21.4
43　湖南省	2258492	4549388	2014	–36.5	–28.5

数据来源：中国海关，表面活性剂和洗涤剂行业生产力促进中心编辑整理。

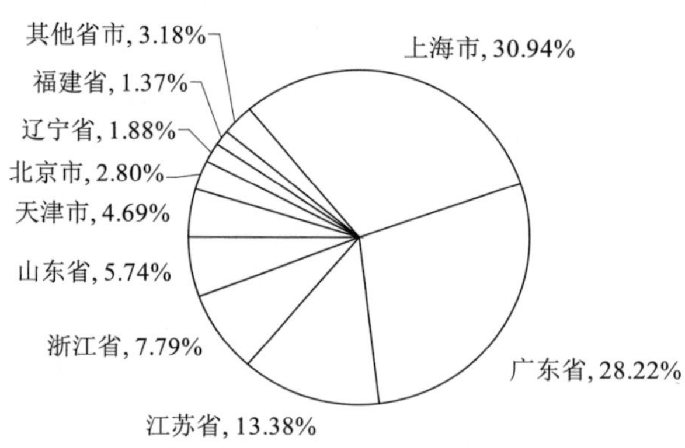

图 5　2014 年国内表面活性剂进口省市数据比重统计

从 2014 年国内 3402 系列产品出口省市来看，主要集中在广东省、山东省、江苏省、浙江省和上海市，出口量分别为 31.4 万 t、30.4 万 t、19.4 万 t、17.1 万 t 和 8.6 万 t，较 2013 年分别同比增长 3.1%、15.8%、7.6%、9.9% 和 12.3%，占当年总出口量的比重分别为 24.93%、

23.86%、15.43%、13.58% 和 6.86%，如图 6 所示。

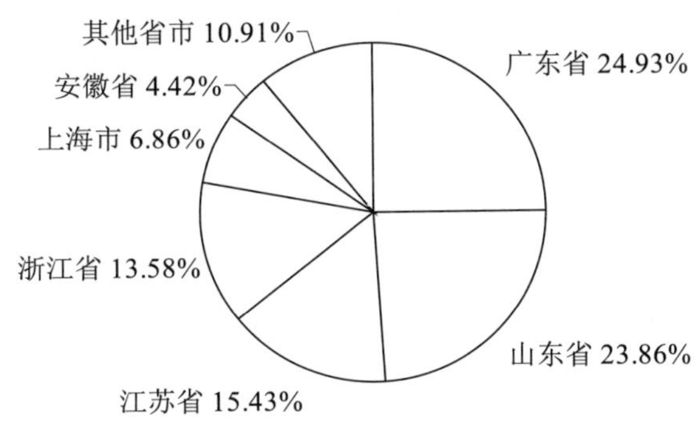

图 6　2014 年国内表面活性剂出口省市数据比重统计

排名前五省市出口均价最低为山东省，仅为 812 美元 /t，较高省市为江苏省，接近 2100 美元 /t，出口均价相差较大主要因产品结构差异引起，如表 5 所示。

表5　2014年国内表面活性剂出口省市数据统计

出口省市	出口量/kg	出口额/美元	均价/（美元/t）	出口量同比/%	出口额同比/%
44　广东省	313878773	563923933	1796.63	3.1	24.2
37　山东省	300485084	243970679	811.92	15.8	14.7
32　江苏省	194317912	407759209	2098.41	7.6	6.2
33　浙江省	170996393	216376425	1265.39	9.9	16.6
31　上海市	86395902	173891626	2012.73	12.3	17.3
34　安徽省	55702893	44922180	806.46	−1.3	−6.2
12　天津市	25215354	39468938	1565.27	32	33.5
35　福建省	19373661	27101519	1398.88	−30.8	−27.8
21　辽宁省	17768150	32734294	1842.30	10.8	−0.1
42　湖北省	17387823	27125912	1560.05	0	−1.2

数据来源：中国海关，表面活性剂和洗涤剂行业生产力促进中心编辑整理。

4　技术工艺与项目建设

2014 年，国际石油价格持续下跌，全球经济持续低迷，但是中国表面活性剂行业上下游项目建设并没有收到影响，包括商品环氧乙烷、减水剂单体、乙氧基化物和磺化 / 硫酸化装置等在内的项目建设并没有停止。

据不完全统计，2014—2016 年，预计国内新增表面活性剂产能大约在 150 万 ~ 170 万 t，产品主要集中在脂肪醇醚、聚醚大单体和磺化系列产品等。

2014 年 3 月，桐昆恒隆化工有限公司新增产能 5 万 t 乙氧基化装置正式投建，预期 2015 年 6 月份投产运行。

2014年4月，江苏盛泰化学科技有限公司一期新增8万t脂肪醇装置、12万t乙氧基化装置以及7万t磺化装置一并试车成功。

2014年7月,浙江皇马化工集团有限公司年产能7万t乙氧基化装置在镇海正式投产运行,该装置主要生产聚羧酸减水剂单体。

2014年7月底,辽阳石化环氧乙烷新增年产能7万t装置正式投产运行,总产能达到19万t。

2014年8月9日，四川石化年产能5万t环氧乙烷装置正式投产，四川石达年产能5万t乙氧基化装置一并投产运行。该装置主要生产减水剂单体。

2014年8月底，吉林石化改造乙氧基化装置，6万t乙氧基化装置中3万t用于生产非离子表面活性剂，3万t生产聚羧酸减水剂单体。

2014年9月4日，山东晟瑞新材料有限公司新建年产能10万t乙氧基化装置项目试车成功，预期2015年年初投产。该新建项目包含年产能6万t的表面活性剂，以及年产能4万t的聚羧酸减水剂单体。

2014年9月底，武汉奥克乙氧基化装置年产能12万t正式竣工，其中6万t乙氧基化装置计划生产聚羧酸减水剂单体，另外6万t装置计划生产特种环氧乙烷衍生物，12月29日，装置开工运行。

2014年10月，中轻日化科技有限公司新装置在上海试车成功，该装置年产能达到10万t，初步生产产品为非离子表面活性剂，预期2015年5月投产。

2014年11月13日，联泓集团在滕州乙氧基化装置一次试车成功，乙氧基化装置年产能10万t，随后11月28日，12万t环氧乙烷装置也顺利投产。

2014年11月底，江苏凌飞化工有限公司新增10万t乙氧基化装置试运行，该装置计划生产烷基酚醚和脂肪醇醚等系列产品，预期2015年年初正式投产。

阴离子表面活性剂，包括镇江华兴、新和（太仓）、四川赞宇、河北赞宇、惠州丽臣、惠州智胜、盛泰科技和沙索（中国）在内的主要规模表面活性剂企业，已经开建或者完成建设磺化装置总规模超过30.5 t/h，产品产能总计超过55万t。

5 下游行业发展

（1）洗涤用品行业　国内经济增长放缓，消费需求短期呈现饱和状态，洗涤用品需求增长幅度不大，初步统计，2014年国内洗涤用品总产量接近1230万t，较2013年同比增长10.77%，其中液体洗涤剂产量761.7万t，合成洗衣粉产量468.3万t，当年洗涤用品市场容量同比增长低于2013年同比增长幅度。规模以上企业零售商品库存量加大，2014年年底洗涤产品优惠力度超过往年。

近年来，洗涤用品增长相对平稳，但是国内日化企业面临人工、渠道等要素成本持续上涨的压力，另一方面因为市场竞争加剧，目前国内洗涤用品的盈利模式还有待进一步提高。

未来，日化行业的需求相对平稳，很难在刚性需求上面得到显著提高，未来洗涤行业将维持在5%~6%的平均增速发展。为迎合人民生活水平的变化，日化行业将更加注重拓宽品类，同时传统广告支出将有所减少，逐渐把投资点引入到互联网以及电商，甚至微商这种直销模式。

（2）纺织助剂行业　2014 年国内纺织助剂产量 150 万 ~ 160 万 t，同比增长在 10% ~ 12%，消耗表面活性剂的量 45 万 ~ 50 万 t，其中油剂产品消耗能力接近一半。整体来看，当年助剂市场整体走势相对平稳，行业逐渐进入平稳发展期。虽纺织印染行业仍呈现平稳增长局面，但前几年的产能过剩的诟病继续影响国内市场，企业经营出现困难，出口数据下滑。2014 年年中，因江浙断面水质出现波动，部分指标出现异常，为全力保证下游饮用水安全，因此江浙沪对印染企业实施暂时停产措施。此次停产华东地区助剂工厂停车整改。可见产能过剩、环保问题依旧是停留在纺织行业面前的两大阻力。

近年来世界纺织工业从美国和西欧国家向亚洲转移，使得亚洲地区纺织以及印染的需求得到了迅猛的发展。高附加值助剂供应商主要集中在朗盛、科宁、瓦克以及日本的竹本、松本等，这些公司凭借其突出的技术优势在纺织印染助剂领域得到了丰厚的利润。而我国还有巴西、越南、印度等发展中国家仅占据市场的中低端产品份额。产能过剩矛盾突出、竞争压力大、产品收益偏低等影响着国内纺织印染行业的发展。预计未来增长率将相对平稳，且或迎来下滑局面，增长率将维持在 6% ~ 7%。

（3）减水剂行业　2014 年对于建筑行业来说是不容乐观的一年，房地产投资大幅缩水，各地基建项目开工率偏低，以及国家房地产调控的影响下，单体下游聚羧酸减水剂市场需求增速大幅萎缩。虽年内国家在基建方面加大投资力度，但新工程项目审批多集中在 2014 年下半年，因此真正投建的工程项目并未看到明显的增加。所以导致国内大部分的减水剂工厂减产甚至停工。

从三种主要水泥外加剂市场容量分析，以木质素磺酸和萘系磺酸盐系列为代表的第一、二代减水剂市场容量进一步被压缩，表观市场消耗合计约合 315 万 t，相反，聚羧酸减水剂市场呈现爆炸式增长，据不完全统计，当年国内聚羧酸减水剂市场需求量超过了 480 万 t，计算 100% 活性物统计超过 110 万 t，消耗单体的量在 95 万 ~ 100 万 t，同比增长 33% ~ 36%，其中本土产品市场供应超过 90 万 t。

（4）其他行业　包括农药助剂、造纸化学品、石油开采和工业清洗等在内的其他工业领域，2014 年对表面活性剂的需求增长趋于平稳。其中，农药行业消耗表面活性剂的量在 12 万 ~ 15 万 t，造纸制浆行业需求量在 8.0 万左右，石油工业需求量在 5.5 万 ~ 7.0 万 t，工业清洗约合 3.5 万 t。

6 发展趋势及方向

2014 年国内表面活性剂行业呈现低迷状态，企业发展已经开始趋于理性，部分项目建设步伐放慢，坐观市场发展和产品行情走势。工业园区在项目招商方面也考虑众多因素，包括满足上下游产业链和避免同地域同质化产品竞争成为主要招商重要依据和指标。

具体来看，油脂化工行业在原油价格持续低迷影响下，表现不容乐观，脂肪醇和脂肪醇醚以及磺化装置开工率较 2013 年有所下降，企业获利压力进一步加大，新项目建设及新产能释放贡献当年产品产量较 2013 年有所增加。

传统原料烷基苯产量明显增长，带动烷基苯磺酸市场活跃起来，新建磺化装置基本配套多元化产品生产的能力和条件。从整个下游行业的需求和产品发展来看，传统 LAS 和 AES 等产品市场占有率很高，这也是制约我国表面活性剂上下游产业创新升级的主要瓶颈，虽然 APG 和 MES 等新型绿色产品在生产工艺和应用开发取得了一定成绩，但受配方工艺和生产技术不成熟（诸如高密度 MES 产品干燥系统，低泡 APG 产品等）影响，使其使用范围有限。值得一提的是，提高国产表面活性剂产品质量、满足下游行业多性能产品配方要求、加大产品出口力度、加快新产品开发成为未来一段时间行业发展的重点和方向。

表面活性剂的绿色安全性

表面活性剂产品种类繁多，使用范围涉及民用及工业领域，随着工业经济的快速发展以及消费能力的提高，全球对表面活性剂的需求量也在逐年增长，据不完全统计，2013 年全球表面活性剂产销量首次突破 2000 万 t（涵盖聚醚多元醇、减水剂和脂肪皂类产品），其中多功能表面活性剂种类超过 12500 种，随着合成技术的不断改进，表面活性剂的种类和功能性得到大步提升，随之而来的是给环境带来的安全性问题，而且这个问题已经被提升到全球精细化工可持续发展战略议程。

诸如欧盟和北美等发达国家针对烷基酚系列表面活性剂安全性问题进行了深入研究，包括降解周期、生理毒性以及排放检测标准均颁布了严格的标准。中国作为全球人口和经济大国，对以表面活性剂为主要组分配伍的行业需求也呈现快速增长态势，包括民用洗涤产品、牙膏口腔护理品、日用化学品、工业清洗、纺织印染、涂料加工、皮革助剂、石油开采、农药乳化、纸浆造纸等领域对表面活性剂的需求量依然很大。据不完全统计，2013 年全国各领域表面活性剂的消耗量突破 380 万 t。其中工业和民用的比例大约为 53% 和 47%。这就要求表面活性剂行业的产品开发和应用研究实现安全、绿色和环保。

1 表面活性剂种类及性能

目前国内主要表面活性剂种类包括：

（1）阳离子表面活性剂　脂肪族季铵盐、芳香族季铵盐、杂环季铵盐、高分子季铵盐、脂肪胺盐、酯基季铵盐和松香季铵盐等。

（2）阴离子表面活性剂　烷基 / 烯烃磺酸盐、烷基苯磺酸盐、萘系磺酸盐、脂肪酸衍生生物磺酸盐类、醇醚硫酸盐、烷醇酰胺硫酸盐、烷基酚醚硫酸盐、多羟基硫酸酯盐、醇醚羧酸盐、脂肪酸盐、磷酸酯系列、琥珀酸酯类、木质素磺酸盐、丙烯酰胺共聚物等。

（3）非离子表面活性剂　脂肪醇醚、烷基酚醚、脂肪胺醚、脂肪酸聚氧乙烯酯、油脂乙氧基化物、糖苷 / 淀粉衍生物、纤维素醚、嵌段共聚醚、高分子非离子表面活性剂等。

（4）两性及其他　甜菜碱类、两性咪唑啉、氨基酸型、烷基氧化胺、含硫 / 磷系列以及含氟 / 硅系列表面活性剂。

表面活性剂的生产与使用涉及众多民用和工业领域，具体包括大气、水体、人体皮肤以及自然环境生物等相关备受影响的环境体。目前全球有关表面活性剂的安全性定义为：

（1）表面活性剂生产工艺的安全性，工艺技术成熟，包括生产过程排放对环境体系的危害程度。

（2）原料来源的安全与可再生，天然油脂成为定义表面活性剂安全的一个重要标准。

（3）具有较高的附加值和兼有多种功能，兼洗涤、杀菌、表面活性等多种性能。

（4）优良的生物降解性和较低的生理毒性，降解后不会给环境带来二次危害。

（5）使用过程和使用后排放长期不会给环境生物和人类产生危害，包括生化毒性、生物的致畸、致癌和对人体皮肤和眼睛的刺激性等。

2 生产工艺与技术的安全性

根据主要产品类型不同，目前国内表面活性剂行业主要规模技术工艺包括磺化 / 硫酸化、乙氧基化、羧酸化和胺基化等四种。

2.1 磺化 / 硫酸化

截止到 2014 年年底，国内磺化装置超过 180 套，总产能超过 430 t / h (LAB)，绝大部分磺化原料采用气相三氧化硫，磺化过程的管道泄漏、尾气排放以及管道清洗是目前磺化产业制造污染的主要来源，国家政策提倡建设大规模磺化装置和余热回收系统，以满足节能减排要求，对于新建项目在 1.6 t / h 以下的磺化项目限制审批，行业在磺化技术和工艺方面安全绿色化要求满足以下几点：

（1）对于磺化过程有机物料循环泵和管道接口要求密封，做到定期检查，减少整个装置的污染物的泄漏，主要循环泵体不会因腐蚀或污染造成不同产品生产的安全事故或者有毒有害成分的残留。

（2）目前国内绝大磺化装置采用气相膜式列管技术，通过技术创新和主反应装置的结构升级，提升有机物磺化过程的转化率和产品活性物含量，降低能耗，满足高浓缩产品生产要求。

（3）减少因催化过程造成有机物料分解产生有毒有害成分残留，实现有害成分的在线检测，以满足下游产品使用应用标准要求，尤其配套尾气回收装置和二噁烷等气体脱除装置。

（4）实现管道清洗过程的最优化和有效性，降低不同有机物料加工过程对其他产品的安全性影响，对清洗后污水排放集中处理，达到排放标准要求再做集中排放。

（5）实现磺化装置余热回收和废热循环利用，尤其是余热回收在预反应阶段的使用，这项技术成为近几年国内磺化产业水平高低的标杆，余热循环使用可有效提高企业在节能减排和环境保护方面的竞争力，降低产品生产成本。

2.2 乙氧基化

与磺化装置项目相比，乙氧基化装置投资较大，工艺路线和配套设备比较复杂。其安全保障程度较磺化设备高。截止到 2014 年年底，包括聚醚多元醇、脂肪醇醚等在内的乙氧基化装置产能超过 350 万 t，规模以上装置超过 75 套，EO 作为主要原料供应，安全性是制约乙氧基化装置项目审批的一个先决条件，过去三年，国家层次已经对非管道运输 EO 乙氧基化装置进行下令整改，对处于人口密集地区的重大安全隐患进行强制搬迁，目前国内规模以上乙氧基化装置均采用或者配套管道运输 EO 定的能力，有效降低乙氧基化项目的风险系数。针对乙氧基化生产工艺和产品选择，绿色安全应满足以下条件：

（1）针对原料环氧乙烷的安全敏感和易爆特性，首选是配套环氧乙烷压力缓冲装置和储存设备，尤其是除静电设备。生产过程环氧乙烷泄漏、蒸发引起的安全隐患，将EO操作分为安全区、安全警告区、危险区和灾难区四个区域，依次划分情况，建立了EO体系定量安全评价的参照标准。

（2）乙氧基化产品生产大多采用碱性溶液催化剂，催化剂的回收利用以及多相催化工艺技术的开发，对于未来提升乙氧基化产品质量和安全性，减少污染物的排放，降低工作人员的操作风险，至关重要。

（3）实现智能电子控制和反应过程的实时在线监测，建立安全有效的距离保险机制，通过反应系统惰性环境保护，保障整个工艺的有序平稳进行。

（4）原料选择安全和产品的绿色化，目前乙氧基化产品大多数集中在脂肪醇醚、烷基酚醚和聚醚多元醇等，在产品生产转化期间，有效降低烷基酚等生理毒性物质对其他产品工艺的污染，至关重要，所以现在国内乙氧基化装置一般将烷基酚醚生产装置单一化。

（5）乙氧基化过程一般为放热过程，对于余热回收和热膨胀引起的压力巨变有效控制是其安全连续生产的前提。

（6）重点培养具有高度安全责任心的操作人员，降低认为安全风险参数。

2.3 胺基化

胺基化对推动阳离子表面活性剂发展至关重要，但是有机胺的排放对环境的污染也是很严重的，这也是近几年国内严格审查和审批有机胺企业的一个重要条件。

国内脂肪胺企业在12家左右，总产能超过30万t，万吨级装置基本垄断在跨国公司手里，本土多数企业以千吨级规模生产，在节能降耗和环境保护方面没有形成有效机制，尤其是尾气回收和污水处理方面配套工序不足，造成单成本和产品利空减少，无法与国际跨国公司竞争，产品供应还是以传统大众为主。

脂肪胺作为阳离子表面活性剂原料使用历史已经超过50年，而且目前国际通用柔软剂还是以季铵盐为主，其生产工序至少要完成六步，成为油脂化工行业最具污染的产品之一，对于脂肪胺系列产品绿色化条件要求：

（1）原料的安全和可生物再生。

（2）提高主要产品转化率和回收率，减低污水、尾气中有毒有害成分残留。

（3）实现新产品的可替代开发，诸如利用酯基季铵盐替代传统柔软剂D1821（双十八烷基二甲苯季铵盐）。

（4）发展工业园区式生产模式，有效降低分散生产带来的负面影响。

2.4 羧酸化

目前全球表面活性剂行业羧酸化工艺基本采用氯乙酸法，针对工业聚羧酸减水剂生产有毒有害残留没有严格要求，而日化产品中氯乙酸的残留直接影响产品质量和安全指标，实现新型催化工艺聚羧酸化是未来该技术升级革新有效手段，例如采用贵金属催化氧化法实现羧酸化，可实现产品无氯乙酸残留，有效提升产品附加值和安全质量指标，降低产品氯乙酸给消费带来的皮肤刺激和安全隐患。

3 产品的安全性和绿色化

全球表面活性剂种类超过上万种，其中包括油脂衍生系列、原油衍生合成系列、微生物型、硅氟改性等。不管是工业领域还是民用，表面活性剂产品均应该做到绿色、安全、高效和无毒无害。具体分析产品安全性和绿色化：

（1）选用天然油脂作为起始原料进行加工，在性能和功效相近情况下，减少产品生产工艺流程（图 1 所示）。通过技术工艺革新，实现 MES 和 FMES 替代 AES，酯基季铵盐替代传统季铵盐产品。

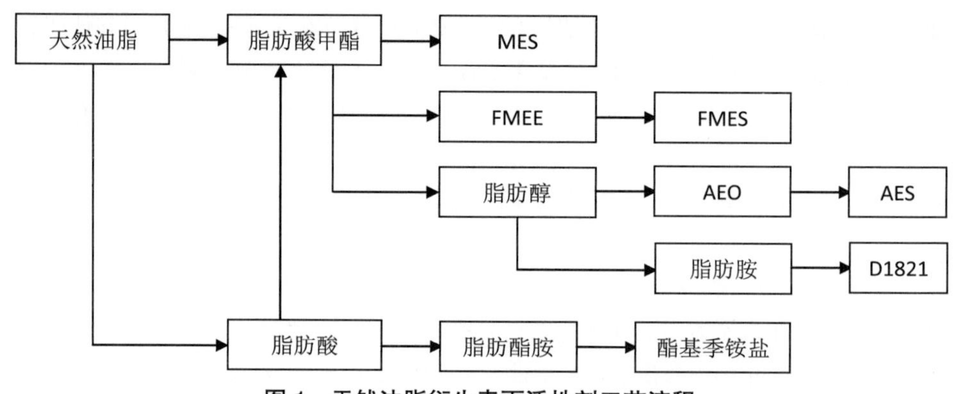

图 1　天然油脂衍生表面活性剂工艺流程

（2）开发生物表面活性剂，利用生物发酵技术，开发与机体相容性更好的磷酸酯型表面活性剂。生物表面活性剂比合成表面活性剂更具有潜在的优势：可生物降解，无毒或低毒，具有良好的环境相容性，因此可用作化妆品和药品的添加剂；可用工业废物生产，以减少工业三废；具有更高的起泡性，在某些苛刻条件下具有更高的选择性和专一性；结构多种多样，可适用于特殊领域。

（3）通过氨基酸中官能团改性，发展氨基酸型表面活性剂。

（4）生物肽表面活性剂的研发及应用。

（5）具有较好生物降解性表面活性剂开发，如线性烷基苯取代支链烷基苯。

（6）多羟基表面活性剂的研发，例如糖苷类、葡萄糖酰胺类。

4 未来发展方向

（1）提高表面活性剂的生物降解性。表面活性剂的可生物降解性将成为未来表面活性剂发展的重要方向，生命周期评价也将成为表面活性剂绿色化过程中的一个重要指标。

（2）大力开发和利用天然可再生资源。开发和利用天然脂肪醇和棕榈油、糖类、淀粉等原料制备表面活性剂，最大限度的降低表面活性剂中的有毒物质，使其符合生态与环保要求。

（3）反应过程的绿色化。采用绿色原料、催化剂、溶剂以降低表面活性剂在制备过程对环境产生的污染。

（4）表面活性剂的功能性和有效性。开发和制备一批具有高效功能性的表面活性剂，具有重要的意义。但是在研究和开发绿色表面活性剂产品的同时，应进一步加大绿色表面活性剂的使用力度，促使我国绿色表面活性剂事业实现飞速发展，进而带动我国其他行业的快速发展。

新型表面活性剂产品的开发与应用研究

全球表面活性剂的消费量已经超过1700万t，产品主要集中在以石油合成为主要原料的产品衍生物，天然油脂化学品作为工业油脂深加工原料，近20年得到充分发展，但在产品性能和组分活性物含量上有待提升。为解决目前大宗表面活性剂生产工艺复杂、成本较高、性价比低及应用范围窄等缺点，国内外企业开始通技术工艺升级和新合成方法研究，开发出一批具有生物降解性好、低刺激、低成本、高活性、配伍性好的新型绿色安全表面活性剂产品，其中最具代表性的包括烷基糖苷（APG）、醇醚糖苷（AEG）、醇醚羧酸盐（AEC）、脂肪酸甲酯磺酸盐（MES）、脂肪酸甲酯乙氧基化物（FMEE）、酯基季铵盐、甜菜碱和氨基酸型表面活性剂。

1 烷基糖苷

烷基糖苷，简称APG，由可再生资源天然脂肪醇和葡萄糖合成，是一种性能较全面的新型非离子表面活性剂，兼具普通非离子和阴离子表面活性剂的特性，具有高表面活性、良好的生态安全性和相溶性，是国际公认的首选“绿色”功能性表面活性剂。

性能特点：烷基多糖苷表面张力低、无浊点、HLB值可调、湿润力强、去污力强、泡沫丰富细腻、配伍性强、无毒、无害、对皮肤无刺激，生物降解迅速彻底，可与任何类型表面活性剂复配，协同效应明显。具有较强的广谱抗菌活性，产品增稠效果显著、易于稀释、无凝胶现象，使用方便，而且耐强碱、耐强酸、耐硬水、抗盐性强。

烷基糖苷可作为洗发香波、沐浴露、洗面奶、洗衣液、洗手液、餐具洗涤液、蔬菜水果清洗剂等日用化工的主要原料，也用在皂粉、无磷洗涤剂、无磷洗衣粉等合成洗涤剂中。可作为食品、农药、硅油的乳化分散剂；杀虫剂、除草剂的增效剂；农膜防雾剂、塑料助剂；亦可用于医药、生物工程、工业清洗、消防药剂、纺织助剂、涂料、感光材料、制革、采油、选矿、橡塑，能源等多种领域。

烷基糖苷的合成方法常见的有转糖苷化法和直接苷化法等。

转糖苷化法也称“二步法”，首先由葡萄糖和低碳醇反应生成低碳链糖苷，再由低碳链糖苷和高碳醇进行醇交换反应生成高碳链糖苷。此法较好地解决了原料葡萄糖和高碳醇之间的相溶性问题，使合成比较易于实现，而且能克服直接苷化法过程中产生焦糖的缺点，但工艺复杂，且低碳苷与高碳苷的转化一般都不会很完全。目前用转糖苷化法合成烷基糖苷主要是研究对催化剂的改进上，其中使用效果较好的催化剂如下无机酸，如盐酸、硫酸和磷酸等；磺酸类催化剂，如对甲苯磺酸、烷基苯磺酸、对甲苯磺酸吡啶盐；此外还有固载杂多酸以及强酸型离子交换树脂等；也有采用两种酸或几种酸共同催化的。

直接糖苷化法也称“一步法”，是以葡萄糖和高碳脂肪醇为原料，在酸性催化剂作用下直接合成烷基糖苷的方法。在直接法合成工艺中，醇与糖直接发生缩醛化反应合成糖苷，不需要引入低碳醇．降低了原料成本，工艺流程也更为简洁，且反应速度较快。相比转糖苷化法，直接糖苷化法工艺具有糖苷得率高、反应时间短、合成路线短、能耗小、易操作及成本低等优点。但由于葡萄糖与高碳醇的不溶性，所以这种合成方法的研究热点仍然是在对催化剂的选择改进上．常被采用的催化剂主要有对甲苯磺酸、十二烷基苯磺酸、复合催化剂等。

从全球来看，2010 年，全球 APG 产能 25 万 ~ 30 万 t，主要集中在德国巴斯夫、英国 ICI、日本花王公司和德国汉高公司等。初步统计，2013 年全球烷基糖苷产能应该超过 36.5 万 t，年产量在 20 万 t 左右。市场需求主要集中在欧洲和北美地区，近几年在中国兴起 APG 项目建设热潮。目前在运行装置有：上海发凯 1.5 万 t，上海科宁化工 1.2 万 t，扬州晨化 1.2 万 t，深圳长园嘉彩 5000 t，石家庄金莫尔 3000 t，宜兴金兰 5000 t，金陵石化院 1.0 万 t，海宁源远纺织助剂 8500 t，其他约合 8500 t，总计产能超过 7.0 万 t，约占全球比例的 22.5%。

据不完全统计，2014 年国内烷基糖苷总产量 3.0 万 ~ 3.5 万 t，上海发凯化工有限公司当年产量超过 8500 t，其中国内市场消耗 5000 t 左右，国内市场比例为 15.0% ~ 16.0%，其次上海科宁（被巴斯夫收购），2014 年产量约合 5500 t，科宁和上海发凯当年产量占全国产量比例超过 40%，市场占有率达到 40%，当年两家公司出口国外烷基糖苷产品总计超过 6200 t，占国内产量的比例约合 19.0%。

2015—2020 年，国内烷基糖苷新增产能将超过 12 万 t，其中上海发凯正筹划建设 10.0 万 t 烷基糖苷项目，江苏华兴生物科技配套磺化项目建设 5.0 万 t APG 项目（土建阶段），淮安嘉立化工环评公示计划建设 2.0 万 t，南通博爱精细化工 1.0 万 t APG 改造项目，江苏万淇生物科技 2000 t。另外上海科宁也计划扩建 1.5 万 t。

烷基糖苷从开发到实际应用，经历了近 20 年，但是市场需求从 2010 年才开始，2014 年国内外烷基糖苷市场快速增长，市场容量年均增长超过了 20%。产品性能得到不断提升，技术工艺也日益成熟，配套的脱醇工艺和漂白也日益完善，产品质量及市场可以与国际大公司相抗衡。

生产烷基糖苷的基本原料是淀粉和脂肪，二者均属于天然产物加工的可再生资源．且我国的淀粉资源十分丰富。随着洗涤用品工业朝着绿色、天然的方向发展，烷基糖苷将进一步受到关注，开发烷基糖苷表面活性剂有着巨大的市场潜力。加快对烷基多聚糖苷的研究开发将会有力推动我国洗涤用品工业和表面活性剂工业的发展。目前烷基糖苷需要解决的问题是：高碳醇的脱除，产品的漂白脱色、高稳定性储存和低泡烷基糖苷应用开发等。

2 醇醚糖苷

醇醚糖苷 AEG 是我国具有自主知识产权的一类特殊功能助剂，属于烷基糖苷 APG 和脂肪醇醚 AEO 的性能改良产品。AEG 类产品无毒、无刺激、易于生物降解，具有保湿护肤功效，可显著降低整体配方的刺激性，低温水溶性良好，耐硬水，对配方体系具有良好的增粘功效，能与各类活性物复配，化学性质稳定，对人体和环境安全。AEG 的原料成本和产品售价低于 APG，是性价比更高、应用领域更广泛的新型、绿多功能性色表面活性。

AEG 具有良好的性能，被广泛应用于衣用洗涤剂、功能性液体洗涤剂、化妆品和个人护理用品、消毒洗剂、工业助剂、工业清洗、农药乳剂等领域。数据实验表明，液体洗涤剂配方添加醇醚糖苷替代 AEO_9 50% 的活性物，配方表现出绝佳的洗涤效果，而且不会给织物造成伤害。农业领域，尤其醇醚糖苷对苯的增溶能力是 TX-10 的 1.8 倍，具备作为水基农药乳化剂的潜在能力。

2012 年，安阳博奥生物科技 5.0 万 t 醇醚糖苷项目正式投产，目前装置运行平稳，市场反应良好。2014 年，江苏万淇生物科技有限公司通过技术转让，借助中国日用化学工业研究院的技术力量，完成 2.0 万 t 醇醚糖苷的项目建设，2015 年计划正式规模性投产。

由于醇醚糖苷原料脂肪醇醚的组分不确定性，对于醇醚糖苷的活性物组成需要特别关注。活性物组成与产品性能密切相关，由于天然脂肪醇醚产品含有 EO 家合数 3 以上的醇醚组分，这些重组分在脱醇工序不能被蒸发脱出而留在糖苷产物里。其应用性能上的特别意义在于生产企业可根据不同领域的应用需求，调整生产工艺和醇醚原料，当产品活性物重组分醇醚控制在 5% 以内，理论上意味着其余 95% 以上的活性物为醇醚糖苷，这类产品是目前 APG 的主要改良产品，当醇醚重组分控制在 50% 时，产品中醇醚和糖苷组分基本各占一半。实验和配方验证结果说明低 EO 数的 AEG 可作为低泡洗涤剂有效活性物组分。

醇醚糖苷作为后起之秀，与醇醚和 APG 相比具有明显的性价比优势，市场接受还需一段时间，随着技术工艺日益成熟和产品性能的提升，未来五年之内，将成为国内备受欢迎的新型绿色表面活性剂之一。

3 脂肪酸甲酯磺酸盐（MES）

MES 是受当今国内外密切关注的最有发展潜力的廉价高效表面活性剂和钙皂分散剂，其有优良的去污性、抗硬水性、低刺激性和毒性，表面活性优于烷基苯磺酸钠（LAS），是国际上公认的用来替代烷基苯磺酸钠的第三代表面活性剂，但也是历史发展和产业化最慢的产品之一，从产品开发到规模化生产，时间超过了 40 年，随着粉状干燥技术的逐步成熟，近几年 MES 市场逐步进入活跃期。

MES 作为 LAS 替代品独特优越性：①基于天然原料，可再生资源，生物降解性好，属环保型绿色产品；②性能温和，对人体的刺激低于 LAS 和 AS，与 AES 相当；③低毒性，与 AS，AES 相当，无口服毒性，实际对生物无毒；④洗涤性好，即使在冷水和硬水环境中保持良好的洗涤性能，是一种良好的钙皂分散剂；⑤配伍性好，可与多种表面活性剂、酶制剂等配伍，具有增效特性；⑥泡沫性好，可替代 K12 等产品用于药膏和复发产品原料。

美国凯密桑（Chemithon）公司 1983 年以来一直致力于 MES 的研究，到 2000 年已基本解决生产高质量产品的工艺关键，产品质量能够达到低二盐和高得率。美国休斯公司 2001 年投产建成 8.2 万 t/年的 MES 工厂，目前已投入运行。生产工艺采用凯密桑技术，产品色泽良好（在 30 Klett 色度以下），过去 10 年已经向美国本土及海外洗涤剂市场供应 MES 量超过 45 万 t。

随后，日本狮子（Lion）公司、美国斯泰潘（Stepan）公司分别建设 4 万 t 和 5 万 t MES 装置。狮子公司和休斯公司均以棕榈油为原料，斯泰潘以椰子油为原料。休斯公司的产品型式是自由流动粉末，狮子公司和斯泰潘公司的产品型式是液体，但是都能配制成液体和粉状的洗涤用品，产品已在北美和日本大量上市。现在，MES 除了可配制商品洗涤剂外，还作为钙皂分散剂辅助掺加在肥皂里，用于生产优质复合皂条。

亚太地区已经成为全球最大的 MES（甲酯磺酸盐）市场，其主要原因为棕榈油类原料的利用率高，以及洗涤剂市场的快速发展。2012 年，全球 MES 产品的总消费量为 25.6 万 t，其中的 95% 都用于生产洗衣产品，很少部分用于餐具洗涤。狮王公司在马来西亚开设了产能为 5 万 t / 年的 MES 工厂，成为全球领先的 MES 生产商。含有 MES 的洗衣粉已经在马来西亚、泰国、日本、新加坡和韩国销售，马来西亚和日本市场还出售含有 MES 的洗衣液。

根据 Beroe 咨询公司的最新研究，在技术和配方工艺成熟的前提下，2014—2020 年期间，MES 在亚太地区的复合年增长率将达到 20%，在拉丁美洲的复合年增长率将达到 10%，在北美地区的复合年增长率将达到 5%，在西欧地区的复合年增长率将达到 4%。预计到 2020 年，全球 MES 市场总量将达到 45 万 t。

截止到 2014 年年底，国内在运行和在建 MES 装置总产能超过 10 万 t，但市场表现不容乐观，实际市场容量不到 2.0 万 t，主要装置的运行效率和开工率较低，产品性能和实际应用还需要一段时间被下游企业和消费者接受。诸如江苏海清 20 万 t MES 装置目前已经被租赁改造其他磺化产品生产。目前国内 MES 发展需要解决的有四大问题：一是高密度活性物干燥技术开发；二是二钠盐含量必须降低；三是产品实际应用配方技术的提升；四是高 pH 下水解问题的解决。

目前 MES 主要用于粉状洗涤产品，制约其大量应用的瓶颈是：MES 只适合采用无塔喷粉工艺生产高密度洗衣粉，不能用于高塔喷粉工艺生产低密度洗衣粉。高密度洗衣粉的密度范围为 0.55 ~ 0.75 kg / L，低密度洗衣粉的密度范围为 0.25 ~ 0.45 kg / L。早期研究显示，MES 在喷粉条件下会发生部分水解，生成表面活性低、去污力差的二钠盐。同时，当长期处于 pH<3 或 pH>10 的环境下，或者喷雾干燥温度较高时，MES 会发生分解。有研究表明，MES 和 LABS 的二元体系可以避免 MES 在喷雾干燥过程中的上述技术缺点。然而，需要对此二元体系的洗涤剂配方开展深入研究，以评价其是否适合喷雾干燥工艺。同时 MES 配伍产品低温使用瓶颈也需要实现攻克。

4 脂肪酸甲酯乙氧基化物（FMEE）/ 磺酸盐（FMES）

FMEE 是近年来国际上研究开发的新品种，属于一种新型的醚—酯型非离子表面活性剂，由脂肪酸甲酯与环氧乙烷直接加成制得，它的出现，可以有效地解决第一二代表面活性剂的一些问题。与常用的 AEO 相比：不仅具有相当的表面活性，而且工艺路线短，生产成本低，水溶性好，有利于液洗类产品的配制；泡沫低易漂洗，具有节水功效，更易生物降解，对油脂增溶力强，生态毒性小，刺激性小等优点。同时该产品原料取自天然动植物油脂，充分利用可再生资源，可降低对环境的压力，属于可持续发展项目，FMEE 的优点正符合国际表面活性剂的低泡高效、绿色、低成本的发展趋势。

FMES 是 FMEE 经过磺化后的产物，FMES 与其他阴离子表面活性剂相比，具有极佳的去污与分散净洗功能，净洗性能优于 LAS，在洗衣液中代替其它阴离子表面活性剂，可以提高洗衣液的去污力。除此之外，FMES 的耐碱性达到了 110 g / L（有的文献报道较小），仅次于 AES 的 130 g / L，而泡沫高度只有 AES 的不到一半，作为新一代洗涤原料组分，为开发低泡易漂洗、节能减排系列洗涤产品具有重要意义。

FMEE 和 FMES 作为硬表面清洗产品原料，与其它非离子表面活性剂的复配使用，弥补了其他非离子产品除蜡与分散效果差的缺陷，从而提高整个产品的清洗效果。作为农药乳化和分散剂具有可生物降解、不污染农作物和土地以及吸湿性好等特点，适宜作农药乳化剂，并可调整土壤湿度，对草甘膦、毒死蜱和农用灭菌剂均有显著的增效作用。在石油工业，具有降低水活度、改变大页岩孔隙流体的流动性作用，加入到钻井液以后，体系具备了部分油基钻井液的特点：如润滑性好、抑制能力强、抗二次沉积能力强，并有良好的储层保护作用等特点，能与其他水溶性聚合物相互作用而达到最佳降滤失效果，拓宽天然聚合物钻井液使用的温度限定范围。

从全球市场来看，墨西哥喜赫石油化工是全球最大的 FMEE 和 FMES 供应商，该公司在全球共有三个生产基地，两个于墨西哥的曼萨尼略和坎佩，另一个位于巴西的萨尔瓦多。据不完全统计，2012 年，该公司全球 FMEE 和 FMES 总产量接近 50 万 t，其中出口到中国产品的量约合 1.25 万 t。

国内 FMEE 发展环境是：原料脂肪酸甲酯原料供应充足，对应的乙氧基化装置生产分配不足，造成国内装置的新产品利用率和市场规模不高。

2012 年 9 月，喜赫石油化工在华投资 3.0 万 t 表面活性剂项目奠基（上海喜赫），其中包括 1.8 万 t 的 FMEE 和 0.9 万 t 的 FMES，未来二期项目总计产能将超过 8.5 万 t。天津浩元化工也积极努力推广 FMEE 产品市场，目前公司产能规模超过 5000 t，产品市场供应较少。

2015 年，中轻日化科技有限公司新型绿色非离子表面活性剂产业化项目在上海预期投产，其中包括 FMEE 产能约合 1.0 万 t，这是中国目前唯一一家本土技术 FMEE 产业化的企业，技术主要来源中国日用化学工业研究院，预期 2015 年中期投产。未来 10 年，在催化剂稳定成熟的条件下，中国 FMEE 和 FMES 市场容量超过 10 万 t。

5 酯基季铵盐

酯胺与合适的季铵化试剂反应可制得具有较高柔软性且可生物降解的绿色环保柔软剂——酯基季铵盐，实现碳酸二甲酯、硫酸二甲酯与酯胺反应制备酯基季铵盐，成为开发此类产品绿色化工艺的先决条件。

酯基季铵盐的性能：

（1）良好的生物降解性　良好的生物降解性是酯基季铵盐逐渐替代传统织物柔软剂 D1821 的最主要原因，产品在废水处理中极易生物降解为二氧化碳、脂肪酸和较小的阳离子代谢物，进而最终降解成无毒小分子，不会给环境造成污染。

（2）柔软性　酯基季铵盐柔软性受分子结构疏水链和羧酸基的影响，较短的疏水链使其季铵结构表现出较弱的吸附性，其柔软性能稍逊于 D1821，目前国际上一般采用碳数较高的硬脂酸（牛羊油脂）作为酯胺原料，进而深加工制备性能较高的酯基季铵盐柔软剂。

（3）抗静电性　酯基季铵盐含有酯基和季铵结构，具有较好的亲水性，是一种优良的抗静电剂，其抗静电性优于 D1821。

（4）性价比高　目前国内外酯基季铵盐生产成本在 5500 元 ~ 6500 元 / t，市场价格在 7000 ~ 8000 元 / t，最高也就 9500 元 / t，较传统柔软剂 D1821 价格 14000 元 ~ 16000 元 / t 低很多，而柔软效果基本相当，具有很高的性价比和附加值。在设备投资和生产成本方面具有明显的竞争优势。

除此之外，酯基季铵盐不含 APEO、甲醛，抗变黄，绿色环保。用量少，效果好，配制方便，综合成本低，具有极高的性价比。该产品适合以 5% ~ 20% 的浓度运用在织物柔顺剂产品中。是双十八烷基二甲基氯化铵（D1821）及软片、软油精等的最佳替代品。在欧洲，酯基季铵盐占柔软剂市场份额已经超过 85%。

当前酯基季铵盐生产主要工作是优化工艺条件，提高单 / 双酯基季铵盐的收率，降低三酯季铵盐存在带来的负面影响。

2013—2014 年，中国柔软剂市场容量 20 万 ~ 25 万 t，但是酯基季铵盐作为柔软剂的市场比例不到 20%，年消化量在 4 万 ~ 5 万 t，远远低于欧美等市场。传统季铵盐柔软剂市场超过 75%，包括有机硅改性产品市场比例不到 5.0%。国内酯基季铵盐主要生产企业有罗地亚（张家港）和阿克苏诺贝尔，年产能超过 2.0 万 t，除此之外，每年还有相当一部分依赖进口。

6 甜菜碱型表面活性剂

甜菜碱型两性表面活性剂，最大的特点是无论在酸性、中性或碱性的水溶液中都能溶解。即使在等电点时也无沉淀。此外，渗透力、去污力及抗静电等性能也较好。因此，是较好的乳化剂、柔软剂和工业助剂功能性添加剂。

（1）羧酸基甜菜碱　分子中的阴离子为羧基，阳离子为季铵基，如烷基二甲基甜菜碱。与氨基酸型表面活性剂相比，甜菜碱型在酸性、中性或碱性介质中均能溶解于水，即使在等电点也不致产生沉淀，因而可以在任何 pH 的水溶液中使用。在酸性介质中，表现为溶于水的阳离子表面活性剂；在中性或碱性介质中，表现为能溶于水的两性表面活性剂，可与任何类型的表面活性剂配合使用。制备甜菜碱型两性表面活性剂常用的原料为烷基二甲基叔胺和氯乙酸钠等。

（2）磺基甜菜碱　分子中的阴离子为磺酸基，阳离子为季铵基。常用的有烷基二甲基磺乙基甜菜碱和烷基二甲基磺丙基甜菜碱。磺基甜菜碱性能全面，不但有普通甜菜碱的全部优点，还具有耐高浓度酸、碱、盐等独特优点。如羟丙基磺基甜菜碱，具有耐高浓度酸、碱盐，良好的乳化性、分散性和抗静电性，以及具有杀菌、抑霉性和黏弹性等。已广泛应用于日用化工、油田驱油、压裂、酸化等多个领域。

（3）磷酸脂甜菜碱　分子中的阴离子磷酸脂基，阳离子为季铵基。如烷基二甲基羟丙基磷酸脂甜菜碱，具有两性表面活性剂的优良的润湿性、洗净性、增溶性、乳化分散性、抗静电性、热稳定性等，以及良好的配伍性，较低的刺激性，和优于一般阴离子表面活性剂的耐碱性、耐电解质性和抗静电性优点，而且具有较强的钙皂分散性，具有表面张力低，起泡性能优良特点。

根据中国洗协表委会 2014 年最新数据统计，当年国内甜菜碱总产量约合 5.25 万 t，消量 5.0

万 t。依据 2014 年日用化学品和洗涤剂用品产量进行初步估算，国内甜菜碱型表面活性剂年消化能力在 12.5 万 ~ 15.0 万 t，有 30% ~ 35% 的产品依赖进口。产品主要用于沐浴露、发用香波和油田化学品中，其中护发产品消耗甜菜碱的量超过 60.0%，约合 8.5 万 t。

7 氨基酸表面活性剂

由于氨基酸中含有反应活性较高的氨基和羧酸基，氨基酸具有较好的皮肤相容性，低毒无害无刺激，通过两种不同基团的改性该制备出多种氨基酸型表面活性剂产品，目前常用氨基酸有 20 种，理论计算改性制备表面活性剂措施超过 80 种，产品种类更是超过上百种。

目前工业生产氨基酸型表面活性剂最大的瓶颈是目标产品需要做到官能团的保护。氨基酸表面活性剂应用领域主要集中在护发产品、个人护理产品等，氨基酸型产品按照结构差异具有阴离子、阳离子和两性离子等类型产品，对于不同性质的皮肤和机体需要开发不同种类的产品。

国内氨基酸型表面活性剂企业：江苏万淇 5000 t（2015 年投产），南通泰利达 3000 t，广州壹凡化工 2000 t，格瑞特（张家港）化学 10000 t，福建科宏生物工程 300 t（温和型）；重庆海帆生物科技 800 t（蛋白温和型）。

根据中国洗协表委会 2014 年数据统计显示：当年氨基酸表面活性剂产销量在 7500 ~ 8000 t，在国内的表面活性剂市场比例不到 0.2%，民用领域市场比例约合 0.5%，与全球比例基本持平，未来市场发展潜力巨大。

8 醇醚羧酸盐（AEC）

醇醚羧酸盐（AEC）是一类新型的多功能阴离子表面活性剂，分子结构式一般为：$R(OCH_2CH_2)_nOCH_2COONa$，与肥皂十分相似，但嵌入的 EO 链使其兼备阴离子和非离子表面活性剂的特点，可以在广泛的 pH 条件下使用，主要表现为：

①卓越的增溶能力，适于配制功能性透明产品。②良好的去污性、润湿性、乳化性、分散性和钙皂分散力。③良好的发泡性和泡沫稳定性，发泡力不受水的硬度和介质 pH 的影响。④对眼睛和皮肤非常温和，并能显著改善配方的温和性。⑤耐硬水、耐酸碱、耐电解质、耐高温、对次氯酸盐和过氧化物稳定。⑥具有良好的配伍性能，能与任何离子型表面活性剂配伍，尤其对阳离子的调理性能没有干扰。⑦易生物降解，OECD 验证试验的降解率为 98%。自然环境中可完全降解为 CO_2 和水。⑧无毒，使用安全，LD_{50} 值为 3000 ~ 4000mg / kg。

醇醚羧酸盐的优良性能决定了其具有广泛的用途：①作为乳化剂用于膏状化妆品。②用于口腔清洁用品，不会对溶菌酶产生抑制作用。③皂块中配入 AEC 可改善皂块的温和性、钙皂分散力、泡沫性能和沐浴感。④作为洗涤剂可部分代替 LAS 和相应的非离子表面活性剂，用于家用洗涤剂、工业洗涤剂和无磷洗涤剂中。⑤用于个人清洁和保护用品中，如温和型洗发香波、沐浴液、洗面奶、婴儿用香波、液体皂等。⑥在纺织工业中，可用于棉布的预处理、丝光处理、精练、漂白等；用于羊毛清洗和处理比对应的非离子效果更好；与氨基硅氧烷的复配物作为织物柔软剂能改进柔软效果，织物防皱、不泛黄；同时作为乳化剂、匀染剂用于合纤和羊毛的染色和涂染过程（分散染料），AEC 在染料配方中可改善稳定性和染色行为。⑦用于水溶性切削油中，能提高乳化效果和稳定性，并能增强防腐效果。⑧作为耐高温、耐高浓度电解质的乳化剂和降粘剂应用于三次采油和石油输送，提高原油采收率和防蜡析。⑨造纸工业中用于废纸脱墨剂和含季铵盐柔软剂的配方中。⑩皮革工业中用于生皮脱脂工序中。⑪用于显影剂，能明显提高耐光性。⑫在萃取二价金属离子如 Zn、Cd、Hg、Ca 等分离过程中，AEC 能改进选择性。⑬作为发泡剂用于泡沫灭火。

目前，制备 AEC 路线有氧化法、羧甲基化法、γ－丁内酯加成法、丙烯酸酯法和丙烯腈加成法。美国的 Alcoldal、Sandoz Chemicals Co.、P&G Corp.、Shell Oil Co.、德国 Hüils 公司、Hoechst 公司、BASF 公司、英国的 A&W Ltd. 以及日本的花王公司等对 AEC 的生产和应用进行了大量研究，Shell Oil Co. 研究主要集中在氮氧自由基催化氧化醇醚法制备。Kao 以及 Hoeschet、Henkel、Bayer、BASF 等采用贵金属催化法制备，德国 Hüils 采用羧甲基法制备。全球年产量在 13 万 ~ 15 万 t。其中氧化法是目前公认的最安全和最理想的合成工艺，产品不会残留任何有毒有害成分，国内中国日用化学工业研究院目前已经开发并实施了氧化法的中试生产。2014 年国内主要三家企业 AEC 的产销量不完全统计在 850 ~ 1000 t（100% 活性物），到 2016 年，国内 AEC 产能将达到 1.5 万 t。市场方面，虽然 AEC 由于价格较高，市场推广缓慢，但是作为 AES 的替代品，未来市场潜力巨大，在技术工艺成熟后，市场容量将达到 30 万 ~ 40 万 t。

9 小 结

中国表面活性剂行业规模发展已经超过 20 年，表面活性剂产品种类目前已经进入更新换代时期，其中新开发的绿色环保和高性能附加产品已经超过 30 余种，但是大规模生产还没有进入实质阶段，烷基糖苷和甜菜碱型产品目前已经进入规模化生产阶段，但是产品色泽和稳定性工序还待提升。包括 MES、FMEE、AEC 和氨基酸等产品实现万吨级的工业化未来可能还需 5 ~ 10 年时间，这需要行业的共同努力来实现。

第二章

TECHNOLOGY & EQUIPMENT

技术装备与项目建设

磺化与硫酸化技术与装备

1 全球主要磺化/硫酸化装备统计情况

目前世界上主要有7种磺化反应器系统（表1所示），为五家公司拥有知识产权。全球各地广泛使用的磺化反应系统多为Ballestra Sulphurex F多管降膜式磺化反应器（MT-FFR）、两步中和（Neutrex）系统以及Chemithon带淬冷循环反应器的降膜式磺化反应器、中和用循环环路反应器（由出料量可调的齿轮式循环泵、管壳式换热器和均质器构成）。

表1 目前全球主要Air/SO_3磺化装置系统

设备制造商	反应器系统	反应器型式
Ballestra	Sulphurex Cascade	连续搅拌罐组式反应器
Ballestra	Sulphurex F（MTFR）	多管降膜式反应器
Chemithon	Chemithon AFFR	双膜式反应器，环路中和
Chemithon	Chemithon Jet Impact	冲击喷射反应器
M.M	MM—FFR	降膜式反应器
Mazzoni	Sulfo 膜式磺化反应器	多管降膜式反应器
Lion	T—O	降膜式反应器

从规模上来看，Ballestra公司可设计建设的最大规模磺化装置为24 t/h，Chemithon公司设计建设磺化装置范围在0.5~20 t/h。从产品结构和规模上比较，两家公司各有特点，一般多管降膜式磺化反应器使用范围比较宽广，可用于LAS、AES、AOS等多种产品生产，投资相比Chemithon环路磺化装置较低。

Ballestra公司最具代表的多管降膜式磺化反应器全球建设已经超过1500套，遍布12余个国家。多管膜式磺化反应器由不同数量的单元管组合而成，有机物磺化过程在列管中均匀分布，从结构上来看，比较简单，列管选用低碳不锈钢材质，该工艺产品质量与反应系统的温度控制密切相关。

Chemithon公司开发的环路降膜式磺化装置（AFFR）目的主要致力于MES产品的推广，AFFR对MES产品生产可以说绝对垄断性，因为MES产品作为洗衣粉原料使用是有条件的，MES只适合采用无塔喷粉工艺生产高密度洗衣粉，指标必须在0.55~0.75kg/L。Chemithon公司目前全球已经完成超过500套相关装置的项目建设。国内广州奇宁公司在运行3.6万t MES磺化装置。AFFR结构最大的特点是主反应器配套环路反应器，一般投资成本较高。

据最新会议报告数据统计，目前全球使用较多的还是列管式降膜磺化反应器（表2所示）。据不完全统计，全球磺化规模以上装置（3.0 t/h以上，含3.0 t/h）总计有205套，其中中国有55套，占比26.8%，印度尼西亚16套，占比7.8%，中国和马来西亚规模以上磺化装置全球比例超过1/3。

表2　全球主要膜式磺化反应器装置统计

编　号	国家或地区	备　注
1	Albania	Deka（2.0 t / h）
2	Algeria	SNIC（3 × 1.0 t / h），在建 2 × 3.0 t / h
3	Argentina	CIABASA（1套），YPF（5.0 t / h），INS–HER（1.0 t / h），Meranol（3.0 t / h）
4	Australia	Colgate Palmolive（3.0 t/h+5.0 t/h），未知（3.0 t / h）
5	Austria	Henkel
6	Belgium	Tensia（2.0 t / h），Hickson Manro（2 × 2.0 t / h），Tensachem（5.0 t / h）
7	Brazil	Henkel（2.0 t / h + 0.5 t / h），Hoechst（2.0 t / h + 0.5 t / h），Bombril（3.8 t / h + 2.0 t / h），Groupo Ultra（0.15t / h + 3.5 t / h），Stepan（6.5 t / h），Deten（15 t / h），其他（9.0 t / h + 4.5 t / h + 5.0 t / h）
8	Bulgaria	Chimcomplect（0.8 t / h + 2 × 2.0 t / h）
9	China	略（下文详细讨论）
10	Colombia	Colemul（0.3 t / h），Coldequim（1.6 t / h），Detergentes（2.0 t / h），Quimicos Del Cauca（3.5 t / h），Productos Quimicos Panamericanos（1.0 t / h），其他（2.0 t / h + 1.6 t / h）。
11	Costa Rica	Irex（0.5 t / h）
12	Croatia	未知厂家
13	Domenican Rep.	Interquimica
14	Ecuador	Jaboneria Nacional
15	Egypt	Alexandria Nacional（1.5 t / h），Industrial Investment Co.（1.0 t / h + 1.6 t / h），Henkel PDC（1.6 t / h），The Extracted Oil Derivatives Co.（1.6 t / h），Royal Cosmetics（3.0 t / h），Hyns Baby Products（0.3 t / h），The Egyptian Salt & Soda（1.5 t / h），AI Intaj（3.8 t / h），Arma Soap（3.0 t / h），其他（3.5 t / h）。
16	EI Salvador	La Favorita
17	France	Esso（~ 0.5 t / h），Witco Chemical（3.0 t / h），Chevron Chemical（2.0 t / h + 4.5 t / h），Ifrachem（5.0 t / h），U.G.S.（0.15t / h），Aibright & Wilson（2.0 t / h），Sidobre–Sinnova（2.0 t / h），其他（2 × 3.0 t / h）
18	Germany	Henkel（2 × 3.5 t / h），Rweo（1.6 t / h），Huls（1.5 t / h + 1.6 t / h + 3.5 t / h），Shell（3.0 t / h），Chemsal（3.0 t / h），SASOL（2 × 5.0 t / h），其他（3.0 t / h+ 5.0 t / h）。
19	Greece	B.Mechanic
20	Guatemala	EI Tayasal（1.0 t / h），Fabrica de Jabon La Luz（0.8 t / h + 1.0 t / h），Indistria La Popular（2.0 t / h）

续表

编　号	国家或地区	备　注
21	India	Dai Ichi Karkaria（0.3 t / h），Godrej Soaps（0.5 t / h + 2.0 t / h），Standard Surfactants（1.5 t / h），Galaxy（2.0 t / h + 3.0 t / h +3.8 t / h），Superior Syndets（0.5 t / h），Tata Vashisti Detergent（2.5 t / h），Khurana Oleochemicals（1.6 t / h），Rhodia（3.0 t / h），Khurana（5.0 t / h），SAI Sulphonates（5.0 t / h）。
22	Indonesia	Sayap Mas Utama（3.0 t / h + 5.0 t / h），Manyar Kimindo（3.0 t / h + 1.0 t / h），Henkel（1.0 t / h），PT Sayap Mas Utama（5.0 t / h），PT Wings Surya（5.0 t / h），PT Sinar Antjol（5.0 t / h），PT Fidenco（5.0 t / h），Unilever（3 × 6.0 t / h），Golden Resources（5.0 t / h），P.T. Wings（5.0 t / h），其他（3 × 5.0 t / h + 6.0 t / h）。
23	Iraq	Furat（2.0 t / h），SEVO（1.5 t / h），SEVO（Rashid）（1.6 t / h），SEVO（Mamuon）（3.0 t / h）。
24	Iran	Behdash Chemical Co.（2.0 t / h + 1.0 t / h），Paknam（2.0 t / h），Paxan（3.0 t / h + 1.0 t / h），Pars International（2.0 t / h），Pakshoo（2.0 t / h）。
25	Italy	Saponerie F.Lazzeri（0.25 t / h + 0.5 t / h），Panigal（0.8 t / h + 1.2 t / h），Unilever（1.5 t / h），Henkel Chimica（1.0 t / h + 3.0 t / h），Italsilva（0.5 t / h + 4.0 t / h + 0.8 t / h），D.A.C.（4.0 t / h + 0.3 t / h），Huntsman（2.0 t / h），Basf（5.0 t / h），MACME Technology（2.0 t / h），Procter & Gamble（2.0 t / h），Condea Chimica DAC（2.0 t / h），SASOL Italia（0.3 t / h），IBLA（0.3 t / h），Marchon Italiana（4.5 t / h + 3.0 t / h + 2.0 t / h），Zschimmer & Schwartz（4.0 t / h + 2.0 t / h），Marchi Industriale（5.0 t / h），其他（3.0 t / h + 4.0 t / h）。
26	Jamaica	ICC Industrial Chemicals（2.0 t / h）
27	Japan	Toyo Menka Kaisha（未知），Lion（2.0 t / h），KAO Coporation（3.0 t / h），其他（3.0 t / h）。
28	Jordan	Jordan Sulpho-Chem（1.0 t / h），Consolidated Sulphochemical Ind.（3.0 t / h），AI Riyad（2.0 t / h）。
29	Kenya	Orbit Chemical Ind.（2.0 t / h），其他（3.0 t / h + 2.0 t / h）
30	Korea	Shell Aekyung（2.5 t / h + 3.0 t / h+ 5.0 t / h），Lucky（4 × 1.5 t / h + 2.0 t / h），Cheil Foods & Chemical Co.（3.0 t / h），LG Care（3.8 t / h），Miwon（3.8 t / h）。
31	Malaysia	Colgate Palmolive（0.5 t / h），Lever Brothers（2.3 t / h），Lion Eco Chem.（4.0 t / h + 6.0 t / h），KLK（6.25 t / h + 12.5 t / h），Emery Oleochemicals（3.0 t / h+ 2.0 t / h）。
32	Mexico	La Corona（2.5 t / h + 5.0 t / h+ 6.0 t / h），Colgate Palmolive（2.5 t / h + 2.5 t / h + 0.75 t / h + 2.0 t / h + 1.5 t / h + 3.0 t / h），Union Quimica（1.0 t / h），Sanchez Y Martin（2.0 t / h），Detergents Y Jabones（2.0 t / h），其他（12.0 t / h + 3.0 t / h + 1.0 t / h）。

续表

编　号	国家或地区	备　注
33	Morocco	SCE（1.0 t / h + 2.0 t / h + 4.0 t / h）
34	Netherlands	Shell（2.0 t / h），Servo Delden（1.0 t / h）
35	New Zealand	Robert Chemicals（1.6 t / h）
36	Nigeria	Household Products Ind.（2.0 t / h），Global Soap & Detergents（1.0 t / h），Tudab Eng. Co.（0.5 t / h），SIL Chemical（3.0 t / h），Confidential Information（3.0 t / h）。
37	Norway	Unger Fabrikker A.S.（5.0 t / h）
38	Oman	AI Intaj Sulpho Chem. Ind. Co.（1.0 t / h），National Detergent（1.0 t / h），AI Intaj Sulpho Chem Ind. Co.（2.6 t / h）。
39	Pakistan	Colgate Palmolive（3.0 t / h + 2.0 t / h），Tufail Chem. Ind. Ltd.（3.0 t / h + 2.0 t / h + 1.0 t / h），其他（1.0 t / h）。
40	Peru	San Miguel Industrial（2.0 t / h + 3.0 t / h），Aris Industrial（2.0 t / h）
41	Philippines	Unichem（0.1 t / h），Colgate Palmolive（3.3 t / h），Philippine Refining Co.（3.3 t / h），United Coconut Chemicals（0.15 t / h），Royal Ind. Dev. Co.（1.4 t / h），Pepmaco（3.0 t / h + 3.0 t / h），其他（2.0 t / h + 1.6 t / h + 2.0 t / h + 5.0 t / h）。
42	Poland	Polimex for Organika Rokita（1.5 t / h），Polimex for Pollena Gdansk（0.5 t / h），其他（3.8 t / h）。
43	Portugal	Sociedade de Comercio & Industria de Detergentes（0.5 t / h）
44	Qatar	Tassnee（1.6 t / h）
45	Russia	Techmashimport（2.0 t / h），Lanitex（3.0 t / h），Kinef（10.0 t / h），Henkel South（3.0 t / h），JSC Transmash（5.0 t / h），其他（1.5 t / h）。
46	Saudi Arabia	Arabian Sulfonates Cy Ltd.（2.0 t / h），AI Raez（2.0 t / h），Nat. Company for Sulphur Prod.（2.0 t / h），AI Biareq（5.0 t / h），Taswia（5.0 t / h + 3.0 t / h），其他（2.0 t / h）。
47	Slovaia	Eco Consult Engineering（2.0 t / h）
48	South Africa	Investchem Ltd.（5.0 t / h + 5.0 t / h），Akulu Marchon（6.0 t / h），Confidential Information（5.0 t / h）。
49	Spain	Masso Y Carol（0.5 t / h + 3.0 t / h），Linasa（1.6 t / h），Derivados Tensioactivos（0.5 t / h），Pulcra（1.0 t / h + 1.0 t / h + 0.15 t / h），Hoechst Iberica（1.7 t / h），Petroquimica Espanola（3.5 t / h + 0.15 t / h），其他（5.0 t / h + 5.0 t / h）。
50	Syria	Sicco（2.0 t / h），Undisclosed（1.0 t / h），Gecoda（1.6 t / h），Daaboul Company（1.4 t / h），Man. of Chem. Detergents（2.0 t / h），其他（1.0 t / h）。
51	Taiwan	Yu Kuo Chemical（2.0 t / h），FSFC（3.0 t / h）。
52	Tanzania	Murzah（2.0 t / h）

续表

编 号	国家或地区	备 注
53	Thailand	Unilever（3.0 t / h），Henkel（1.0 t / h），Lion Corp.（3.0 t / h + 5.0 t / h），KAO Thailand（4.0 t / h），其他（6.0 t / h + 5.0 t / h +8.0 t / h + 3.0 t / h）。
54	Trinidad	Antilles Chem. Man. Co.（0.5 t / h）
55	Tunisia	Alki（0.15 t / h），Ste de Pro. Chim & Deteg.（1.0 t / h）
56	Turkey	Baser Kimya(0.5 t / h),Mintax(3.0 t / h + 0.5 t / h),Henkel(2.0 t / h + 3.0 t / h),Ozhan Kymia（1.6 t / h),Saruhan（2.0 t / h),Hayat Kimya Sanayi（5.0 t / h),B.M.（3.0 t / h），Evyap（5.0 t / h），Congis（5.0 t / h），Hayat Kimya（2.0 t / h),其他（3.0 t / h + 3.0 t / h）
57	UK	Shell（2.0 t / h），Albright & Wilson（3.0 t / h + 1.5 t / h），B.P. Detergents Limited（2.0 t / h），其他（3.0 t / h + 3.5 t / h + ∑ 2.0t/h）
58	UAE	Gulf Chemical（2.0 t / h）
59	USA	Colgate Palmolive（0.3 t / h + 5.0 t / h + 5.0 t / h),其他（4 × 6.0 t / h + 0.3 t / h + 18.0 t / h + 8.0 t / h + 5.0 t / h + ∑ 1.6 t / h）。
60	Uruguay	American Chemical（2.0 t / h + 2.0 t / h）
61	Yemen	Yemen Comp.（2.0 t / h）
62	Venezuela	Colgate Palmolive（2.0 t / h + 3.0 t / h），Quimica Venoco（3.0 t / h）。
63	Vietnam	Duggiang Chemical Co.(1.6 t / h),Tico Detergent Factory(1.5 t / h + 3.0 t / h),Thie-Long Cong-Ty Trach Nhiem（0.4 t / h），Soft Chemical Co.（3.0 t / h）。
64	欧洲其他	12.0 t / h + 12.0 t / h + 4.0 t / h + 5.0 t / h

数据来源：依据Desmet Ballestra公司数据统计，数据截止到2014年3月。目前Chemithon 公司最大可以设计单个主反应器达到5.0 t / h磺化装置（144N磺化器），Ballestra公司最大设计能力为列管196根，装置规模为8.0 t / h，表2中所列装置超过5.0 t / h 或8.0 t / h实际装置为共用一套干燥器系统，实现串联式联动规模化磺化能力。

2 国内磺化装置布局

中国作为全球人口和资源大国，庞大的洗涤用品等日用化学品需求量带动了国内阴离子表面活性剂以及磺化装置的规模性建设，截止到 2014 年年底，已知在运行、在建或计划建设的磺化装置总计超过 182 套（表 3 所示），规模超过 432.0 t / h（LAB），其中大型磺化装置（≥ 5.0t/h）总计 13 套，合计产能 66t/h 磺化能力 3.8t/h 总计 52 套，合计产能为 197.6t/h，3.0t/h 磺化装置总计 17 套，合计产能为 51 t / h，2.0 ~ 3.0 t / h 装置总计有 12 套，合计产能 25.1 t/h，1.0 ~ 2.0 t / h 之间装置 27 套，合计产能 43 t / h，1.0 t / h 以下（含 1 t / h），合计 61 套，合计产能 49.7t / h，如图 1、图 2 所示。

从单装置规模来看，国内磺化装置主要集中在 3.0 ~ 5.0 t / h。总产能比例超过 72.5%，从产品类型来看，目前国内磺化装置主要集中在 LAS，AES，K12 和 AOS 等，部分装置可满足 MES 产品生产条件，主反应器来源主要集中在国产多管、Ballestra 和 Chemithon 进口。国内磺化设计主要集中在南京为先、福建麦丹、南京卡尼尔、北京紫晶石和中轻国际等，具体分布见表 3。

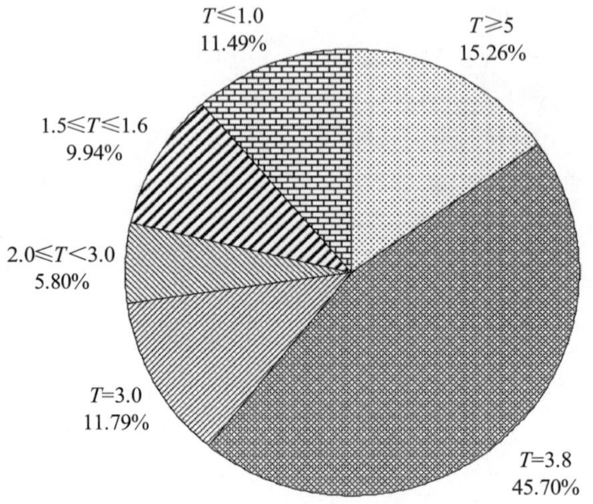

图 1　目前国内已知磺化装置规模结构统计

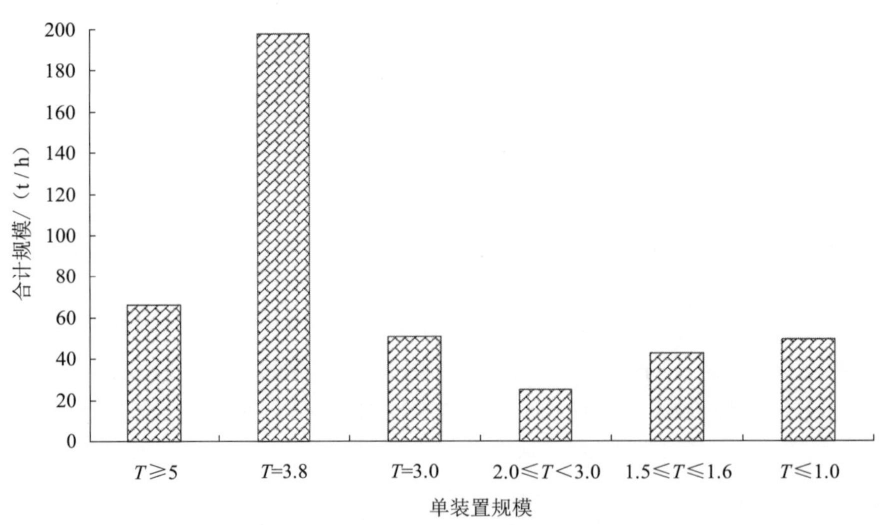

图 2　目前已知国内磺化装置的规模结构

表3 国内磺化装置分布统计

编号	企业名称	规模/（t/h）	装置来源	主要产品	投产/建成时间	备注
1	江苏赞宇	6.0	Ballestra	AES/LAS/MES	2013年	2013年赞宇科技租赁原江苏海清MES装置并改造
2	上海科宁	5.0	Ballestra	AES/K12/LAS	1998年	120N磺化器真空中和，原汉高（中国）
3	吉化电石厂	5.0	Chemithon	AES	2002年	与3.0t/h共用气体干燥供应系统，增加老化水解装置
4	抚顺洗化厂	5.0	Ballestra	LAS	2005年	144N磺化主反应器，无中和设备
5	天津天智	5.0	Ballestra	LAS	2005年	120N磺化器带余热回收系统，无中和设备
6	中轻化工（绍兴）	5.0	国产多管	LAS/AES/AOS/K12	2006年	江南大学设计，麦丹供120N管，共用AOS水解
7	江门财新	5.0	国产多管	LAS/AES/ AOS	2008年	南京卡尼设计，120N磺化器，自配水解，为赞宇加工
8	绍兴纳美	5.0	国产多管	LAS/AES	2009年	南京卡尼设计，并供120N磺化器，
9	辽宁华兴	5.0	Ballestra	AES/K12	2012年	带真空中和，配套二噁脱除装置
10	辽宁华兴	5.0	Ballestra	AES/K12	2012年	带真空中和，配套二噁烷脱除装置
11	广州奇宁	5.0	Chemithon	MES	2011年	配套高密度活性物干燥系统
12	广东丽臣奥威实业	5.0	国产	AES	在建	预期2015年建成，二期计划再建5.0 t/h + 3.8 t/h两套
13	安徽金桐	5.0	国产	LAS	2012年	二期项目，原3.8 t/h升级改造项目
合计		66.0				
14	四川金桐	3.8	Ballestra	LAS	2001年	中轻国际设计、南京为先科技提供余热回收系统
15	四川金桐	3.8	Ballestra	LAS/AES/AOS	2006年	中轻国际设计、南京为先科技提供余热回收系统
16	四川金桐	3.8	国产	AES/AOS	2014年	中轻国际整体设计，预期2015年5月投产

续表

编号	企业名称	规模/（t/h）	装置来源	主要产品	投产/建成时间	备 注
17	天津天智	3.8	国产	AES/K12	2011 年	中轻国际整体设计、主反应器为 Ballestra 进口
18	天津天智	3.8	Ballestra	AES	在建	中轻国际整体设计
19	安徽金桐(马鞍山)	3.8	Ballestra	LAS/AES	2008 年	主反应器为 Ballestra 进口，真空中和
20	安徽金桐	3.8	Ballestra	LAS/AES	在建	三期，2015 年建成，配套中和水解系统
21	安徽金桐	3.8	Ballestra	LAS/AES/AOS	计划建设	四期，2016 年建成，配套中和水解系统
22	广州立智	3.8	Ballestra	LAS/AES/AOS/K12	2005 年	配套设备国产，泵式中和脱气水解，脱气系统
23	广州立智	3.8	Ballestra	AES/K12/LAS	2012 年	北京紫晶石设计，配套设备国产，
24	广州立智	3.8	Ballestra	AES/K12/LAS	在建	北京紫晶石设计，配套设备国产
25	惠州智胜	3.8	Ballestra	LAS/AES/K12	2011 年	供气干燥系统，余热回收国产
26	惠州智胜	3.8	Ballestra	LAS/AES/K12	2011 年	供气干燥系统，余热回收国产
27	惠州智胜	3.8	国产多管	LAS	2011 年	北京紫晶石磺化主反应器
28	广州立白	3.8	国产多管	LAS	2007 年	中轻国际设计，麦丹供 90N 磺化反应器
29	江门景升实业	3.8	国产多管	AES/K12A	2011 年	杭州机电院设计，麦丹供 120N 磺化反应器
30	丽奥科技	3.8	Ballestra	LAS/AES/K12	2008 年	目前正改造升级扩产，中轻国际设计、进口 90N 磺化器
31	上海奥威日化	3.8	Ballestra	K12/AES/LAS	2011 年	主反应器为 Ballestra 进口，带活性物干燥系统
32	上海奥威日化	3.8	Ballestra	K12/AES/LAS	2012 年	主反应器为 Ballestra 进口，带活性物干燥系统
33	中轻化工（绍兴）	3.8	国产多管	AES/K12/AOS	2004 年	杭州机电院设计，配脱气系统，紫晶石供水解

续表

编号	企业名称	规模/（t/h）	装置来源	主要产品	投产/建成时间	备注
34	嘉兴赞宇	3.8	国产多管	AES/LAS/AOS	2006年	使用液体 SO_3 蒸发技术及自主开发的真空中和技术
35	嘉兴赞宇	3.8	国产多管	AOS/MES	2007年	真空中和技术
36	嘉兴赞宇	3.8	国产多管	AES/MES	2009年	配套活性物干燥系统，用于高密度MES干燥
37	嘉兴赞宇	3.8	Ballestra	AES/AESA/LSA	2012年	中轻国际整体设计
38	嘉兴赞宇	3.8	Ballestra	AES/LSA	2012年	中轻国际整体设计
39	淄博俱进	3.8	国产多管	K12/AOS/AES	2006年	紫晶石供90N反应器，AOS带喷雾干燥
40	安阳兴亚	3.8	国产多管	LAS	2007年	中轻国际整体设计、麦丹供90N磺化反应器
41	安阳兴亚	3.8	进口	LAS	在建	装置已到位
42	南京佳和	3.8	国产多管	LAS	2006年	南京卡尼设计，供磺化反应器
43	南京佳和	3.8	国产多管	LAS	2009年	
44	浙江赞宇	3.8	国产	AES	2013年	主反应器为Ballestra进口
45	浙江赞宇	3.8	国产	AES	2013年	主反应器为Ballestra进口
46	新乡宏泰	3.8	国产多管	LAS/AES	2013年	改扩搬迁，产品供新乡立白使用
47	辽宁华兴	3.8	Ballestra	AES	2013年	70%活性物
48	江苏丰益	3.8	Ballestra	K12	2014年	中轻国际整体设计、2015年上半年试车，配干燥系统
49	河北赞宇	3.8	Ballestra	AES/LAS/ AOS	2014年	
50	河北赞宇	3.8	Ballestra	AES/LAS/ AOS	2014年	
51	江苏华兴生物科技	3.8	Ballestra	AES	在建	土建阶段

续表

编号	企业名称	规模/（t/h）	装置来源	主要产品	投产/建成时间	备 注
52	江苏华兴生物科技	3.8	Ballestra	AES	在建	土建阶段
53	四川赞宇科技	3.8	国产	AES/LAS/ AOS	2013 年	
54	新和（太仓）	3.8	待定	LAS/K12/AES	在建	土建，环评阶段
55	新和（太仓）	3.8	待定	LAS/K12/AES	在建	土建，环评阶段
56	新和（太仓）	3.8	待定	LAS/K12/AES	在建	土建，环评阶段
57	济南东信	3.8	国产	AOS	2014 年	
58	河南恒聚化工	3.8	国产	LAS	2014 年	
59	河北万冶化工	3.8	Ballestra	LAS/ 重烷基苯磺酸	2014 年	
60	山东丽波日化	3.8	国产	LAS/AES	2009 年	
61	江苏盛泰（涟水）	3.8	Ballestra	SLES	2014 年	改造升级，SLES 产能规模可达 5.2 t / h
62	广东韶关兴亚	3.8		LAS/AES	2012 年	
63	甘肃兴荣	3.8	Ballestra	LAS/ 重烷基苯磺酸	2011 年	原 1.0 t / h 改造升级
64	大庆炼化	3.8	国产	石油磺酸盐	2013 年	油田三元复合驱使用
65	大庆炼化	3.8	国产	石油磺酸盐	2013 年	油田三元复合驱使用
合 计		197.6				

续表

编号	企业名称	规模/（t/h）	装置来源	主要产品	投产/建成时间	备 注
66	南京佳和	3.0	Ballestra	LAS	1988 年	72N 反应器
67	南京佳和	3.0	国产	LAS	2008 年	1.6 t / h 改造升级
68	昆明立白	3.0	国产多管	LAS/AES	在建	中轻国际整体设计、预计 2015 年投产
69	南京金桐	3.0	Ballestra	LAS	1995 年	72 反应器
70	西安南风	3.0	Ballestra	LAS /AOS/AES	1999 年	90N 反应器带真空中和，为赞宇加工
71	安庆南风	3.0	Ballestra	AES / AOS/LAS	2000 年	90N 反应器带真空中和，为赞宇加工
72	吉化电石厂	3.0	国产	AES	2002 年	与 5 t / h 共用一套干燥气系统
73	湖南丽臣	3.0	Ballestra	AOS	2002 年	中轻国际整体设计
74	湖南丽臣	3.0	Ballestra	AES	2004 年	中轻国际整体设计
75	湖南丽臣	3.0	Ballestra	AES/LAS	2005 年	中轻国际整体设计
76	中轻海鸥	3.0	Chemithon	LAS/AES	1992 年	36N 磺化器，中轻化工收购
77	广州浪奇	3.0	改造国产	LAS/AES/AOS	1996 年	改造换用紫晶石磺化反应器
78	运城南风	3.0	Chemithon	LAS/AES	2004 年	2004 改造为国产多管
79	大庆东昊	3.0	国产多管	重烷基苯磺酸盐	2007 年	中轻国际重烷生产技术
80	江苏东泰	3.0	国产多管	AES	2011 年	
81	北京罗地亚	3.0	Chemithon	AES/K12	1999 年	紫晶石供真空脱气
82	绍兴南方石化	3.0	国产多管	石油磺酸盐	2000 年	改造升级
合 计		51.0				

续表

编号	企业名称	规模/（t/h）	装置来源	主要产品	投产/建成时间	备 注
83	上海花王	2.6	花王技术	AES（为主）/LAS	1999年	国内唯一一套升膜磺化装置
84	上海京帝	2.5	国产改造	LAS	2003年	原1.6 t / h chemithon 装置国产改造升级
85	天津天智	2.0	Ballestra	AES/AOS	2000年	中轻国际整体设计
86	济南东信	2.0	国产多管	LAS/AES	2008年	
87	昆明中轻依兰	2.0	国产多管	LAS	2007年	
88	厦门金桐	2.0	国产多管	LAS	2000年	改扩建
89	北京宝洁	2.0	Ballestra	LAS	1988年	国产改造，上海盛台租赁
90	大庆东昊	2.0	国产多管	重烷基苯磺酸	2006年	中轻国际重烷生产技术
91	天津汉高	2.0	国产多管	LAS	2003年	改造工程
92	桂林立白	2.0	国产多管	LAS	2009年	原1.6 t / h 改造升级
93	北京金鱼	2.0	国产改造	AES	2014年	原 Chemithon1.6 t / h 改造升级
94	河南安阳兴亚	2.0	国产	LAS	2007年	
	合 计	25.1				
95	南京沙索	1.6	Ballestra	AES/K12	1995年	2013年改造升级
96	山东丽波	1.6	Ballestra	AES	1994年	现已完成原LAS装置改建AES升级
97	中山赞宇科技	1.6	Ballestra	AES/K12/AOS	2002年	
98	天津天智	1.6	Ballestra	LAS/AES	1998年	
99	运城南风	1.6	Ballestra	LAS	1988年	更换国产多管反应器

续表

编号	企业名称	规模/（t/h）	装置来源	主要产品	投产/建成时间	备注
100	本溪南风	1.6	Mazzoni	LAS/AOS	1989 年	
101	广州浪奇	1.6	Mazzoni	LAS	1989 年	更换国产多管反应器
102	广州立白	1.6	国产多管	LAS	2001 年	
103	上海金帝	1.6	Chemithon	LAS	1998 年	更换国产多管主反应器
104	郑州众兴皂业	1.6	国产多管	LAS	2004 年	设计能力 1.6 t / h，生产能力可达 2.0 t / h
105	合肥利华	1.6	Ballestra	LAS/AS	1988 年	
106	成都兰风	1.6	Chemithon	LAS	1994 年	
107	昆明中轻依兰	1.6	Chemithon	LAS	1995 年	
108	江门景升日化	1.6	Chemithon	AES/K12/AOS	1985 年	
109	湖北丝宝	1.6	Chemithon	AES/K12	1999 年	
110	洛阳立白	1.6	Chemithon	LAS	2003	原洛阳明华
111	贵州安顺南风	1.6	Chemithon	LAS/AOS	1997 年	
112	吉林四平立白	1.6	M.M	LAS	1995 年	
113	成都金陵石化	1.6	国产多管	LAS	2002 年	
114	厦门金桐	1.6	国产多管	LAS	1996 年	
115	济南东信	1.6	国产多管	LAS	2003 年	
116	嘉兴赞宇	1.6	国产多管	AES/K12/ 磺化油脂	2006 年	
117	邹平福海	1.6	国产多管	MES	2008 年	

续表

编号	企业名称	规模/（t/h）	装置来源	主要产品	投产/建成时间	备注
118	四川赞宇科技	1.6	国产	AES/LAS/AOS	2009 年	
119	锦州康泰	1.6	国产多管	润滑油添加剂	2013 年	
120	湖南丽臣	1.5	国产多管	LAS	1992 年	
121	大庆炼化	1.5	国产多管	石油磺酸盐	2010 年	油田三元复合驱产品
	合 计	43				
122	徐州创新日化	1.0	Ballestra	AES	2008 年	
123	湖南邵阳赞宇	1.0	Ballestra	AES/AOS	1986 年	后改造国产多管
124	锦州石油五厂	1.0	Chemithon	PS 润滑油添加剂	1985 年	喷射磺化
125	罗地亚（镇江）	1.0	Chemithon	AES/K12	1991 年	2010 年改造升级 1.6 t / h
126	广州宝洁	1.0	Chemithon	AES/K12A	1993 年	
127	萧山中轻化工	1.0	Chemithon	AES/K12/AOS	1996 年	
128	萧山中轻化工	1.0	Chemithon	AES/K12/AOS	2000 年	换国产双膜磺化器
129	广州浪奇	1.0	国产多管	LAS	2006 年	
130	广州宝洁	1.0	Chemithon	AES/AS	1993 年	
131	广州韶关浪奇	1.0	Mazzoni	LAS	1988 年	
132	昆明兰风	1.0	国产双膜	LAS	1982 年	
133	长治奥尼克	1.0	国产多管	K12	1994 年	
134	武安安和	1.0	国产多管	LAS	1999 年	

续表

编号	企业名称	规模/（t/h）	装置来源	主要产品	投产/建成时间	备 注
135	抚顺洗化龙莹	1.0	国产多管	LAS 配农乳	1996 年	
136	安徽全力	1.0	国产多管	LAS/AOS	1995 年	2004 年改造升级至 1.4 t / h
137	安徽小保姆	1.0	国产多管	LAS	2006 年	
138	合肥芳草	1.0	国产多管	LAS/AES	1995 年	
139	芜湖邦妮	1.0	M.M	LAS	1992 年	
140	西安南风	1.0	Ballestra	AES/LAS	1988 年	
141	安阳健美日化	1.0	国产多管	LAS	1996 年	
142	南京金桐	1.0	国产多管	HABS 配农乳	1997 年	
143	厦门金桐	1.0	国产多管	LAS	1996 年	
144	甘肃兴荣	1.0	国产多管	LAS/HABS	1997 年	正改造扩建 3.8 t / h
145	上海白猫日利	1.0	国产双膜	K12	1999 年	
146	四川亿丰	1.0	国产多管	K12	2005 年	
147	重庆白猫	1.0	国产多管	LAS	1993 年	
148	万县白猫	1.0	国产双膜	LAS	1997 年	
149	安阳兴亚	1.0	国产多管	LAS	2003 年	
150	河南宏泰	1.0	国产多管	LAS	2005 年	
151	安阳健美	1.0	国产多管	LAS	1994 年	
152	韶关兴亚	1.0	国产多管	LAS	2003 年	目前已改扩建 3.8 t / h

续表

编号	企业名称	规模/（t/h）	装置来源	主要产品	投产/建成时间	备注
153	开封矛盾	1.0	国产多管	LAS	1994 年	
154	开封矛盾	1.0	国产多管	LAS	1997 年	
155	韶关兴亚	1.0	国产多管	LAS	2003 年	
156	抚顺北天华阳	1.0	国产多管	LAS/ 重 PS	2004 年	
157	新疆海斯化工	1.0	国产多管	LAS	2003 年	
158	浙江兄弟科技	1.0	国产多管	LAS/ 油脂磺化	2012 年	改造最大能力为 1.2 t / h
159	南京加佳乐化工	0.8	国产多管	LAS	2003 年	
160	安阳天虹	0.8	国产多管	LAS	2006 年	
161	安阳德隆	0.8	国产多管	LAS	2003 年	
162	大同兰浪	0.8	国产多管	LAS	2002 年	
163	淄博俱进化工	0.8	国产多管	K12	2003 年	配套喷雾干燥系统
164	南京加佳乐化工	0.8	国产多管	LAS	2003 年	
165	南京加佳乐化工	0.8	国产多管	LAS/BABS	2004 年	
166	南京华悦磷酸盐厂	0.6	国产多管	LAS	2004 年	
167	句容明星日化	0.6	国产多管	LAS	2004 年	
168	广州浪奇实业	0.6	国产多管	LAS/K12/ 磺化油脂	2007 年	
169	安阳兴亚	0.5	国产多管	LAS/AOS	1997 年	
170	淄博汇丰化工厂	0.5	国产多管	LAS/BABS	2000 年	

续表

编号	企业名称	规模/（t/h）	装置来源	主要产品	投产/建成时间	备 注
171	山东济宁日化	0.5	国产多管	LAS/BABS	1999 年	
172	山东济宁日化	0.5	国产多管	LAS/BABS	1999 年	
173	南京利美	0.5	国产多管	LAS/PS	1996 年	含单体干燥
174	安国金中贵油化厂	0.4	国产多管	磺化油脂	2006 年	
175	山东济南金轮	0.4	国产多管	MES	2003 年	
176	浦口金陵磺酸厂	0.3	国产多管	LAS/K12	1999 年	含中和、干燥系统
177	南京法尔士	0.3	国产多管	BABS/PS	1993 年	
178	南通油脂厂	0.3	国产多管	MES	1989 年	
179	丹阳恒洁日化	0.3	国产多管	LAS	2001 年	
180	苏州特种油品厂	0.3	国产多管	PS	2006 年	
181	山东济南东信	0.3	国产多管	LAS/BABS	1997 年	
182	山东乐陵日化	0.25	国产多管	LAS	1996 年	
合 计		49.7				
总 计		432.4 t/h	折合换算年 LAB 的消耗能力超过 310 万 t/年，LAS 产能超过 415 万 t。			

3 未来发展方向和特点

目前国内磺化装置的特点：

（1）规模磺化装置比例较大，基本上全部采用气相 SO_3 磺化技术。

（2）产品集中度较高，国内市场同质化产品供应比较严重过；项目建设比较盲目，产业规划不理智。

（3）主要磺化装置给予 LAS、AES、K12 和 AOS 的开工分配很不均匀，80% 以上的产品集中在 LAS 和 AES 生产，产品利润和效益较低，装置利用率不高。

（4）磺化装置布局不均匀，目前磺化装置主要集中在华东和华南地区，主供洗涤产品使用。华中地区和西北以及华北地区产能分配较少，工业领域应用市场范围较窄。

（5）企业之间的交流存在障碍，包括项目建设和产品数据统计企业不愿对外公布，形成部分地区和市场的恶性循环竞争。

（6）高性能和高附加值产品比例微乎其微，不能满足多元化市场需求。

（7）小规模装置比例相当一部分，且还在运行，给行业环境带来潜在危害。

（8）大众磺化产品质量不高，虽然产品满足国家标准，但是优质产品少之又少。

未来磺化产业的发展方向：

（1）单装置配套多元化产品生产，但管道清洗成为磺化工序解决首要问题。

（2）小型磺化装置逐步被淘汰或改造升级，行业短期面临洗牌。

（3）未来五年，磺化产品还是以烷基苯磺酸和醇醚硫酸盐为主，但新型产品市场得到改善，市场占有率增大。

（4）国家对新磺化装置的审批更加严格和规范，提高进入磺化行业的门槛，尤其是加大目前现有磺化装置配套设备监管力度，诸如环保设备和有毒有害成分残留检测力度。

（5）鼓励新领域和高附加值产品项目建设，下游企业逐步与大规模磺化企业联合，实现产业共赢。

（6）绿色安全环保产品在磺化产业被提上议程，尤其是以天然油脂衍生的磺化系列产品。

（7）在现有规模带动下，部分产品出口力度逐步增强，企业市场风险有效降低，产品质量有效提升。

国内乙氧基化装置建设情况

在日化领域消费结构和理念推动下，以及减水剂行业爆炸式增长的带动下，国内乙氧基化装置成为过去五年表面活性剂行业项目建设的焦点。据不完全统计，国内大小乙氧基化装置超过 100 套，总产能超过 330 万 t，而且持续增长，一发不可收拾，与磺化产业面临同样的问题：产能过剩，同质化产品严重，装置开工不足，产品出口受限等。

以环氧乙烷为原料，与众多起始剂在催化剂的作用下加成聚合反应，能生成各种类型的非离子表面活性剂。以脂肪醇为起始剂，可生产脂肪醇聚氧乙烯醚系列产品；以烷基酚为起始剂，可生产烷基酚聚氧乙烯醚类产品；以脂肪酸为起始剂，可生产脂肪酸聚氧乙烯酯系列产品；以脂肪胺为起始剂，可生产胺醚类产品；以二甘醇为起始剂，生产聚乙二醇系列产品；以多元醇（如山梨醇、甘油等）为起始剂，与环氧乙烷和环氧丙烷进行反应，可生产聚醚系列产品。这些产品广泛应用于日用洗涤用品、医药、化妆品、纺织助剂、匀染剂、消泡剂、柔软剂、塑料软泡等行业。可行性多元化产品生产为解决乙氧基化过程产能提供可行解决方案。

1 乙氧基化生产工艺的特点

1.1 批量间歇性生产

目前国内生产非离子表面活性剂和聚羧酸减水剂单体的生产过程均是一个一个批次的进行，间歇性而非连续性的。虽然也有文献报道有管式连续生产工艺，但在上述两类乙氧基化产品上未见应用。

在间歇式生产工艺中，反应过程有：氮气置换→进料→诱导反应→反应→熟化→脱气冷却→排料等步骤，要求不同阶段采用不同的控制方式和连锁，并按程序进行连续有序的生产。这在一定程度上表明，反应器体积的大小、自动化水平的高低直接影响乙氧基化生产能力的水平。

目前成熟的生产工艺均使用外循环式生产工艺，此类生产工艺产量较大，可以物料的处理时间 [原料加催化剂（脱水）升温、半成品加酸中和] 从反应过程脱离开来，通过生产安排可以得到“近似连续”的生产工艺。

1.2 安全风险高

环氧乙烷为易燃、易爆、有毒液体，沸点 10.4℃，闪点 -17.8℃，与空气极易形成爆炸性气体，爆炸极限为 3% ~ 100%。环氧乙烷一旦泄漏，极易发生火灾爆炸，造成人员伤亡。在较低温度下环氧乙烷自聚的速度缓慢，虽然不会发生爆炸但产生的聚合物会堵塞管道、阀门、仪表、泄放设施等。达到一定温度，聚合速度很快，同时产生大量的热，引起爆炸性降解。因此，环氧乙烷的操作与储存的危险性非常高。

乙氧基化工艺属于国家严格控制的危险工艺当中的“烷基化生产工艺”。乙氧基化装置因生产能力强、反应物易燃易爆、有毒有害且为高放热反应，是安全生产十分重要的典型化工装置。为了保证安全生产，装置必须采用DCS进行控制；保证工艺管线和生产设备密闭化；严格执行工艺操作规程，从而实现零泄漏。在管理有序的情况下，要做到居安思危，增加必要的安全保护设施，保持生产装置安全、稳定、长周期运行。

1.3 原料计量和精确配比

由于乙氧基化产品分子量的不同，所具有的功能会有很大差异，起始剂和环氧乙烷的配比要很精确才能得到所需的产品。生产工艺中需要考虑起始剂物料与环氧乙烷的计量方式，在PRESS工艺中，均采用质量流量计进行计量；在BUSS工艺中物料（起始剂）采用重量传感器称重，而环氧乙烷采用质量流量计进行计量。

随着在线检测技术的成熟，引进近红外光谱实时检测反应过程的羟值成为可能，经过与多家近红外厂家接触，他们均表示聚醚多元醇的生产上有实际应用，特别是国内许多厂家已经应用了近红外测羟值的离线设备，我们对于乙氧基化生产工艺中引进羟值的在线检测技术非常有信心。

1.4 生产过程产生大量的反应热

乙氧基化反应是强放热反应，反应热为公斤环氧乙烷2140kJ，生产过程必须严格控制反应温度。在乙氧基化生产过程中，用导热油或冷却水及时地移走反应热，平稳地控制温度的波动，使反应温度能控制在预设温度 ±1.5℃范围内，对产品质量和安全生产尤为重要。乙氧基化生产工艺应包括乙氧基化反应热的利用，反应热的利用又是降低生产成本的有效途径。

国内已有多家企业对反应热能的研究走在了前列，特别在非离子表面活性剂行业，利用效益十分明显，仅需要在第一次生产开始时使用蒸汽加热，后续生产利用反应热就可以继续生产下去。而聚羧酸减水剂单体生产时，因为反应温度控制较低，反应热利用的经济效益不太显著。

2 主要工艺介绍

目前国内主要乙氧基化技术工艺有：传统间歇式工艺、管式连续工艺、Press喷雾式工艺和Buss环路工艺四种（工艺见图1～图3）。

国内乙氧基化技术和装置数量上以传统工艺为主，但进口装置在产能和规模上表现出极大优势，产品质量和性能指标也较传统釜式和间歇式工艺高。

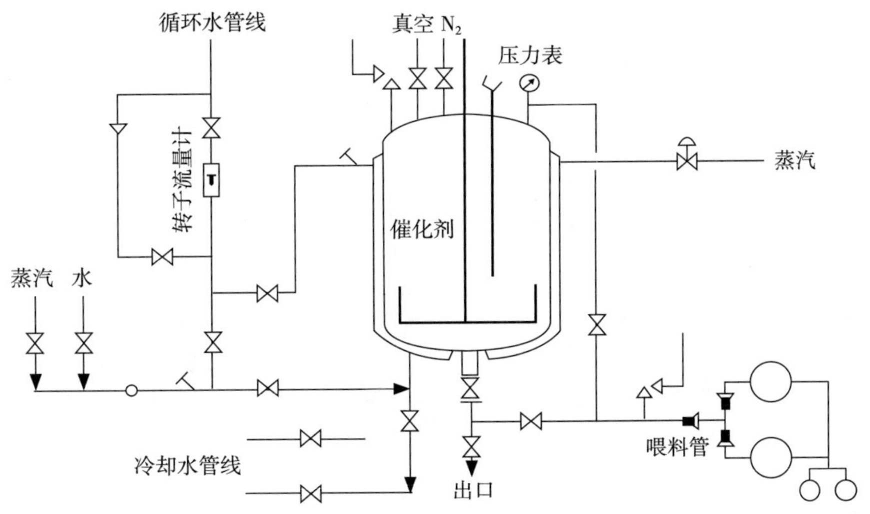

图 1　传统间歇釜式搅拌工艺流程

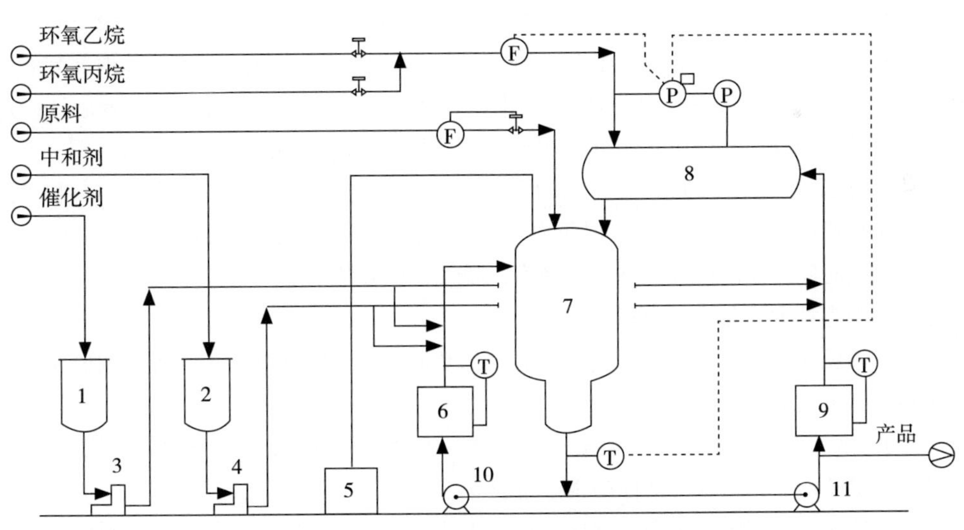

图 2　意大利 Press 第三代乙氧基化工艺流程

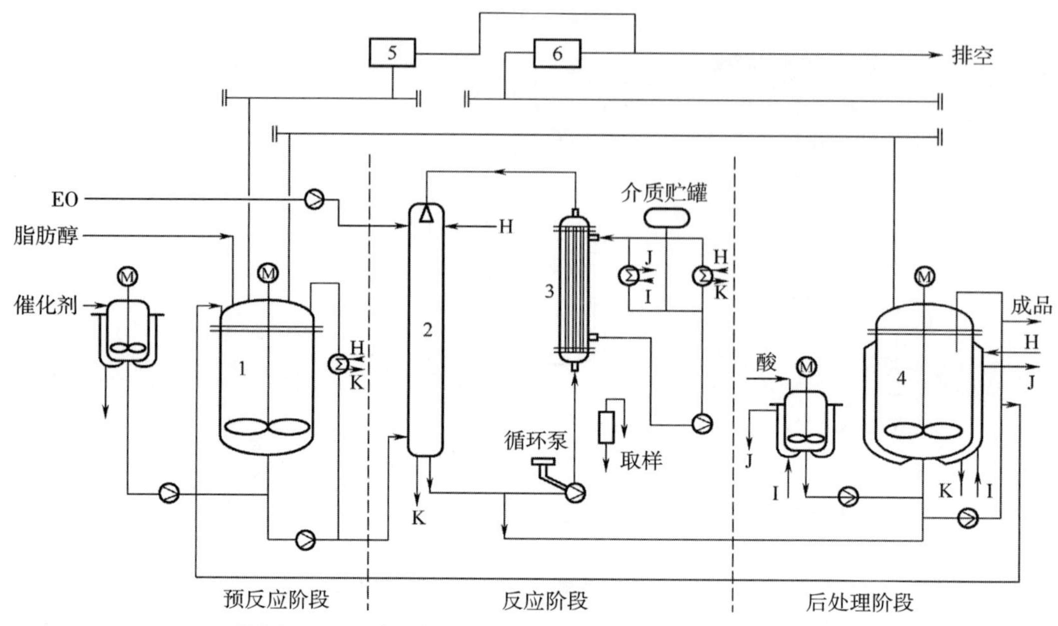

图3　瑞士Buss公司乙氧基化工艺流程

外循环喷雾反应器是在意大利Press公司及瑞士Buss公司装置基础上消化吸收自行设计的单循环直冷式雾化反应器，反应器为一卧式的外部装有加热半管的筒体，其内部装有一根具有不同开孔度的喷雾喷嘴，反应器预先用N_2置换，然后使环氧乙烷按配方要求送入反应器、雾化充满整个反应器的上端空间，用特制的泵将计量的起始剂，催化剂送入反应器喷嘴形成雾状环氧乙烷反应，生成物用特制的泵经换热器，与换热器中的冷却水换热，移走热量后再循环至喷嘴中，反应期间，反应器压力保持在0.2～0.5MPa，温度保持在120～180℃之间，继续循环一定时间，使内压反应完全，降温，脱气，反应结束。

外循环喷雾技术具备的四大特点：

（1）利用反应热代替蒸汽作为前处理脱水的热源，剩余的部分用于装置控制楼及综合楼的采暖热源，大约节能30%～40%。

（2）和Buss工艺对比，本装置操作压力低、安全可靠性高；增长比大，可以一次性生产较高分子量的产品，减少中间体的生产过程。

（3）气液接触面积大，聚合速度快，而且产品分子量分布窄，三废少；无搅拌转动装置，减少EO泄漏和接触的危险；产品中未反应的EO较少。

（4）通过控制反应条件，可获得不同分子量的产品，从而得到不同牌号的产品；同时变换原料投入还可以得到另一种产品。这就为项目适应不断变幻的市场条件提供了多条发展道路。

表1为目前主要乙氧基化工艺路线优缺点比较。目前国内规模以上乙氧基化装置基本均采用Press工艺。

表1 主要乙氧基化工艺技术指标比较

性能参数	间隙釜式	连续管式	Press工艺	Buss工艺	外循环喷雾工艺
催化剂	KOH，NaOH	KOH，NaOH	KOH，NaOH	KOH，NaOH	KOH，NaOH
安全性	较差	较好	好	好	好
尾气排放	有	有	有	无	较少
产品分子质量分布	较宽	较窄	较窄	较窄	窄
产品色泽	较深	较好	色泽好	色泽好	较好
生产能力	较小	较大	规模	规模	规模
体积增长比	1 ∶ 15	1 ∶ 15	1 ∶ 40	1 ∶ 20	1 ∶ 12

备注：外循环喷雾技术结合Press和Buss工艺的双重优势开发。

3 规模乙氧基化装置统计

2000 年，国内乙氧基化装置产能不足 50 万 t，截止到 2014 年底，增至超 420 万 t，增幅超 8 倍，技术成熟和产品市场需求带动整个行业的快速发展。国内乙氧基化装置主要品种集中在聚醚和醇醚两种，聚醚主要用于聚氨酯和聚羧酸减水剂原料，醇醚主要作为非离子代表产品应用各行各业。

表 2 为截止到 2014 年年底，国内主要乙氧基化装置企业及产能统计，可看出，目前国内乙氧基化装置主要集中在江苏省、浙江省和上海市，其中江苏省规模合计超过 117.5 万 t，占比 27.9%，浙江合计 83.0 万 t，占比 19.7%，上海合计 47.4 万 t，占比 11.3%，还有辽宁和广东省，分别为 35.2 万 t 和 27.0 万 t，分别占比 8.4% 和 6.4%。

表2 截止到2014年底国内已建成/开建乙氧基化装置及产能统计

地 区	企业名称	产能 / 万t	产品类型	备 注
浙江省	三江化工	43.0	脂肪醇醚、大单体	BCEL-PRESS 工艺
江苏省	奥克化学（扬州）	30.0	大单体	PRESS 改进
浙江省	浙江皇马化工集团	20.0	特种乙氧基化物	PRESS 工艺
四川省	四川石达化工	20.0	大单体	
辽宁省	辽宁华兴集团股份	20.0	脂肪醇醚	PRESS 工艺
湖北省	奥克化学（武汉）	20.0	大单体	PRESS 改进
吉林省	吉林众鑫化工	16.0	大单体	喷雾反应器
江苏省	江苏凌飞科技	13.0	脂肪醇醚、酚醚	
江苏省	江苏盛泰科技	12.0	脂肪醇醚	
河南省	商丘龙宇化工	12.0	脂肪醇醚	PRESS 工艺
上海市	中轻日化科技	10.0	脂肪醇醚、FMEE	美国 HH 喷射式工艺
山东省	昊达化学（联泓集团）	10.0	大单体	
山东省	山东晟瑞新材料	10.0	大单体、脂肪醇醚	

续表

地 区	企业名称	产能 / 万t	产品类型	备 注
江苏省	江苏钟山化工	10.0	聚醚	PRESS 工艺
江苏省	江苏海安	10.0	大单体、酚醚	
浙江省	浙江永明石化	10.0	脂肪醇醚	BCEL 三代
江苏省	南京扬子奥克化学	8.0	大单体	PRESS 改进
广东省	科莱恩化工（惠州）	8.0	脂肪醇醚	BUSS 工艺
广东省	广东奥克化学	8.0	大单体	PRESS 改进
广东省	惠州智盛化学	7.0	脂肪醇醚	HH-BUSS 工艺
天津市	天津浩元精细化工	6.2	脂肪醇醚	BCEL/DB-PRESS 工艺
浙江省	宁波联凯化学	6.0	脂肪醇醚	
上海市	上海花王有限公司	3.0	脂肪醇醚	
上海市	上海邦高化学	6.0	脂肪醇醚	
上海市	佳化化学（上海）	6.0	大单体	
江苏省	亚东石化（扬州）	6.0	脂肪醇醚、聚醚	
江苏省	扬子－巴斯夫	6.0	合成醇醚	
吉林省	吉林石化电石厂	6.0	脂肪醇醚	PRESS 三代
广东省	佳化化学（茂名）	6.0	大单体、醇醚	
辽宁省	抚顺洗涤剂厂	5.2	脂肪醇醚	PRESS 二代
浙江省	桐昆恒隆化工	5.0	脂肪醇醚	
上海市	上海东大化学	5.0	脂肪醇醚、大单体	
上海市	上海台界化学	5.0	脂肪醇醚、大单体	PRESS 工艺
江苏省	江苏凌飞化工	5.0	酚醚、脂肪醇醚	
河北省	邢台蓝星助剂厂	5.0	特种乙氧基化物	
河北省	邢台蓝天精细化学	5.0	脂肪醇醚、酚醚	
广东省	科莱恩（中国）	5.0	脂肪醇醚	
江苏省	江苏嘉丰化学	4.8	烷基酚醚	
江苏省	南京威尔化工	4.0	脂肪醇醚	
上海市	东邦化学（上海）	3.7	脂肪醇醚	
上海市	上海天坛助剂	3.0	脂肪醇醚	
上海市	上海科宁油脂	3.0	脂肪醇醚	PRESS 二代
上海市	扬州晨化科技集团	3.0	醇醚	
江苏省	沙索（中国）化学	3.0	脂肪醇醚	PRESS 二代
北京市	北京罗地亚东方	3.0	脂肪醇醚	瑞士 BUSS 工艺
安徽省	安徽丰源生物化学	3.0	脂肪醇醚	PRESS 二代
浙江省	桐昆恒隆化工	2.5	脂肪醇醚	
浙江省	宁波兴山助剂	2.0	助剂类乙氧基化	
浙江省	杭州白浪助剂	2.0	助剂类乙氧基化	
浙江省	上虞宇州化工原料	2.0	助剂类乙氧基化	

续表

地 区	企业名称	产能 / 万t	产品类型	备 注
上海市	上海多伦化工	2.0	脂肪醇醚	
辽宁省	抚顺市浩源化学	2.0	脂肪醇醚、大单体	
江苏省	江阴市华元化工	2.0	大单体	
江苏省	江苏天音化工股份	2.0	大单体	
河南省	河南道纯化工技术	2.0	特种乙氧基化物	
河北省	荆州隆华石油化工	2.0	脂肪醇醚	
上海市	上海石化化工股份	1.5	脂肪醇醚	PRESS 三代
上海市	上海锦山化工	1.2	脂肪醇醚	
山东省	山东海杰化工	1.0	脂肪醇醚	
江苏省	江苏四新界面剂	1.0	乙氧基化物	
江苏省	江苏海安国力化工	1.0	酚醚、聚醚	
河北省	石家庄市海森化工	1.0	聚醚、醇醚	
广东省	茂名金昌发展公司	1.0	特种乙氧基化物	
上海市	上海喜赫化工	1.0	油脂乙氧基化物	自有技术
合计		424.1		

备注：数据统计为不完全统计，统计范围只限表面活性剂和减水剂单体等产品，不包括聚氨酯原料聚醚装置。

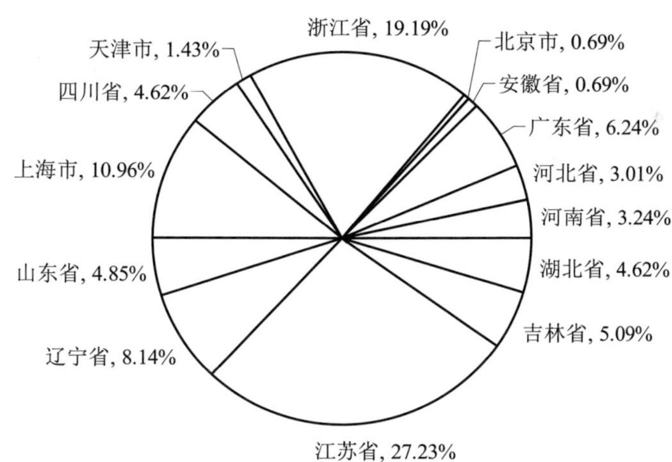

图 4　国内部分省市乙氧基化装置布局统计

如图 4 所示，国内乙氧基化装置目前主要集中在江苏省、上海市、浙江省、辽宁省和广东省，产能比例分别为 27.23%，10.96%，19.19%，8.14% 和 6.24%，合计总产能超过 71.5%。乙氧基化装置集中主要因素由上游原料环氧乙烷布局和生产来决定，优势是有利于生产成本降低和工业园区的建设，但同时也面临同区域市场竞争压力加大的风险。

4 未来乙氧基化发展方向

从过去五年乙氧基化产品结构发展来分析，2010—2014 年，国内乙氧基化装置扩产主要集中在减水剂大单体，尤其是以辽阳奥克为代表的成熟企业，2014 年年底装置产能接近 100 万 t，在国家政策和经济结构转型期，装置上马存在潜在风险，大单体行业产能过剩和未来产业萎缩是乙氧基化装置企业面临的首要问题，这将一定程度上冲击以脂肪醇醚为主要产品的非离子生产。

解决目前乙氧基化产能过剩的主要手段：

（1）做好装置多元化产品生产的技术准备，通过调节产品类型，降低市场压力和风险。

（2）减少以萘系磺酸盐为代表的第二代减水剂使用量，扩大聚醚羧酸减水剂市场，提高大单体的市场需求。

（3）扩大乙氧基化产品的出口力度，减轻国内市场压力。

（4）提高规模乙氧基化装置生产能力，逐步淘汰高耗能、高污染传统装置运行，实现行业整合。

我国烷氧基化装置的工艺进展和评述

非离子表面活性剂是分子中含有在水溶液中不离解的醚基为亲水剂的表面活性剂。绝大部分非离子表面活性剂是由含活泼氢的疏水性化合物和环氧乙烷/环氧丙烷加成聚合的产物。实现生产非离子表面活性剂生产的设备为烷氧基化装置。

烷氧基化装置是以EO、PO为原料，与众多起始剂在催化剂的作用下加成聚合反应，生产各种类型的非离子表面活性剂的装置。其产品广泛用于日用洗涤用品、医药、化妆品、纺织助剂、匀染剂、消泡剂、柔软剂、金属切割液、塑料软泡以及水泥减水剂等行业。新建烷氧基化装置除了能生产传统的醇醚类产品外，还向特种聚醚、聚乙二醇、PO/EO嵌段聚醚、纺织助剂、聚羧酸减水剂的原料等产品的方向倾斜，并大多考虑生产减水剂的原料。

烷氧基化产品属于非离子表面活性剂，是一种十分重要的有机化工原料，其应用几乎可以覆盖所有的精细化工领域，在纺织、印染、化纤、染料、医药、农药、化肥、橡胶、塑料、食品、造纸、皮革、日化、涂料、金属加工、环保、建筑混凝土减水剂、采油工业等领域均占有重要地位。非离子表面活性剂通常还与不同结构的阴离子型表面活性剂复合使用，以发挥其协同作用。

近年来，随着非离子表面活性剂在各行各业中应用的扩大、其主要原料环氧乙烷产量的提高，烷氧基化装置在全国各地如雨后春笋的速度建成。目前我国烷氧基化装置有300多套，大多分布在环氧乙烷生产厂的周围。据不完全统计已建成的非离表面活性剂的生产能力达160万t，其中大中型企业达140万t。目前在建和拟建的企业较多，例如：中轻日化科技有限公司（上海）、竹本油脂（上海）有限公司、四川成都金石达高新技术有限公司、联想集团山东昊达化学有限公司、福建钟山化工公司表面活性剂、武汉山江科技化工管理减水剂项目等有7~10家，将于2015–2016年建成投产，这些企业产能总和约60万t。加上正在筹建和扩建的烷氧基化装置，我国在2015年烷氧基化装置的产能将达到230万~260万t。

由于非离子表面活性剂产品的多样性，用途广泛性，烷氧基化装置已成为精细化工中热门工艺装备之一。

1 国内烷氧基化装置概况

我国烷氧基化装置的工艺形式与非离子表面活性剂产品的品种繁杂相适应，大致可分为三大类：

第一类是引进装置，20世纪80年代引进的装置，能力一般在6000 t/年左右；在90年代以后引进的装置能力均在万吨以上，每批产量5~15 t，年产1万~6万t。21世纪以来引进的装置，每批产量12~32 t，年产量达10万~20万t。其装置形式有：①釜式搅拌鼓泡反应工艺，如天津石油化工厂从日本引进的聚醚装置、南京康迪亚公司从意大利BALLESTRA引进的醇醚装置。②喷雾式接触反应器，以意大利PRESS公司的烷氧基化装置为主。目前喷雾混合反应工艺由意大利 DB 公司继承，并发展成由喷雾接触混合和文丘里混合器相组合的第五代反应器工艺。根据产品品种、链增长比和规模大小的不同，PRESS 工艺又可分为第一代、第二代、第三代、第四代和第五代反应器。喷雾式接触反应器的烷氧基化装置国内引进的厂家较多，如：原北京合成化学厂、抚顺石油三厂、安徽轻工化学厂、上海金山石化助剂厂、吉化公司等；近年来引进的第五代反应器装置有天津浩元精细化工有限公司、联想集团的山东昊达化学有限公司等。③环路反应器，以瑞士 BUSS 公司的工艺为主，现今由原 BUSS 公司和美国 HHT 公司继承。我国引进 BUSS 工艺的生产厂有：北京罗地亚公司的烷氧基化装置，近年来从美国 HH 公司引进的 BUSS 工艺装备的有广东智盛（惠州）石油化工有限公司和科莱恩化工（惠州）有限公司、上海日化科技有限公司的烷氧基化装置等。

比较这三种型式的引进装置，产品质量和自动化程度以喷雾式接触反应器和环路反应器为最好。BUSS 和 PRESS 工艺中的两种反应器均能将气液两相混合得很好，从工艺设备结构上保证产品质量。对于釜式搅拌鼓泡反应器，由于结构和工艺的局限性，只能用于产品黏度大的、小批量生产的场合，产品质量也不如前者。

引进装置的共同特点是：①仪表自动化控制程度高，设计中将安全连锁仪表提高到极为重要的地位；②以产品质量为中心，工艺操作全部自动程序控制，产品质量达国际先进水平；③均是间歇分批式反应。

第二类是仿照引进的流程，全部采用国产化的喷雾式接触反应器的烷氧基化装置，仿意大利 PRESS 公司第一代、第二代、第三代的装置都有。最近，仿其第五代喷雾混合反应器的装置也应运而生。这类装置在全国非离子表面活性剂生产中占有一定的地位，近年来产量不断地扩大，装置规模也逐渐加大。其装备的自动化水平、产品质量均能与国外同类装置相当。

第三类是传统的釜式搅拌泡鼓反应器形式的烷氧基化装置。这类装置的生产企业在 20 世纪七八十年代较多，当时国产化设备、机泵的水平较低。其缺点是设备简陋、自动化程度低，产品质量差，已逐渐被淘汰。目前这些企业大多均进行技术改造，增设了外循环喷雾器，使气液二相的接触面积增加，从而加快反应速度、提高产品质量。这就是国内独创是搅拌喷雾混合的组合式烷氧基化反应器，与 HH 公司提出的适宜于高黏度物料的搅拌混合习基化装置不谋而合。由于许多企业在技术改造中采用 DCS 系统进行控制，并根据国家规定增加了自动控制水平和安全连锁装置，工艺水平已上升到一定的技术水平。但是。由于搅拌反应器的局限性，其安全性能和混合性能均不如 PRESS 工艺和 BUSS 工艺。

另外，还有一些独创的连续烷氧基化反应器仅用于生产特殊类型的表面活性剂产品，生产中运用较少。

2 烷氧基化装置的工艺概述

2.1 PRESS 工艺简述

对于 PRESS 公司的喷雾式接触反应器，其反应机理是将循环物料喷雾成液滴与环氧乙烷或环氧丙烷的气相接触而进行加成聚合反应，此时环氧乙烷是连续相，物料是分散相。

PRESS 工艺有第一代、第二代、第三代、第四代、第五代反应器工艺。

（1）第一代反应器（图 1）

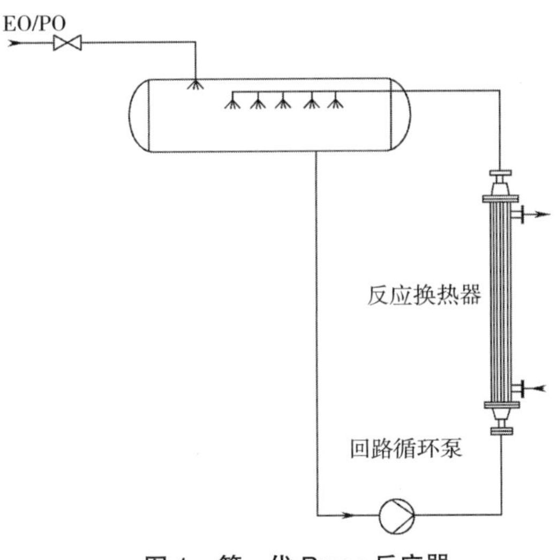

图 1　第一代 Press 反应器

1986 年在原北京合成化学厂工程中，引进意大利 PRESS 第一代烷氧基化反应器，工艺特点是：①喷雾混合器与反应物料在一个反应器内完成；②反应器放置在电子秤上，原料起始剂的量、环氧乙烷进料量和进料速率由计量秤控制；③由于受反应空间和物料在反应过程中体积增长的限制，体积增长比小于 7，对于更高的增长比的产品，必须进行二次加成，即将一次产品设置中间贮罐，进行二次反应得到高增长比的产品；④仪表采用 PLC 控制器对系统进行控制、操作；⑤由于工艺简单，投资节省。适宜于规模生产或小品种生产的企业中采用。

在我国 80 年代，国内生产企业中大量采用更为简化的 PRESS 工艺。反应循环换热器中的热媒不用导热油循环系统，而是将直接蒸汽和冷却水通入换热器。人工控制 EO 流量和对温度压力的控制。

在国产化工艺中，BCEL 对该工艺进行了改革：①采用质量流量计对原料和环氧乙烷进行计量，代替反应器上的计量秤；②用计算机控制替代原 PLC 模块控制，详见图 2。

图 2　抚顺化工二厂第一代乙氧基化装置

（2）第二代反应器

第二代反应器是一代产品的改进（图 3），为提高体积增长比，将喷雾混合反应器与反应物料的贮罐分开，反应储罐的容积决定其体积增长比。随着反应贮罐的增大，反应时间增加，会引起产品的不均匀性。

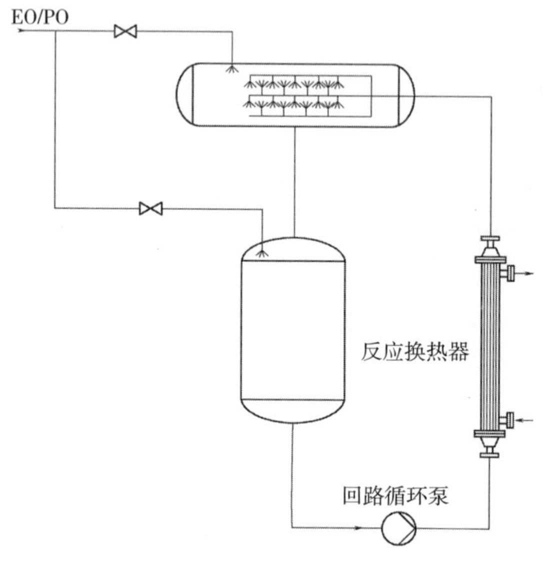

图 3　第二代 Press 反应器

原安徽轻工化学厂（现为丰原公司宿州厂）引进了 PRESS 公司第二代反应器，其车间外形见图 4。

图 4　安徽轻工化学厂乙氧基化车间

（3）第三代反应器

第三代反应器（图 5），克服了增长比小的缺点，为提高体积增长比，增设了第二循环回路，使增长比达到 50 以上。对于小循环回路，在起始时，物料体积小时采用，当反应互一定体积后起动大循环回路，增加反应速率和产品的均一性。

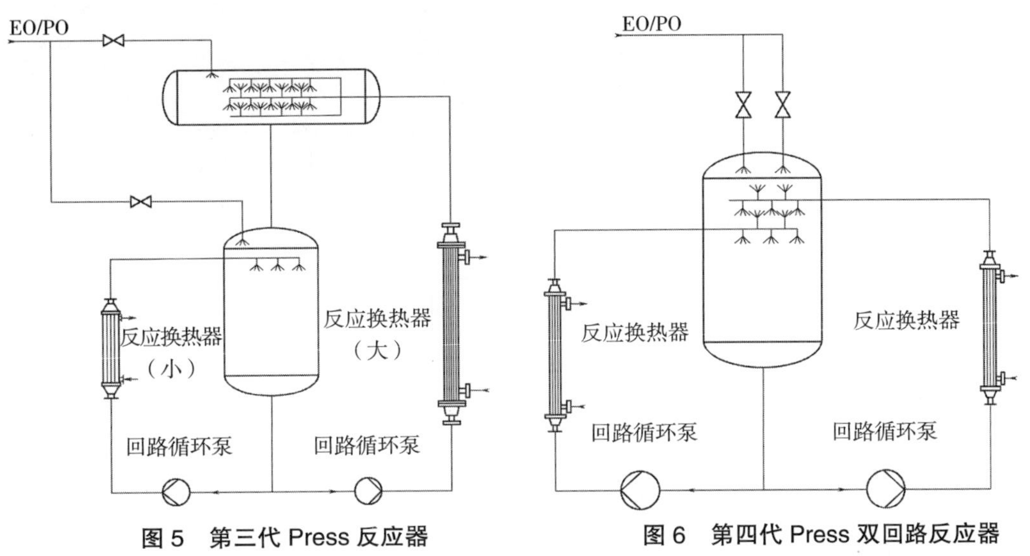

图 5　第三代 Press 反应器　　**图 6　第四代 Press 双回路反应器**

根据安徽厂引进装置的资料，结合收资得到的第三代 PRESS 公司的资料，在嘉兴三江化工有限公司 10 万 t / 年表面活性剂工程中，开发了 BCEL 第三代反应器的工艺（图 7 ~ 图 8）。

图 7　三江化工乙氧基化装置外形图

（4）第四代反应器

第四代反应器是第三代反应器的改进，将喷雾反应器和反应贮罐合二为一，节省设备空间和节约投资；在国内某些厂自制创新的工艺中，有类似于第四代的生产工艺。由于工艺相对简单，与第一代工艺相似。第四代工艺中有单循环回路工艺和双循环回路二种工艺，根据产品品种而采用不同的工艺。

（5）第五代反应器

第五代反应器是由 PREESS 喷雾反应器和 BUSS 文丘里混合反应器的组合（图 9），是组合式烷氧基化反应器。第五代工艺中也有单循环回路工艺和双循环回路二种工艺，根据产品品种而采用不同的工艺。在联泓集团昊达化学有限公司工程中，对生产低增长比的产品时采用无小循环回路的单回路循环工艺；在生产高增长比的产品时，采用双回路循环工艺。

图 8　三江 DCS 控制室

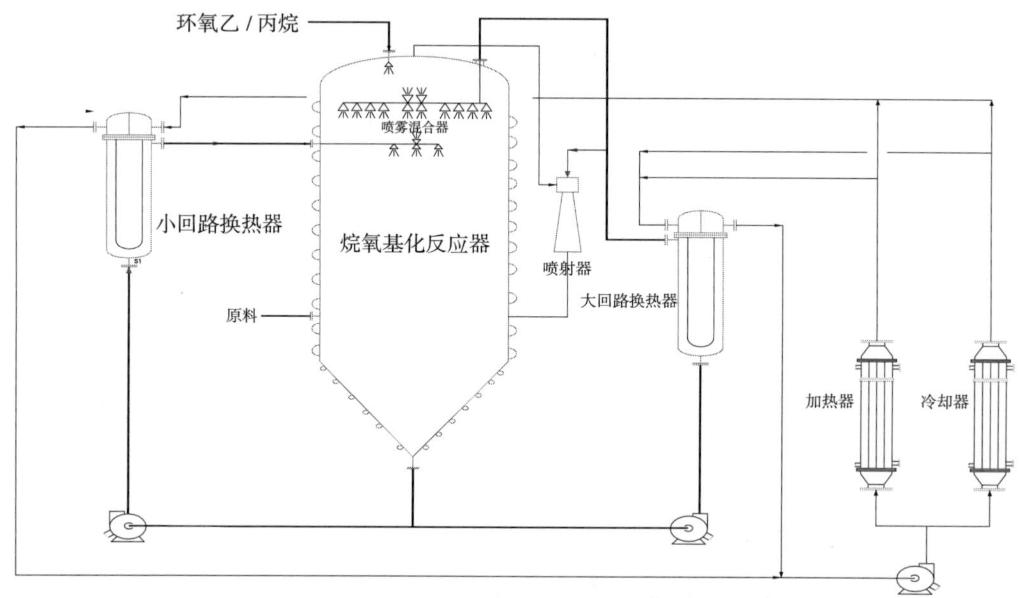

图 9　PRESS 第五代双循环回路工艺流程简图

天女集团浩元公司从 DB 公司引进的是属于简化了的第五代工艺，即预反应、EO 加成反应、中和反应在一个反应器内完成；而联泓集团昊达化学从 DB 公司引进的是较为完整的第五代工艺，即预反应、EO 加成反应、中和反应三个设备内完成。

2.2　BUSS 工艺

BUSS 工艺（图 10）利用文丘里喷射混合器的原理，使环氧乙烷的气相与循环物料进行混合反应，即由物料的喷射引起局部真空，将环氧乙烷气体吸入文丘里混合器，液体物料从反应器底部由循环泵抽出，通过换热器再进入文丘里混合器的喷管，在高速流动下形成局部负压，将环氧乙烷（或环氧丙烷）气体吸入，在喉管处气液分散十分均匀而进行加成反应，此时物料为连续相，而环氧乙烷为分散相。与此同时，从混合器扩管出口排出物料中的未反应的环氧乙烷以鼓泡的形式进入反应器的液相，向上扩散并继续进行加成反应，最终进入反应器头部空间。由于在文丘里混合器中环氧乙烷分散性能远比喷雾混合式反应器好，故其反应速率高，产品质量优于喷雾混合式反应器。另一方面，由于 BUSS 反应器的头部空间的器壁不能被反应物料不断更新，在批量反应中会有局部过反应，也会影响产品质量。BUSS 烷氧基化反应器是一种更好的环路反应器，同样利用外循环换热器撤除反应热。

BUSS 反应器的工艺特点是：①氮气保护的压力较高，反应器头部空间的氮气分压大于 60%，在环氧乙烷的安全范围内，不会产生任何危险的可能，安全性能好；②反应器的设计压力高达 4.5MPa，设计温度为 220℃。这样的反应器不会产生物理爆炸的危险；③在反应终了时，头部气相中残留的环氧乙烷低于 1ppm，利于环境保护；④反应速率高；⑤用压力软水作为热媒，调节反应温度灵敏，由于水的传热系数大于导热油，传热效率高。

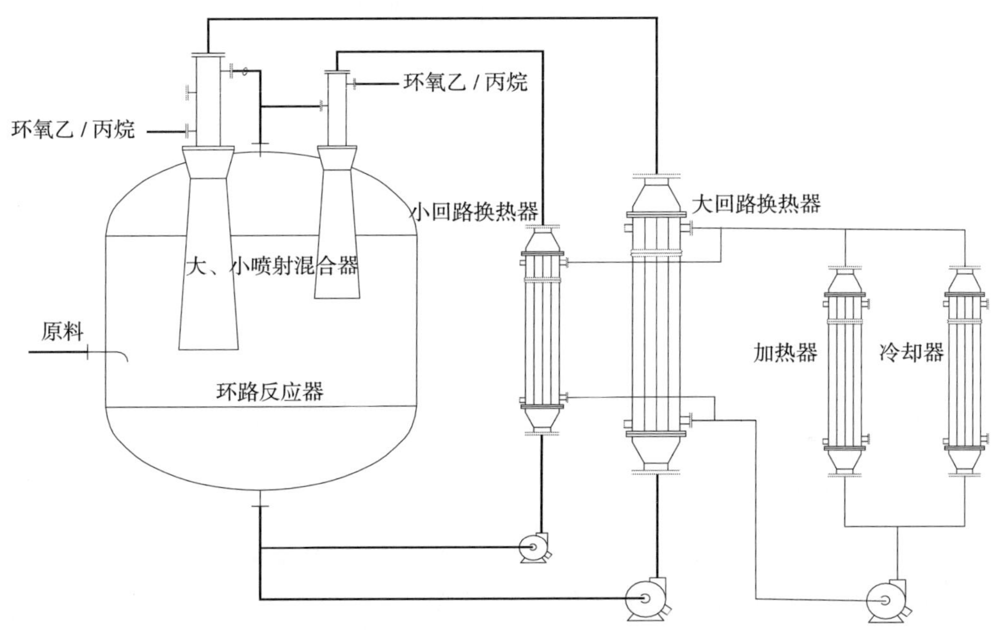

图 10　烷氧基化双回路工艺流程（BUSS 工艺）

3 烷氧基化装置的工艺评述

3.1　烷氧基化生产工艺过程概述

烷氧基化装置的工艺过程，不管生产醇醚、生产聚醚和特种聚醚，均有相同或相类似的生产过程,即由预处理反应单元（由催化剂将起始剂活化生成具有催化性能的物料）、乙（丙）氧基化反应单元（起始剂与环氧乙烷或环氧丙烷反应生成相应的醚，又称烷氧基化）、后处理反应单元和过滤（将反应产物最终处理或中和生成符合规格的产品，有的产品还要进行过滤）组成。烷氧基化工艺过程如图 11 所示。

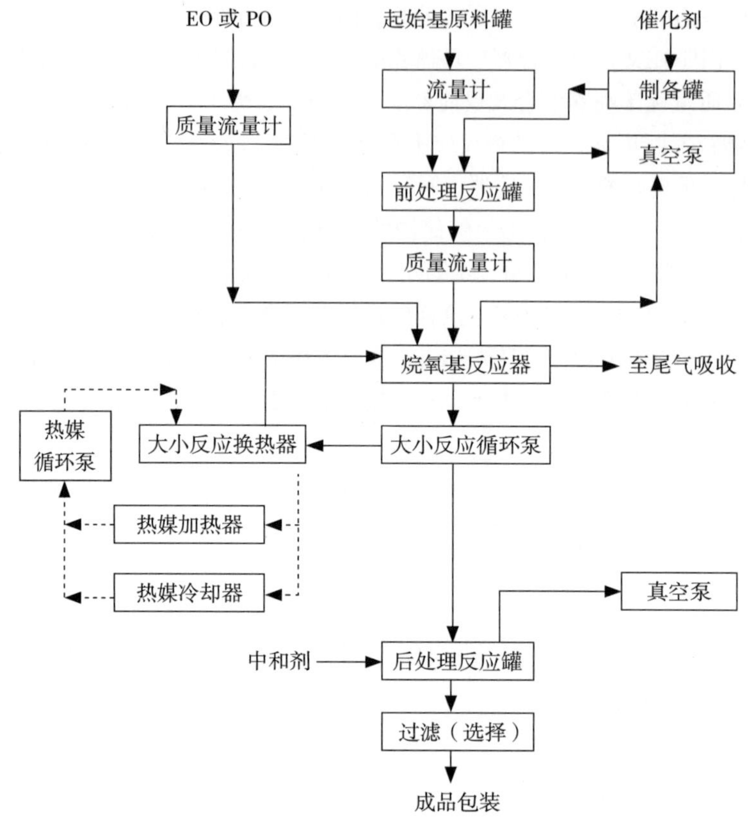

图 11　烷氧基化装置工艺方块流程图

3.2　生产装置的配置

由图 11 可看出，三个单元有以下几种组合：①预处理、烷氧基化反应、后处理三部分在一个烷氧基化反应器内完成。这样的配置，生产能力受到影响，但工艺流程简单，投资省。对于产量不高的工厂是合适的。目前国内许多小型企业，采用这种方式很多。对于新建规模较大的企业，不宜采用；②前处理、烷氧基化反应、后处理三部分在三个反应器内完成。这是通常在规模较大、生产能力较高的企业采用；③对于某些产品，需要除去产品中的金属离子，在后处理单元增设过滤单元。在引进装置和国内的工程设计中，上述三种情况的装备都有。因此，单元的组合需根据规模、产品品种而定。

3.3　预处理反应单元评述

预处理反应单元是烷氧基化装置的重要组成部分，在此进行催化剂的混合和催化反应，并在真空下脱除原料中的水分和在催化起始剂反应中生成的水分，最后进行加热达到烷氧基化反应温度的进料条件。起始剂催化后的水分，若带入烷氧基化反应生成聚乙二醇，使产品中的聚乙二醇含量增加，一般要求含水量在 0.05% 以下。不同工艺对预处理工艺略有不同，现说明如下。

美国 HHT 公司的工艺中，预处理反应罐兼作秤重计量罐，进料和出料在此称重。由于用传感器秤重，理论上计量精度高，省去了进出物料的流量计。但是在配管设计时，所有与预处理罐的连接管道必须采用软管，且要求不得由于软管的牵制而影响秤量的精度。HHT 公司的预处理单元由循环出料泵、循环外循环加热器和反应器组成。由循环加热器调节催化反应和真空脱水温度，循环物料从罐顶的一个喷嘴以雾滴流喷入罐内，增加脱水效率。

意大利 PRESS 工艺中，预处理反应罐是一个搅拌反应器。也由循环出料泵、循环外循环加热器和反应器组成。由循环加热器调节催化反应和真空脱水温度，循环物料从罐顶喷嘴以雾滴流喷入罐内，增加脱水效率。不同的是罐顶部有数个喷嘴，进出物料的计量采用质量流量计。

CLIEC 公司设计的预反应器也是一个搅拌反应器，同样有一个循环回路，不同的是增加一个专门用于提高脱水效率的膜式脱水器。以避免和减少因采用喷雾脱水所产生雾沫夹带。由于物料形成薄膜，使之与真空的接触面增加，提高了脱水效率。

3.4 烷氧基化反应器和反应工艺评述

烷氧基化反应器是反应的核心和重要单元。反应器的类型有搅拌式烷氧基化反应釜、BUSS 烷氧基化反应器、PRESS 烷氧基化反应器，以及有上述反应器引申的烷氧基化反应器。

3.4.1 搅拌式烷氧基化反应器

环氧乙烷从罐底部分布器进入，在搅拌器的作用下，环氧乙烷以分散、汽化及鼓泡的形式与起始剂液相进行反应，未反应的环氧乙烷进入反应釜的头部，在反应器的液位表面继续反应。对于带有自吸作用的搅拌器可将反应釜头部空间的环氧乙烷气体吸入液体内继续进行反应。该类反应器气液接触面较小，气体的分散性能差，因此影响产品的分子量分布和产品质量。釜式反应器最大的缺点是搅拌器运动部件暴露在环氧乙烷的气相中，容易泄漏和因摩擦而产生静电，存在隐患。在使用时要经常检查搅拌器机械密封、运动部件的完好性和静电接地的性能。搅拌反应器独特的优点，是能适应高黏度物料的烷氧基化反应。搅拌式烷氧基化反应器的设备设计，采用双端面机械密封，设计压力约 1.0MPa，设计温度约 250℃，反应器封头上设置爆破片和安全阀。

3.4.2 PRESS 工艺中的喷雾式混合反应器

PRESS 工艺是将物料以喷雾形式与环氧乙烷混合的原理，使环氧乙烷的气相与循环物料液相以最大限度的分散接触，部分环氧乙烷溶解在物料中进行反应。这里，环氧乙烷是连续相，反应物料是分散相。喷雾式烷氧基化反应器是一种环路反应器，利用外循环换热器撤除反应热，反应速率大大地高于搅拌式反应器。由于其反应器壁表面的不断更新，不会产生过反应的现象，产品质量较高。

PRESS 工艺的起始反应压力较低，起始氮封压力为 120kPa，反应压力约 0.2~0.4MPa。设备设计压力为 1.2MPa，设计温度为 220℃。意大利 DB 公司在最近新的报价中，设计压力提高到 2.7MPa。由此表明，虽然操作压力为 0.5MPa 以下，但设计压力作了调整。

PRESS 反应器中喷雾混合器的结构，在最早的引进装置中采用组合式喷嘴对物料雾化，而最近引进的装置中有组合式喷嘴，也有螺旋式喷嘴。其目的是达到较好的雾化效果，增加气液接触面积。

PRESS 工艺中的喷雾式混合反应器的特点是：①反应起始时氮封压力低，造成反应结束时反应器内的压力较低，故设备设计压力低，节省设计投资费用；②反应器头部空间无运动部件，避免静电产生的隐患；③以导热油为热媒，调节反应温度比较平稳，但也带来传热效率较低的缺点；④在反应最后的熟化阶段，喷雾反应效率不如文丘里混合反应器，最终在气相残留的环氧乙烷较高。但第五代反应器增设了外置的文丘里混合器，使头部空间的 EO 或 PO 能吸入文丘里混合器中，可接近达到 BUSS 工艺的效果。

3.4.3 BUSS 工艺中的文丘里反应器

BUSS 工艺利用文丘里喷射混合器的原理，使环氧乙烷的气相与循环物料进行混合反应。即由物料的喷射引起局部真空，将环氧乙烷气体吸入文丘里混合器，这里物料是连续相，而环氧乙烷是分散相。由于在文丘里混合器中环氧乙烷分散性能远比喷雾混合式反应器好，故其反应速率高，产品质量优于喷雾混合式反应器。另一方面，由于 BUSS 反应器的头部空间的器壁不能被反应物料不断更新，在批量反应中会有局部过反应，也会影响产品质量。BUSS 烷氧基化反应器是一种更好的环路反应器，同样利用外循环换热器撤除反应热。

BUSS 反应器的工艺特点是：①氮气保护的压力较高，反应器头部空间的氮气分压大于 50%，在环氧乙烷的安全范围内，不会产生任何危险的可能，安全性能好；②反应器的设计压力高达 4.5MPa，设计温度为 220℃。这样的反应器不会产生物理爆炸的危险；③在反应终了时，头部气相中残留的环氧乙烷低于 10^{-6}，环境保护好；④反应速率高；⑤用压力软水作为热媒，调节反应温度灵敏，由于水的传热系数大于导热油，传热效率高。

3.4.4 组合式烷氧基化工艺流程简述

组合式烷氧基化工艺是在原有烷氧基化装置不同工艺发展起来的工艺，归纳为图 12 ~ 图 15 几种类型。

（1）搅拌与喷雾组合的烷氧基化工艺（图 12）。

这是国内许多工厂在 20 世纪 90 年代技术革新的产物，是由搅拌釜式反应器衍生的烷氧基化反应器，这种反应器是在原有搅拌反应器基础上增设外循环喷雾混合器，从而增加了气液接触面，提高了反应速率和产品质量。这种由二种不同类型的反应器结合在一起的思路不仅在国内生产实践中得到应用，在国外也有。

（2）搅拌器与文丘里混合器组合的烷氧基化工艺（图 13）。

美国 HHT 公司近年推出的一种由搅拌器和文丘里混合反应器相结合的烷氧基化装置，是利用文丘里混合器的优点，结合搅拌反应器的特点面开发的一种烷氧基化反应器，该反应器能适应黏度变化很大的反应过程中、并能在生产高黏度的产品时使用。

（3）喷雾混合器与文丘里混合器组合的烷氧基化工艺流程（图 14）。

意大利 DB 公司开发的 PRESS 第五代强化型烷氧基化反应器，是在喷雾混合式反应器的基础上，吸取 BUSS 工艺中文丘里混合器的优点的烷氧基化反应器。该反应器在外循环环路中增设了文丘里混合器，使反应器头部空间的未反应的环氧乙烷也能吸入物料中参与反应，从而缩短了反应熟化阶段的时间，使产品中和排放尾气中的 EO 含量降低。

(4) 文丘里与喷雾组合的烷氧基化工艺流程（图 15）。

有专家认为还有以文丘里混合为主，辅以喷雾混合器组合的烷氧基化反应器。这种烷氧基化反应器，发扬了文丘里混合器的优点，克服了其缺点，有利于更新反应器头部器壁的表面，也有利于增加在更新品种时对反应器的洗涤效果。这种烷氧基化反应器势必会有广阔的应用前景。

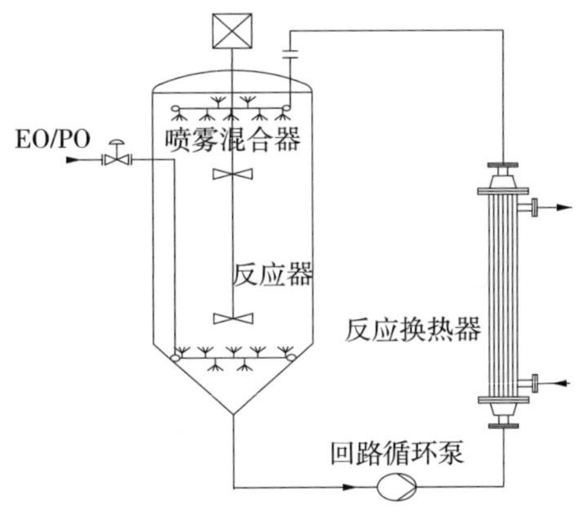

图 12　搅拌与喷雾组合的烷氧基化流程

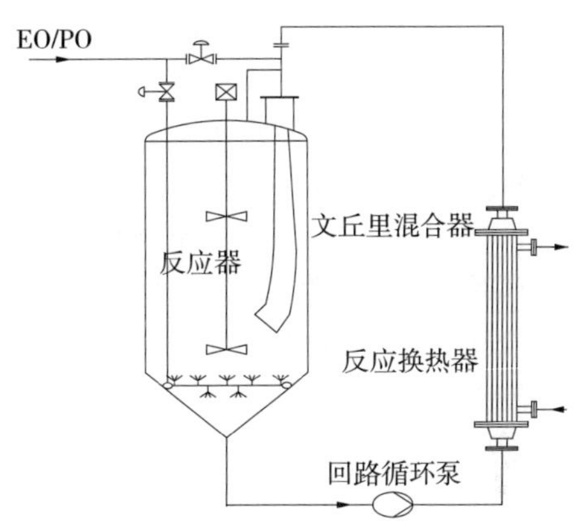

图 13　搅拌与文丘里组合的烷氧基化流程

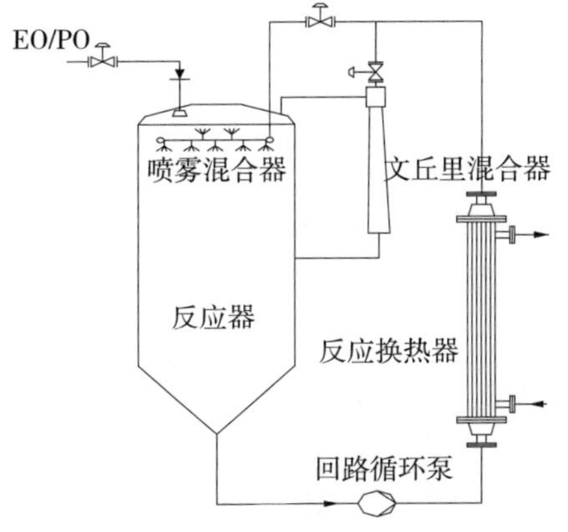

图 14　喷雾与文丘里组合的烷氧基化流程

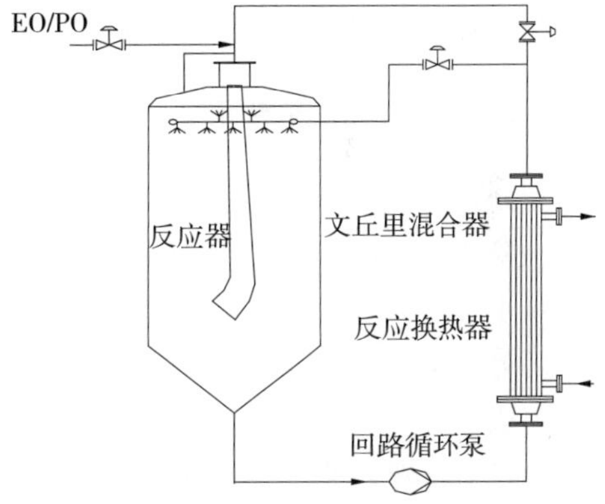

图 15　文丘里与喷雾组合的烷氧基化流程

3.5　产品的体积增长比和双循环回路反应系统评述

全面衡量烷氧基化反应器的优劣是标准是，在相同体积的反应器和相同的操作条件下，既要体积增长比大，又要质量保证的前提下产量高。体积增长比与生产能力是相互制约的。因为当体积增长比要求高时，其循环回路上的系统体积要求小，则要求循环泵、反应换热器、循环管路等体积要求尽量小。此时，由于循环换热器的传热面积受到约束，反应热的撤除能力受到限止，反应速率降低。因此，追求高增长比的反应系统，其反应速率会随着循环换热器传热面积的减少而降低。所以，要根据生产产品的品种的体积增长比来选择烷氧基化反应器的体积增长比。

不管是BUSS反应工艺还是PRESS反应工艺，对于单循环回路反应器一般最大体积增长比不宜大于10，双循环回路反应器的体积增长比不宜大于80。

反应器混合元件的好坏影响产品的质量和产量；反应换热器的传热效率（即撤热能力的高低）影响反应器的生产能力。

3.6　循环换热器的传热热媒的选用

烷氧基化的反应换热器是用于控制反应温度的元件，当反应温度低时可给予热量；当反应温度高时，用于撤除反应热。在传统的搅拌反应器，采用内盘管和夹套，加热时采用蒸汽，撤热时直接采用冷却水，操作不方便，且温度控制困难。BUSS工艺和PRESS工艺中均设置热媒循环系统，又称第二循环系统，该系统由热媒循环泵、热媒加热器和热媒冷却器组成。由热媒给反应换热器提供热量或撤除反应热，调节烷氧基化反应温度。

在传统的PRESS烷氧基化工艺中,循环反应换热器的热媒采用导热油。BUSS烷氧基化工艺中，循环反应换热器的热媒采用软水。从热媒的热性质看，导热油的比热约2.25~3.35kJ/kg(0.6~0.7kcal/kg)，导热系数约0.5 kJ/(m· h· ℃)[0.12 kcal/(m· h· ℃)]；水的比热约4.184 kJ/kg(1kcal/kg)，导热系数约2.09 kJ/(m· h· ℃)[0.5 kcal/(m· h· ℃)]。带出同样热量，循环导热油的流量约是循环水量的1.4~1.5倍，导热系数是水的1/4，传热面积要比水换热器大。因此，北京中轻设计院在近年来的设计中采用水为热媒，据相关信息，DB公司的设计中也作了改变，以水为热媒。如前所述，传热能力是评价烷氧基化反应器优劣的指标之一。

3.7　后处理反应单元

后处理的目的是中和催化剂的碱性、脱除在烷氧基化反应中溶解在产物中的微量的环氧乙烷，除去反应中产生的微量的1,4－二噁烷；对于某些要求含水量低的产品，需要在高真空下脱水。

后处理单元，国内外的工艺基本相同，由搅拌反应罐、外循环（或出料）泵和外循环换热器组成。

对于有特殊要求的产品，需要加入吸附剂，并用磷酸中和产生固体沉淀，用精密过滤器除去滤饼，得到纯净的产品。

3.8　自动控制方案和批量程序

3.8.1　自动控制方案

烷氧基化装置一般均采用DCS控制系统，有自动控制和安全连锁系统，并设置独立的ESD系统，但是，在控制的细节上是不同的。

其主要区别如下：

（1）两种引进工艺自动控制最大的区别是对EO和PO输送和流量调节控制。BUSS工艺采用三缸带冲程调节的隔膜计量泵输送物料，由设定流量和温度、压力的低选信号来控制泵的冲程面调节进料量。由质量流量计对量和累计量进行计量和控制；而 PRESS 工艺，则采用离心式泵或压力罐输送物料，由设定流量和温度、压力的低选信号来控制调节阀。

（2）反应温度的控制。HH 公司的是采用第二循环系统从的物料换热器出口的循环水温度控制反应器询问物料出口温度。而第二循环系统的加热器和冷却器根据循环水温度进行串激控制，相对比较简单；而 PRESS 工艺中以反应器底部物料温度，由设定流量和温度压力的低选信号来控制 EO/PO 的调节阀，物料热交换后的温度由第二循环系统热媒温度来调节，并且设置冷热媒和热热媒分别调节，调节系统比较复杂。二者各有优缺点，而以 BUSS 工艺中的控制较为合理，且节操作方便，能耗较低。

3.8.2 批量程序

批量程序是间歇生产过程中实现自动化的关键，需要由工艺、仪表、编程三个专业有机配合进行编制软件。软件编程、组态的好坏，在一定意义上决定了工艺生产的成败和能否使间歇生产实现连续程序生产，从而保证产品质量和性能的一致性。

为保证生产过程的连续进行，在批量程序中，要在不同的阶段对液位、温度、压力、循环泵的自动控制，保证出现故障时的连锁控制，以确保生产有序的进行。当出现异常情况时能报警和紧急停车。最新设计的烷氧基化装置，不论是引进装置还是国产装备，必须配备完整的自控仪表。其控制方案和仪表的设置，基本相同。

3.9 评价结论——烷氧基化装置的工艺技术的进展和展望

由于烷氧基化反应原料和产品的多样性，物料物理性质的差异很大，尤其是在黏度方面的差异。使得加成环氧乙烷或环氧丙烷反应时物料的均一性和输送性能变化很大。黏度小的物料易于输送和相对易于反应，对于喷雾反应器和文丘里式的环路反应器效果较好；对于黏度大的原料或产品，物料的黏度高，则只能用搅拌型釜式反应器进行反应。因此，釜式搅拌反应器将会与喷雾式（PRESS）和文丘里式（BUSS）反应器长期并存而不至于淘汰，但产量较小。

在实际生产中发现，较为先进的 PRESS 反应器和 BUSSS 反应器，其相对应的工艺流程各有其优缺点。为此，DB 公司推出了 PRESS 第五代烷氧基化工艺，该工艺特点是以喷雾混合反应为主、辅以文丘里反应相结合的反应工艺。HHT 公司也推出搅拌和文丘里混合器结合的反应工艺，克服不能生产高黏度产品的缺点。中国中轻国际工程有限公司（CLIEC）又在此基础上，从工艺流程上对传热介质、提高增长比、自动控制等方面作了全面的改进，创建了国产化的烷氧基化装置。

4 工程设计的特点和国产化第五代工艺的设计思想

4.1 烷氧基化装置工程设计的特点

（1）批量生产

工艺流程要满足批量生产的要求。工艺流程设计要满足批量生产的要求，在设计中要求满足批量生产中每一步骤的自动控制要求。例如，在反应过程中有工艺说明中的氮气置换→进料→诱导反应→反应→熟化→脱气冷却→排料等步骤，要求不同阶段采用不同的控制方式和连锁，并按程序进行连续有序的生产。

（2）安全性

原料环氧乙烷、环氧丙烷等是危险化学品，安全生产是工艺流程设计中最重要的环节。工艺、设备、仪表、电气、消防、建筑、环保等设计，需要满足国家规范要求，尤其是自动控制，在工艺仪表流程设计中设置双重的仪表，分别用于自动控制和安全连锁，并设置独立于 DCS 的 SIS 系统。

（3）原料计量和精确配比

由于烷氧基化反应可无限止的进行，对原料和产品的配比要很精确才能得到所需的产品。设计中需要考虑起始剂物料、环氧乙烷、环氧丙烷的计量方式。在 PRESS 工艺中，均采用质量流量计；在 BUSS 工艺中物料（起始剂）采用重量传感器秤重，而环氧乙烷和环氧丙烷采用质量流量计计量。

环氧乙烷的环氧丙烷的流量变化范围很大，在诱导反应阶段、反应后期需要在小流量下进行，此时计量的精度十分重要，要求仪表控制阀要满足计量精度的要求。

（4）放热反应

烷氧基化反应是放热反应，反应热为 93kJ/mol，为保证产品质量，必须严格控制反应温度。在第二循环回路（热媒循环系统）的工艺和仪表设计中，要使热量能及时撤除，并能平稳地控制温度的波动，使反应温度能控制在预设温度 ±1.5℃范围内。

（5）在氮封下正压反应

烷氧基化反应，必须在氮封下正压反应，不允许在负压下进行，但要控制压力在设备设计压力允许的范围内进行。对于 PRESS 工艺，反应起始的氮封压力为 0.112MPa；而 BUSS 工艺中应起始的氮封压力为 0.3MPa，使反应过程中，氮气的体积比始终大于 50%。

（6）自动化水平高

采用 DCS 系统和独立于 DCS 系统的紧急放空系统 ESD。

（7）满足国家的标准和规范

按化工工艺设计深度规定的设计内容进行工程设计，要满足安装施工、操作、生产、安全、卫生的要求，要满足国家和行业的标准和规范。

4.2 国产化第五代工艺的特点

随着我国技术水平的提高，根据组合式反应器的原理，进行国产化第五代烷氧基化反应器装备的设计是不难实现的。国产化烷氧基化工艺的设计思想和独创点为结合 HH 和 PRESS 公司工艺流程中的优点，设计成国产化的具有自主技术的第五代反应器，其设计要点如下。

（1）按照第五代反应器的特点，工程设计中烷氧基化反应系统采用喷雾反应和文丘里喷射辅助反应器相结合的形式，可以提高反应速率和进一步提高产品质量。尤其是在熟化阶段，利用文丘里可以将头部空间中的未反应的 EO 随同氮气一起吸入文丘里混合器，比喷雾接触更有效地完成熟化反应，且能使气相的残留的微量 EO 迅速降低，有利于环境保护。

（2）反应系统采用双循环回路反应工艺，反应的体积增长比由 20% 提高到 60%~80%，甚至更高。

（3）第二循环系统的中间传热介质由油改为水，其仪表控制采纳自主的工艺控制方案，吸取引进装置的控制方案，吸取并简化了 PRESS 工艺的控制方案。

（4）采取措施，减少污水的排放量。

（徐志阳）

磺化反应器应用研究进展

磺化反应在现代化工领域中占有重要地位，是合成多种有机产品及化工中间体的重要步骤，在洗涤剂，皮革，医药，农药，染料，涂料，石油，选矿等行业中应用较广。磺化反应器是磺化反应的核心设备，其综合技术质量（结构、选材、制造和组装等）对磺化（硫酸化）产品质量、设备使用寿命有很大影响。磺化反应器的发展经历了釜式、泵式、膜式、喷射式以及高压湍流管式等，到目前为止，国内 SO_3 磺化装置大部分采用降膜式磺化反应器。我国磺化技术经过 50 年的发展，通过技术引进和自行开发，磺化技术水平和产品质量均有了很大的提高，特别是磺化反应器开发研究和计算机控制技术已接近世界先进水平。

1 釜式反应器

釜式磺化反应器是最早使用的一类磺化反应器，主要应用于用浓硫酸和发烟硫酸作磺化剂的磺化反应，根据操作方式不同可以分为间歇式和连续式。釜式磺化反应器结构简单，设备投资少，但是原料返混和短路现象严重，反应效率低，物料停留时间较长，容易导致副反应发生，产品质量较差，现已基本被膜式磺化反应器所取代。图 1 为间歇反应釜式烟酸磺化反应器结构图。

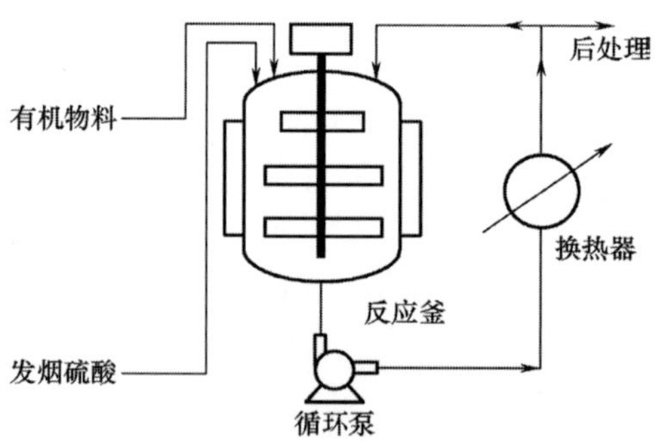

图 1　间歇反应釜式烟酸磺化反应器结构图

2 罐组式磺化反应器

罐组式磺化反应器可用于以发烟硫酸或气相 SO_3 为磺化剂的磺化反应，其气相 SO_3 反应工艺流程如图 2 所示。该系统由一组搅拌釜反应器所组成，各釜里阶梯状排列，以形成一定的位差，便于液体物料依次从前一个反应釜溢流至下一釜内。串联罐组的数目一般为 4 ~ 6 个釜串联，最少的为 3 个，具体数量由装置的生产能力决定。有机物料首先加入第一釜，然后依次溢流至下一釜中，SO_3 和空气按一定比例从各个反应釜底部的分布器通入，与罐内的有机液层进行反应，气体通入量根据各反应釜要求的转化率而定，一般以第一釜为最多，并依次减少，使大部分反应在物料黏度较低的第一釜中完成。反应热通过夹套及罐内的冷却盘管传出，并借助反应釜内的高速涡轮搅拌器强化气液接触反应的传质、传热效率。罐组式反应系统的规模较小，产量低，原料返混和短路现象严重，停留时间较长，容易导致副反应，产品质量差。我国曾在 60 年代开发过此类磺化装置，为洗衣粉装置配套生产而设计，现在已很少使用。

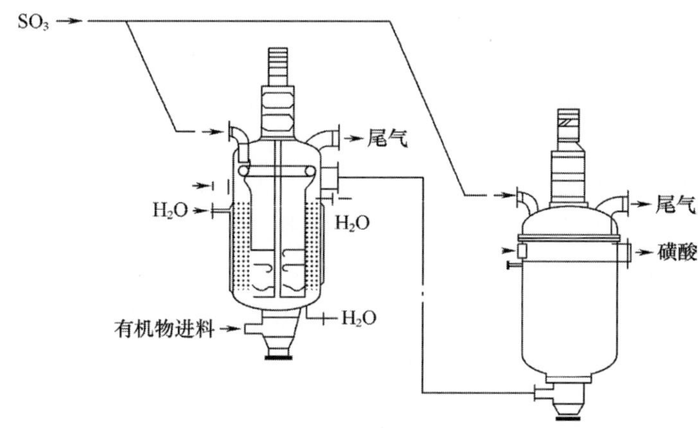

图 2　罐组式磺化反应器

3 泵式磺化反应器

泵式磺化反应器常应用于发烟硫酸作磺化剂的磺化反应，如图 3 所示，该类反应器在防止局部酸浓度过高、过热和停留时间过长而引起过磺化、氧化、焦化等副反应方面，比釜式磺化反应器有明显的优势。该工艺会产生大量废酸，磺化产物中无机硫酸盐含量高，不适宜用于配制液体洗涤剂。但是泵式磺化反应器传质性能较好，反应物料转化率较高，物料在反应器内的停留时间较短，副反应较少，并且反应器体积小，设备投资低，操作简便，容易控制。此类反应器至今仍在使用，但由于其处理量小，工业上用的不是很多。

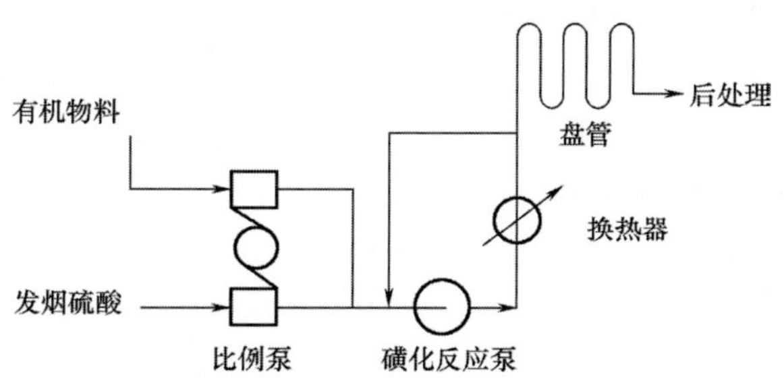

图 3　泵式磺化反应器及其工艺

4 膜式磺化反应器

膜式磺化反应器是典型的气相 SO_3 磺化反应器，目前主要应用于直链烷基苯磺酸、醇醚硫酸盐、α－烯基磺酸盐、脂肪酸甲酯磺酸盐等阴离子表面活性剂的工业化生产。膜式磺化反应器有升膜式和降膜式之分，目前大多数为降膜式，降膜式磺化反应器有多管式和双膜式两大类。膜式反应器由于反应器冷却面积与反应器体积比率较高，因此传热效果好，并且反应停留时间短、副产物少，具有其它类型反应器无法比拟的优点。

4.1 多管膜式磺化反应器

多管膜式磺化反应器是由不同数量的单元管组合而成，单元管数量因产量不同而不同。反应过程中有机物在呈列管排列的反应管中均匀分配，沿管内壁成膜状下落，与顺流而下的 SO_3 混合气体接触，迅速发生磺化或硫酸化反应，同时放出大量的热，该反应热经壳层冷却介质除去，以保持恒定的反应温度，并且反应和换热同时进行。该类反应器的压降较小，结构简单。主要的制造商为意大利 Ballestra 和 Mozzoni 公司，国内浙江赞宇科技有限公司也有相关的专利。目前该类大型装置已完全实现了个国产化，并且能够生产多种磺化产品。

多管膜式反应器根据生产厂家有不同的特点，Ballestra 反应器每根管高 6 m，内径为 25.4 mm，每根管分上下两段冷却，在所有反应管上方设有用于混合气体平均分配的“喷嘴”，有机物采用环形缝隙进料；Mozzoni 反应器与 Ballestra 基本相似，不同在于每一根反应管都有自己的冷却罩，在反应管上方有文丘里型节流分配器以保证进入每一反应管的混合气体数量相同，并且引入了“平衡风”。

4.2 双膜式磺化反应器

双膜式磺化反应器是以两个不同直径的圆筒组成同心圆式的环状空间作为反应区间，完成磺化或硫酸化反应并移去部分反应热。该类反应器的进料分配部分一般不可调，靠机械结构形成的狭缝或多孔分布使成膜均匀，加工要求很高，反应器环缝较窄，阻力也较大。目前主要的生产商包括美国的 Chemithon、Allied Chemical 以及意大利现代机械公司（MM），日本狮子公司以及国产的 T.O 型反应器采用了二次保护风技术。

国内在 20 世纪 70 年代经过科技攻关建成了第一套双膜式 SO_3 磺化装置，近年来，又对其进行改进，使其无论在设计结构还是产品质量方面都有了很大的提高。双膜磺化反应器根据不同的厂家各有不同的特点，但一般反应器可分为三段，即头部分配区、中部反应区以及尾部分离区。Allied Chemical 公司磺化反应器中部反应段高 5 m 左右，通过环形区气体流速较小；Chemithon 和 Allied Chemical 反应器的区别在于环形反应区的间隙较小，反应段可缩短到 1 m 左右，由于反应段较短，物料出口温度很高，因此需要急冷装置（急冷环路）来冷却磺化产物，并且通过反应区气体流速一般较大；T.O 型反应器与 Chemithon 反应器相似，长度较短约 2 m 左右，它具有两个突出的特点：一是头部采用多孔板进料分配器；二是即采用二次保护风技术，降低了反应器头部可能出现的温度高峰。T.O 型磺化反应器主要应用于烯烃的磺化，表 1 为主要商业膜式磺化反应器。

表1 主要商业膜式磺化反应器

设备制造商	反应系统名称	反应器类型
Ballestra	Sulphurex F	MT-FFR 多管降膜式反应器
Mazzoni	Sulpho Film Reactor	MT-FFR 多管降膜式反应器，通平衡风
M.M	MM-FFR	FFR 双膜降膜式反应器
上海白猫有限公司	T.O	FFR 双膜、短降膜、通保护风
狮子油脂公司	T.O	有循环冷却回路

图 4 为膜列管式磺化反应器，不管是多管式还是双膜式磺化反应器，它们的基本原理都是一样的，只是各自采用不同的放大途径，它们有一个共同重要的设计参数即周边进料速度。一般说来，当反应段较高或者反应器尾部有急冷循环装置时，周边进料速度可达到较大值，当周边进料速度确定时，设备的生产能力仅与反应管润湿周边（即反应管的周边长度之和）成比例关系。反应器的高度和管径（多管式）或环隙（双膜式）应保持不变，这是设计放大时的准则。反应器的管径或环隙与高度之间有一定的关系，一般说来加大管径或环隙就必须适当增加高度。多管和双膜式磺化反应器的不同在于增加产量的方式，多管膜式主要是通过增加列管的数量，而双膜式主要是通过增加反应器的直径来实现；与双膜式磺化反应器相比，多管膜式结构较简单，因此制造、安装、调试以及更换相对比较容易；多管膜式磺化反应器操作弹性较大，一般为 70%~130%。而双膜式磺化反应器由于受有机物内外膜成膜状态、组装水平以及安装精度的影响，操作弹性较小，因此工业上广泛应用的为多管膜式反应器。

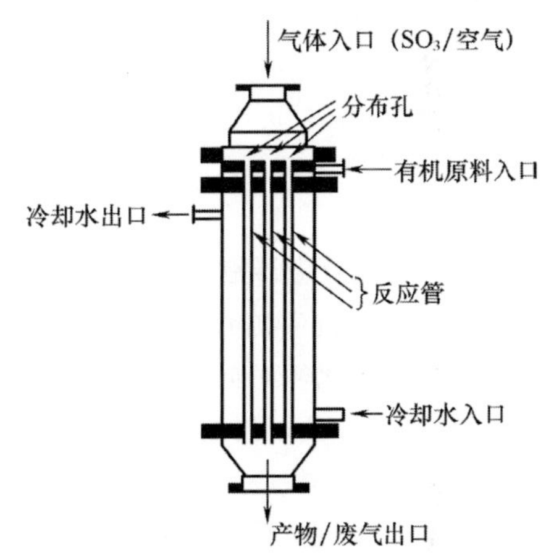

图 4 膜列管式磺化反应器

虽然降膜式磺化反应器有许多优点，同时也是当前阴离子表面活性剂工业化生产的主体技术，但该类反应器也有自身的一些缺点，如操作弹性小，工艺条件要求严格，不适合经常开停车；结构复杂，设备加工制造精度及安装精度要求较高，投资费用大；不适合含蜡质、不易成膜、易焦化以及受热敏感的有机物的磺化。

5 喷射式磺化反应器

喷射反应器是近几十年迅速发展起来的多相反应器，多用于气液两相反应，也可用于含催化剂等悬浮颗粒的气液固三相反应。其原理是利用高速流动相去卷吸其他相，使各相密切接触，继而在反应器内均匀分散或悬浮并完成反应。喷射反应器主要由喷嘴、反应釜体及其他附属装置组成。国外 Buss、EC Chem. 公司以及美国 Chemithon 公司对喷射反应器进行了研究开发，Buss 和 EC Chem. 公司的喷射反应器多应用于催化加氢和烷氧基化反应，而 Chemithon 公司的喷射反应器则主要应用于磺化/硫酸化反应。表 2 为喷射环路反应器的主要性能。

表2　喷射环路反应器的性能

性 能	表征参数
相分散	气含率、相间比表面、气泡大小、固含率等
质量传递	传递系数、传递速率等
流动性	循环速度、局部相速度、流型、压降等
结构	喷嘴、导流筒及塔器的几何结构参数等
混合特性及停留时间分布	*Bo* 数、*Pe* 数、分布密度函数等
能耗	输入功率分配等
射流性能	射流穿透深度、射流作用范围、气体吸入量等

喷射磺化反应器是发展相对较晚的一类磺化反应器，目前美国 Chemithon 公司、天津大学和中国日用化学工业研究院有相关的研究报道。Chemithon 公司研制的冲击喷射式反应器（图 5 所示），其核心部件是文丘里喷嘴。SO_3/空气混合物通过文丘里喷嘴将有机物雾化（有机物在进入文丘里喷嘴之前也可先由压缩空气雾化），形成巨大的表面积，同时在喷嘴喉管及扩散部进行瞬间剧烈的磺化/硫酸化反应。反应混合物紧接着被低温循环物料急冷降温，避免体系温度过高，影响产品色泽。该类反应器只适用于那些对产品色泽要求不是很高的简单原料的磺化。

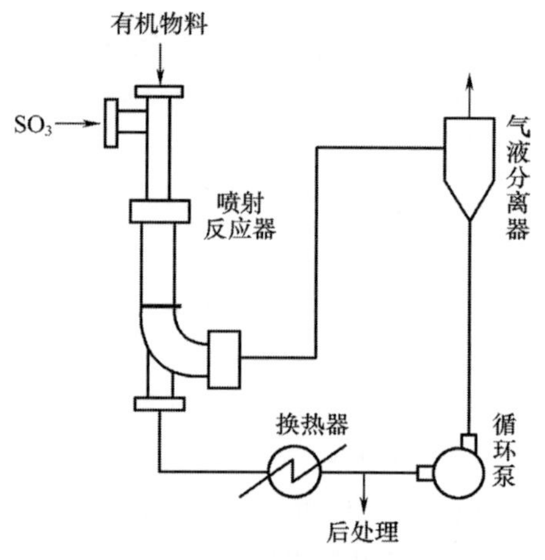

图 5　Chemithon 喷射磺化反应工艺流程

天津大学研究的喷式喷射环流磺化反应器（图 6），主要用于 SO_3 气相磺化甲苯制备对甲苯磺酸，其工艺流程一次喷射磺化转化率较低，需依赖循环泵将物料多次循环喷射，以提高总转化率。但物料的多次循环不仅使工艺复杂化且物料返混严重，而且停留时间长会导致过磺化、氧化等副反应发生，影响产品色泽，为此，中国日用化学工业研究院开发了一次喷射式磺化反应器，如图 7 所示，并利用该反应器对脂肪酸甲酯、烷基苯、重烷基苯、脂肪醇、脂肪醇聚氧乙烯醚及 α－烯烃等有机物料进行磺化，并在相近的实验条件下，与结构要求相对复杂的膜式磺化反应器作了比较。结果表明，该反应器对于脂肪酸甲酯、烷基苯，重烷基苯等有机物料的磺化反应效果较好，重烷基苯喷射磺化产物的应用性能优于膜式反应器及釜式烟酸磺化反应器。

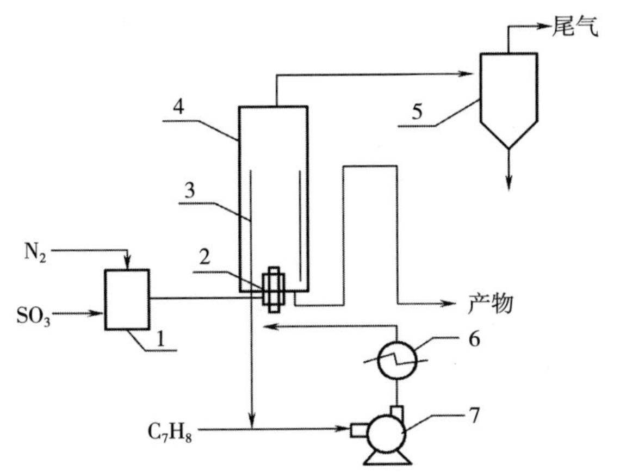

1—配气罐　2—喷嘴　3—导流筒　4—反应器
5—气液分离器　6—换热器　7—循环泵

图 6　天津大学喷射磺化反应器及其工艺流程

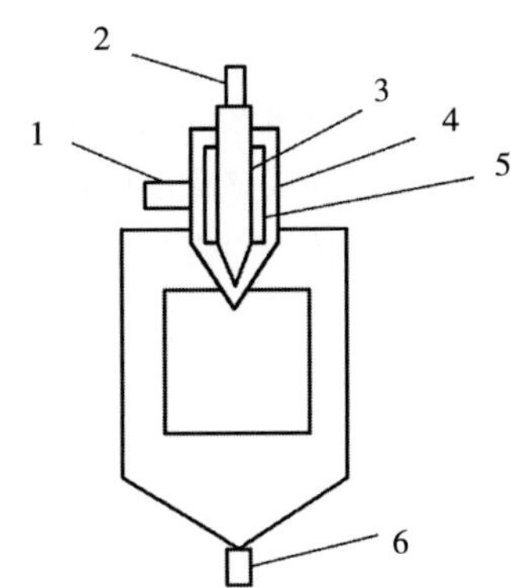

1—液相原料入口　2—混合气体入口　3—气体喷嘴
4—液体分布腔　5—雾化器　6—产物出口

图 7　中国日化院喷射式磺化反应器

喷射磺化反应器具有结构简单、紧凑，运行稳定，开停车方便，制造维修成本低廉等优点，并且原料切换方便，特别适合于小批量多品种的生产模式，同时也可以满足规模化大生产的要求。

6 高压湍流管式磺化反应器

对于本身黏度较高或在反应温度下产物黏度高的有机原料，如烷基二苯醚二磺酸、C_{18}以上的高相对分子质量烷基苯磺酸、烷基萘磺酸、石油磺酸盐等，由于原料或磺化产物黏度大易黏附在反应管内壁，造成液膜增厚，SO_3 无法与厚液膜层内的原料充分接触，从而造成膜内反应不到位而膜表层过磺化甚至结焦、堵塞反应管，磺化产物质量低下等情况。目前常用的方法是采用溶剂 SO_3 磺化法，但因采用的大多数溶剂均有一定的毒性，必须增加溶剂回收装置，一方面增加了投资，另一方面大多数产品对溶剂量有一定的限制，要想达到理想要求难度较大。为此，Chemithom 公司开发出了不采用溶剂的高压湍流管式磺化工艺，该工艺与降膜磺化工艺基本类似，主要是通过对反应器中的气体混合物加压，使磺化剂以较高的压力（0.2~1.0 MPa）进入反应器从而使黏稠的磺化产品层变薄，提高反应转化率。

该类磺化反应器特别适合于高黏度磺化产物的磺化，但是采用该工艺对设备的加工要求较高，并且由于对磺化剂气体混合物增压，SO_3 气速很快，会导致有机原料在高速气体下会被雾化，随气体进入尾气处理系统，一方面增加了原料的消耗，另一方面增加了尾气处理的压力。

7 其他类型的磺化反应器

7.1 刮膜式磺化反应器

对于物料本身黏度较高或者是磺化反应完成后产物黏度较高的产品，浙江赞宇科技有限公司开发了一种刮膜式磺化反应器，如图 8 所示，它本身是多管膜式磺化反应器的一种改进。主要由直立反应筒体、内带刮板的搅拌轴组成。

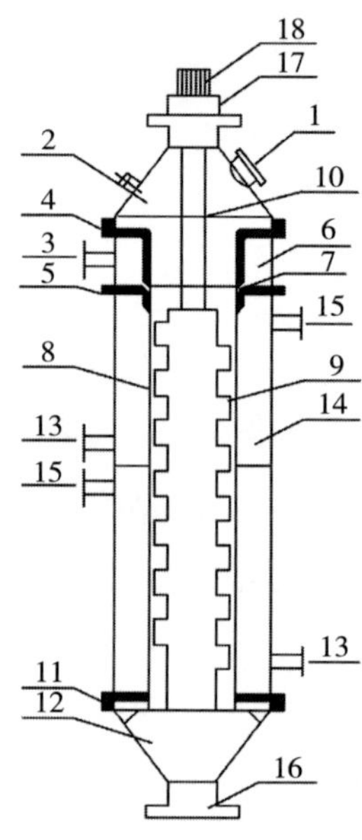

1—SO_3 进口 2—上封头 3—有机料进口 4—密封管板 5—上管板 6—有机料分配腔 7—锥形环隙 8—反应筒体 9—刮板 10—搅拌轴 11—下管板 12—下封头 13—冷却水进口 14—冷却夹套 15—冷却水出口 16—反应物出口 17—减速器 18—电机

图 8 刮膜式磺化反应器

7.2 超重力磺化反应器

超重力技术是一种突破性的强化“三传一反”过程的新技术，实现超重力环境的简便方法通过填料的高速旋转产生离心力来实现。由于超重力反应器具有以下显著优点：①极大地强化了传递过程；②极大地缩小了设备尺寸与重量；③物料在设备内的停留时间极短；④气体通过设备的压降与传统设备相近；⑤易于操作，开停车方便；⑥维护与检修方便；⑦可垂直、水平或任意方向安装，不怕振动与颠簸；⑧快速而均匀的微观混合。成为人们所关注的新型磺化反应器，该反应器可以有效抑制平行、连串反应，提高原料利用率和目标产物的选择性。北京化工大学应用该类磺化反应器，成功合成了高活性物含量、适用于石油三采的石油磺酸盐，产品质量达到或者超过某些油田现有产品。并且将该反应器应用于直链烷基苯磺化的探索性试验，验证了用超重力磺化反应器合成直链烷基苯磺酸的可行性。南京工业大学利用超重力技术，开发新型转鼓反应器，该反应器特点是持液量小，液相停留时间短，气含率高，且液相趋于平推流，避免了轴向返混，并将其应用于脂肪酸甲酯的连续磺化，结果表明转鼓反应器转速为1200 r/min、SO_3体积分数为5%、SO_3/脂肪酸甲酯摩尔比为1.2 ∶ 1、磺化温度为85℃、老化温度为65℃、老化时间为1h得到MES质量分数为84. 9%，二钠盐质量分数为1.2%，产品符合国家标准。该转鼓反应器主要由玻璃圆筒夹套、聚四氟乙烯转鼓和电机3部分组成，结构如图9所示。

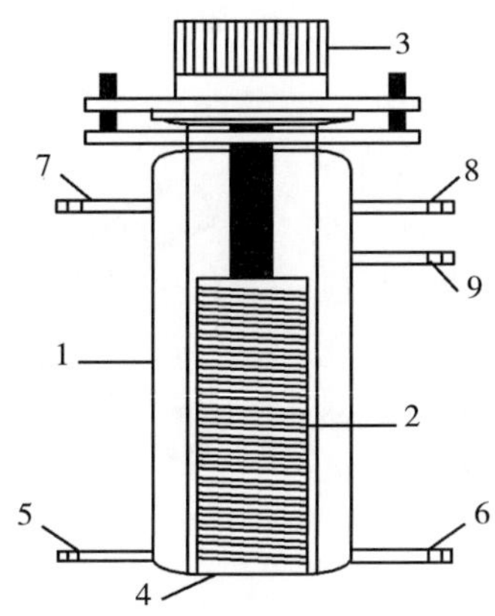

1—玻璃圆筒夹套　2—聚四氟乙烯转鼓　3—电机　4—聚四氟乙烯圆片
5—气体进料　6—液体进料　7，8—恒温水预加热接口　9—产品收集

图9　超重力转鼓式磺化反应器

其中，转鼓2呈圆柱状，整个外柱面上开有间距均匀且深度相等的凹槽，自上而下呈螺旋形，并通过螺栓上端固定在中心螺杆上，下端处垫一片中心有凹槽的聚四氟乙烯圆片4，由电机3带动旋转在实验过程中，通过恒温槽连接7、8进行水浴加热，气液两股原料从反应器底部56进入，产物由反应器顶部9排出伴随着转鼓高速地旋转，液相在离心力作用下由转鼓甩向玻璃圆筒夹套1内壁，从而在转鼓凹槽处形成低压空穴区，由于相密度小，因而可以钻入凹槽并沿转鼓呈螺旋形上升同时液相在高湍动强混流且界面急速更新之下与气相动态并流接触，从而极大地强化了传质过程。中北大学刘有智等将超重力磺化反应器应用于甲苯的磺化，有效解决现有气相三氧化硫磺化甲苯工艺中存在的不足，得到高质量、高选择性的对甲苯磺酸产品。同时通过调控磺化过程参数实现磺化反应高效快速移热、高转化率和高选择性目标，同时减少后序的分离提纯成本。

7.3　微结构磺化反应器

化学工业中对于稳定的不活泼的芳香族化合物，通常采用液态三氧化硫磺化法，液态三氧化硫磺化优点：不产生废酸，后处理简单，产品得率高。缺点：副产物多。由于液态三氧化硫磺化工艺复杂，国内只有少数企业用于硝基苯、对硝基甲苯和对硝基氯苯的磺化。

微反应器是一种连续流动的管道式反应器，其管道尺寸（内部由直径为10 ~ 500μm的微管并联）远远小于常规管式反应器，比表面积极大，具有较强换热和混合效率。其结构如图10所示，由于微反应器在结构上不同于常规反应器，决定了其具有独特的优势而适合于瞬间进行的强放热反应——磺化反应：①小试工艺不需中试可以直接放大，工艺放大不是通过增大微通道的特征尺寸，而是通过增加微通道的数量来实现的，这点和多管膜式磺化反应器相类似；②反应温度、时间可精确控制；③反应物料可以精确比例瞬时混合；④结构安全，可操作性强，由于微反应器采用连续流动反应，因此在反应器中停留的化学品数量少，万一失控，危害程度也非常有限。同时由于在微反应器中，反应物料通过微通道混合，更接近分子水平上的混合，与传统反应器相比，大大提高产物的选择性。大连理工大学彭孝军等研究了三氧化硫微反应磺化合成 α－萘磺酸、G 酸、薛佛氏酸的反应，并优化合成工艺条件；卜橹轩等针对萘磺化过程中存在反应周期长、安全性差和产生废酸多等问题，在微结构磺化反应器内快速、安全、连续制备多种萘系磺酸；陈光文等研究微结构磺化反应器中液相三氧化硫磺化甲苯工艺，在优化工艺条件下磺酸异构体产物中对甲苯磺酸的选择性高达 96.54%，间甲苯磺酸选择性降低至 0.33%。

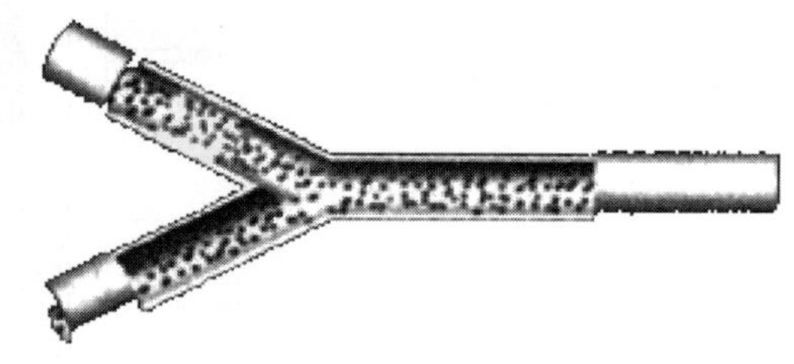

图 10　微结构磺化反应器

8 结语

釜式、泵式、膜式磺化反应器是随着洗涤剂工业的发展而迅速发展起来的，尽管在洗涤剂工业中 SO_3 膜式磺化已经成为当前阴离子表面活性剂生产的主体技术，但在其它如印染、纺织、皮革等行业大部分依然采用釜式和泵式磺化反应器用浓硫酸以及发烟硫酸来进行磺化，喷射式以及高压湍流管式磺化反应器是从洗涤剂行业向其它行业拓展以及渗透的过程中发展起来的新型磺化反应器。近些年，随着科技的发展以及国产装备水平的提高，虽然不断有新的磺化反应器问世，但从总体水平来看，技术成熟并且广泛应用的还是膜式磺化反应器。对于日化行业来说，目前磺化技术和磺化装置水平的提高更着重于在膜式磺化反应器基础上如何节能减排、降低成本，确保磺化产品质量提高，同时提高自动化水平。对于其他如印染、纺织等行业来说，对现有的磺化反应器进行改进或开发新型的磺化反应器仍然是科技工作者努力的方向。从长远角度来看，微结构磺化反应器由于结构简单，小试工艺不需中试可以直接放大，而具有十分广阔的发展前景。

第三章

PRODUCT & MARKET

产品与市场

2014 年中国阴离子表面活性剂生产与市场

2014 年国内阴离子表面活性剂产品还是以磺化 / 硫酸化产品为主，统计主要包括：皂类 / 脂肪酸盐、烷基苯磺酸盐、脂肪醇醚硫酸盐、脂肪醇硫酸盐、脂肪酸甲酯磺酸盐、聚醚羧酸盐以及其他工业用阴离子产品等。

根据表面活性剂和洗涤剂行业生产力促进中心的统计，截止到 2014 年 12 月 31 日，国内已知在运行、在建、计划建设和搁置磺化装置总计 180 余套，总装置规模超过 430 t / h（LAB），较 2013 年的 145 套同比增长了 25.5%。新装置产能释放促使当年部分阴离子产品产量较 2013 年出现同比增长。

2014 年国内阴离子表面活性剂市场特点：①主要产品产能增长与市场需求之间的矛盾更加尖锐；②小型磺化装置相当一部分处于搁置状态或者开工不足；③新上马磺化装置均以中大型为主，部分新建装置处于观望状态；④受国内外经济不明朗和走势多变等大环境影响，国内零售消费能力同比减弱，包括日化板块和工业表活市场表现不容乐观，带动阴离子需求疲软；⑤阴离子市场透明度依然缺乏，企业之间信息交流缺乏力度，客户群体比较保守；⑥皂类、LAS 和 AES 依然占据国内阴离子绝对市场，比例超过 80%。

1 皂类产品

国内皂类产品主要包括民用洗涤皂和工业助剂皂两种，据不完全统计，2014 年国内各种皂类总产量约 150 万 t，其中民用皂产量约合 100 万 t，占比 66.67%，工业助剂皂约合 50 万 t，占比 33.33%，当年国内皂类产品表观市场量在 110 万 ~ 120 万 t，消耗脂肪酸的量在 80 万 ~ 85 万 t。根据行业数据分析，2014 年国内皂类产品库存量在 15 万 ~ 20 万 t，当年零售库存量同比 2013 年稍有减少。

目前国内民用皂类（香皂和洗涤皂）生产企业主要集中在浙江纳爱斯、南风化工、广州立白、浙江嘉宝、联合利华（中国）、宝洁（中国）、广东锦鹏、洁丽莱日化、浙江凤凰、上海制皂和浙江华诺等 30 余家。这些企业民用皂类生产占国内市场比例超过 73.5%。从 2014 年皂类产品生产获利情况来看，当年民用皂类平均销售净利润在 3.5% ~ 4.5%，香皂利润略高，约合 6.0%，传统洗涤皂平均不到 2.5%。

工业皂类产品主要以塑料、橡胶等热稳定剂为主，按照金属盐结构不同分为：硬脂酸锂、硬脂酸镁、硬脂酸钙、硬脂酸钡、硬脂酸铝、硬脂酸铅、硬脂酸铜、硬脂酸镉等。国内硬脂酸皂类热稳定剂市场近几年比较活跃，2014 年国内市场规模已经达到 50 万 t。

图 1 ~ 图 2 给出 2014 年主要企业和地区皂粒价格走势，1 ~ 11 月，皂粒价格走势比较平稳，年底主要皂粒产品价格跌幅较明显，78% 皂粒最大跌幅 6.06%，69% 皂粒产品跌幅 17.2%（图 1 所示），8320 型皂粒全年跌幅在 1.52%，8020 型皂粒跌幅为 3.07%（图 2 所示）。

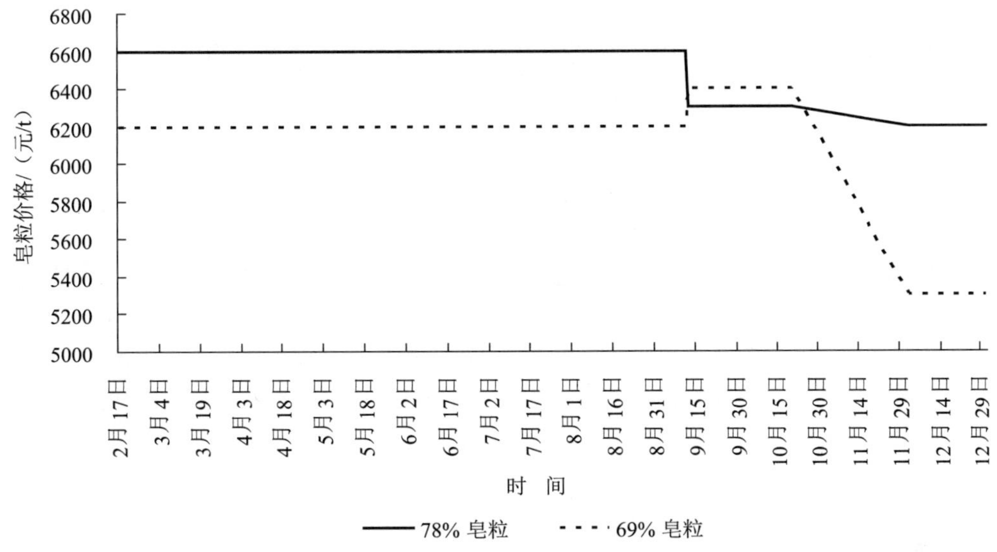

图 1　2014 年上海制皂主要皂粒产品价格走势

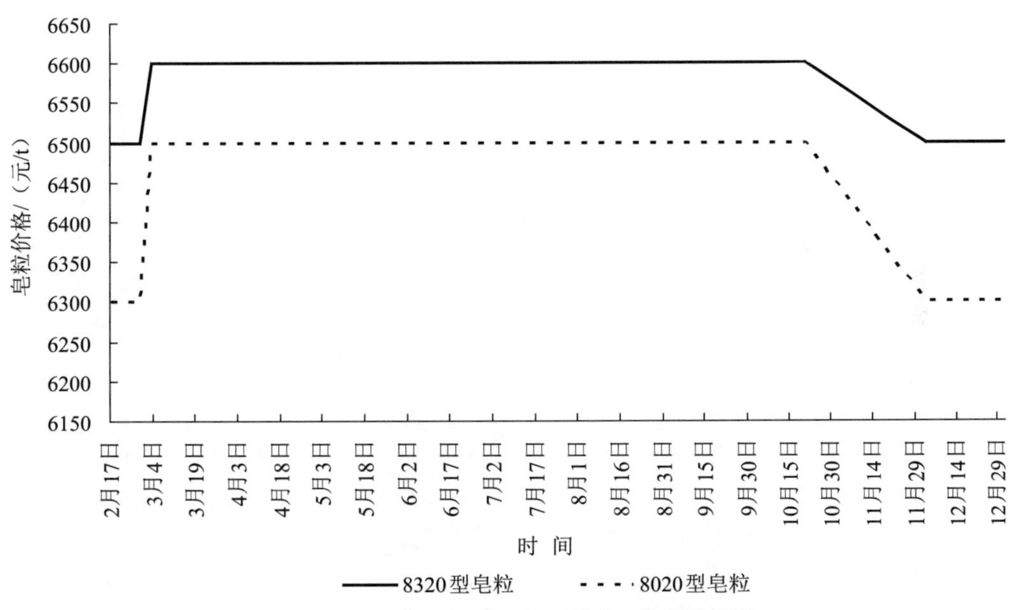

图 2　2014 年连云港地区主要皂粒市场价格走势

2 烷基苯磺酸 / 盐（LAS）

LAS 作为大众洗涤用品原料，由于其良好的去污性能和生物降解性，一直被广泛使用，成为国内外民用洗涤主要原料采购对象。

根据表面活性剂和洗涤剂行业生产力促进中心最新数据统计，国内可分配 LAS 生产磺化装置超过 60 套，以 LAS 为主要产品规模企业超过 20 家，总磺化能力超过 72 t / h（LAB），换算 LAS 年产能超过 97 万 t。主要 LAS 企业包括南京佳和、河南安阳兴亚、济南东信、广州立白集团和金桐化学等。其中和桐化学旗下公司 2014 年 LAS 产量在 20 万 ~ 25 万 t，包括南京佳和、河南安阳兴亚和济南东信等公司 LAS 产量也接近或超过 10 万 t。表 1 给出国内主要烷基苯磺酸企业及装置生产能力（部分装置分配其他产品生产）。

表1　国内主要LAS生产企业及产能统计

编　号	企业名称	规模/（t / h）	投产/建成时间/年
1	抚顺洗化厂	5.0	2005
2	天津天智	5.0	2005
3	安徽金桐	5.0	2012
4	四川金桐	3.8	2001
5	惠州智胜	3.8	2011
6	广州立白	3.8	2007
7	安阳兴亚	3.8	2007
8	安阳兴亚	3.8	在建
9	南京佳和	3.8	2006
10	南京佳和	3.8	2009
11	河南恒聚化工	3.8	2014
12	河北万冶化工	3.8	2014
13	甘肃兴荣	3.8	2011
14	南京佳和	3.0	1988
15	南京佳和	3.0	2008
16	昆明立白	3.0.	在建
17	南京金桐	3.0	1995
18	上海京帝	2.5	2003
19	昆明中轻依兰	2.0	2007
20	厦门金桐	2.0	2000
21	北京宝洁	2.0	1988
22	天津汉高	2.0	2003
23	桂林立白	2.0	2009
24	河南安阳兴亚	2.0	2007
25	运城南风	1.6	1988
26	广州浪奇	1.6	1989
27	广州立白	1.6	2001
28	上海金帝	1.6	1998
29	郑州众兴皂业	1.6	2004
30	成都兰风	1.6	1994
31	昆明中轻依兰	1.6	1995

续表

编　号	企业名称	规模/（t/h）	投产/建成时间/年
32	洛阳立白	1.6	2003
33	吉林四平立白	1.6	1995
34	成都金陵石化	1.6	2002
35	厦门金桐	1.6	1996
36	济南东信	1.6	2003
37	湖南丽臣	1.5	1992
合 计*		约合 97 万 t LAS 生产能力。	

数据来源：表面活性剂和洗涤剂行业生产力促进中心。备注*：按照7200 h/a运行统计，1 t LAB 可生产1.34 t LAS。

国内 LAS 装置规模还是主要集中在 3.8t / h 和 1.6 t / h 两种规格（图 3 和图 4 所示），装置运行时间较长，新建装置较少，一定程度影响国内 LAS 产品质量，根据中国洗协 2014 年检测报告分析，当年国内烷基苯磺酸 / 盐产品质量虽然均合格，但是没有优质产品。

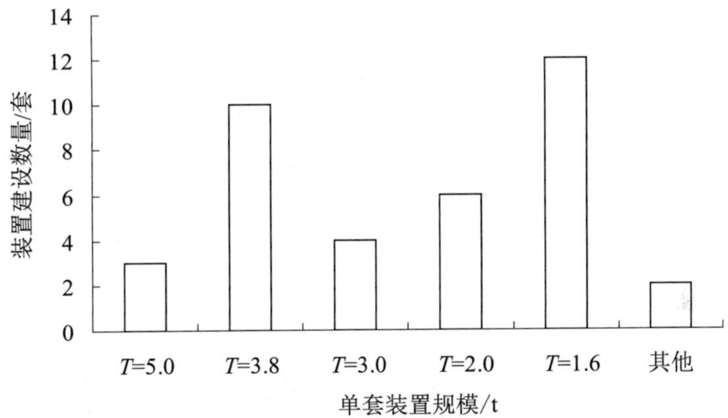

图 3　2014 年国内 LAS 磺化装置规格布局

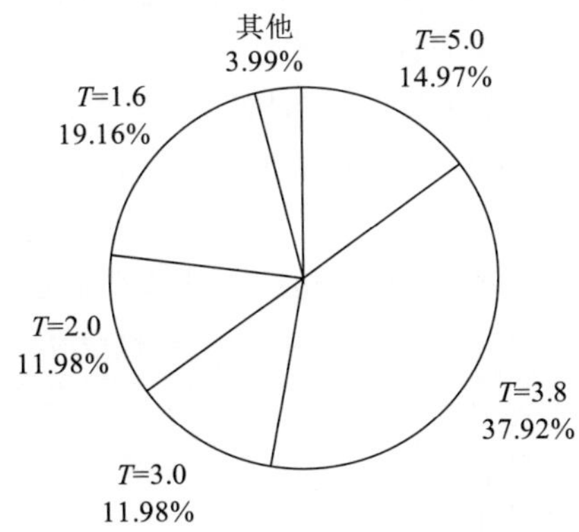

图 4　2014 年国内 LAS 磺化装置规模结构布局

根据中国洗协表面活性剂专业委员会2014年数据统计，2014年国内LAB产量约合67万t，换算LAS表观产量约合89.8万t，扣除库存和净出口，初步估计当年LAB实际消耗约合47.5万t，换算LAS实际消耗能力约合63.5万t，装置平均开工率45%~50%。LAS主要用于民用洗涤产品原料。部分产品应用到纺织印染和农药乳化等助剂产品。

图5为2014年国内烷基苯磺酸（96%）月度均价走势。2014年上半年价格走势比较平稳，基本维持在11000元/t，受国际原油价格影响，下半年一路走低，到2014年12月31日，高纯度烷基苯磺酸价格跌至9542元/t，跌幅超过13.25%。

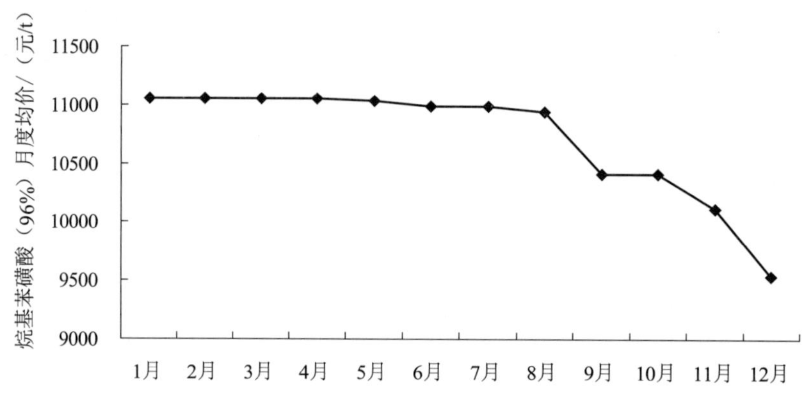

图5 2014年国内烷基苯磺酸（96%）产品月均价格走势

3 脂肪醇醚硫酸盐（AES）

2014年AES依然作为洗涤用品第二大原料主体，被广泛使用，根据行业数据统计分析，目前国内AES生产集中在和桐化学、江苏赞宇、湖南丽臣、中轻化工、北京罗地亚、上海花王、天津天女化工、沙索（中国）、辽宁华兴、河南安阳兴亚等。当年AES总产量在45万~50万t（未统计和桐旗下AES装置产量），较2013年36万t（不完全统计）同比增长25.0%~39.0%。产量增长主要得益于新建AES磺化装置产能的释放。

表2给出目前国内主要AES企业及装置产能情况。国内有能力生产AES装置超过40套，一般AES磺化装置可配套LAS、K12和AOS的生产。

表2 国内主要AES生产企业及产能统计

序　号	企业名称	规模/（t/h）	投产/建成时间/年
1	江苏赞宇	6.0	2013
2	上海科宁	5.0	1998
3	吉化电石厂	5.0	2002
4	辽宁华兴	5.0	2012
5	辽宁华兴	5.0	2012

续表

序　号	企业名称	规模/（t/h）	投产/建成时间/年
6	广东丽臣奥威实业	5.0	在建
7	四川金桐	3.8	2014
8	天津天智	3.8	2011
9	天津天智	3.8	在建
10	广州立智	3.8	2012
11	广州立智	3.8	在建
12	江门景升实业	3.8	2011
13	中轻化工（绍兴）	3.8	2004
14	嘉兴赞宇	3.8	2006
15	嘉兴赞宇	3.8	2009
16	嘉兴赞宇	3.8	2012
17	嘉兴赞宇	3.8	2012
18	浙江赞宇	3.8	2013
19	浙江赞宇	3.8	2013
20	辽宁华兴	3.8	2013
21	河北赞宇	3.8	2014
22	河北赞宇	3.8	2014
23	江苏华兴生物科技	3.8	在建
24	江苏华兴生物科技	3.8	在建
25	四川赞宇科技	3.8	2013
26	安庆南风	3.0	2000
27	吉化电石厂	3.0	2002
28	湖南丽臣	3.0	2004
29	湖南丽臣	3.0	2005
30	江苏东泰	3.0	2011
31	北京罗地亚	3.0	1999
32	上海花王	2.6	1999
33	天津天智	2.0	2000
34	北京金鱼	2.0	2014
35	南京沙索	1.6	1995
36	山东丽波	1.6	1994
37	中山赞宇科技	1.6	2002
38	江门景升日化	1.6	1985
39	湖北丝宝	1.6	1999
40	嘉兴赞宇	1.6	2006
41	四川赞宇科技	1.6	2009
合　计		139 t/h（LAB），换算 AES 合 80 万～90 万 t	

数据来源：表面活性剂和洗涤剂行业生产力促进中心。基本换算1 t/h（LAB）装置可实现0.75 t/h AES产能生产。

从 AES 磺化装置规格来看，主要集中在 3.8 t / h 规模，超过了 18 套，总装置产能比接近 52%（图 6 和图 7 所示）。

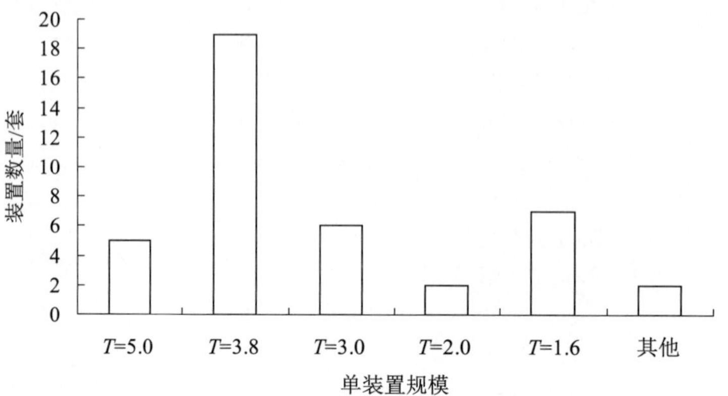

图 6　2014 年国内 AES 磺化装置规格结构布局

图 8 为 2014 年国内 AES 产品价格走势。受油脂化工行业市场持续低迷连锁反应的影响，2014 年上半年 AES 价格持续走低，到 6 月底已经触及行业最低价，下半年市场走势呈现比较平稳，基本维持在 6500 元 ~ 7000 元 /t。全年最大跌幅超过 24.0%。其走势与 2013 年相比正好相反，反应行业成本价触及到 6900 元 /t。

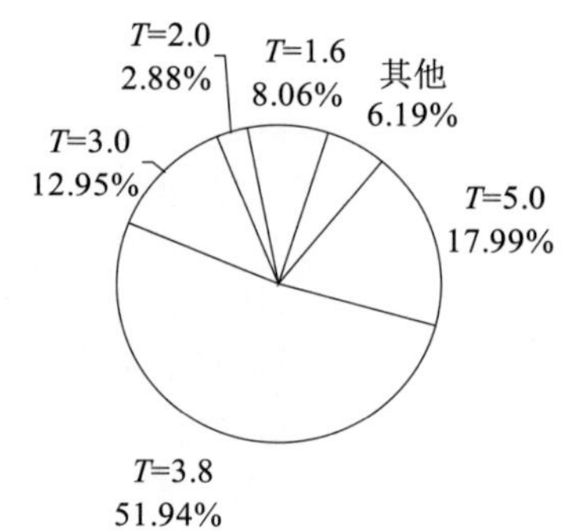

图 7　2014 年国内 AES 磺化装置规模结构布局

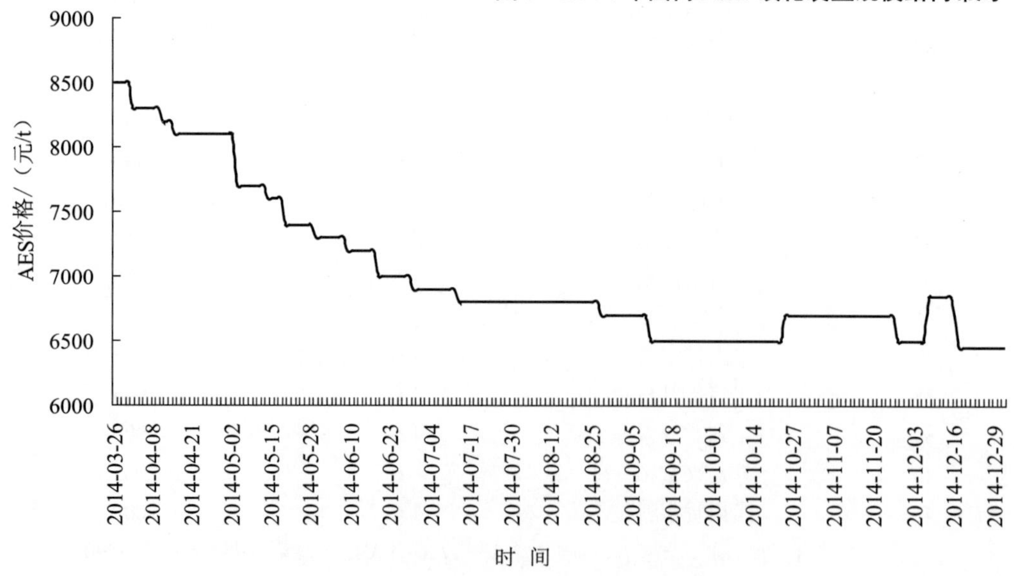

图 8　2014 年国内 AES 产品价格走势

4 烯烃磺酸盐（AOS）

受原料来源限制，目前国内 AOS 产品生产均以配套其他主流产品生产为主，单一装置不能满足高负荷开工。2014 年国内 AOS 并没有新增产能释放，装置维持在 20 套左右，总产量基本与 2013 年持平，维持在 10 万 t 左右。

国内主要 AOS 企业包括淄博俱进、中轻化工、浙江赞宇、湖南丽臣和河南安阳兴亚。这五家企业产销量占全国市场超过 85%。从长远市场来看，得益于良好的去污性能和生物降解性，AOS 市场潜力巨大。

图 9 和图 10 为 2010—2014 年国内 AOS 产销情况统计。在洗涤产品概念和消费结构推动下，以 AOS 为主要原料配伍洗涤产品市场潜力逐步开放，2014 年统计产销量分别为 9.70 万 t 和 9.20 万 t，较 2013 年的 9.30 万 t 和 9.0 万 t 分别同比增长 4.30% 和 2.22%。与 2011—2013 年相比，增长幅度减小的主要因素并不是市场饱和，而是零售消费短期疲软引起 AOS 需求增长放缓。

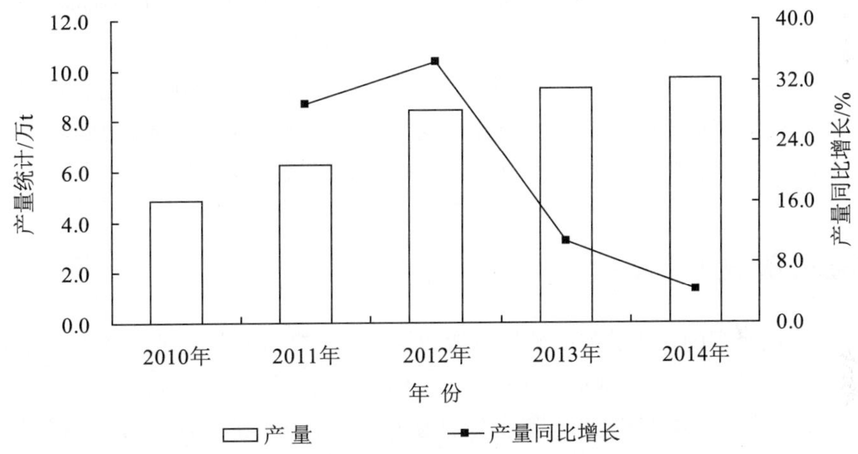

图 9　2010—2014 年国内主要 AOS 企业产量统计

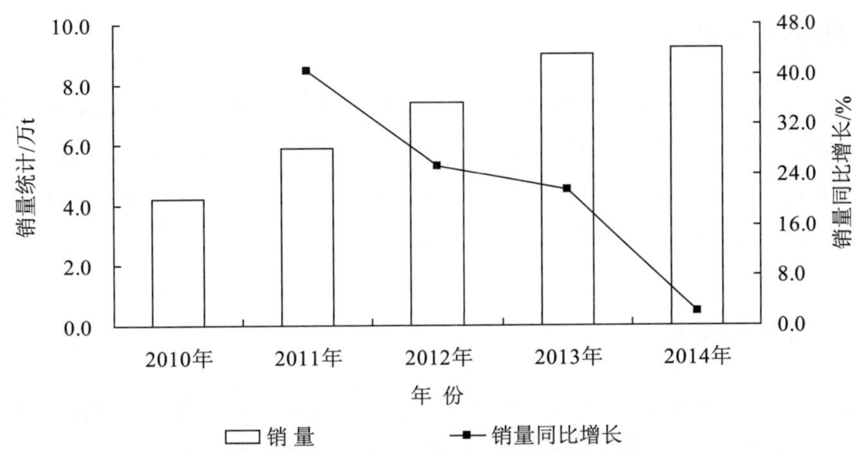

图 10　2010—2014 年国内主要 AOS 企业销量统计

5 脂肪酸甲酯磺酸盐（MES）

MES 是受当今国内外密切关注的最有发展潜力的廉价高效表面活性剂和钙皂分散剂，其有优良的去污性、抗硬水性、低刺激性和毒性，表面活性优于烷基苯磺酸钠（LAS），是国际上公认的用来替代烷基苯磺酸钠的第三代表面活性剂。

作为一种绿色、安全和环保型概念产品，MES 良好性能和低成本被上下游企业所关注，受生产技术、尤其是高密度粉状产品干燥工艺限制，在洗涤用品应用也面临一些瓶颈。据不完全统计，2014 年国内 MES 市场容量约合 1.75 万 t，其中国内企业生产量约合 1.0 万 t，占比 57.1%，进口量约合 0.75 万 t。受技术发展瓶颈（目前只能用于洗衣粉配置原料）影响，市场应用表现不够活跃，下游企业对其接受还需要时间，目前市场应用主要集中在钙皂分散剂和液体洗涤剂中。相关粉状洗涤产品应用没有热度。

目前国内 MES 产品供应主要集中在广州奇宁（3.6 万 t），该装置采用美国 Chemithon 磺化及干燥技术。包括浙江赞宇科技、山东金轮、上海休斯、中轻化工、邹平福海、南风化工、杭州迪康生物等公司也有部分产品供应市场，但量不是很大。

目前 MES 主要用于粉状洗涤产品，制约其大量应用的瓶颈是：MES 只适合采用无塔喷粉工艺生产高密度洗衣粉，不能用于高塔喷粉工艺生产低密度洗衣粉。磺化过程高浓度二钠盐含量直接影响其洗涤性能，一般成熟配方要求二钠盐含量低于 10% 较好。

6 脂肪醇硫酸盐（AS）

AS 产品应用最多的是脂肪醇醚硫酸钠盐和铵盐，主要用于发泡剂。2014 年规模以上生产企业包括湖南丽臣、北京罗地亚、四川亿丰、淄博俱进、长治长庚等公司。据不完全统计，2014 年国内脂肪醇硫酸钠 / 铵盐总产销量分别为 7.5 万 t 和 7.0 万 t。产量与 2013 年基本持平，销量同比减少，其中产量排名前五公司总产量比例超过全国产量的 75%。

7 其他阴离子产品

根据中国洗协表委会 2014 年特种阴离子企业数据统计（5 家公司），2014 年包括磺基琥珀酸酯、磷酸酯和羧酸酯在内的其他阴离子产品的产销量在 4.0 万 ~ 5.0 万 t，较 2013 年有增长趋势，但特种产品的市场比例依然很小，与欧洲相比，国内市场存在很大差距，相关产品潜力还有待进一步挖掘，主要是价格昂贵引起市场采购不够积极。

8 进出口数据统计

图 11 ~ 图 13 为 2014 年 1 月—12 月国内阴离子表面活性剂的月度进口数据统计。

2014 年国内阴离子表面活性剂总计进口 5.57 万 t，进口额为 1.39 亿美元，较 2013 年的 5.64 万 t 和 1.40 亿美元分别同比增长 –1.24% 和 0.71%，进出口数据与 2013 年基本持平。其中 4 月、6

月和7月进口量均超过5000 t，2月同比增长最高超过30.0%，3月进口同比减少幅度最大，达到-16.7%。

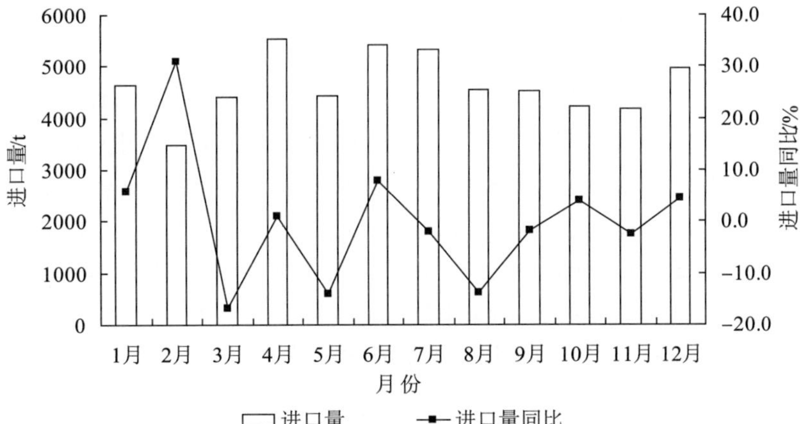

图11　2014年1—12月国内阴离子表面活性剂月度进口量统计

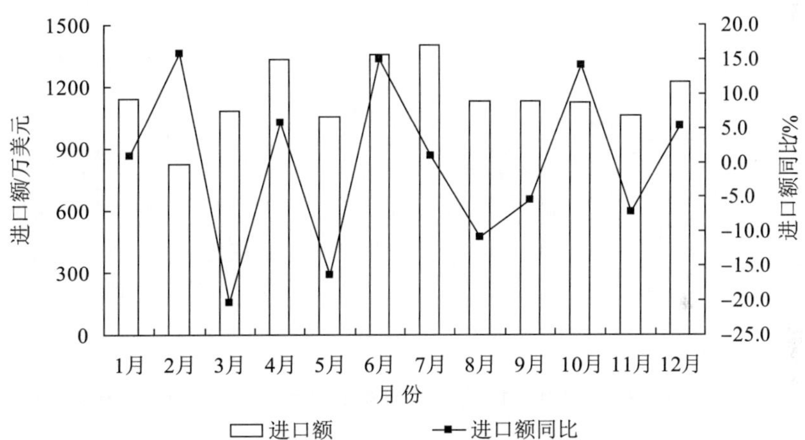

图12　2014年1—12月国内阴离子表面活性剂月度进口额统计

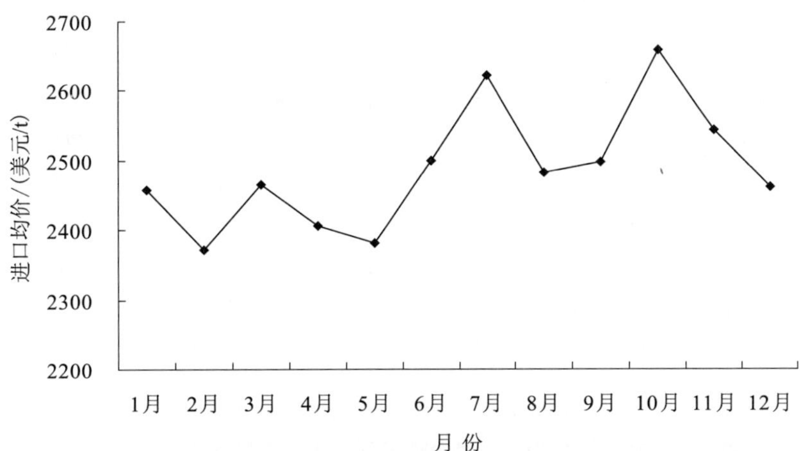

图13　2014年1—12月国内阴离子表面活性剂月度进口均价走势

从进口价格分析来看，2014 年全年进口均价基本维持在（2400 ± 100）美元 /t。2 月份进口均价最低，为 2372 美元 /t，10 月进口均价最高为 2659 美元，高低差价比为 12.1%。结合价格和进口量关系分析，国内下游企业在控制原料行情风险方面缺乏经验，例如在 7 月价格价高时，进口量也较大，贸易成本较高。

图 14 ~ 图 16 为 2014 年 1 月—12 月国内阴离子表面活性剂月度出口数据统计。

与进口相比，2014 年国内阴离子表面活性剂出口量达到 17.4 万 t，出口额为 2.64 亿美元，较 2013 年的 14.8 万 t 和 2.23 亿美元分别同比增长 17.57% 和 18.39%。出口数据较 2013 年均实现较大幅度增长。整体来看，月度出口数据整体呈现上扬趋势，8 月—12 月出口量较高，月度出口量均超过 1.5 万 t，同比 2013 年月度增幅在 35% ~ 50%，合计达到 8.54 万 t，占当年出口量比例达到 49.0%，但从出口价格来看，2014 年下半年出口价较低，分析原因，可能是原料企业为完成当年销售任务，利用低价优势积极扩大出口。

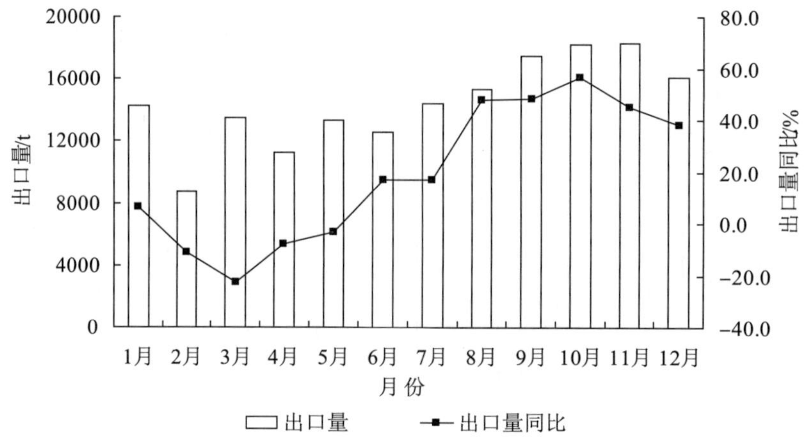

图 14　2014 年 1—12 月国内阴离子表面活性剂月度出口量统计

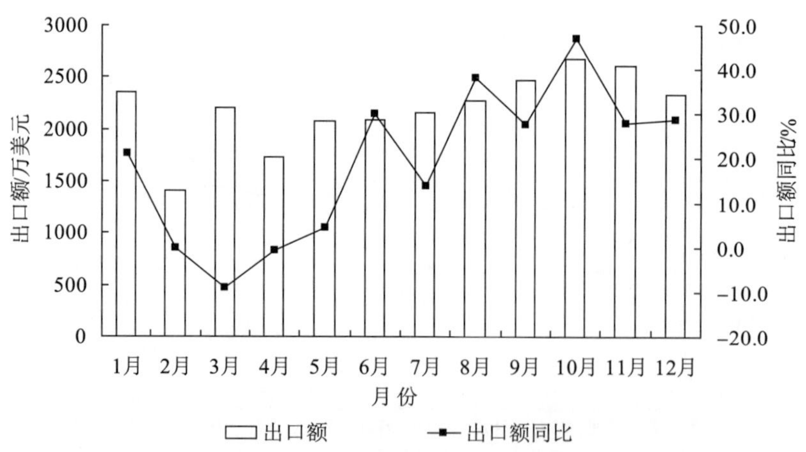

图 15　2014 年 1—12 月国内阴离子表面活性剂月度出口额统计

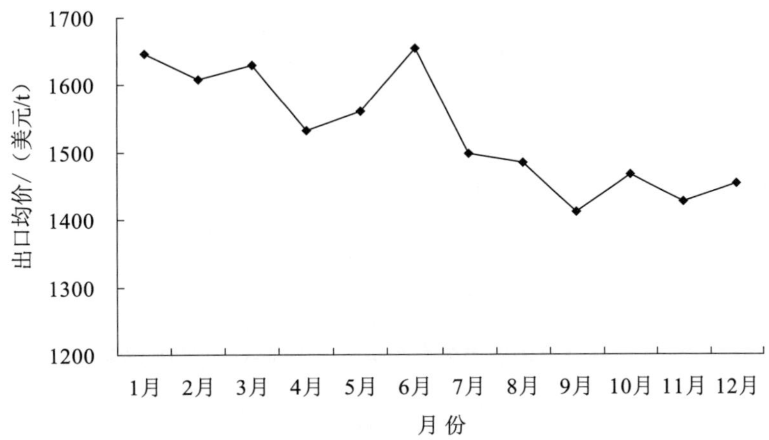

图 16　2014 年 1—12 月国内阴离子表面活性剂月度出口均价走势

图 17 为 2014 年国内阴离子表面活性剂进口来源国数据统计。当年进口量排名前五的国家或地区为美国、德国、日本、法国和印度尼西亚，分别较 2013 年同比增长 8.0%、–23.6%、8.5%、77.4% 和 31.2%。其中美国进口量占当年国内进口总量的比例超过 23.2%。

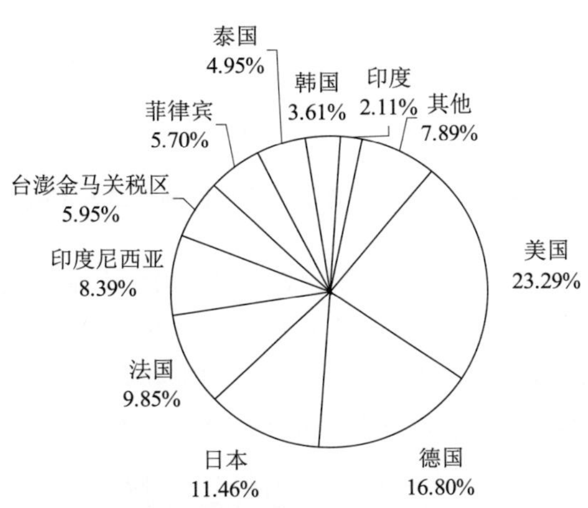

图 17　2014 年国内阴离子表面活性剂主要进口来源国统计

图 18 为 2014 年国内阴离子表面活性剂出口目的国数据统计。当年出口量排名前五的国家或地区为菲律宾、马来西亚、巴基斯坦、日本和尼日利亚，分别较 2013 年同比增长 –6.0%、17.4%、–20.1%、–6.5% 和 53.6%。

图 19 为 2014 年国内阴离子表面活性剂进口省市数据统计，进口量排名前五的省市分别为上海市、广东省、江苏省、浙江省和天津市，进口量分别较 2013 年同比增长 1.2%、–1.2%、–11.7%、4.2% 和 31.3%。从进口量比例来看，2014 年广东、上海和江苏三省市进口量合计超过 4.4 万 t，占当年总进口量的比例超过 78.74%，国内阴离子表面活性剂进口呈现较高的地域集中性。

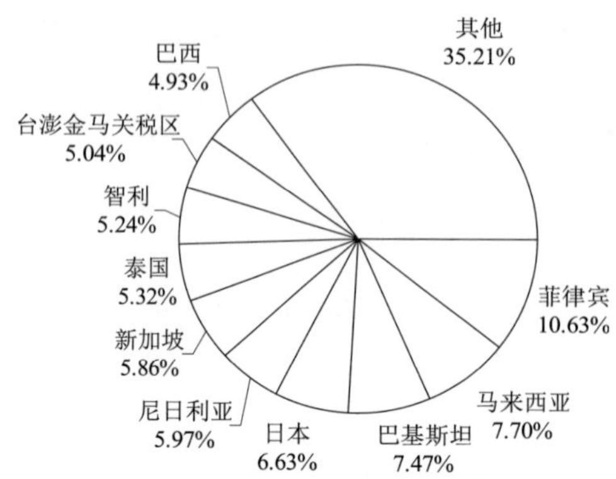

图 18　2014 年国内阴离子表面活性剂出口目的国数据统计

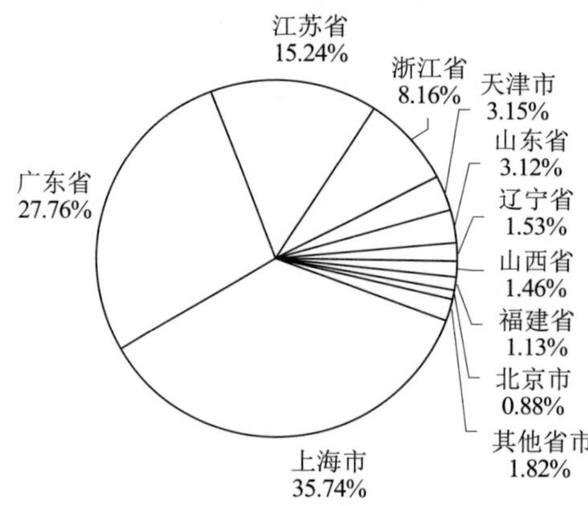

图 19　2014 年国内阴离子表面活性剂进口省市数据统计

图 20 为 2014 年国内阴离子表面活性剂出口省市数据统计，排名前五的分别为江苏省（5.22 万 t）、浙江省（4.05 万 t）、天津市（1.62 万 t）、上海市（1.46 万 t）和安徽省（1.12 万 t），较 2013 年分别同比增长 26.0%、29.0%、27.6%、3.3% 和 25.9%，排名前五省市出口量分别占当年总出口量的比例为 30.1%、23.35%、9.35%、8.42% 和 6.45%。

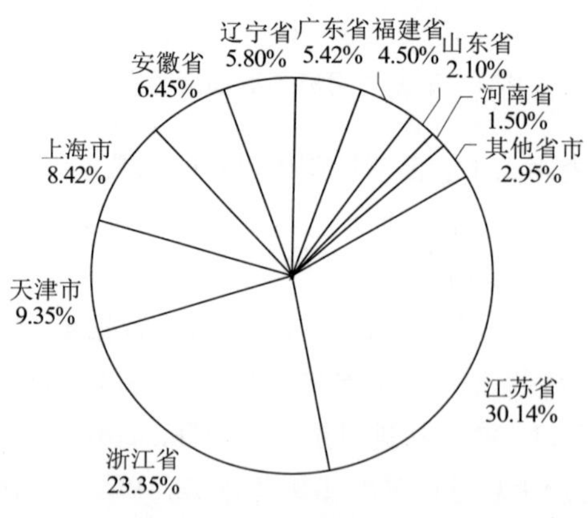

图 20　2014 年国内阴离子表面活性剂出口省市数据统计

图 21 和图 22 分别为 2014 年国内阴离子表面活性剂进出口海关数据统计。当年海关贸易量与省市数据统计基本一致，进口海关贸易排名前五的分别为上海海关（2.18 万 t，同比 -4.8%）、黄埔海关（1.14 万 t，同比 9.9%）、南京海关（6084 t，同比 -17.3%）、天津海关（2774 t，同比 13.9%）和宁波海关（2690 t，同比 -3.5%）等，出口贸易排名前五的分别是上海海关（5.67 万 t，同比 24.9%）、南京海关（4.70 万 t，同比 17.1%）、天津海关（2.75 万 t，同比 22.0%）、宁波海关（1.47 万 t，同比 56.3%）和厦门海关（7785 t，同比 -29.8%）。

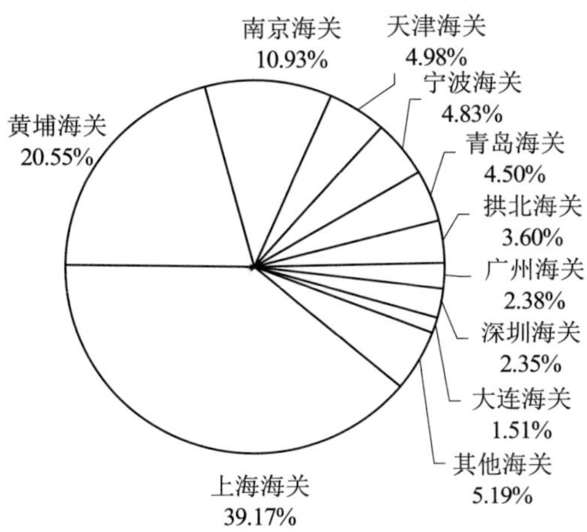

图 21　2014 年国内阴离子表面活性剂进口海关数据统计

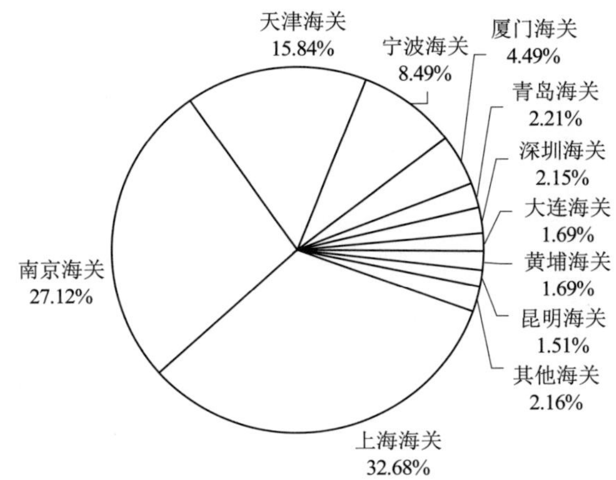

图 22　2014 年国内阴离子表面活性剂出口海关数据统计

9 未来发展趋势

2014 年阴离子表面活性剂市场整体来说比较平稳，受市场需求增长放慢影响，后起企业拓展市场难度较大，企业之间竞争更多集中在产品的规模和量上，产品质量和附加值有待进一步提高，产品出口力度有待进一步加大，企业之间的沟通存在屏障，行业发展比较保守。项目建设比较盲目。

阴离子表面活性剂种类较多，不凡集中在羧酸盐和磺化系列产品，国内企业在磷酸酯、硫酸酯及特种阴离子产品开发方面较迟缓，阴离子表面活性剂 75% 以上用于日化洗涤行业，下游行业集中度较高，从产品附加值来看，本土产品和进口产品还存在一定差距，从产业规模来看，国内磺化装置的盲目建设，是的大宗阴离子产品市场供大于求，市场饱和和需求增长放缓之间的矛盾日益突出，行业目前正处于整合和洗牌阶段。

2014 年中国非离子表面活性剂生产与市场

2014 年中国非离子表面活性剂产品（这里只统计脂肪醇醚、烷基酚醚、脂肪胺醚、油脂乙氧基化物、脂肪酸聚氧乙烯酯、吐温、斯潘、蔗糖酯、烷醇酰胺等）产量总计超过 102.8 万 t、净进口量约合 9.2 万 t、国内市场表观消费量约合 112 万 t。

乙氧基化作为非离子表面活性剂最具规模的生产技术，近 5 年得到长足发展，包括项目建设和产能升级，甚至出现盲目和不理性的趋势，根据表面活性剂和洗涤剂行业生产力促进中心 2014 年数据，截止到 2014 年年底，国内乙氧基化装置产能超过 350 万 t，但是装置的利用率和开工率表现不容乐观，部分装置平均开工率维持在 50% 上下。装置产能过剩成为目前非离子表面活性剂面临的发展瓶颈。

非离子产品的多元化决定其应用领域广泛，主要集中在日化、纺织、印染、石油、农药、矿产、造纸等领域，其中工业领域应用成为近几年非离子产品主要市场。

1 低 EO 脂肪醇醚（AEO_{2-3}）

AEO_{2-3} 作为高效洗涤剂脂肪醇聚氧乙烯醚硫酸钠（AES）的主要原料，应用领域集中在日化洗涤产品，产品使用集中度超过了 95%，少量 AEO_{2-3} 作为醇醚醇醚糖苷、醇醚磷酸酯等原料使用。

根据表面活性剂和洗涤剂行业生产力促进中心不完全统计，2014 年国内主要规模企业 AEO_{2-3} 产量约合 45 万 t（统计企业数量增加导致当年数据同比大幅度提高），市场主要集中在国内磺化企业采购加工 AES，出口比例约合 15%。国内 AEO_{2-3} 规模生产企业有上海石化事业部、沙索（中国）化学有限公司、抚顺石化合成洗涤厂、三江化工有限公司、辽阳华兴、商丘龙宇化工、海安石油化工厂、上海科宁油脂、丰原宿州生物化工、桐昆恒隆化工有限公司、扬子江 – 巴斯夫、惠州智盛石化公司、天津浩元化工、东邦化学、辽阳奥克（以大单体为主，配套醇醚生产）等。

从 2014 年 AEO_{2-3} 及其下游加工行业的经济运行情况分析，低 EO 数脂肪醇醚市场国内短期出现供大于求，市场消化产能的比例在 55% ~ 60%。随着未来日化洗涤行业，尤其是液体洗涤剂产品市场走强，国内 AEO_{2-3} 市场产能过剩压力得到缓和。

图 1 给出 2014 年国内 AEO_2 和 AEO_3 两种主要产品的市场价格走势。2014 年，AEO_2 在 3 月—5 月维持高价位运行，价格在 14200 元 ~ 14600 元 /t，受主要脂肪醇价格影响，年底价格最低跌至 9650 元 /t，跌幅达到了 33.9%。相比较而言，AEO_3 价格波动较小，最高价位运行集中在 4 月—6 月，价格维持在 14400 元 /t，年底价格最低跌至 10900 元 /t，波动趋势较 AEO_2 小，最大跌幅为 24.3%。

由于 AEO_{2-3} 产品处于整个行业产业链的中端位置，市场走势影响因素较多，包括原料脂肪醇、商品 EO 以及下游磺化企业采购能力、终端行业洗涤市场消费能力等，整体受国内外经济发展水平以及消费能力影响较为明显，一般情况，按照工艺条件成熟原则，脂肪醇原料对 $AEO_{2\text{-}3}$ 的价格影响指数在 0.58 左右，EO 价格影响指数在 0.42 左右。

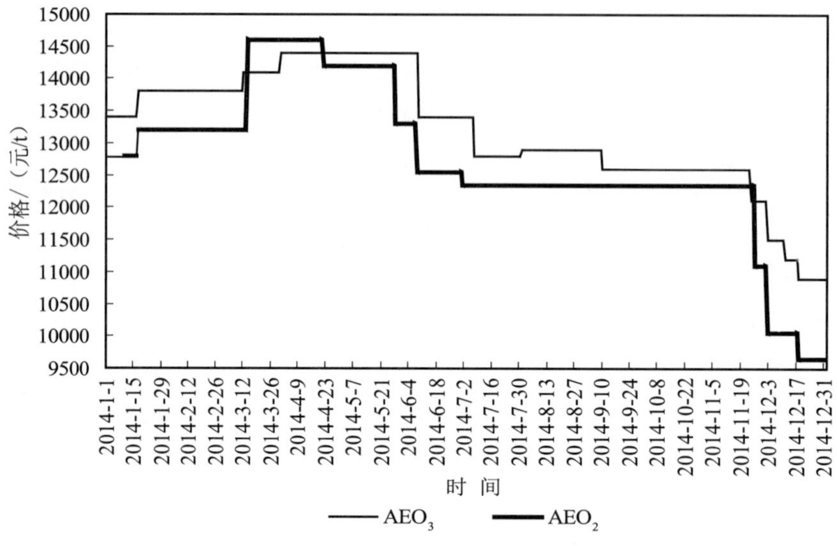

图 1　2014 年国内 $AEO_{2\text{-}3}$ 产品价格走势

随着高性能产品需求能力增强及消费理念的转变，对 $AEO_{2\text{-}3}$ 衍生产品研发人们不满足目前 AES，醇醚磷酸酯和醇醚糖苷作为其衍生新型产品被广泛研究，部分产品开始应用日化和工业领域。

以醇醚糖苷（AEG）为例，AEG 是我国具有自主知识产权的一类特殊功能助剂，属于烷基糖苷 APG 和脂肪醇醚 $AEO_{2\text{-}3}$ 的性能改良产品。AEG 类产品无毒、无刺激、易于生物降解，具有保湿护肤功效，可显著降低整体配方的刺激性，低温水溶性良好，耐硬水，对配方体系具有良好的增粘功效，能与各类活性物复配，化学性质稳定，对人体和环境安全。AEG 的原料成本和产品售价低于 APG，是性价比更高、应用领域更广泛的新型、绿色多功能性色表面活性剂，目前 AEG 使用较多的脂肪醇醚产品以 $AEO_{2\text{-}3}$ 为主。

项目建设方面，2014 年，安阳博奥生物新合成有限公司（5000 t / 年规模）、江苏万淇生物科技有限公司（10000 t / 年规模）借助中国日用化学工业研究院技术转让实现 AEG 产业化规模，目前装置已经正式运行阶段，产品开始正式进入市场，性能和指标均达到预期目标要求。

2 中等聚合度脂肪醇醚（$AEO_{7\text{-}9}$）

目前国内 $AEO_{7\text{-}9}$ 产品主要作为原料直接应用于下游行业，以提高终端产品的配伍性能或者使用性能。拒不完全统计，2014 年国内 $AEO_{7\text{-}9}$ 产品的产销量约合 14.5 万 t，生产企业主要集中在上海石化事业部、天津浩元化工、沙索（中国）化学、吉林石化电石厂、三江化工、海安石化厂、上海锦山化工、桐乡恒隆化工、抚顺合成洗涤剂厂等。

图 2 给出 2014 年国内华东地区 AEO_9 主要产品价格走势，全年价格一路走低，最高价位

集中在1月中旬到2月中旬，价格维持在13400元/t，到2014年年底，价格跌至10500元/t，跌幅超过21.5%，AEO_9价格走势与脂肪醇和EO价格密切相关。

从AEO_9产品的获利情况分析，2014年全年生产获利较2013年有很大改善，企业生产基本以盈利为主。其中2014年年初和年底获利情况尤为较好，超过了500元/t（图3所示）。

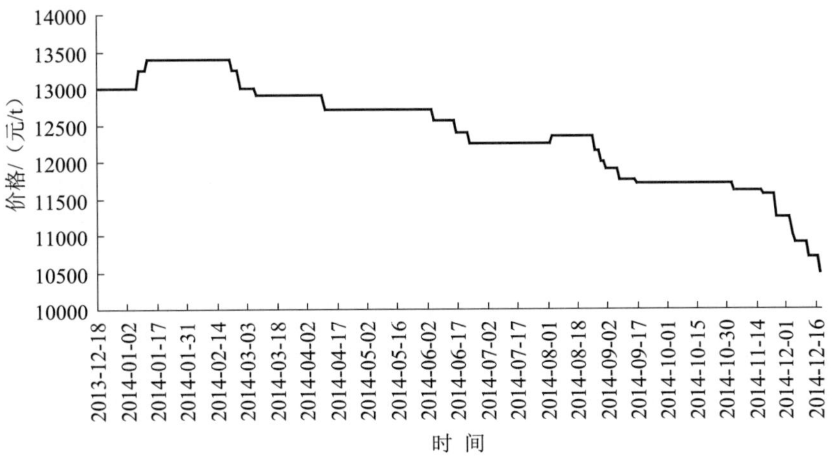

图2　2014年国内华东地区AEO_9价格走势

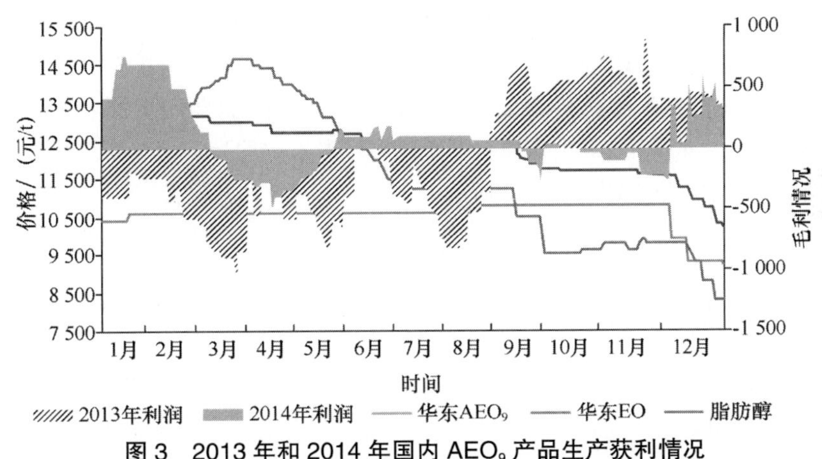

图3　2013年和2014年国内AEO_9产品生产获利情况

目前，40%～45% AEO_{7-9}产品直接应用日化洗涤与AES配伍提高洗涤产品的使用性能，同时作为非离子表面活性剂降低产品对皮肤的刺激性有很大帮助。还有近55%的AEO_{7-9}产品用于工业领域，主要作为纺织印染行业的渗透剂、乳化剂、脱脂剂、匀染剂和化纤油剂等。

与低EO数脂肪醇醚相比，AEO_{7-9}产品使用领域和配伍性有很大的改善。同时AEO_{7-9}可衍生一些高附加值温和、绿色环保型表面活性剂。AEO_{7-9}通过催化氧化（也可利用传统氯乙酸法合成）可制备高性能产品醇醚羧酸盐（AEC），被广泛应用于高性能和高附加值日化产品，其中催化氧化法合成不含氯乙酸的AEC技术在中国日用化学研究院实现突破，完成年产3000 t的装置规模建设，成为国内唯一一家不含氯乙酸的AEC产业化项目。

3 烷基酚聚氧乙烯醚（APEO）

烷基酚聚氧乙烯醚系列产品中商品有 TX–10、OP–10、NP–7，NP–9、NP–10、TX–18、TX–30 和 TX–40 等。APEO 作为一种重要的非离子表面活性剂，一直以来备受行业的争议。但由于其存在的毒性、环保问题、致畸变性和生产过程的致癌性，APEO 的使用受到严格的限制。国外发达国家已经禁止或者限制使用烷基酚醚，尤其是在直接接触人体产品方面严禁使用或残留。根据 2014 年行业数据检测报告，目前国内 35% ~ 40% 纺织品中检测到烷基酚醚残留，这也是制约我国纺织行业走出国门的关键因素，欧盟对中国出口部分纺织产品采取拒通关措施，在日化洗涤领域，国家不再将烷基酚醚作为主要成分在原料目录中进行标示。

从性能和使用来看，目前工业领域 APEO 使用还没有出现完全可替代的性价比高的产品。国家对烷基酚醚的政策目前还保留在工业领域建议不使用或少用、民用领域严禁使用上。根据 2014 年行业数据不完全统计，包括壬基酚醚和辛基酚醚在内的烷基酚醚的产销量约合 10.5 万 t，较 2013 年同比出现减少约合 2.0 万 t，减少主要因素是国外外部环境影响和国家政策的引导及监管等。

图 4 ~ 图 6 给 2014 年国内烷基酚醚主要产品 NP–4、NP–7 和 NP–10 的价格走势。三种主要烷基酚醚产品价格均在年底 11 月出现较大价格波动。其中 NP–4 年底价格跌至 13700 元 /t 跌幅达到了 8.05%。NP–7 年内价格跌至 13400 元 /t，跌幅接近 8.22%。NP–10 年内价格跌至 10660 元 /t，跌幅接近 19.55%。

从 2014 年国内烷基酚醚获利情况来看，当年生产利润较好集中在上半年和下半年，平均产品利润 300 元 ~ 400 元 /t。由于原料壬基酚和环氧乙烷均为石化产品，整个 APEO 市场行情走势受国际原油价格较明显（图 7 所示）。

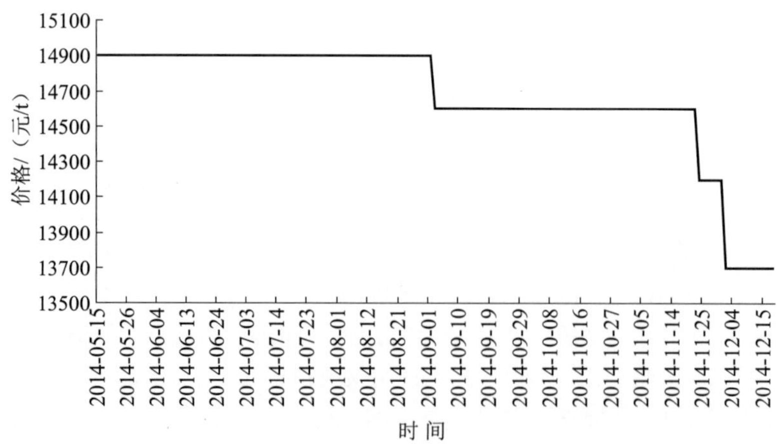

图 4　2014 年国内主要企业 NP–4 价格走势

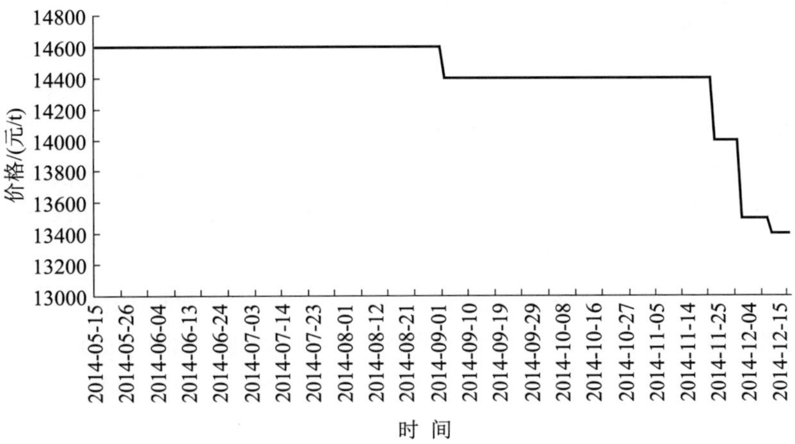

图 5　2014 年国内主要企业 NP-7 价格走势

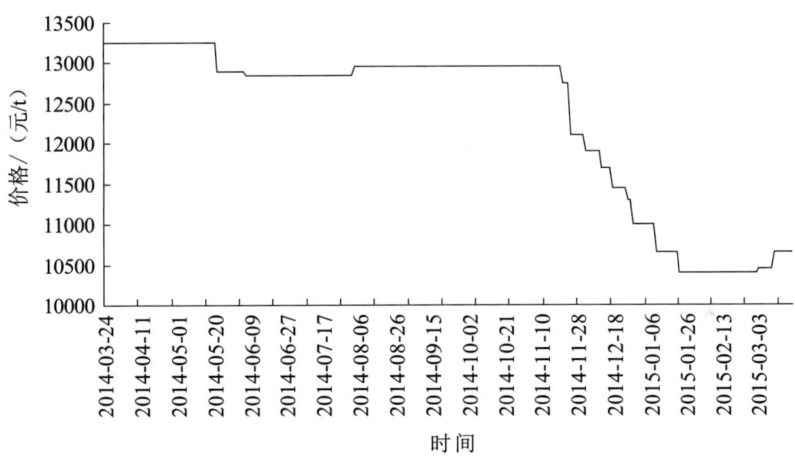

图 6　2014 年国内主要企业 NP-10 价格走势

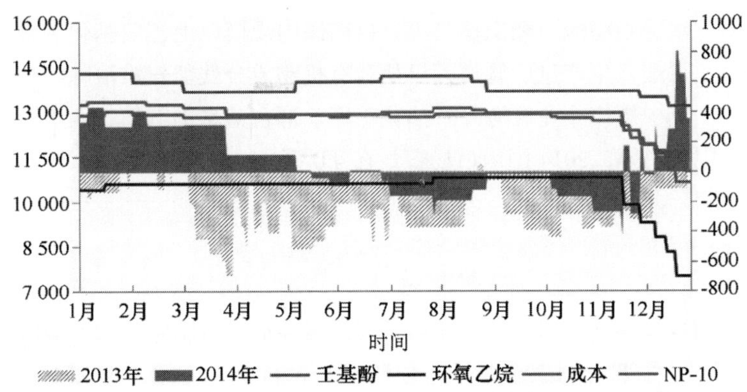

图 7　2013 年和 2014 年国内 NP-10 产品生产获利情况（单位：元 /t）

4 脂肪胺聚氧乙烯醚

受原料脂肪胺供应影响，2014 年国内主要乙氧基化装置分配给脂肪胺聚氧乙烯醚生产比例较小，主要生产企业有索尔维（张家港）精细化工、海安石油化工厂、邢台蓝天精细化工、河南道纯化工、山东派尼化工（东大代加工）、四川天宇油脂（代加工）、阿克苏诺贝尔（博兴）油脂（代加工）和四川石达化学等，据不完全统计，2014 年国内脂肪胺醚产销量约合 1.55 万 t，其中索尔维（张家港）产量约合 1.0 万 t，占据国内市场比例约合 64.5%。

应用：①可用作酸性金属络合染料的匀染剂，可降低染浴硫酸用量、还原染料匀染剂，并有助于高温下迅速染色。②作为粘胶纤维帘子线生产中的添加剂，提高帘子线强度，改善粘胶过滤性和加工工艺，提高帘子线的单丝强力。③纺织印染行业作为抗静电剂和分散剂使用。

5 脂肪酸聚氧乙烯酯

脂肪酸聚氧乙烯酯一般是由脂肪酸与一定摩尔比例的环氧乙烷通过加成反应而生成的，其通式为 $RCOO(CH_2CH_2O)_nH$，依环氧乙烷加成摩尔数的变化，聚氧乙烯脂肪酸可以由完全油溶性到完全水溶性的变化范围，但脂肪酸聚氧乙烯酯溶解性比醇醚略差。通常加成 18 mol EO 的产品是油溶性的，加成 12 ~ 15 mol EO 时能在水中分散或溶解。对同一结构的脂肪酸，加成 EO 的量越多，比重越大，黏度越高，流动性也越差。脂肪酸聚氧乙烯酯最大优点就是价格便宜，复配性能良好。

性能及应用：脂肪酸聚氧乙烯酯具有良好的乳化、增溶、润湿、分散、柔软及抗静电等表面活性，且无毒、无刺激性。因而，在化妆品、医药、食品、农药、造纸及纺织加工等行业中有着极为广泛的应用，例如，作为洗发香波、染发乳剂的增稠剂，护肤、润肤霜的润湿剂、香精和香精油的增溶剂、化妆品用的遮光剂和珠光剂，同时也可作为农药杀虫剂、除草剂的乳化剂、造纸行业中的柔软剂以及纺织油剂中的平滑剂和抗静电剂。

目前国内生产脂肪酸聚氧乙烯酯方法有直接酯化法（脂肪酸和聚乙二醇催化酯化）、脂肪酸直接乙氧基化法、脂肪酸甲酯交换法等。目前国内规模以上乙氧基化装置基本均有能力生产脂肪酸聚氧乙烯酯，生产过后管道无机盐和有机物成分残留较难清除，规模生产一般采用釜式搅拌工艺。其中规模企业有海安石油化工厂、邢台蓝星助剂厂、四川石达化学、石家庄市海森化工有限公司等，2014 国内市场容量在 4.0 万 ~5.0 万 t。

6 烷醇酰胺

烷醇酰胺系列也是一支应用广泛的非离子表面活性剂，由脂肪酸和乙醇胺缩合制得，根据原料的比例不同，主要分为三个犁号，分别是 1 ： 1 型，1 ： 1.5 型和 1 ： 2 型，烷醇酰胺的溶解度和外观等性质随烷基链长不同、制备方法不同而有很大变化。高碳烷基醇酰胺的产品熔点高，不易溶解；脂肪基相同时，单烷基醇酰胺比双烷基醇酰胺更难溶解于水。

2014 年国内烷醇酰胺生产规模超过 30 万 t（表 1 所示），较 2013 年新增产能约合 3.0 万 t。但市场表现不容乐观，据不完全统计，当年国内烷酰胺产量约合 12.3 万 t，市场需求总量在 10 万 ~ 12 万 t，装置开工率也由 2013 年的 55% 以上降低至 2014 年的 40% 左右。

表1　2014年国内烷醇酰胺生产企业及规模

编号	企业名称	规模/万t	产量/t
1	苏州市乳洁化工有限公司	1.5	4500
2	上海楚星化工有限公司	1.5	4000
3	上海麦伦日化有限公司	1.0	3200
4	上海明圣洗涤助剂有限公司	1.5	4000
5	金坛市金盛化工有限公司	1.0	3600
6	江苏海安石油化工厂	3.0	12500
7	广东椰氏实业股份有限公司	5.0	27000
8	广州花语精细化工有限公司	3.0	22000
9	广州立众洗涤原料有限公司	2.0	6000
10	广州市度特化工有限公司	1.0	3500
11	南通仁和洗化原料	1.5	5000
12	浙江赞宇科技股份	2.0	15000
13	江门市鸿捷精细化工有限公司	2.0	8000
14	中山市科美油脂化学有限公司	1.5	3000
15	上海斐洁化工有限公司	1.0	1000
16	上海圣轩生物化工有限公司	1.0	1000
合计		29.5	123300

数据来源：生产企业规模数据较2012年有所校正，数据仅作参考。

2014 年国内 1 ∶ 1 型号烷醇酰胺价格基本维持在 11000 元 /t 上下，波动幅度没有超过 800 元 /t，进口产品价格略高，基本维持在 12000 元 ~ 12500 元 /t，一般市场成交价有 500 元 /t 左右的空余。

7 斯潘（Span）

斯潘类非离子表面活性剂是一种重要的多元醇型非离子表面活性剂，化学名为失水山梨醇脂肪酸酯或山梨糖酐脂肪酸酯。斯潘系列产品是不同种脂肪酸与失水山梨醇进行酯化反应的产物。目前国内斯潘生产工艺和市场已经很成熟，受使用条件和配伍环境的影响，目前国内斯潘系列产品开始走下坡路，市场表现不容乐观，部分市场被新型产品所替代，生产企业规模不大，以搅拌釜式为主。

8 烷基糖苷（APG）

2014 年可谓是全球 APG 发展最快的一年，拒不完全统计，当年全球 APG 生产规模超过 25 万 t，市场需求量达到 18 万 t，主要生产企业集中在德国巴斯夫、英国 ICI、日本花王等。国内主要规模 APG 企业的装置开工率均超过 75%。国内市场需求表现比较积极，年均增长幅度超过 20.0%。表 2 给出截止到 2014 年年底国内 APG 企业及规模情况（包含在建项目）。2014 年国内 APG 在运行产能超过 7.0 万 t，产量超过了 5.0 万 t，其中约合 25% 的产品直接出口国外，当年出口量接近 1.25 万 t，部分企业作为国外大公司 OEM 基地进行生产。

目前 APG 行业面临最要问题是产品指标和生产环境卫生安全评审，尤其是日化行业企业对上游原料的生产环境的评审尤为严格。相反，主攻工业领域 APG 生产企业对产品生产环节规范还有待进一步提升。

表2　2014年国内APG生产企业及规模统计

序 号	单位名称	APG规模 / t	备 注
1	上海发凯化工有限公司	15000	正筹建 10.0 万 t 扩产项目
2	巴斯夫（原上海科宁油脂）	12000	出口为主，计划筹建扩产
3	扬州晨化新材料股份有限公司	15000	部分装置扩产
4	深圳市长园嘉彩环境材料有限公司	10000	
5	河北石家庄金莫尔化学品有限公司	5000	
6	南京金陵石化研究院有限公司	5000	
7	宜兴市金兰化工有限公司	5000	
8	海宁源远纺织助剂	8500	
9	东营市盈锋化工有限责任公司	5000	正在建设
10	淮安嘉立化工有限公司	20000	正在建设
11	宿迁市永信精细化工有限公司	5000	正在建设
12	南通博爱精细化工有限公司	10000	正在建设
13	维京生物科技公司	16000	正在建设
合计（在运行）		70500	

数据来源：表面活性剂和洗涤剂行业生产力促进中心，不完全统计。

9 脂肪醇聚氧丙烯醚 / 嵌段共聚醚

由于聚氧丙烯醚特殊的支链结构，其衍生品多种多样，产品性能可根据结构来定，应用领域也很广泛，涉及领域包括民用、工业及特种行业等，配伍条件和对象不受限制。

脂肪醇聚氧丙烯醚性能：①性能稳定，不与大多数化妆品的原料反应，在酸、碱介质中稳定，能与阴、阳离子型表面活性剂复配；作为软化剂，具有一定的润滑、润湿、增塑、增溶和分散等性能；②在护发用品中，可以部分或者全部代替白矿物油，赋予头发光泽，兼有定型作用，可作发胶类树脂增塑和增稠剂；③在护肤用品中，用作无油腻防晒油的润滑剂，使皮肤有愉快干爽感觉；在皮肤润滑油剂中，利用其溶解能力和湿润性可以清除油污；④在沐浴用品中，可制得低温透明的浴油和洗手液；⑤在气雾剂中，用作抗粘剂和阀门润滑剂；⑥在美容化妆品中，用作颜料的载体，可以产生不油腻、不粘的膜；可用作颜料分散剂和偶联剂，可将大量芳香油偶联，使其溶于矿物油；⑦在化学工业上，用作合成特殊性能表面活性剂的中间体。

目前针对国内聚氧丙烯醚系列产品数据统计较少，初步估算国内该系列产品市场容量在2.5万～4.0万t，但市场潜力巨大，部分领域可完全替代脂肪醇聚氧乙烯醚，且性能可得到提升。

10 异构醇醚

主要分为异构十醇聚氧乙烯醚、异构十一醇聚氧乙烯醚和异构十三醇聚氧乙烯醚等几种。广泛应用于纺织业、皮革、日化洗涤等，是高效的分散剂、润湿剂和乳化剂。原料异构醇均为合成醇。异构醇主要优势基于支链分子结构得以表现，由于具有极强的渗透能力，作为日化行业原料很少使用，对皮肤的危害较大。

目前国内规模以上异构醇醚企业只有扬子江－巴斯夫一家，产能规模在6.0万t，年产量超过4.5万t，其他乙氧基化装置也有生产，受原料采购影响，生产量都不是很大。

11 油脂乙氧基化物

天然油脂乙氧基化物是一类新型的酯－醚型非离子表面活性剂，原料取自天然植物油脂，对油脂增溶力强，具有良好的乳化性能；且具有易生物降解、生态毒性低，刺激性小等优点。已经工业化生产的代表产品主要是蓖麻油乙氧基化物（分子中含有活泼氢）。近几年兴起的新型油脂产品有椰油乙氧基化物。目前油脂乙氧基化物还主要用于工业领域，作为乳化剂、抗静电剂和增溶剂使用。

12 脂肪酸甲酯乙氧基化物（FMEE）

脂肪酸甲酯乙氧基化物（FMEE）是一种典型的非离子表面活性剂，是以脂肪酸甲酯在催化剂作用下，直接与环氧乙烷（EO）发生加成制得，与传统的脂肪醇乙氧基化物（AEO）相比，具有低泡沫、高浊点，冷水溶速度快，除油除蜡效果好，耐低温使用等优点。

目前国内每年进口FMEE及其磺化产品（FMES）主要来源墨西哥喜赫公司全球三个主要生产基地（巴西一个，墨西哥两个），2014年国内进口相关产品的量在1.5万t左右，为满足国内市场需求，上海喜赫精细化工2012年在上海筹备建设万吨级的FMEE生产基地。与此同时，中国日用化学工业研究院依靠自己技术在上海金山也完成万吨级的FMEE工程项目，该项目预期2015年中期正式投产。

13 进出口数据统计

根据中国海关 2014 年对非离子表面活性剂（税则号：34021300）月度进口进行统计，全年进口总量接近 21.03 万 t，同比增长 1.10%，进口总额为 5.11 亿美元，同比增长 4.82%。其中，3 月、6 月和 8 月三个月单月进口量均超过 2.0 万 t，较 2013 年分别同比增长 28.8%、3.3% 和 56.7%；比较全年进口均价，波动幅度基本维持在 300 美元 /t，其中最高进口均价在 11 月，达到 2635.55 美元 /t，最低进口均价在 2 月，为 2262.47 美元 /t（图 8 ~ 图 10 所示）。

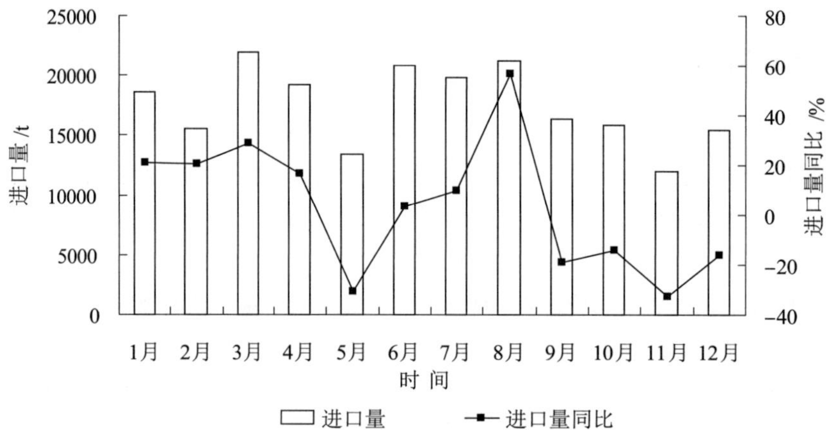

图 8　2014 年 1—12 月国内非离子表面活性剂月度进口量情况统计

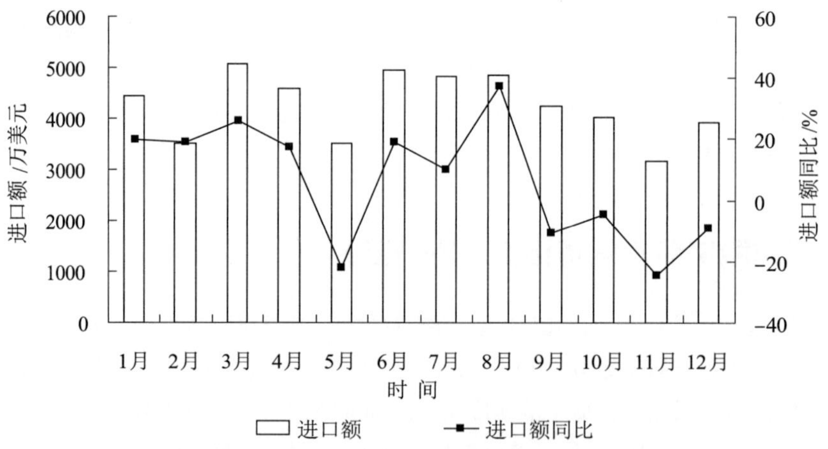

图 9　2014 年 1—12 月国内非离子表面活性剂月度进口额情况统计

与进口相比，2014 年国内非离子出口量总计 11.84 万 t，较 2013 年同比增长 16.54%，出口总额为 2.67 亿美元，同比增长 15.84%。从全年走势来看，月度出口量整体呈现下行趋势，其中，1 月和 3 月出口量较高，分别为 1.28 万 t 和 1.38 万 t，较 2013 分别同比增长 114.6% 和 60.2%，12 月月度出口量降至 8622 t，同比减少 16.5%。2014 年国内非离子表面活性剂月度出口均价波动幅度较小，基本在2250美元/t上下浮动。对比2014年国内非离子表面活性剂的进出口均价，差价在250美元/t左右（图11～图13所示）。

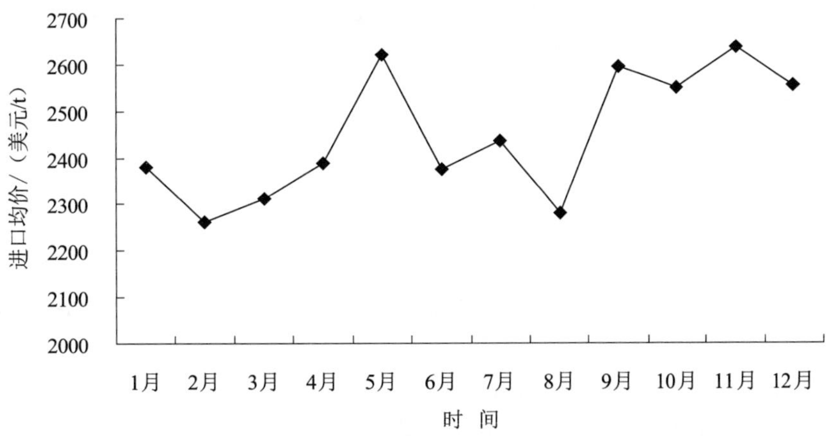

图10 2014年1—12月国内非离子表面活性剂月度进口均价

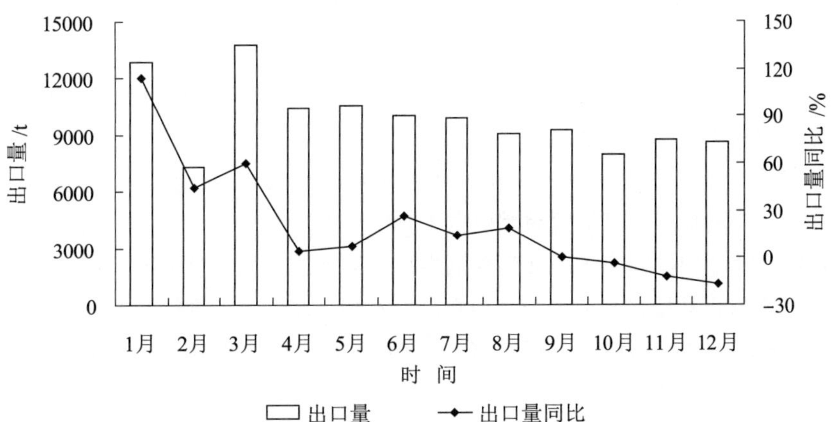

图11 2014年1—12月国内非离子表面活性剂月度出口量情况统计

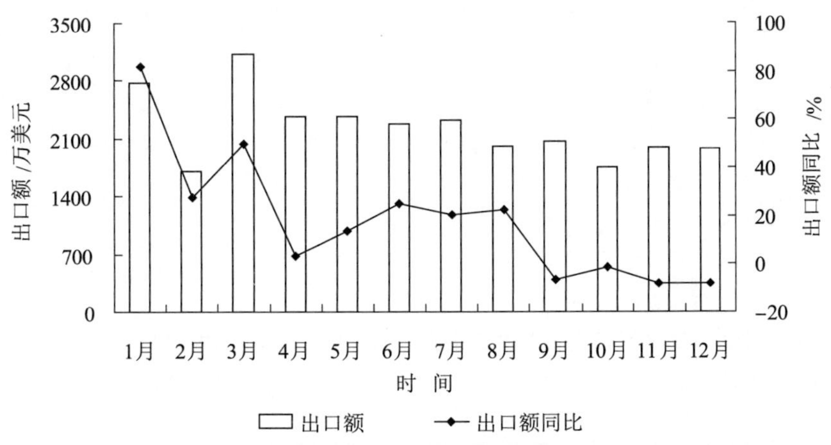

图12 2014年1—12月国内非离子表面活性剂月度出口额情况统计

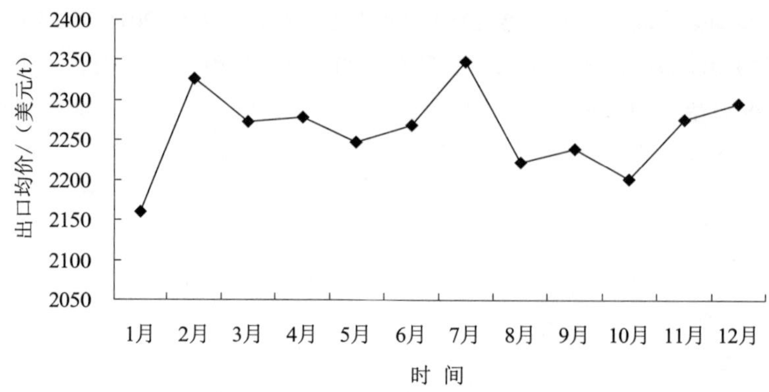

图 13 2014 年 1—12 月国内非离子表面活性剂月度出口均价

图 14 为 2014 年中国非离子表面活性剂进口来源国或地区统计情况，从进口来看，国内非离子产品进口来源国或地区主要集中在美国、马来西亚、新加坡、台湾金马、日本和德国等，进口量分别为 7.99 万 t、3.35 万 t、2.95 万 t、1.66 万 t、1.59 万 t 和 1.39 万 t，分别较 2013 年同比增长 -0.9%、31.5%、-19.0%、10.9%、-2.8% 和 9.8%，马来西亚进口比例同比出现大幅度增长。

进口量排名前五国家或地区合计进口量 17.54 万 t，占当年总进口量的比例为 83.9%，非离子产品进口贸易来源国集中度较高。

从产品的进口贸易方式来看，一般贸易比例为 83.0%，保税仓库进出境货物占 15.0%，包括仓储转口、来料加工等其他贸易类型占 2.0%。

图 15 为 2014 年中国非离子表面活性剂出口目的国或地区统计情况，从出口具体对象来看，国内产品出口目的地排名前五分别为香港、泰国、印度、印度尼西亚和台湾金马等，出口量分别为 1.86 万 t、0.87 万 t、0.80 万 t、0.66 万 t 和 0.56 万 t，较 2013 年分别同比增长 6.8%、37.9%、-2.8%、32.0% 和 35.5%。

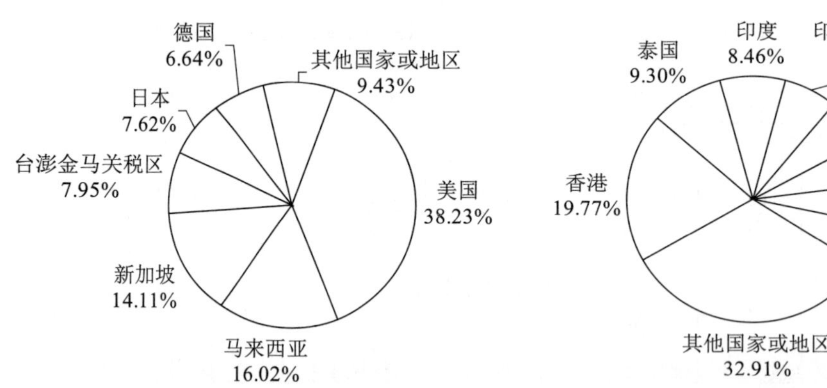

图 14 2014 年中国非离子表面活性剂进口来源国或地区数据统计

图 15 2014 年中国非离子表面活性剂出口目的国或地区数据统计

与进口贸易相比，国内产品出口比较分散，排名前五国家或地区出口量合计为 4.75 万 t，占当年国内非离子产品总计出口量的50.5%。

从产品的出口贸易方式来看，一般贸易比例约占71.0%，保税仓促进出境货物占15.0%，进料加工贸易占约合14.0%。

图16为2014年国内非离子表面活性剂进口省市数据统计，排名前五的分别为广东省（7.19万t，同比8.1%）、上海市（6.04万t，同比2.8%）、江苏省（2.82万t，同比0.1%）、浙江省（2.15万t，同比-22.5%）和天津市（1.14万t，同比44.5%），合计进口19.34万t，占当年总进口量的92.0%。

国内非离子产品进口省市集中度较高，这主要受下游行业应用集中度影响，包括华东和华南地区成为非离子主要消耗地区。

图17为2014年国内非离子表面活性剂出口省市数据统计，与进口相似，国内非离子出口省市集中度同样较高，主要集中在江苏省（3.67万t，同比4.3%）、上海市（2.80万t，同比21.4%）、广东省（2.52万t，同比7.0%）、浙江省（1.76万t，同比52.3%）和山东省（2282 t，同比17.3%），合计总出口量为10.98万t，占当年总出口量的90%以上。

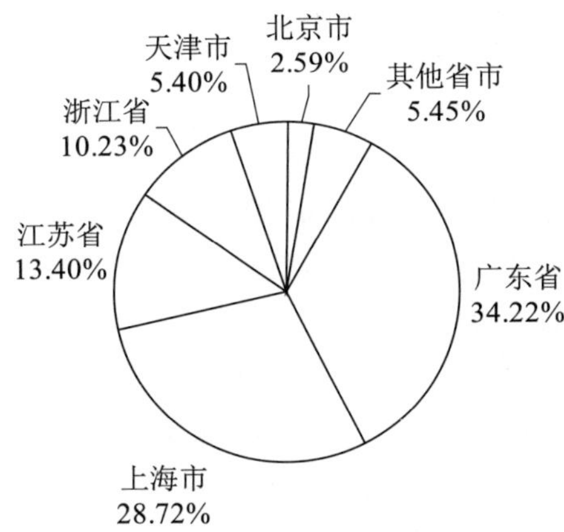

图16 2014年中国非离子表面活性剂进口省市统计

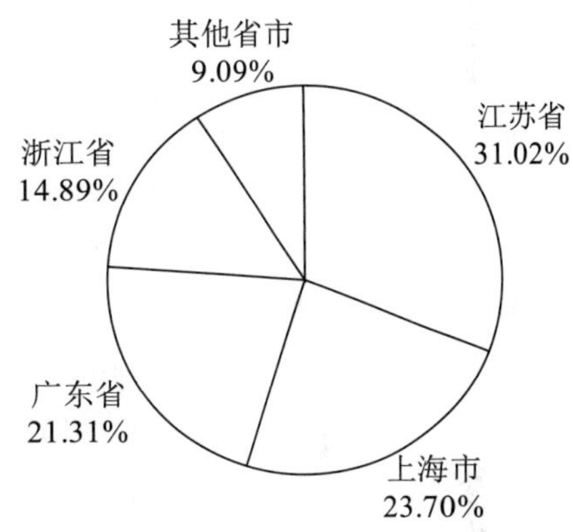

图17 2014年中国非离子表面活性剂出口省市统计

图18～图19为2014年中国非离子表面活性剂进出口海关贸易数据统计，进口量排名前五的分别为上海海关、黄埔海关、南京海关、深圳海关和广州海关，进口贸易比例总计接近83.5%。相比较，出口贸易主要集中在上海、南京、深圳、杭州和天津海关等，出口贸易比例总计超过88.1%，进出口贸易海关集中度较高。

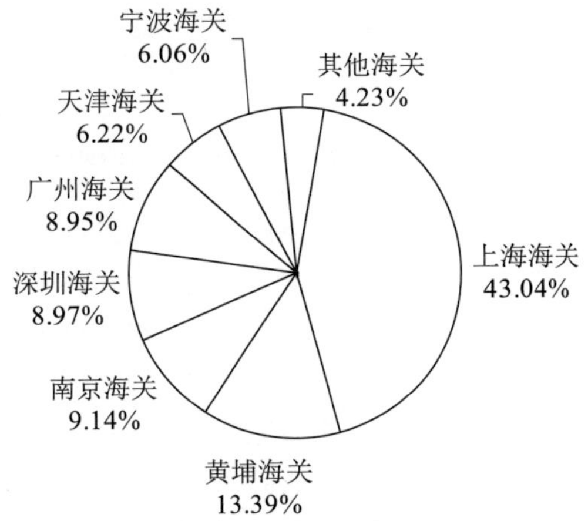

图18 2014年中国非离子表面活性剂进口贸易海关统计

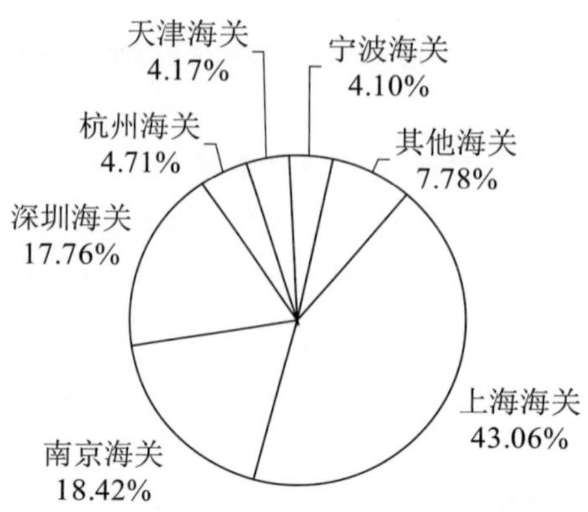

图 19　2014 年中国非离子表面活性剂出口贸易海关统计

14 小结

2014 年国内非离子表面活性剂处于产品结构调整转型初期，目前国内产品还是以传统的乙氧基化系列产品、脂肪酸多元醇酯、聚醚系列等为主，打造乙氧基化高附加值、高性价比绿色环保型产品成为未来一段时间乙氧基化发展的重点，同时加大乙氧基化衍生品下游深加工产品技术开发，诸如磺化、羧酸化、磷酸酯化、硫酸酯化等新型产品。

与磺化相似，国内大宗非离子产品目前已经进入市场饱和期，产品功能和应用开发已经很成熟，加大产品出口力度，降低国内市场压力，有助于提高本土企业的市场竞争力和影响力。

2014年中国阳离子表面活性剂生产与市场

与阴离子、非离子型表面活性剂相比，阳离子产品的使用量并不大，市场需求也比较平稳，尤其是传统阳离子表面活性剂产品市场已经基本饱和，部分下游应用领域甚至呈现需求萎缩态势。我国是一个阳离子表面活性剂出口大国，每年出口国外阳离子表面活性剂产品的量在6万~8万t。

根据最新数据统计，目前国内阳离子表面活性剂生产企业屈指可数，截止到2014年年底，主要阳离子生产企业有12家左右，其中，上海金山经纬由于搬迁已经停产。根据表面活性剂和洗涤剂行业生产力促进中心不完全统计，2014年国内阳离子表面活性剂产销量在16.5万~18.0万t，其中国内市场消耗约合11.5万t，产量和市场需求分别较2013年同比减少12.5%和14.8%。主要产品类型集中在胺盐型、烷基季铵盐（含单烷基和双烷基季铵盐类）、酯基季铵盐、含氮杂环季铵盐、糖苷季铵盐等，产品应用主要集中在柔软剂、杀菌剂和一些特殊助剂等领域。

1 胺盐型阳离子表面活性剂

胺盐型阳离子表面活性剂主要有三类：高级脂肪类、乙醇胺类及多亚乙基多胺类。高级脂肪胺盐有伯胺盐、仲胺盐和叔胺盐，主要有盐酸盐和醋酸盐。高级胺盐由脂肪胺与酸起中和反应而成。常用作染色助剂。低级胺盐由硬脂酸、油酸等廉价脂肪酸与低级胺，如乙醇胺、*N*、*N*-二乙基乙二胺等反应而得，其价格比高级胺盐便宜，适合作纤维助剂。

目前对于胺盐型阳离子表面活性剂数据统计较难，根据国内脂肪胺产销数据分析，每年国内下游行业消耗脂肪胺盐的量初步统计在6.0万~9.5万t，使用范围有限，相当一部分直接用于工业领域，诸如浮选剂等。

2 烷基季铵盐

烷基季铵盐占阳离子比例在55%~60%，以单烷基季铵盐和双烷基季铵盐为主，2014年国内烷基季铵盐总产量在9.5万~10.5万t。一般脂肪叔胺生产企业均配套自己的季铵盐生产装置，且相当一部分叔胺用于自己下游季铵盐产品的生产，表1为2014年国内脂肪叔胺企业及烷基季铵盐的产能情况统计。其中索尔维（张家港）2014年阳离子表面活性剂产销量为4.6万t，占当年国内市场比例接近50%。科莱恩益海嘉里3.0万t脂肪胺项目2014年运行效率较低，目前装置处于试运行阶段，烷基季铵盐出品效率受影响，当年产量不大。相反，山东地区脂肪叔胺企业2014年烷基季铵盐的产销量比较可观，尤其长盈油脂装置运行情况良好。

烷基季铵盐化学性质稳定，耐热、耐光及耐强酸强碱。具有优良的渗透、乳化和杀菌性能，一般作为杀菌剂、消毒剂和抗静电剂使用。随着新技术开发和应用，新型烷基季铵盐产品逐步开发，类似于双烷基季铵盐 DEAQ 等，成为日化行业杀菌剂添加剂。

表1 国内主要烷基季铵盐生产企业

编号	企业名称	规模 / 万t	备注
1	索尔维（张家港）精细化工	8.0	造粒季铵盐、普通季铵盐
2	阿克苏诺贝尔化学品（博兴）	3.0	改造重启季铵盐装置
3	淄博腾辉油脂化工	3.0	改造后扩产
4	科莱恩益海嘉里（连云港）	3.0	新装置试运行阶段
5	山东长链化学	0.6	烷基季铵盐
6	山东长盈油脂	0.6	烷基季铵盐
7	山东派尼化学	0.5	单 / 双烷基季铵盐
8	山东富思特油脂	1.3	单 / 双烷基季铵盐
9	天女化工	1.0	烷基季铵盐
10	其他	2.0	包括河南道纯等其他企业
合计		23.0	

备注：KLK金山经纬化工继续停产。

图 1 为 2014 年国内阳离子表面活性剂主要产品产量数据统计，当年烷基季铵盐产量约合 9.5 万 t，占当年阳离子总产量的 52.34%，其次是脂肪胺盐，产量约合 4.75 万 t，占比 26.17%，酯基季铵盐产量为 2.5 万 t，占比 13.77%，包括咪唑啉季铵盐、糖酯基季铵盐等在内的其他阳离子产量约合 1.4 万 t，占比不到 7.8%。

烷基季铵盐（包括多烷基季铵盐等）目前还是主打产品，提高酯基季铵盐在行业的产量和使用，成为阳离子表面活性剂发展的主要方向，相比之下，欧盟酯基季铵盐产量和市场占有率在阳离子品种中已经超过 65%。

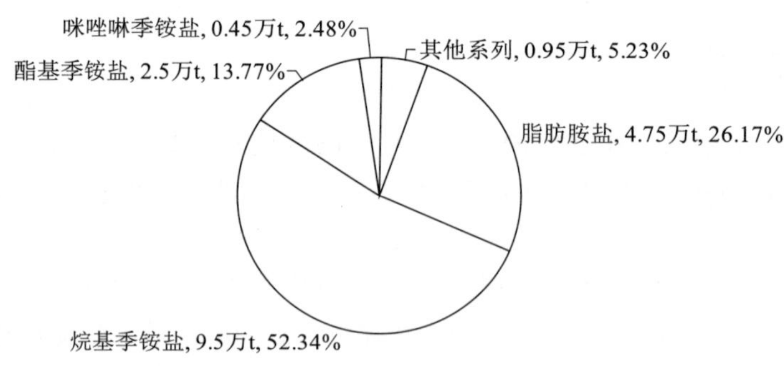

图 1 2014 年国内阳离子表面活性剂产品生产统计

3 酯基季铵盐

酯基季铵盐是一种新型阳离子表面活性剂，具有优异的柔软、抗静电性能，抗黄变。不含 APEO、甲醛，易生物降解，绿色环保。用量少，效果好，配制方便，综合成本低，具有极高的性价比，是双十八烷基二甲基氯化铵（D1821）及软片、软油精等的最佳替代品。

优点：① 具有良好的柔软平滑性、抗静电性、杀菌性能。② 既可单独使用，也可与滑爽型硅油、软片、硬脂酸、高碳醇等配合使用。③ 该产品是软片、软油精、软油膏的替代品，是所有阳离子型季铵盐柔软剂的升级版。④ 用量少，一般用织物质量的 2‰ ~ 3‰即可达到满意的柔顺效果。⑤ 用该产品整理过的织物在高温烘干后，织物不易泛黄。

2014 年国内酯基季铵盐市场需求量约合 5.0 万 t，市场容量基本与 2013 年持平。其中 60% 产品来自进口（国内对酯基季铵盐海关数据统计归属在 29239000 内），国内比例占约 40%，本土企业产量约合 1.8 万 t。加大酯基季铵盐产品开发及应用，尤其是具有良好生物降解性的系列产品开发，对推动国内新型阳离子表面活性剂的快速发展具有重要意义。

目前国内酯基季铵盐的生产成本为 11000 元 ~ 12000 元 /t，市场售价为 15000 元 ~ 21000 元 /t，有一定的利润空间。目前国内酯基季铵盐生产还是主要集中在索尔维（张家港）和阿克苏诺贝尔（博兴）两家。国内酯基季铵盐市场一直没有起来的最重要原因是国内企业在其相关新产品开发及应用方面还需努力，尤其是产品的性能和应用环节需要不断拓展。

4 进出口情况统计

2014 年国内阳离子表面活性剂总计进口量为 9626 t（海关税则号：34021200，不含酯基季铵盐），较 2013 年的 9575 t 同比增长 0.53%，基本持平。全年中期进口量较大，其中 4 月、6 月和 7 月为进口量集中月份，合计超过 3278 t，占当年总进口量的 34.05%。从进口均价来看，整体月度均价走势下行，最高价位为 2 月份，最低价位为 12 月份，价格下行比例超过 39.0%。国内阳离子表面活性剂进口产品价格折合人民币基本在 22500 元 /t 以上（图 2 ~ 图 4 所示）。

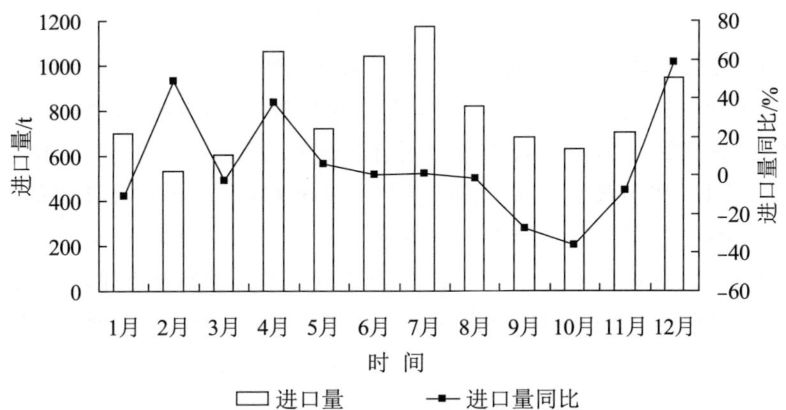

图 2　2014 年 1—12 月中国阳离子表面活性剂月度进口量统计

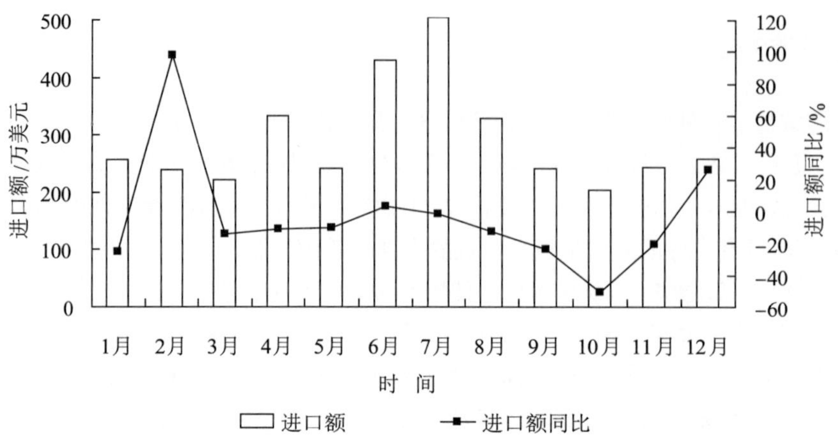

图 3 2014 年 1—12 月中国阳离子表面活性剂月度进口额统计

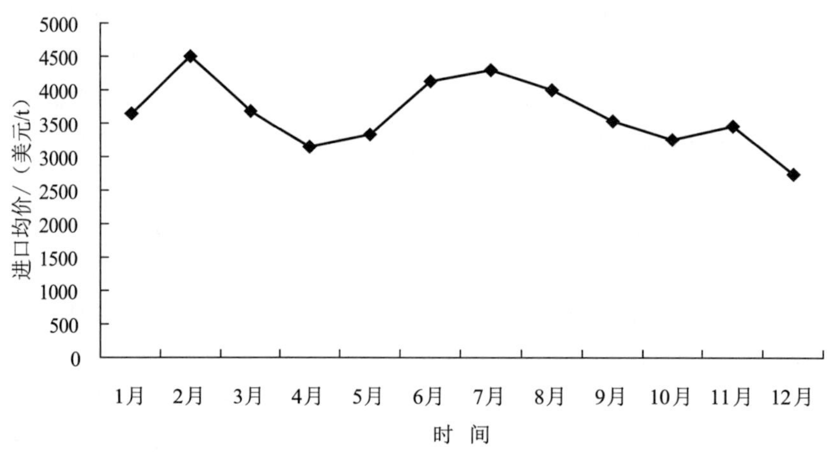

图 4 2014 年 1—12 月中国阳离子表面活性剂月度进口均价

与进口相比，中国阳离子表面活性剂产品出口规模较大，出口量合计超过 8.11 万 t，较 2013 年的 7.37 万 t 同比增长 10.04%，平均每月出口量均在 6500 t 以上。4 月为当年出口量最高月份，出口 9026 t，同比增长 27.3%。本土阳离子表面活性剂出口产品折合人民币均价为 13500 元 /t，进出口差价超过 9000 元 /t，差价比为 66.67%（图 5 ~ 图 7 所示）。本土产品与进口产品比较附加值和质量还有待进一步提升。

从出口月度均价走势来看，除 4 月、5 月以外，全年价格走势比较平稳，基本维持在 2000 美元 /t，结合 4 月出口均价和出口量分析，国内阳离子表面活性剂企业在全球影响力还是比较大的。

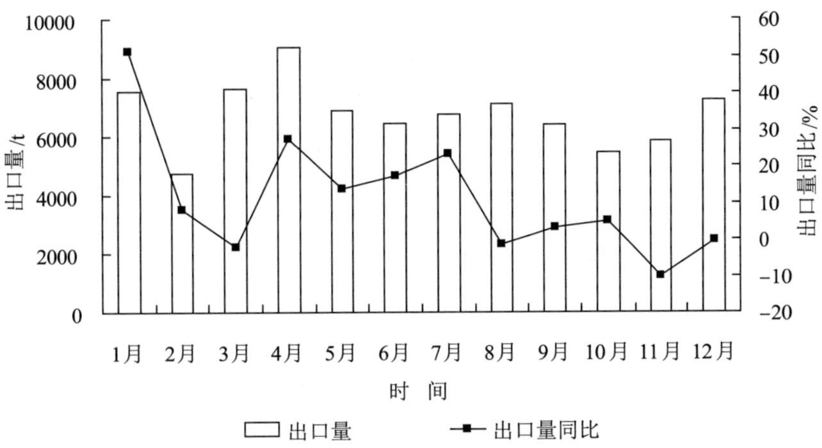

图5 2014年1—12月中国阳离子表面活性剂月度出口量统计

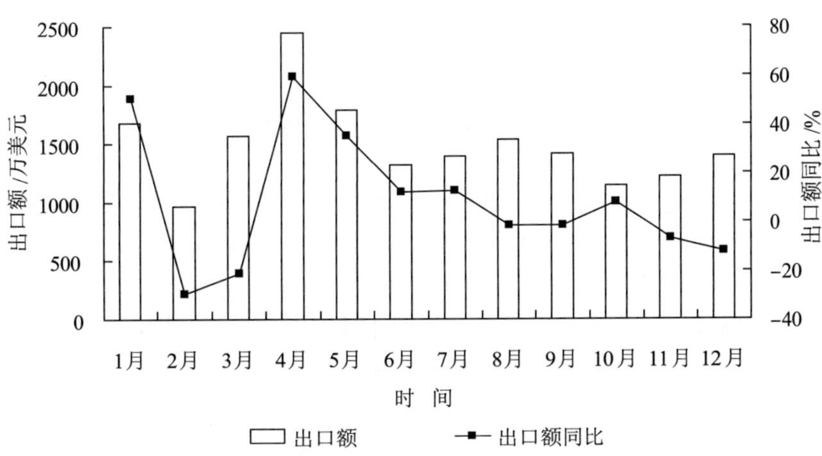

图6 2014年1—12月中国阳离子表面活性剂月度出口额统计

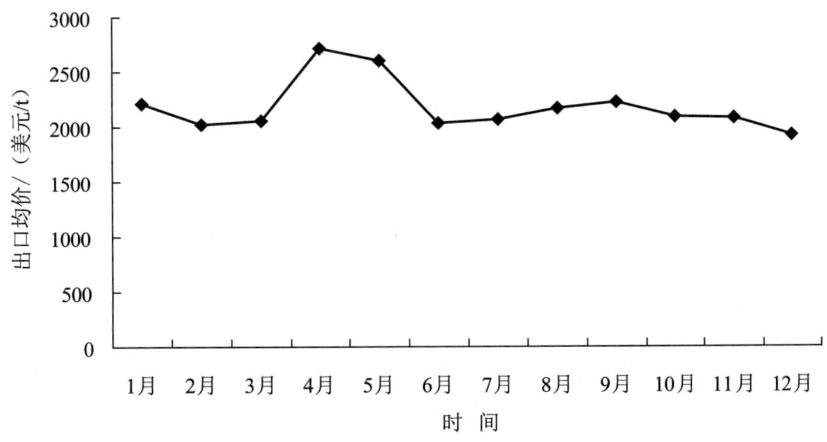

图7 2014年1—12月中国阳离子表面活性剂月度出口均价

图 8 为 2014 年国内阳离子表面活性剂进口来源国情况，排名前五的国家或地区为美国（2549 t，占 26.65%，同比增长 –15.6%）、德国（1507 t，占 15.75%，同比增长 42.2%）、菲律宾（1489 t，占 15.56%，同比增长 39.4%）、日本（931 t，占 9.74%，同比增长 24.3%）和韩国（729 t，占 7.62%，同比增长 –15.9%）。其中美国进口均价接近 5250 美元 /t，折合人民币约合 32550 元 /t。

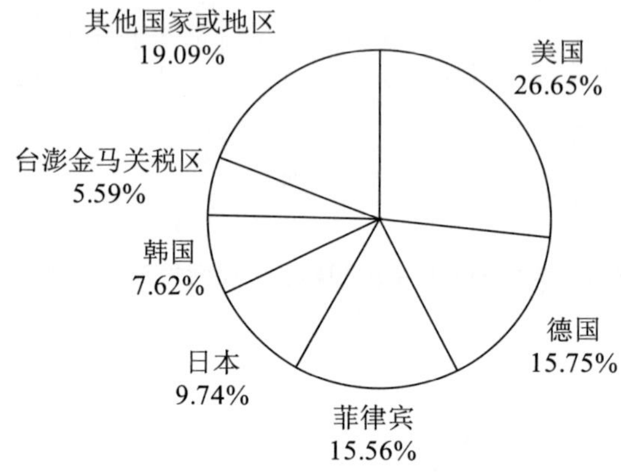

图 8　2014 年中国阳离子表面活性剂主要来源国进口统计

图 9 为 2014 年国内阳离子表面活性剂出口目的国或地区数据统计情况。当年产品出口主要集中在发展中国家，排名前五的分别是越南（9142 t，占比 13.93%，同比增长 1.90%），孟加拉国（5957 t，占比 9.07%，同比增长 5.6%）、印度尼西亚（5728 t，占比 8.72%，同比增长 –31.4%）、沙特阿拉伯（5099 t，占比 7.77%，同比增长 97.2%）和泰国（4951 t，占比 7.54%，同比增长 1.8%）。出口产品均价基本维持在 2100 美元 /t。

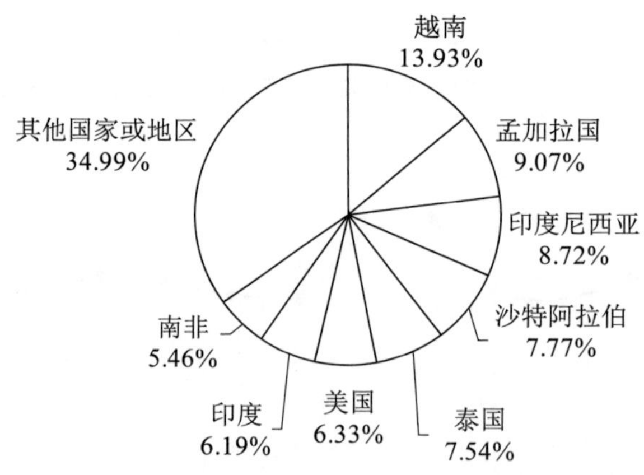

图 9　2014 年国内阳离子表面活性剂出口目的国或地区数据统计

2014 年国内阳离子表面活性剂进口省市数据统计见图 10，当年进口量排名前五的分别是上海市、广东省、山东省、江苏省和辽宁省。进口量分别为 4402 t、3210 t、574 t，378 t 和 240 t，较 2013 年同比分别增长 18.3%、–7.3%、19.6%、29.1% 和 –47.2%。

与进口相比，国内本土阳离子表面活性剂产品出口主要集中在江苏省、山东省、浙江省、广东省、北京市及上海市，出口量分别为 4.90 万 t、1.57 万 t、7670 t、4269 t、1293 t 和 1081 t，分别占当年总出口量的 60.48%、19.34%、9.46%、5.26%、1.59% 和 1.33%，较 2013 年分别同比增长 4.9%、19.0%、42.3%、6.7%、–15.2% 和 12.7%（图 11 所示）。

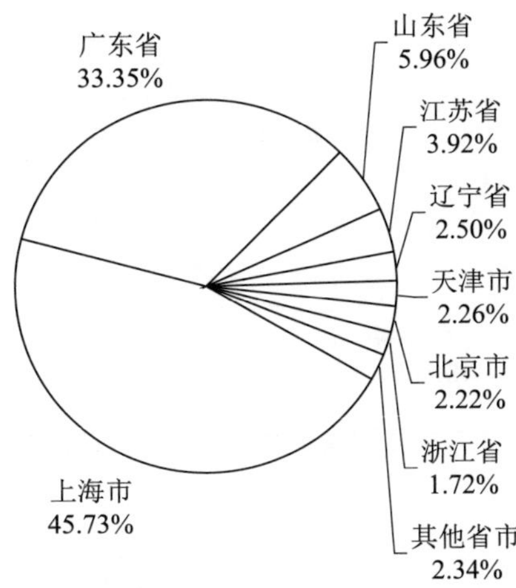

图 10　2014 年中国阳离子表面活性剂进口省市数据统计

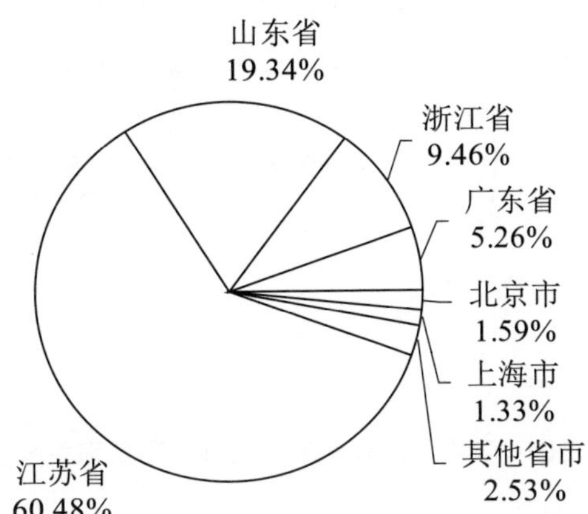

图 11　2014 年中国阳离子表面活性剂出口省市数据统计

图 12 ~ 图 13 为 2014 年国内阳离子表面活性剂的进出口海关贸易数据统计，当年进口贸易海关排名前五的分别是上海海关、黄埔海关、广州海关、天津海关和青岛海关，进口量分别为 4656 t、2337 t、1073 t、713 t 和 312t，较 2013 年分别同比增长 7.0%、38.2%、–17.0%、–33.2% 和 0.9%。其中上海海关和青岛海关合计进口比例超过 72.5%。

相比较，国内出口贸易海关排名前五的分别是上海海关、南京海关、青岛海关、黄埔海关和天津海关，出口量分别为 3.35 万 t、2.57 万 t、1.36 万 t、3295 t 和 2777 t。较 2013 年分别同比增长 9.4%、5.8%、17.3%、–1.7% 和 17.3%。其中上海海关和南京海关总计出口贸易量比例超过 73.0%。进出口贸易海关集中度较高原因受生产和下游行业集中度影响。

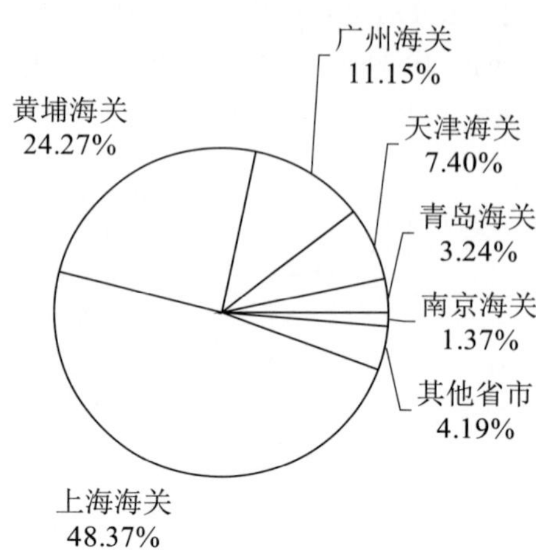

图 12　2014 年中国阳离子表面活性剂进口海关数据统计

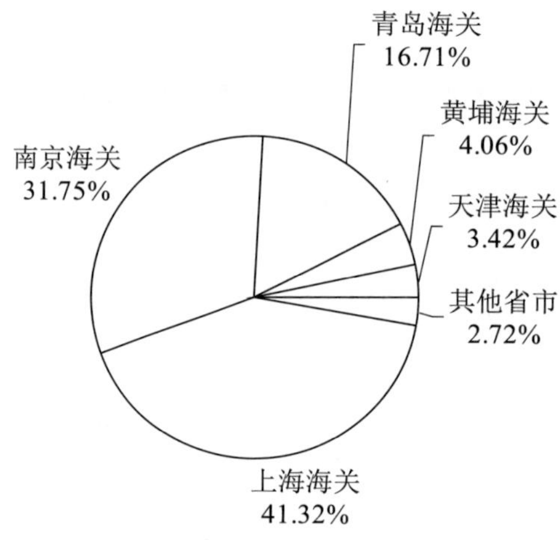

图 13　2014 年中国阳离子表面活性剂出口海关数据统计

5 小结

经过兼并和收购，目前国内阳离子表面活性剂生产和市场基本被国际大公司所垄断，作为全球阳离子产品出口大国，每年净出口量在 6.0 万 ~ 6.5 万 t。但是传统阳离子表面活性剂生产污染较严重、且耗能较高，国家对小规模阳离子表面活性剂项目建设持禁止态度，未来三年国内小规模脂肪叔胺及其烷基季铵盐企业在经济和需求萎缩的情况下，可能会出现洗牌和整合。走工业园区发展道路，降低生产成本和环境污染是阳离子表面活性剂可持续发展的唯一出路。

2014 年中国其他类型表面活性剂生产与市场

除传统磺化系列阴离子、乙氧基化系列非离子及季铵盐阳离子产品以外，包括有机硅、有机氟、甜菜碱、咪唑啉、氧化胺等两性及特种有机表面活性剂产品在国内市场同样占据一定的地位，市场占有比例大约在 5.0% 左右，每年产销量约合 15.0 万 ~ 20.0 万 t。由于该系列产品没有形成规定的生产规模，产品种类较多，应用范围较广，对其生产和市场统计较难。

1 甜菜碱型表面活性剂

甜菜碱型两性表面活性剂是十分重要的一类产品，其最大的特点是无论在酸性、中性或碱性的水溶液中都能溶解，即使在等电点时也无沉淀。此外，渗透力、去污力及抗静电等性能也较好。因此，是较好的乳化剂、柔软剂。

甜菜碱型两性表面活性剂的结构里阳离子一般是季铵盐，阴离子为羧酸型、磺酸型、硫酸型、磷酸型等，以内盐的形式存在，其中羧基甜菜碱因具有较好的耐硬水性，低毒、具有极佳的协同增效作用，良好的抗静电、防霉、杀菌、防腐、生物易降解、抗硬水能力强、性能温和，在较宽的 pH 范围内具有良好的表面活性以及与其他类型的表面活性剂有良好的复配性能等；同时鉴于甜菜碱型表面活性剂的结构特点，在化妆品、个人洗护用品也有着广大的应用空间：如洗发水、沐浴露、洗面奶等配方。

根据中国洗协表面活性剂专业委员会的不完全数据统计，2014 年国内甜菜碱类表面活性剂产量为 5.6 万 t，销量为 5.4 万 t，较 2013 年的分别同比增长 16.67% 和 24.69%。表 1 为国内主要甜菜碱生产企业 2014 年的产销量统计情况。

表1　2014年国内主要甜菜碱生产企业数据统计

编 号	企业名称	产量/万t	销量/万t
1	上海花王化学有限公司	3800	3600
2	上海麦仑日化有限公司	2000	2000
3	邹平福海生物工程	8900	8000
4	广州星业科技股份有限公司	13000	12000
5	天津先光化工有限公司	260	240
6	广州天赐高新材料	10000	10000
7	浙江赞宇科技	4500	4400
8	四川花语精细化工	5000	4800
9	索尔维（张家港）精细化工	6000	6000
10	其他企业	2850	3000
合 计		56310	54040

数据来源：中国洗协表面活性剂专业委员会，不完全数据统计。江苏万淇生物科技有限公司5000 t规模甜菜碱、山东长盈油脂3000 t甜菜碱产销量未统计。

2014 年国内甜菜碱型表面活性剂生产主要集中在广州星业科技（占比 23.09%）、广州天赐高新材料（占比 17.76%）、邹平福海生物工程（占比 15.81%）、索尔维（张家港）精细化工（占比 10.66%）和四川花语精细化工（占比 8.88%）（图 1 所示）。

国内甜菜碱市场排名前五的分别是广州星业科技（占比 22.21%）、广州天赐高新材料（占比 18.50%）、邹平福海生物工程（占比 14.80%）、索尔维（张家港）精细化工（占比 11.10%）和四川花语精细化工（占比 8.88%）（图 2 所示）。

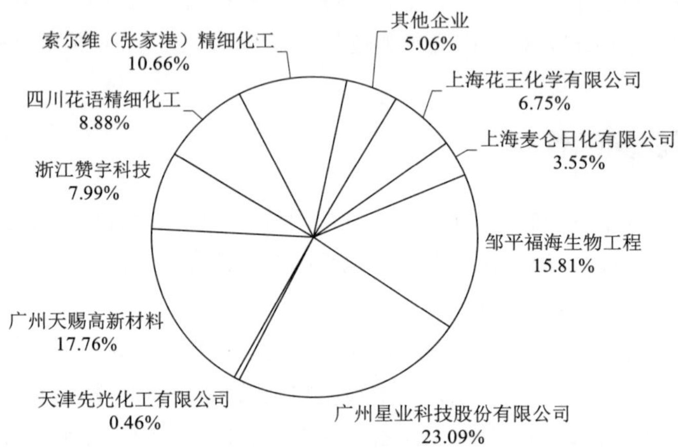

图 1　2014 年国内主要甜菜碱生产企业产量比例统计

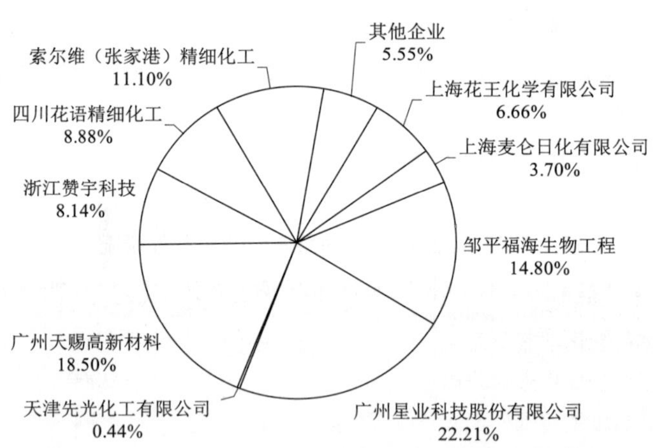

图 2　2014 年国内主要甜菜碱生产企业销量比例统计

2 氨基酸、氧化胺及咪唑啉类

氨基酸表面活性剂仅占全球表面活性剂整体消费量的 0.5% ~ 0.8%，市场容量为 8 万 t 左右，其中用于个人护理品中的约占 25%。初步统计 2014 年全球氨基酸型表面活性剂产量约合 8.5 万 t。国外对于氨基酸型表面活性剂的研究非常积极，不少新的研究成果已经实现商品化。在国内，对氨基酸型表面活性剂的研究起步较晚且技术相对落后，绝大多数氨基酸型表面活性剂依赖于进口，且价格昂贵。据不完全统计，2014 年国内该系列产品市场容量在 6000 ~ 7000 t，其中 65% 以上依赖进口，本土产量不足 2500 t。

氧化胺易溶于水和极性有机溶剂，是一种弱阳离子型两性表面活性剂，水溶液在酸性条件中呈阳离子性，在碱性条件中呈非离子性。具有良好的增稠和抗静电、柔软、增泡、稳泡和去污性能；还具有杀菌、钙皂分散能力，且生物降解性好，属环保型日化产品。

氧化胺的性质温和、刺激性低，可有效地降低洗涤剂中的阴离子表面活性剂的刺激性，其中十八烷氧化胺主要用于洗发香波，使头发更为柔顺，易于梳理，富有光泽；还应用于餐具、盥洗室、建筑外墙等硬表面清洗剂中赋予产品以增稠、减少刺激和增效作用。它与传统的增稠剂烷醇酰胺（6501）相比，具有用量省、效率高、润湿性好、去垢力强的特点。还可赋予被洗涤物良好的手感和柔软性能。

十二烷基二甲基氧化胺则主要用于各类透明液体洗涤液，如餐具洗涤剂，浴洗露等配方中作为增泡、稳泡剂，能改善增稠剂的相容性和产品的整体稳定性。氧化铵还可用于纺织印染行业作为抗静电剂、真丝浸泡剂、后整理助剂的配方成分。

目前国内每年消耗氧化胺的量在 1.2 万 ~ 1.5 万 t。不完全统计，2014 年国内氧化胺产量约合 1.65 万 t，市场需求表现积极。

咪唑啉型两性表面活性剂是近几十年开发的一类性能优异的表面活性剂，其分子中同时含有阴、阳两种离子基，是改良型和平衡型的两性表面活性剂。其性质温和，有良好的去污、起泡和乳化性能，尤其以极低的毒性，对皮肤和眼睛的刺激性极小，发泡性很好，优异的乳化性能以及良好的生物降解性，在日用化工、纺织、印染等方面有着十分广阔的应用前景，广泛应用于婴儿用香波和低刺激性香波中，也用于化妆品和清洁剂生产中，还可以用作纤维的柔软剂和抗静电剂等方面。

目前国内咪唑啉生产均为小规模企业，最大规模也不过 500 t 规模级，国内市场容量近几年维持在 2000 t 左右。

表2　2014年氧化胺类、氨基酸型及咪唑啉等表面活性剂产销数据统计

编 号	企业名称	产量/万t	销量/万t
1	重庆海帆生化科技有限公司	650	600
2	上海建鸿实业有限公司	100	110
3	福建科宏生物工程有限公司	180	150
4	上海麦仑日化有限公司	400	400
5	广州星业科技股份有限公司	3300	3100
6	四川花语精细化工	10000	10000
7	广州壹凡化工有限公司	1200	1100
8	邹平福海生物工程	2300	1800
9	天津浩元华工	200	190
10	广州天赐高新材料	2400	2400

续表

编号	企业名称	产量/万t	销量/万t
11	上海明圣洗涤	800	760
12	其他企业	1400	1400
合计		22930	22010

数据来源：表面活性剂和洗涤剂行业生产力促进中心。其中氧化胺类占60%左右。

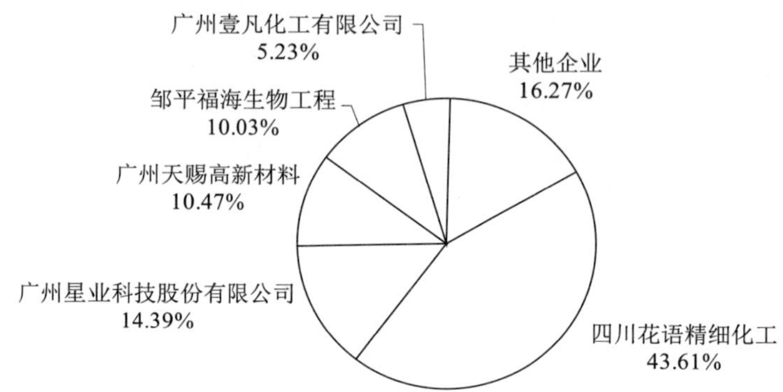

图 3　2014 年国内氧化胺类、氨基酸型等表面活性剂企业产量统计

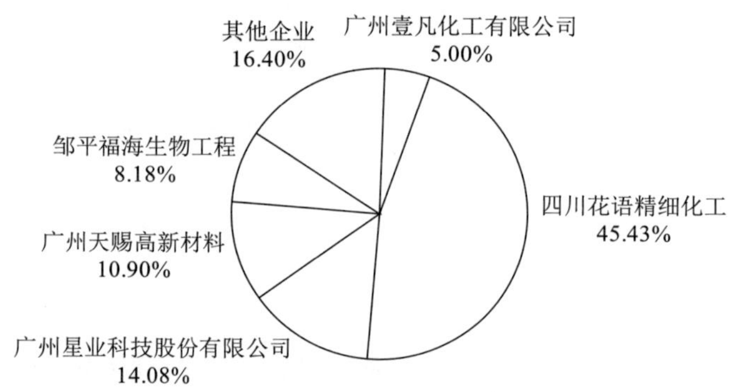

图 4　2014 年国内氧化胺类、氨基酸型等表面活性剂企业销量统计

3 海关数据统计

2014 年国内其他类型表面活性剂总计进口量为 6766 t，较 2013 年的 6357 t 同比增长 6.43%，总计出口量为 5.59 万 t，较 2013 年的 5.20 万 t 同比增长 7.5%，当年净出口量为 4.9 万 t。

图 5 ~ 图 7 为 2014 年国内其他类型表面活性剂的月度进口数据统计，每月平均进口不到 1000 t，其中 1 月、4 月和 6 月进口量较大，分别为 960 t（同比 47.1%）、746 t（同比 72.2%）和 639 t（同比 2.5%）。月度进口均价维持在 2700 美元 /t，其中 4 月、9 月和 11 月进口均价均超过 3000 美元 /t。

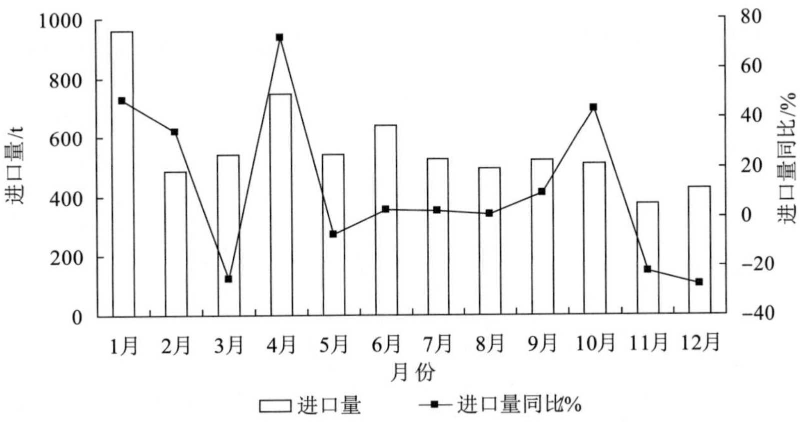

图5　2014年1—12月国内其他类型离子表面活性剂月度进口量

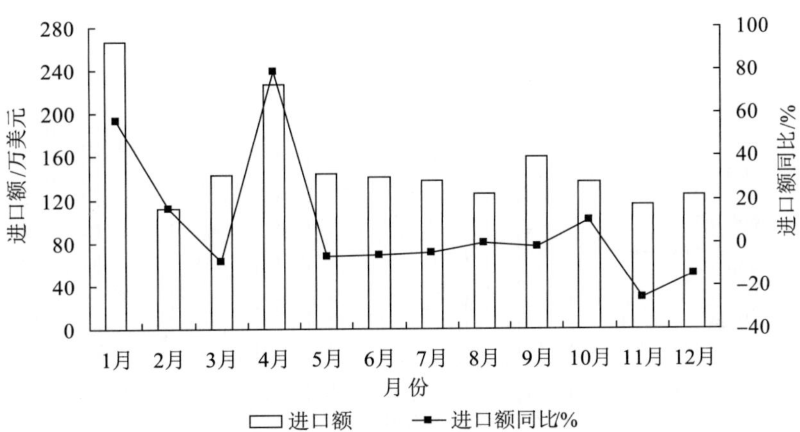

图6　2014年1—12月国内其他类型离子表面活性剂月度进口额

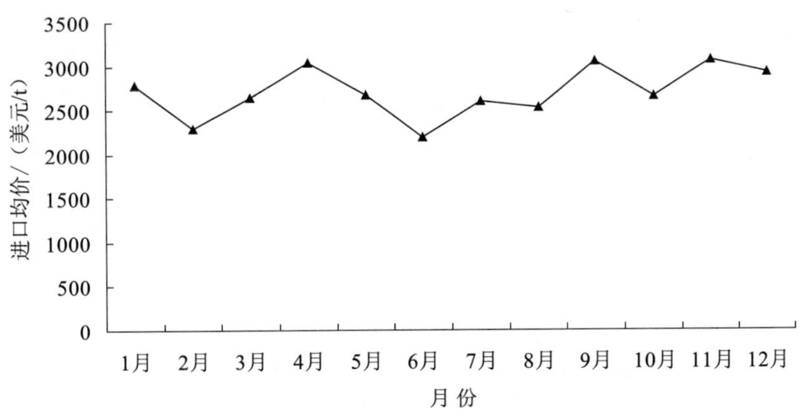

图7　2014年1—12月国内其他类型离子表面活性剂月度进口均价

图8～图10为2014年1月—12月国内其他类型表面活性剂的月度出口情况统计。其中1月、3月和4月出口量较大，均超过5200 t，较2013年分别同比增长16.1%、15.0%和12.0%。

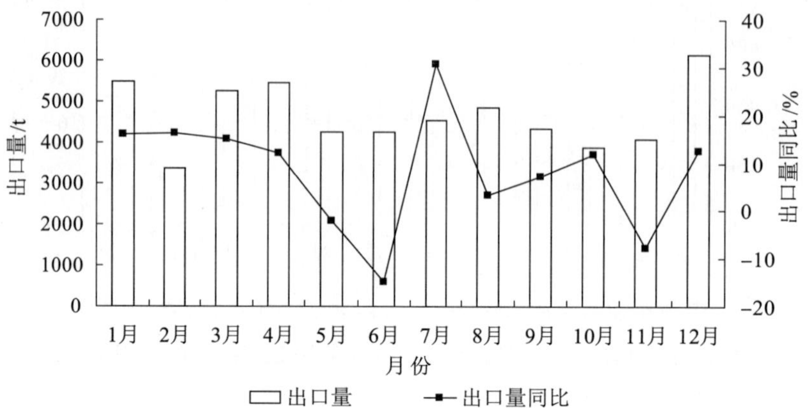

图8　2014年1—12月国内其他类型离子表面活性剂月度出口量

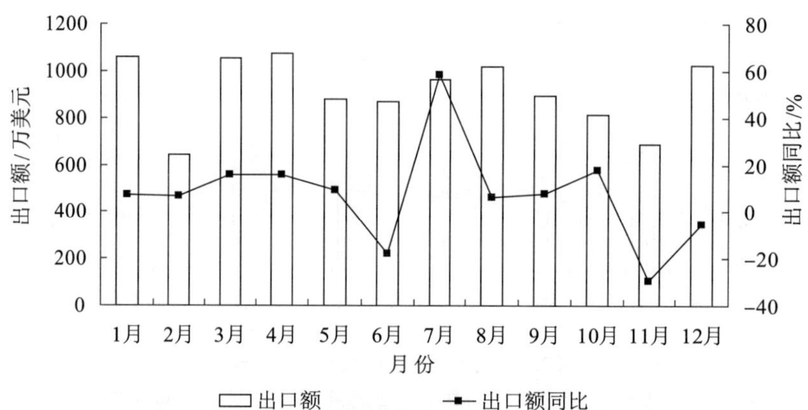

图9　2014年1—12月国内其他类型离子表面活性剂月度出口额

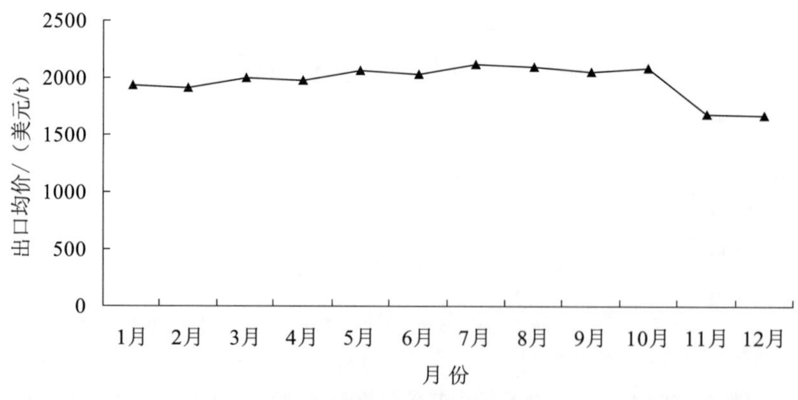

图10　2014年1—12月国内其他类型离子表面活性剂月度出口均价走势

2014年国内其他类型表面活性剂进口来源国或地区主要集中在韩国（1130 t）、印度尼西亚（1070 t）、泰国（845 t）、新加坡（809 t）和日本（750 t），较2013年分别同比增长246.5%、25.7%、9.2%、22.7%和45.9%，占当年进口总量的16.75%、15.86%、12.53%、11.99%和11.11%。

与进口相比，2014年国内其他类型表面活性剂出口目的国或地区主要集中在英国（15672 t，同比增长26.0%）、日本（7591 t，同比增长11.0%）、中国香港（3528 t，同比增长30.1%）、美国（3011 t，同比增长–19.4%）和菲律宾（2895 t，同比增长770.7%），分别占当年出口总量的31.58%、15.30%、7.11%、6.07%和5.83%。

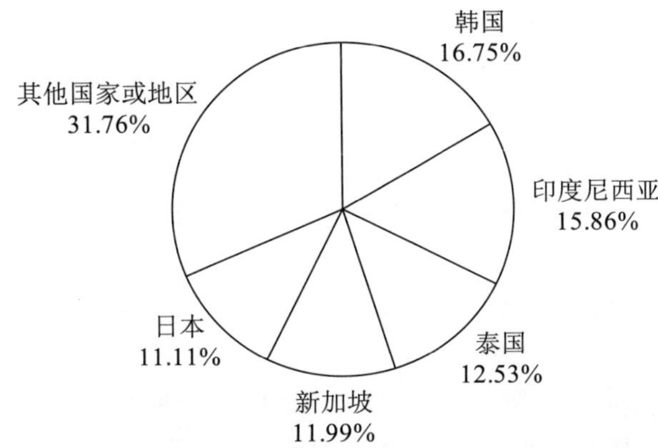

图11　2014年国内其他类型表面活性剂的进口来源国数据统计

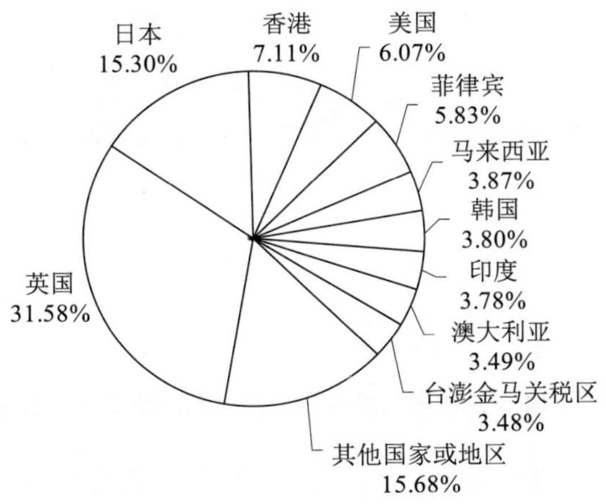

图12　2014年国内其他类型表面活性剂的出口目的国数据统计

2014 年国内其他类型表面活性剂进口主要集中在上海市（同比增长 −17.9%）和广东省（同比增长 13.1%），总进口量为 4633 t，占当年总进口量约合 68.5%（图 13 所示）。

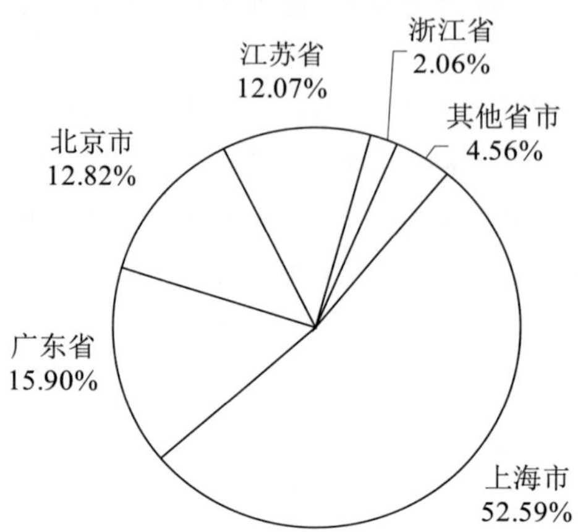

图 13　2014 年国内其他类型表面活性剂的进口省市数据统计

与进口相比，出口量较大的省市有江苏省（29113 t，同比增长 10.7%）、上海市（7908 t，同比增长 28.3%）、安徽省（7307 t，同比增长 −20.2%）、广东省（5411 t，同比增长 13.1%）、浙江省（2602 t，同比增长 12.1%）和河南省（1015 t，同比增长 64.4%）。其中江苏省、上海市和安徽省出口量合计比例超过 79.2%（图 14 所示）。

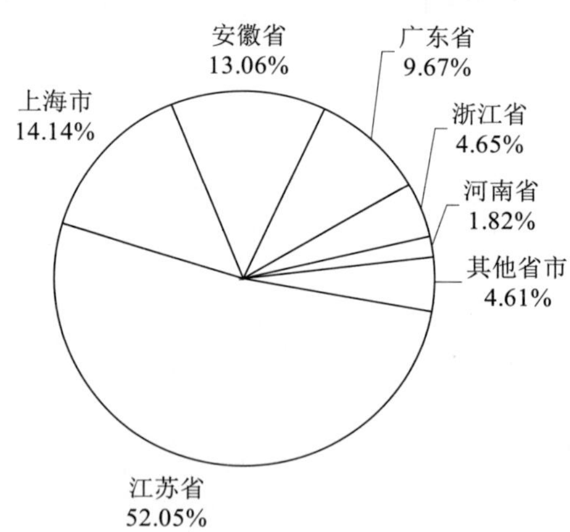

图 14　2014 年国内其他类型表面活性剂的出口省市数据统计

上海作为国内表面活性剂重要进出口海关，2014 年其他类型表面活性剂进口量达到 4075 t，占国内所有海关总进口量的 60.27%（图 15 所示）。相比较，国内出口海关主要集中在南京海关（同比增长 21.3%）、上海海关（同比增长 −4.9%）、黄埔海关（同比增长 17.0%）、天津海关（同比增长 9.2%）、宁波海关（同比增长 14.4%）和拱北海关（同比增长 25.8%），其中南京海关和上海海关出口总计超过 4.65 万 t，占总出口量的 83.15%（图 16 所示）。

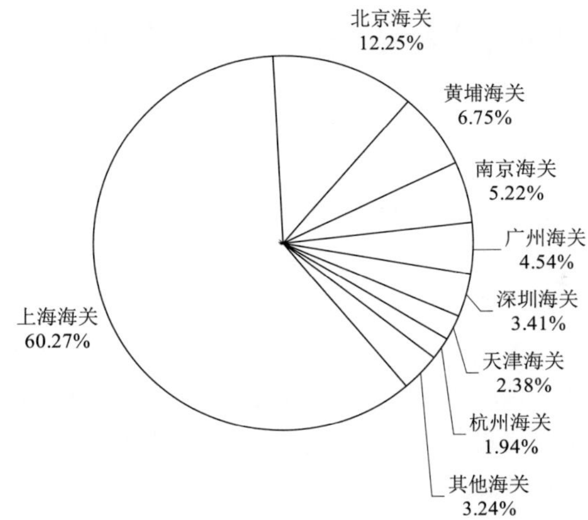

图 15　2014 年国内其他类型表面活性剂进口海关贸易统计

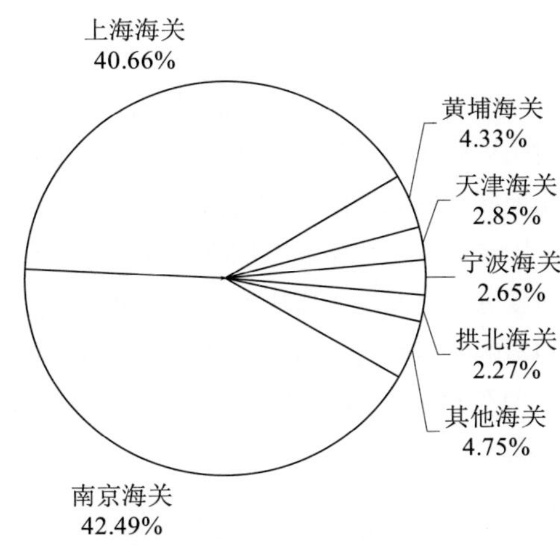

图 16　2014 年国内其他类型表面活性剂出口海关贸易统计

4 小结

包括氨基酸型、甜菜碱型、咪唑啉型和氧化胺等在内的两性及特种表面活性剂目前处于市场拓展阶段，下游行业对产品的认知和接受还存在疑虑。国内企业为解决产品销售瓶颈，只能通过出口来提高市场销售竞争力，诸如欧盟英国和日本等发达国家在该系列表面活性剂需求方面表现比较积极，成为国内企业国外市场主要发展对象。

2014 年中国减水剂大单体生产与市场

随着乙氧基化技术日益成熟，以及聚羧酸高效减水剂市场的膨胀，2014 年成为减水剂大单体发展最快的一年，在国内外经济呈现萎缩下行的背景下，国内聚醚大单体项目建设并没有放慢，相反，产能扩张日益严重，拒不完全统计，2014 年国内主要地区聚醚大单体新增产能超过 70 万 t，较 2013 年的 20 万 t 同比增长了 250%，而且 2015 年行业势头预期没有减慢的兆头，整体行业显现很不理性的一面，盲目项目建设给国内减水剂大单体行业带来潜在的巨大危险。实现大单体生产供应和市场需求直接的平衡关系，成为行业可持续发展的主要方向，大单体行业由于行业应用集中度较高，行业市场风险因素较多，危险指数较高，企业在项目建设和布局方面要慎重考虑。

1 生产与市场

国内大单体生产基本均采用乙氧基化技术，装置技术来源分为国产和进口两种，国产主要以 Press 结构成熟工艺国产化改进，部分企业已经开始引进 Press 第五代乙氧基化技术。

截止到 2014 年年底，国内大单体生产企业数量已经超过 80 家，总产能超过 240 万 t，主要集中在华东地区、东北地区、华北地区、华南和西南地区。其中华东和东北地区产能比超过 65%（图 1 所示），受上游原料商品环氧乙烷供应影响，大单体生产地域集中性较强，生产的高度集中和市场的高度分散之间的矛盾成为大单体目前面临的主要问题，部分企业开始通过全国布局提高自己的影响，但市场也给其他企业的市场拓展带来很大压力，企业之间出现不理性的市场竞争。大打价格战成为大单体 2014 年一个突出特点，企业为排挤同地域竞争对手，不惜压缩利润提高市场占有率。

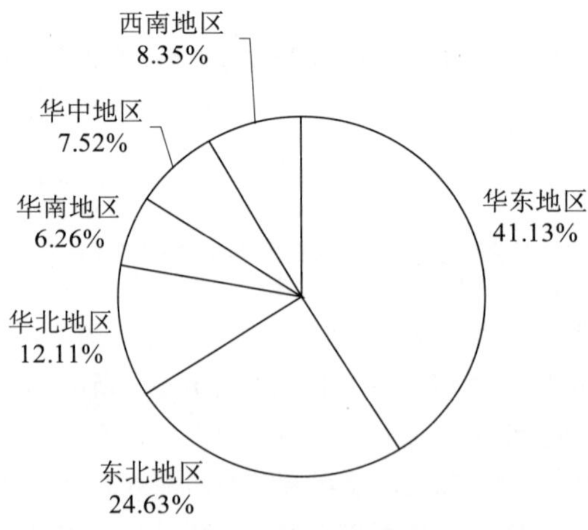

图 1　2014 年国内减水剂大单体生产布局

表 1 给出国内主要减水剂大单体生产企业及产能情况。过去 5 年是中国聚羧酸减水剂大单体快速发展时期。随着市场的饱和和需求的逐步萎缩，传统工艺和产品将面临洗牌，部分企业已经开始着手自身乙氧基化装置改造升级，进行新产品转型发展。

表1　国内主要减水剂单体生产企业及产能情况

省 市	企业名称	产能/万t	投产时间/年
上海市	上海东大化学有限公司	5.5	2012
上海市	上海台界化工有限公司	5.0	2008
上海市	上海抚佳精细化工有限公司	3.0	2007
上海市	上海盛瀛化工有限公司	3.0	2012
浙江省	上虞市宇州化工原料有限公司	1.0	2011
浙江省	浙江皇马化工集团有限公司	15.0	2008
江苏省	亚东石化（扬州）有限公司	3.0	2013
浙江省	湖石化学（嘉兴）有限公司	5.0	2012
上海市	上海石化化工股份有限公司	1.0	2012
江苏省	江苏海安石油化工厂	3.0	2009
江苏省	南京扬子奥克化学有限公司	4.0	2010
江苏省	三江化工有限公司	20.0	2014
江苏省	奥克化学（扬州）有限公司	30.0	2014
吉林省	吉林市北方荟丰工贸有限公司	3.0	2011
吉林省	吉林众鑫化工有限公司	8.0	2010
吉林省	吉林奥克新材料有限公司	4.0	2007
吉林省	吉林石化股份有限公司	3.0	2010
辽宁省	辽宁科隆精细化工股份有限公司（盘锦）	8.0.	2008
辽宁省	辽宁科隆精细化工股份有限公司（辽宁）	3.0	2008
辽宁省	抚顺东科精细化工有限公司	5.0	2011
辽宁省	抚顺佳化化工有限公司	1.0	2010
辽宁省	辽宁新宁化工有限公司	1.0	2011
辽宁省	盘锦富隆化工有限公司	1.0	2011
辽宁省	辽宁奥克化学股份有限公司（辽阳）	8.0	2008
辽宁省	辽阳嘉志化学有限公司	2.0	2011
辽宁省	抚顺市秀霖化工有限公司	3.0	2012
辽宁省	抚顺市禄通化工有限公司	2.0	2014
辽宁省	抚顺市浩源化学有限公司	2.0	2014
辽宁省	辽宁隆益化工	5.0	2014
河北省	邢台市蓝天精细化工有限公司	2.5	2010
河北省	石家庄市海森化工有限公司	1.0	2011
河北省	黄骅市信诺立兴化工有限公司	4.0	2011
河北省	河北国蓬化工有限公司（中冶控股）	2.5	2010

续表

省市	企业名称	产能/万t	投产时间/年
山东省	奥克化学（滕州）有限公司	5.0	2011
山东省	淄博博克化工设备有限公司	1.0	2012
山东省	山东卓星化工有限公司	5.0	2011
山东省	淄博永发化工有限公司	2.0	2011
山东省	联泓化工集团	6.0	2014
广东省	科莱恩化学（中国）有限公司（惠州）	3.0	2014
广东省	广东奥克化学有限公司	5.0	2014
广东省	茂名佳化化学有限公司	5.0	2012
广东省	茂名华粤云龙石化有限公司	2.0	2014
湖北省	奥克化学（武汉）有限公司	12.0	2014
湖北省	湖北凌安科技有限公司	5.0	2014
湖南省	株洲三亿化学建材科技发展有限公司	1.0	2009
四川省	四川石达化学股份有限公司	20.0	2014

数据来源：卓创咨询，表面活性剂和洗涤剂行业生产力促进中心编辑整理。

据不完全统计，2014 年国内减水剂大单体产量约合 120 万 t（平均开工率维持在 50% 左右），其中国内市场消耗约合 90 万 t，出口约合 10 万 t（包括加工减水剂产品的出口），年底产品库存量较大。从市场交易布局来看，受生产企业布局影响，国内大单体产品交易主要集中在华东和东北地区（图 2 所示），两个主要地区市场占有率超过 77%，合计 70 万 t。从市场需求来看，国内大单体下游市场主要集中在华东、华中、华南和东北地区，换算减水剂消耗量约合 440 万 t，主要得益于这些经济较发达地区房地产、铁路建设以及道路基础项目建设的推进。

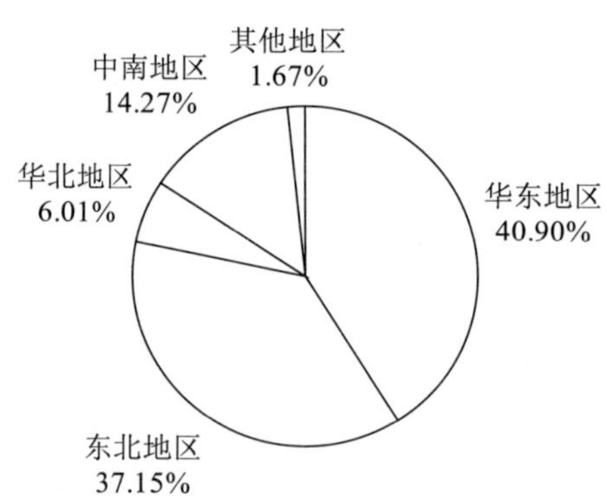

图 2　2014 年国内减水剂大单体市场布局

图 3 为 2013 年和 2014 年 1 月—12 月国内减水剂大单体月度产销量比较图，2014 年，在新项目投产运行推动下，国内大单体生产明显提高，月度产量均高于 2013 年，尤其是 2014 年 4 月—9 月，产量尤为较高，这为 2015 年行业发展带来潜在风险，2014 年年底大单体行业企业库存量较大，库存较 2013 年提高了 300%，市场供求关系日益紧张，行业未来面

临洗牌危险，预计 2015—2018 年大单体行业生产和市场布局将出现较大变化，规模企业将进一步提高自己的市场占有率，中小企业开始停产或者进行新产品的装置改造升级。

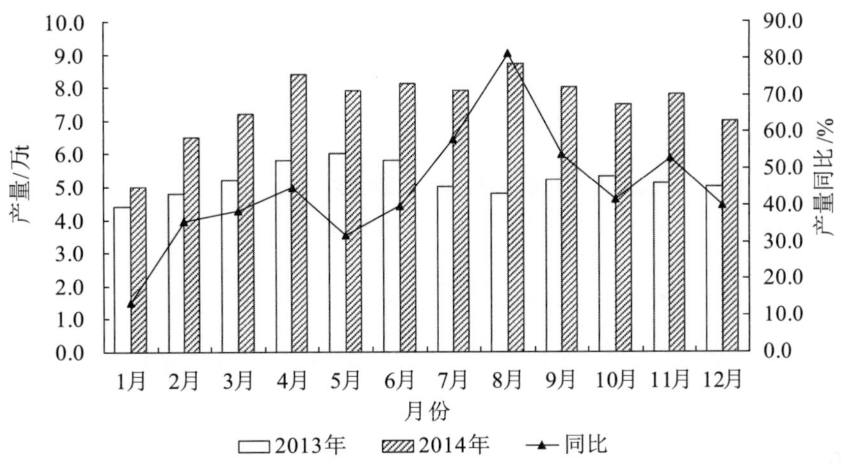

图 3 2013—2014 年国内市场减水剂大单体月度产量统计

2 主要产品及价格走势

目前国内减水剂大单体主要集中在 TPEG（甲基烯丙基聚氧乙烯醚）和 HPEG（异丁烯聚氧乙烯醚），两种主要产品市场占有率超过 92%。2014 年两种主要大单体市场容量达到了 84 万 t。除此之外，还有 MPEG（聚乙二醇单甲醚）和 APEG（烯丙基聚氧乙烯醚）两种，市场占有率约合 8.0%。

2014 年聚醚大单体主要品种产量见表 2 所示，当年 MPEG 产量约合 5.0 万 t，较 2013 年同比增长约合 25%，APEG 产量 5.5 万 t，较 2013 年同比增长 175%，TPEG 产量约合 40.5 万 t，较 2013 年的 26.5 万 t 同比增长 52.8%，HPEG 产量约合 55.0%，较 2013 年的 40 万 t 同比增长 37.5%，其他系列产品产量约合 4.5 万 t。

2014 年国内主要减水剂聚醚大单体产量比重如图 4 ~ 图 5 所示。TPEG 和 HPEG 产量合计比重超过 85%，市场占有率更是超过 90%。

表2 2011—2015年国内聚醚大单体主要品种产量统计 （单位：万t）

聚醚品种	2011年	2012年	2013年	2014年	2015年*
MPEG	14.5	2.0	4.0	5.0	9.0
APEG	9.5	3.0	2.0	5.5	5.0
TPEG	16.5	16.0	26.5	40.5	43.5
HPEG	19.0	24.5	40.0	55.0	57.5
其他系列	1.5	3.5	6.5	4.5	8.0

数据来源：表面活性剂和洗涤剂行业生产力促进中心。*为预测数值。

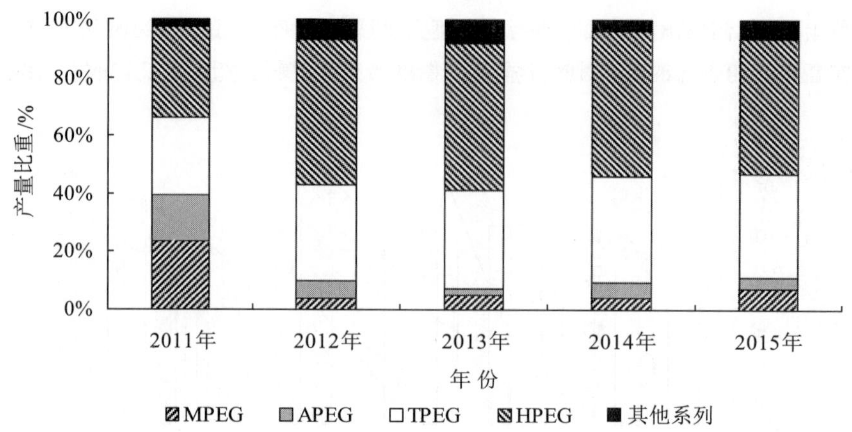

图 4　2011—2015 年国内主要聚醚大单体产量比重统计

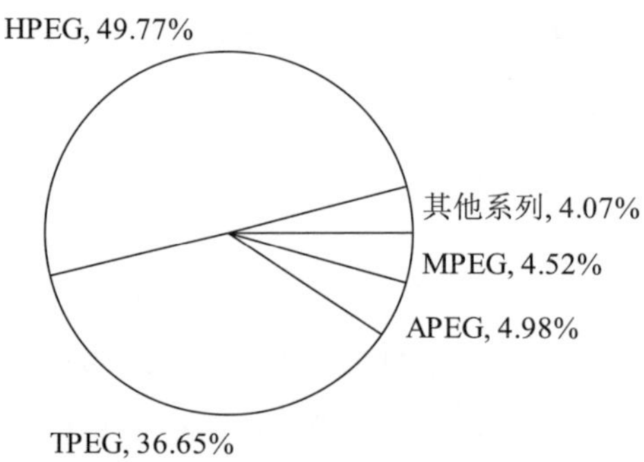

图 5　2014 年主要大单体产量比重统计

图 6 为 2014 年 1 月—12 月国内主要减水剂大单体产品价格走势。1 月—11 月，主要产品价格呈现较小幅度的下跌趋势，TPEG 基本维持 13700 元 /t，HPEG 基本维持 13200 元 /t。2014 年 12 月，单体价格跟随原料一并下滑，当月商品 EO 下滑 20%，单体紧跟其后，市场出现断崖式下跌，华东地区聚羧酸性减水剂单体 TPEG 交易价在 9500 ~ 9600 元 /t，均价环比下跌 8%；HPEG 交易价在 9200 ~ 9300 元 /t，均价环比下跌 8%，较 2013 年同期细化 22%。

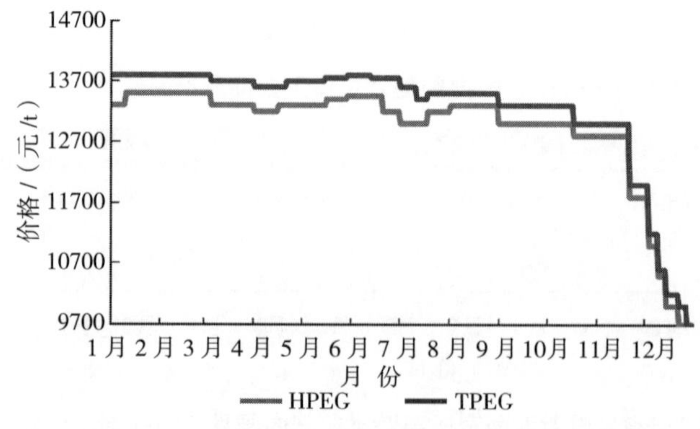

图 6　2014 年国内主要减水剂大单体价格走势

2014年大单体价格出现大幅度下跌另外一个原因就是，企业为消化年底库存，实现资金回笼，提高市场竞争力，通过大肆压价低利润或者亏损销售。

3 发展趋势

2014年是中国大单体发展最快的一年，也是行业面临洗牌的最初之年，在国内外经济下行和主要混凝土产业放慢的影响下，大单体企业已经感受到艰难日子开始逼近，包括东北和华东地区在内的一些传统大单体企业已经开始长远考虑，积极推进单体以外的新产品的开发。

目前行业面临最大的问题是单体产能过剩、企业项目建设布局比较混乱，实现单体及聚羧酸减水剂行业的可持续发展，必须利用自身的技术优势，保障旧产品生产和新产品开发产业化同步进行，实现装置的多元化产品利用率，降低单一产品市场风险。

未来解决国内减水剂大单体供求主要矛盾措施，就是扩大单体及其减水剂产品的出口力度，第二实现规模产业整合，提高企业国际竞争力。

2014 年中国主要助剂生产与市场

随着功能性洗涤产品的不断开发及使用，助剂类产品市场也逐步活跃起来，助剂类型也变得多样化，按照功能来分，洗涤助剂主要分为以下几种：

（1）增溶剂　增溶剂的作用主要是提高洗涤剂的溶解性和提高各配伍组分的相溶性。使用增溶剂对于产品配制和使用都是相当重要的。常用增溶剂或助溶组分是烷基苯磺酸钠，此外还广泛使用低分子醇和尿素。像预去斑剂等依据增溶原理达到清洗重垢污斑的产品，增溶剂的作用和原料选择更为重要。

（2）增泡剂　大部分液体洗涤剂对泡沫有一定要求，如洗发香波和皮肤清洁剂都要求有丰富和细腻的泡沫，对泡沫的稳定性也有较高要求。因为作为洗涤剂，泡沫起携污作用，也对漂洗过程起指示作用；作为洗发香波和沐浴液，丰富而稳定的泡沫使洗涤过程具有艺术魅力，成为一种享受。在选择主表面活性剂和添加剂时应综合考虑增泡和稳泡效果。在表面活性剂中，烷基醇酰胺被广泛用作稳泡剂。一些极性有机物如高碳醇也可作稳泡剂。水溶性高分子化合物不但稳泡、增泡，还可作增稠剂，对头发、皮肤有较好的调理作用。

（3）增稠剂　在制造家用液体洗涤剂时，一般都要求产品具有一定的稠度或黏度，即能增加感官效果又能方便使用。对于有效物含量低的洗涤剂产品，保持产品有足够的黏度更为重要。对于垂直表面和光滑表面使用的液体洗涤剂，产品的黏度尤其重要。因此，在确定对产品黏度有一定要求的洗涤剂配方时，表面活性剂应首先选用非离子表面活性剂，因为这类表面活性剂能赋予产品较高的黏度。为了增加黏度，务必要添加一些高分子水溶性物质、天然树脂和合成树脂、聚乙二醇酯类、长链脂肪酸等物质。在液体洗涤剂中加入 1% ~ 4% 无机电解质（如氯化钠或氯化铵）可显著地提高产品的黏度。

（4）调理剂　调理剂的作用是使产品增加调理功能，使产品上档次，增加附加值。在个人卫生用产品中如调理性洗发香波，调理剂可使头发梳理性好、柔软光亮。在衣用洗涤剂产品中，调理剂主要使纤维柔软蓬松、抗静电。在设计配方时，主要考虑选用具有调理作用的表面活性剂，如氧化胺、两性表面活性剂、长链阳离子表面活性剂、氧化叔胺羊毛脂衍生物等。

（5）乳化剂　在制备乳状液体洗涤剂产品时，必须加入乳化剂。一般来说，乳化剂是由多种表面活性剂、极性有机物和其他高分子化合物组面的亲水亲油体系。

（6）柔软剂　在织物液体洗涤剂产品中，柔软剂的比重很大，作用也相当重要，它可以赋予织物膨松、柔软、手感好并且抗静电。对于调理型洗发香波和护发素，柔软剂的作用主要是改善头发的梳理性、抗静电性等。常用的柔软剂主要是阳离子表面活性剂和两性离子表面活性剂，尤其是季铵盐类阳离子表面活性剂。对于以阴离子表面活性剂为主的产品，可以加入两性离子表面活性剂和高分子类阳离子表面活性剂，同样有柔软作用。不过，大部分柔软剂是单独制成功能性产品使用，称为护发素、织物调理 剂或漂清剂等。

（7）溶剂　在制备液体洗涤剂、干洗剂和预去斑剂时，需要使用溶剂。液体洗涤剂大部分以水作溶剂，干洗剂、预去斑剂等要使用有机溶剂配合洗涤，除低分子烷烃及其衍生物外，经常使用乙醇、异丙醇、丙酮等有机溶剂。就水而言，水质的好坏直接影响产品的质量和生产的成败。

（8）螯合剂　螯合剂的作用是与硬金属离子结合，生面可溶性络合物，在洗涤过程中，首先表现为能使硬水软化，即螯合剂先于洗涤成分与水中的金属离子螯合，使水软化。在洗涤过程中不但节省洗涤活性物，还避免在织物上留下污垢沉淀物，使被洗物保持鲜艳色彩。合成洗涤剂中最常用也是性能最好的螯合剂是三聚磷酸钠。但是，在液体洗涤中三聚磷酸钠较难加入，因为在一般情况下三聚磷酸钠在液体洗涤剂中会使产品变得浑浊以致分层。因此，液体洗涤剂中常用柠檬酸和酒石酸螯合铁离子，用硅酸钠与碳酸钠配合螯合镁离子。现代洗涤剂中广泛使用有机螯合剂：羧甲基丙醇二酸钠（SCMT）、次氨基三乙酸钠（NTA）、乙二胺四乙酸二钠（EDTA-2Na）。其中最常用和最有效的是EDTA-2Na。它在溶液中能与金属离子形成一个牢固的环状结构，使金属离子被牢固地束缚。此外它还能使溶液提高透明度，并有一定的杀菌能力，使液体洗涤剂手感舒适。在香皂中它还是抗氧化剂，在香波中起稳定剂作用。

（9）缓冲剂　缓冲剂也称pH调节剂，主要是用于调节洗涤剂的酸碱度，使pH在所设计的范围内，满足产品或组成物的特定需要。pH调节剂一般都在产品配制后期使用。常用的品种有：各种磺酸、柠檬酸、酒石酸、磷酸、硼酸钠、碳酸氢钠、磷酸二氢钠等。

（10）珠光剂　珠光剂可使产品产生一种珍珠光泽，使产品得到更加漂亮的外观。过去常用一些天然珠光原料，如贝壳粉、云母粉、天然胶等。还可以添加下外助剂，达到遮光的目 的，产生珠光效果。它们是硬脂酸的金属盐（钙、镁、锌盐类）、丙二醇硬脂酸酯、甘油硬脂酸酯等。现代珠光液体洗涤剂产品更喜欢选用乙二醇硬脂酸酯作为珠光剂。

（11）杀菌剂　在许多洗涤剂产品中必须使用杀菌剂，以防止和抑制细菌的生长，保证产品在保质期内不至于腐败变质。凡是易受细菌破坏的产品均应使用杀菌剂。应选用无毒、无刺激、色浅价廉以及配伍性好的杀菌防腐剂。常用的杀菌剂有：对羟基苯甲酸酯类（俗称尼泊金酯），常用的是其甲酯、丙 酯、丁酯等；季铵盐类表面活性剂；邻苯基苯酚；咪唑烷基脲。某些香料也具有防腐性。有机酸如安息香酸及其盐类、苯甲酸及盐类、水杨酸、石炭酸等也是杀菌剂。

（12）消毒剂　在餐具洗涤和衣用液体洗涤剂中都要求具有消毒功能，目前大量使用仍然是含氯消毒剂，如次氯酸钠、次氯酸钙、氯化磷酸三钠、二氯异氰尿酸及其盐类。未来将向非氯系列消毒剂发展。有些酸性消毒洗涤剂选用阳离子表面活性剂。手术消毒洗手剂还使用洗必太来消毒。

（13）除臭剂　除臭剂用在清洗厕所等有异味的场合，根据用途和产品档次选择不同的除臭方法及配合的除臭剂。最简单的方法就是赋香掩盖除臭，即在洗涤剂中加入适当的香精，使用后靠留香掩盖臭味。使用最多也是最有效的是化学除臭法，如洗涤剂中加铁盐可以除去便池中的硫化氢臭气；一些碱性或酸性制剂、氧化剂、还原剂等与臭气反应，即可达到除臭目的。利用马来酸酯与臭氧缩合也可除臭。有些洗涤剂采用物理方法实现除臭，如加入吸附剂、吸收剂进行除臭。上面介绍的消毒杀菌剂实际上也可以实现除臭目的。

（14）漂白剂　对于织物及其他重垢物品洗涤，去污效果是至关重要的，加入漂白剂是一种有效的方法。漂白剂组分在洗涤过程中不但可以去除重垢污斑，还可以使洗过的衣物洁白、鲜艳。常用的漂白剂有过氧化盐类，如过硼酸钠、过碳酸钠、过碳酸钾、过焦磷酸钠等。当用热水洗涤时，过氧化盐分解，放出活性氧，使污斑氧化便于去除，同时对织物进行了漂白。在含有过氧化物漂白剂的洗涤剂中，应同时加入少量稳定剂，如硅酸镁、乙二胺四乙酸 二钠、硅酸钠及磷酸盐类。这种稳定剂可以减缓漂白剂的分解速度，不损伤织物，并保持良好的漂白效果。

（15）紫外线吸收剂　紫外线吸收剂广泛用于护肤产品，它可以防止紫外线对皮肤的伤害。近来在个人卫生用洗涤产品中也有使用紫外线吸收剂，以提高产品的抗紫外线功能并保护皮肤或头发。常用的紫外线吸收剂明二苯甲酮衍生物以及苯并噻唑衍生物。

（16）抗氧化剂　抗氧化剂是以油脂为原料的洗涤剂中使用的助剂。特别是含有不饱和键的化合物，很容易因氧化引起变质，出现酸败，影响产品质量，故必须加入抗氧化剂。抗氧化剂种类很多，常用的是酚类和醌类，选择抗氧化剂应根据油脂性质、制品的物理形态、制品的 pH、用途、贮存期的要求等。最常用的品种有：丁羟基茴香醚、二叔丁基对甲酚、2,5-二叔丁基对苯二酚、没食子酸丙酯等。

（17）抗静电剂　在液体洗涤剂中，往往要加入抗静电剂，以使被洗物件消除静电。凡是可作柔软剂的表面活性剂同样是良好的抗静电剂，如阳离子表面活性剂、两性离子表面活性剂都可作抗静电剂使用。在阴离子表面活性剂中，各种磷酸盐都是良好的抗静电剂。

（18）保湿剂　对于一些具有化妆和滋润作用的个人卫生用液体洗涤剂，需要加入一些保温剂，它可以使皮肤保持一定水分，并与营养物质更好的接触，更好的滋润皮肤。常用的品种有：甘油、丙二醇、山梨醇、聚乙二醇、乳酸钠等。

（19）酶制剂　酶制剂是一种生化制剂，加入洗涤剂中可对相应的污垢进行生化反应，如脂肪酶可使油脂类污垢分解；蛋白酶可使血迹等污垢分解；淀粉酶可分解淀粉类污垢。使用酶制剂洗涤可以缩短洗涤时间，延长织物寿命，有效的提高去污力。在不同类型的洗涤剂中，应根据去除污垢的类型，制剂的 pH 等选择适当的酶制剂，同时考虑酶 制剂的配伍、酶活性和贮存稳定性。采用几种酶制剂复合并与表面活性剂配伍，可显著提高产品的综合去污能力。

（20）摩擦剂　对于部分液体洗涤剂，用于洗涤带有牢固污斑的硬表面（如炉灶、炊具等），必须借助机械摩擦力才能有效地去污。加入摩擦剂可增大洗涤剂与硬表面的机械摩擦力，使污垢更易脱离。常用的摩擦剂有石英砂等非金属矿粉。摩擦剂要有一定的硬度和粒度。新出现的一类摩擦剂是硬质塑料细粉或塑料小球。有时泡沫塑料小球也可作为地毯洗涤剂用摩擦剂。

（21）香精　香精可以通过分子扩散引起人们的快感，闻到香味感到优雅和舒适。在液体洗涤剂中，尤其是洗发香波和沐浴液，对香精的要求相当严格。香精的选择除技术性原则外，经济性非常重要。对于不同档次的洗涤剂可以选择同一香型不同档次的香精。

1 三聚磷酸钠

三聚磷酸钠作为洗涤助剂软化剂成分，2014 年国家继续引导其计划产销量，年计划产量维持在 38.9 万 t 左右，据不完全统计，2014 年国内三聚磷酸钠盐的实际产销量为 36.6 万 t，其中出口量为 16.2 万 t，国内使用比例占 55.7%，年底期末库存为 1.48 万 t。

图 1 ~ 图 2 为 2010—2014 年国内三聚磷酸钠的产销数据统计，2014 年国内三聚磷酸盐产销量分别较 2013 年同比增长 5.2% 和 3.7%，继 2013 年连续第二年出现同比正向增长。

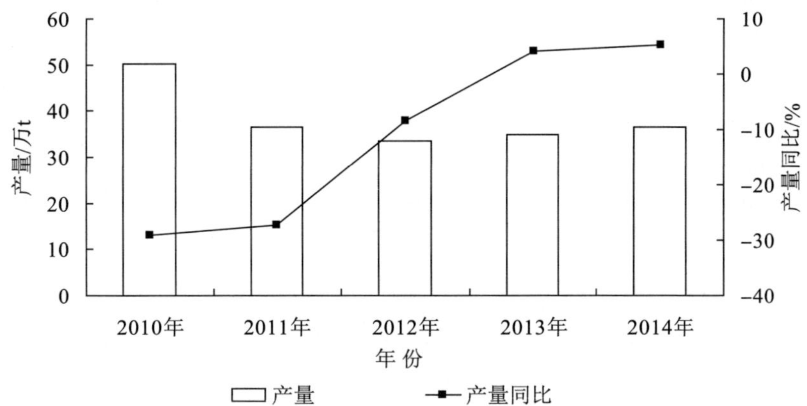

图 1　2010—2014 年国内三聚磷酸钠的产量统计

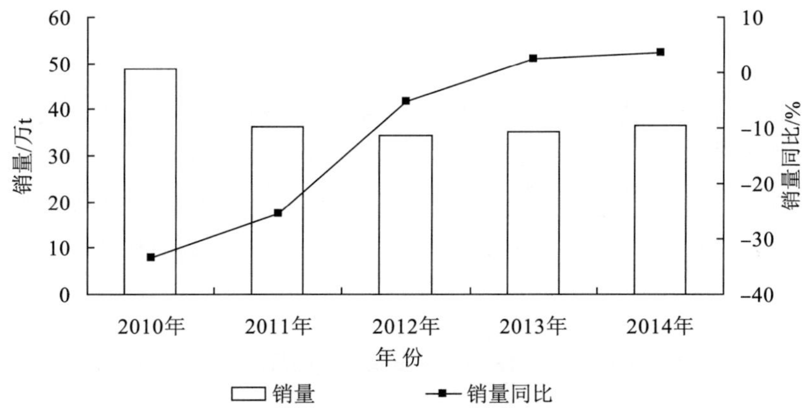

图 2　2010—2014 年国内三聚磷酸钠的销量统计

图 3 ~ 图 6 为 2014 年 1 月—12 月国内三聚磷酸钠月度产销、出口及库存数据统计。其中 3 月份的产、销量数据最大，分别达到了 3.7 万 t 和 3.9 万 t，环比增长 62.1% 和 56.5%，主要因 2014 年春节过后下游洗涤产品行业开工较足，对助剂的需求量也加大。由于国内三聚磷酸钠生产企业集中度较高，生产具有较强的周期性，一般三到四个月为一个周期，且国家对产品生产和销售具有很强的政府监管权利，产品生产和销售规模依据国家计划政策。

出口方面，2014 年三聚磷酸 / 盐出口主要集中在 4 月、5 月和 7 月，出口量分别为 1.62 万 t、1.75 万 t 和 1.70 万 t，分别环比增长 25.71%、7.41% 和 17.32%。期末库存较高的月份集中在 7 月和 12 月，库存量分别为 1.38 万 t 和 1.48 万 t，环比增长 27.34% 和 28.72%。

从出口国或地区来看，2014 年三聚磷酸盐出口目的国或地区主要集中在秘鲁、菲律宾、马来西亚、伊朗和也门，出口量分别为 1.79 万 t、1.75 万 t、1.49 万 t、1.31 万 t 和 1.26 万 t。

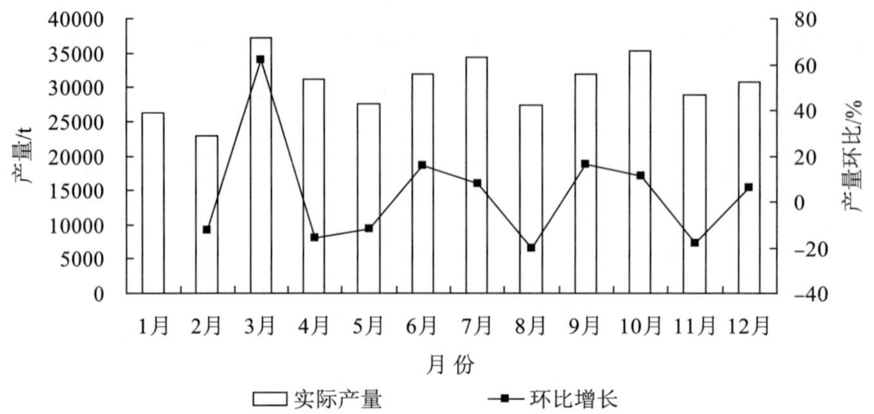

图 3　2014 年 1—12 月国内三聚磷酸钠月度产量数据统计

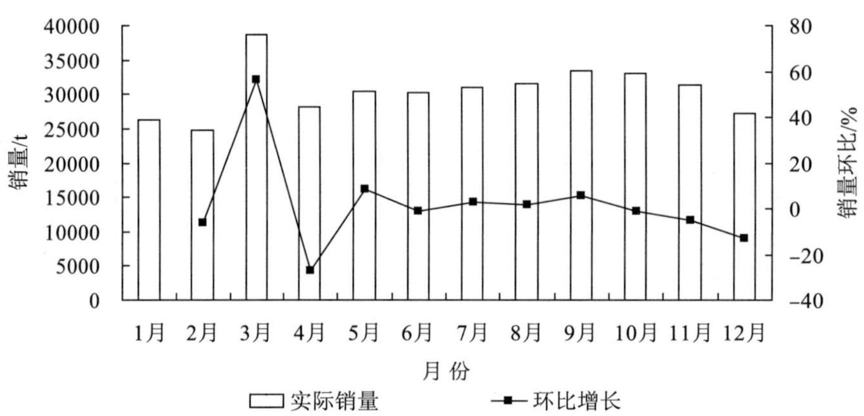

图 4　2014 年 1—12 月国内三聚磷酸钠月度销量数据统计

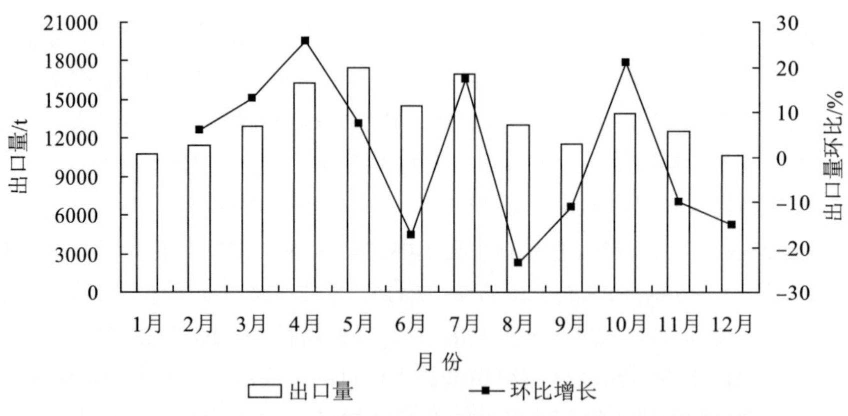

图 5　2014 年 1—12 月国内三聚磷酸钠月度出口量数据统计

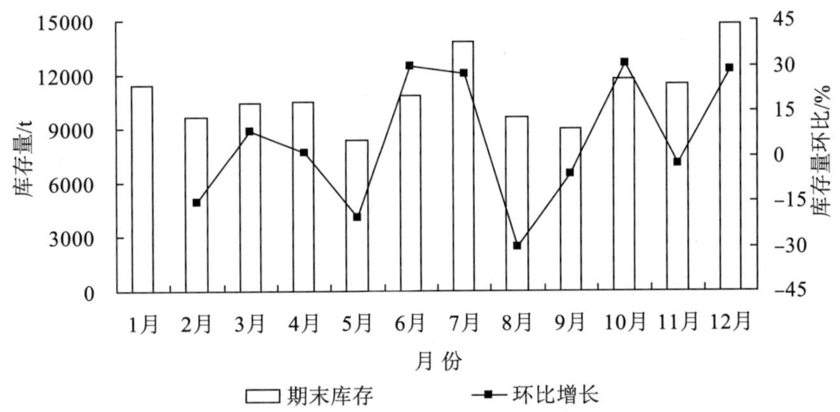

图 6　2014 年 1—12 月国内三聚磷酸钠月度库存量数据统计

2 4A 沸石

4A 沸石是目前替代三聚磷酸盐助剂的主要产品之一，4A 沸石在粉状洗涤产品助剂功能和使用上与含磷助剂不相上下，由于 4A 沸石应用主要集中在合成洗衣粉中，一定程度上限制其市场，所以近几年国内合成洗涤剂规模虽然很大，但并没有推动助剂市场的增长，反而由于洗衣粉在市场占有率逐年下跌，4A 沸石市场开始出现萎缩状态，且产品利润进一步被压缩，行业呈现有量无价的局面，企业的生产积极性严重被打击，下游行业的压价也造成 2014 年沸石行业出现下跌主要原因。

图 7 ~ 图 8 为 2010—2014 年国内 4A 沸石的生产和市场情况统计。2014 年，国内沸石产量和销量分别为 43.27 万 t 和 43.25 万 t，产销基本持平，较 2013 年分别增长 -3.39% 和 -1.86%。2011—2014 年，国内洗涤剂市场规模呈现快速增长态势，但是 4A 沸石助剂市场却没有相应的增长，主要原因是洗涤剂产品的结构发生重大变化，截止到 2014 年年底，国内液体洗涤剂比例已经超过合成洗衣粉量 300 余万吨，液体洗涤剂的快速发展对可溶性助剂需求量每年在增长，诸如洗涤剂用柠檬酸 / 盐市场呈现较快增长。

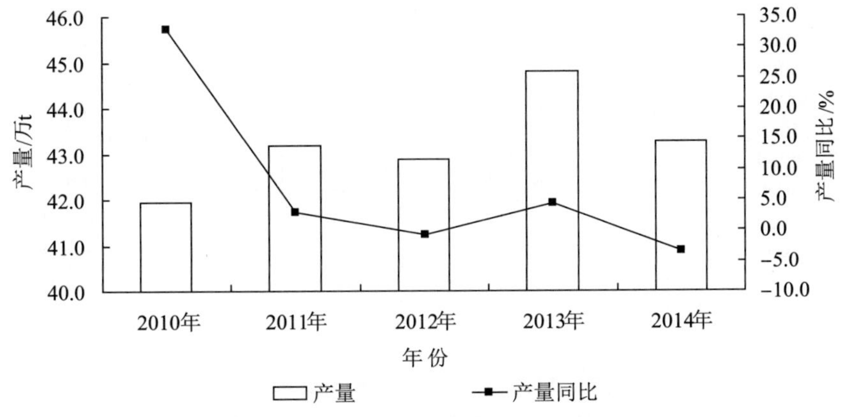

图 7　2010—2014 年国内 4A 沸石产量数据统计

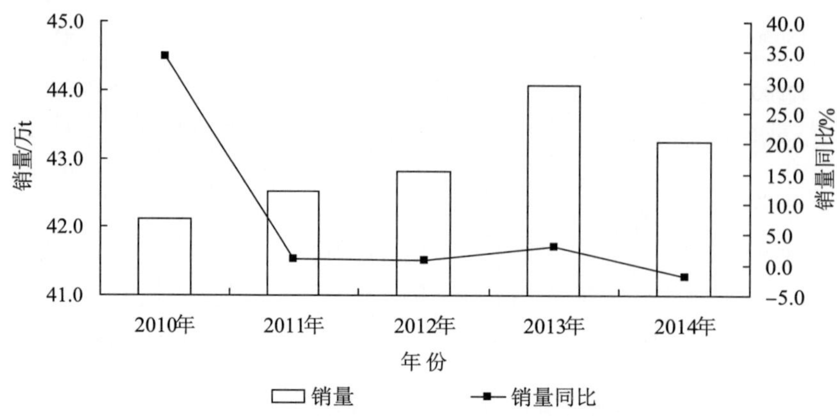

图 8　2010—2014 年国内 4A 沸石销量数据统计

2014 年 1 月—12 月沸石的月度产量比较平稳，基本维持在 3.6 万 t，从数据分析，当年出现负环比增长的月份多达 5 个月，2 月份甚至环比下跌超过 22%。当年沸石累计出口量超过 20.89 万 t，占当年产量的 48.28%（图 9～图 11）。

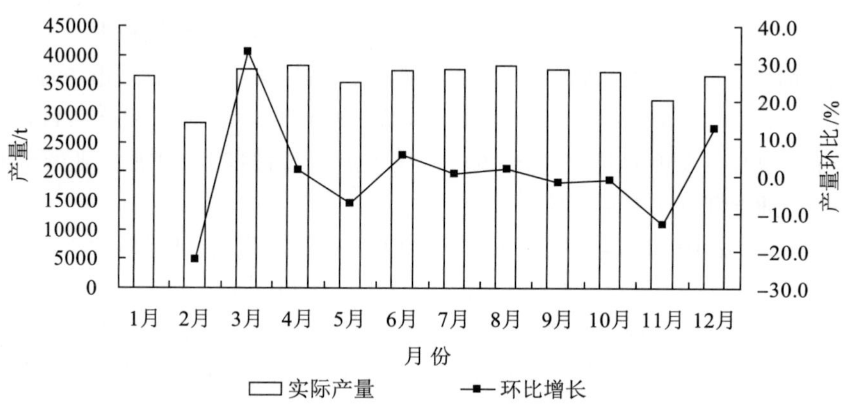

图 9　2014 年 1—12 月国内 4A 沸石月度产量数据统计

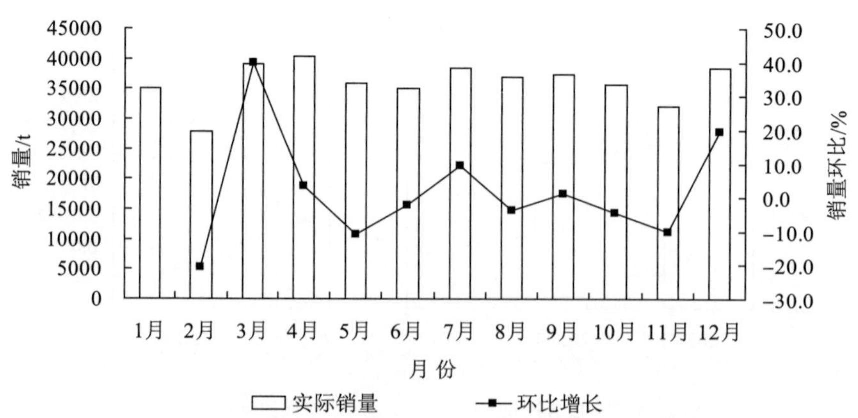

图 10　2014 年 1—12 月国内 4A 沸石月度销量数据统计

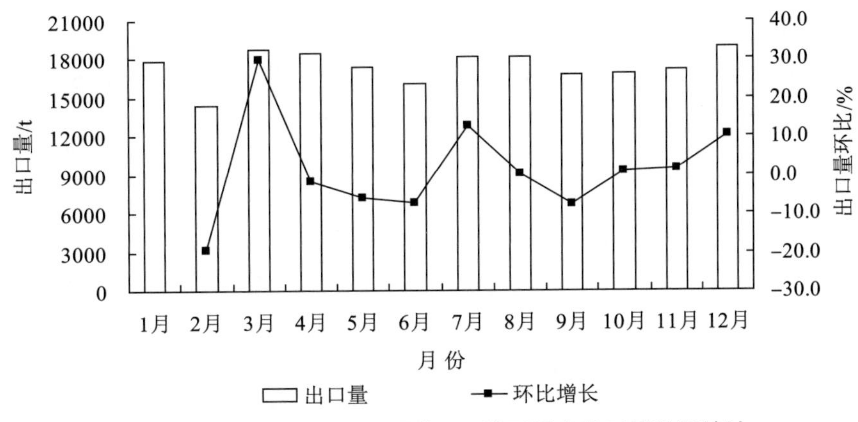

图 11　2014 年 1—12 月国内 4A 沸石月度出口量数据统计

3 香精香料

含香型洗涤剂产品是新时期消费水平高低的重要标准。洗涤剂市场不断扩大带动香精香料市场急速繁荣起来，市场近几年越显活跃。目前国内主要香精香料生产企业约合 850 家，产品种类超过 1600 种，生产和市场具有很强的垄断性和较高的集中度。从地域分布来看，国内香精香料制造企业主要集中在华东地区和华南地区，其中广东、浙江、江苏、四川、上海等省市的发展速度较快，企业数量和销售收入均位居行业前列。据不完全统计，2014 年国内香精香料累计产品产值排名居前五位的地区为上海市（占 17.02%）、广东省（占 16.64%）、江苏省（占 10.33%）、河南省（占 10.05%）和浙江省（8.10%）五个省市（图 12 所示）。

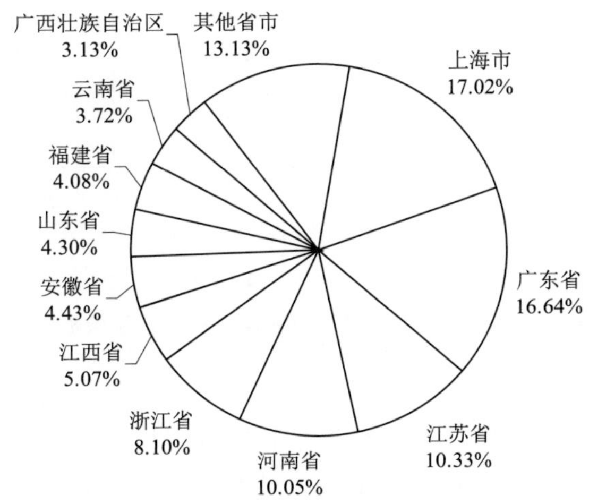

图 12　2014 年国内各省市香精香料总产值比例分析

图 13 ~ 图 14 给出 2009—2014 年国内香精香料生产和销售情况。过去三年香精香料市场连续呈现 5% 以上的增长，2014 年国内主要规模香精香料产量达到 36 万 t，销售额超过 580 亿元，较 2013 年分别同比增长 5.88% 和 7.69%。

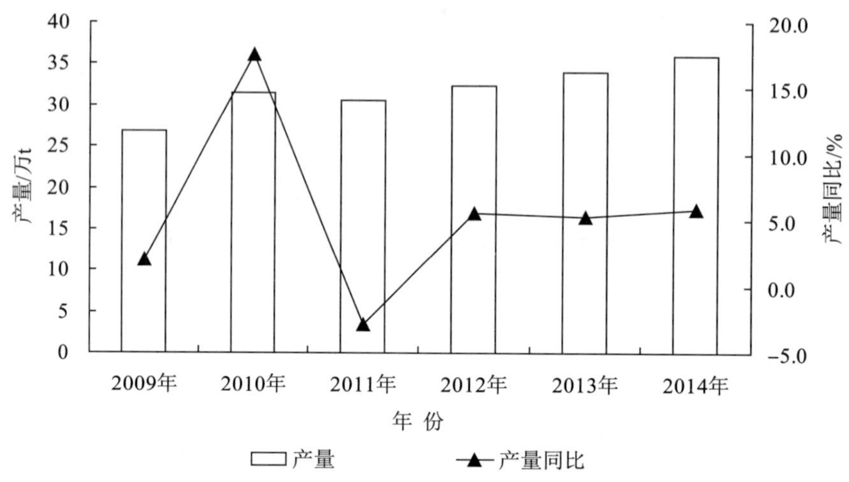

图 13　2009—2014 年国内香精香料产量数据统计

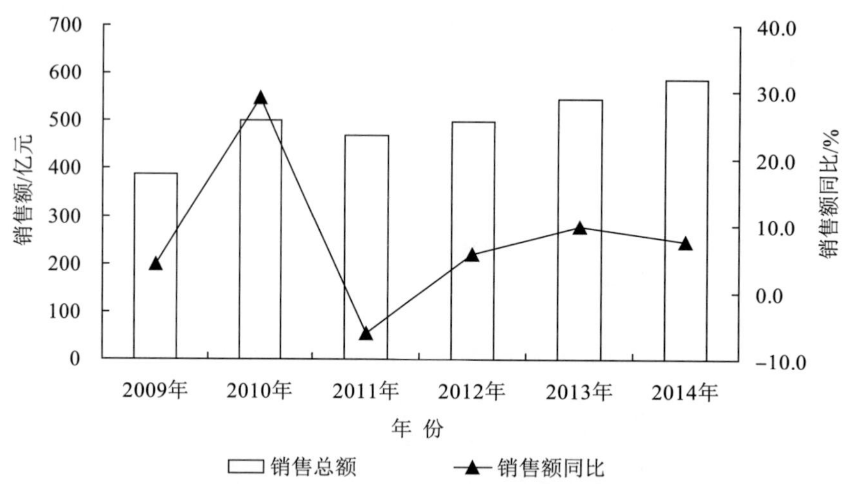

图 14　2009—2014 年国内香精香料销售额数据统计

中国作为全球主要香精香料生产国之一，目前国内日化香精香料产品（HS33079000）还是以出口为主，2014 年国内日用香精香料出口量为 4.93 万 t，较 2013 年同比增长 31.12%，相比之下，当年进口量不到 1 万 t，见图 15 所示。

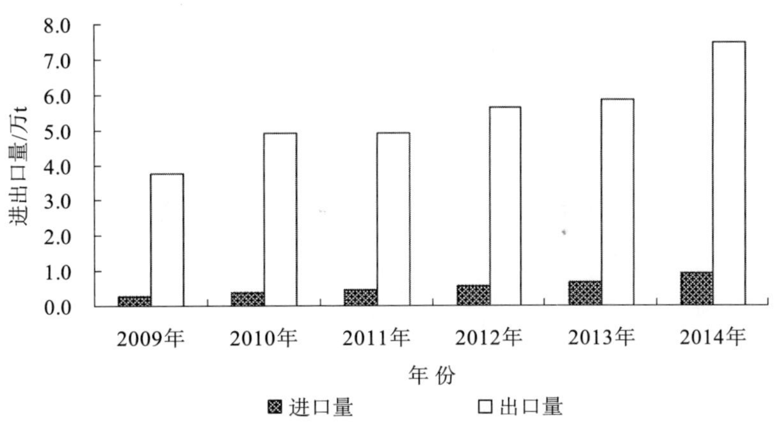

图 15 2009—2014 年国内日化香精香料产品进出口数据统计

4 酶制剂

酶可有效地分解蛋白质、淀粉、脂肪类污垢。因此，在洗涤剂中加入酶可提高去污力，降低表面活性剂及三聚磷酸盐的用量，有利于洗涤剂朝低磷、无磷化的方向发展，以减少环境污染。洗涤剂用酶已占世界酶制剂产量的 1/3。这些酶作为活性生物催化剂，通过水解作用可专一有效地清除纺织物上的顽垢污迹，使衣物洗涤后获得清爽洁净效果；而且酶本身无毒，并能完全被生物降解，对环境无污染。

目前国外已商品化的洗涤剂用酶有：碱性蛋白酶、淀粉酶、碱性纤维素酶、脂肪酶以及它们的复合物。在我国大都使用的是碱性蛋白酶和碱性脂肪酶。

过去的五年，酶技术对洗涤剂有很大的贡献。目前一些适应性地区含酶洗涤剂已经被研究开发出来，反应消耗很好。还有一些特殊作用的酶，如低温用氧化还原酶或是漂白系统用酶，其具有抗染料转移或消毒杀菌的作用。对于酶来说，除了研究应用新的酶以外，如何避免粉尘对人的伤害，适应低温、洗涤稳定性好等仍然是面临的挑战。现在洗涤剂用酶已超过世界酶产量的 40%，开发加酶洗涤剂是当前国际洗涤剂工业发展的一大潮流。

目前，碱性酶作为新型生物添加剂应用于洗涤剂行业的现象已越来越普遍，在西欧、日本和美国等一些发达国家中，加酶洗涤剂占洗涤剂市场的 80% ~ 95%，目前国内加酶洗涤剂所占比例为 25% ~ 30%，市场上的许多高档洗衣粉产品都添加了多种酶。从发展趋势上看，国内加酶洗涤剂逐渐在市场上占主导地位。

一般洗涤剂配方酶制剂的含量在 2.0% ~ 6.0%，其中淀粉酶含量 0.4% ~ 1.0%，蛋白酶 0.4% ~ 2.0%，脂肪酶 0.2% ~ 1.0%，纤维素酶 1.0% ~ 3.0%。洗涤剂酶制剂产值一般占工业酶制剂的 25% 左右，是一种高附加值酶制剂产品。

2014 年国内酶制剂总产量约合 125 万 t，较 2013 年同比增长 13.6%，如图 16 所示，酶制剂过去连续 6 年实现平均 11.5% 年均增长率，根据行业配方比例和使用情况初步统计，2014 年国内洗涤剂用酶量在 15 万 ~ 16 万 t，占当年酶制剂产量的比例为 12% ~ 13.0%，低于全球 17% 平均水平。目前洗涤剂酶制剂使用瓶颈是产品配伍条件对酶活性的影响以及酶制剂的保存环境等，另外国产洗涤酶制剂品种较少，价格较高，洗涤行业对酶制剂的需求和产品的对外依赖较强。

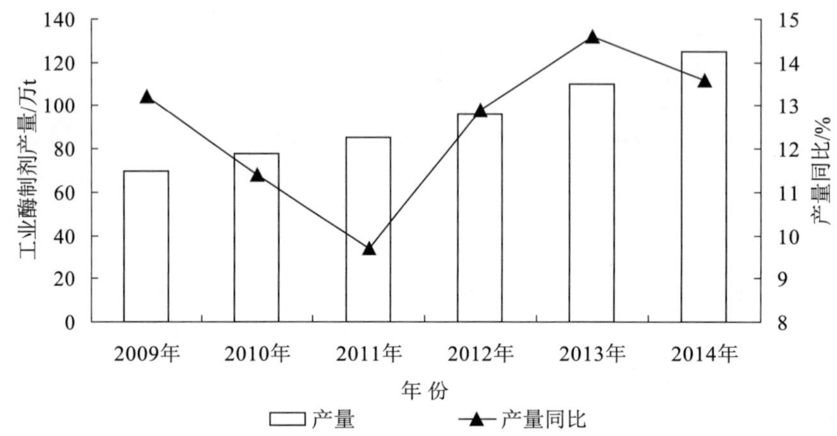

图 16　2009—2014 年国内工业酶制剂生产情况统计

进出口方面，2014 年国内碱性蛋白酶的进出口量分别为 1070 t 和 344 t，较 2013 年同比分别增长 40.24% 和 70.3%，如图 17 所示。相比之下，国内洗涤用碱性脂肪酶的进口量较小，当年进出口分别为 285 t 和 10 t，较 2013 年分别同比增长 –37.64% 和 –9.09%，如图 18 所示。碱性脂肪酶由于价格高，洗涤产品企业在使用时更多的考虑是产品的成本预算，国内酶制剂企业更多的应关注下游行业的诉求，开发洗涤用高附加值和低成本的酶制剂产品，以求得行业的可持续和健康发展。

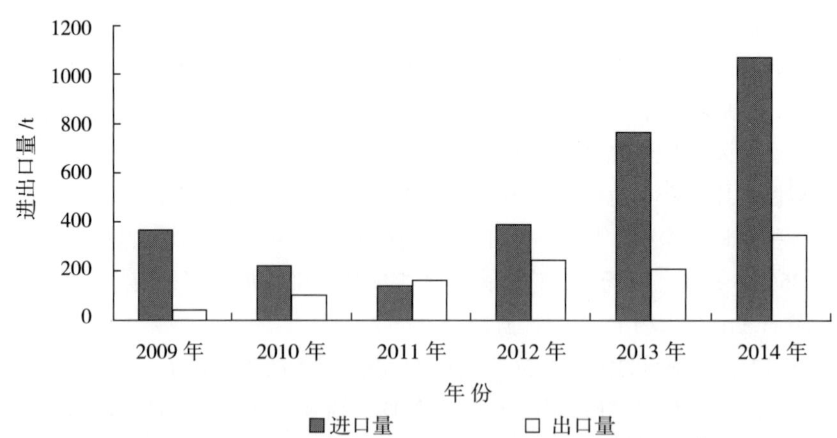

图 17　2009—2014 年国内主要洗涤用碱性蛋白酶的进出口数据统计

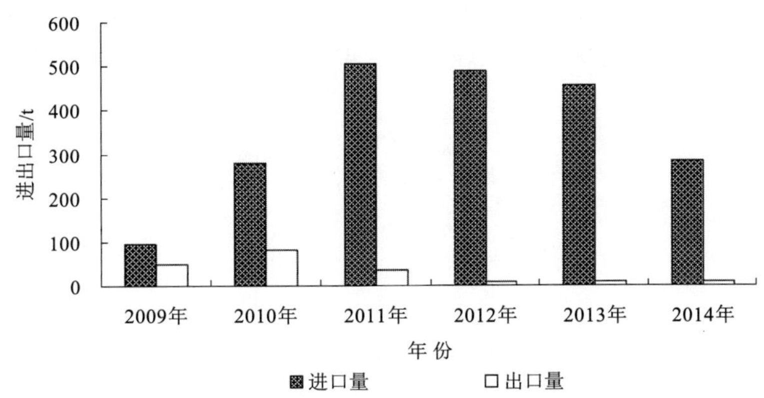

图 18　2009—2014 年国内主要洗涤用碱性脂肪酶的进出口数据统计

如图 19 ~ 图 20 所示，从 2014 年国内碱性蛋白酶的月度进口数据来分析，相关系列产品价格变动较大，最高均价集中在 2014 年 4 月，达到 34268 美元 /t，最低价在 10 月，为 4523 美元 /t，年内最大价格幅度超过 7.5 倍，月度进口均价直接影响当月进口量，4 月高价位是，进口量同比减少 87.7%，仅为 11.7t，10 月低价位时，进口量同比增长 346.5%，达到 233 t。

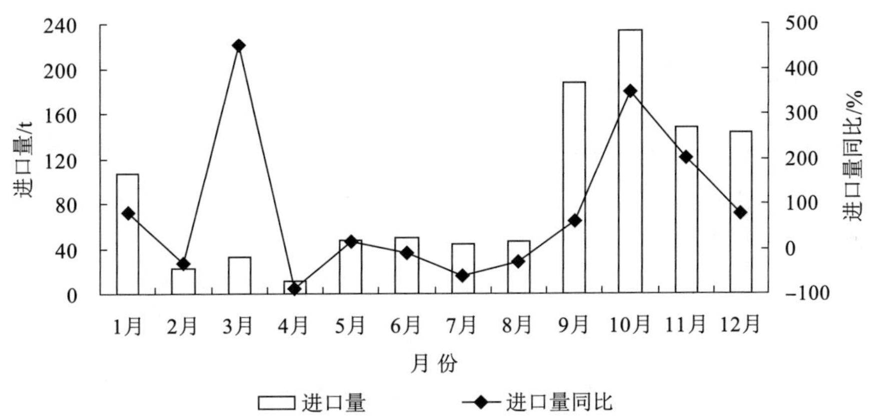

图 19　2014 年 1—12 月国内碱性蛋白酶的进口数据统计

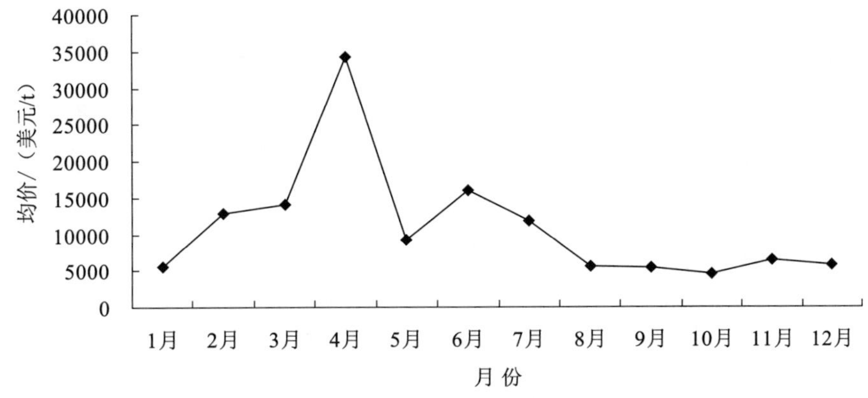

图 20　2014 年 1—12 月国内碱性蛋白酶的月度进口均价走势

2014 年国内碱性蛋白酶进口主要集中在芬兰、美国、阿根廷，较 2013 年同比增长 75.1%、25.0% 和 0.0%，分别占当年总进口量的 42.7%、22.55% 和 16.81%，如图 21 所示。

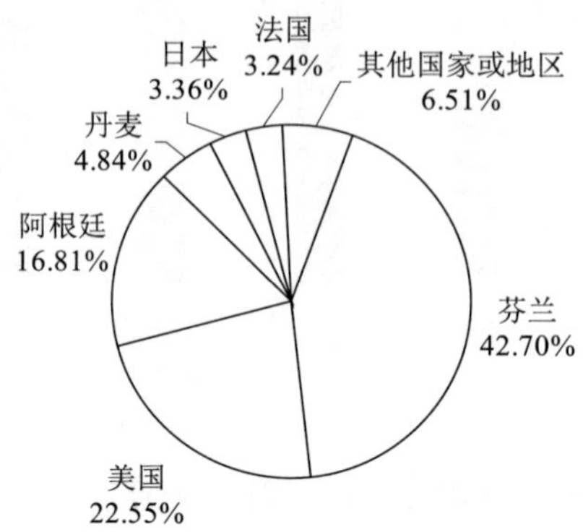

图 21　2014 年国内碱性蛋白酶的进口来源国数据统计

进口碱性脂肪酶作为一种高性能洗涤用酶制剂，受价格影响，产品仅用于高性能洗涤系列产品，2014 年国内碱性脂肪酶进口主要集中在 1 月和 3 月，进口量分别为 105 t 和 54 t，较 2013 年分别同比增长 9230.4% 和 47.3%，如图 22～图 23 所示。

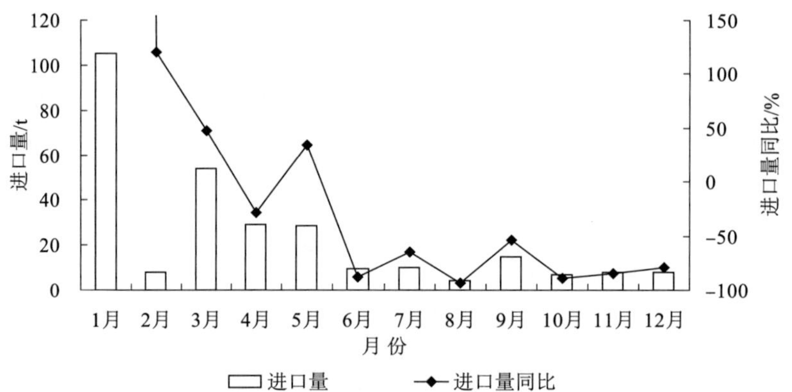

图 22　2014 年 1—12 月国内碱性脂肪酶进出口量数据统计

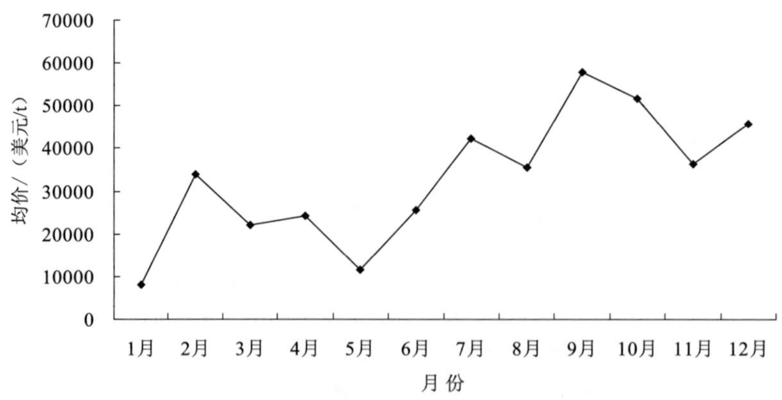

图 23　2014 年国内碱性脂肪酶的进口月均价走势

5 柠檬酸 / 盐

洗涤剂行业是柠檬酸的第二大消费领域，主要作为软化水助剂，功能与三聚磷酸盐和4A沸石相同，主要用于液体洗涤剂产品配方中，洗涤行业柠檬酸 / 盐市场容量占比为15% ~ 20%。如图24 ~ 图26所示，2014年国内柠檬酸 / 盐产量约合110万t，较2013年同比减少9.1%，其中当年出口量为80万t，同比减少10.11%，不完全统计，当年洗涤用品行业消耗柠檬酸 / 盐的量约合22.05万t，与2013年基本持平。

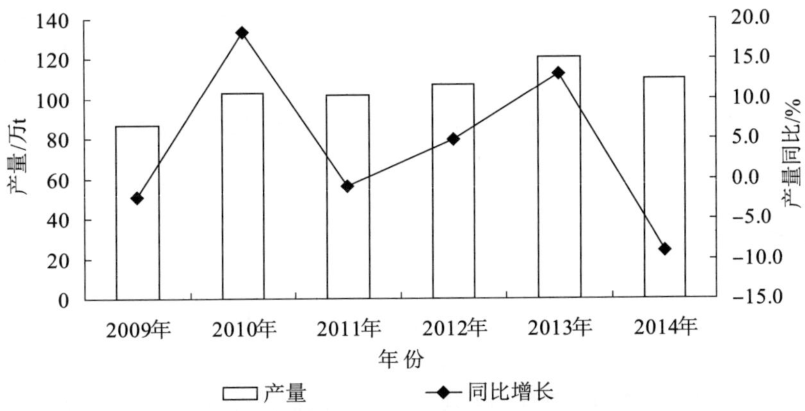

图24　2009—2014年国内柠檬酸 / 盐产量数据统计

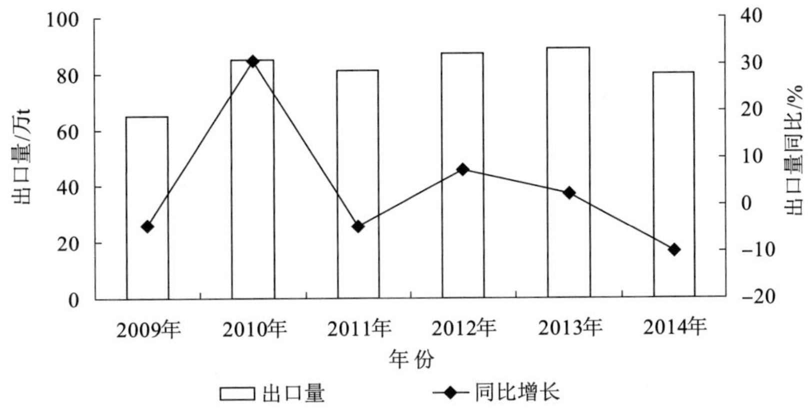

图25　2009—2014年国内柠檬酸 / 盐出口量数据统计

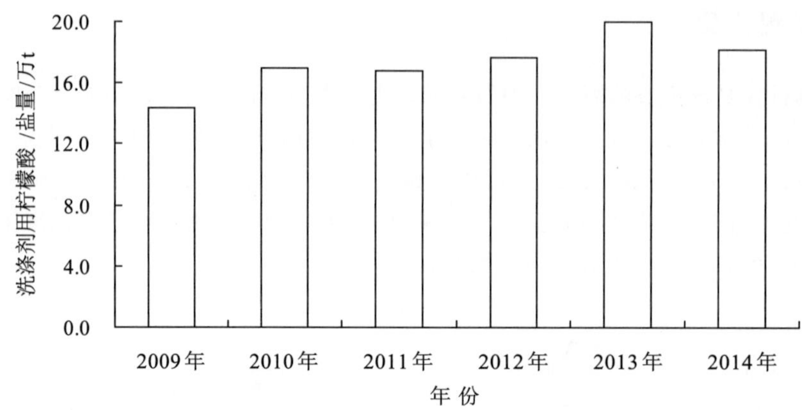

图 26　2009—2014 年国内洗涤剂用柠檬酸/盐的量数据统计

6 未来助剂发展趋势

助剂作为洗涤产品行业主要添加成分，与表面活性剂一样，发挥着重要作用，近几年国内助剂企业在洗涤产品有效成分功能需求方面并没有及时跟上行业的发展步伐，中国作为全球最主要的消费大国，洗涤用品刚性消费决定行业对助剂需求有一定的刚性特征，实现新型助剂满足新时期下洗涤产品的配伍要求，成为助剂行业得以可持续快速发展的必要条件。

第四章

MAIN RAW MATERIALS AND RELATED INDUSTRIES

主要原料及相关产业

烷 基 苯

直链烷基苯近几年全球产能维持在 400 万 ~ 450 万 t，开工率大约 80%，年产量维持在 350 万 t 左右，对应的重烷基苯的年产量约合 30 万 t，全球烷基苯主供洗涤用品原料烷基苯磺酸加工，一般生产规模下，1.0 t 烷基苯可制备 1.34 t 的烷基苯磺酸。

截止到 2014 年年底，国内烷基苯企业总计五家：金陵石化烷基苯厂、抚顺洗化厂、金桐石化、江苏金桐和琪优势（太仓）化工，总产能约合 83 万 t，其中对应的重烷基苯产能约合 8.0 万 t（一般是线性烷基苯产能 10% 左右）。2014 年国内洗涤用烷基苯装置开工率为 80.72%，较 2013 年的 78.07% 有所提高。

市场方面，2014 年国内烷基苯约有 48.5 万 t 直接作为 LAS 原料进行磺化加工，占当年总销量的 80% 左右，部分烷基苯直接出口形成国外异地原料加工。

1 烷基苯生产与市场

图 1 ~ 图 4 给出 2010—2014 年国内烷基苯的产销情况统计。2014 年国内烷基苯产量 67 万 t，同比增长 3.4%，销量 61.2 万 t，同比增长 5.7%，其中国内消化约合 46 万 t，同比减少 4.51%，重烷基苯当年产量 6.7 万 t，同比增长 3.08%。2014 年国内烷基苯消化能力下降主要因经济短期低迷引起的零售消费水平下降，进而影响洗涤用品的市场消耗量。

从 2014 年国内烷基苯企业生产和销售情况来看（图 5 ~ 图 6），金陵石化烷基苯厂生产占 28.07%，销售占 29.97%，抚顺洗涤剂化工厂生产占 26.69%，销售占 29.95%，金桐石油公司生产占 17.59%，销售占 11.64%，江苏金桐化学生产占 16.26%，销售占 17.10%，琪优势（太仓）化工生产占 11.39%，销售占 11.34%，其中金桐石油和金陵石化出口量较大。

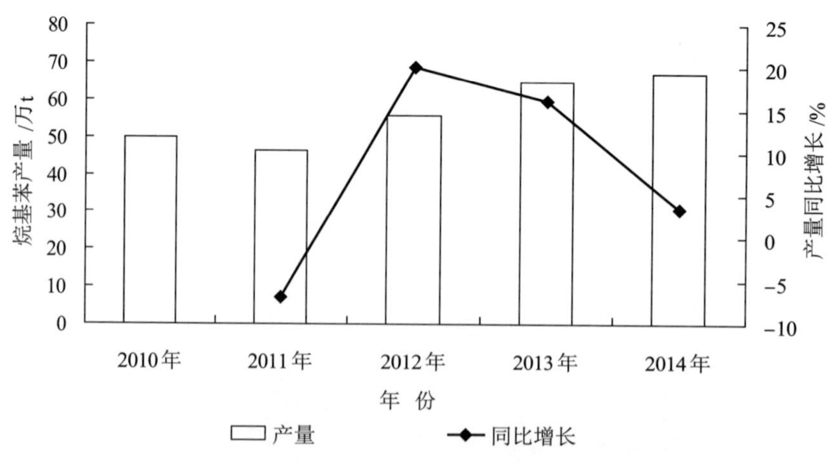

图 1 2010 年—2014 年国内烷基苯产量走势

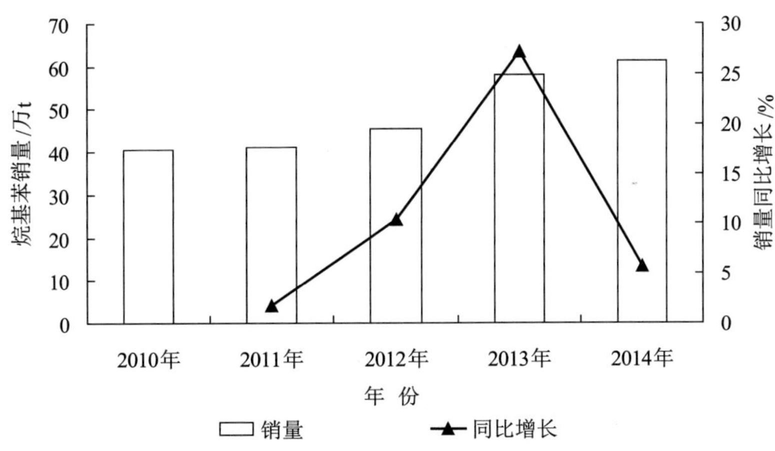

图 2　2010—2014 年国内烷基苯销量走势

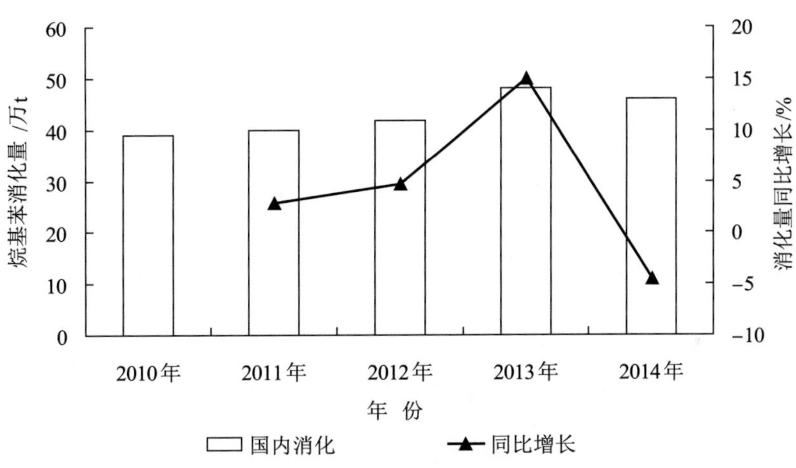

图 3　2010—2014 年国内烷基苯消化量走势

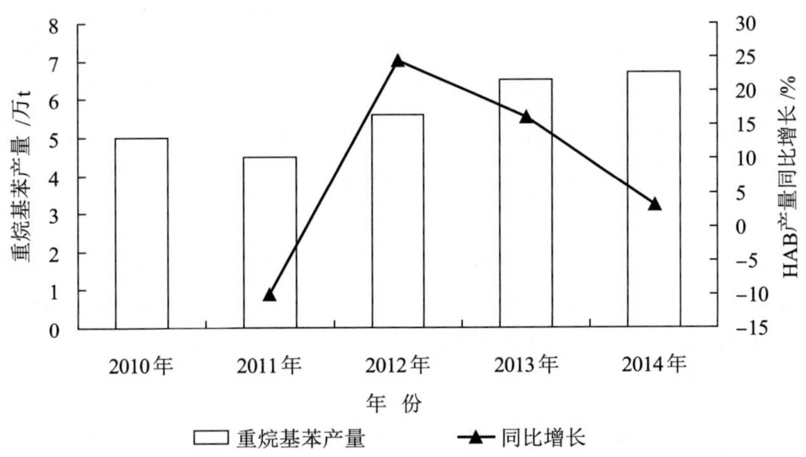

图 4　2010—2014 年国内重烷基苯（HAB）产量走势

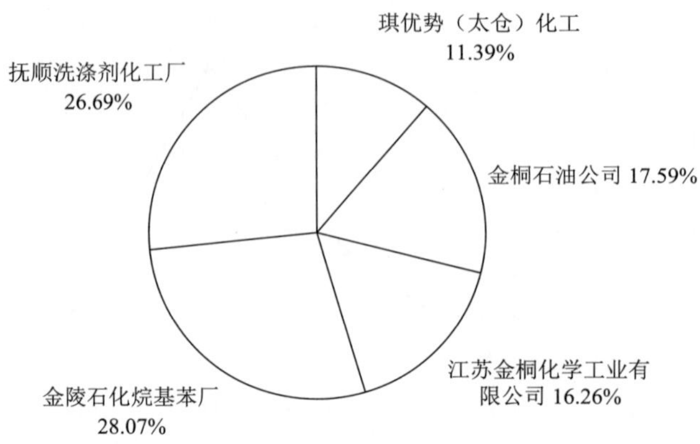

图 5　国内烷基苯生产企业产量比例统计

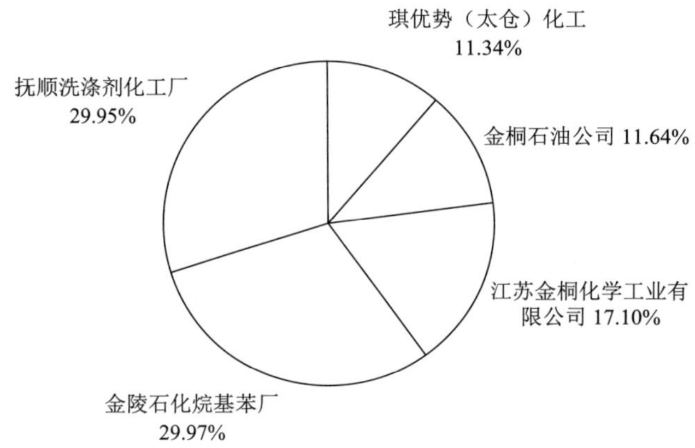

图 6　国内烷基苯生产企业市场占有统计

2 进出口数据统计

随着国内烷基苯产能的饱和释放，国内烷基苯需求与生产之间的供求关系日益紧张，企业逐步开始通过出口产品来调整市场竞争压力。2014 年国内烷基苯相关系列产品出口量为 17.7 万 t，较 2013 年的 12.12 万 t 同比增长 46.04%，进口量为 2.48 万 t，较 2013 年的 2.37 万 t 同比增长 4.64%。2014 年全年净出口量达到了 15.22 万 t，较 2013 年的 9.75 万 t 同比增长了 56.10%，烷基苯生产企业通过扩大出口降低产能过剩带来的风险。

2014 年 1 月—12 月国内烷基苯系列产品月度进口数据分析。当年 1 月、4 月、6 月和 10 月进口量较大，分别为 3517 t、3977 t、2816 t 和 2910 t，较 2013 年同比分别增长 62.4%、157.1%、−14.1% 和 1.2%，当年进口均价维持在 1700 美元 /t 上下，折合人民币约合 10500 元 /t，与国内价格基本持平。

2014 年，国内烷基苯系列产品主要以出口为主，当年产品出口主要集中在 7 月、8 月、9 月和 12 月，出口量分别为 2.15 万 t、2.19 万 t、1.96 万 t 和 2.28 万 t，较 2013 年分别同比增长 82.4%、223.7%、160.9% 和 237.3%，合计接近 8.6 万 t，占当年总出口量的 48.6%。当年产品出口均价维持在 1700 美元 /t 上下，与进口均价持平。

2014 年国内烷基苯系列进口国家和地区主要集中在韩国（占 23.88%）、沙特阿拉伯（占 19.53%）、中国台湾（占 18.79%）、卡塔尔（占 17.97%）和美国（占 7.88%），较 2013 年分别同比增长 –4.0%、8.3%、505.1%、–9.2% 和 48.0%，进口总量为 2.22 万 t，占总进口量的 88.1%（图 7 所示）。

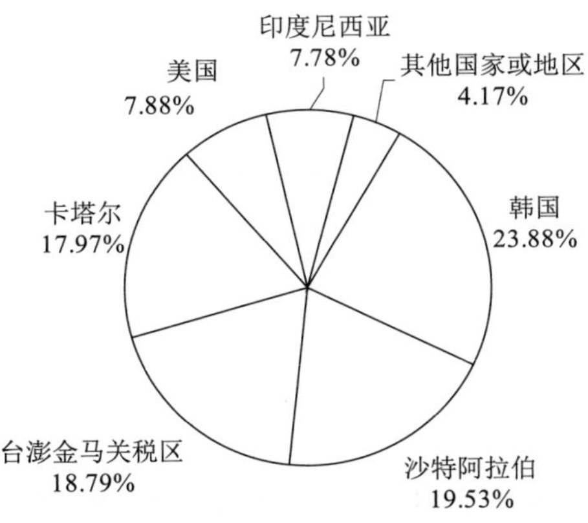

图 7　2014 年国内烷基苯系列产品进口国家和地区数据统计

2014 年国内烷基苯系列出口国主要集中在泰国（4.04 万 t，占 23.11%）、印度尼西亚（2.98 万 t，占 17.01%）、菲律宾（2.57 万 t，占 14.68%）、韩国（1.67 万 t，占 9.57%）和越南（1.28 万 t，占 7.32%），较 2013 年分别同比增长 51.9%、16.5%、11.1%、–4.3% 和 29.8%，出口总量为 12.54 万 t，占当年总进口量的 70.85%（图 8 所示）。

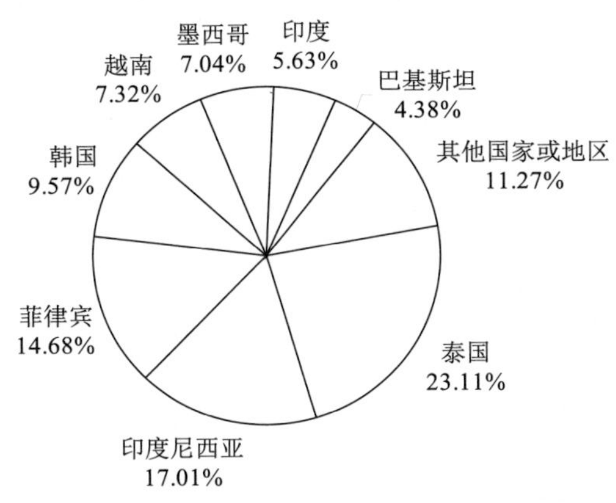

图 8　2014 年国内烷基苯系列产品出口国数据统计

2014 年国内烷基苯系列产品进口省市最大的为江苏省，进口量为 1.02 万 t，较 2013 年同比增长 22.9%，进口额达到 1755 万美元，均价为 1721 美元 /t，占当年总进口量的 40.5%，其次是辽宁省和广东省，进口量分别为 5897 t 和 3585 t，较 2013 年分别增长 128.1% 和 –31.0%。进口均价较高致使广东省当年进口量出现同比大幅减少。

与进口相比，国内烷基苯系列出口主要集中在江苏省和辽宁省，出口量分别为 15.10 万 t 和 2.54 万 t，较 2013 年同比增长 78.1 和 −30.1%，分别占当年产品出口总量的 85.33% 和 14.38%，出口省市集中主因是生产企业集中在江苏省和辽宁省（图 9 所示）。

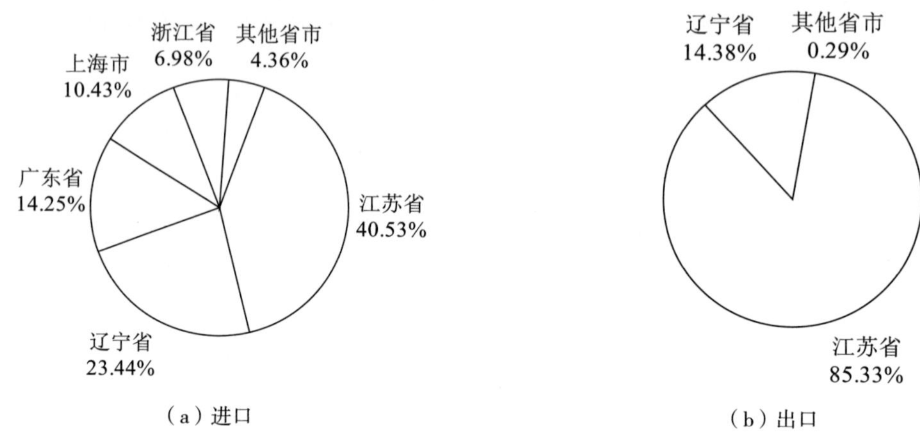

图 9　2014 年国内烷基苯系列进出口省市数据统计

对比 2014 年国内主要海关烷基苯系列产品进出口数据（图 10 所示），当年进口海关贸易主要集中在南京海关（8715 t，占 34.64%，同比增长 68.7%）、大连海关（5336 t，占 21.21%，同比增长 31.7%）、上海海关（4335 t，占 17.23%，同比增长 −17.5%）、广州海关（1981 t，占 7.87%，同比增长 −37.1%）和宁波海关（1634 t，占 6.49%，同比增长 −9.3%）。当年出口海关贸易主要集中在南京海关（14.2 万 t，占 80.26%，同比增长 75.3%）、大连海关（2.53 万 t，占 14.3%，同比增长 −30.4%）和上海海关（9480 t，占 5.36%，同比增长 −17.5%）。

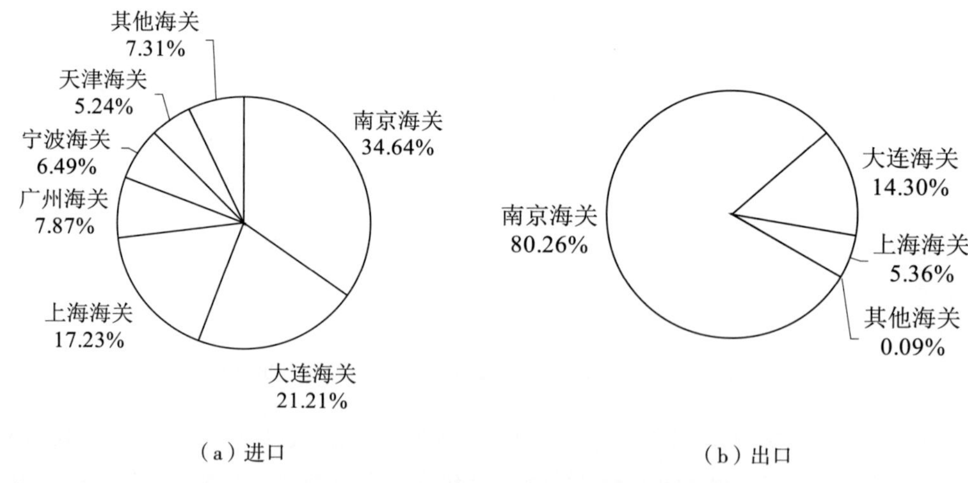

图 10　2014 年国内烷基苯系列进出口海关数据统计

3 发展趋势

2014 年烷基苯企业装置开工比较可观，但是受国内合成洗衣粉市场萎缩以及天然油脂衍生洗涤产品原料的推进，烷基苯产业长远来看，市场可能出现不同程度萎缩，国内企业已经开始着眼于未来，将产品出口作为降低国内市场供大于求压力的主要手段。

脂 肪 醇

2014年，国内可生产天然脂肪醇企业总计有8家，可运行产能总计70.5万t，其中，盛泰科技新增10万t脂肪醇装置，无锡东泰2.0万t装置年初停产，商丘龙宇保持继续停产状态，华兴集团仅4万t装置稳定运行，全年正常运行装置总产能约合47.5万t。受国内外经济形势和进口产品冲击，国内脂肪醇装置开工率整体不高，过去5年装置平均开工率在40%～50%。

目前国内脂肪醇生产原料主要有：椰子油、棕榈仁油和少量棕榈油。脂肪醇作为表面活性剂行业主要原料之一，主要用于脂肪醇醚、脂肪胺、脂肪醇硫酸盐等产品生产，部分高碳脂肪醇直接作为化妆品原料添加使用。

1 生产与市场

图1～图4给出2010—2014年国内脂肪醇的市场情况统计。2014年国内脂肪醇产量约合30万t，较2013年同比增长21.63%，产量增长得益于新增脂肪醇装置的高负荷开工，当年工业脂肪醇净进口量为26.09万t，较2013年同比减少2.47%，通过对比2014年国内脂肪醇表观消费量，当年达到历史最高，接近56万t，较2013年同比增长9.05%，目前国内脂肪醇生产和销售的问题主要在于进口产品和本土产品的竞争，进口产品冲击国内本土产品市场，是造成当年脂肪醇装置开工率不高的一个主要原因，同时包括椰子油、棕榈仁油等脂肪醇原料对外依赖度较高也是国内脂肪醇竞争力不高的另外一个因素。

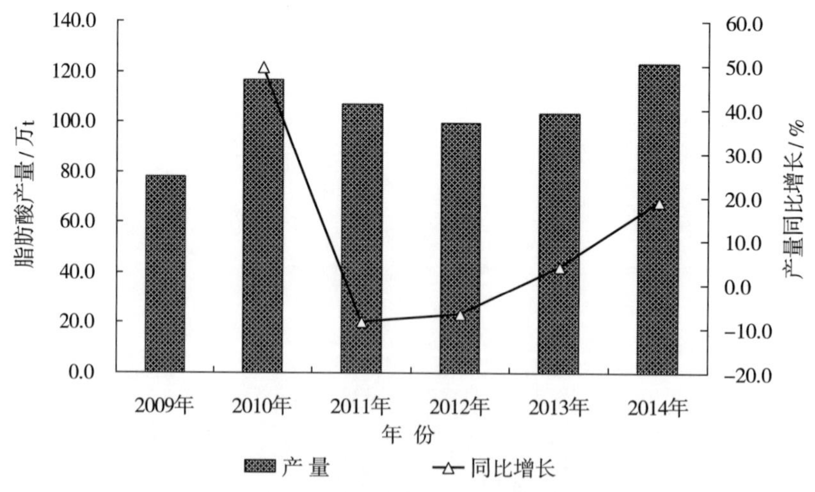

图1 2010—2014年国内脂肪醇产量走势图

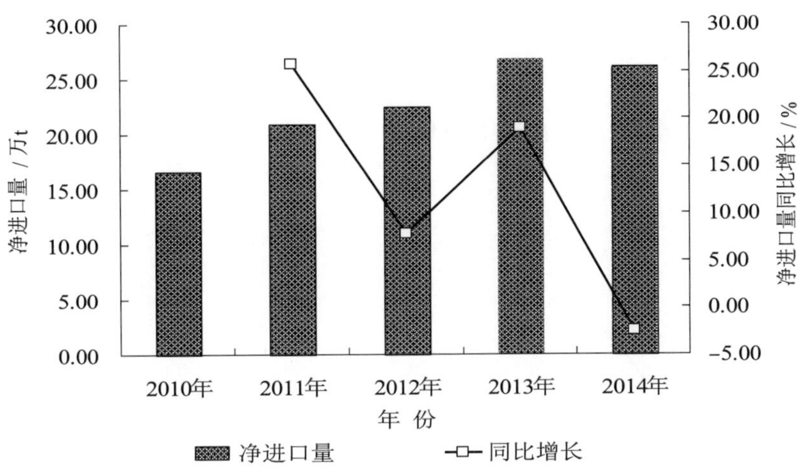

图 2 2010—2014 年国内脂肪醇净进口量走势图

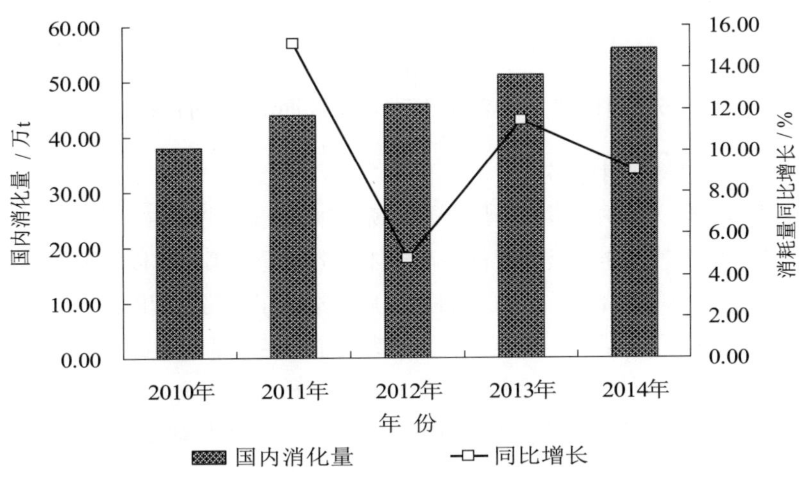

图 3 2010—2014 年国内脂肪醇表观消耗量

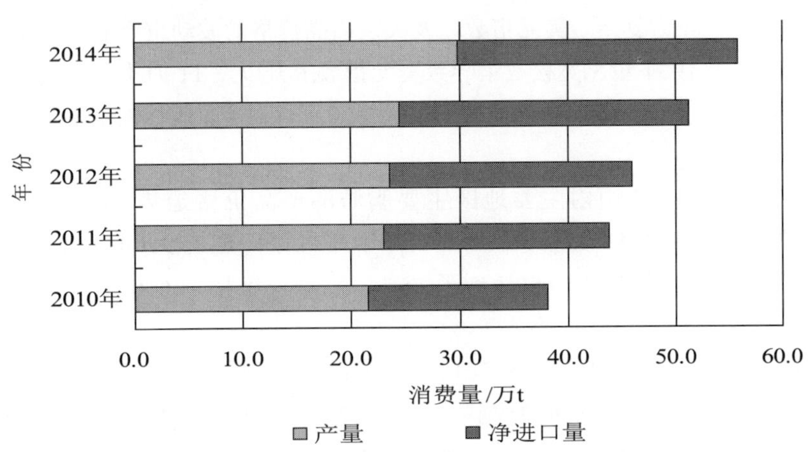

图 4 2010—2014 年国内脂肪醇市场结构走势

2 市场价格走势

图 5 给出 2014 年国际 $C_{12/14}$ 脂肪醇外盘价格（CFR）走势。

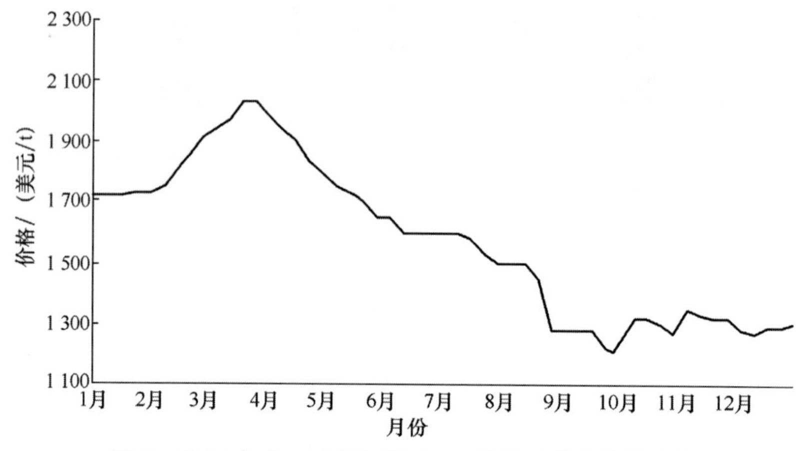

图 5　2014 年 1—12 月国际 $C_{12/14}$ 脂肪醇外盘价格走势

2014 年国内脂肪醇走势特点分析：

（1）追随原料走势。无论脂肪醇还是仁油市场,年内高点均出现在 3 月份,随后一路下跌，在 8~10 月份里分别出现了年底最低点价格。整体走势均是在第一季度呈现上涨走势，而在随后的半年左右时间里一路下跌，而在 8 月份以后，进入了震荡整理阶段，脂肪醇外盘市场的走势相对仁油有一定的延迟期。整体来看，两者的市场走势基本吻合。

（2）多数时间处于下跌通道。今年除了原料市场下跌外，下游需求增长的速度仍然不及脂肪醇产能增长速度，在扩产速度不相匹配的情况下，市场价格缺乏支撑，年内跌势不断，因此出现了腰斩的情况。

（3）国际环境对脂肪醇的影响。今年全球的经济环境仍然复杂，虽然全球经济复苏，但整体经济形势仍然较为复杂。美元指数以及大宗商品价格的波动也影响到脂肪醇价格走势。从 10 月底美国结束了量化宽松政策导致美元指数上升以及 11 月上旬，国际原油连续暴跌，布伦特跌破 80 美元 / 桶，影响了大宗商品市场下行，这也间接加重了脂肪醇价格的下跌走势。

图 6 ~ 图 7 为 2014 年国内主要地区主要脂肪醇产品价格走势，$C_{12/14}$ 脂肪醇最大跌幅接近 36%，年内最高价接近 14500 元 /t，年底最低价逼近 9300 元 /t，相比之下，$C_{18/16}$ 脂肪醇价格跌幅虽然较小，也达到了 25%，高价位维持 12600 元 /t，最低价约合 9500 元 /t。

国际大宗脂肪醇和国内脂肪醇价格 2014 年出现较大跌幅的主要原因是由于原料棕榈仁油行情走低引起的，2014 年 8 月进口棕榈仁油一度跌至（马币）150 令吉 /60kg，虽然年底有上涨，但是国内脂肪醇并没有出现上扬，而是在进口产品冲击下，持续走低（图 8 所示）。

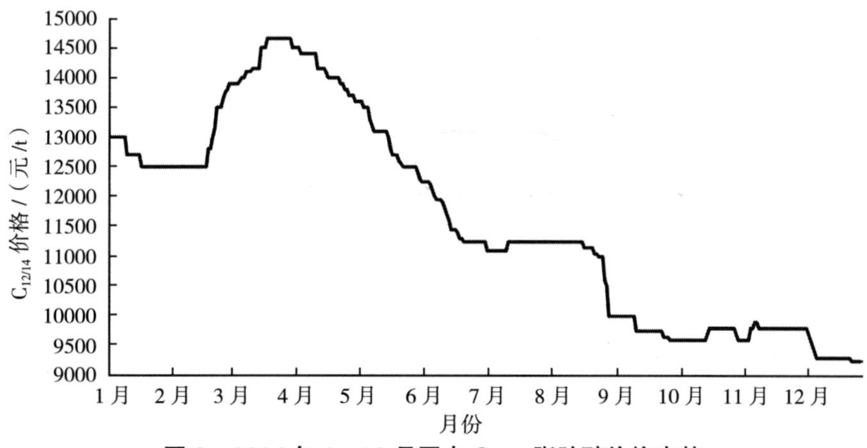

图 6　2014 年 1—12 月国内 $C_{12/14}$ 脂肪醇价格走势

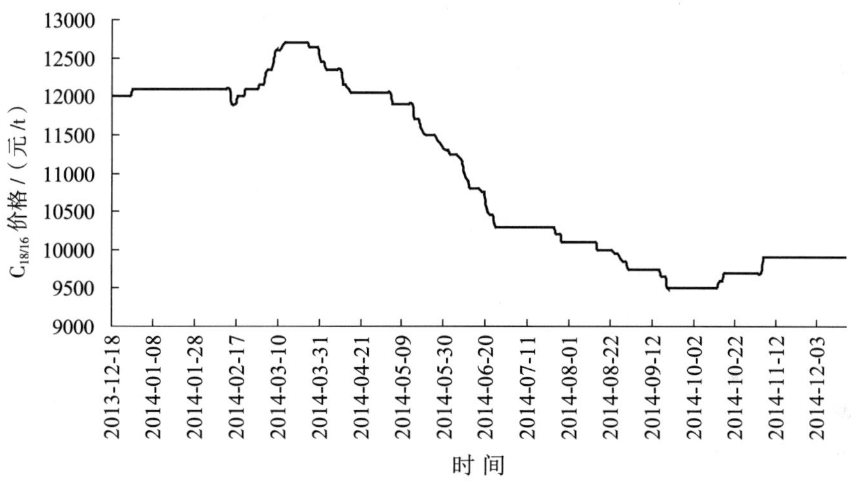

图 7　2014 年 1—12 月国内 $C_{18/16}$ 脂肪醇价格走势

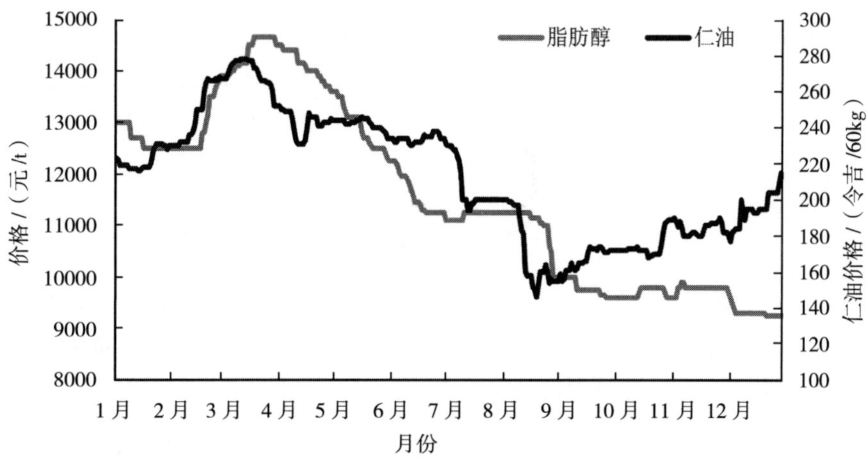

图 8　2014 年 1—12 月国内脂肪醇与进口棕榈仁油价格走势对比图

3 进出口数据统计

2014 年全年国内进口工业脂肪醇的量约合 26.31 万 t，较 2013 年的 27 万 t 同比增加 -2.56%，从月度进口量来看，1 月和 12 月进口量较大，分别达到 3.31 万 t 和 3.27 万 t，较 2013 年同比增长 47.2% 和 52.5%，月度进口均价基本与国内市场价格走势相一致，跌幅超过 25.5%（图 9 ~ 图 11 所示）。

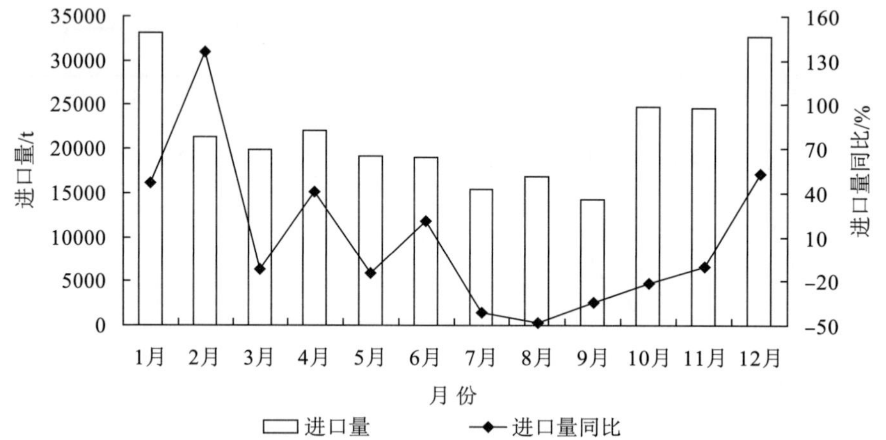

图 9　2014 年 1—12 月国内工业脂肪醇月度进口量统计

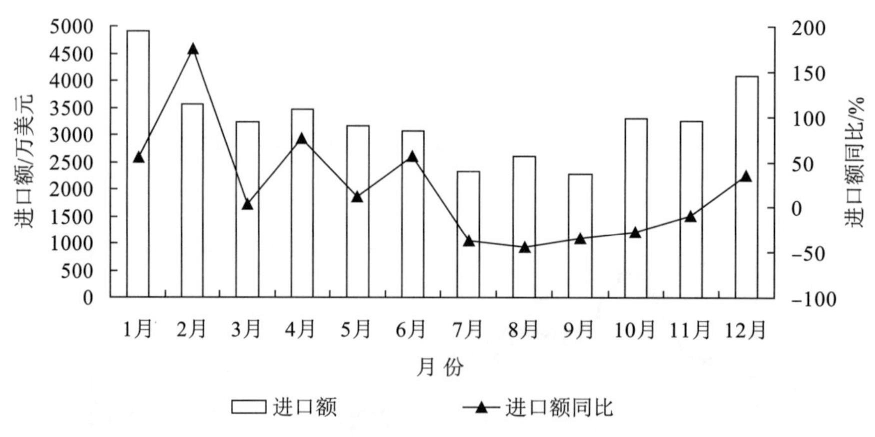

图 10　2014 年 1—12 月国内工业脂肪醇月度进口额统计

2014 年国内工业脂肪醇进口来源主要集中在印度尼西亚、马来西亚、南非和泰国等，进口量分别为 9.78 万 t、7.76 万 t、4.39 万 t 和 2.57 万 t，较 2013 年分别同比增长 50.3%、-8.1%、-10.1% 和 -14.7%，其中印度尼西亚进口占比 37.16%、马来西亚占 29.5%、南非占 16.69%、泰国占 9.77%。排名前五的进口国家和地区合计超过 95%（图 12 所示）。从进口均价来看，南非进口均价仅为 859.7 美元 /t，折合人民币约合 5400 元 /t，比国内脂肪醇 9300 元 /t 的最低价还低 41.9%。

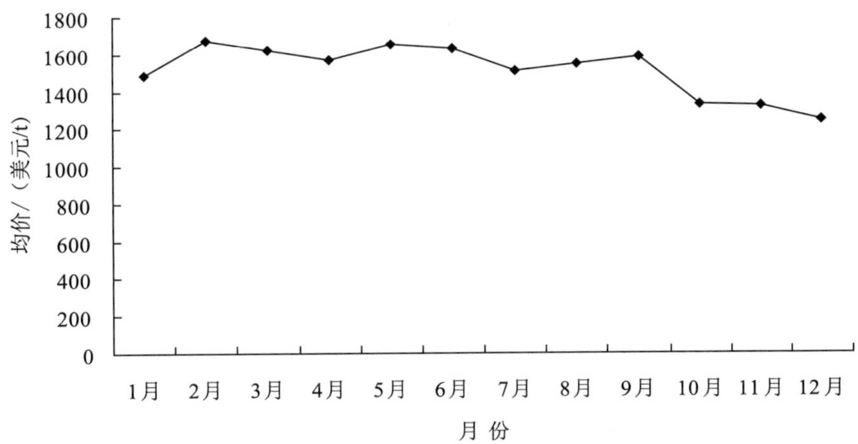

图 11　2014 年 1—12 月国内工业脂肪醇月度进口均价统计

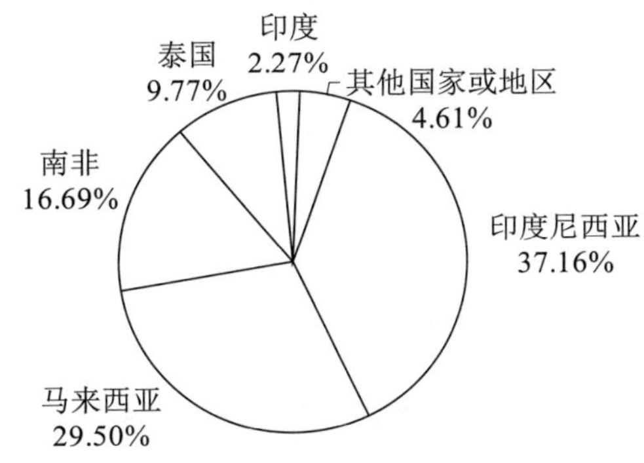

图 12　2014 年国内工业脂肪醇进口国或地区统计

2014 年国内工业脂肪醇进口省市主要集中在广东省、上海市、江苏省和浙江省，进口量分别为 8.61 万 t、6.12 万 t、5.25 万 t 和 4.14 万 t，较 2013 年分别同比增长 –14.9%、3.2%、10.3% 和 19.3%，排名前五的省市当年进口分别占 32.72%、23.26%、19.97%、15.75% 和 2.03%，合计超过 93.5%，进口脂肪醇省市集中度说明该地区成为工业脂肪醇主要消耗地区。从进口均价来看，当年广东省借助地理环境优势，当年进口均价为 1283.76 美元 /t，折合人民币 8087.68 元 /t，低于国内本土工业脂肪醇的市场价。

进口海关基本验证了当年进口省市数据，2014 年工业脂肪醇进口贸易主要集中在上海海关（10.07 万 t）、南京海关（4.41 万 t）、深圳海关（3.18 万 t）、广州海关（2.70 万 t）、黄埔海关（2.0 万 t）和宁波海关（1.48 万 t）等，进口量同比增长 1.8%、5.1%、51.4%、–42.1%、–18.0% 和 7.9%，排名前五的合计超过 85%。

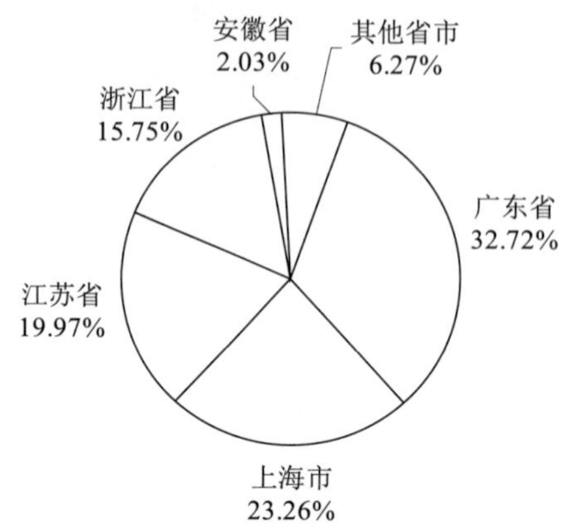

图 13　2014 年国内工业脂肪醇进口省市统计

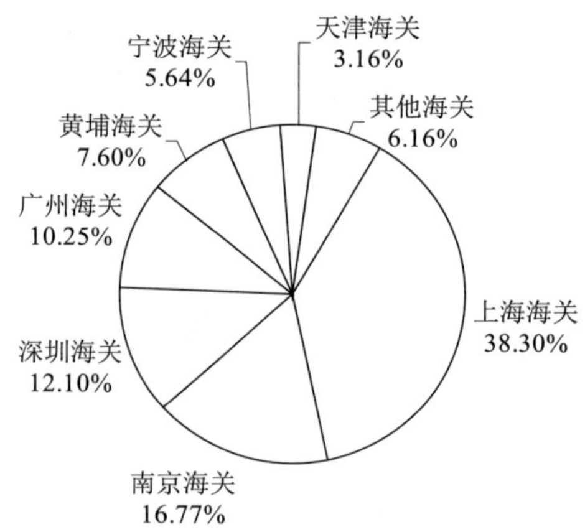

图 14　2014 年国内工业脂肪醇进口海关贸易统计

4 小 结

脂肪醇醚、脂肪叔胺、脂肪醇硫酸盐以及 APG 新型产品成为目前国内工业脂肪醇下游消耗主要领域，表面活性剂的需求增长直接影响国内脂肪醇市场走势。从行业产业链布局来看，经济运行走势以及大宗消费品的市场容量成为今后工业脂肪醇市场的强心剂，国家政策应该合理考虑原料和脂肪醇以及下游行业的整体运行情况，实现脂肪醇上下游产业链的共赢和可持续发展，如果国家在海关税收、政策支持以及相关产业给予鼓励或扶持，国内脂肪醇企业还是具有较强的市场竞争力。

如果分析 2014 年工业脂肪醇的进口情况，包括南非、印度尼西亚等国家脂肪醇产业怀疑存在政府的扶持政策，不然极低进口价对国内本土产品冲击很大，建议以国家层面进行脂肪醇反倾销调查。

脂肪酸

根据碳链不同，脂肪酸主要分为己酸（C6 酸）、辛酸（C8 酸）、癸酸（C10 酸）、月桂酸（C12 酸）、肉豆蔻酸（C14 酸）、棕榈酸（C16 酸）、硬脂酸（C18 酸）、花生酸（C20 酸）、山嵛酸（C22 酸）、木质素酸（C24 酸）。不饱和脂肪酸有油酸（十八烯酸）、亚油酸（十八碳二烯酸）和亚麻油酸（十八碳三烯酸）。

饱和脂肪酸，主要应用于乳液聚合和作为橡胶添加剂；在塑料工业中用作稳定剂、增塑剂和润滑剂；其酯类用于食品工业作乳化剂；其含氮衍生物是优良的表面活性剂，广泛应用于纺织、交通、日用化工和塑料等行业。这类脂肪酸主要包括椰油酸、肉豆蔻酸、棕榈酸、硬脂酸等。

不饱和脂肪酸（包括妥尔油酸），主要用于制取矿石浮选剂、油田化学品和生产涂料用的二聚酸、三聚酸。如油酸、亚油酸、芥酸等。

自然界中的脂肪酸主要以酯的形式存在于动植物油脂中，天然的脂肪酸数量很少。脂肪酸的制备方法：以烯烃为原料直接合成；天然油脂直接水解或者皂化水解。

1 生产与市场

国内脂肪酸生产企业超过 30 家，主要集中在浙江、上海、江苏和山东等华东地区，据不完全统计，2014 年华东地区脂肪酸产能超过全国总产能的 85.0%。规模以上企业有如皋双马、益海（连云港）油化、益海嘉里（上海）油化、泰柯棕化、德源高科、阿克苏诺贝尔（博兴）、纳爱斯、上海制皂、山东金达双鹏、杭州油化和嘉华能源化工等。

编号	企业名称	产能 / 万t	在建 / 万t	备注
1	益海嘉里	50	—	包括上海、连云港、天津和东莞
2	江苏如皋双马	22	25	22 万 t 装置自 2014 年 4 月停产
3	泰科棕化（张家港）	15	15	包括 5 万 t 皂粒
4	德源高科（如皋）	13	—	以自用生产脂肪醇为主
5	嘉化能源化工	20	—	以自用生产脂肪醇为主
6	阿克苏诺贝尔	10	—	停产
7	江苏南通康桥	10	—	—
8	东马棕榈（张家港）	10	—	—
9	上海制皂（如皋）	6.5	—	以自用生产皂基为主
10	杭州油化	6	—	2012 年 3 月被浙江赞宇科技收购
11	山东金达双鹏	10	—	6 万 t 装置 2014 年上半年投产
12	山东友强助剂	1.5	3.0	硬脂酸盐为主

续表

编 号	企业名称	产能 / 万t	在建 / 万t	备 注
13	山东瑞星集团	2	—	—
14	浙江纳爱斯	14	—	皂粒
15	马鞍山立白日化	10	—	皂粒
16	浙江德清华诺	8	—	皂粒
17	浙江兰溪嘉宝	8	—	皂粒
合 计		216	43	

数据来源：表面活性剂和洗涤剂行业生产力促进中心。

2012—2014 年国内脂肪酸新增产能大约为 20.5 万 t，新增产能下游应用主要集中在工业领域、少量皂类、生物柴油和脂肪酸甲酯等。

图 1 ~ 图 3 给出 2009—2014 年国内脂肪酸的市场情况。据不完全统计，2014 年，国内脂肪酸总产量达到了 123.2 万 t，较 2013 年的 103.6 万 t 同比增长 18.92%，当年主要脂肪酸净进口量达到了 81.36 万 t，较 2013 年的 80.42 万 t 同比增长 1.17%。纵观 2014 年国内脂肪酸市场容量，当年各种脂肪酸消化能力达到 204.56 万 t，较 2013 年的 184.02 万 t 同比增长 11.16%。

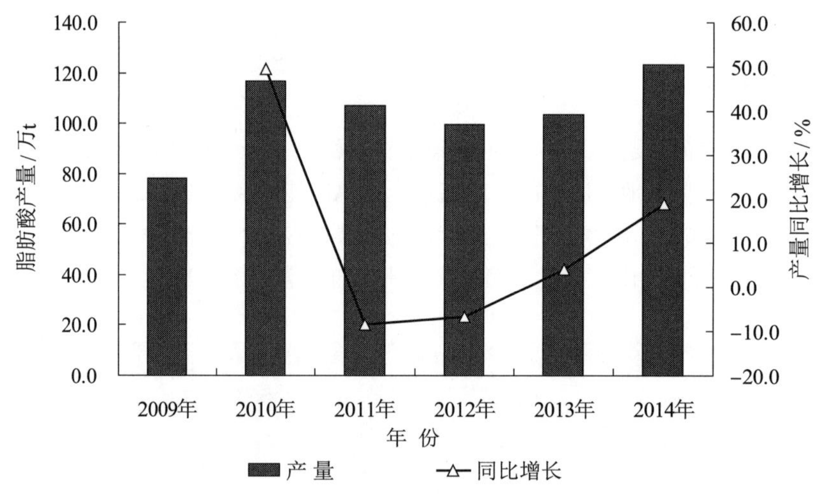

图 1　2009—2014 年国内脂肪酸产量统计

拒不完全统计，2014 年国内脂肪酸总产量 123.2 万 t，其中硬脂酸产量达到 70.2 万 t，占比 57.0%，油酸产量约合 2000 t，占比 0.16%，皂粒产量 31.4 万 t，占比 25.5%，包括椰油酸、棉油酸等其他脂肪酸产量约合 22.0 万 t，占比 16.64%。根据行业最新数据分析，2014 年年底国内皂类产品库存量依然高达 22.5 万 t，尤其是零售库存量较高，占比 60.5%。

图 4 给出 2014 年 1 月—12 月国内硬脂酸产量统计情况。每年的 1 月和 2 月作为消费低迷时期，硬脂酸市场供应也处于低位。2014 年 9 月—12 月硬脂酸产量比较平稳，基本维持在 7.0 万 t 左右。

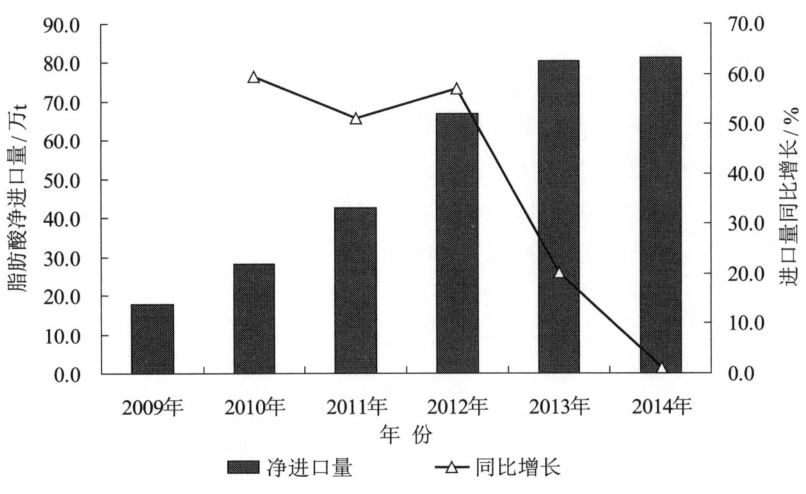

图 2 2009—2014 年国内脂肪酸净进口量统计

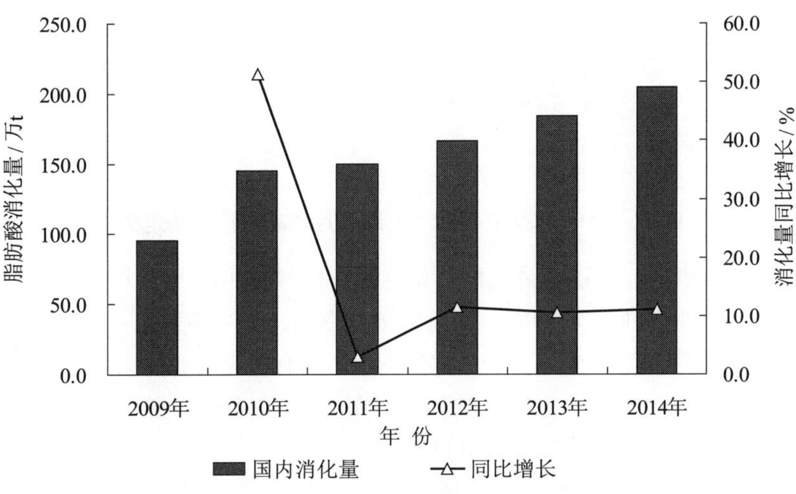

图 3 2009—2014 年国内脂肪酸市场消化量统计

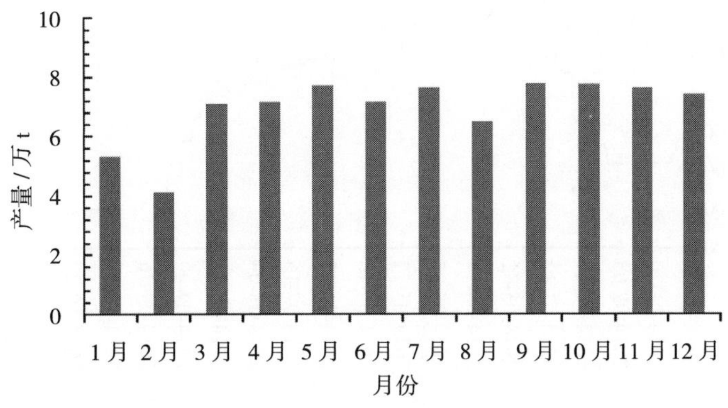

图 4 2014 年 1—12 月国内硬脂酸月度产量统计情况

2 价格走势

图 5 为益海嘉里（上海）月桂酸出厂价格走势，2014 年 3 月底 ~ 5 月底，公司月桂酸维持高价位运行，价格维持在 12000 元 /t，下半年受进口油脂原料价格的持续走低，公司月桂酸价格呈现下跌趋势，到 2014 年 12 月 30 日，价格已经跌至 9000 元 /t，全年最大跌幅达到 25.0%，实际交易价格更是跌至 8800 元 ~ 8900 元 /t。

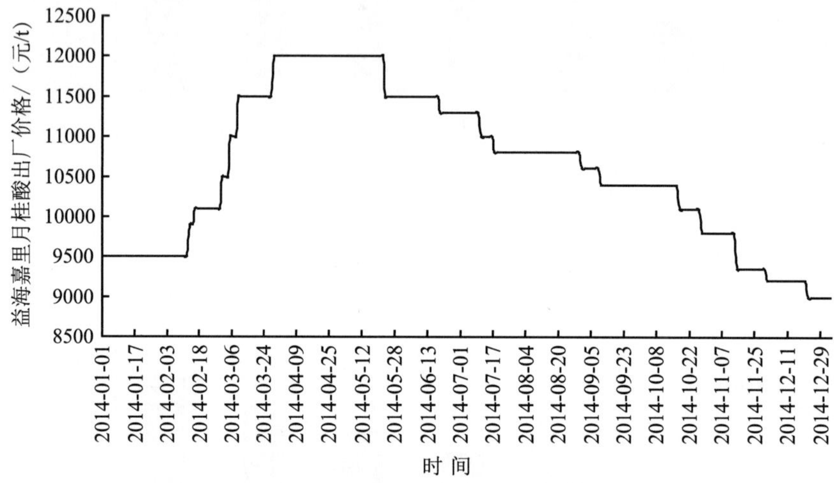

图 5　2014 年益海嘉里（上海）月桂酸出厂价格走势

图 6 为 2014 年华南地区进口月桂酸价格走势。同样，2014 年 3 月处于当年最高价位，为 11900 元 /t，受国际棕榈仁油和椰子油脂价格的影响，下半年呈现持续下跌，到 2014 年 12 月 31 日，价格已经跌至 8850 元 /t。虽然华南地区具有绝对的地理优势，但是月桂酸平均进口价较华东地区高出 150 元 /t，分析当年的市场环境，主要因为华东地区月桂酸市场需求量较华南地区大，整体跨国贸易实际价格较低。

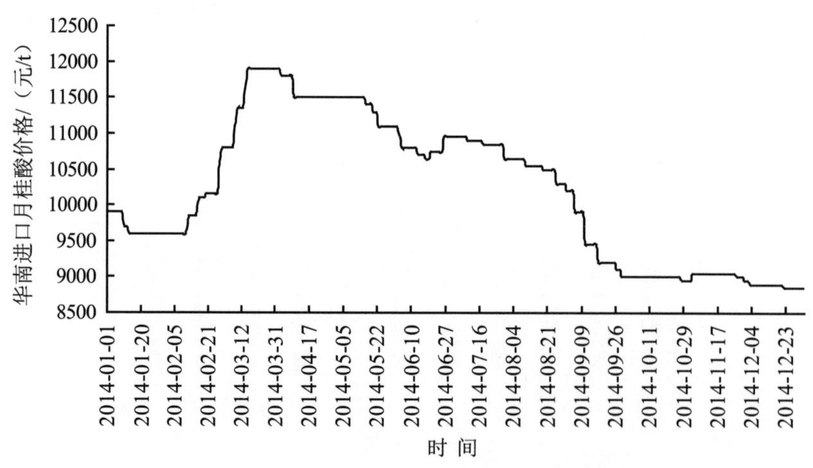

图 6　2014 年华南地区进口月桂酸价格走势

国内硬脂酸品种较多，产品指标存在差异，使用范围也不同，价格也不同。根据 C18 酸含量差异以及原料来源不同（植物硬脂酸和动物硬脂酸），国内硬脂酸品种有康桥化工 1842/1838、高密友强的 200/800、泰柯棕化 1801/1800/1810/1841、双马化工 1838/18201860、如皋双马 1842、益海嘉里 1840/1838、东马化工 1839、杭州油脂 1840/1845 等，国内进口硬脂酸按照产地来源和品种质量差异主要有一级硬脂酸和斯文两种。

图 7 为 2014 年主要进口硬脂酸价格走势。

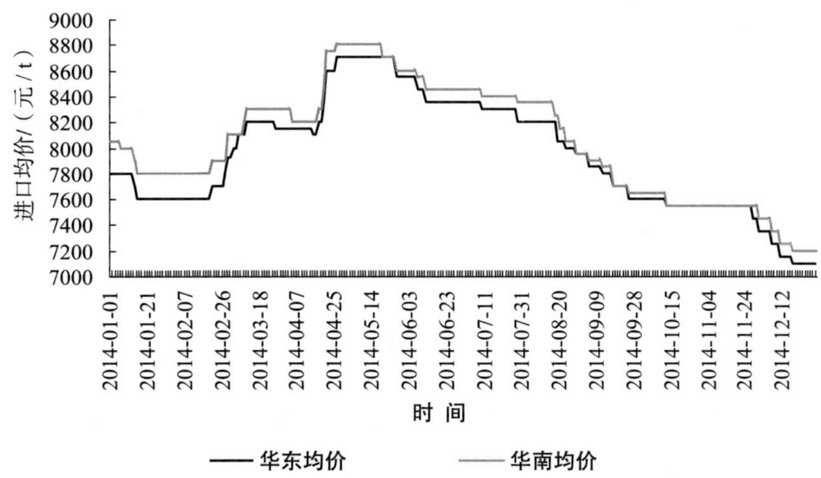

图 7　2014 年华东地区和华南地区进口一级硬脂酸价格走势

2014 年华南地区硬脂酸价格均较华东地区高，均价高出 100 元 ~ 200 元 / t。主要地区价格 4 月和 5 月均维持高价运行，随着国际油价的下跌以及油脂价格的走低，下半年国内进口硬脂酸价格持续走低，截止到 2014 年 12 月 31 日，华东地区进口一级硬脂酸价格为 7100 元 /t，华南地区为 7200 元 /t，分别较 5 月初的 8700 元 /t 和 8800 元 /t 下跌了 18.39% 和 18.18%。

分析国产一级硬脂酸的价格走势，2013 年全年呈现两头高中间低的局面，2014 年走势基本呈现为中间高两头低，整体来看，2014 年硬脂酸价格多数时期较 2013 年表现可观，企业产品加工获利情况较 2013 年有利。进而推动当年硬脂酸装置的较高开工率，整体市场表现有利于行业的稳定推进。

3 海关数据

2014 年国内脂肪酸进出口主要分为三种系列产品：硬脂酸（HS38231100）、妥尔油脂肪酸（HS38231300）和其他工业脂肪单羧酸（HS38231900）等。

2014 年国内硬脂酸进口总量为 23.9 万 t，较 2013 年同比增长 3.9%，进口额为 2.40 亿美元，较 2013 年同比增长 11.5%；妥尔油脂肪酸进口总量 1.35 万 t，较 2013 年同比增长 21.3%，进口为 2306 万美元，较 2013 年同比增长 21.1%；包括酸性油在内的其他类型脂肪酸进口量为 58.4 万 t，较 2013 年同比增长 0.8%，进口额接近 5.2 亿美元，同比增长 27.3%。

2014 年硬脂酸月度进口见图 8 所示，进口基本集中在下半年，其中 9 月进口量最大，超过 2.5 万 t，同比增长 68.6%。如图 9 所示，从当年进口来源国可看出，国内硬脂酸进口集中很高，99% 以上进口产品集中在马来西亚和印度尼西亚，其中印度尼西亚进口量为 16.86 万 t，占比 70.55%，较 2013 年同比增长 2.2%，马来西亚进口量为 6.91 万 t，占比 28.92%，同比增长 9.4%。通过进口国家和地区来源可看出，当年进口硬脂酸产品主要以棕榈油酯加工天然植物硬脂酸产品。当年硬脂酸进口省市主要集中在江苏省、广东省、浙江省、福建省和上海市，进口量分别为 6.39 万 t、5.71 万 t、3.05 万 t、1.93 万 t 和 1.79 万 t，较 2013 年分别同比增长 14.7%、37.0%、-26.2%、4.5% 和 67.8%，如图 10 所示。

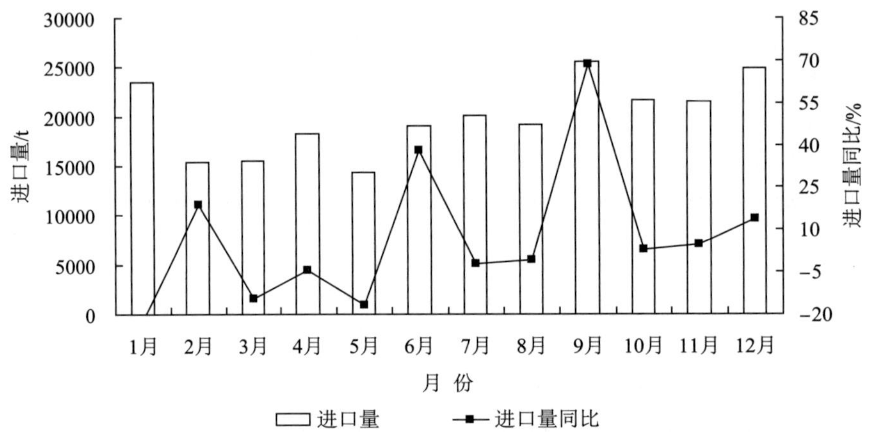

图 8　2014 年 1—12 月国内硬脂酸（38231100）月度进口数据统计

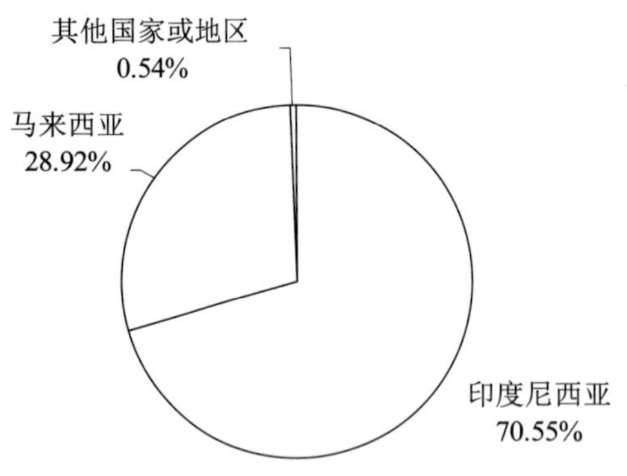

图 9　2014 年国内硬脂酸（38231100）进口国家和地区数据统计

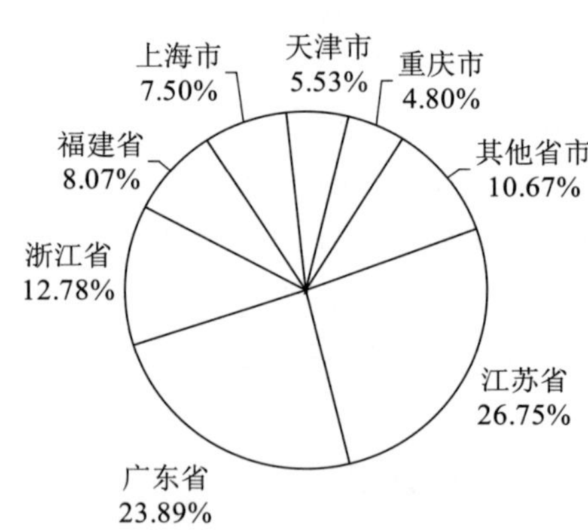

图 10　2014 年国内硬脂酸（38231100）进口省市数据统计

妥尔油脂肪酸作为一种高附加值脂肪酸，2014 年总进口量较 2013 年有了较大幅度提高，2014 年进口均价接近 10800 元 /t，较传统硬脂酸高出 8.0% ~ 10.0%。从进口国家和地区来看，2014 年主要集中在瑞典和美国，进口量分别为 8.05 万 t 和 4.61 万 t，分别占 2014 年总进口的 59.5% 和 34.07%，较 2013 年同比增长 59.3% 和 -11.0%。

从进口省市结构来看，2014 年进口妥尔油脂肪酸主要集中在上海市、江苏省、广东省和北京市，进口量分别为 6325 t、3014 t、1878 t 和 1706 t，较 2013 年同比增长 47.8%、–21.2%、–5.4% 和 59.0%。

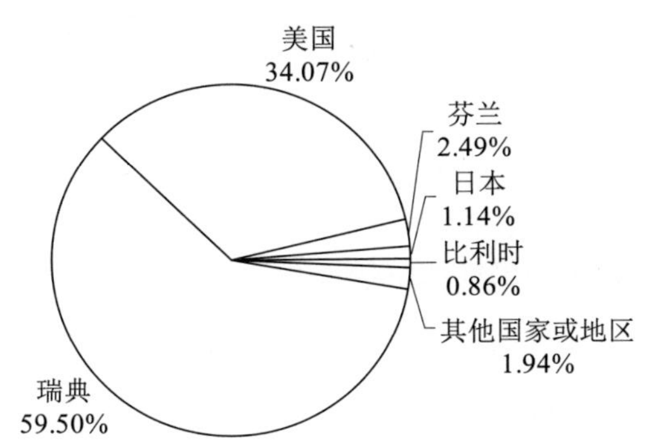

图 11　2014 年国内妥尔油脂肪酸进口来源国数据统计

图 12　2014 年国内妥尔油脂肪酸进口省市比重统计

2014 年其他类脂肪酸进口数据见图 13 所示，进口主要集中在 1 月、4 月、5 月、6 月和 10 月，进口量分别为 6.3 万 t、7.4 万 t、6.3 万 t、5.8 万 t 和 5.9 万 t，较 2013 年同比增长 89.0%、33.8%、3.8%、14.8% 和 23.3%。

从 2014 年的进口国家和地区来看，主要集中在印度尼西亚、马来西亚、菲律宾和泰国，进口量分别为 45.3 万 t、6.9 万 t、2.2 万 t 和 1.8 万 t，较 2013 年分别同比增长 13.7%、–44.2%、–33.8% 和 46.0%，其中印度尼西亚进口比重超过 77.5%，马来西亚仅此其后，占比 11.9%。

2014 年国内其他类脂肪酸进口省市主要集中在江苏省、广东省、浙江省、上海市、天津市和福建省，进口量分别为 17.7 万 t、8.6 万 t、8.5 万 t、8.0 万 t、6.4 万 t 和 5.6 万 t，较 2013 年同比增长 –6.6%、–9.8%、342.6%、–16.1%、58.7% 和 –33%。其中江苏省进口量超过 30% 比重。

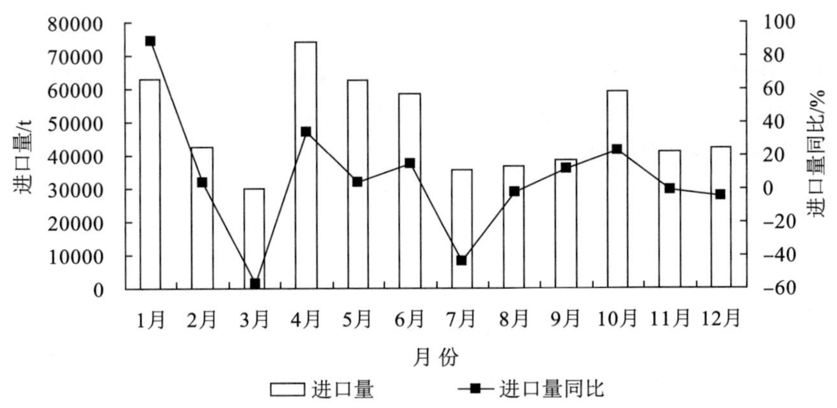

图 13　2014 年 1—12 月国内其他类脂肪酸月度进口量统计

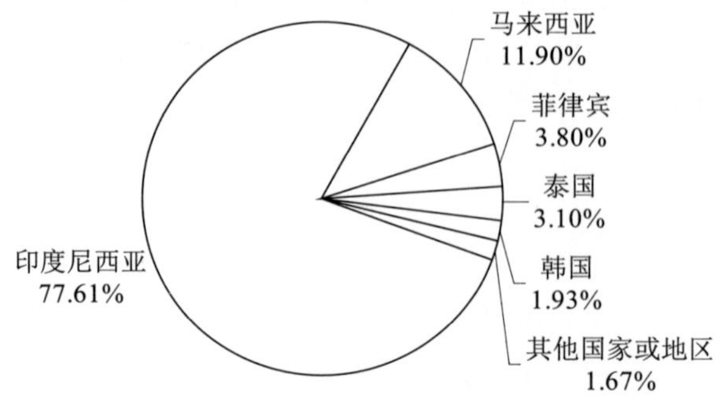

图 14　2014 年国内其他类脂肪酸进口国家和地区数据统计

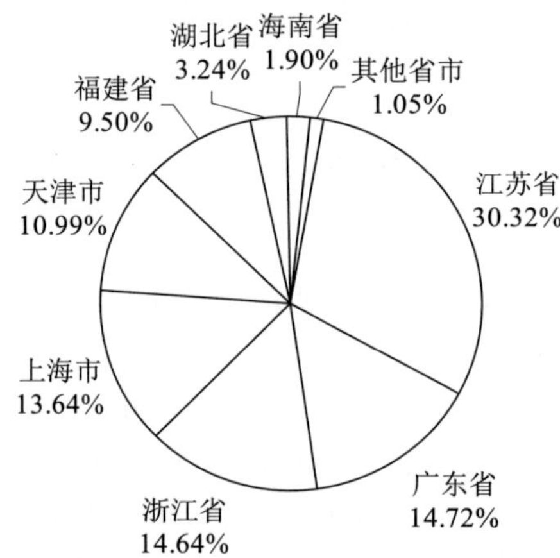

图 15　2014 年国内其他类脂肪酸进口省市数据统计

4 小结

脂肪酸作为国内最主要的工业油脂化学品之一，国内生产与脂肪醇一样，对进口原料的依赖性很强，国内虽然具有较强的油脂水解装置，产能也基本可以满足国内市场的需求，但是由于原料来源和价格走势不明确，致使其发展面临众多因素，提高国内脂肪酸装置利用率，加大产业链发展模式，提高产品的附加值，成为今后脂肪酸企业和行业发展的重点，企业应该在特种产品领域具有创新和拓展。

脂 肪 胺

目前国内脂肪胺系列产品主要包括脂肪伯胺、脂肪仲胺、脂肪叔胺及脂肪酰胺等。

脂肪伯胺生产主要原料是脂肪酸和脂肪腈，伯胺应用主要以盐类形式，饱和高碳脂肪伯胺被用作硬橡胶脱模剂，十二烷基胺用于天然橡胶和合成橡胶的再生，伯胺及其盐类是浓缩低品位磷矿的有效浮选剂，也是云母、长石和硅石的有效浮选捕集剂。截止到 2014 年年底，国内脂肪伯胺的产能约合 10 万 t。

脂肪叔胺主要用于生产烷基季铵盐原料，国内脂肪叔胺产能总计约合 20 万 t，由于脂肪叔胺原料脂肪醇价格波动较大，2014 年国内脂肪叔胺的生产和市场表现不是很积极，产品价格波动也较大，产品主要以出口为主。

1 生产与市场

图 1 为 2014 年国内主要脂肪胺产品产能数据统计，目前国内脂肪叔胺还是基本垄断在索尔维（张家港）精细化工公司，脂肪伯胺主要企业集中在山东博兴华润和四川天宇油脂。2012—2014 年，上海 KLK 金山经纬脂肪胺装置由于当地政府环保政策调整，目前已经处于停产搬迁状态，从 2014 年实际生产统计来看，当年脂肪叔胺的运行产能约合 15 万 t，脂肪伯胺装置运行产能约合 8 万 t。

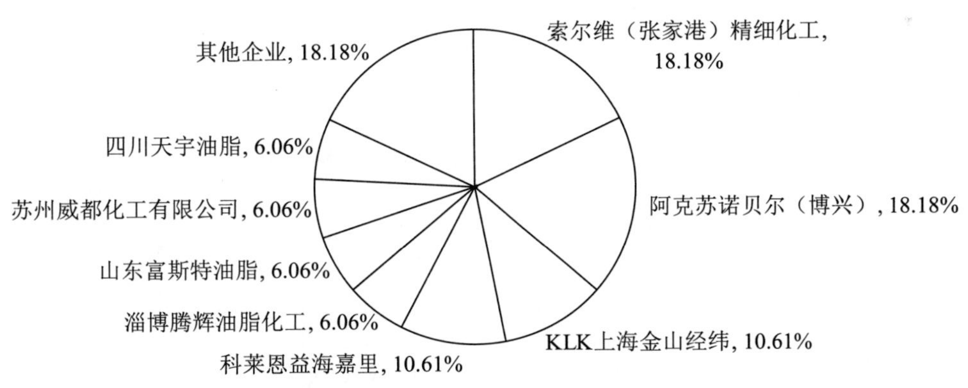

图 1 国内脂肪胺生产企业规模及产能布局

图 2 ~ 图 5 为 2009—2014 年国内主要脂肪胺产品生产和市场情况。

根据表面活性剂和洗涤剂行业生产力促进中心 2014 年脂肪胺生产统计，当年脂肪胺总产量约合 16.5 万 t，较 2013 年减少 9.8%，其中脂肪叔胺产量约合 9.5 万 t，同比 2013 年减少 9.5%，占当年脂肪胺总产量的 57.6%，脂肪伯胺产量约合 5.0 万 t，同比减少 16.67%，占当年脂肪胺总产量的 30.3%，包括脂肪腈、脂肪仲胺及脂肪酰胺等其他类型产品产量约合 2.0 万 t，较 2013 年同比增长 11.1%，占当年脂肪胺总产量的 12.1%。

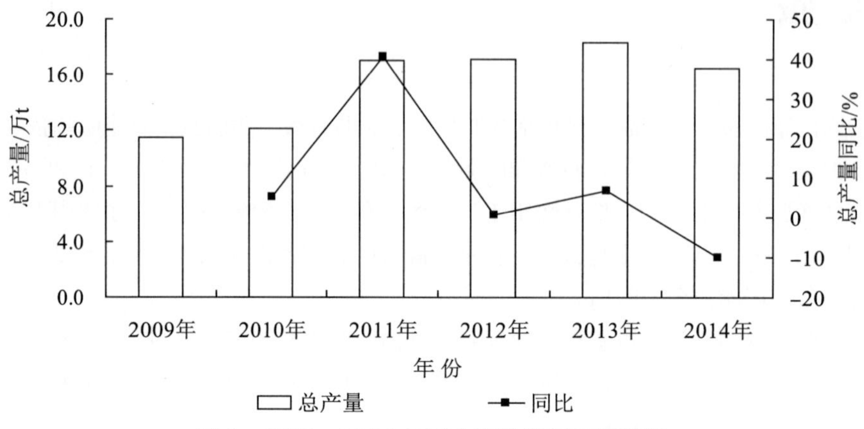

图 2　2009—2014 年国内脂肪胺总产量统计

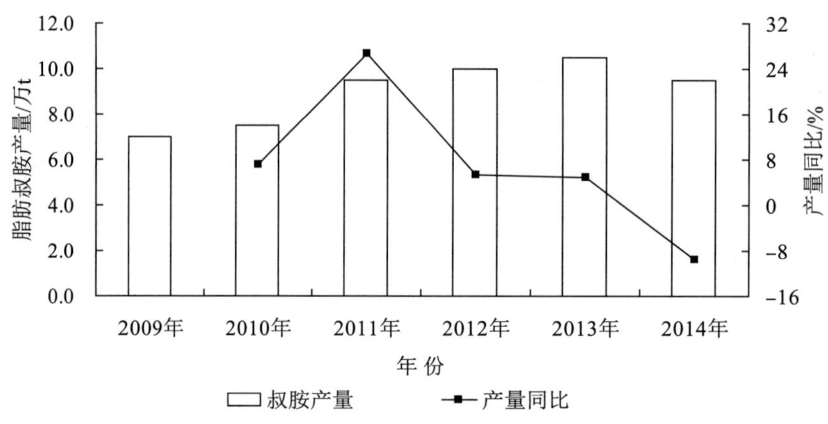

图 3　2009—2014 年国内脂肪叔胺产量统计

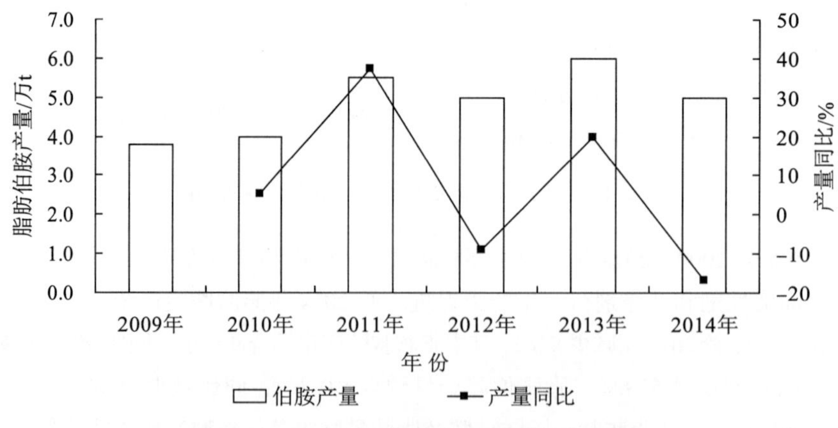

图 4　2009—2014 年国内脂肪伯胺产量统计

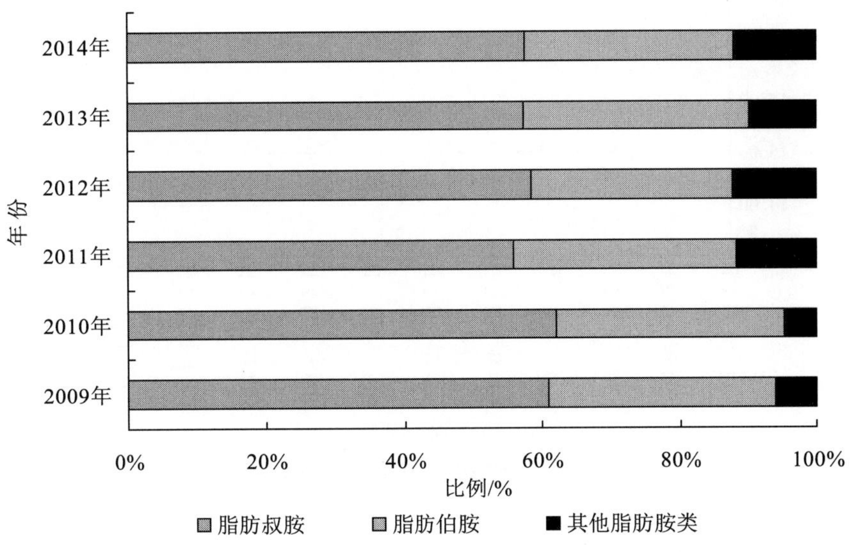

图 5　2009—2014 年国内脂肪胺产品结构

2 价格走势

图 6 和图 7 给出 2014 年国内主要脂肪胺产品价格走势。脂肪叔胺价格走势受脂肪醇价格影响比较明显，脂肪伯胺主要受脂肪酸价格走势影响。2014 年 $C_{12/14}$ 脂肪叔胺最高价为 19000 元 /t，最低价位年底跌至 13500 元 /t，最大跌幅超过 28.95%。$C_{18/16}$ 叔胺最高价定位在 18000 元，年底跌至 14000 元 /t，最大跌幅超过 22.20%。与脂肪叔胺比较，脂肪伯胺价格走势比较平缓，年内最大跌幅 9.37%。

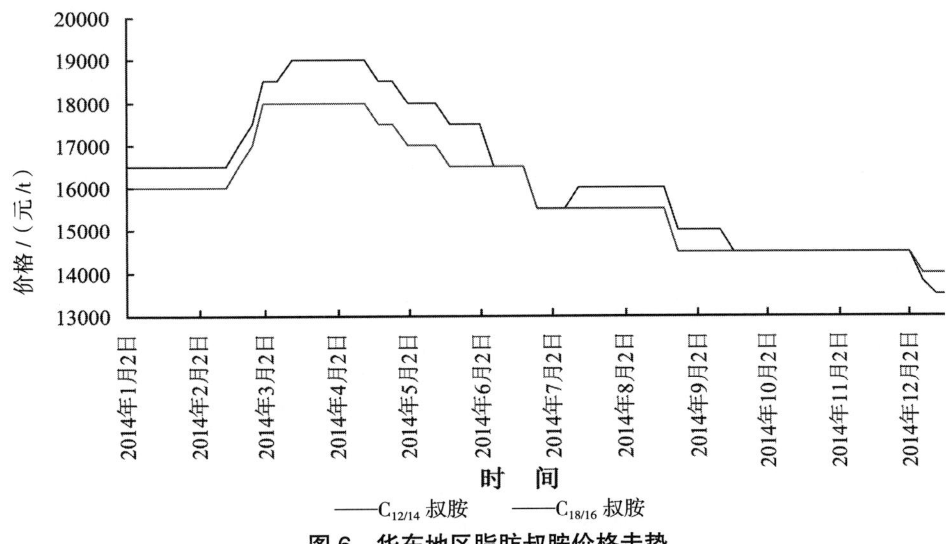

图 6　华东地区脂肪叔胺价格走势

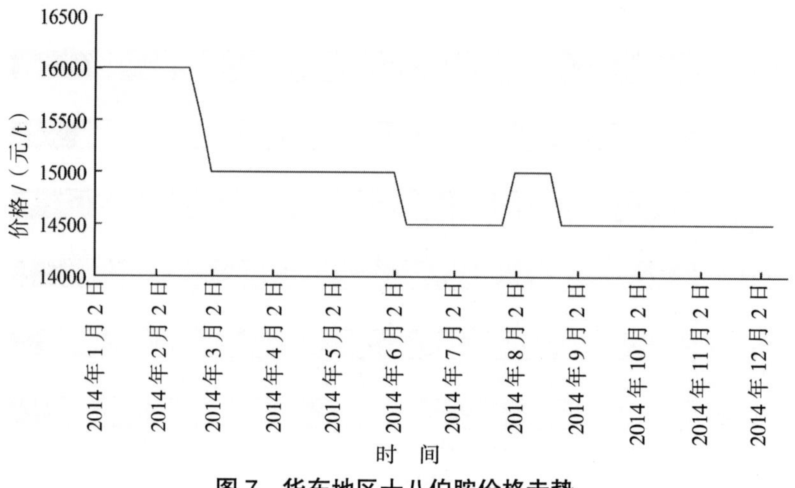

图7　华东地区十八伯胺价格走势

3 发展现状和趋势

脂肪胺作为阳离子表面活性剂主要原料，由于其使用量较少，近几年发展进入疲软期，传统脂肪胺衍生表面活性剂产品国内市场已经基本进入饱和时期，提高和加大产品出口力度，降低产业化门槛，是推动脂肪胺行业得以长期发展的必要因素，但是受装置水平落后和规模下等因素影响，国内脂肪胺项目建设国家和地方政府持谨慎态度。

甘　油

丙三醇，俗称甘油，为多羟基化合物，可作为亲水基团用于表面活性剂新产品开发和生产，目前由丙三醇为原料，可合成表面活性剂种类超过了60余种，其中代表性的产品有甘油脂肪酸酯、聚甘油脂肪酸酯、甘油季戊四醇、甘油聚醚非离子表面活性剂等。由于甘油独特的分子结构，开发表面活性剂产品具有绿色、安全以及功能性等优势。近几年以甘油为原料合成表面活性剂成为行业发展的一个热点。

甘油衍生表面活性剂最具代表产品为甘油酯型非离子表面活性剂，包括甘油单脂肪酸酯和甘油二脂肪酸酯，常用的甘油单/二脂肪酸酯有：甘油单/二硬脂酸酯、甘油单/二油酸酯、甘油单/二棕榈酸酯、甘油单/二肉豆蔻酸酯、甘油单/二月桂酸酯。这些产品与皮肤的相容性极好，且无毒性，在食品和医药化妆品工业中用作乳化剂和黏度调节剂，为了发挥其乳化性能，常与少量亲水性极强的表面活性剂复配使用。

除此之外，乙酸甘油单/二脂肪酸酯、乳酸甘油单/二脂肪酸酯和聚氧乙烯甘油单/二脂肪酸酯也是甘油衍生非离子表面活性剂。乙酸甘油单/二脂肪酸酯可由甘油单/二脂肪酸酯与乙酸酐进行乙酰化反应制得，其主要用作W/O型乳化剂、成膜剂、润滑剂以及食品组织改良剂等。乳酸甘油单/二脂肪酸酯可由甘油单/二脂肪酸酯与乳酸在碱性催化剂下反应制得，其主要作为W/O型乳化剂、稳定剂和增稠剂等。甘油单/二脂肪酸酯经过乙氧基化可制得相应的甘油聚醚脂肪酸酯型非离子表面活性剂，其主要应用W/O乳化剂、稳定剂和增稠剂等。

1 甘油生产与市场

根据甘油的含量和技术指标，可分为粗甘油和精甘油。粗甘油的含量通常为80%及以下，我国粗甘油90%以上依靠进口。含量在95%及以上的就可以叫做精甘油。进口甘油多为脂肪酸生产副产品，品牌较多，用途较广的有“椰树”和“春金”等。

根据甘油的原料来源及生产工艺，主要分为油脂水解过程中产生的水解甘油及生物柴油的副产的精炼甘油。现今两种产品在国内所占比例超过95%，其中由生物柴油副产的粗甘油精炼的工业甘油为国内的主流品种，含量多在95%左右，在工业中用途广泛。生物柴油副产的粗甘油精炼的工业甘油多分为95%和99.5%含量，油脂水解的甘油产品含量多为99.5%以上。

1.1 粗甘油

全球粗甘油主要供应国家多为油脂及生物柴油主产国。按照全球油脂类的分布，各个地区粗甘油的各有特点。国内粗甘油多来自东南亚、欧洲和南美等。东南亚地区以马来西亚、印度尼西亚为主。欧洲地区以美国、哥伦比亚等地区为主。南美地区以阿根廷和巴西为主。

生物柴油作为一个可再生以及清洁能源，近年受到全世界的关注，多个国家开始推行生物柴油的发展，但各个国家生物柴油的来源各不相同，就导致粗甘油的来源各有千秋。每生产10 t生物柴油可副产1 t粗甘油，所以如何消化粗甘油余量成为油脂化工行业面临的一个重大难题。

东南亚地区的马来西亚和印度尼西亚为全球棕榈油的主产国，其利用丰富的棕榈油资源生产生物柴油，在生产生物柴油的过程中副产粗甘油。从粗甘油的来源来看，东南亚地区的粗甘油多以棕榈油为原料，纯度较高。

欧洲地区的主要油脂原料为大豆和豆粕，美国为全世界产量最大的大豆产地。在欧洲地区生产生物柴油的原料为大豆、牛羊油脂。从生物柴油的来源可以看出，从欧洲来的粗甘油多为植物与动物的混合油。

国内粗甘油市场特点：

（1）对外依存度高。从粗甘油的来源分析，国内的粗甘油多从国外进口，对外依存率达到95%以上。2014年国内粗甘油进口主要集中在印度尼西亚和巴西，进口量比例超过85%。

（2）采购粗甘油有成本风险。由于国内粗甘油均来自国外，从国外达到国内的运输时间多在10~15天。这半个月左右的时间就给国内采购粗甘油带来一定的成本风险。从2013年来看，2013年粗甘油整体走势向上，进口商从国外采购粗甘油，经过海洋运输，一到港口自身货物就增值。2014年粗甘油全年走势向下，进口商从国外采购粗甘油，自身货物一到港口就贬值。

（3）粗甘油的产出情况。生物柴油为一个清洁能源，新能源，生物柴油的发展多为国家政策。生物柴油产出量的多少取决于各个国家的生物柴油参混率，也就是说粗甘油的产出取决于各个国家生物柴油参混率，同时粗甘油作为生物柴油的副产物，价格附加值偏低。

（4）粗甘油的价格影响因素。粗甘油价格影响因素较为单一，作为一个副产物。其影响因素为产量及需求。产量由主产国的生物柴油政策决定及生物柴油开工。出货量由需求决定。

1.2 精甘油

全球精甘油产能分布：马来西亚约合30万t，印度尼西亚约合9万t，菲律宾约合3.5万t，日本约合3.5万t，印度约合5.0万t，美国约合18.5万t，巴西约合10.8万t，中国大陆约合20.5万t，其他地区约合11.0万t。

国际上流通的精甘油多为脂肪酸或脂肪醇分离后得到的99.5%以上含量的丙三醇，主要为脂肪酸的副产物。

目前国内精甘油主要集中在江苏和广东地区，产品主要分为精炼精甘油和水解精甘油，其中精炼精甘油产能约合85万～95万t，水解精甘油产能约合20万t（见表1所示）。

表1 国内精甘油产能统计 单位：万t/a

精炼精甘油		水解精甘油	
益海－嘉里	7.0	益海－嘉里	4.0
德胜化纤	2.0	泰柯棕化	1.5
张家港飞翔	2.0	双马化工	1.5
江苏开源	1.0	纳爱斯	1.5
无名化工	1.0	德源高科	1.5
常熟兴盛	1.5	东马化工	1.2
宜兴中天	1.0	博兴华润	1.2
洁力来	0.8	洁丽来	2.0
沐阳龙睿油脂	3.0	高密密河	0.5
永兴甘油厂	1.2	青岛碱业	0.4
赵市油脂化工厂	1.4	康桥油脂化工	1.0
广源甘油厂	1.0	浙江嘉化	1.3
江门鸿捷	4.0	上海制皂	0.6
肇庆长龙	4.0	金达双鹏	0.4
清远福泰	1.5	瑞星化工	0.1
中山华隆	2.0	昆宝化工	0.1
台山长顺	1.5	杭州油脂	0.48
山东精典化工	2.0	华南益海	1.0
山东格润化工	1.0	四川天宇	0.32
四川添翔	1.8		
淮安市楚宝油脂有限公司	1.8		
山东临沂润利油脂化工	2.0		
唐山旭阳	15		
江苏永兴甘油厂	3.0		
江苏吉信甘油科技有限公司	10		
长江江宇	6.0		
潍坊一蓝	1.8		
郎溪精合	3.0		
合 计	83.3	合 计	20.6

数据来源：卓创资讯，表面活性剂和洗涤剂行业生产力促进中心编辑整理。

2 价格走势

目前全球甘油价格走势影响因素：一是原有价格引起的生物柴油装置的开工情况，二是脂肪酸生产企业在油脂加工领域的贡献，最主要因素还是下游行业的需求和市场走势等。

图 1 为 2014 年东南亚 FOB 甘油价格走势，可以看出，甘油价格呈现剧烈震荡，年初最

高价位在 920 美元 /t，截至 2014 年年底，甘油价格跌至当年谷底，最低价在 597.5 美元 /t，最大跌幅超过 35%。

受国际甘油价格走势影响，中国对外 CFR 甘油价格 2014 年也呈现大幅下跌，最高价位年初维持在 947.5 美元 /t，年底价格下跌逼近 625 美元 /t，年内最大跌幅超过 34%（图 2 所示）。

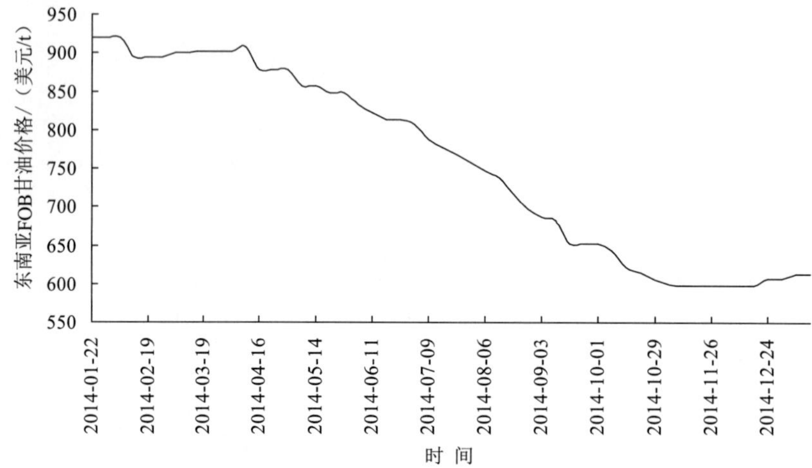

图 1　2014 年东南亚 FOB 甘油价格走势

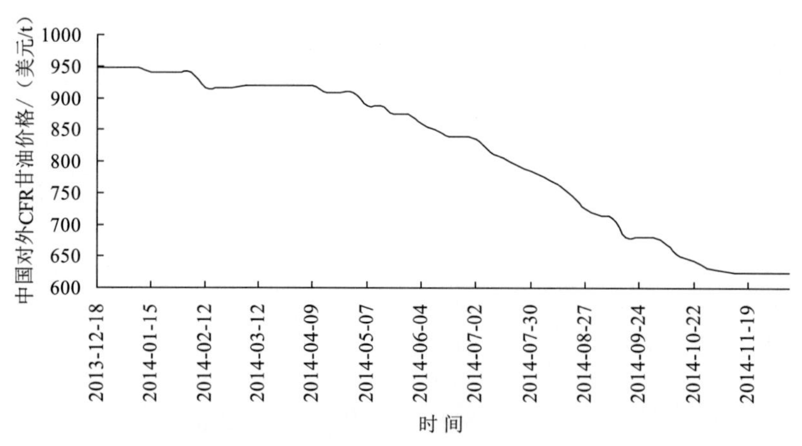

图 2　2014 年中国对外 CFR 甘油价格走势

分析当年国际甘油价格走势因素：一是全球经济放缓，需求放慢；二是上游天然油脂价格的剧烈震荡造成甘油行情下跌。而国际甘油价格下跌也是当年国内甘油进口增长的主要推动因素。

2014 年国内甘油价格整体呈现下跌趋势，但是市场表现同样比较活跃。95% 甘油产品华南地区、华东地区价格从年初的 5700 元 /t 和 5100 元 /t 跌至年底的 3400 元 /t 和 3300 元 /t，跌幅分别为 40.35% 和 35.29%（图 3 所示）。

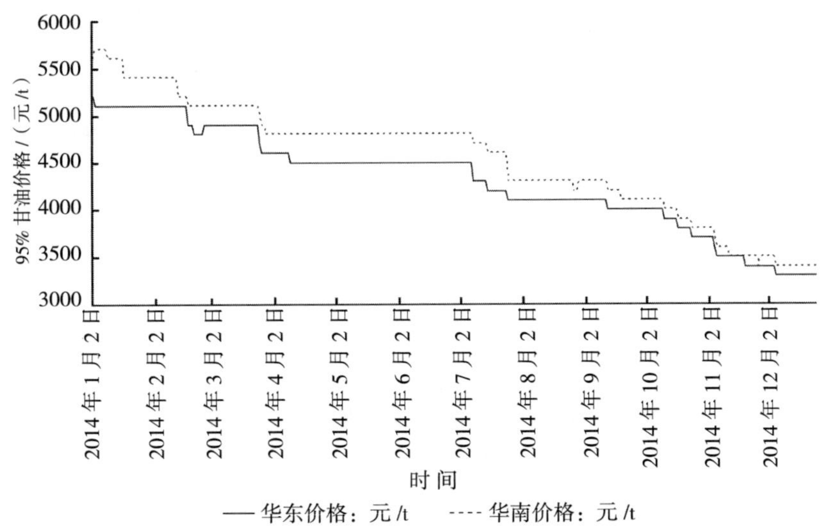

图 3　2014 年华东和华南地区 95% 甘油市场价格走势

3 国内甘油进口数据统计

2014 年国内粗甘油进口量总计 16.42 万 t，较 2013 年的 9.86 万 t 同比增长 66.6%。从当年的月度进口数据来看，进口主要集中在低价位的下半年，月度进口量最大月份为 12 月，进口 2.26 万 t，同比增长 143.3%（图 4 所示）。进口均价最低也是 12 月，为 605.9 美元 /t，折合人民币 3820 元 /t（图 5 所示）。

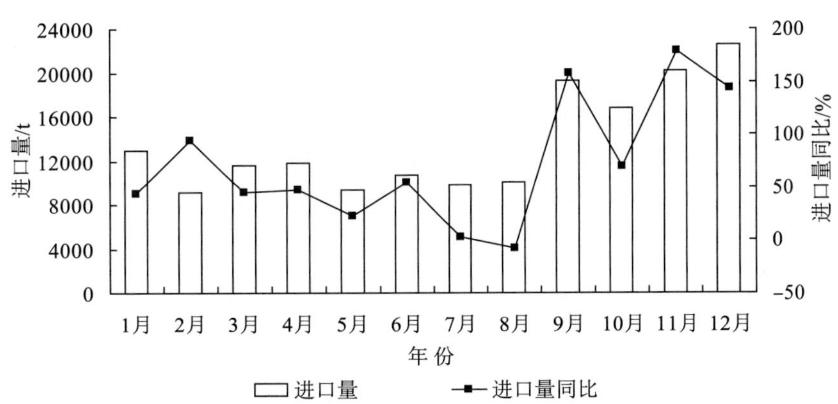

图 4　2014 年 1 月—12 月国内甘油月度进口数据统计

从 2014 年甘油进口来源国分析，主要集中在印度尼西亚、马来西亚、阿根廷和巴西等油脂生产国，进口量分别为 6.3 万 t、5.4 万 t、2.4 万 t 和 1.2 万 t，分别较 2013 年同比增长 56.8%、15.6%、1429.6% 和 0，占当年进口比例分别为 38.47%、33.25%、14.9% 和 7.04%（图 6 所示）。

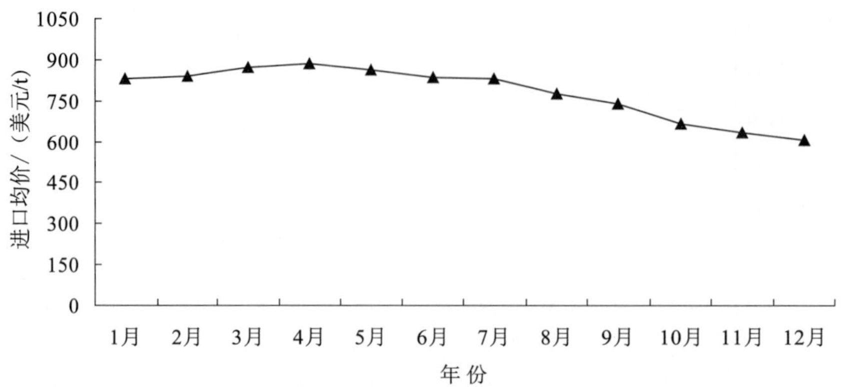

图 5　2014 年 1—12 月国内进口甘油均价走势

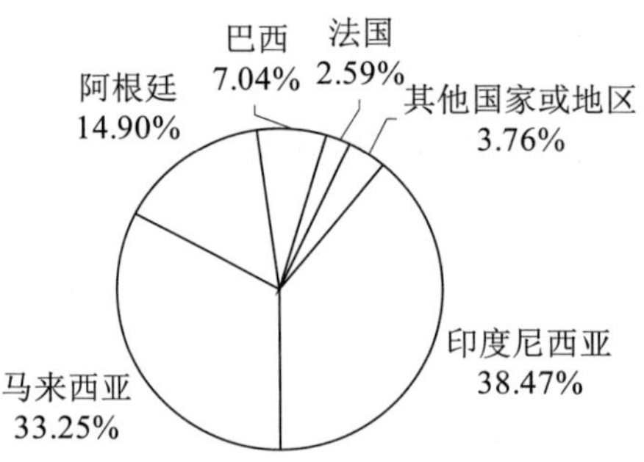

图 6　2014 年国内甘油进口国或地区数据比例统计

2014 年主要进口省市集中在江苏省（同比 53.0%）、广东省（同比 36.2%）、浙江省（同比 2114.1%）、上海市（同比 41.0%）、福建省（同比 13.1%）和天津市（同比 48.3%）等，进口量分别而为 4.3 万 t、3.8 万 t、2.4 万 t、1.9 万 t、1.8 万 t 和 1.2 万 t，合计 15.4 万 t，占当年总进口量的 93.8%（图 7 所示）。

2014 年进口海关与省市基本相符，主要集中在黄埔海关、上海海关、宁波海关、南京海关和天津海关等，进口量分别为 4.1 万 t、4.0 万 t、2.4 万 t、2.3 万 t 和 1.5 万 t，较 2013 年分别同比增长 40.4%、42.5%、1418.5%、117.6% 和 80.2% 等（图 8 所示）。

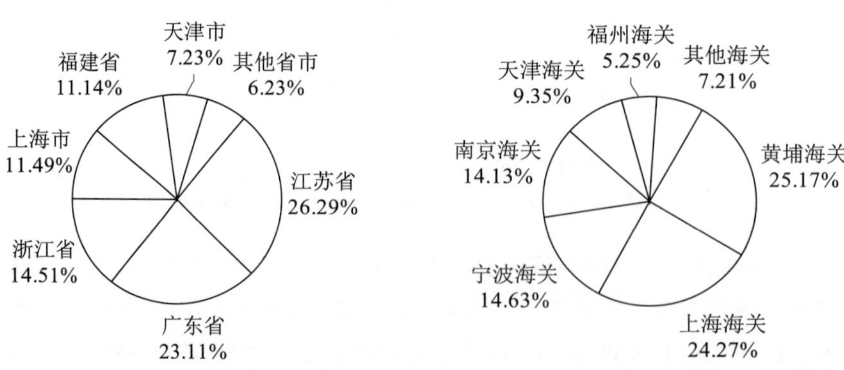

图 7　2014 年甘油进口省市数据统计　　图 8　2014 年甘油进口海关贸易数据统计

4 小结

目前国内市场销售甘油多为工业甘油，主要作为环氧氯丙烷原料，产品附加值较低，虽然部分企业通过配套精馏装置，实现规模精制甘油的生产，但是主要应用还是局限于医用甘油和部分化妆品原料组分使用，提高甘油的深加工附加值成为行业关注的重点，由于甘油在反应过程中，产品的成分复杂，诸多企业不愿花费较大的资金去开发甘油系列表面活性剂产品。2014—2015 年，辽宁奥克利用自身的技术优势，大力研发甘油型聚醚多元醇，目前已经取得了中试成功。

环氧乙烷

在国际油价剧烈震荡以及国内经济增长放缓等大环境的影响下，2014 年国内环氧乙烷（EO）行业发展日益成熟，生产和市场呈现新的发展特征：

（1）原料路线多元化。除了传统的石油—乙烯—环氧乙烷原料路线之外，还有煤制甲醇制烯烃路线和生物法乙醇制环氧乙烷路线。这些新原料路线的出现，为国内环氧乙烷装置提供充足的原料，同时也会对石油路线生产环氧乙烷形成竞争威胁，尤其是在高油价时代，乙醇和煤工艺路线在一定时期将具有成本优势，降低单一原料供应的市场风险。

（2）生产技术仍以进口为主。目前我国环氧乙烷的生产技术仍以进口技术为主，截止到 2013 年年底，国内环氧乙烷总产能超过 500 万 t，其中采用 SD 工艺技术的生产能力为 297 万 t / 年，占总生产能力的 58.96%；采用壳牌工艺技术的生产能力为 123.1 万 t / 年，占总生产能力的 24.44%；采用陶氏化学工艺技术的生产能力为 83.6 万 t / 年，占总生产能力的 16.6%。配套的精馏装置已经成熟，商品量比例逐步增大。

（3）投资主体多元化。近几年，由于外资及民营资本的介入，目前形成了以中国石化、中国石油为主体，民营等合资企业为辅的竞争格局，生产主体正在朝着多元化方向发展，民营企业在环氧乙烷行业的市场份额不断增加。截至 2014 年年底，国内民营 / 合资企业环氧乙烷产能总比超过 51%，超过中石化 36% 以及中石油 11% 市场比例，其中具有代表性的企业有中国三江精细化工、辽宁奥克、联弘集团等。

（4）商品环氧乙烷生产能力不断增加。由于受到原料乙烯资源供应的影响，以前我国环氧乙烷生产厂家主要是环氧乙烷联产乙二醇装置，且主要集中在中国石化和中国石油。近年来，一些企业纷纷扩增商品环氧乙烷生产能力，使得商品环氧乙烷的生产能力大幅增长。浙江嘉兴三江化工是目前国内最大商品环氧乙烷生产商，生产能力为 43 万 t / 年，占 2014 年商品环氧乙烷总生产能力的 13.87%。2014 年国内环氧乙烷产能持续增长，当年新增产能 145 万 t，其中商品环氧乙烷产能新增超过 80 万 t。

（5）产能分布区域性特点显着。我国环氧乙烷生产装置分布主要集中在华东、华北和东北地区。其中华东地区的生产能力占 58.65%，东北地区的生产能力占 14.29%，华北地区的生产能力占 10.64%，华南地区的生产能力占 7.72%，华中地区的生产能力占 7.94%，西北地区的生产能力占 0.75%。

（6）环氧乙烷高利润时代结束。目前国内环氧乙烷产业已进入调整期，生产能力的扩张，下游对进口的替代，环保物流的制约，都增加了经营的不确定性，使得全行业高价位格局被逐步打破，价格将回归理性。

（7）产业链设计日趋合理，下游利用开发日益加强。除了生产乙二醇之外，许多企业纷纷开发其他下游产品，非离子表面活性剂和减水剂大单体成为过去一年环氧乙烷下游衍生的重要力量，为改变目前商品环氧乙烷产能过剩，价格波动较大等现状提供重要保障。2014 年表面活性剂和大单体消耗商品环氧乙烷总比例超过 55%。

1 生产与市场

截至 2014 年年底，国内环氧乙烷总产能达到 678 万 t/ 年（实际运行装置产能，不涵盖年底建成但未投产的装置），较 2013 年的 533 万 t/ 年同比增长了 27.2%。其中商品环氧乙烷 2014 年达到 310 万 t/ 年，较 2013 年的 227 万 t/ 年同比增长 36.56%。商品环氧乙烷比例也由 2013 年的 42.59% 增长至 2014 年的 45.72%，增长超过 3 个百分点。

表 1 和图 1~ 图 2 给出 2010—2014 年国内环氧乙烷产能情况。

表1　2010—2014年国内EO产能及商品量统计

年　份	EO		商品EO	
	总产能/万t	同比增长/%	产能/万t	同比增长/%
2010 年	357	65.28	131	92.65
2011 年	370	3.64	143	9.16
2012 年	423	14.32	175	22.38
2013 年	533	26.00	227	29.71
2014 年	678	27.20	310	36.56

数据来源：卓创资讯、中国化工信息中心、表面活性剂和洗涤剂行业生产力促进中心整理分析。

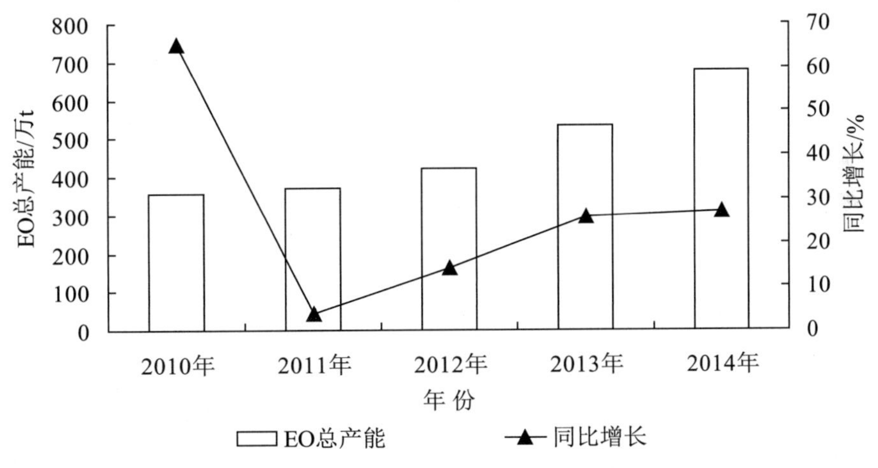

图 1　2010—2014 年国内大宗环氧乙烷产能统计

从商品环氧乙烷的原料供应格局来看，目前国内 EO 生产主要选择乙烯法，比例约合 97%，剩下 3% 为乙醇法，其中 87% 依靠石脑油裂解乙烯。2014 年国内商品环氧乙烷新增产能主要集中在华东地区。图 3 为截止到 2014 年年底国内商品环氧乙烷产能地区分布统计。国内商品环氧乙烷主要集中在华东和东北地区，产能分别占 64.0% 和 16.0%，合计超过 80%，环氧乙烷生产和供应集中性决定下游产业链发展呈现局部竞争加大的趋势。同时安全和环保政策压力给与商品环氧乙烷的影响也不可小觑。

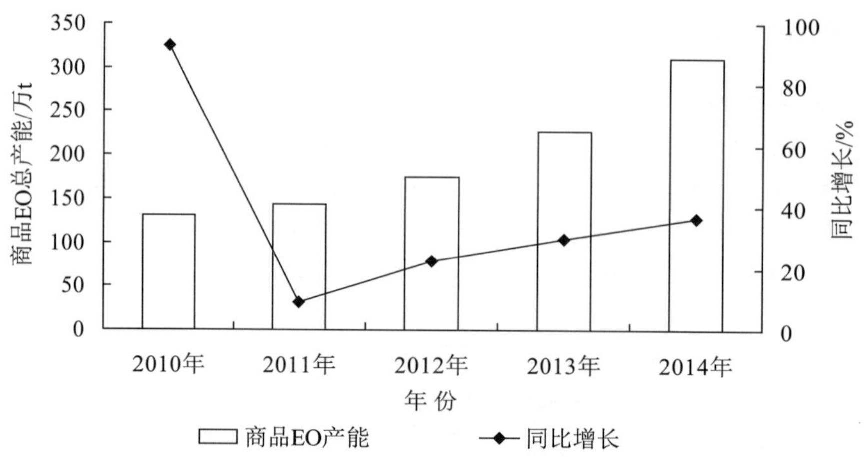

图 2　2010—2014 年国内商品环氧乙烷产能统计

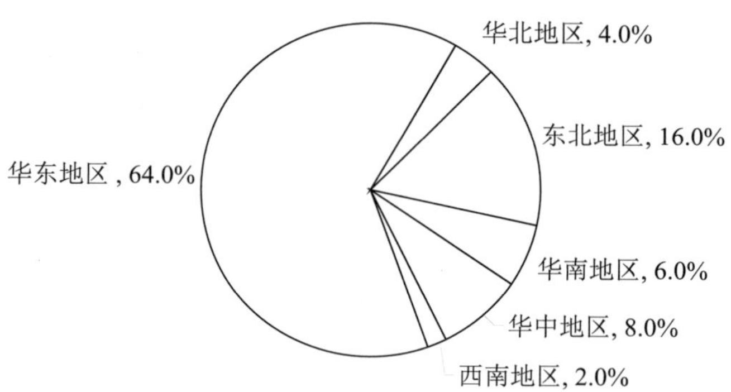

图 3　2014 年国内商品环氧乙烷产能地区分布

2 产量与消耗统计

过去一年新增产能释放，直接影响当年 EO 的价格走势和装置开工。2014 年在原油价格持续震荡的情况，国内环氧乙烷的开工率出现过去五年最低，平均开工率不足 71%。年产量和表观需求基本维持在 220 万 t。

表 2 和图 4 给出 2010—2014 年国内商品环氧乙烷市场及开工情况。

表2　2010—2014年国内商品环氧乙烷的产量及开工情况

年 份	2010年	2011年	2012年	2013年	2014年
表观消耗量 / 万 t	88	118	131	174	218
同比增长 / %	35.38	34.09	11.02	32.82	25.29
开工率 / %	84	72	73	73	71

数据来源：卓创咨询，中国化工信息中心，促进中心编辑整理。

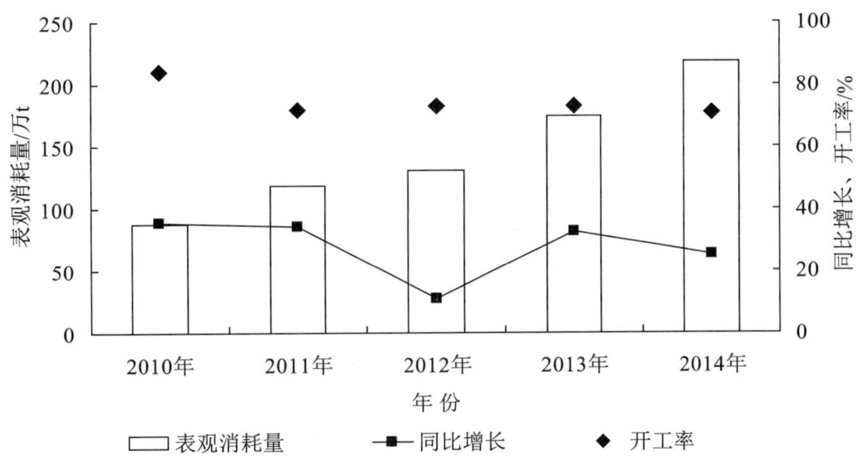

图 4　2010—2014 年国内商品环氧乙烷市场需求、开工情况

国内商品环氧乙烷下游消耗主要集中在非离子表面活性剂、聚醚大单体、醇醚溶剂、乙醇胺、氯化胆碱、聚醚多元醇等领域。2014 年，根据环氧乙烷实际消耗情况初步统计，当年非离子表面活性剂表观消耗 EO 比例约合 23.0%，聚醚大单体约合 48.0%，聚乙二醇约合 4.0%，乙醇胺约合 12.0%，聚醚多元醇约合 8.0%，氯化胆碱约合 5.0%。

表3　环氧乙烷对下游产品成本计算（平均值）

产品	EO消耗量/t	EO成本/（元/t）	产品价格/（元/t）	EO成本占比/%
AEO3	0.398	4577	11500	40
AEO9	0.66	7590	11500	66
乙醇胺	0.8	8400	10500	80
乙二醇醚	0.3	3360	11200	30
氯化胆碱	0.16	704	4400	16
低分子聚乙二醇	0.9	9720	10800	90
高分子聚乙二醇	0.98	12250	12500	98
聚醚大单体	0.95	11875	12500	95

备注：工艺差异决定成本预算存在差异，该表格仅作参考。

3 价格走势

2014 年国内商品环氧乙烷价格走势比较平稳，2014 年 1 月—11 月，国内商品 EO 价格主要维持在 9900 ~ 11000 元 / t，从 11 月中旬开始到 2014 年年底，价格出现较大幅度的下跌，年底价格跌至 7500 元 /t，跌幅超过 31.0%。

图 5 给出 2014 年国内商品环氧乙烷的价格走势。

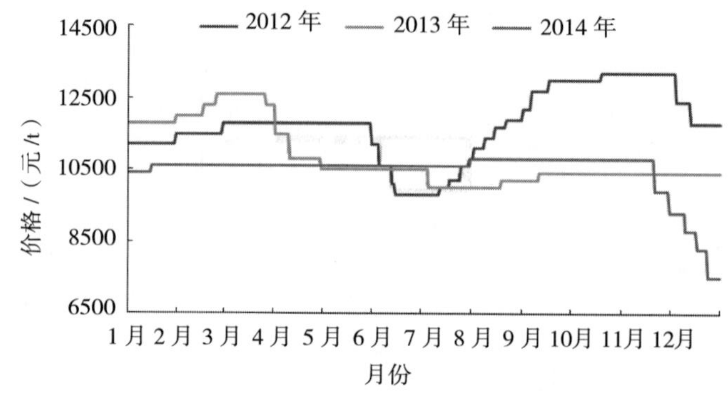

图 5 2012—2014 年国内环氧乙烷的价格走势图

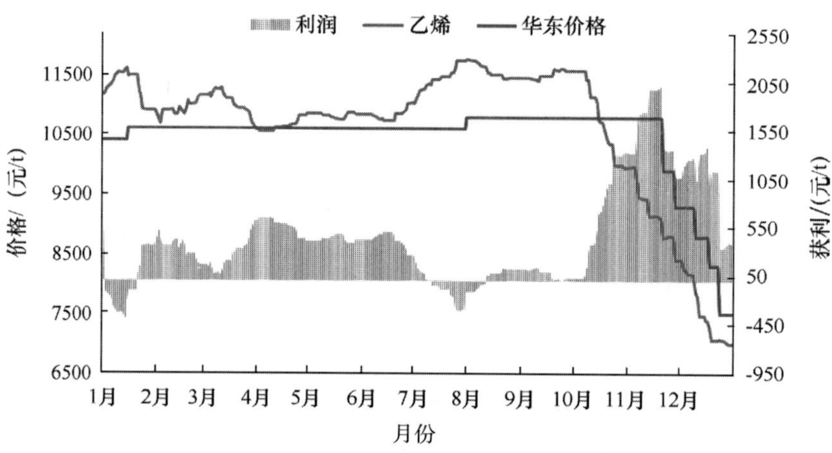

图 6 2014 年 1 月—12 月国内乙烯法环氧乙烷获利情况

4 未来发展方向和趋势

（1）加快国产高性能、低成本银催化剂研究和应用步伐

催化剂的开发是环氧乙烷生产技术进步的关键，今后应该进一步加快国产高性能、低成本银催化剂研究和应用步伐，以减少乙烯单耗，提高产品的收率，降低生产成本。同时，加大生产过程中各种新工艺和设备的开发，为我国环氧乙烷及其相关行业的发展提供技术上的支撑。

（2）加快现有技术的吸收消化，实现关键技术的国产化

目前，我国环氧乙烷的工业生产基本上都是引进国外技术，受国外技术的制约性很大，不仅影响我国环氧乙烷整体技术水平的提升，而且还影响生产所用催化剂的发展，今后应该加大对国外技术的消化吸收，逐渐实现相关技术的国产化，真正实现并完善技术—生产—应用的有效产业链，促进我国环氧乙烷及其下游产业的可持续发展。

（3）科学布局，合理规划下游装置

环氧乙烷项目面临着乙烯资源来源保障、工艺路线改造和盈利水平低下的巨大压力。许

多环氧乙烷装置大幅调整环氧乙烷/乙二醇产品结构，使得商品环氧乙烷产能和产量直线上升，而下游企业又远离市场，缺乏竞争优势；一些新建的环氧乙烷项目期待大幅生产商品环氧乙烷，而周边的环氧乙烷精深加工的下游企业和企业的能力与规模又难以配套成行；一些选择了乙醇路线的环氧乙烷项目，尽管技术成熟，但是前景暗淡；此外，乙烯来源的多元化也将对传统环氧乙烷项目构成新的重大影响。如“甲醇—乙烯—环氧乙烷”生产路线的新型环氧乙烷生产项目的开发与建设，天然气以及页岩气制烯烃的技术进展与项目建设等。国家在加强规模化环氧乙烷装置建设布点的同时，应该考虑生产商分布与我国环氧乙烷目标市场分布的合理性，环氧乙烷下游产业也应主动向环氧乙烷产地集中以节省物流成本。另外应该合理安排表面活性剂、乙醇胺等下游精细化工项目，以提高我国环氧乙烷深加工企业的国际竞争力。

（4）加大下游精细化工产品的开发与应用

我国商品环氧乙烷产能过剩将为环氧乙烷精深加工的下游产业发展提供有利的资源保障，创造更好的发展机遇。但是，商品环氧乙烷资源的富足也将促使更多的环氧乙烷精深加工下游企业扩大规模，促使更多的投资进入环氧乙烷精深加工领域建立更多的环氧乙烷精深加工项目，甚至引发业外的投资和项目的盲目扩张。这些环氧乙烷产能的过剩将引发环氧乙烷精深加工产业的产能过剩、产品雷同、过度竞争和效益低下，甚至在未来几年中，引发相关企业停产和倒闭。因此，加大下游精细化工产品的开发与应用不仅可以满足国内相关行业的发展需要，还可以加快环氧乙烷消费结构的调整，形成环氧乙烷下游精细化工产业链，获取较高经济效益，保证我国环氧乙烷工业健康稳定发展。

辛 醇

辛醇作为表面活性剂原料比例较小，主要用于制邻苯二甲酸酯类及脂肪族二元酸酯类增塑剂，如邻苯二甲酸二辛酯（DOP）、对苯二甲酸二辛酯（DOTP）、壬二酸二辛酯（DOZ）和癸二酸二辛酯（DOS）等，分别用作塑料的主增塑剂和耐寒辅助增塑剂、消泡剂、分散剂、选矿剂和石油填加剂，也用于印染、油漆、胶片等方面。

目前国内外辛醇生产工艺主要集中在低压羰基合成法，丙烯和合成气为主要原料。

2014 年北美辛醇生产集中在美国，产能约合 53.5 万 t。西欧辛醇生产主要集中在德国、法国和瑞典，产能分别为 82.0 万 t、13 万 t 和 12.5 万 t。东欧辛醇生产集中在波兰、俄罗斯和罗马尼亚，产能分别为 17 万 t、11.5 万 t 和 5.0 万 t。亚洲是全球辛醇产能最大的地区，总产能超过 254.5 万 t，其中中国大陆辛醇产能约合 200 万 t，日本约合 34 万 t，韩国 35 万 t，沙特 15 万 t，中国台湾 22 万 t，印尼 10 万 t，印度 20 万 t，马来西亚 8.0 万 t。

2014 年辛醇下游中，DOP 用量下降 3 万 t，全年消费量占比 53%；DOTP 消费量增加，全年消费占比 27%；丙烯酸异辛酯用量小幅增加，全年消费占比 11%；其他方面用量占比 9%。

随着下游行业 DOP、DOTP 等增塑剂市场需求的不断增加，近几年国内辛醇市场呈现逐年增加态势，2010 年以前，国内辛醇产量基本维持在 50 万 t 左右，2010—2014 年是国内辛醇快速增长时期，2010 年辛醇产量约合 54.5 万 t，2014 年超过了 135 万 t，同比增长了 147.7%，除此之外，每年还有超过 10 万 t 的进口，国内辛醇市场容量接近 150 万 t。

表 1 给出 2014 年国内辛醇的产能统计情况。包括台湾在内的中国辛醇产能超过 219 万 t，其中大陆产能约合 197 万 t，占比 89.95%，从地域分布来看，天津和山东成为国内辛醇产能主要集中区，产能比例超过 55%。

表1 国内辛醇产能统计

序 号	单位名称	产能 / 万t	技术工艺	备注
1	天津渤化永利	28	英国 Davy 低压羰基合成	天津市塘沽区
2	鲁西化工	26	英国 Davy 低压羰基合成	山东聊城
3	齐鲁石化	25.5	Davy 低压液相羰基合成	淄博市临淄区
4	台湾南亚	22	英国 Davy 低压羰基合成	台湾麦寮
5	山东建兰	14	英国 Davy 低压羰基合成	淄博市临淄区
6	利华益	14	英国 Davy 低压羰基合成	东营市利津县
7	山东蓝帆	14	英国 Davy 低压羰基合成	淄博市临淄区
8	大庆石化	13	英国 Davy 低压液相羰基合成	大庆龙凤区
9	惠生化工	12.5	英国 Davy 低压羰基合成	江苏南京
10	吉林石化	12	第四代低压液相循环合成	吉林市龙潭区
11	华鲁恒升	10	英国 Davy 低压羰基合成	山东德州

续表

序号	单位名称	产能/万t	技术工艺	备注
12	江苏善俊能源	8	英国 Davy 低压羰基合成	连云港赣榆县
13	四川新津石化	8	英国 Davy 低压羰基合成	成都市彭州
14	东明东方化工	7	英国 Davy 低压羰基合成	菏泽东明县
15	北京化工四厂	5	日本三菱低压液相羰基合成	北京市房山区
合计		219万t		

备注：部分企业辛醇装置与正丁醇和异丁醇联产。

据不完全统计，2014年国内在运行辛醇装置平均开工率70%，较2013年的63.0%增加约7个百分点。经过近10年国内辛醇装置的改造和发展，2010—2014年辛醇装置平均开工率基本维持在60%～70%，行业进入平稳发展时期。2014年部分产能并未完全释放，如江苏善俊装置年内虽然建成，但由于装置改造，一直未正常开车。四川石化装置上半年建成，但全年并未生产辛醇。鲁西化工二期辛醇装置9月投产，导致全年整体开工负荷仍不高。2014年内地辛醇整体开工率为70.05%，较2013年略有提高。2015年仍有部分新上装置，预计2015年开工负荷仍不高。

2015—2017年，国内辛醇新增产能大约为75万t，具体统计见表2所示。近几年辛醇新项目和装置的不断建设，促使国内辛醇价格逐年走低，新增产能的释放，有力推动国内辛醇产量的增加，国内辛醇行情一路走势，图1给出2012—2014年国内辛醇的价格走势情况，明显看出，2014年辛醇价格较2013年同期降低超过了13.5%。

表2　2015—2017年国内辛醇新增产能情况统计

序号	单位名称	产能/万t	备注
1	江苏华昌化工	8.0	张家港，预计2015年试运行
2	日照日曦化工	7.0	预计2015年中期开车
3	安庆曙光集团	10.0	2015年中期建成，年底投产
4	潍坊博斯腾醇业	18.5	项目进展缓慢，投产日期待定
5	辽宁缘泰	10.0	—
6	中石油揭阳石化	8.5	—
7	中石化巴陵石化	14.0	—

备注：原有价格下跌可能促使部分项目加快建设步伐。

国内辛醇生产原料主要以丙烯和合成气为主，丙烯价格直接影响辛醇行情走势和获利情况，图2给出2014年国内辛醇生产的获利情况。从全年的走势来看，当年辛醇基本处于全年盈利情况，年底行业获利比较客可观。2014年下半年，在全球石油价格一路下跌的影响下，国内丙烯价格一路走低，截止到2014年11月底，丙烯价格已经跌破8500元/t，当年下半年辛醇价格虽然也跟随原料走低，但是年底的获利情况使得装置开工负荷明显提高，年底辛醇毛利润超过1500元/t，这种情况将促使国内辛醇装置和项目建设步伐加快。

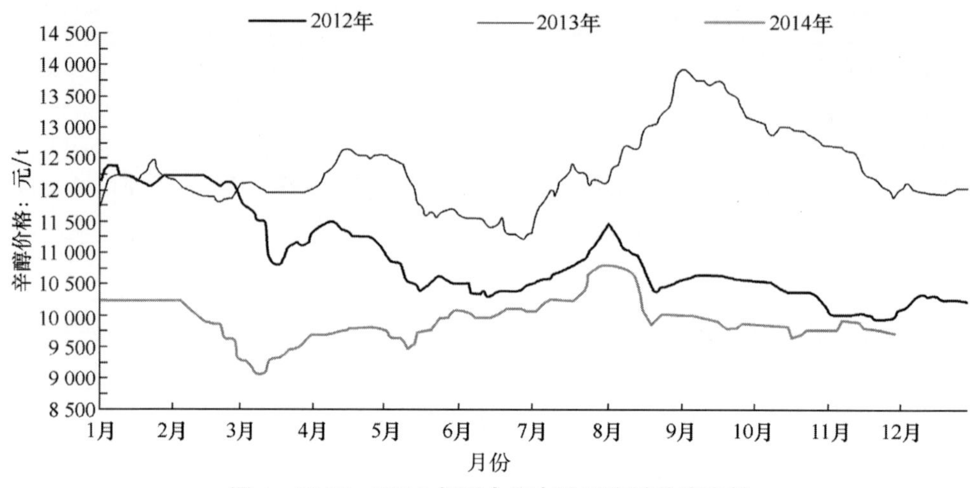

图 1　2012—2014 年国内华东地区辛醇价格走势

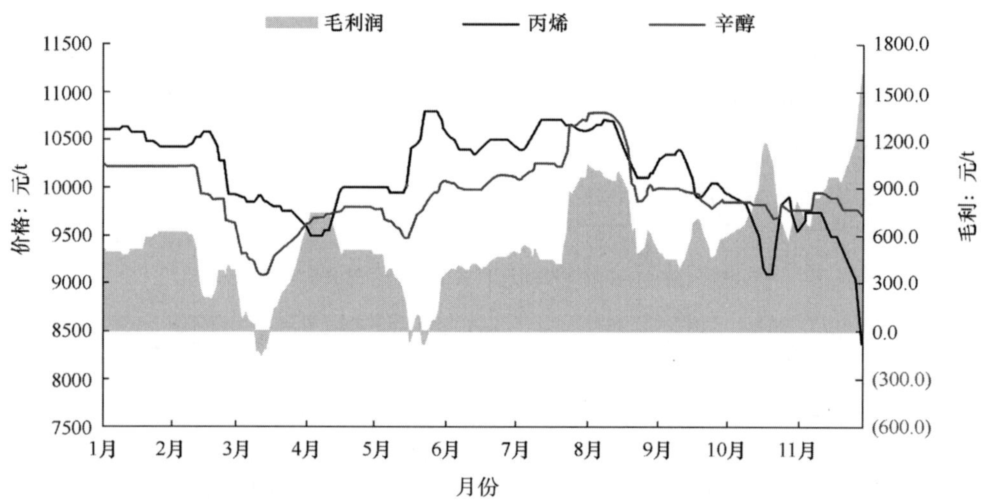

图 2　2014 年 1—12 月国内辛醇生产的获利情况

图 3 给出 2008—2014 年国内辛醇的市场情况。2013 年和 2014 年国内辛醇表观消费量接近 150 万 t，虽然进口依存度已经由 2009 年 47% 降至 2014 年的 10% 左右，但是每年还是有近 20 万 t 的辛醇依赖进口，预计到 2017 年，国内新增辛醇产能逐步市场，未来国内辛醇产销基本持平，本土产品基本可以满足国内市场需求，甚至会出现国内产品出口国外市场的局面。为提高本土企业辛醇市场竞争力，目前国内企业应该开始着手准备未来 5 年行业的发展方向，通过产品出口来降低本土市场的竞争压力，实现辛醇市场的可持续和健康发展。

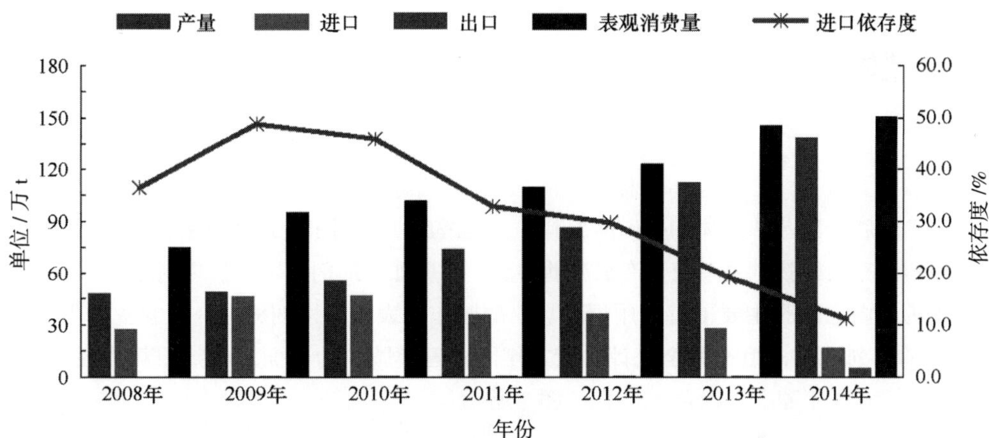

图 3　2008—2014 年国内辛醇的市场情况（产量、进口、表观消费和进口依存度）

辛醇作为目前国内合成脂肪醇主要系列产品，由于其原料主要依赖于丙烯和合成气，国内众多装置配套正丁醇 / 异丁醇生产，目前来看，行业还不会出现太大的波动，但是随着未来几年新增产能的释放，以及石油价格的一路走低，国内辛醇部分时间段会出现较大波动，但是价格行情整体逐年走低。企业在考虑辛醇生产的同时，应该把产品消化和销售作为头等大事来做，除发展增塑剂产品外，可以考虑与天然油脂低碳醇的相互替代可行性。通过提高产品性能发展低碳脂肪醇在民用领域的应用力度，以求企业竞争力提升和抗风险能力的增强。

乙 醇 胺

乙醇胺主要分为一乙醇胺（也称单乙醇胺）、二乙醇胺和三乙醇胺三种，一乙醇胺主要用于生产乙烯胺、医药中间体和牛磺酸原料，二乙醇胺主要用于生产草甘膦、表面活性剂和聚氨酯原料，三乙醇胺主要用于生产水泥助磨剂、金属加工助剂和个人护理用品原料等。

图 1 为国内乙醇胺主要下游应用情况。乙醇胺作为表面活性剂原料，可制备多用类型、不同性能的系列产品，拒不完全统计，近几年国内乙醇胺作为表面活性剂原料消耗比例在 15% ~ 17%，2014 年需求量约合 7.5 万 t（图 2 所示）。

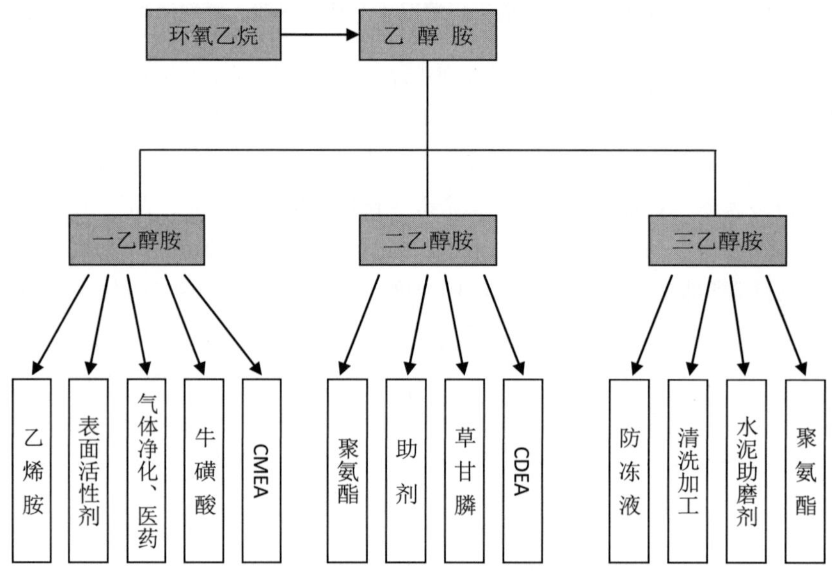

图 1　乙醇胺下游产品应用

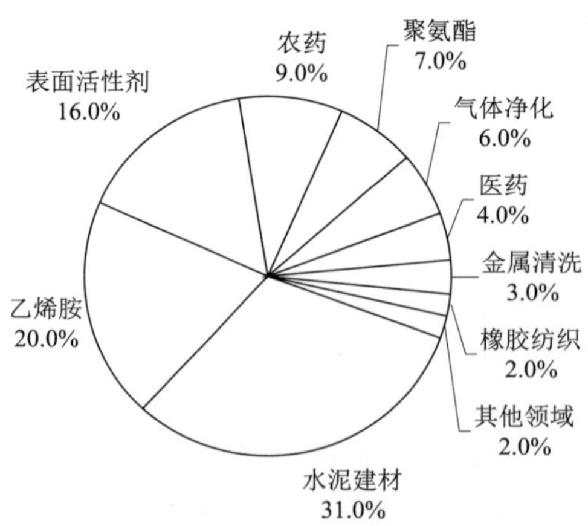

图 2　乙醇胺下游产品应用消费结构分析

1 生产与市场

随着近几年商品环氧乙烷产能和市场供应的加大，一定程度上推动乙醇胺项目建设和产能增长，2010 年国内乙醇胺产能约合 36 万 t，截止到 2014 年接近 80 万 t（含在建 15 万 t），5 年产能综合增长超过 120%。

目前国内规模乙醇胺企业有 15 家左右（表 1 所示），总产能约合 80 万 t。其中华东地区产能占比 62%，约合 50 万 t，东北地区约合 24%，产能超过 19 万 t。华南、华中和华北地区总产能约合 14% 产能比，超过 11 万 t。

表1　2014年国内乙醇胺主要规模企业及产能统计

序号	企业名称	产能/万t	产品系列
1	阿克苏诺贝尔（宁波）	7.5	MEA/DEA/TEA
2	扬子—巴斯夫（南京）	7.5	MEA/DEA/TEA
3	亚东石化（扬州）	4.0	MEA/DEA/TEA
4	乐天化学（嘉兴）	5.0	MEA/DEA/TEA
5	嘉兴金燕化工	8.0	MEA/DEA/TEA
6	湖北仙粼化工	5.0	MEA/DEA/TEA
7	茂名实华	2.0	MEA/DEA/TEA
8	辽宁抚顺北方	2.0	MEA/DEA/TEA
9	辽宁北化	5.0	MEA/DEA/TEA
10	佳化化学	10.0	TEA
11	吉林众鑫	3.0	TEA
12	吉林荟丰	2.0	TEA
13	石家庄海森	1.0	TEA
14	宏威（连云港）	15.0	MEA/DEA/TEA（在建）
15	其他企业	3.0	TEA
合计		80.0	

数据来源：易贸信息中心

从装置开工情况来看，受下游行业综合影响以及具体产业转型升级，过去 5 年国内乙醇胺的装置开工表现比较积极，开工率以每年 3~5 个百分点逐步增长，2014 年开工率维持在 55% 左右，较 2013 年提高 5 个百分点。

目前国内乙醇胺的生产现状：高速增长；受原料商品 EO 影响，生产布局集中度较高；下游市场需求决定近几年装置开工不高；在原油价格波动影响下，行业企业利润被压缩，相当一部分企业出现短期亏损。

表 2 给出 2010—2014 年国内乙醇胺的产量及开工情况。2014 年国内乙醇胺总产量为 36 万 t，较 2013 年的 32 万 t 同比增长 12.5%，当年平均开工率为 55.2%，较 2013 年高出 4.6 个百分点（图 3 ~ 图 4 所示），预期 2015—2020 年，国内乙醇胺将进入平稳发展时期，行业出现整合和洗牌，

项目建设放缓，产能和产量将基本趋于稳定，供求实现平衡。

图 5 为 2010—2014 年国内乙醇胺消费情况及走势，2014 年国内乙醇胺具体产品消费结构：单乙醇胺约合 36%，二乙醇胺约合 26%，三乙醇胺约合 38%，与前几年相比，三乙醇胺消费量呈现急剧减少。

表2　2010—2014年国内乙醇胺产量及开工情况统计

年 份	产量/万t	产量同比增长/%	开工率/%	消费量/万t	消费量同比增长/%
2010 年	10	—	28.0	27.2	—
2011 年	19	90.00	40.0	31.8	16.91
2012 年	26	36.84	43.8	34.2	7.55
2013 年	32	23.08	50.6	42.0	22.81
2014 年	36	12.50	55.2	46.8	11.43

数据来源：易贸信息中心，表面活性剂和洗涤剂行业生产力促进中心编辑整理。

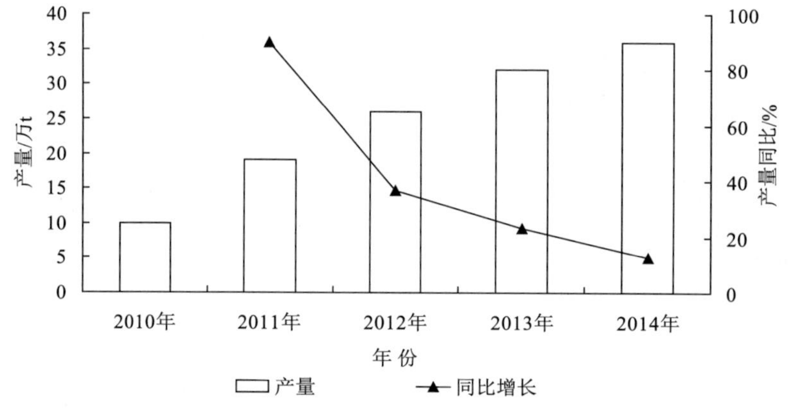

图 3　2010—2014 年国内乙醇胺产量情况

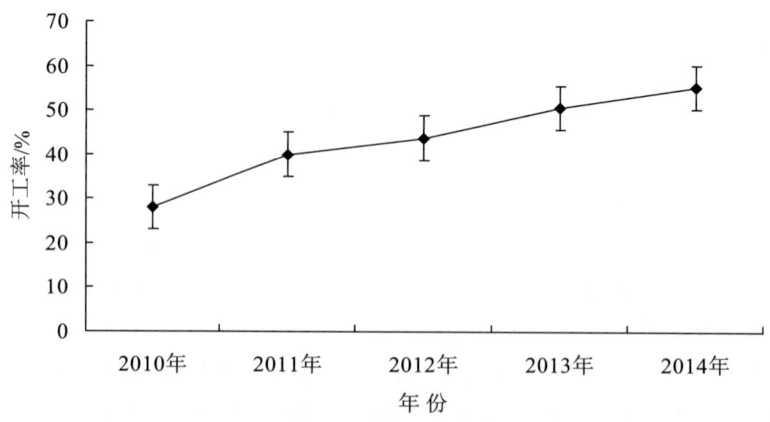

图 4　2010—2014 年国内乙醇胺装置开工情况

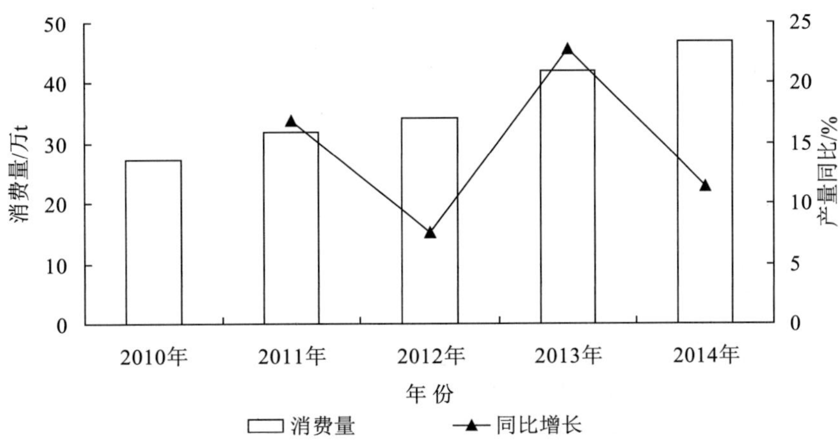

图 5　2010—2014 年国内乙醇胺的消费情况及走势

2 价格走势

图 6 ~ 图 7 为 2011—2014 年国内一乙醇胺和二乙醇胺价格走势。过去三年平均价格主要维持在 11500 元 /t，其中在 2011 年 10 月底至 11 月初，国内主要地区一乙醇胺价格维持在 13500 元 /t，2014 年年底，价格创过去三年最低，跌至 10500 元 /t 以下。2014 年华东地区最大跌幅超过 18%，华东地区最大跌幅超过 9.5%。

相比之下，国内华东地区二乙醇胺在 2012 年下半年至 2013 年上半年维持较高价位，最高冲击 14000 元 /t，2014 年国内二乙醇胺价格走势比较平稳，1 月—10 月价格基本维持在 12000 元 /t，年底收商品 EO 价格震荡和下行，二乙醇胺价格也开始出现大幅度下跌，跌至 10400 元 /t，跌幅为 13.3%。

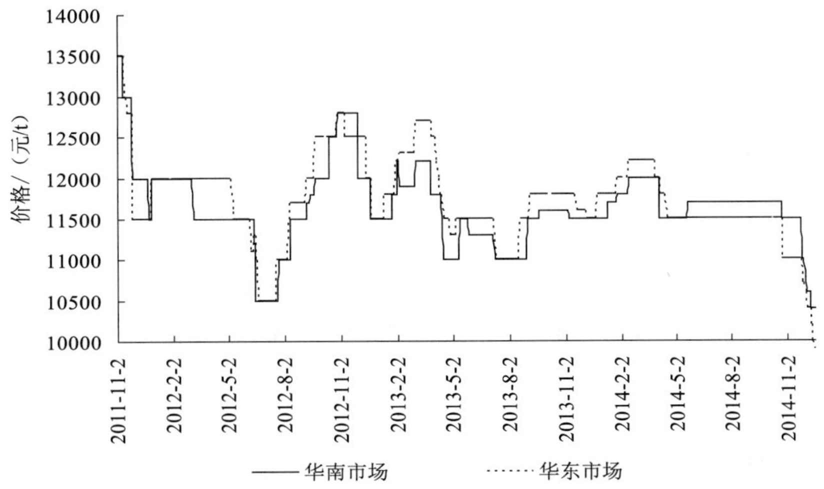

图 6　2011—2014 年国内一乙醇胺价格走势

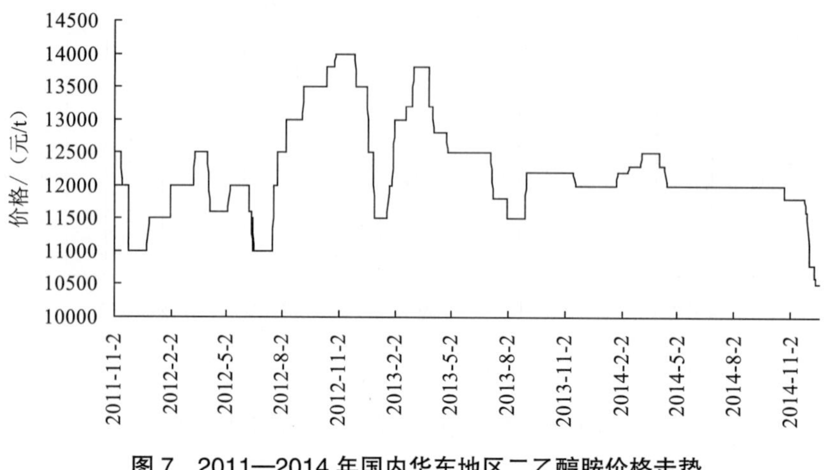

图 7　2011—2014 年国内华东地区二乙醇胺价格走势

图 8 为 2011—2014 年国内主要地区三乙醇胺价格走势，整体来看，价格处于下行趋势，2012 年 6 月前后，受下游行业需求影响，三乙醇胺市场急剧萎缩，价格也出现超过 25% 的跌幅。2014 年国内三乙醇胺价格走势同样比较平稳，基本维持在 11000 元/t，年底出现 9.1% 的跌幅。

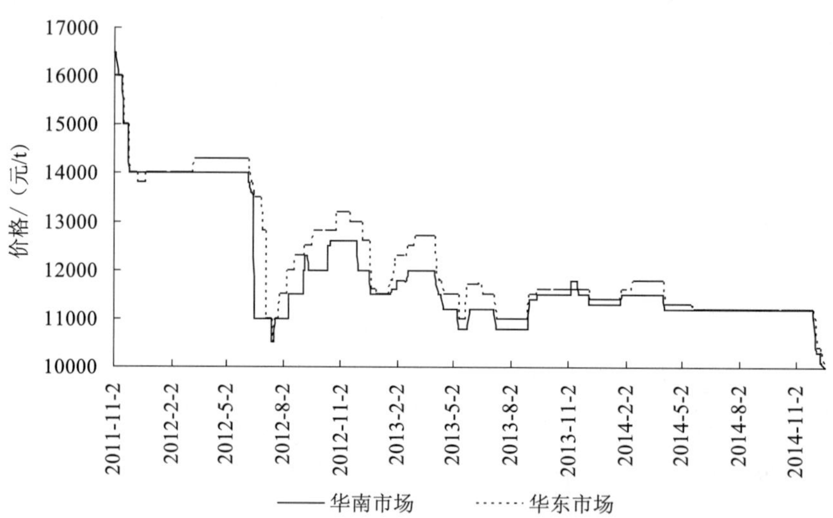

图 8　2011—2014 年国内主要地区三乙醇胺价格走势

3 进出口数据

表 3 和图 9 为 2010—2014 年国内主要乙醇胺进口数据统计，2014 年全年进口乙醇胺总计 11.67 万 t，较 2013 年的 10.9 万 t 增长 7.06%。其中，一乙醇胺进口 2.46 万 t，同比增长 -1.6%；

二乙醇胺进口 4.28 万 t，同比增长 25.88%，过去 5 年首次实现正向增长；三乙醇胺进口 4.93 万 t，同比增长 -1.4%。

表3　2010—2014年国内主要乙醇胺进口数据统计

产品类型	2010年	2011年	2012年	2013年	2014年
MEA / 万 t	3.16	2.07	1.84	2.50	2.46
同比增长 /%	—	-34.49	-11.11	35.87	-1.60
DEA / 万 t	8.27	5.16	4.5	3.40	4.28
同比增长 /%	—	-37.61	-12.79	-24.44	25.88
TEA / 万 t	4.69	3.86	3.60	5.00	4.93
同比增长 /%	—	-17.70	-6.74	38.89	-1.40

数据来源：中国海关，表面活性剂和洗涤剂行业生产力促进中心编辑整理。

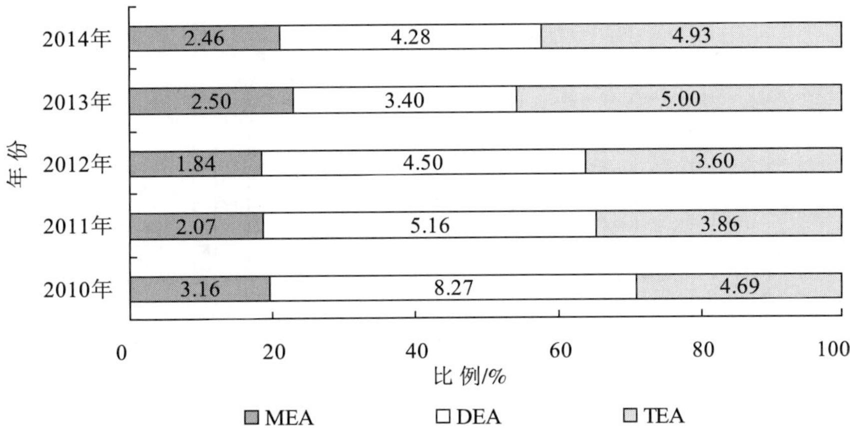

图 9　2010—2014 年国内主要乙醇胺产品进口数据统计（单位：万 t）

3.1　一乙醇胺

2014 年一乙醇胺进口主要集中在 1 月和 10 月，进口量分别为 3596 t 和 3115 t，较 2013 年分别同比增长 83.1% 和 315.2%，进口均价维持在 1300 美元 ~ 1350 美元 /t，5 月进口均价最高，超过 1500 美元 /t，10 月进口均价最低，为 1256 美元 /t，高低差价超过 19.4%（图 10 ~ 图 12 所示）。

2014 年一乙醇胺进口国家和地区主要集中在沙特阿拉伯、马来西亚、伊朗、德国和泰国，其中沙特阿拉伯进口量分别为 1.45 万 t，占比 58.9%，同比增长 42.7%（图 13 所示）。

当年一乙醇胺进口省市主要集中在浙江省、广东省、江苏省、北京市和山西省，其中浙江省进口量超过 1.1 万 t，同比增长 159.4%，占当年总进口量的 44.7%，广东省和江苏省合计进口均出现较大幅度减少，合计进口约合 8000 t，占比 32.5%。

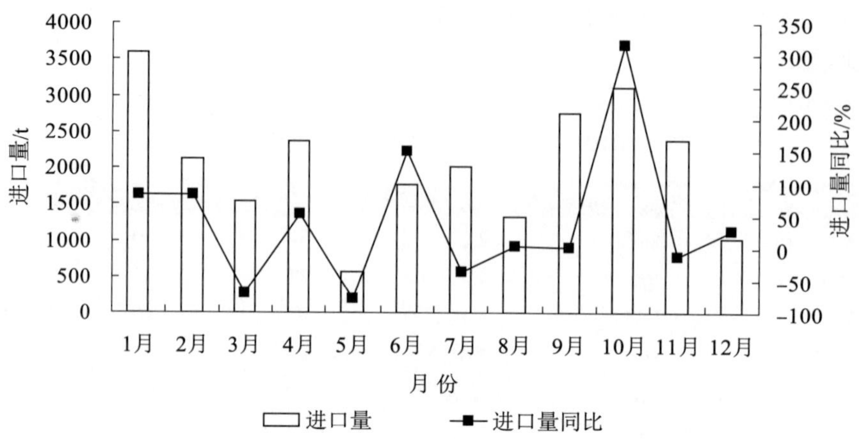

图 10　2014 年 1 月—12 月国内一乙醇胺月度进口量统计

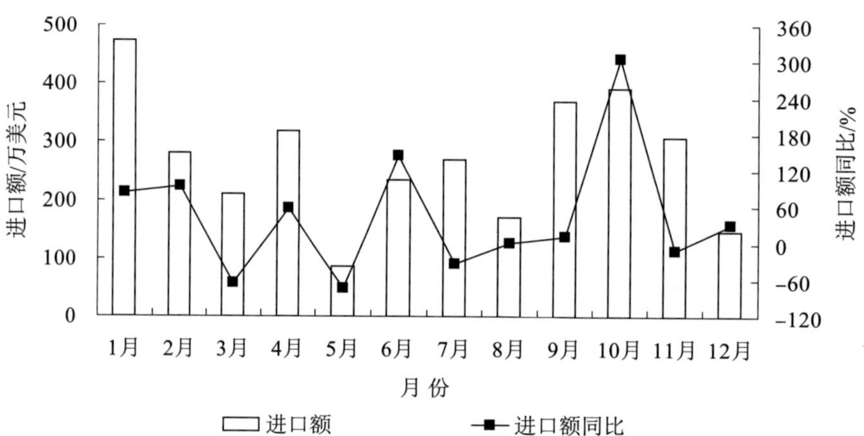

图 11　2014 年 1 月—12 月国内一乙醇胺月度进口额统计

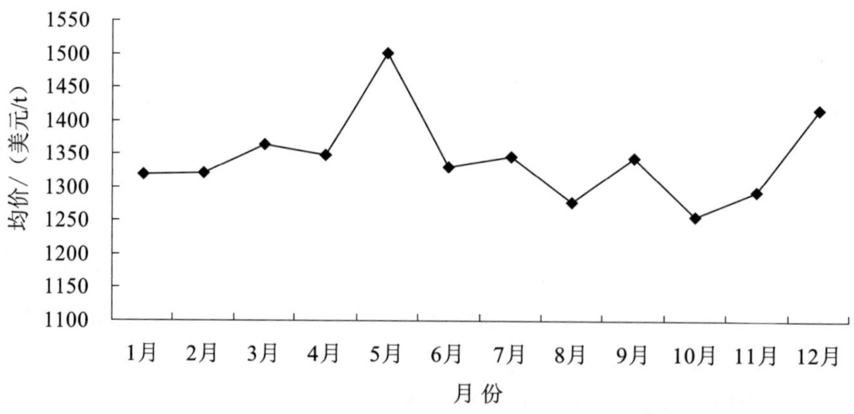

图 12　2014 年 1 月—12 月国内一乙醇胺月度进口均价走势

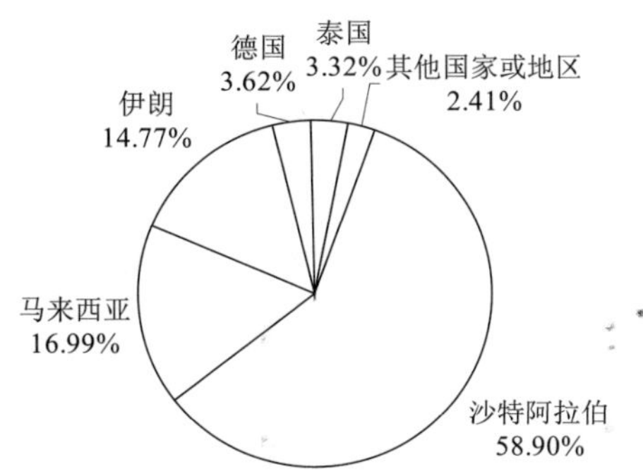

图 13　2014 年一乙醇胺进口国家和地区数据统计

3.2　二乙醇胺

2014 年国内二乙醇胺月度进口见图 14 ~ 图 16 所示，当年月度进口正向增长集中在 2 月、4 月、6 月、8 月—10 月和 12 月，其中 12 月增长幅度最大，超过 400%，其余月份为负增长，进口量最大月份为 10 月，同比增长 146.9%。

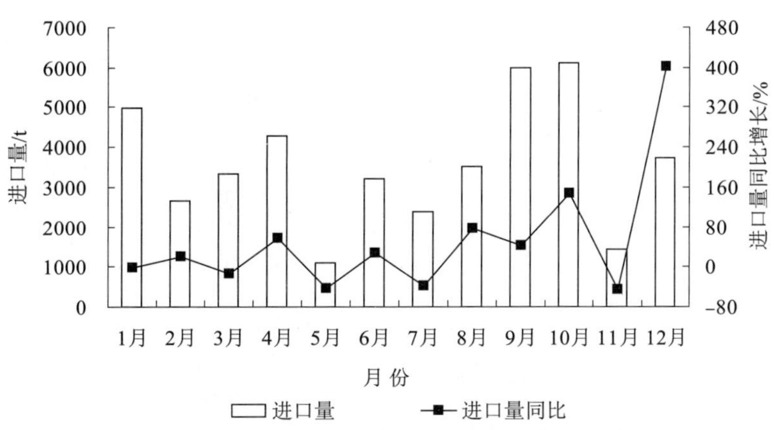

图 14　2014 年 1 月—12 月国内二乙醇胺月度进口量统计

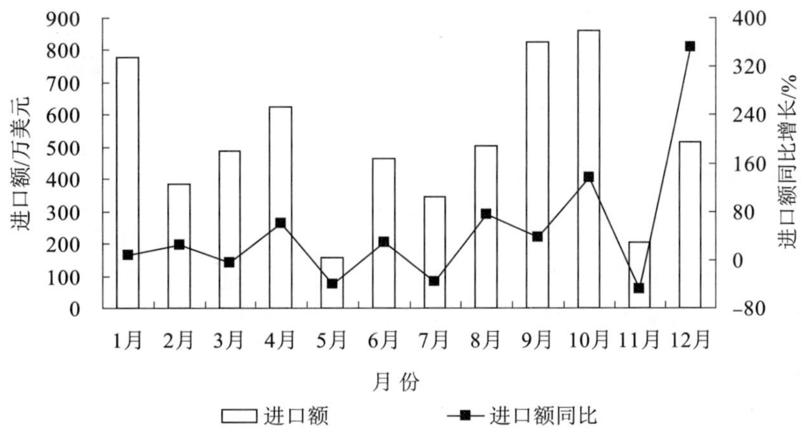

图 15　2014 年 1 月—12 月国内二乙醇胺月度进口额统计

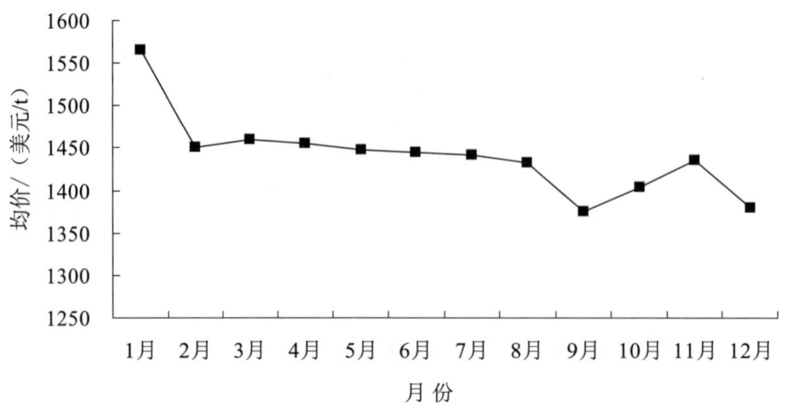

图 16　2014 年 1 月—12 月国内二乙醇胺月度进口均价统计

2014 年二乙醇胺进口国家和地区主要集中在沙特阿拉伯和马来西亚，进口量分别为 1.5 万 t 和 1.1 万 t，较 2013 年分别同比增长 46.6% 和 114.4%，分别占当年二乙醇胺总进口量的 35.21% 和 24.71%，合计接近 70%。

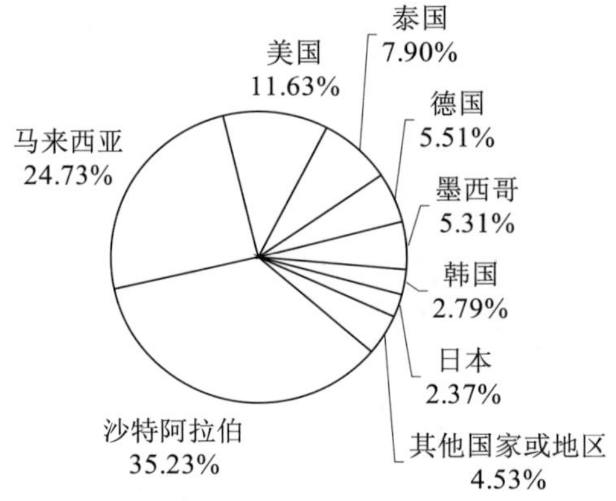

图 17　2014 年国内二乙醇胺进口国家和地区数据统计

二乙醇胺 2014 年进口省市主要集中在江苏省、上海市、广东省、北京市、天津市和浙江省，其中江苏省进口量达到 2.8 万 t，同比增长 23.7%，占当年总进口量的 65.4%，其他省市进口量合计 1.48 万 t，占比 34.6%。

3.3　三乙醇胺

如图 18 ~ 图 20 所示，2014 年国内三乙醇胺进口主要集中在 7 月和 10 月，进口量分别为 5.5 万 t 和 5.7 万 t，较 2013 年分别同比增长 –0.9% 和 20.3%，2014 年进口均价最高为 6 月，超过 1530 美元 /t，最低进口均价为 7 月，约合 1370 美元 /t，高低差价约合 160 美元 /t。

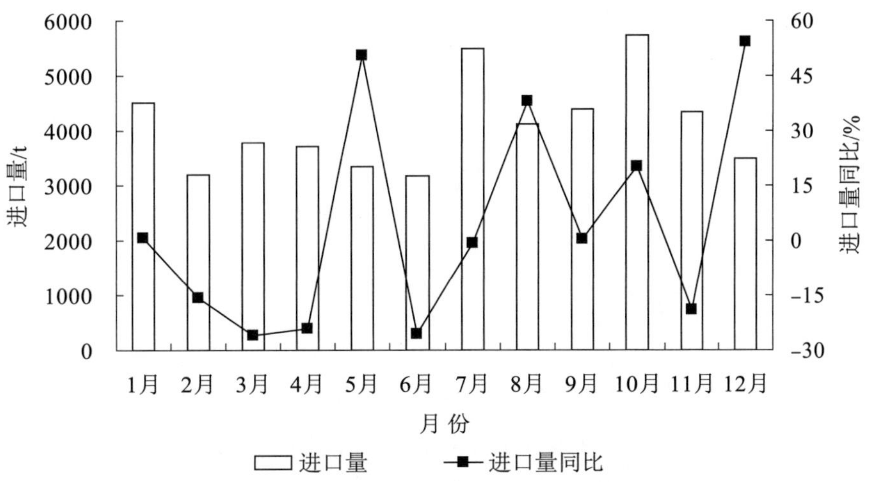

图 18 2014 年 1—12 月国内三乙醇胺月度进口数据统计

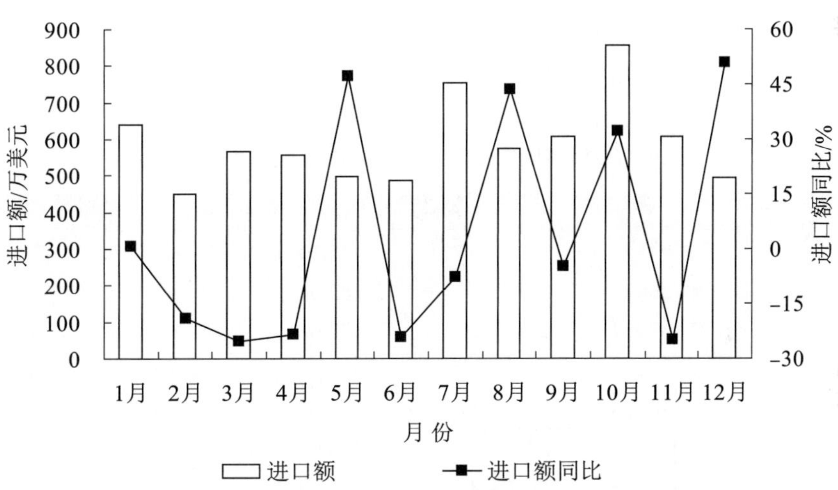

图 19 2014 年 1—12 月国内三乙醇胺月度进口额数据统计

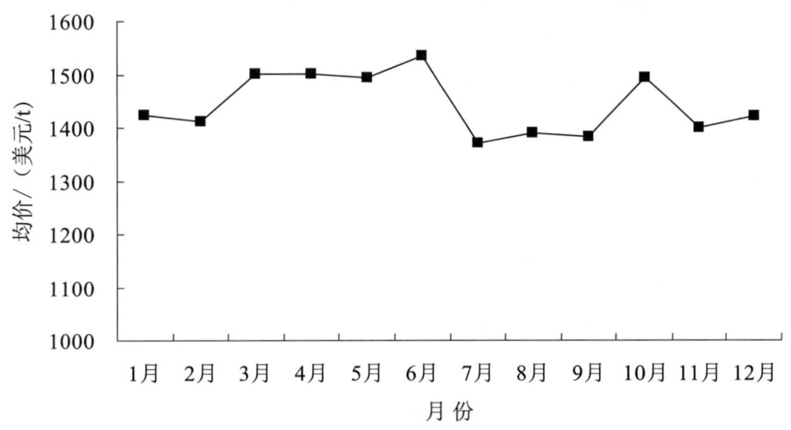

图 20 2014 年 1—12 月国内三乙醇胺月度进口均价统计

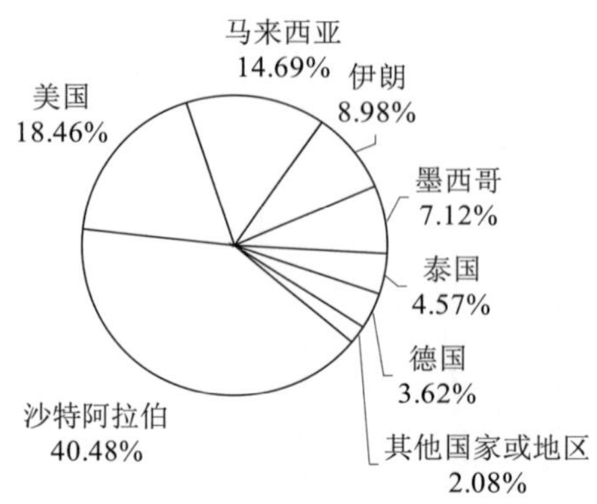

图 21　2014 年国内三乙醇胺进口国家和地区数据统计

2014 年三乙醇胺进口国家和地区主要集中在沙特阿拉伯、美国、马来西亚和伊朗，其中沙特阿拉伯进口量接近 2.0 万 t，占比 40.5%，美国进口量约合 9100 t，占比 18.46%，如图 21 所示。从进口省市数据来分析，当年进口省市主要集中在北京市、内蒙古、浙江省、山东省和福建省以及天津市，较 2013 年分别同比增长 –4.7%、0.0%、–24.6%、210.9%、–50.6% 和 12.5%，排名前五省市总进口量超过 3.95 万 t，占比 80.12%，如表 4 所示。

表4　2014年国内三乙醇胺主要进口省市数据统计

进口省市	进口量/kg	进口额/美元	均价/（美元/t）	进口量同比/%	进口额同比/%
11　北京市	12794138	18113861	1415.79	–4.7	–1.3
15　内蒙古自治区	9736096	12481736	1282.01	0.0	0.0
33　浙江省	8167714	12419980	1520.62	–24.6	–24.8
37　山东省	5760846	8472881	1470.77	210.9	220.5
35　福建省	3194508	5164335	1616.63	–50.6	–46.4
12　天津市	3055413	4449956	1456.42	12.5	12.6
32　江苏省	2961713	4346841	1467.68	–32.5	–32.9
44　广东省	1967968	3122843	1586.84	–18.6	2.0
31　上海市	1084097	1496384	1380.30	–33.7	–36.8

数据来源：中国海关，表面活性剂洗涤剂行业生产力促进中心编辑整理。

4 小结

三乙醇胺作为商品 EO 下游产品，近几年发展呈现高速增长，行业呈现一些新的特点：诸如集中度较高、利用率下降和行业普遍亏损等。虽然国产乙醇胺产品产量提升和对进口的依赖在逐年下降，但是部分产品还需全部依赖进口。

表面活性剂作为乙醇胺下游行业重要分支之一，每年消耗乙醇胺量比例在 15% 以上，目前乙醇胺下游表面活性剂产品主要集中在烷醇酰胺、酯基季铵盐及乙醇胺醚等系列产品，企业应该加大力度，提高乙醇胺在开发高附加表面活性剂领域的应用。

第五章
STANDARD & REGULATION
标准与法规

我国表面活性剂洗涤用品行业标准化进程

在经历改革开放初期的跨越式发展后，当前我国表面活性剂和洗涤用品行业进入了稳步发展阶段，相对应的行业标准化体系建设也逐步得到完善。截止 2014 年底，行业现行有效的国家标准、行业标准 146 项（见附表一），其中国家标准 67 项、行业标准 79 项。就现行的 146 项标准的类别来看，有关产品标准 79 项，试验方法标准 59 项，以及 5 项基础通用、3 项管理方面的标准。这些标准构成了较为完整的行业标准化体系，目前该领域标准体系分 4 个领域：表面活性剂、洗涤用品、工业清洗和食品洗涤消毒，标准体系结构见图 1。

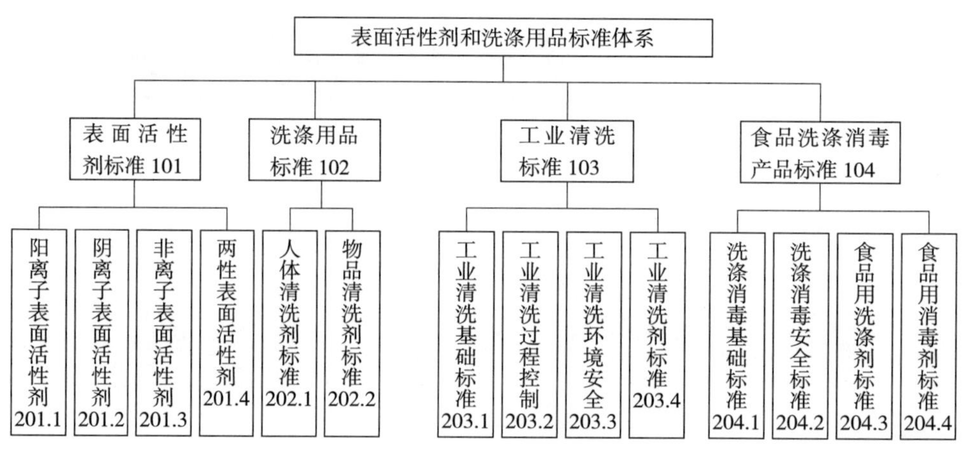

图1　表面活性剂和洗涤用品行业标准体系表

目前我国具体承担本领域国家标准、行业标准制定和归口管理的技术部门是全国表面活性剂和洗涤用品标准化技术委员会（SAC/TC272）、全国食品用洗涤消毒产品标准化技术委员会（SAC/TC395），这两个委员会的秘书处设在中国日用化学工业研究院。同时中国日用化学工业研究院还受国家标准化管理委员会委托承担国际标准化组织（ISO）所属表面活性剂技术委员会（ISO/TC91）国内的技术对口单位，负责本领域 ISO 标准在中国的技术工作。

截至 2014 年年底，由 ISO/TC91 表面活性剂技术委员会负责制定的 ISO 国际标准 77 项，均为检验方法或基础通用型标准。这 77 项国际标准中在国内有 63 项转化为国家或行业标准，其中等同采用 17 项，修改采用 34 项，等效采用 12 项，相关国际标准转化率达到了 84%。此外，还有 2 项 ISO 标准是以我国标准为基础制定的。

在 2014 年，该领域新批准立项 19 项行业标准，1 项国家标准，1 项国家食品安全标准，1 项 ISO 国际标准，加上已立项正在制定的国际、国内标准，目前行业共有 44 项正在制修订当中，具体内容见表 1。2014 年本行业共批准发布 7 项国家标准，具体标准见表 2。

表1　目前在研的标准项目

序号	计划编号	计划名称	制定/修订	备注
1	20071375-T-469	厨房油污清洁剂	国标制定	—
2	20121893-T-607	沐浴剂	国标制定	批准审核中
3	20121896-T-607	洗涤用品 三氯卡班含量的测定	国标制定	批准审核中
4	20121897-T-607	洗手液	国标制定	批准审核中
5	20130936-T-607	金属清洗剂	国标制定	—
6	20130995-T-607	洗涤用品 三氯生含量的测定	国标制定	—
7	20131343-T-607	消费品使用说明 洗涤用品标签	国标制定	—
8	20131348-T-607	食品清洗消毒效果试验方法 三磷酸腺苷生物发光法	国标制定	—
9	20132588-T-607	表面活性剂和洗涤剂 甲醛残留量的测定 气相色谱法	国标制定	—
10	20132589-T-607	表面活性剂和洗涤剂 阳离子活性物的测定 直接两相滴定法	国标修订	—
11	20132590-T-607	表面活性剂和洗涤剂 阴离子活性物的测定 直接两相滴定法	国标修订	—
12	20132591-T-607	表面活性剂生物降解度试验方法	国标修订	—
13	20132592-T-607	工业直链烷基苯	国标修订	—
14	20132593-T-607	聚乙氧基化非离子表面活性剂中聚乙二醇含量的测定 高效液相色谱法	国标修订	—
15	20132594-T-607	天然脂肪醇	国标修订	—
16	20132595-T-607	衣料用洗涤剂耗水量与节水性能评估指南	国标修订	—
17	20132596-T-607	衣料用洗涤剂去污力及循环洗涤性能的测定	国标修订	—
18	20142560-T-607	手洗餐具用洗涤剂	国标修订	—
19	2011-2301T-QB	表面活性剂 洗涤剂 阳离子活性物含量的测定 电位滴定法	行标制定	批准审核中
20	2011-2302T-QB	表面活性剂 洗涤剂 阴离子活性物含量的测定 电位滴定法	行标制定	批准审核中
21	2012-1080-T-QB	地板清洁脱蜡剂	行标制定	—
22	2014-1660T-QB	化学消毒剂和防腐剂 基本消毒活性 试验方法和要求	行标制定	—
23	2014-1661T-QB	化学消毒剂和防腐剂 碱性真菌活性 试验方法和要求	行标制定	—
24	2014-1662T-QB	食品及家庭用清洁剂、防腐剂性能的细菌活性评估试验	行标制定	—
25	2014-1663T-QB	食品及家庭用清洁剂、防腐剂性能的杀细菌和/或杀真菌活性评估试验	行标制定	—
26	2014-1692T-QB	醇（酚）醚羧酸（盐）	行标修订	—
27	2014-1693T-QB	洗涤剂中碳酸盐含量的测定	行标修订	—
28	2014-1694T-QB	复合洗衣皂	行标修订	—
29	2014-1695T-QB	肥皂试验方法 肥皂中游离苛性碱含量的测定	行标修订	—

续表

序号	计划编号	计划名称	制定/修订	备注
30	2014-1696T-QB	肥皂试验方法 肥皂中总游离碱含量的测定	行标修订	—
31	2014-1697T-QB	肥皂试验方法 肥皂中总有效物含量的测定	行标修订	—
32	2014-1698T-QB	醇醚糖苷	行标制定	—
33	2014-1699T-QB	烷基二苯醚双磺酸盐	行标制定	—
34	2014-1700T-QB	重烷基苯	行标制定	—
35	2014-1701T-QB	椰油基羟乙基磺酸钠	行标制定	—
36	2014-1702T-QB	表面活性剂中水溶性伯胺仲胺的测定	行标制定	—
37	2014-1703T-QB	聚丙烯酸钠洗涤增效剂	行标制定	—
38	2014-1704T-QB	婴幼儿专用洗衣液	行标制定	—
39	2014-1705T-QB	洗衣机除垢剂	行标制定	—
40	2014-1706T-QB	抗菌洗剂	行标制定	—
41	ZHENGHE-2014-262	食品安全国家标准 食品用洗涤剂	国标制定	批准审核中
42	ISO-16560	表面活性剂与洗涤剂——聚乙氧基化非离子表面活性剂中聚乙二醇的测定——高效液相色谱法	ISO 制定	2015.1.21 发布实施
43	ISO-17280	表面活性剂——气相色谱法测定表面活性剂中 1,4- 二噁烷残留量	ISO 制定	最后投票中
44	ISO-19619	表面活性剂 环氧丙烷聚合型表面活性剂中游离环氧丙烷的测定 气相色谱法	ISO 制定	—

表2 2014年发布的国家标准

序号	国家标准编号	国家标准名称	实施日期
1	GB/T 30795—2014	食品用洗涤剂试验方法 甲醇的测定	2014-10-10
2	GB/T 30796—2014	食品用洗涤剂试验方法 甲醛的测定	2014-11-01
3	GB/T 30797—2014	食品用洗涤剂试验方法 总砷的测定	2014-11-01
4	GB/T 30798—2014	食品用洗涤剂试验方法 荧光增白剂的测定	2014-11-01
5	GB/T 30799—2014	食品用洗涤剂试验方法 重金属的测定	2014-11-01
6	GB/T 19464—2014	烷基糖苷	2015-06-01
7	GB/T 15357—2014	表面活性剂和洗涤剂 旋转黏度计测定液体产品的黏度和流动性质	2015-06-01

根据行业发展及标准化需求状况，2015 年表面活性剂和洗涤用品行业标准化工作的重点内容有：①组织实施对已立项国家标准、行业标准及国际标准的制修订；②加强标准前期研究，以食品清洗、工业清洗、资源节约为表面活性剂和洗涤用品领域今后标准化工作的重点方向。食品清洗领域部分重要标准化项目为机洗餐具用洗涤剂机洗餐具用洗涤整理剂和果蔬清洗剂洗涤性能试验—残留农药去除效果等；工业清洗领域部分重要标准化项目为食品加工环境及过程清洁消毒质量控制指南、家庭及工业和公共设施硬表面清洁剂—不锈钢表面、家庭及工业和公共设施硬表面清洁剂—石材表面和家庭及工业和公共设施硬表面清洁剂—木制表面等；资源节约领域部分重要标准化项目为节水型民用洗涤剂产品技术规范等。③积极参

与 ISO/TC91 国际标准化活动，推动所承担的 ISO 标准制定项目的实施。组团参加 ISO/TC91 第 22 次成员体会议，该会议将于 2015 年 7 月初在德国柏林举行。会议将对正在制修订中的 ISO 标准进行讨论，对拟开展标准化工作的手洗餐具洗涤剂微生物检验方法、生物表面活性剂定义及规范制定活动进行论证；④结合近几年标准更新情况，组织开展行业标准化管理者、生产企业、消费者的标准知识普及培训，充分发挥标准引领行业发展、技术进步的作用。

附表一

编制编号	标准名称	级别	性质	类别	采用国际国外标准编号
GB/T 5328—1985	表面活性剂简化分类	国家标准	推荐性标准	基础通用标准	ISO 2131:1972 IDT
GB/T 11985—1989	表面活性剂 界面张力的测定 滴体积法	国家标准	推荐性标准	方法标准	ISO 9101:1987
GB/T 11986—1989	表面活性剂 粉体和颗粒休止角的测量	国家标准	推荐性标准	方法标准	ISO 4324:1977 IDT
GB/T 11987—1989	表面活性剂 工业烷烃磺酸盐 总烷烃磺酸盐含量的测定	国家标准	推荐性标准	方法标准	EQV ISO 6122:1978 EQV ISO 893:1989
GB/T 7462—1994	表面活性剂 发泡力的测定 改进 Ross-Miles 法	国家标准	推荐性标准	方法标准	ISO 696:1975 MOD
GB/T 5173—1995	表面活性剂和洗涤剂 阴离子活性物的测定 直接两相滴定法	国家标准	推荐性标准	方法标准	ISO 2271:1989 MOD
GB/T 15816—1995	洗涤剂和肥皂中总二氧化硅含量的测定 重量法	国家标准	推荐性标准	方法标准	ISO 8215:1985
GB/T 15817—1995	洗涤剂中无机硫酸盐含量的测定 重量法	国家标准	推荐性标准	方法标准	ISO 8214:1985
GB/T 17829—1999	聚乙氧基化脂肪醇	国家标准	推荐性标准	产品标准	
GB/T 17830—1999	聚乙氧基化非离子表面活性剂中聚乙二醇含量的测定 高效液相色谱法	国家标准	推荐性标准	方法标准	
GB/T 17831—1999	非离子表面活性剂 硫酸化灰分的测定（重量法）	国家标准	推荐性标准	方法标准	ISO 4322:1977
GB 9985—2000	手洗餐具用洗涤剂	国家标准	强制性标准	产品标准	
GB/T 5174—2004	表面活性剂 洗涤剂 阳离子活性物含量的测定	国家标准	推荐性标准	方法标准	ISO 2871-1:1988 MOD
GB/T 9983—2004	工业三聚磷酸钠	国家标准	推荐性标准	产品标准	
GB 19877.1—2005	特种洗手液	国家标准	强制性标准	产品标准	
GB 19877.2—2005	特种沐浴剂	国家标准	强制性标准	产品标准	
GB 19877.3—2005	特种香皂	国家标准	强制性标准	产品标准	
GB/T 12028—2006	洗涤剂用羧甲基纤维素钠	国家标准	推荐性标准	产品标准	

续表

编制编号	标准名称	级别	性质	类别	采用国际国外标准编号
GB/T 15818—2006	表面活性剂生物降解度试验方法	国家标准	推荐性标准	方法标准	
GB/T 20198—2006	表面活性剂和洗涤剂 在碱性条件下可水解的阴离子活性物 可水解和不可水解阴离子活性物的测定	国家标准	推荐性标准	方法标准	MOD ISO 2869:1973
GB/T 20199—2006	表面活性剂 工业烷烃磺酸盐 烷烃单磺酸盐含量的测定（直接两相滴定法）	国家标准	推荐性标准	方法标准	MOD ISO 6121:1988
GB/T 20200—2006	α－烯基磺酸钠	国家标准	推荐性标准	产品标准	
GB/T 20214—2006	层状结晶二硅酸钠	国家标准	推荐性标准	产品标准	
GB/T 21241—2007	卫生洁具清洗剂	国家标准	推荐性标准	产品标准	
GB/T 11983—2008	表面活性剂 润湿力的测定 浸没法	国家标准	推荐性标准	方法标准	ISO 8022:1990 MOD
GB/T 13173—2008	表面活性剂 洗涤剂试验方法	国家标准	推荐性标准	方法标准	ISO 607:1980 ISO 2996:1974 ISO 4313:1976 ISO 4325:1990 ISO 697:1981,MOD ISO 4321:1977,IDT
GB/T 13174—2008	衣料用洗涤剂去污力及循环洗涤性能的测定	国家标准	推荐性标准	方法标准	
GB/T 13216—2008	甘油试验方法	国家标准	推荐性标准	方法标准	ISO 1615:1976 ISO 1616:1976 ISO 2096:1972 ISO 2099:1972 ISO 2211:1973 ISO 2879:1975,MOD
GB/T 11988—2008	表面活性剂 工业烷烃磺酸盐 烷烃单磺酸盐平均相对分子质量及含量的测定	国家标准	推荐性标准	方法标准	ISO 6845:1989,MOD
GB/T 11989—2008	阴离子表面活性剂 石油醚溶解物含量的测定	国家标准	推荐性标准	方法标准	ISO 894:1997,MOD
GB/T 13530—2008	乙氧基化烷基硫酸钠试验方法	国家标准	推荐性标准	方法标准	ISO 6842:1989、 ISO 6843:1988、 ISO 8799:1988,MOD

续表

编制编号	标准名称	级别	性质	类别	采用国际国外标准编号
GB/T 15963—2008	十二烷基硫酸钠	国家标准	推荐性标准	产品标准	
GB/T 16451—2008	天然脂肪醇	国家标准	推荐性标准	产品标准	
GB/T 19421—2008	层状结晶二硅酸钠试验方法	国家标准	推荐性标准	方法标准	
GB/T 5177—2008	工业直链烷基苯	国家标准	推荐性标准	产品标准	
GB/T 5178—2008	表面活性剂 工业直链烷基苯磺酸钠平均相对分子质量的测定 气液色谱法	国家标准	推荐性标准	方法标准	ISO 6841:1988
GB/T 5327—2008	表面活性剂 术语	国家标准	推荐性标准	基础通用标准	ISO 862:1984、AMD1993, IDT
GB/T 7463—2008	表面活性剂 钙皂分散力的测定 酸量滴定法(改进 Schoenfeldt 法)	国家标准	推荐性标准	方法标准	ISO 6387:1983, MOD
GB/T 8447—2008	工业直链烷基苯磺酸	国家标准	推荐性标准	产品标准	
GB/T 9104—2008	工业硬脂酸试验方法	国家标准	推荐性标准	产品标准	
GB/T 9984—2008	工业三聚磷酸钠试验方法	国家标准	推荐性标准	方法标准	ISO 851:1976 ISO 5375:1979, IDT ISO 850:1976 ISO R 852:1968 ISO 853:1976 ISO 697:1981 ISO 2996:1974 ISO 3357:1975 ISO 3358:1979, MOD
GB/T 13171.1—2009	洗衣粉(含磷型)	国家标准	推荐性标准	产品标准	
GB/T 13171.2—2009	洗衣粉(无磷型)	国家标准	推荐性标准	产品标准	
GB/T 24691—2009	果蔬清洗剂	国家标准	推荐性标准	产品标准	
GB/T 24692—2009	表面活性剂 家庭机洗餐具用洗涤剂 性能比较试验导则	国家标准	推荐性标准	方法标准	MOD ISO 7535:1984
GB/T 26388—2011	表面活性剂中二噁烷残留量的测定 气相色谱法	国家标准	推荐性标准	方法标准	
GB/T 26396—2011	洗涤用品安全技术规范	国家标准	推荐性标准	基础通用标准	
GB/T 26398—2011	衣料用洗涤剂耗水量与节水性能评估指南	国家标准	推荐性标准	方法标准	

续表

编制编号	标准名称	级别	性质	类别	采用国际国外标准编号
GB/T 26458—2011	脂肪烷基二甲基氧化胺	国家标准	推荐性标准	产品标准	
GB/T 26463—2011	羰基合成脂肪醇	国家标准	推荐性标准	产品标准	
GB/T 13206—2011	甘油	国家标准	推荐性标准	产品标准	BS 2623:1979
GB/T 13529—2011	乙氧基化烷基硫酸钠	国家标准	推荐性标准	产品标准	
GB/T 15046—2011	脂肪酰二乙醇胺	国家标准	推荐性标准	产品标准	
GB/T 28191—2011	表面活性剂 洗涤剂 对酸解稳定的阴离子活性物 痕量的测定	国家标准	推荐性标准	方法标准	ISO 2868:1973,MOD
GB/T 28192—2011	表面活性剂 洗涤剂 在酸性条件下可水解和不可水解的阴离子活性物的测定	国家标准	推荐性标准	方法标准	ISO 2870:2009 MOD
GB/T 28193—2011	表面活性剂中氯乙酸（盐）残留量的测定	国家标准	推荐性标准	方法标准	
GB/T 28201—2011	合成洗衣粉生产能耗评定规范	国家标准	推荐性标准	方法标准	
GB/T 9103—2013	工业硬脂酸	国家标准	推荐性标准	产品标准	
GB/T 15045—2013	脂肪烷基二甲基叔胺	国家标准	推荐性标准	产品标准	
GB/T 16801—2013	织物调理剂抗静电性能的测定	国家标准	推荐性标准	方法标准	
GB/T 30795—2014	食品用洗涤剂试验方法 甲醇含量的测定	国家标准	推荐性标准	方法标准	
GB/T 30796—2014	食品用洗涤剂试验方法 甲醛含量的测定	国家标准	推荐性标准	方法标准	
GB/T 30797—2014	食品用洗涤剂试验方法 总砷的测定	国家标准	推荐性标准	方法标准	
GB/T 30798—2014	食品用洗涤剂试验方法 荧光增白剂的测定	国家标准	推荐性标准	方法标准	
GB/T 30799—2014	食品用洗涤剂试验方法 重金属的测定	国家标准	推荐性标准	方法标准	
GB/T 19464—2014	烷基糖苷	国家标准	推荐性标准	产品标准	
GB/T 15357—2014	表面活性剂和洗涤剂 旋转黏度计测定液体产品的黏度和流动性质	国家标准	推荐性标准	方法标准	ISO 6388:1989
QB/T 1035.1—1991	食品添加剂 三聚磷酸钠 重金属（以铅计）含量的测定	行业标准	推荐性标准	方法标准	NEQ 美国化学用品法典 FCC(1981)
QB/T 1035.2—1991	食品添加剂 三聚磷酸钠 砷含量的测定	行业标准	推荐性标准	方法标准	
QB/T 1035.3—1991	食品添加剂 三聚磷酸钠 氟化物含量的测定	行业标准	推荐性标准	方法标准	NEQ 美国化学用品法典 FCC(1981)

续表

编制编号	标准名称	级别	性质	类别	采用国际国外标准编号
QB/T 1035.4—1991	食品添加剂 三聚磷酸钠 硫酸盐含量的测定 重量法	行业标准	推荐性标准	方法标准	NEQ/OCT 13493:1977
QB/T 1036—1991	工业用三聚磷酸钠（包括食品工业用）氯化物含量的测定 电位滴定法	行业标准	推荐性标准	方法标准	EQV ISO 5374:1978
QB/T 1323—1991	洗涤剂 表面张力的测定 圆环拉起液膜法	行业标准	推荐性标准	方法标准	EQV ISO 304:1985
QB/T 1324—1991	洗涤剂用表面活性剂含水量的测定 卡尔·费休双溶液法	行业标准	推荐性标准	方法标准	EQV ISO 4317:1977
QB/T 1915—1993	阳离子表面活性剂 脂肪烷基三甲基卤化铵及脂肪烷基二甲基苄基卤化铵	行业标准	推荐性标准	产品标准	
QB/T 2114—1995	低磷无磷洗涤剂中硅酸盐含量的测定 滴定法	行业标准	推荐性标准	方法标准	
QB/T 2115—1995	洗涤剂中碳酸盐含量的测定	行业标准	推荐性标准	方法标准	
QB/T 2117—1995	通用水基金属净洗剂	行业标准	推荐性标准	产品标准	
QB/T 2573—2002	十二烷基硫酸铵	行业标准	推荐性标准	产品标准	
QB/T 1768—2003	洗涤剂用 4A 沸石	行业标准	推荐性标准	产品标准	
QB/T 2623.1—2003	肥皂试验方法 肥皂中游离苛性碱含量的测定	行业标准	推荐性标准	方法标准	MOD ISO 456:1973
QB/T 2623.2—2003	肥皂试验方法 肥皂中总游离碱含量的测定	行业标准	推荐性标准	方法标准	MOD ISO 684:1974
QB/T 2623.3—2003	肥皂试验方法 肥皂中总碱量和总脂肪物含量的测定	行业标准	推荐性标准	方法标准	MOD ISO 685:1975
QB/T 2623.4—2003	肥皂试验方法 肥皂中水分和挥发物含量的测定 烘箱法	行业标准	推荐性标准	方法标准	MOD ISO 672:1978
QB/T 2623.5—2003	肥皂试验方法 肥皂中乙醇不溶物含量的测定	行业标准	推荐性标准	方法标准	MOD ISO 673:1981
QB/T 2623.6—2003	肥皂试验方法 肥皂中氯化物含量的测定 滴定法	行业标准	推荐性标准	方法标准	MOD ISO 457:1983
QB/T 2623.7—2003	肥皂试验方法 肥皂中不皂化物和未皂化物的测定	行业标准	推荐性标准	方法标准	MOD ISO 1067:1974
QB/T 2623.8—2003	肥皂试验方法 肥皂中磷酸盐含量的测定	行业标准	推荐性标准	方法标准	
QB/T 1913—2004	透明皂	行业标准	推荐性标准	产品标准	
QB/T 2739—2005	洗涤用品常用试验方法 滴定分析（容量分析）用试验溶液的制备	行业标准	推荐性标准	方法标准	
QB/T 2116—2006	洗衣膏	行业标准	推荐性标准	产品标准	
QB/T 2850—2007	抗菌抑菌型洗涤剂	行业标准	推荐性标准	产品标准	
QB/T 2851—2007	3- 二甲胺基丙胺	行业标准	推荐性标准	产品标准	
QB/T 2852—2007	双烷基（C_{14} ~ C_{18}）二甲基卤化铵	行业标准	推荐性标准	产品标准	

续表

编制编号	标准名称	级别	性质	类别	采用国际国外标准编号
QB/T 2853—2007	脂肪胺	行业标准	推荐性标准	产品标准	
QB/T 2387—2008	洗衣皂粉	行业标准	推荐性标准	产品标准	
QB/T 2485—2008	香皂	行业标准	推荐性标准	产品标准	
QB/T 2486—2008	洗衣皂	行业标准	推荐性标准	产品标准	
QB/T 2487—2008	复合洗衣皂	行业标准	推荐性标准	产品标准	
QB/T 2949—2008	磷酸酯	行业标准	推荐性标准	产品标准	
QB/T 2950—2008	醇（酚）醚羧酸（盐）	行业标准	推荐性标准	产品标准	
QB/T 2951—2008	洗涤用品检验规则	行业标准	推荐性标准	基础通用标准	
QB/T 2952—2008	洗涤用品标志和包装要求	行业标准	推荐性标准	基础通用标准	
QB/T 2953—2008	洗涤剂用荧光增白剂	行业标准	推荐性标准	产品标准	
QB/T 2967—2008	饮料用瓶清洗剂	行业标准	推荐性标准	产品标准	
QB/T 2974—2008	聚乙二醇单甲醚	行业标准	推荐性标准	产品标准	
QB/T 2975—2008	三羟甲基丙烷油酸酯	行业标准	推荐性标准	产品标准	
QB/T 2153—2010	工业油酸	行业标准	推荐性标准	产品标准	
QB/T 4081—2010	脂肪酸甲酯磺酸钠	行业标准	推荐性标准	产品标准	
QB/T 4082—2010	脂肪酰胺丙基二甲基甜菜碱	行业标准	推荐性标准	产品标准	
QB/T 4083—2010	双烷基（C_8 ~ C_{10}）二甲基卤化铵	行业标准	推荐性标准	产品标准	
QB/T 4084—2010	双脂肪烷基甲基叔胺	行业标准	推荐性标准	产品标准	
QB/T 4085—2010	磺基琥珀酸单酯二钠盐	行业标准	推荐性标准	产品标准	
QB/T 4086—2010	玻璃清洗剂	行业标准	推荐性标准	产品标准	
QB/T 1223—2012	表面活性剂 用作试验溶剂的水 规格和试验方法	行业标准	推荐性标准	方法标准	ISO 2456:1986, MOD
QB/T 1224—2012	衣料用液体洗涤剂	行业标准	推荐性标准	产品标准	
QB/T 2118—2012	两性表面活性剂 十一烷基咪唑啉	行业标准	推荐性标准	产品标准	
QB/T 2344—2012	两性表面活性剂 脂肪烷基二甲基甜菜碱	行业标准	推荐性标准	产品标准	
QB/T 2572—2012	乙氧基化烷基硫酸铵	行业标准	推荐性标准	产品标准	
QB/T 2738—2012	日化产品抗菌抑菌效果的评价方法	行业标准	推荐性标准	方法标准	
QB/T 4308—2012	双脂肪酸乙酯基羟乙基甲基硫酸甲酯铵	行业标准	推荐性标准	产品标准	

续表

编制编号	标准名称	级别	性质	类别	采用国际国外标准编号
QB/T 4309—2012	衣物柔顺剂再润湿性能的测定	行业标准	推荐性标准	方法标准	
QB/T 4310—2012	氧漂剂	行业标准	推荐性标准	产品标准	
QB/T 4311—2012	氯漂剂	行业标准	推荐性标准	产品标准	
QB/T 4312—2012	乙二醇硬脂酸酯	行业标准	推荐性标准	产品标准	
QB/T 4313—2012	食品工具和工业设备用酸性清洗剂	行业标准	推荐性标准	产品标准	
QB/T 4314—2012	食品工具和工业设备用碱性清洗剂	行业标准	推荐性标准	产品标准	
QB/T 4348—2012	厨房油垢清洗剂	行业标准	推荐性标准	产品标准	
QB/T 1429—2013	工业烷基磺酸钠	行业标准	推荐性标准	产品标准	
QB/T 1914—2013	脂肪烷基三甲基卤化铵及脂肪烷基二甲基苄基卤化铵平均相对分子质量的测定　气相色谱法	行业标准	推荐性标准	方法标准	
QB/T 2152—2013	工业氢化油	行业标准	推荐性标准	产品标准	
QB/T 2345—2013	脂肪烷基二甲基甜菜碱平均相对分子质量的测定　气相色谱法	行业标准	推荐性标准	方法标准	
QB/T 1994—2013	沐浴剂	行业标准	推荐性标准	产品标准	
QB/T 2654—2013	洗手液	行业标准	推荐性标准	产品标准	
QB/T 4524—2013	宠物用清洁护理剂	行业标准	推荐性标准	产品标准	
QB/T 4525—2013	汽车清洗剂	行业标准	推荐性标准	产品标准	
QB/T 4526—2013	地毯清洗剂	行业标准	推荐性标准	产品标准	
QB/T 4527—2013	工业清洗术语	行业标准	推荐性标准	基础标准	
QB/T 4528—2013	工业洗衣用乳化剂	行业标准	推荐性标准	产品标准	
QB/T 4529—2013	工业洗衣用洗涤剂	行业标准	推荐性标准	产品标准	
QB/T 4530—2013	卡波树脂	行业标准	推荐性标准	产品标准	
QB/T 4531—2013	水垢去除剂	行业标准	推荐性标准	产品标准	
QB/T 4532—2013	硬质地板清洗剂	行业标准	推荐性标准	产品标准	
QB/T 4533—2013	脂肪烷基三甲基硫酸甲酯铵	行业标准	推荐性标准	产品标准	
QB/T 4534—2013	脂肪烷基酰胺丙基二甲基胺	行业标准	推荐性标准	产品标准	
QB/T 4535—2013	织物柔顺剂	行业标准	推荐性标准	产品标准	

2014 年度标准化工作总结

1 总体情况

截止到 2014 年底，已经颁布了 146 项国家标准和行业标准，其中国家标准 67 项、行业标准 79 项。就现行的 16 项标准的类别来看，有关产品标准 79 项，试验方法标准 59 项，以 5 项基础通用、3 项管理方面的标准。

2014 年申报了 1 项国际标准立项建议（已投票通过）、2 项国家标准立项建议（待批复）和 21 项行业标准立项建议（已批复 19 项），见表 1、表 2、表 3。

表1　2014年申报的国际标准计划项目

序号	计划编号	计划名称	制定/修订
1	ISO/TC91 N 1131	表面活性剂　环氧丙烷聚合型表面活性剂中游离环氧丙烷的测定　气相色谱法	制 定

表2　2014年申报的国家标准计划项目

序号	计划编号	计划名称	制定/修订
1	待批复	手洗餐具用洗涤剂	修 订
2	待批复	果蔬清洗剂	修 订

表3　2014年申报的行业标准计划项目

序号	计划编号	计划名称	制定/修订
1	2014-1660T-QB	化学消毒剂和防腐剂 基本消毒活性 试验方法和要求	制 定
2	2014-1661T-QB	化学消毒剂和防腐剂 碱性真菌活性 试验方法和要求	制 定
3	2014-1662T-QB	食品及家庭用清洁剂、防腐剂性能的细菌活性评估试验	制 定
4	2014-1663T-QB	食品及家庭用清洁剂、防腐剂性能的杀细菌和 / 或杀真菌活性评估试验	制 定
5	2014-1692T-QB	醇（酚）醚羧酸（盐）	修 订
6	2014-1693T-QB	洗涤剂中碳酸盐含量的测定	修 订
7	2014-1694T-QB	复合洗衣皂	修 订
8	2014-1695T-QB	肥皂试验方法 肥皂中游离苛性碱含量的测定	修 订
9	2014-1696T-QB	肥皂试验方法 肥皂中总游离碱含量的测定	修 订
10	2014-1697T-QB	肥皂试验方法 肥皂中总有效物含量的测定	修 订
11	2014-1698T-QB	醇醚糖苷	制 定

续表

序号	计划编号	计划名称	制定/修订
12	2014-1699T-QB	烷基二苯醚双磺酸盐	制 定
13	2014-1700T-QB	重烷基苯	制 定
14	2014-1701T-QB	椰油基羟乙基磺酸钠	制 定
15	2014-1702T-QB	表面活性剂中水溶性伯胺仲胺的测定	制 定
16	2014-1703T-QB	聚丙烯酸钠洗涤增效剂	制 定
17	2014-1704T-QB	婴幼儿专用洗衣液	制 定
18	2014-1705T-QB	洗衣机除垢剂	制 定
19	2014-1706T-QB	抗菌洗剂	制 定
20	未批复	工业清洗基础分类	制 定
21	未批复	食品饮料行业原位清洗规范	制 定

2013 年 12 月发布了 3 项国家标准，2014 年发布了 5 项国家标准，见表 4，无行业标准发布。

表4　2014年实施的国家标准

序号	国家标准编号	国家标准名称	实施日期
1	GB/T 9103—2013	工业硬脂酸	2014-12-01
2	GB/T 15045—2013	脂肪烷基二甲基叔胺	2014-12-01
3	GB/T 16801—2013	织物调理剂抗静电性能的测定	2014-12-01
4	GB/T 30795—2014	食品用洗涤剂试验方法　甲醇的测定	2014-10-10
5	GB/T 30796—2014	食品用洗涤剂试验方法　甲醛的测定	2014-11-01
6	GB/T 30797—2014	食品用洗涤剂试验方法　总砷的测定	2014-11-01
7	GB/T 30798—2014	食品用洗涤剂试验方法　荧光增白剂的测定	2014-11-01
8	GB/T 30799—2014	食品用洗涤剂试验方法　重金属的测定	2014-11-01

2 标准计划项目安排与执行情况

2011 年 3 项行业标准计划已完成 1 项，2 项 2014 年底完成报批；2012 年 1 项行业标准计划制定中，2015 年初完成报批；2013 年无行业标准计划；2014 年 19 项行业标准计划正在制定中。

2012 年 3 项国家标准计划正在制定中，2015 年初完成报批；2013 年 13 项国家标准计划正在制定中，2015 年底完成报批。

3 标委会换届

第一届全国食品用洗涤消毒产品标准化技术委员会（SAC/TC395）成立于 2008 年 8 月，按照《全国专业标准化技术委员会管理规定》和《全国轻工行业专业标准化技术委员会换届工作暂行办法》规定，本届标委会（SAC/TC395）应于 2013 年进行换届。

2014 年 4 月，秘书处提交第二届全国食品用洗涤消毒标准化技术委员会换届组成方案；2014 年 9 月，国标委和中轻联批复了第二届全国食品用洗涤消毒标准化技术委员会换届组成方案。

4 标准复审

按照工业和信息化部工作安排，从标准技术水平、适用性、时效性出发，结合行业标准体系，2014 年秘书处对 10 项行业标准和 5 项国家标准提出了复审评价意见。

5 国际标准化工作

（1）ISO 会议

我国为国际标准化组织 P 成员国，经国标委国际部同意，中国日用化学工业研究院组团参加了 2014 年 6 月在法国巴黎召开的 ISO/TC91 第 21 次委员会会议。会议通报了由中国代表团主持完成的两项 ISO 标准 ISO 17293-1：2014 和 ISO 17293-2：2014 于 2014 年 3 月 19 日正式发布实施，之后委员会重点讨论了尚在制定中的 3 项国际标准项目，ISO 秘书汇报了在手洗餐具用洗涤剂开展微生物测试需求分析，法国代表介绍了欧盟标准化委员会在“生物表面活性剂”领域开展标准化的工作情况。

（2）国际标准制定

由我国主导制定的 5 项国际标准 2014 年已完成 CD（Committee Drafts，委员会草案）及 DIS（Draft International Standards，询问草案）阶段投票，2014 年将提交 3 项 FDIS（Final Draft International Standard，最终草案）和 1 项 CD 进行投票。

表5　国际标准制定进展

序号	标准编号	项目名称	标准进展
1	ISO 17293-1:2014	表面活性剂——表面活性剂中氯乙酸（盐）的测定——第 1 部分：HPLC 法	2014 年 3 月 19 日发布
2	ISO 17293-2:2014	表面活性剂——表面活性剂中氯乙酸（盐）的测定——第 2 部分：离子色谱法	2014 年 3 月 19 日发布
3	ISO/DIS 16560	表面活性剂与洗涤剂——聚乙氧基化非离子表面活性剂中聚乙二醇的测定——高效液相色谱法	通过 DIS 投票
4	ISO/DIS 17280	表面活性剂——气相色谱法测定表面活性剂中 1,4- 二噁烷残留量	通过 DIS 投票
5	ISO/TC91 N 1131	表面活性剂——环氧丙烷聚合型表面活性剂中游离环氧丙烷的测定——气相色谱法	通过 NWIP 投票
6	—	表面活性剂——科学技术分类	待立项投票

（3）国际标准投票

2014 年 ISO/TC91 共开展 1 项 NWIP、2 项 DIS、2 项 FDIS 和 1 项国际标准复审的投票，秘书处代表中国国家标准化管理委员会对全部项目进行了投票。

6 2015 年工作重点

（1）根据“十二五”期间确定的本行业标准化体系建设方案，2015 年拟计划组织申报国家标准、行业标准项目 18 项：

> 洗涤剂中酶制剂性能评价方法

> 节水型民用洗涤剂产品技术规范

> 工业清洗效果评价导则

> 机洗餐具用洗涤剂

> 机洗餐具用洗涤整理剂

> 食品加工环境及过程清洁消毒质量控制指南

> 果蔬清洗剂洗涤性能试验 残留农药去除效果

> 家庭及工业和公共设施硬表面清洁剂 不锈钢表面

> 家庭及工业和公共设施硬表面清洁剂 石材表面

> 家庭及工业和公共设施硬表面清洁剂 木制表面

> 卫生洁具清洗剂

> 工业硬脂酸试验方法

> 表面活性剂 洗涤剂试验方法

> 乙氧基化烷基硫酸钠试验方法

> 香皂

> 抗菌抑菌性洗涤剂

> 3- 二甲胺基丙胺

> 双烷基（C_{14} ~ C_{18}）二甲基卤化铵

（2）2015 年标委会继续积极参与 ISO/TC91 国际标准化活动，推进所承担的 ISO 标准制定项目的实施。组团参加 ISO/TC91 第 22 次成员体会议，该会议将于 2015 年 7 月初在德国柏林举行。会议将对正在制修订中的 ISO 标准进行讨论，对拟开展标准化工作的手洗餐具洗涤剂微生物检验方法、生物表面活性剂定义及规范制定活动进行论证。

完成由我国主导制定的 2 项国际标准的 FDIS 投票，2 项国际标准立项起草工作。

代表中国政府对 ISO/TC91 归口管理的现行国际标准复审和制修订中的国际标准草案各阶段进行投票。

（3）根据国家标准和行业标准的管理要求，组织对已实施 5 年的标准进行复审，根据复审结论组织开展标准的维护工作，目前主要有 4 项标准计划复审：

>GB/T 13171.1—2009 洗衣粉(含磷型)

>GB/T 13171.2—2009 洗衣粉(无磷型)

>GB/T 24691—2009 果蔬清洗剂

>GB/T 24692—2009 表面活性剂 家庭机洗餐具用洗涤剂 性能比较试验导则

（4）完成 6 项国家标准进行外文版的翻译出版工作：

>GB/T 26396—2011 洗涤用品安全技术规范

>GB/T 28193—2011 表面活性剂中氯乙酸（盐）残留量的测定

>GB/T 15818—2006 表面活性剂生物降解度试验方法

>GB/T 13171.1—2009 洗衣粉（含磷型）

>GB/T 13171.2—2009 洗衣粉（无磷型）

>GB/T 19464—2004（最新修订版）烷基糖苷

（5）根据国家标准委、工业和信息化部的要求，与国家洗涤用品质检中心合作举办形式多样的相关国家及行业标准进行宣贯培训。

（6）开展十三五标准化前期工作。对“十二五”标准化工作的情况、取得的经验和存在的主要问题进行总结，对“十三五”标准化面临的形势进行研究分析，在此基础上，深入调研，充分听取有关方面的意见和建议，明确“十三五”标准化的发展目标、主要任务和措施。

7 2014 年标准化工作大事记

（1）2014 年 1 月，由我国主导制定的 ISO/DIS 17293-1《表面活性剂——表面活性剂中卤代乙酸（盐）残留量的测定——第 1 部分 高效液相色谱法》、ISO/DIS 17293-2《表面活性剂——表面活性剂中卤代乙酸（盐）残留量的测定——第 2 部分 离子色谱法》通过 FDIS 投票。

（2）2014 年 2 月，由我国提出的国际标准提案 ISO/TC 91 N 1131 NWIP《表面活性剂 环氧丙烷聚合型表面活性剂中游离环氧丙烷的测定 气相色谱法》获得立项。

（3）2014 年 3 月，发布两项新国际标准 ISO 17293-1:2014《表面活性剂——表面活性剂中卤代乙酸（盐）残留量的测定——第 1 部分 高效液相色谱法》、ISO 17293-2:2014《表面活性剂——表面活性剂中卤代乙酸（盐）残留量的测定——第 2 部分 离子色谱法》，均由我国主导制定，实现我国在本领域实质性参与国际标准制定工作重大突破。

（4）2014 年 4 月，由我国主导制定的 ISO/DIS 16560《表面活性剂——乙氧基化非离子表面活性剂中聚乙二醇含量的测定——高效液相色谱法》通过 DIS 投票。

（5）2014 年 4 月，提交第二届全国食品用洗涤消毒标准化技术委员会换届组成方案。

（6）2014 年 5 月，由我国主导制定的 ISO/DIS 17280《表面活性剂——表面活性剂中 1,4-二噁烷残留量的测定——气相色谱法》通过 DIS 投票。

（7）2014 年 6 月，参加 ISO/TC91 第 21 次委员会会议。

（8）2014 年 6 月，提出 21 项行业标准项目建议。

（9）2014 年 7 月，发布 5 项食品用洗涤剂试验方法国家标准。

（10）2014 年 8 月，提出 2 项国家标准项目建议。

（11）2014 年 8 月，由我国提出国际标准提案 ISO/TC 91 N 1142 NWIP《表面活性剂——科学技术分类》，待立项投票。

（12）2014年9月，国标委批复第二届全国食品用洗涤消毒标准化技术委员会换届组成方案。

（13）2014年10月，由中国日用化学工业研究院牵头起草的《洗涤用品安全技术规范》等3项标准获2014年度“中国标准创新贡献奖”项目二等奖。

（14）2014年10月，标委会微信工作平台“China-Sdcenter”上线。

（15）2014年11月，由中国洗涤用品工业协会牵头、中国日用化学工业研究院等多家单位起草的《食品安全国家标准 洗涤剂》完成征求意见稿，国家卫生和计划生育管理委员会现安排公开征求意见，并于12月16日召开标准审定会。

（16）2014年12月，召开第二届全国食品用洗涤消毒产品标准化技术委员会换届会议、TC272和TC395标委会年会及标准审查会。

第六章

APPLICATIONS

应用篇

2014 年中国洗涤用品行业运行数据统计

从产品类型来分析，国内洗涤剂产品主要分为肥（香）皂、合成洗衣粉、液体洗涤剂和功能性洗涤产品。2014 年，传统洗涤产品生产和市场趋于平稳，诸如合成洗衣粉产量虽然出现 2.0% 的同比增长，但如果扣除当年产品库存（包括零售库存），实际合成洗衣粉的市场容量和消费量出现同比下跌趋势，消费市场主要集中在华北、华中、西南和西北地区，消费城市主要集中在三四线城市以及农村等，消费水平集中在中下层消费人群，受消费习惯的影响，消费人群年龄主要集中在中老年阶层。

相比之下，液体洗涤剂市场表现比较积极，市场容量以每年 8.0% ~ 10.0% 比例在增长，消费地区主要集中在经济发达地区，诸如华东、华南和东北地区，包括国内一些二线城市，消费人群以高收入和中青阶层为主。

根据中国日用化学工业信息中心和表面活性剂和洗涤剂行业生产力促进中心的市场调研报告，一二线城市对液体洗涤剂产品选择比例在 50% ~ 55% 之间，高出洗衣粉近 15 ~ 20 个百分点。三四线城市对洗涤产品选择表现多样性。

1 整体运行情况

2014 年中国洗涤用品行业（肥皂及合成洗涤剂制造）主营业收入年度累计超过 1700 亿元，占整个日化行业的 40.3%，较 2013 年同比增长 5.3%，主营业务成本超过 1225 亿元，较 2013 年同比增长 11.28%；当年行业利税总额为 228.4 亿元，较 2013 年同比减少 13.95%，利润总额 144.6 亿元，同比减少 12.99%；当年行业应收账款净额总计 117.6 亿元，同比增长 9.18%，产成品存货累计 49.1 亿元，同比增长 18.77%；企业负债合计 467.7 亿元，同比增长 11.16%，亏损企业亏损额累计 4.78 亿元，同比减少 12.91%。整体来看，2014 年洗涤用品行业经济态势向好的方向转变。

2014 年中国洗涤用品行业主营业务收入占比主要集中在广东省（占比 44.9%，同比增长 –0.56%）、浙江省（占比 14.4%，同比增长 10.16%）、山东省（占比 7.0%，同比增长 3.37%）、河南省（占比 5.4%，同比增长 17.12%）、河北省（占比 3.7%，同比增长 17.36%）、江苏省（3.5%，同比增长 10.87%）、四川省（3.2%，同比增长 37.92%）、上海市（占比 2.8%，同比增长 12.48%）、湖北省（占比 2.5%，同比增长 10.01%）和湖南省（占比 2.4%，同比增长 15.13%）。从主营增速分析，同比增长最快的为四川省，居全国首位。

如图 1 ~ 图 3 所示，从主要产品的生产数据来看，2014 年国内合成洗涤剂制造总产量达到 1228.7 万 t，较 2013 年同比增长 10.77%，其中合成洗衣粉产量约合 468.3 万 t，占比 38.1%，较 2013 年同比增长 2.0%，液体洗涤剂产品产量 760.4 万 t，占比 61.9%，同比增长 30.8%。2014 年国内液体洗涤剂产量增长主要原因为：一是国内洗涤产品消费选择结构发生变化，液体洗涤剂需求量增大；二是 2014 年洗涤剂原料价格下跌引起行业利润增长，企业开工率提高。

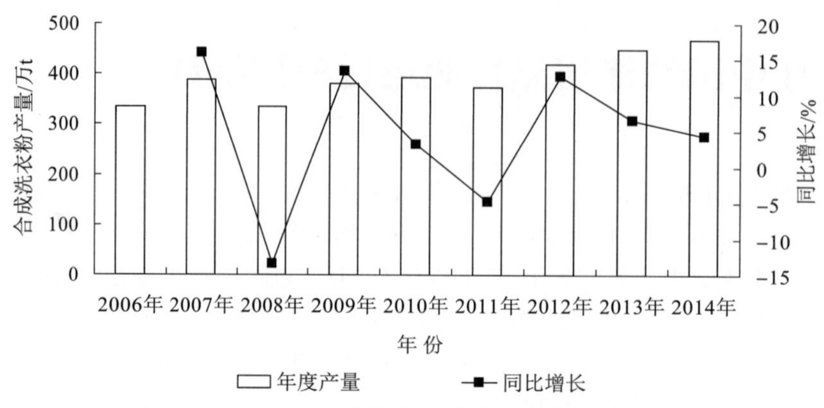

图 1　2006—2014 年国内合成洗衣粉产量数据统计

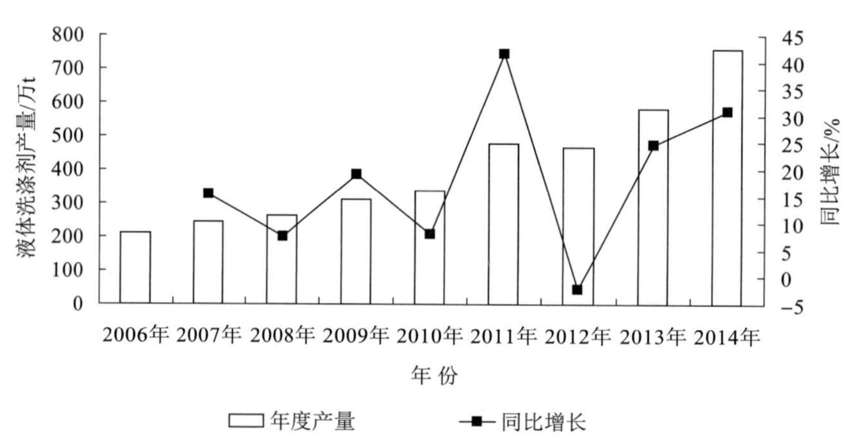

图 2　2006—2014 年国内液体洗涤剂产量数据统计

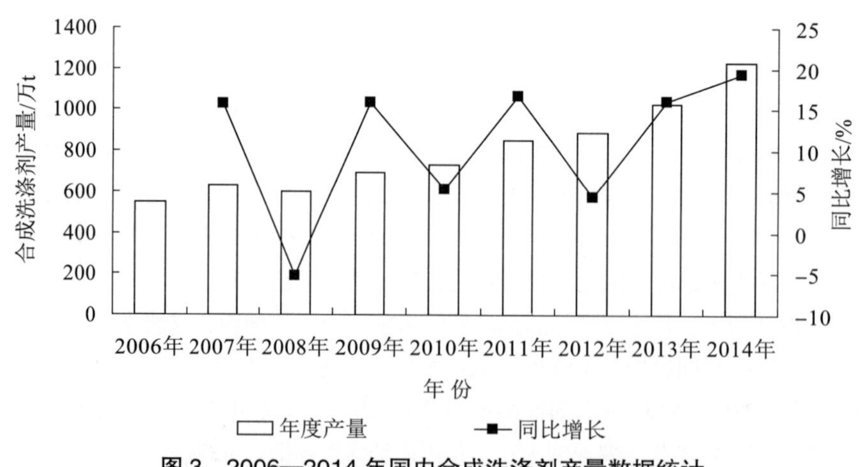

图 3　2006—2014 年国内合成洗涤剂产量数据统计

2014 年国内合成洗涤剂月度产量见图 4 ~ 图 6，其中合成洗衣粉月度产量较高集中在 1 月、9 月、11 月和 12 月，产量分别为 40.85 万 t（环比增长 2.00%）、40.61 万 t（环比增长 6.92%）、41.89 万 t（环比增长 11.68%）和 45.16 万 t（环比增长 7.81%）；液体洗涤剂产量较高月份集中在 3 月、6 月、11 月和 12 月，产量分别为 70.49 万 t（环比增长 75.74%）、70.58 万 t（环比增长 9.12%）、71.18 万 t（环比增长 5.09）和 75.64 万 t（环比增长 6.27%）。

合成洗涤剂月度产量主要受原料月度均价影响较大，当年年底产品开工较足，主要因洗涤产品原料价格下跌，尤其是脂肪醇衍生的液体洗涤剂产品原料的剧烈震荡造成。2014 年下半年合成洗涤剂产品开工率高也为当年年底产品高库存火上浇油，尤其企业为解决零售库存大肆拼价格战，即使如此，截止到 2014 年年底，包括企业生产库存和零售库存仍然高于 2013 年，这为 2015 年上半年洗涤用品行业埋下隐患。

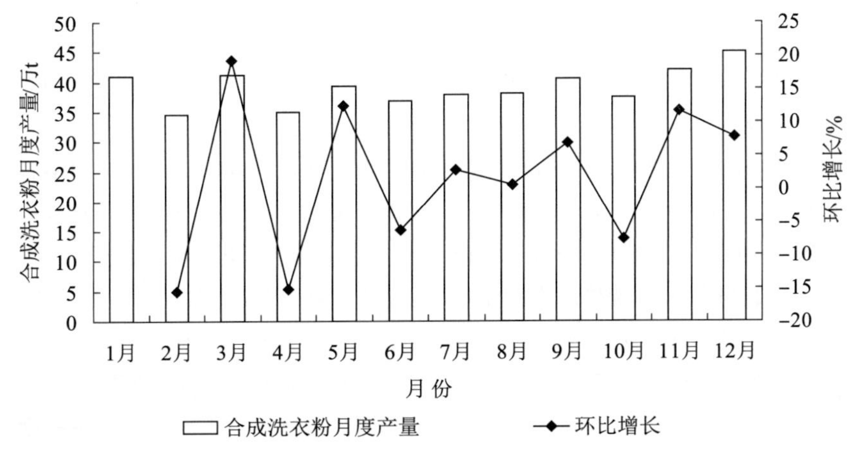

图 4　2014 年 1—12 月国内合成洗衣粉月度产量数据统计

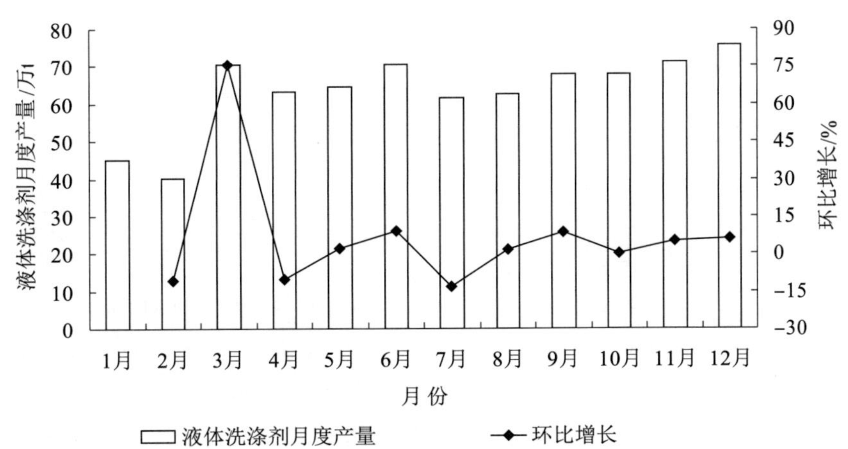

图 5　2014 年 1—12 月国内液体洗涤剂月度产量数据统计

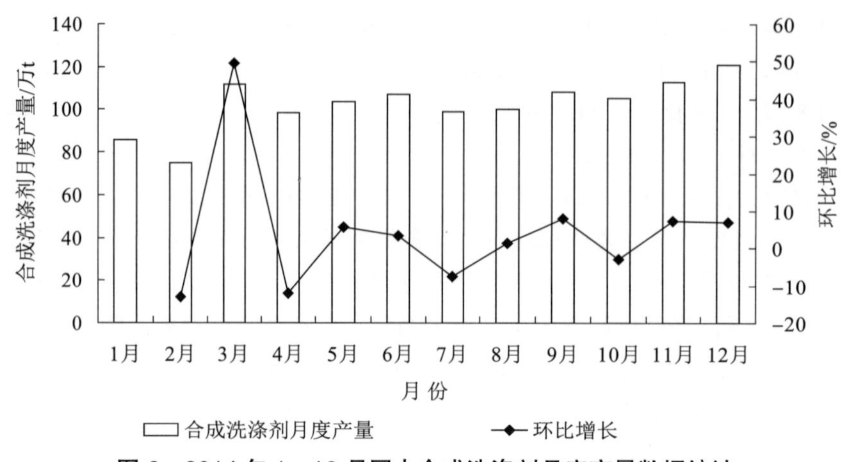

图 6　2014 年 1—12 月国内合成洗涤剂月度产量数据统计

2014 年国内合成洗涤剂总产量接近 1230 万 t，生产主要集中在广东、四川、河南、安徽和浙江等，当年生产量分别为 429.78 万 t、140.06 万 t、91.25 万 t、84.29 万 t 和 81.25 万 t，分别占当年总产量的 34.98%、11.4%、7.43%、6.86% 和 6.61%，合计 67.28%，如图 7、图 8 所示。其中，合成洗衣粉产量较大的省份集中在广东、四川、安徽、山东和河南省市，产量分别为 119.52 万 t、84.59 万 t、45.91 万 t、39.04 万 t 和 31.59 万 t，分别占当年合成洗衣粉总产量的 25.52%、18.06%、9.80%、8.34% 和 6.75%，如图 9、图 10 所示。

相比之下，2014 年国内液体洗涤剂生产主要集中在广东、河南、四川、浙江和天津等，当年液体洗涤剂产量分别为 310.26 万 t、59.66 万 t、55.47 万 t、50.19 万 t 和 47.86 万 t，分别占当年液体洗涤剂总产量的 40.80%、7.85%、7.29%、6.60% 和 6.29%，如图 11、图 12 所示。

从产品结构和生产布局来分析，目前国内洗涤用品突出特点，就是生产集中度太高，而消费比较分散，两者之间的矛盾成为行业发展的突出问题，解决原料、消费分散与生产布局集中之间的矛盾成为国内洗涤用品行业可持续发展的首要问题。

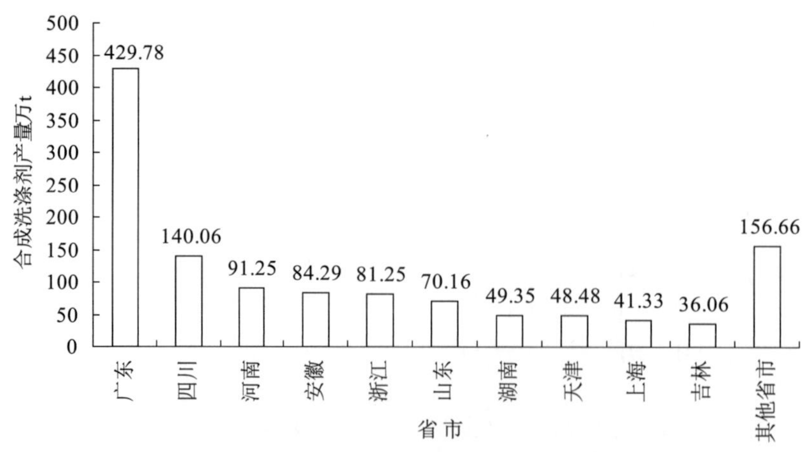

图 7　2014 年国内主要省市合成洗涤剂产量数据统计

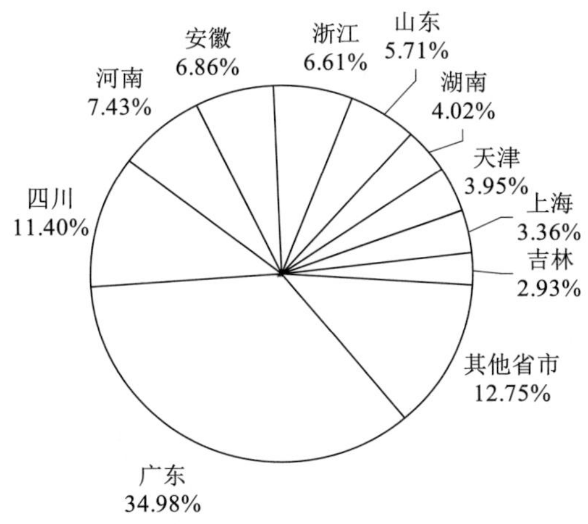

图 8　2014 年国内主要省市合成洗涤剂产量比数据统计

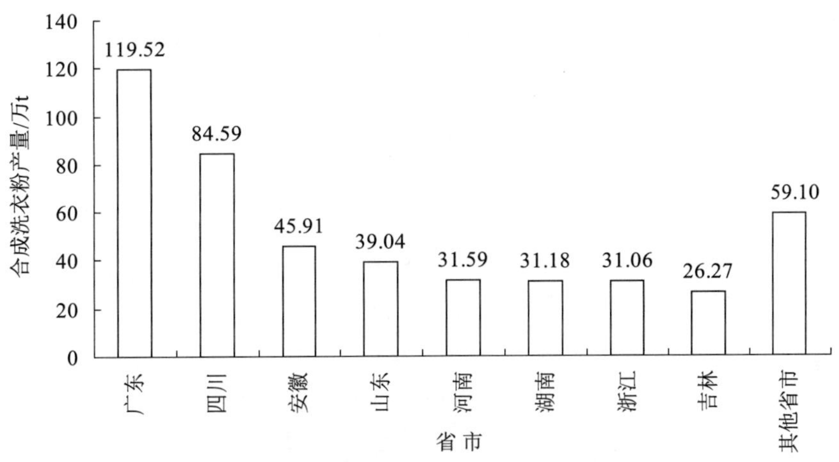

图 9　2014 年国内主要省市合成洗衣粉产量数据统计

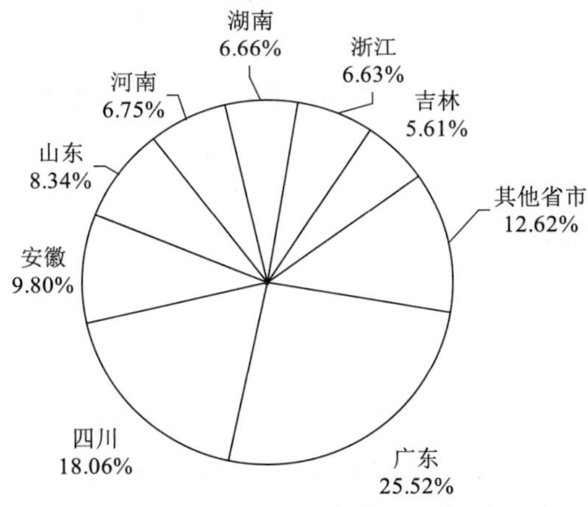

图 10　2014 年国内主要省市合成洗衣粉产量比数据统计

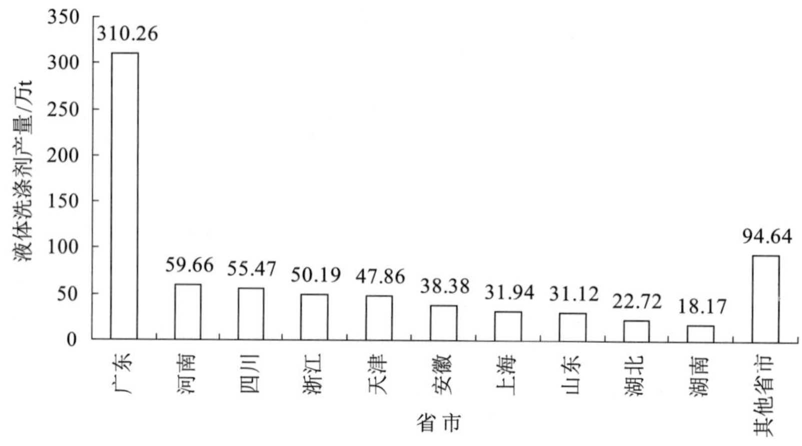

图 11　2014 年国内主要省市液体洗涤剂产量数据统计

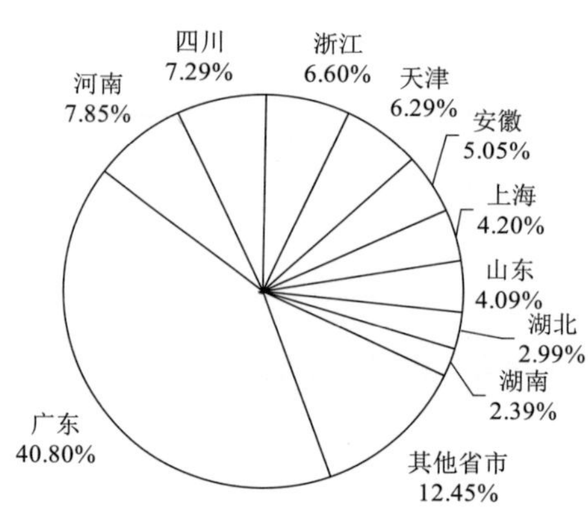

图 12　2014 年国内主要省市液体洗涤剂产量比数据统计

2 主要省市数据统计

2.1　广东省

广东作为国内最大的洗涤用品生产大省，2014 年包括合成洗衣粉和液体洗涤剂产品在内产量接近 430 万 t，占当年国内总产量的比例约合 35%。其中，产品结构发生较大变化，以液体洗涤剂为主，平均液体洗涤剂产品比例超过 75%，合成洗衣粉比例接近 25%，如图 13 所示。

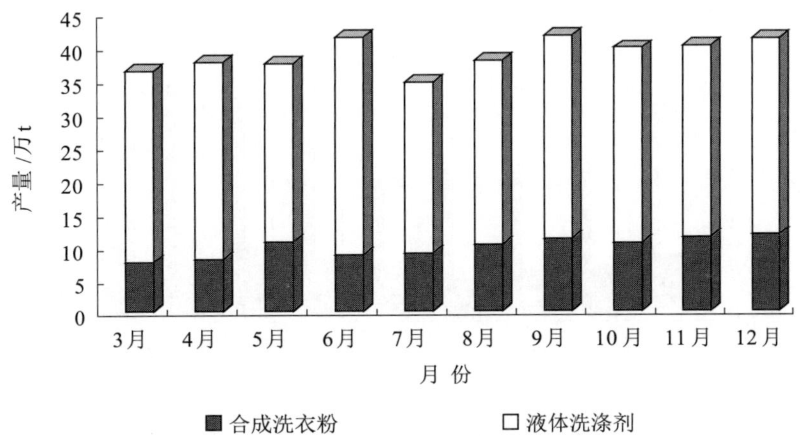

图13 2014年1—12月广东合成洗涤剂产品月度生产数据统计

2.2 四川省

2014年四川省合成洗涤剂总产量约合140万t，其中合成洗衣粉约合84.6万t，占比60.4%，液体洗涤剂产量约合55.5万t，占比39.6%，如图14所示。地区洗涤产品结构受当地消费水平和消费结构影响较大，这也是四川为何以合成洗衣粉为主的首要原因。

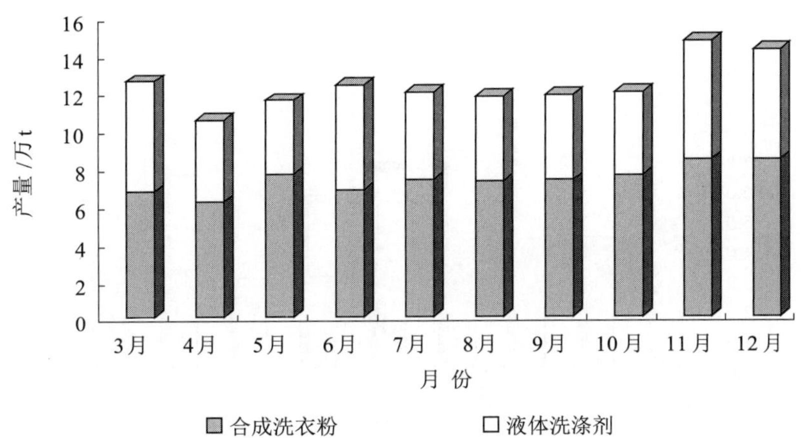

图14 2014年1—12月四川省合成洗涤剂产品月度生产数据统计

2.3 河南省

河南省作为中部大省，当年合成洗涤剂生产排名第三，总产量约合91.2万t，其中，合成洗衣粉产量约合31.6万t，占比34.6%，液体洗涤剂产量约合59.6万t，占比65.4%，如图15所示。河南作为中国人口大省，洗涤产品消费量也比较大，产品基本以本地和周边消费为主。

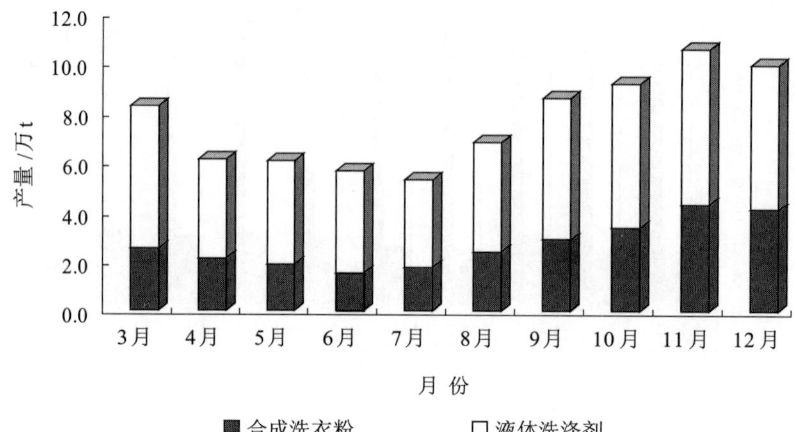

图15　2014年1—12月河南省合成洗涤剂产品月度生产数据统计

2.4　安徽省

2014年安徽省合成洗涤剂产量总计84.29万t，其中合成洗衣粉产量约合45.9万t，占比54.45%，液体洗涤剂38.4万t，占比45.55%，如图16所示。安徽作为华东地区主要内陆省份，当年洗涤产品生产还是以洗衣粉为主，受周边上海、江苏等地区影响，当年液体洗涤剂产量还是比较可观。

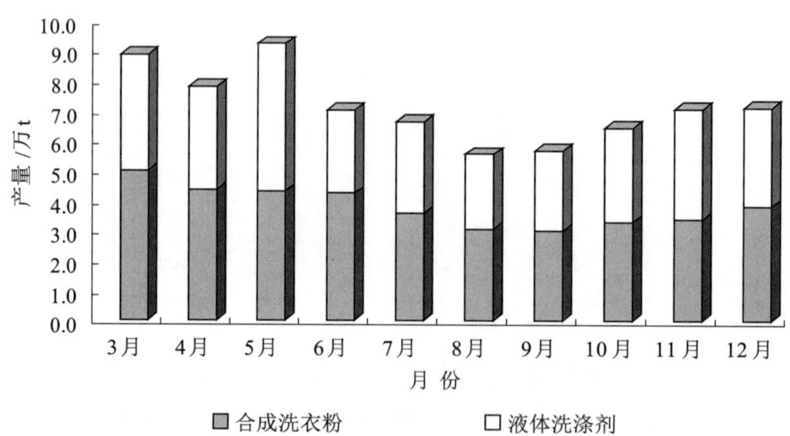

图16　2014年1—12月安徽省合成洗涤剂产品月度生产数据统计

2.5　浙江省

2014年浙江省合成洗涤剂总产量约合81.25万t，其中液体洗涤剂占比61.77%，产量为50.19万t，合成洗衣粉产量约合31万t，占比38.23%，如图17所示。作为华东地区经济较发达省份，液体洗涤剂生产比重较大，同时周边配套完善的原料供应装置，洗涤产品的价格具有很强的竞争优势。

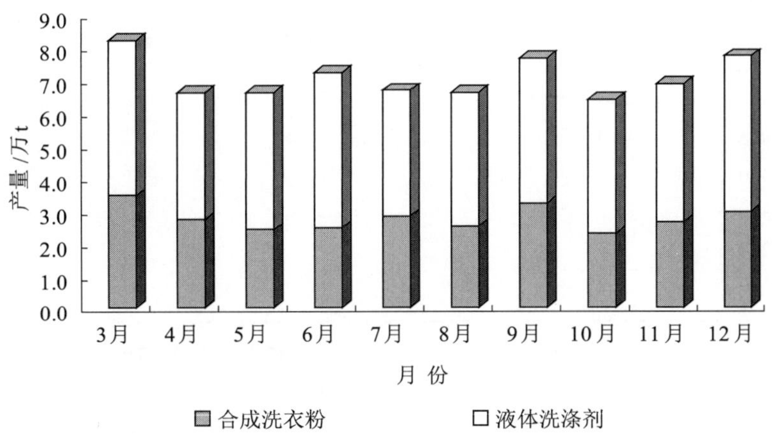

图 17 2014 年 1—12 月浙江省合成洗涤剂产品月度生产数据统计

3 海关数据

2009—2014 年国内零售包装合成洗涤粉（HS34022010）出口数据如图 18 所示。2014 年国内出口零售包装合成洗涤粉的量为 45.42 万 t，较 2013 年的 42.28 万 t 同比增长 7.43%，连续六年呈现出口递增，出口额达到了 3.74 亿元，同比增长 14.18%。

从过去六年出口年均价来看，国内合成洗涤粉出口均价呈现递增，2014 年均价为 824.4 美元/t，较 2013 年的 775.7 美元/t 同比增长 6.28%，较 2009 年相比增长 39.7%，如图 19 所示。

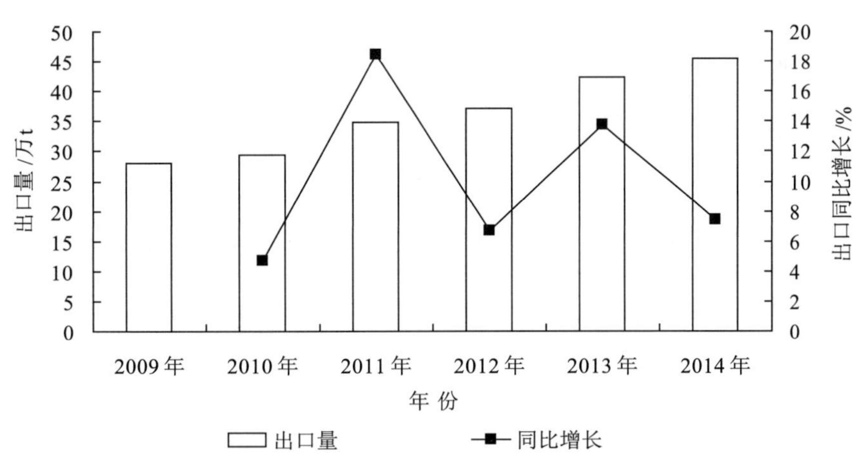

图 18 2009—2014 年国内合成洗涤粉出口数据统计

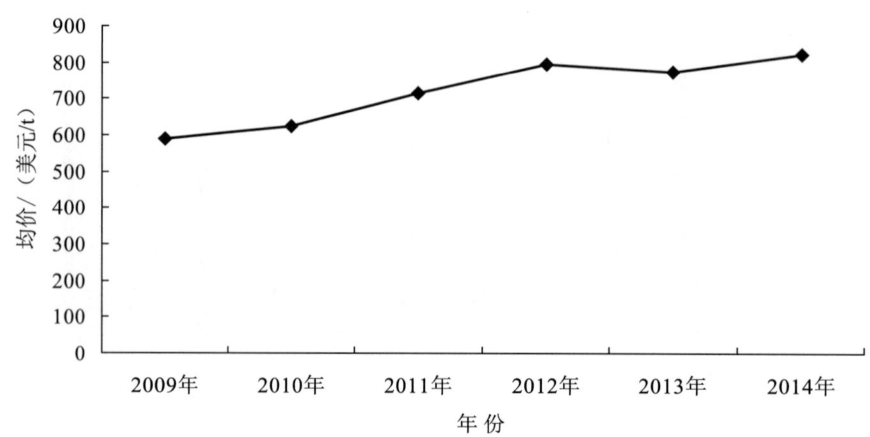

图 19　2009—2014 年国内合成洗涤粉出口均价走势

图 20 为 2014 年 1 月—12 月国内洗涤粉产品的月度出口数据统计，2 月出口量最少，仅为 2.26 万 t，同比减少 2.4%，11 月出口最大，超过 4.59 万 t，同比增长 16.0%。对比 2013—2014 年国内洗涤粉产品出口月度均价，2014 年均价略高于 2013 年，但整体来看走势基本平稳，价格波动不是很大。

2013 年最高价和最低价波动幅度在 18.37%，2014 年高地价波动幅度在 16.45%。两年高价位集中在年底的 10 月—12 月，最低价位集中在 4 月—7 月，如图 21 所示。

从 2014 年国内洗涤粉产品出口国或地区数据统计来看，当年出口国主要集中在中国台湾、安哥拉、加纳、也门和多哥，出口量分别为 3.61 万 t、3.32 万 t、3.04 万 t、2.66 万 t 和 2.26 万 t，较 2013 年分别同比增长 3.3%、11.5%、2.3%、4.4% 和 –23.1%，如图 22 所示。

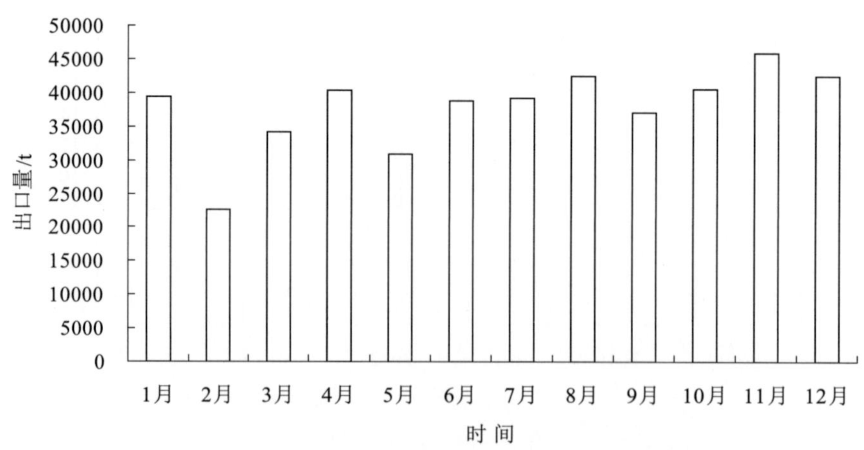

图 20　2014 年 1—12 月国内洗涤粉出口月度数据统计

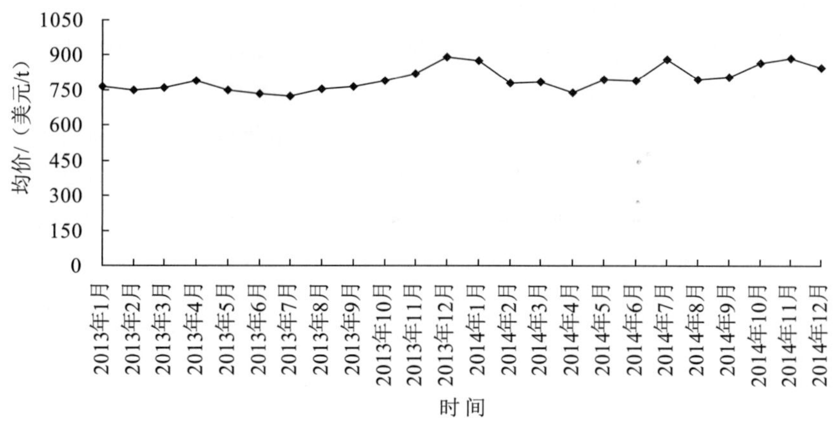

图 21　2013—2014 年国内洗涤粉出口月度均价走势

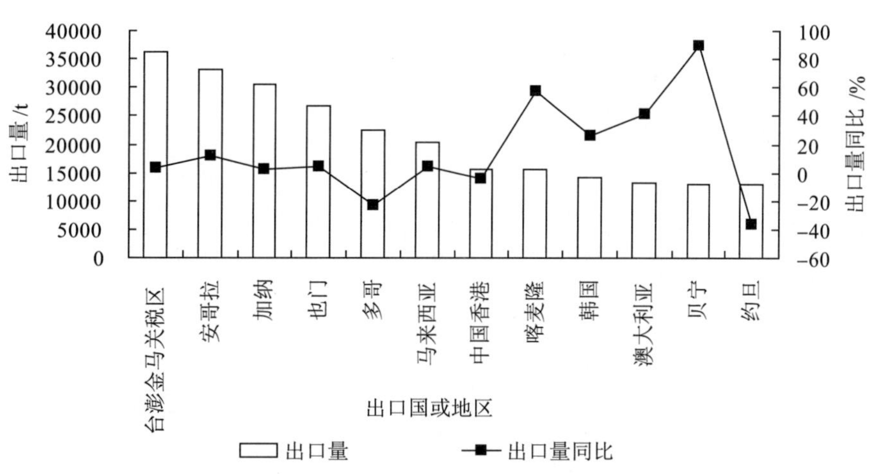

图 22　2014 年国内洗涤粉主要出口国或地区数据统计

4 小结

2014 年，中国洗涤用品经济运行情况较 2013 年有很大改善，在上游原料价格持续下跌的影响，企业的亏损程度有所减弱，主要规模企业获利情况出现较大幅度提升，国内合成洗涤用品的产销量均呈现同比增长，主要产品出口力度也加大。

目前行业发展面临的首要问题：

（1）主要产品产能过剩与国内供大于求、进口比例较小之间的矛盾。

（2）洗涤剂生产集中度较高与消费布局比较分散之间的矛盾。

（3）部分地区经济发展水平、消费结构与实际当地产品生产结构类型不统一之间的协调。

（4）原料供应与洗涤产品生产相互配套，降低产品运输成本。

（5）可持续、绿色环保原料在新型、高性能、高附加值洗涤产品中的使用和配方开发。

（6）新型助剂与有效活性物之间的配伍以及特种助剂的使用等。

2015 年是洗涤用品行业“十二五”收官之年，下一个五年计划，行业将进入平稳和理性发展阶段，本土企业、合资及外资产品之间的市场布局基本完成，市场竞争也将进入本土与外资之间的抗衡，产品实现从量到质的转变，企业的创新能力和新产品开发将成为竞争首要手段。

化纤油剂与表面活性剂

化学纤维如涤纶、腈纶和锦纶等在用单体合成聚合物后的纺丝过程中，为了消除因摩擦产生的静电，降低摩擦因数，使纤维具有适当的集束性、平滑性及分纤性，从而使其具有良好的可纺性和可加工性，必须加入适当的油剂。近几年全球化纤油剂的用量随化学纤维产量的增长而增长，化纤油剂的主要成分为表面活性剂。

1 基本介绍

油剂的用量因化纤品种而异，普通长丝纺丝油剂用量一般为纤维质量的0.2%～1.5%，高速纺为0.15%～0.5%，异形丝及部分丙纶长丝纺丝油剂用量为1.5%～2.0%，后纺油剂的用量一般为1.5%～2.5%，短纤维纺丝油剂的用量为1%。2013年全球化学纤维产量接近5000万t,消耗各种油剂的量45万～50万t,中国每年化纤油剂市场需求量占全球的50%左右，消耗量达到了25万t，但是我国高性能化纤油剂的进口依赖度很高，2014年初步估计达到了40%～45%。

从国际上大的化纤油剂生产企业研究情况看，自20世纪50年代以来，美国、日本、德国、英国等国家对化纤油剂的研究一直很活跃，不仅研制出不少新型高效油剂，还运用复配技术开发出抗静电性好、平滑性与集束性比较理想的复合化纤油剂。

英国维克公司的T-20后纺油剂，英国卜内门公司的涤纶短纤油剂，连同竹本油脂公司、松本油脂公司、Hoechst公司、BASF、Bayer、汉高公司、亨斯迈和科莱恩等企业一起，引领全球化纤油剂的发展，其油剂产品主要出口到中国、东南亚、欧洲和美国等化纤产量较大的地区。

常见化纤油剂有：特种功能油剂、持久性亲水油剂、拒水整理剂、抗静电剂、阻燃剂、高效抗菌剂、滑爽剂、水刺无纺布纤维油剂、无泡沫短纤维油剂、多工艺专用油剂、超滑爽性（含硅或不含硅）油剂、持久抗菌性油剂、PTT油剂、PLA油剂、芳纶油剂、氨纶油剂、水泥增强材料油剂、护水油剂、高导湿油剂、热风热轧油剂、粘胶短纤维油剂、丙纶纺丝油剂、丙纶短纤油剂、毛纺油剂、锦纶普通纺帘子线油剂、锦纶普通纺长丝油剂、锦纶短纤维油剂、锦纶POY油剂、锦纶FDY油剂、涤纶普通纺丝油剂、涤纶短纤维油剂、涤纶DTY油剂、涤纶POY油剂、涤纶FDY油剂、丙纶纺丝油剂和丙纶短纤ES油剂。

2 生产与市场

化纤油剂一般选取表面活性剂作为原料进行优化配方，包括一些天然油脂类及合成酯类化合物、石蜡类烃类化合物，成功的油剂单体开发是油剂开发的关键之所在，从原料来源来看，主要分为天然原料和合成原料（图1和图2所示）。

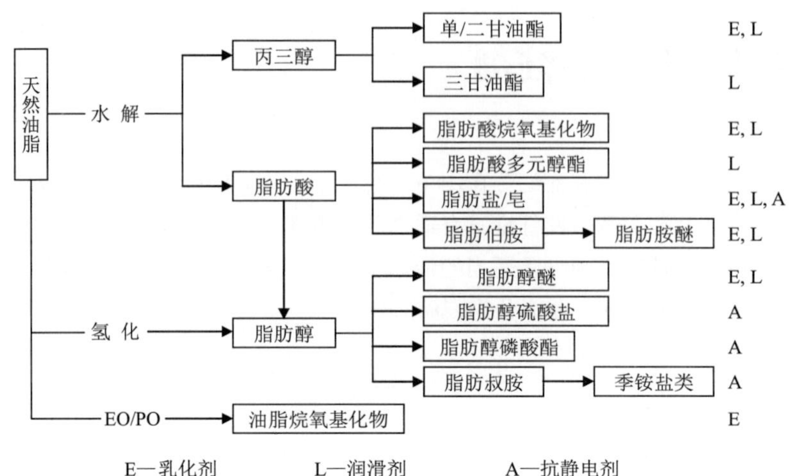

图 1　天然油脂衍生制备油剂示意图

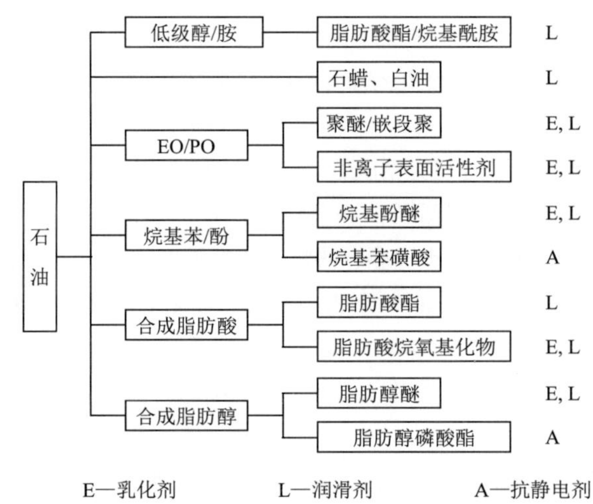

图 2　合成原料制备油剂组分示意图

化纤油剂的发展至今已有5代：第1代以矿物油为主，再添加乳化剂和抗静电剂组成；第2代以脂肪酸酯为主体；第3代以脂肪酸酯和环氧丙烷 / 环氧乙烷、聚醚并用组成；第4代以环氧丙烷 / 环氧乙烷聚醚为主。随着化纤长丝向高速、超高速化及多功能性发展，由改性环氧丙烷 / 环氧乙烷聚醚及有低摩擦、超耐热、易湿润等特种功能成分和添加剂组成的第5代油剂应运而生。

目前全国（包括在国内生产的外资企业）的最大年产量仅 20 余万 t，有 40% 左右的化纤油剂依赖进口。且在质量、技术、品种等方面与世界先进国家存在较大差距，尤其是纺丝牵伸后加工油剂，油膜性能差，质量波动大，对纤维染色性能有较大影响。我国化纤产品中多品种、小批量、高纺速阶段的合成纤维及细旦等各种差别化聚酯长丝产品所需的油剂也基本依赖进口。

表 1 和图 3 给出 2008—2014 年国内化纤产量、油剂需求及 SAA 消耗。2014 年国内化纤产量初步估算大约为 4270 万 t，消耗化纤油剂的量约合 38 万 t，油剂需求同比增长约合 4.10%，

在全球经济萎靡影响下，当年化纤产量及油剂需求增长也放缓，依据表面活性剂在化纤油剂的配方使用，2014 年国内化纤油剂消耗表面活性剂的量为 21.0 万 ~ 22.5 万 t，较 2013 年同比增长 2.0% ~ 5.0%。

表1　2008—2014年国内化纤产量、油剂需求及SAA消耗

年 份	2008年	2009年	2010年	2011年	2012年	2013年	2014年
化纤产量 / 万 t	2450	2750	3090	3360	3810	4130	4270*
油剂需求量 / 万 t	22.0	24.0	27.0	30.0	33.5	36.5	38.0
同比增长 /%	—	9.1	12.5	11.1	11.6	8.9	4.10
SAA 消耗 / 万 t	12.0~13.0	13.0~14.5	15.0~16.0	16.5~18.0	18.5~20.0	20.0~ 22.0	21.0~ 22.5

备注：*根据当年前6月产量进行预测估算。根据当年化纤产量估算油剂和表面活性剂的需求量。一般油剂配方表面活性剂质量分数在55% ~ 60%。油剂需求量和同比增长都为估算值。

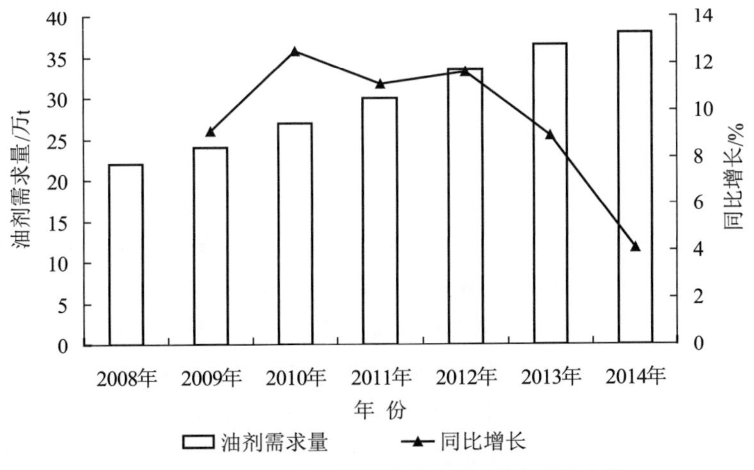

图 3　2008—2014 年国内化纤油剂需求及走势

化纤油剂需求增长带动相关产品表面活性剂消耗量的增长，图 4 给出 2008—2014 年国内化纤油剂表面活性剂的消耗情况。

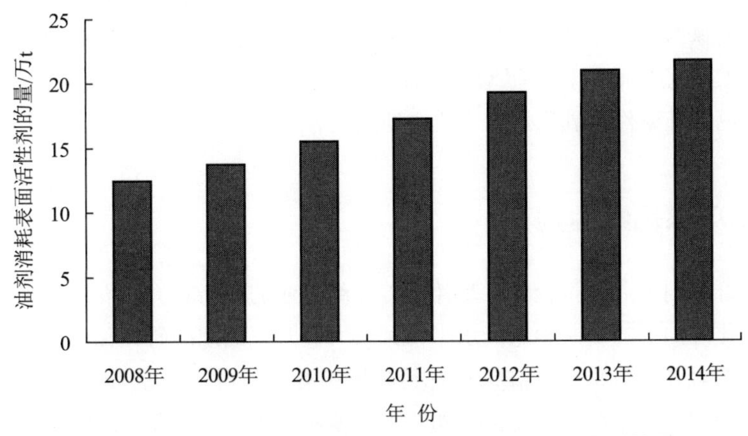

图 4　2008—2014 年国内化纤油剂消耗表面活性剂的量

根据纤维品种以及纤维加工方式的不同，化纤油剂可分成维尼纶油剂、绵纶长丝油剂（包括绵纶 POY、FDY、DTY、HOY 油剂）、锦纶短纤油剂、锦纶工业丝油剂、涤纶长丝油剂（包括涤纶 POY、FDY、DTY、HOY、TCS 油剂）、涤纶短纤油剂、涤纶工业丝油剂、氨纶油剂、丙纶长丝油剂，丙纶短纤油剂、腈纶湿法纺丝油剂、腈纶干法纺丝油剂等几十种化纤油剂。

虽然化纤油剂可分几十大类，但其中 DTY 油剂、FDY 油剂、POY 油剂、短纤油剂占国内化纤油剂市场份额将近 90% 以上。

表 2 给出 2009—2014 年国内主要化纤油剂市场容量情况。据不完全统计，2014 年三种主要油剂消耗量超过 33.5 万 t，占所有油剂消耗量的 88.5% 以上。

表2 2009—2014年国内主要化纤油剂市场容量统计 单位：万t

油剂种类	2009年	2010年	2011年	2012年	2013年	2014年
DTY	18.5	19.5	20.5	21.3	22.0	23.0
FDY	5.2	5.6	6.0	6.25	6.50	6.80
短纤油剂	3.35	3.45	3.55	3.60	3.70	3.80

备注：按照化纤种类及油剂使用量进行估算统计。

常用化纤油剂用表面活性剂有：一般选用矿物油、植物油、脂肪酸一元醇酯、多元醇酯、脂肪酸双酯、脂肪酸多元醇酯、脂肪酸三羟甲基丙酯、脂肪酸季戊四醇酯等作为平滑剂。国外开发的平滑柔软剂品种包括脂肪酸聚氧乙烯酯、聚乙二醇月桂酸酯、氢化蓖麻油聚氧乙烯醚、聚氧乙烯脂肪胺、聚乙二醇山梨醇油酸酯、聚氧乙烯蓖麻油、烷基聚氧乙烯醚硫酸酯盐、硬脂酸聚氧乙烯酯、聚乙二醇硬脂酸酯和山梨糖醇酐硬脂酸酯等。国产的平滑柔软剂有辛烷基聚氧乙烯醚、山梨糖醇酐硬脂酸单酯、聚氧乙烯硬脂酸木糖醇酯、脂肪醇聚氧乙烯，二硬脂酰胺三乙胺基环氧丙烷季铵氯化物、硬脂酸聚氧乙烯酯、山梨糖醇酐油脂酯和山梨糖醇酐硬脂酸酯聚氧乙烯醚等。

抗静电剂在化纤生产中也至关重要，目前开发的新型抗静电剂有：烷基磷酸酯二乙醇胺、脂肪醇聚氧乙烯醚、聚氧乙烯木糖醇单油酸酯、烷基聚氧乙烯醚磷酸酯钠盐、辛烷基酚聚氧乙烯醚、大豆二甲基羟乙基季铵乙基硫酸盐和十八烷基二甲基羟乙基季铵硝酸盐等，其中用得最多的是烷基磷酸酯盐、烷基醚磷酸酯盐和烷基硫酸酯盐，而且往往是单酯和双酯的混合物。它们具有良好的抗静电性和平滑性，而且耐热性好，热挥发性小，可以增加油膜强度。除此之外，斯潘和吐温作为乳化剂用于化纤油剂配方组分。

3 绿色化环保化纤油剂

我国的化纤油剂工业起步较晚，是伴随着化纤工业的不断壮大而发展起来的。经过多年的发展，国产化纤油剂的研制和生产水平得到较大提升，油剂的研究和生产单位从最初的上海合纤所、天津轻化所发展到现在的浙江传化股份有限公司、江苏天音化工股份有限公司、宜兴周铁染料助剂厂、浙江皇马化工集团等上百家研究单位或企业。虽然国内化纤油剂已经取得长足进展，但是与国外化纤油剂相比，还存在较大的差距：规模企业偏少，生产手段较发达国家水平落后，油剂单体品种少，质量稳定性较差。根据化纤油剂工业发展现状来看，未来国内整个化纤油剂行业将朝着以下几方面发展：

（1）满足化纤生产和加工技术进步的要求

随着化纤生产加工技术的发展，出现了大量新的生产工艺、生产设备，同时对化纤油剂提出更高的要求。如纺丝速度、整经速度、织造速度、纺纱速度、梳棉速度、环锭纺锭转速日益提高，速度的提高对化纤油剂的润滑性能、润湿渗透性能以及耐热发烟和积焦性能都提出了相当高的要求，化纤新品种的不断涌现也对化纤油剂提出新的挑战。

（2）化纤油剂对化纤性能的改进

随着社会的发展及人类生活水平提高，对化纤的需求量越来越大，对品种和性能的要求越来越高，许多化纤生产厂商都花巨资开发附加值高、功能更新的化纤品种，以期在未来的市场竞争中取得优势。化纤油剂附加于纤维表面，使纤维获得某种特殊功能是化纤油剂发展的一个重要方向。目前化纤性能改善主要集中：① 改善化纤手感，赋予化纤柔软、丰富的天然手感；② 使其具有良好的吸水性能，一方面满足原加工设备的需求，另一方面使生产的纺织成品具有良好的吸湿排汗功能，满足人们对化纤舒适性的要求；③拒水拒油功能；④抗静电性能；⑤抗菌杀菌性能等。

（3）满足生态环境对化纤油剂的要求

化纤油剂是由一系列化学物质组成，或多或少地带有一定的毒性。减少化纤油剂对生态环境影响一般从两方面考虑：①满足生产需求的前提下减少化纤油剂的耗用量，提高化纤油剂的利用效率；②开发易生物降解、低毒性的化纤油剂，使其在降解过程中不会形成稳定或有毒的污染物。国外化纤油剂研究开发已将环保作为化纤油剂开发的必不可少的内容之一。我国化纤油剂开发商应及早注意这一趋势，并尽快付诸行动，以期在未来化纤油剂开发中立于不败之地。

消毒杀菌型表面活性剂

1 基本概述

消毒剂在各行各业的应用变得越来越广泛，对其性能要求也越来越高，苯酚、甲醛和氯制剂等传统消毒剂的使用量已经大幅下降，随着环保和安全呼声的提高，传统危害较大的杀菌消毒剂在民用领域已经大幅退出市场，如有机锡、二硫氰甲烷和丙烯醛等物质，相比较而言，由表面活性剂组成的消毒剂具有毒性低、性能温和，杀菌消毒完全，与环境相容性好等优势。一般具有乳化和增溶特性的表面活性剂均具有较强的抗菌性。抗菌性的强弱常以最小抑菌浓度（MIC）来表示，该值越小，意味着抗菌性越强。用 MIC 不能区分抑菌作用和杀菌作用。但是表面活性剂一般低浓度显示抑菌，高浓度显示杀菌作用。实际上在许多场合这两种作用是同时发挥，因此不能把他们二者截然分开，故合称抗菌消毒作用，俗称消毒作用。

现在市售的作为抗菌消毒的表面活性剂主要是阳离子和两性离子表面活性剂，常用品种超过 60 种，其抗菌消毒特性不尽相同，由于目前开发的表面活性剂消毒剂对水溶性病毒、绿脓杆菌、霉菌和抗异变菌普遍存在效能不足和综合性能差的现象，因此人们迫切希望能开发出满足下列条件的表面活性剂：低浓度下有效，产生效果的时间要快；抗菌谱范围广，对病毒、霉也有效的物质；即使蛋白质、污垢、肥皂、钙离子以及 pH 有所变化的情况下，效果不会明显下降；对抗菌作用有选择性；对人皮肤无刺激性；使用后废弃物，对环境无污染；不腐蚀容器、器皿等。在近 20 年的研究中，国内一些企业对消毒剂的研究已经很成熟了。

2 表面活性剂的抗菌消毒机理

杀菌消毒表面活性剂作用机理过程分为两步：首先是表面活性剂吸附浓缩在菌体表面的细胞壁及细胞膜上，接着移向作用部位，通过阻碍半透膜的正常作用以及渗透进细胞内部，使酶钝化，阻碍核糖酸、蛋白质的合成，并引起蛋白质变性或细胞壁及细胞膜的破坏等来杀死细菌，与此同时伴随着干扰微生物酶系统情况的发生。

3 表面活性剂抗菌数据及相关物性

在各类表面活性剂中以阳离子表面活性剂和两性表面活性剂杀菌消毒能力最强，广谱性最好，以阴离子和非离子表面活性剂的杀菌消毒能力最弱，广谱性最差。含季铵盐和氮杂环结构的表面活性剂杀菌消毒尤为突出，基于此研究人们开发多种适合不同领域和环境的杀菌消毒表面活性剂。

3.1 两性离子表面活性剂

两性表面活性剂因具有较好的杀菌能力，较小的溶血性，高的抗有机物能力，小的pH影响，极低的毒性和高的渗透性等优点，故在近年得到了较大的发展，可有效补偿阳离子表面活性剂在一些行业和场合中效能不足的弱点。从表1中可以看出，各类两性表面活性剂当中，对常规细菌作用效果良好，对亲水病毒作用普遍较差，对黑色变种枯草芽孢杆菌作用浓度普遍偏高，对藻类微生物具有良好的杀灭作用。通过对不同种类两性表面活性剂在不同使用条件下杀菌消毒功效进行评价和优化，开发一定条件和产品的高性能潜力，如表2所示。

表1 不同两性表面活性剂抗菌消毒情况比较（MIC） 单位：$\times 10^{-6}$

两性表面活性剂	大肠杆菌	葡萄球菌	异养菌	黑枯变芽孢杆菌	亲水病毒	亲脂病毒	藻
CAB	20	20	30	300	无效	100	10
DSB	15	12.5	50	200	无效	100	10
DPB	20	20	50	200	无效	100	10
BS-12	20	20	25	200	无效	50	5
Teg-51	12.5	12.5	25	40	无效	50	5
Teg-103	12.5	12.5	25	30	无效	50	5
HA	15	15	25	80	无效	100	5
AO-12	50	50	50	200	无效	30	5
DDA10	50	30	20	100	6000	20	0.3
TOA08	100	100	20	100	无效	80	1.5
APGAA	12.5	12.5	15	50	无效	15	0.8
APGDA	10	10	6	30	4000	10	0.4
AEOAA	50	50	40	800	无效	100	2
AEODA	20	15	15	300	6000	30	1.0
SIBS	150	150	100	1000	无效	400	10
CP-164	10	10	12.5	100	无效	15	0.4
MIZLIN	20	20	30	400	无效	100	10

备注：评价条件为温度25℃，时间15min。

表2 两性表面活性剂在不同条件下的作用效果比较

两性表面活性剂	抗硬水$CaCO_3$（3×10^{-4}）	抗有机物（5%小牛血清）	霉菌	洗涤去污（0.5%）	pH对杀菌消毒的影响	温度对杀菌消毒的影响	生物降解性
CAB	+	+	++	++	+++	+	++++
DSB	++	++	++	++	++	++	++++
DPB	+++	++	++	++	+	++	++++
BS-12	+++	+++	++	+++	+++	++	++++

续表

两性表面活性剂	抗硬水$CaCO_3$（3×10^{-4}）	抗有机物（5%小牛血清）	霉菌	洗涤去污（0.5%）	pH对杀菌消毒的影响	温度对杀菌消毒的影响	生物降解性
Teg-51	+++	++	+++	++	+	+++	++++
Teg-103	++++	+++	+++	++	+	++	++++
HA	+++	++	++	++	+	++	+++
AO-12	+++	+++	+++	++++	+++	+++	++++
DDA10	++++	++++	++++	+	++	+++	+++
TOA08	++	+++	+++	+	++	+++	++
APGAA	+++	+++	+++	++	+++	+++	++++
APGDA	++++	++++	++++	+	++	+++	++++
AEOAA	++++	+++	++	+++	+++	+++	++++
AEODA	++++	++++	++++	++	++	+++	++++
SIBS	+	+	+++	−	++	++	++
CP-164	++++	++++	++++	++	+++	+++	++++
MIZLIN	+++	+++	+++	+++	+++	+++	++++

备注：表中+号表示作用效果，+号越多效果越好。

表1和表2中代号名称：椰油酰胺丙基甜菜碱（CAB）；十二烷基磺基甜菜碱（DSB）；十二烷基磷酸酯基甜菜碱（DPB）；十二烷基多氨基羧酸（Teg-51）；十二烷基多氨基羧酸（Teg-103）；十二烷基氨基羧酸（HA）；十二烷基氧化胺（AO-12）；双十烷基甜菜碱（DDA10）；三辛基胺氧化胺（TOA08）；十二烷基甜菜碱（BS-12）；单烷基两性APG（APGAA）；双烷基两性APG（APGDA）；醇醚羧酸两性（十二烷基）（AEOAA）；醇醚羧酸两性（双辛基）（AEODA）；有机硅甜菜碱（SI-BS）；十六烷基双醚基乙基硫酸季铵盐（CP-164）；两性咪唑啉（磷酸酯型）（MIZLN）。

3.2 阳离子表面活性剂

阳离子表面活性剂具有较强的杀菌性能，在实际中人们多以1227、双十烷基二甲基氯化铵、双十二烷基二甲基氯化铵等作为杀菌消毒组分，但常常存在浓度过高，对有机物和硬水失效的现象，作用效果受环境变化影响较大。如在pH=9和pH=3时双十烷基二甲基氯化铵对大肠杆菌的杀菌效果相差3～10倍。

表3给出目前常用阳离子表面活性剂的消毒杀菌性能比较。从实验数据中可以看出，聚季铵盐的杀藻能力明显高于烷基季铵盐，而MIC值明显差于烷基季铵盐，对亲水病毒的作用效果以含氟季铵盐和离子对季铵盐最为有效，对轮虫和螺丝以离子对季铵盐和三烷基季铵盐用药浓度最低。

表3　季铵盐阳离子表面活性剂消毒杀菌性能比较（MIC）　单位：ppm

种类	大肠杆菌	金黄色葡萄球菌	藻	亲水病毒	亲脂病毒	螺	轮虫
D1021	5	10	4	100	5	10	2
D0821	10	5	4	100	5	10	2

续表

种类	大肠杆菌	金黄色葡萄球菌	藻	亲水病毒	亲脂病毒	螺	轮虫
D1421	6.25	6.25	2	80	5	10	3
D1017	6.25	6.25	1.5	150	2	15	3
D1217	6.25	6.25	4	200	5	15	3
M1231	12.5	12.5	2	600	10	20	3
M1631	12.5	12.5	4	–	20	20	3
PDSNa	12.5	12.5	4	–	20	20	3
PAE12	12.5	12.5	4	–	20	50	3
M1827	6.25	6.25	4	–	5	10	3
T081	6.25	6.25	2	200	5	3	2
T121	6.25	6.25	2	200	5	3	2
APG-DA	3.5	3.5	2	100	5	5	3
AEO_9-DA	6.25	6.25	1	50	5	5	2
Poly-QA-7	30	30	1	–	–	–	5
Poly-BDA	20	20	1	–	–	–	5
Poly-BA	20	20	1	–	–	–	5
FOHMP	6.25	6.25	1	20	3	5	3
AEMSS	6.25	6.25	1	–	3	5	
Qam-12	6.25	6.25	2	–	5	5	4

备注：–表示无效；D1021—双十烷基二甲基氯化铵；D0821—双八烷基二甲基氯化铵；D1421—双十四烷基二甲基氯化铵；D1017—双十烷基甲基苄基氯化铵；D1217—双十二烷基二甲基氯化铵；M1231—十二烷基三甲基氯化铵；M1631—十六烷基三甲基氯化铵；PDS—椰油基酰胺基阳离子；PAE12—椰油基酰胺基卞基阳离子；M1827—十八烷基苄基氯化铵；T081—三辛基氯化铵；T121—三月桂基氯化铵；APG-DA—APG基双辛基甲基氯化铵；AEO_9-DA—AEO_9基甲基双辛基氯化铵；Poly-QA-7—聚季铵盐-7；Poly-BDA—聚羟丙基—二甲胺基季铵盐；Poly-BA—聚丙二胺-羟丙基氯化铵；FOHMP—双月桂基二甲基氯化铵；AEMSS—烷基二甲基乙基硫酸乙酯基季铵盐；QAM—十二烷基酯基季铵盐。

3.3 其他类型

（1）季铵盐双子表面活性剂　阳离子双子表面活性剂是指通过一个连接基将两个传统的阳离子表面活性剂在其头基或接近头基处而连接在一起的一类新型表面活性剂，与单头单链的传统阳离子表面活性剂相比，双子表面活性剂具有更低的临界胶束浓度、更强的降低表面张力的能力，而且对金黄色葡萄球菌和白色念珠菌有较明显的杀菌作用，由于其分子结构中含有两个季铵盐头基，季铵盐双子表面活性剂更容易吸附在细胞壁表面，抗菌波长范围也比一般单链铵盐宽，可在175℃以下，pH 4 ~ 11的淡水、海水和污水等多种水系统中进行杀菌灭藻（表4所示）。

除此之外，研究发现，双子季铵盐表面活性剂对许多不同的细菌、真菌、藻类、芽孢和病毒等都具有很好的抗菌效果，并且有更好的水溶性、对水质的影响较小等，能够更好地维持良好的杀菌效果，可广泛应用在工农业生产、医疗卫生、食品、日用化工和水处理等领域。

表4 双子季铵盐表面活性剂的杀菌性能比较 单位：%

菌种及浓度	1227	8-2-8	10-2-10	12-2-12	14-2-14
FB（铁细菌）					
20mg/L	90	88.35	89.5	95.65	99.00
30mg/L	96	95.5	95.5	100	99.5
40mg/L	98	98.25	99	99.85	99.85
SRB（硫酸盐还原菌）					
20mg/L	74	97.02	99	99.2	99.42
30mg/L	90	99.18	99	99.42	99.75
40mg/L	98	99.6	99.75	99.87	99.95
TGB（腐生菌）					
20mg/L	90	88	97.95	99.2	99.2
30mg/L	98.5	89.8	99.4	99.75	99.6
40mg/L	98	97.95	99.8	99.8	99.8

备注：1227—十二烷基二甲基季铵盐，*n*-2-*n*—对称烷基季铵盐双子表面活性剂（*n*=8, 10, 12, 14）。

（2）杂环季铵盐型表面活性剂 由于含氮杂环分子结构中含有烯丙基，其吸电子性强于烷基，因而通过诱导效应使氮上正电荷密度更大，更容易吸附到菌体表面而造成微生物死亡，吡啶季铵盐表面活性剂一种良好的杀菌剂。研究表明，吡啶季铵盐对大肠杆菌、金黄色葡萄球菌和枯草芽孢杆菌均具有良好的抑制作用，而吡啶季铵盐杀菌效果与分子结构中的烷基密切相关（表5所示）。

表5 不同烷基吡啶季铵盐对不同菌种的活性抑制效果

菌种及浓度	A	B	C	D	E
大肠杆菌					
5mg/L	-	-	+	+	-
50mg/L	+	10	16	12	+
500mg/L	11	18	28	26	10
5000mg/L	13	29	40	38	13
枯草芽孢杆菌					
5mg/L	-	-	-	-	-
50mg/L	10	15	17	+	+
500mg/L	12	24	26	24	16
5000mg/L	16	35	38	33	20
金黄色葡萄球菌					
5mg/L	-	-	-	-	-

续表

菌种及浓度	A	B	C	D	E
50mg/L	–	+	+	–	–
500mg/L	+	19	24	22	12
5000mg/L	16	24	42	36	20

备注：①A，B，C，D分别代表辛基、癸基、十二烷基和十四烷基吡啶溴化铵，E为十六烷基三甲基溴化铵；②表格中不同浓度对应的数值代表抑菌圈直径/mm，"+代表有抑菌趋势"，"—"是无抑菌效果。

（3）有机胍杀菌剂　有机胍类杀菌剂主要包括长链烷基胍类杀菌剂、双胍类杀菌剂、聚合胍类杀菌剂、环状胍类杀菌剂。目前应用较多的长链烷基胍类杀菌剂有十二烷基胍醋酸盐、十二烷基胍硫酸盐、醋酸十八胍等；双胍类杀菌剂有洗必泰(双氯苯双胍己烷)、双胍辛乙酸盐等；聚合胍类杀菌剂主要是聚六亚甲基胍盐酸盐、聚六亚甲基双胍盐酸盐等；环状胍类杀菌剂主要包括多菌灵、苯菌灵等。

长链烷基胍本身是一种阳离子表面活性剂，易溶于水，水溶液无泡，现场应用便捷。烷基胍中的胍基团具有较高的生物活性，可以与生物体中的多种基团或元素相互作用，破坏其正常的物质和能量代谢。杀菌机理主要是它在水溶液中带正电荷，可以吸附于微生物表面，形成微团，并逐步渗入细胞浆的类脂层和蛋白质层，从而改变胞膜通透性，使细胞内容物外渗，导致微生物死亡;同时可以通过凝固蛋白，使酶和结构蛋白变性，破坏微生物的代谢体系，导致其死亡。

（4）新型杀菌剂　经过近半个世纪的发展，目前杀菌消毒剂已经进入新产品开发兼实际应用到中试生产阶段，包括含磷型、多氟季铵盐、糖苷季铵盐、氨基酸型季铵盐、有机硅季铵盐、异构体季铵盐、萜系结构季铵盐等在内的新型杀菌消毒产品已经被开发并应用于实际研究，实验结果显示，这些产品较传统杀菌消毒剂具有更高的杀菌范围和性价比。

4 发展方向

表面活性剂作为杀菌消毒物质，其性能与分子结构以及配伍组分差异，均会对其杀菌消毒性能产生影响。开发兼有多种功能、满足不同条件下的新型抗菌杀毒物质，成为近几年行业发展的一个热点。

目前新型杀菌表面活性剂性能特征：

（1）对多种菌种和有毒成分均可产生抗菌杀毒效果，这就要求新型表面活性剂杀菌剂分子结构中兼有多种抗菌杀毒结构。如杂环季铵盐等新型杀菌剂等。

（2）新型抗菌杀毒剂，要求具有较高的抗硬水性和有机物等优势，杀菌消毒性能受温度、pH，水硬度，有机物等因素影响较小，满足多条件和环境下的众多领域的杀菌性能。

（3）新型表面活性剂杀菌消毒剂满足与不同类型表面活性剂的良好配伍，最低要求是配伍后，对其性能不会造成太大的影响。

（4）新型表面活性剂杀菌消毒剂对皮肤刺激性较小，对人体安全无毒，满足绿色、安全和健康消费要求。

（5）新型表面活性剂杀菌消毒剂具有良好的生物降解性，降解中间体不会或者具有较少的对环境负面作用的物质，提升自身结构至关重要。

目前国内已经开发阴阳离子表面活性剂杀菌消毒剂、烷基胍杀菌剂以及糖苷和有机硅衍生的表面活性剂杀菌剂，其使用性能优势突出。

我国农药表面活性剂发展概况及应用新进展

表面活性剂作为精细化工领域的代表性产品，在国民经济中发挥着重要作用，其发展水平成为各国化工产业进步的重要标志之一。改革开放以来，中国表面活性剂行业通过技术引进与自主研发已建立起相对完整的表面活性剂工业体系，技术水平和装备国产化水平大幅提升，技术更新速度不断加快，能够生产包括阳离子、阴离子、非离子、两性离子及特种产品在内的 4 大类、130 个小类的 4700 多个品种，产品广泛应用于日化、纺织、造纸、农药、皮革以及石油等诸多领域。

表面活性剂可将无法直接使用的农药原药制成可以使用的农药制剂。它作为一种农药助剂应用在农药上，不但可提高农药的使用效果，还可减小农药的用量，减轻农药对环境的影响，并为农业生产带来巨大效益。但由于农药是一类具有极强生物活性的特殊化学品，其防治对象、保护对象和环境条件又十分复杂，农药中的表面活性剂除需按原药的性质、特点选择配制外，还需考虑表面活性剂本身对靶标生物产生的影响。

2014 年，中国表面活性剂行业整体发展平稳，受国际经济大环境以及中国经济结构发展调整的影响，表面活性剂的生产与市场较 2013 年均呈现出积极态势：产品技术工艺进入一个新的发展环节，规模企业在全球竞争地位中有所提升，新产品开发和应用取得突破性进展，行业发展与环境保护提升到新的高度。从事农药表面活性剂的企业在水基化制剂、颗粒化制剂、缓释化制剂等农药制剂所用助剂方面的开发也取得了较大进步，一系列高效新型农药表面活性剂得到开发和广泛使用。

在表面活性剂行业中，农药表面活性剂是一个重要的领域。我国是世界上农药生产大国，2014 年突破年产 150 万 t，除了大量出口原药及其部分不用助剂的农药制剂外，国内原药消耗量约 50 万 t，这些原药需加入表面活性剂及其它助剂而制成各种不同的剂型，年加工制剂达到 300 多万 t（其中出口约 100 万 t）。农药制剂是由农药原药和农药助剂配制而成，在农药制剂中，农药原药被称为活性成分，农药助剂被称为非活性成分。农药助剂可分为表面活性剂和非表面活性剂两大类，农药助剂的主体是表面活性剂农药表面活性剂作为乳化剂、分散剂、润湿剂、渗透剂、增效剂和增溶剂等广泛应用于加工乳油、微乳剂、水乳剂、悬浮剂、悬浮种衣剂、微囊悬浮剂、悬乳剂、水剂、可溶液剂、可分散油悬浮剂、可湿性粉剂、水分散粒剂等农业上使用较多的农药制剂。

大多数农药制剂需要加水稀释使用，表面活性剂对农药制剂稀释液的乳液稳定性、悬浮率、分散稳定性、润湿性、持久起泡性、热贮稳定性等技术指标起决定性的作用，并且对药液在应用时具有的熏蒸、胃毒、内吸和触杀等作用及针对靶标的铺展、渗透、展着、沉积等效能密切相关，从而对农药充分发挥药效起到重要作用。农药最终的应用形式是农药助剂，表面活性剂在农药制剂加工中的应用，影响着农药的使用效果，农药表面活性剂的发展影响着农药工业的发展。尤其世界各国近年来高度重视农药对环境及安全的影响，强调发展环境友好型绿色农药和制剂，因而农药表面活性剂的发展也必须适应这一新的要求和趋势。

1 我国农药表面活性剂开发概况

我国的农药表面活性剂工业有着 50 多年的历史，半个世纪以来，随着我国石油化工和农药工业的发展而迅速发展。二十世纪六七十年代，我国农药表面活性剂生产企业仅仅 10 家左右，目前有 100 多家，目前具有 1000 t / 年以上生产能力的农药乳化剂装置超过 20 套；诸如南京太化、江苏钟山、北京广源益农、江苏擎宇等的农药表面活性剂生产能力可达 20 万 t/ 年。

80 年代初，我国农药表面活性剂总产量在 1.3 万 t 左右，2014 年总销量达到 10 万 t。30 年前，农药表面活性剂主要是乳化剂，用于配制乳油，以及印染行业引进的低分子量分散剂用于可湿性粉剂。目前开发的分散剂、润湿剂、乳化剂等在悬浮剂、水乳剂、可分散油悬剂、水分散粒剂等新剂型中也有大量应用。

近 10 年中，我国农药表面活性剂进展较大的表现集中在以下几个方面：

（1）开发新品种　高分子羧酸盐为代表的农药高分子表面活性剂取得了突破，产品种类和质量得到长足进步。在水分散粒剂、悬浮剂中得到广泛应用，取代了较大部分国外同类产品。

（2）老产品改造　尽管苯乙基苯酚聚氧乙基醚、烷基酚聚氧乙基醚、蓖麻油聚氧乙烯醚等仍然是农药表面活性剂中主要的非离子型品种，烷基苯磺酸钙仍是主要的阴离子型品种。不含苯酚基团高分子乳化剂已经开发并应用，可分散油悬浮剂中使用助剂从传统助剂中得以改并广泛应用，非离子型改性制得的阴离子型已有多个产品研制开发出来，如烷基酚聚氧乙基醚和烷芳基酚聚氧乙基醚的磷酸盐和硫酸盐等这类品种已经成为许多水基型农药制剂配方中的主要组分，产量也在逐渐增加。

（3）其他一些新的表面活性剂　如双子类表面活性剂、有机硅表面活性剂、含氟表面活性剂等的开发研究均有较大进展，并在农药制剂中应用，但此类产品的大量推广尚有个过程。

（4）绿色表面活性剂　烷基苷（APG）、α- 磺基脂肪酸甲酯（GMES）、醇醚羧酸盐（AEC）、甜菜碱、氧化胺、季铵盐类等表面活性剂得到逐步开发和应用，在农药制剂中的应用将是未来的趋势。

（5）农药制剂配方研究工作　农药表面活性剂的应用及农药制剂配方的研究取得较大的进步。近 10 年来，以悬浮剂为代表的水基化制剂，以水分散粒剂为代表的颗粒化制剂等得到迅速发展，近几年登记排名前两位的就是悬浮剂和水分散粒剂，这些剂型的助剂和配方得到了极大的重视，农药企业、科研院所、大专院校等都在研究配方，产品质量也得到了很大幅度的提升。针对一些高毒农药替代农药加工制剂的配方研究，针对农药加工中使用溶剂的限量变化，针对农药制剂出口应考虑执行国际标准等问题，需要不断开发适合其体系的助剂或专用助剂，近几年也取得了较大进展，也是未来助剂及配方研究的重要方向。

（6）农药表面活性剂及配方储备：不完全统计，国内从事农药表面活性剂开发的企业每年都有数百种农药新制剂配方筛选出来，目前也已技术贮备各类农药制剂配方数千个，农药乳化剂及专用助剂 700 多个型号，近年来已生产供货的乳油用乳化剂就有 400 多个型号，水乳剂、微乳剂等水基型制剂用助剂有 180 多个型号，可湿性粉剂助剂可加工 30 多种制剂，研制的悬浮剂专用助剂可用于加工 80 多种悬浮剂制剂，悬乳剂专用助剂可用于加工 60 多种悬乳剂制剂，草甘膦、百草枯等水剂制剂的专用助剂 40 多个品种，可分散油悬浮剂专用助剂可加工（OD）制剂 20 多种，水分散粒剂专用助剂可加工制剂 60 多种。

2 我国农药表面活性剂现状

2.1 生产能力与产量

目前国内农用表面活性剂产品结构见表 1，阴离子占 13%~14%，非离子占 26%~28%，其他类型不到 4%，混合型占比 53.5%~56.5%。

表1 我国农用表面活性剂产品结构

农药表面活性剂类型	规模/（t/年）	实际用量估计/（t/年）
阴离子型	> 25000	15000 ~ 20000
非离子型	> 50000	30000 ~ 40000
其他类型	< 10000	< 5000
混 合 型	> 100000	65000 ~ 75000

我国从事农药表面活性剂生产企业超过 100 家，装置年生产能力超过 15 万 t，而实际年销售量在 10 万 t 左右。我国年销售量较大企业有：南京太化化工有限公司、江苏钟山化工有限公司、南京扬子鸿利源化工有限公司、南京威尔生物化学有限公司、北京广源益农化学有限责任公司、江苏擎宇化工科技有限公、江苏凯元科技有限公司（江苏靖江开元）、南京塔盛新材料科技有限公司 、南京若恩、北京汉莫克化学技术有限公司、上海万金助剂有限公司、上海天坛助剂有限公司、扬州晨化科技集团公司、辽宁奥克化学集团、荆州隆华石油化工有限公司、青岛石喜精细化工有限公司、邢台市蓝天精细化工有限公司、邢台蓝星助剂厂、辽阳科隆化学品有限公司、安阳市双环助剂有限责任公司、江苏省海安石油化工厂等。

在我国销售农药表面活性剂的外资企业也有 10 多家：索尔维公司（原罗地亚）、亨斯迈、阿克苏诺贝尔、巴斯夫应用化学、陶氏化学、赢创德固赛、科莱恩、禾大化学、维实伟克、鲍利葛、科宁化工、宁柏迪、OMNICHEM 公司、竹本油脂、星飞化工、东邦化学等。这些跨国企业的产品已经树立了品牌，如巴斯夫的嵌段聚醚 PO–EO（PE10500）、亨斯迈的聚羧酸盐 2700、原罗地亚的聚羧酸盐 T/36、阿克苏诺贝尔的萘磺酸盐 D–425、科莱恩的磷酸酯分散剂 LFS 以及维实伟克、鲍利葛的木质素磺酸盐都是经典的代表。

国内代理农药表面活性剂的代理商也在不断增加：如南京捷润、上海科羽、格林泰姆、南京古田、上海外电等。

以上从事农药表面活性剂的生产或者代理公司不断增加，说明中国农药制剂市场的不断增加，同时也为农药制剂配方开发提供了更多的选择，促进了农药制剂水平的不断提高。

但对于助剂的管理也应该引起重视，强化对农药表面活性剂生产和应用的管理，克服目前存在的无序管理，认真学习和借鉴国外农药助剂管理的经验和做法，进一步朝规范化和标准化迈进。

就目前使用情况而言，农药中使用的表面活性剂以阴离子和非离子型居多。由于各类表面活性剂都有自身的优点及不足，单独使用某一种表面活性剂往往很难适应各类农药加工的需要。因此，商品化的产品如乳化剂多数是混合型的，既有阴离子型与非离子型之间的混合，也有非离子型之间的混合。

2.2 农药表面活性剂品种

（1）非离子型　主要有醚类非离子助剂、酯类非离子助剂、端羟基封闭的非离子助剂等。具体品种有辛基酚聚氧乙烯醚（乳化剂 OP 系列）、壬基酚聚氧乙基醚（NP 系列）、苯乙基苯酚聚氧乙基醚（600# 系列）、蓖麻油聚氧乙基醚（BY 系列）、脂肪醇聚氧乙基醚（AEO 系列）、失水山梨醇脂肪酸酯（斯潘系列）、失水山梨醇脂肪酸酯环氧乙烷加成物（Tween 系列）、PO/EO 嵌段酚醚 33#（1601）/34#（1602）、酚醛树脂聚氧乙基醚 400#（404#）700#、油酸聚氧乙基酯（AO 系列）、烷基酚多元醇 PO/EO 嵌段酚醚醇醚（900# 系列）、烷基多糖苷、脂肪胺聚氧乙烯醚等上百种。

（2）阴离子型　主要有磺酸盐、硫酸盐、磷酸盐、亚磷酸盐、羧酸盐（脂肪羧酸盐）等。具体品种有烷基苯磺酸盐［十二烷基苯磺酸钠（钙）DBS-Na（农乳 500#）］、烷基萘磺酸盐［二丁基萘磺酸钠 Nekal BX（拉开粉）］、烷基磺酸盐、烷基丁二酸酯磺酸盐（烷基丁二酸酯磺酸钠　渗透剂 T）、烷基联苯基醚磺酸盐、萘磺酸甲醛缩合物（苄基萘磺酸甲醛缩合物分散剂 CNF、萘磺酸钠甲醛缩合物 NNO、二丁基萘磺酸钠甲醛缩合物分散剂 NO、甲基萘磺酸钠甲醛缩合物 MF）、聚氧乙烯醚甲醛缩合物硫酸盐 SOPA（速泊）、磷酸酯系列、磺酸盐系列、聚羧酸盐类。

（3）高分子型　非离子型：烷基酚聚氧乙烯醚甲醛缩合物（农乳 700#）、芳烷基酚聚氧乙烯醚甲醛缩合物（苯乙基酚聚氧乙烯醚甲醛缩合物宁乳 36#、异丙苯基酚聚氧乙烯醚甲醛缩合物、苄基酚聚氧乙烯醚甲醛缩合物）、联苯酚聚氧乙烯醚甲醛缩合物、聚乙烯醇、聚氧乙烯聚氧丙烯嵌段共聚物；阴离子型：聚合羧酸盐（聚丙烯酸、聚丙烯酸钠、聚丙烯酰胺、其他共聚物等）、烷基酚聚氧乙烯醚甲醛缩合物硫酸盐、烷基萘磺酸甲醛缩合物及其类似品种、酚甲醛缩合物磺酸盐及其类似品种、缩甲基纤维素及其衍生物、黄原酸胶、木质素磺酸盐。

（4）阳离子型　铵盐型、季铵盐型、酰胺类产品。

（5）两性离子型　氨基酸型、甜菜碱型、咪唑啉型、氧化胺等。

（6）混合型农药表面活性剂　有上千种型号，一是按农药分类（如杀虫剂、杀菌剂、除草剂）；二是按剂型分类（如乳油、水乳剂、悬浮剂、微乳剂、悬乳剂、可分散油悬浮剂、水剂、可湿性粉剂、水分散粒剂及复配农药制剂）；三是按助剂使用方法分类（专用型、成对型、泛用型）。

农药表面活性剂经过多年的科研开发，已经形成生产能力的有以烷基苯磺酸钙、萘磺酸盐、羧酸盐等为主的十多种型号阴离子型和以 600# 系列、BY 系列、NP 系列、树脂系列及

PO/EO 嵌段系列等为主的非离子型上百个品种。并由此按照加工农药剂型需要调配出各种混合型农药表面活性剂产品。

2.3 农药表面活性剂研究开发热点及新品种

近年来开发的有以下类型：磷酸酯型表面活性剂、聚羧酸盐类表面活性剂、EO-PO 嵌段非离子型乳化剂新单体、改性的阴离子型乳化剂单体、有机硅表面活性剂、双子类表面活性剂、高分子表面活性剂、含氟表面活性剂等。

20 世纪 90 年代末开始，人们对环保与安全的高度关切，大量新农药、新剂型出现，农药助剂必须适应这一变化和发展。而且国家对此也给予一定的重视，在国家"十五""十一五""十二五"科技支撑计划中都列入农药助剂的科研开发项目，如农药专用助剂的开发与应用、农药专用助剂的创新开发等。近年来开发了丙烯酸系高分子、新型 Gemini 磺酸盐类表面活性剂、聚胺类功能性高分子、松脂基农药助剂、木质素磺酸盐系农药助剂、植物源农药喷雾助剂、磷酸酯类助剂等农药助剂。这些助剂的开发带动了农药水基化、环保化制剂的产业示范和发展。其他一些新的表面活性剂如有机硅表面活性剂、双子类表面活性剂、高分子表面活性剂和含氟表面活性剂等的开发研究均有较大进展。

2.4 农药表面活性剂近年来的发展和变化

2.4.1 农药剂型和表面活性剂的发展和变化

农药乳油（EC）从 1998 年到 2013 年逐渐在减少，所使用的乳化剂数量也在减少，可湿性粉剂（WP）维持在 22% ~ 27%。2007 年乳油占所有剂型比例为 40%，2013 年减少了 10 个百分点，减至 30.1%，相比之下，可湿性粉剂的比例变化不大（表 2 所示）。从此数据可以看出，农药剂型随着政策、技术等因素在发生本质上的转变，今后 EC、WP 也将会不断减少，这个趋势短时不会改变。

表2 农药传统剂型分布情况 单位：种类

年份	类别	数量/种	比例/%
1988 年	EC	919	约 46.7%
	WP	447	约 22.7%
2003 年	EC	1495	约 40.4%
	WP	998	约 27.0%
2007 年	EC	2665	约 40.0%
	WP	1625	约 22.0%
2013 年	EC	2971	约 30.1%
	WP	2190	约 22.6%

农药新剂型，如悬浮剂（SC）、水分散粒剂（WG）等发展迅速，截止到 2013 年年底，新剂型登记数量超过自 1982 年恢复农药登记至 2007 年相应剂型的总和，农药产品剂型

结构明显优化，SC 和 WG 已经成为主力（表 3 所示）。虽然 SC 和 WG 总量还较小，但其发展趋势较快，已经成为当前企业、研究院所研究开发的主体。其所使用的助剂也在不断增加，比例逐渐提升，不远的未来分散剂、润湿剂等农药表面活性剂的数量将会超过传统的乳化剂。

表3　农药新剂型分布情况　　单位：种类

年　份	类　别	数量/种
1988 年	SC	95
	WG	1
2003 年	SC	181
	WG	14
2007 年	SC	321
	WG	102
2013 年	SC	816
	WG	427

2.4.2　复配型专用助剂明显增多

功能性专用复配农药助剂新开发数量每年超过上百种，技术累积成为企业和行业发展优势，但其批次稳定性等需要引起重视，其理化数据等需要不要完善。复配专用助剂为中小企业带来了便利，使得农药制剂产品开发更加便捷，但其组分的不公开及技术资料的不完善也为企业产品的更新升级带来不便和风险。

2.4.3　草甘膦、草铵膦、敌草快制剂等专用助剂发展势头看好

草甘膦是全世界使用量最大的一种农药，我国的生产能力目前在 100 万 t，2014 年实际产量约为 49 万 t，我国限制生产不用助剂的 10% 草甘膦水剂，制剂有效含量必须 30% 以上，草甘膦助剂使用量逐年增加。百草枯水剂的禁用给草铵膦、敌草快等带来了巨大的市场机遇，其主要剂型水剂中需要使用较大量的农药表面活性剂，百草枯新剂型也在不断开发过程中，这也给从事农药表面活性剂相关企业带来了机遇，一批专用助剂也会应运而生，逐渐得到开发和应用。

2.4.4　其他农药剂型配套助剂的开发有待于提高

农药干悬浮剂（DF）归类于水分散粒剂中，但由于其独特的优异性能，得到国内企业重视，近几年国内陆续有企业上马此项目。但其特殊的工艺，需要特殊的助剂配套，DF 配方既不同于普通的水分散粒剂，也不同于悬浮剂。要求助剂耐高温，且高温后有良好的分散悬浮性能，如常用的木质素磺酸钠，如果分子量太低，磺化度低，纯度不够，都可能造成产品性能的不合格，国内此类助剂还需要提高产品本身性能，目前使用较多的为维实伟克、鲍利葛等的木质素磺酸盐，国内的类似产品只能复配使用。可分散油悬浮剂（OD）也是目前农药剂型研究的热点，越来越多的除草剂在开发 OD，OD 需要更多的表面活性剂，制作油基悬浮体系比制作水基悬浮体系更难，目前助剂的主题主要是从常规乳化剂中引进和改造，但 OD 体系中的分散剂一直是个难题，需要不断研发和应用。

3 表面活性剂在农药制剂中应用的新进展

3.1 表面活性剂在乳油制剂中应用的新进展

3.1.1 农药乳油中有害溶剂限量的助剂配方研究

目前市场上农药产品中，传统乳油制剂还占有约 30% 以上的份额，制剂中的溶剂主要是苯、甲苯、二甲苯、混苯等芳香烃类和甲醇、二甲基甲酰胺等有机助溶剂，这些溶剂对生产安全、人身健康和生态环境有较大隐患，有的有明显的致癌作用，对农药生产者和使用者的健康有潜在危害；易燃易爆的低闪点溶剂对储运安全有很大危险；而甲醇、DMF 与水互溶，使用后极易污染水源。2013 年已经发布了“农药乳油中有害溶剂限量”的化工行业标准 HG/T 4576–2013，制定的数据如表 4 所列。

表4 农药乳油中有害溶剂限量的要求

项 目	限量值/%
苯质量分数	≤ 1.0
甲苯质量分数	≤ 1.0
二甲苯质量分数 [a]	≤ 10.0
乙苯质量分数	≤ 2.0
甲醇质量分数	≤ 5.0
N,N– 二甲基甲酰胺质量分数	≤ 2.0
萘质量分数	≤ 1.0

备注：a 为邻、对、间三种异构体之和

为配合行业管理部门的政策实现，选择安全的惰性成分溶剂替代乳油中二甲苯（或甲苯）等溶剂，在满足以下一些条件的基础上选择一些溶剂和乳化剂显得尤为重要：

①溶剂对所配置农药的溶解能力要好，要对其有足够的溶解度，低温不析出结晶。

②溶剂及乳化剂和制剂的其他成分的相容性要好，配成的制剂稳定不分层，不与其成分发生反应。

③溶剂及乳化剂不易挥发，对动植物无药害，对环境友好。

④配成的制剂用水稀释后能形成稳定的乳状液。

⑤溶剂及乳化剂质量稳定，货源充足，价格适中等。

目前，国内大量使用的乳油产品，在不改变现有产品剂型和含量的条件下，对乳化剂进行适当调整，即可满足溶剂限量要求的简单方法首选一些重芳烃类溶剂（C_9 ~ C_{10}），如沸点较高的溶剂油（如 150#、200# 溶剂油等），其主要成分为三甲苯，溶解和乳化性能接近当前大量使用的二甲苯。

但考虑国内政策、法规的更新比较快，三甲苯对环境的潜在影响等问题，还是建议考虑更长远一些，尽可能彻底改变溶剂或剂型，以满足未来较长时间产品生产与销售的需要。

在技术指标满足的条件下，可以选择一下更为环保安全的溶剂，如植物油或改性植物油（大豆油、松脂油、脂肪酸甲酯、油酸甲酯）、矿物油类（白油、脱臭煤油）、合成有机溶剂如碳酸二甲酯、醋酸仲丁酯、长链酰胺类（如葵酰胺）等。在绿色溶剂开发应用方面，近年来企业及研究院所在矿物油、脂肪酸甲酯等应用方面做了大量的工作，取得了较大的进展。

农药溶剂与农药剂型的发展以及市场的需求紧密相关。我国农药产品正在向高效、安全、使用方便、环保且经济的方向发展，水基化、固态化、颗粒化、缓释型和多功能复合型农药制剂的开发日益受到生产和使用者的青睐。安全的绿色溶剂及其配套的助溶剂、乳化剂将是未来农药产品研发和应用关注的重点。溶剂的毒性以及环境安全性必将纳入助剂管理之中，一些新的剂型以及加工方法、助剂和溶剂产品会不断开发应用，苯类等溶剂的限制使用必将为农药表面活性剂和制剂企业带来新的发展机遇。

3.1.2　高浓度乳油及其专用乳化剂的配方研究

高浓度乳油的特征是不用或少用溶剂，降低了农药制剂中溶剂造成的在安全和环保等方面的不利影响。尤其溶剂限量等因素，导致溶剂的选择需要更多的实验探索，其原药有效浓度的提高，显著的降低了制剂成本，同时也降低了包装与贮运的成本。因此高浓度乳油的研制已经成为农药制剂加工发展方向之一，特别是解决环保和成本问题更被引起广泛的重视。在研制高浓度乳油时也必须同时研究其专用乳化剂的选择，使乳油的相关性能符合规定的标准。

高浓度乳油一般指农药原药含量在70%以上的制剂，如73%炔螨特EC、90%丁草胺EC、90%乙草胺EC、96%异丙甲草胺EC等都是典型的高浓度乳油代表。但与其配套的乳化剂需要更新和改造，与常规乳化剂有着显著的不同。这一类专用乳化剂需要与高浓度活性成分及少溶剂无溶剂体系相容，配套乳化剂活性成分的含量需要提高，类型及官能团需要更加与活性成分匹配。

3.2　表面活性剂在悬浮剂中应用的新进展

农药剂型正朝着水基化、粒状化、缓释化、多功能和省力化发展。我们应该搭理发展环境友好型农药剂型，开发多功能的新型农药表面活性剂。水基化剂型将成为农药剂型发展的主要方向。如水剂（AS）、悬浮剂（SC）、悬浮种衣剂（FS）、悬乳剂（SE）、水乳剂（EW）、微囊悬浮剂（CS）、微乳剂（ME）等。本文主要针对表面活性剂在悬浮剂中应用的新进展进行介绍。

悬浮剂已经成为当前乃至今后农药登记及研发的重点，在所有水基型制剂专用助剂中，悬浮剂专用助剂占据40%以上。其品种和数量在不断提升，其中使用的分散剂、润湿剂已经成为农药表面活性剂供应企业的研究热点。目前几乎所有农药表面活性剂供应企业都有相应的助剂，国内企业开发的助剂基本能够满足制剂企业的需求，例如国内企业开发的磷酸酯类表面活性剂、羧酸盐助剂等已经得到大量应用，也为我国农药水基化进程提供了良好的助剂支撑。磷酸酯是国内助剂企业开发的热点，在传统乳化剂基础上衍生出数种磷酸酯类分散剂。磷酸酯类助剂通用性较好，但由于其相对分子质量小，对于水溶性大、高含量、低熔点等悬浮剂还需要通过特殊磷酸酯、聚羧酸盐相对（相对分子质量较大的、梳型结构）、木质素磺酸盐等能够增加颗粒表面空间位阻、静电排斥力的助剂得以解决。

以磷酸酯分散剂为例，国内开发的产品较国外公司的还是存在差距，如科莱恩Dispersogen LFS、竹本油脂YUS–FS3000等通用性较好，产品较为稳定，已经在制剂企业得到广泛推广和应用。国内开发的类似产品分子量较低，结构较为传统，需要从原料、结构改造、工艺控制等方面不断提高产品的综合性能。

3.3 表面活性剂在水分散粒剂中应用的新进展

颗粒化制剂也将是未来农药剂型发展的主要方向，如水分散粒剂（WG）、水溶粒剂（SG）、颗粒剂（GR）等。介绍主要针对表面活性剂在水分散粒剂中应用的新进展。

水分散粒剂成为当前农药剂型开发的重点，与悬浮剂一样，无论配方研究还是企业产品剂型选择都是放在重要位置。其品种和数量在不断提升，产品性能要求越来越高，其中使用的分散剂、润湿剂已经成为农药表面活性剂供应企业的研究热点。目前几乎所有农药表面活性剂供应企业都有相应的助剂，国内企业开发的助剂基本能够满足制剂企业的需求，例如国内企业开发的聚羧酸盐类表面活性剂、萘磺酸盐助剂、木质素磺酸盐类助剂等已经得到大量应用，也为我国农药制剂环保化进程提供了良好的助剂支撑。

但是客观的看，国内助剂企业近10年，在聚羧酸盐的开发上积累了较多经验，开发出了系列产品，并得到了广泛应用。但是其产品的结构、分子量控制等与国外还是有差距的，如原罗地亚的T/36，由于其产品的优良性能，适用性较广，得到国内诸多企业的青睐，而国内到目前为止没有能够开发出性能优良、质量稳定、超越其的产品。WG上常规使用的萘磺酸盐、木质素磺酸盐依然被国外助剂所垄断，国内开发的产品目前还是配角，主要问题在于分子量和磺化度的提升需要相关的技术、工艺、设备、原料等，而这些在普通企业较难实现。

4 我国农药表面活性剂存在问题与创新探讨

我国的农药表面活性剂行业与整个表面活性剂行业一样，其装置能力已位居世界前列，是生产大国，但不是生产强国。与发达国家的差距还表现在开发能力、工艺控制、检测手段及其对安全环保和应用效果的关注。我国用于农药加工的非离子型表面活性剂大都是三四十年前开发的以酚醚、醇醚和油醚为主的老品种，阴离子型也主要是烷基苯磺酸钙这一主打品种，虽然近几年开发了一些新的品种，但这些品种并不完全能够应用于目前正在发展的例如悬浮剂、水分散粒剂等新剂型。

农药的发展要靠创新，同样农药表面活性剂的发展也必须同步发展创新。为了实现我国农药工业创新和发展，在国家“十五”“十一五”“十二五”国家科技支撑计划中实施了一些项目，一定程度上带动和促进了我国农药表面活性剂的发展。农药表面活性剂要与我国经济发展同步，要与我国农药工业的发展同步，同时也为了企业自身的经济效益，农药表面活性剂企业已充分认识到本行业面临创新和发展的重要任务，规划着企业的开发方向和产品远景。

4.1 农药表面活性剂开发需要不断提升

农药表面活性剂的发展和创新任务艰巨，道路还很漫长。需要不断提升的方面主要体现在：

（1）国内专门从事农药表面活性剂开发的企业规模普遍较小，即使传统的助剂企业与国外类似企业相比规模也不大，而且传统企业的创新能力不够，乳化剂等常规传统助剂占据了绝大部分，新型助剂的研发步伐较慢。

（2）农药表面活性剂的合成技术有待于进一步提高，结构设计、分子量分布、分子量控制、表面活性剂测试手段等都需要提升。

（3）助剂的生产控制不够精细化，尤其新助剂的开发，由于规模较小，设备自动化不高，产品稳定性存在较大差异。

（4）农药表面活性剂的物理化学性能测试不够全面，产品基本资料有待于完善，国产助剂 MSDS（化学品安全说明书）几乎没有，对于在发达国家登记存在风险。产品信息，如理化参数、分子结构、分子量、官能团、燃爆性能、对健康的危害、安全使用贮存等资料缺失，需要不断规范。助剂中的杂质、溶剂等没有明确告知，都有潜在的风险。同时助剂使用者需要遵守知识产权保护。

（5）农药表面活性剂的开发一定要结合科学的农药制剂配方筛选，农药活性成分较多，体系各不相同，其开发需要根据实际测试性能进行调整优化。探讨不同农药表面活性剂配方和用量对农药制剂药效的影响，将是“农药传输系统”“农药减量行动”等的重要研究方向，开发过程中需要加大农药表面活性剂和制剂配方科学研发的协调，二者需要有机结合。

4.2 农药表面活性剂开发需要与行业发展同步创新

4.2.1 农药乳化剂需要适应行业发展并且不断创新

随着国家对环保的要求趋严，行业持续发展的需求，传统芳烃类溶剂在农药乳油等剂型的使用将越来越受到关注，已经发布的行业标准对乳油中有害溶剂进行了限量要求，其他制剂如微乳剂、可溶液剂、水乳剂等涉及溶剂的农药剂型也将会受到关注。制剂体系中的溶剂更新换代是趋势，也是现实。新型溶剂的出现，必将需要配套乳化剂的创新，才能适应新型乳油的可持续发展。

通过结构改造，提升乳化剂对新溶剂的体系相容性，解决体系乳化稳定性等将是乳化剂创新的重点。

4.2.2 烷基酚聚氧乙烯醚的替代是非离子表面活性剂创新的一个重要课题

烷基酚聚氧乙烯醚类助剂已成为人类环境外源激素的主要来源。壬基酚和辛基酚聚氧乙烯醚也是使用量最大的农药表面活性剂品种之一，它们在发达国家及我国的禁用趋势已无法逆转。壬基酚聚氧乙烯醚被排放到环境中会迅速分解成壬基酚（NP），壬基酚是一种公认的环境激素，它能模拟雌激素，对生物的性发育产生影响，并且干扰生物的内分泌，对生殖系统具有毒性。同时，壬基酚能通过食物链在生物体内不断蓄积，因此有研究表明，即便排放的浓度很低，也极具危害性。制剂开发者在配方研究中尽量用脂肪醇聚氧乙烯醚加以替代，这是一个主动的选择，其生物降解性好、环境友好，但这样的替代并非在所有制剂中有效。筛选可替代的亲油基团是表面活性剂研究者的重要任务。

4.2.3 高分子和多功能表面活性剂的开发依然是未来的趋势

EO/PO 嵌段共聚类和聚梭酸盐类高分子表面活性剂在 WG、SC、EW 等制剂产品中已显示出多种独特的优点，推广前景甚好。但是聚羧酸盐类表面活性剂在部分高含量的使用中也存在某些缺点，通用性需要提高，此类产品中的部分品种对生产机械排出热量的耐受性能较差，而使产品出现不崩解颗粒，造成小试与大生产结果不一致。还有个别产品润水性能差，需较长时间漂浮水面后才能崩解下沉。建议在链状高分子侧链适当安排亲水基团或对形成离子型结构的基团加以改进。当然所有的改进都要依靠表面活性剂研究者的创新。实践证明，梳型结构的羧酸盐产品，因高效的静电排斥和空间位阻，用量低，兼容性广，延缓结晶防止絮凝，成品经时稳定性出众，而深受制剂开发者青睐。

多功能表面活性剂开发大有作为。制剂技术的发展，势必要求表面活性剂承担多项功能，为此，必须加紧开发多功能表面活性剂。例如兼具高分子和离子型功能的表面活性剂、新的两性表面活性剂和兼备表面活性剂功能的新型材料等，它们都会在制剂的技术进步中发挥重要作用。

4.2.4 阴离子农药表面活性剂需要创新

阴离子表面活性剂在农药制剂中有着不可替代的重要作用。在传统的农药乳油中，它赋予了产品卓越的自发乳化性，与非离子表面活性剂搭配具有良好的应用效果。在乳化系统、悬浮系统中由于阴离子表面活性剂的加入，使制剂能形成双电层，由此产品呈现卓著的物理稳定性能。然而，在现有的农药表面活性剂中，可供选用的阴离子产品系列还不多，有些产品则序列不全，尤其国内企业开发的产品单一，无论产品结构还是品种居多是传统行业引进的产品，相对分子质量、磺化度及分子结构都需要创新。

实践证明，高聚萘磺酸盐，对原药有很好的适应性，并能够提高入水的分散效果。未来需要性能优良、通用性好的阴离子表面活性剂，此类助剂在农药制剂中占据很重要的份额，值得从事表面活性剂的企业和研究者去不断研究和探索。

4.2.5 阳离子及两性表面活性剂的需要加大开发和应用力度

阳离子及两性表面活性剂在农药制剂领域的应用较少，需要研究其特点及适应性。世界农药经过半个多世纪的发展，现产业化原药品种已有多个。在产品化学方面，早已突破了初期以苯环为结构母体的格局。在现有品种中，杂环类化合物已占 2/3 以上，其中含的杂环类农药占一半以上。在此类农药的分子中，都存在着不同程度电极性。其中表现强烈者会在宏观上呈现弱碱或弱酸性，且有成盐趋势。在它们的水基化制剂开发中，尤其是中、高浓度制剂的配方筛选中，更适宜使用阳离子和中性离子表面活性剂。另一个赋予应用机会的领域是生物农药制剂，许多生物农药的母药中含有带大量正电荷的粒子。多数情况下，阴离子表面活性剂在它们的水基化制剂中已成絮凝剂，适当地选用阳离子和两性离子表面活性剂会获得良好的效果。

总体来看，阳离子和两性离子表面活性剂所旱现的表面活性较低，故在使用中宜与非离子表面活性剂复配以发挥综合效应。目前，商品化的两性和阳离子表面活性剂品种较少，较多的为甜菜碱型和季铵盐型。它们的结构并不像当初开发农乳系列那样为农药制剂量身定制，故与农药活性物的亲和程度不强。但其结构的可改造和衍生有巨大的空间，农药制剂开发期待着此类表面活性剂的进一步创新。

5 小结

农药制剂技术就是农药活性成分的传送技术。改性及方便、安全使用，少量活性成分应用最大化是农药制剂研发的不断追求和目标。人类需要最安全高效的农药活性成分传送技术，而这一切离不开农药表面活性剂的不断开发和创新。发展环境友好型农药表面活性剂的需要有思路，要敢于创新，同样改进优化现有产品也需要创新，同时要做好应用和市场开发。农药表面活性剂的发展和创新，应符合相关政策和法规，适应农药工业发展的潮流。期待有更多、性能更优良的农药表面活性剂应用于农药制剂产品中，期待我国农药表面活性剂生产企业不断创新，也期待农药表面活性剂理化等信息能够更加公开、透明，这将对不同体系的农药制剂开发提供更多的信息，也会加快我国农药制剂行业的健康快速发展。

2014 中国减水剂行业发展概述

根据《GB 8076—2008 混凝土外加剂》，按照减水率的高低，将减水剂分为三种类别：

（1）普通减水剂　第一代减水剂出现在 20 世纪 50 年代，主要是木质素磺酸盐类减水剂，目前已逐步淡出市场。

（2）高效减水剂　第二代减水剂出现在 20 世纪 90 年代，主要是萘系减水剂，其他包括氨基磺酸盐、脂肪族剂等，是前几年市场上的主要品种，近期占比逐步下降。

（3）高性能减水剂　第三代减水剂 2000 年后出现，以聚羧酸系减水剂为代表，是目前效果最好，性能最优的减水剂品种，逐步替代第二代减水剂，2013 年占比首次超过 50%。

第二代减水剂由于含有少量的氯离子和硫酸根离子，氯离子可以通过电位转移，对钢筋造成强烈的腐蚀性。而硫酸根则会造成混凝土的严重收缩。所以一般在相同混凝土等级的条件下用聚羧酸减水剂混凝土的耐久性一般比用萘系减水剂混凝土高。

第二代减水剂在 5℃左右会出现分层结晶等状况，保质期一般为 6 个月左右，第三代减水剂 -15℃以上可存放 18 个月而不变质，聚羧酸减水剂对存放条件要求不高，且保质期长。

第二代减水剂配辂的混凝土无早强性、且最高强度很难达到 70MPa 以上，第三代产品配辂的混凝土早期强度高、最高强度可达到 130MPa 以上，聚羧酸减水剂可制备早强性混凝土，特别适用于预制混凝土中。再则由于其高强性，使得在高层建筑、水利、海工、桥梁、铁路等工程中得到大量的应用。

从减水率来看，第二代产品一般为 20% 左右，第三代产品可达 40% 以上；从保坍性来看，第二代产品一般 0.5h 混凝土即有损失，还需通过缓凝剂调节（加入混凝剂后对强度有影响）；第三代产品混凝土 2h 不损失；第二代水泥适应性不好，第三代有良好的水泥适应性。

1　整体概况

2014 年中国水泥产量接近 27.8 亿 t，较 2013 年的 24 亿 t 同比增长 15.47%，连续 6 年呈现正向增长，受国内房地产和高铁项目影响，预期 2014 年水泥产量将出现负增长。2014 年国内预拌商品混凝土的量接近 23.7 亿 m^3，较 2013 年的 22 亿 m^3 同比增长 7.97%，过去 6 年首次出现增长率低于 10% 的现象，同样预期 2015 年将出现负增长（图 1、图 2 所示）。

2014 年水泥搅拌减水剂的表观消费量达到 795 万 t，其中 PCE（聚羧酸减水剂）比重超过 60%，消耗量达到 480 万 t，第一代和第二代比例占 40%，消耗量约合 320 万 t，以萘系磺酸盐为代表的第二代减水剂消耗量约合 300 万 t（图 3 所示）。

未来 3 ~ 5 年，国内减水剂行业将进入洗牌阶段，传统品种面临市场被压缩的风险，以聚羧酸为代表的第三代产品市场占绝对优势。

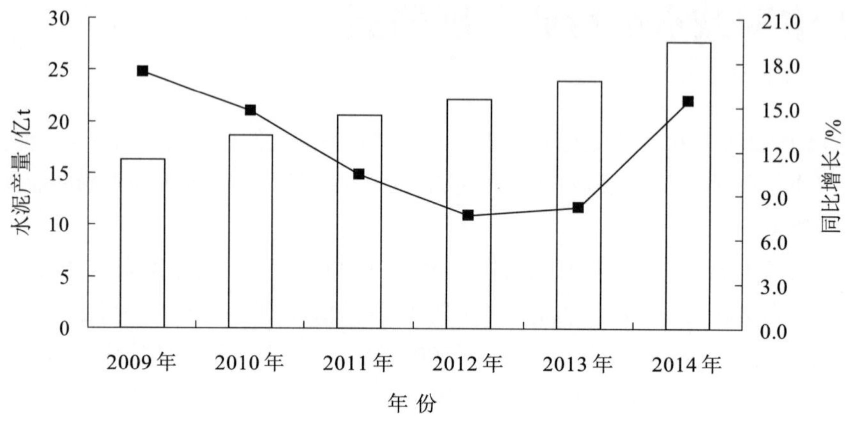

图1　2009—2014年国内水泥产量走势

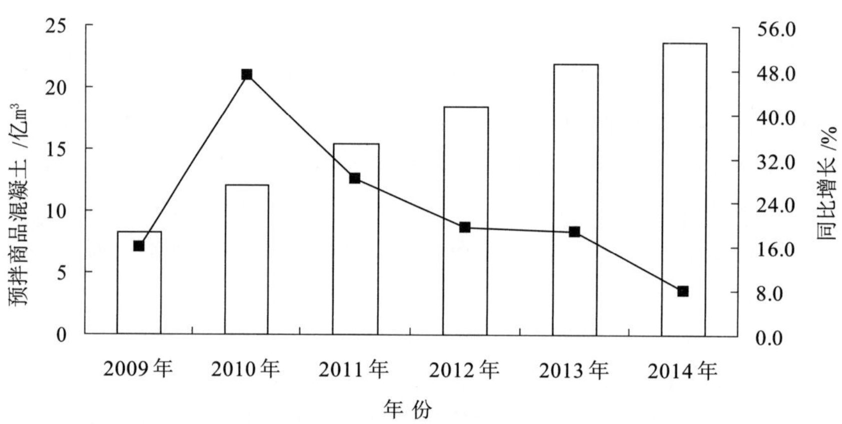

图2　2009—2014年国内预拌商品混凝土产量走势

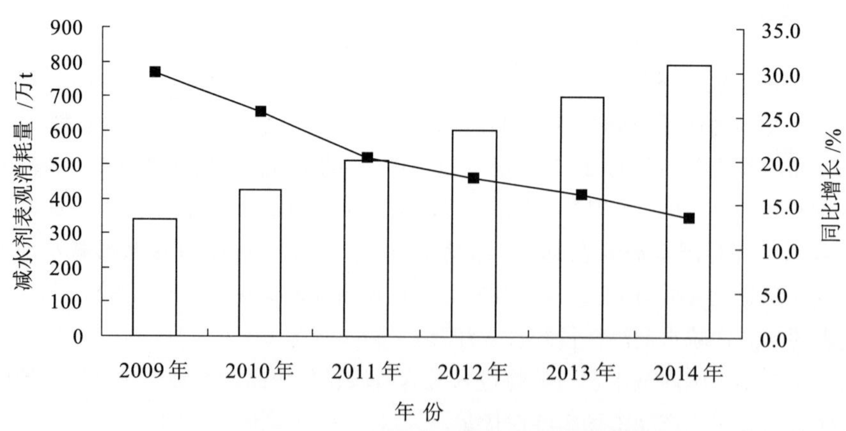

图3　2009—2014年国内减水剂表观消耗量走势

2 主要减水剂产品

目前国内主要减水剂产品集中在以萘系磺酸盐为代表的第二代高效产品和以聚羧酸为代表的第三代高性能产品，拒不完全统计，2014 年第三代聚羧酸减水剂市场比重已经超过 60%，第二代减水剂比重约合 38.6%，其他系列产品市场比重约合 1.0%（图 4 所示）。

2014 年国内以第二代萘系磺酸盐为代表的高效减水剂表观消耗量约 307 万 t，较 2013 年的 325.5 万 t 同比减少 5.72%，市场比重也由 46.5% 下降到 38.6%。相反，以聚羧酸为代表的第三代减水剂表观消耗量超过 480 万 t，较 2013 年的 365.4 万 t 同比增长 31.4%，市场比重也由 2013 年的 52.2% 增长至 60.4%（图 5、图 6 所示）。

价格方面，2014 年年底，国内聚羧酸减水剂价格在原料聚醚大单体影响下大幅下滑，山东、河北以及华中地区部分高减水型含固量 40% 主流交易价在 5300 元 ~ 5500 元 /t，高保坍型含固量 40% 主流交易价围绕在 5500~ 6200 元 /t，全年聚羧酸减水剂价格跌幅超 18%。

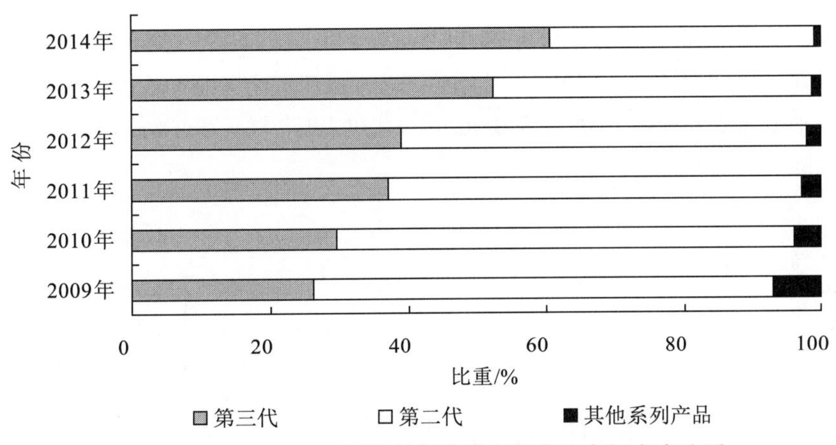

图 4　2009—2014 年国内主要减水剂产品市场占有比重

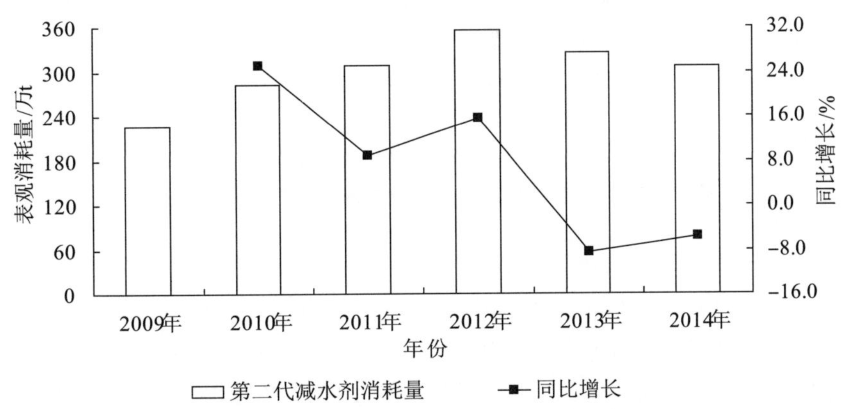

图 5　2009—2014 年国内第二代减水剂消耗数据统计

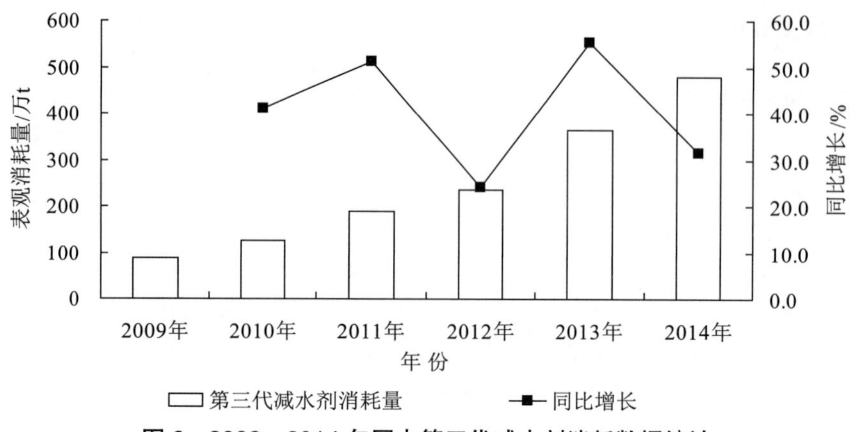

图 6　2009—2014 年国内第三代减水剂消耗数据统计

3 海关数据

2014 年国内高效减水剂出口量为 28.09 万 t，较 2013 年 27 万 t 同比增长 4.04%，对比 2012 年和 2013 年出口走势，从 2014 年开始，高效减水剂市场将进入平稳发展时期。对比当年的出口额，同比增长 8.58%，达到 2.2 亿美元，出口额过去五年增长率首次跌入 10% 以下（图 7、图 8 所示）。

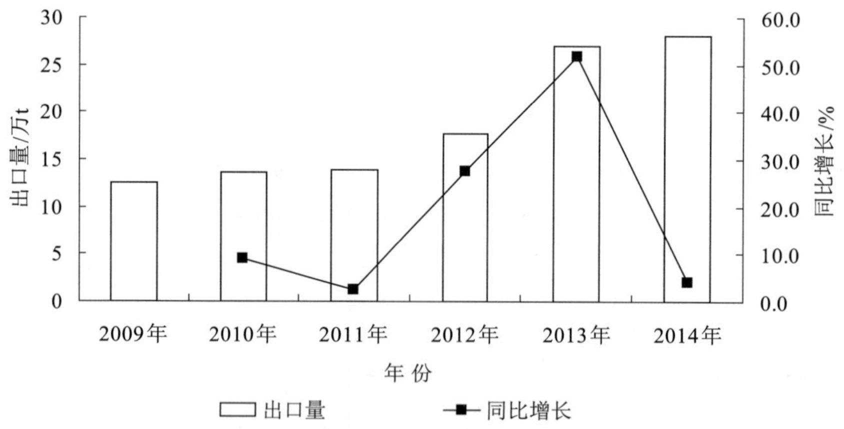

图 7　2009—2014 年国内高效减水剂出口量数据统计

从 2014 年高效减水剂月度出口数据来看，当年出口量较高月份主要集中在 3 月和 7 月，出口量分别为 2.81 万 t 和 2.86 万 t，较 2013 年分别同比增长 20.4% 和 –6.3%。出口量较低月份主要集中在 2 月和 12 月，出口量为 1.29 万 t 和 1.99 万 t，主要受春节和年底需求减弱因素影响，同比增长 13.2% 和 –8.7%。出口均价最高月份为 1 月，超过 885 美元 /t，最低价为 10 月，仅 743.3 美元 /t，差价超过 16.0%（图 9、图 10 所示）。

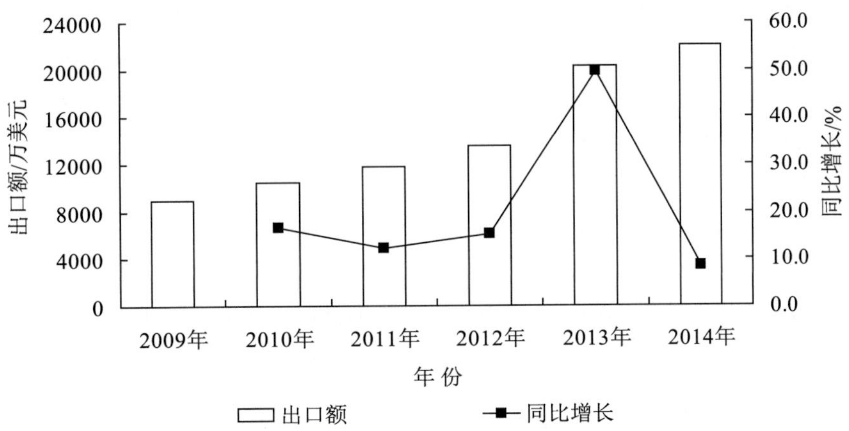

图 8　2009—2014 年国内高效减水剂出口额数据统计

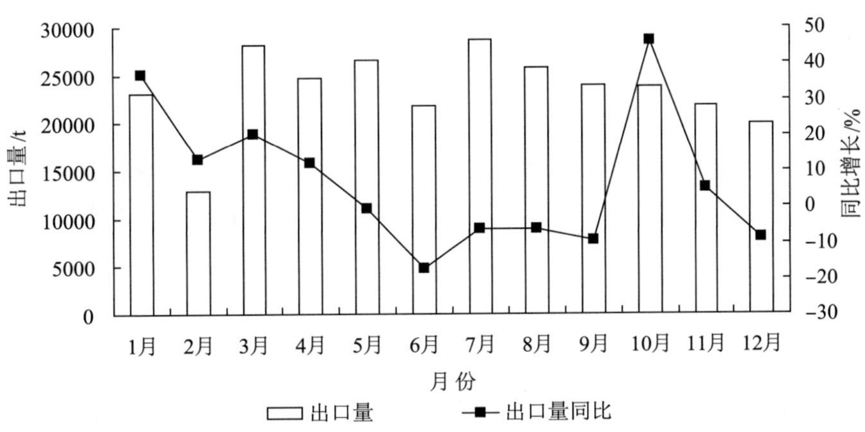

图 9　2014 年 1—12 月国内高效减水剂出口月度统计

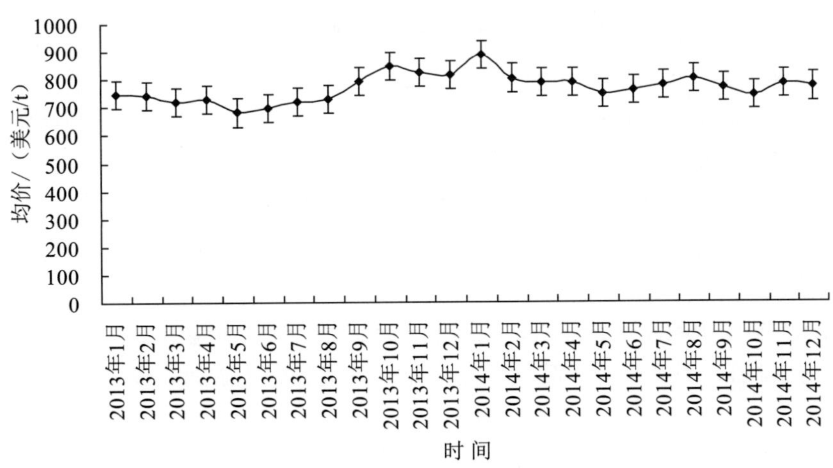

图 10　2013 年 1 月—2014 年 12 月国内高效减水剂的出口均价走势

2014年国内高效减水剂出口目的国或地区主要集中在沙特阿拉伯、新加坡、马来西亚、阿联酋和印度，出口量分别为3.1万t（占比11.06%），2.7万t（占比9.49%）、2.6万t（占比9.10%）、1.6万t（占比5.54%）和1.5万t（占比5.47%），分别较2013年同比增长29.60%、10.20%、2.00%、–13.00%和–19.10%（图11所示）。

从出口省市来看，当年出口主要集中在浙江省、山东省、北京市、湖北省、上海市和江苏省，出口量分别为11.9万t、9.6万t、9353t、8376t、8124t和8005t，占当年出口比例分别为42.34%、34.06%、3.34%、2.99%、2.90%和2.85%，分别较2013年同比增长–6.30%、31.00%、21.40%、17.50%、7.20%和33.70%。其中浙江出口均价为729美元/t，山东出口均价为717美元/t（图12所示）。

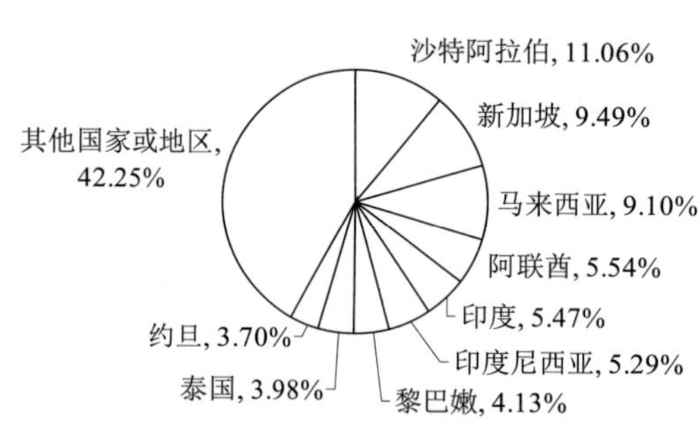

图11 2014年国内高效减水剂出口国或地区数据统计

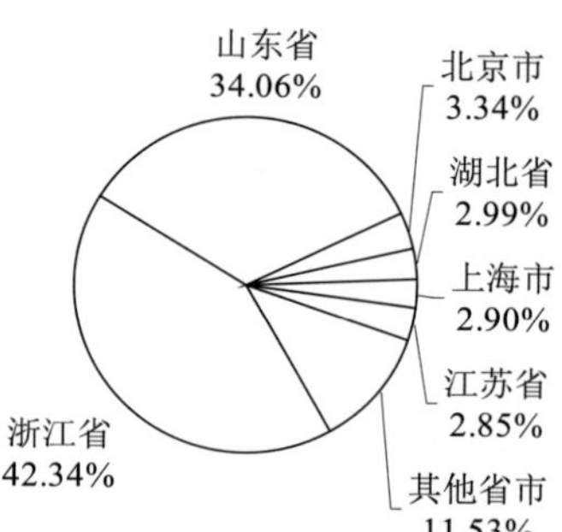

图12 2014年国内高效减水剂出口省市数据统计

4 小 结

中国减水剂行业经历了主要三代产品的技术革新，产品结构和性能得到很大提升，尤其是以聚羧酸为代表的高性能减水剂系列产品，成为今后一段时间行业发展的热点，但是行业从2014年开始已经出现一些问题：

（1）产品结构单一，主要集中在C_4和C_5聚羧酸型产品。

（2）产品生产和销售市场布局不同统一，造成产品本身价格不具优势。

（3）原料和下游企业之间的沟通合作目前还处于对立面，下游企业的获利远高于大单体企业，造成短期内产业链的断裂。

（4）资金回笼和应收账款周期比较长，中小企业发展压力较大。

（5）经过技术升级，国内主要减水剂企业产品同质化比较严重，高性能和高效产品有待于进一步开发。

未来2015年中国减水剂行业将进入转型发展时期，中小企业由于资金压力，可能面临市场淘汰或排挤，提升自身产品质量和性能以及服务好下游客户成为行业发展的关键因素。

第七章

ACHIEVEMENTS

科研与成果篇

2014 年国家自然科学基金

通过对项目主题词“表面活性剂”的检索，截止到 2014 年年底，2014 年国家自然科学基金委员会资助的相关项目总计有 45 项，较 2013 年的 40 项同比增长 12.5%，当年项目总计金额 2068 万元，同比减少了 16.91%，对比单项资金为 45.95 万元，较 2013 年同比减少 26.15%（表 1）。

从项目的承担单位来看，项目资金排名前十的为中国科学院过程工程研究所、华东理工大学、石河子大学、中国科学院新疆理化技术研究所、山东大学、长江大学、中国科学技术大学、江南大学和山东科技大学等，分别为 193 万元、166 万元、116 万元、115 万元、115 万元、105 万元、100 万元、85 万元、83 万元和 80 万元，合计 1148 万元，占当年总计资助金额的 55.5%。

从资助金额较大的项目内容来看，主要集中在理论分析、环境保护、矿物开采以及新技术和新方法等领域见附表一。

表1　2010—2014年国家自然科学基金项目资助情况

类　别	2010年	2011年	2012年	2013年	2014年
项目数量 / 项	26	33	46	40	45
同比增长 /%	8.33	26.92	39.39	−13.04	12.50
合计金额 / 万元	748	1494	2392	2489	2068
同比增长 /%	12.65	99.73	60.11	4.06	−16.91
均项资金 / 万元	28.77	45.27	52.00	62.22	45.95
同比增长 /%	3.98	57.35	14.87	19.65	−26.15

数据整理：表面活性剂和洗涤剂行业生产力促进中心。

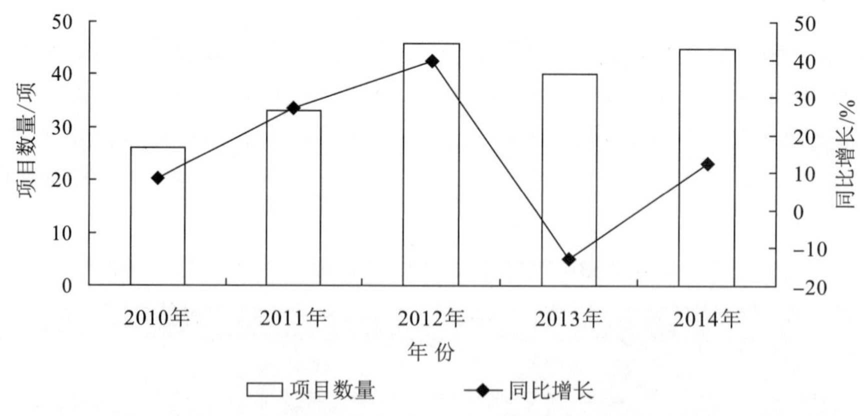

图 1　2010—2014 年国内“表面活性剂”主题词基金项目统计

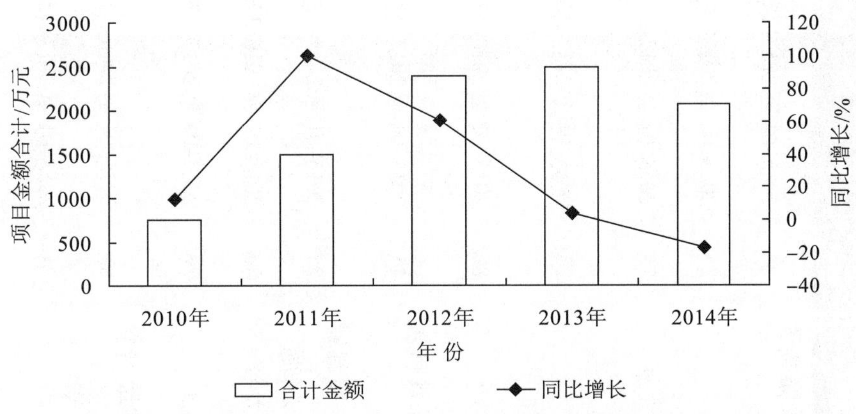

图 2　2010—2014 年国内“表面活性剂”主题词基金项目资助金额合计统计

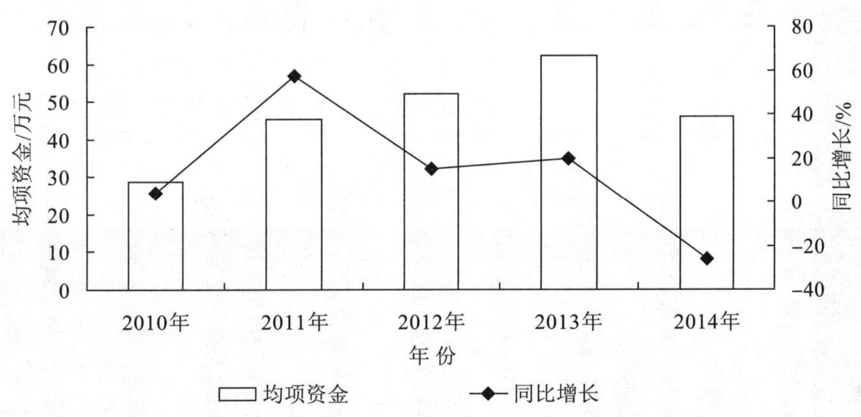

图 3　2010—2014 年国内“表面活性剂”主题词基金项目单项均额统计

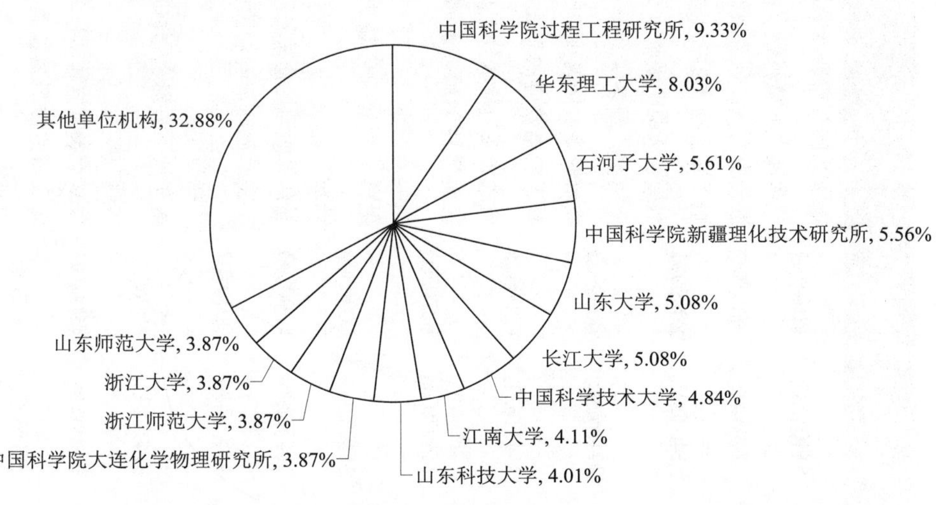

图 4　2014 年“表面活性剂”主题词项目承担单位资助金额比例

附表一：2014 年国家自然科学基金委员资助“表面活性剂”主题词项目列表

编号	项目批准号	申请代码	项目名称	项目负责人	依托单位	批准金额	项目起止年月
1	51401235	E010501	表面活性剂辅助球磨制备具有强织构特征的纳米结构稀土永磁材料	左文亮	中国科学院物理研究所	25	2015–01 至 2017–12
2	21403098	B030802	混合表面活性剂溶液的热力学性质	郑佩珠	兰州大学	25	2015–01 至 2017–12
3	51403005	E030901	用于聚合物太阳能电池的 PEDOT:PSS/ 表面活性剂双层膜透明电极制备及导电机制研究	章文峰	安徽农业大学	25	2015–01 至 2017–12
4	21406092	B060902	金属基三维多级孔硅材料的可控合成及其在燃油吸附催化氧化脱硫中的研究	张　铭	江苏大学	25	2015–01 至 2017–12
5	31471622	C200506	基于静电效应的表面活性剂 – 聚电解质络合体系增溶功能性疏水分子的载运机理	张　辉	浙江大学	80	2015–01 至 2018–12
6	21407037	B070303	表面活性剂调控疏水性污染物跨膜过程及分子机制	张　栋	杭州电子科技大学	25	2015–01 至 2017–12
7	21403294	B030506	阴离子型油响应蠕虫状胶束的构建及流变性能研究	岳　秀	中国科学院新疆理化技术研究所	25	2015–01 至 2017–12
8	31470096	C200203	复合界面调控食品乳液中脂肪消化的机制研究	姚晓琳	湖北工业大学	30	2015–01 至 2016–12
9	41401349	D010507	产表面活性剂解烃菌的降解特性及其在土壤修复中的应用	杨　乐	石河子大学	26	2015–01 至 2017–12
10	21476237	B0603	水在油下特殊表面涂层上的润湿性和聚并分离相关性的研究	杨传芳	中国科学院过程工程研究所	88	2015–01 至 2018–12
11	21406136	B060104	杂双子表面活性剂自组装行为的分子模拟研究	徐　毅	上海大学	25	2015–01 至 2017–12
12	21403121	B0305	无表面活性剂微乳液的制备规律、形成机理及应用研究	徐　洁	青岛科技大学	25	2015–01 至 2017–12

续表

编号	项目批准号	申请代码	项目名称	项目负责人	依托单位	批准金额	项目起止年月
13	31401786	C140503	静电场作用下液滴在水稻叶面的行为特性研究	徐德进	江苏省农业科学院	25	2015-01 至 2017-12
14	21406040	B060702	含刚性基团刷形高分子表面活性剂结构设计及作用机理研究	吴 旭	广州大学	25	2015-01 至 2017-12
15	41403067	D0308	生物表面活性剂对稠油重质组分生物降解屏障的作用机制	王新伟	中国石油大学（北京）	25	2015-01 至 2017-12
16	31471659	C200703	靶向性活性大分子用于食品生物污染控制的研究	王 平	华东理工大学	84	2015-01 至 2018-12
17	51474035	E0403	阴离子双子表活剂－纳米粒子构筑耐高温清洁压裂液基础研究	唐善法	长江大学	80	2015-01 至 2018-12
18	21406239	B060802	类病毒颗粒在分离纯化过程中组装机制解析	孙李靖	中国科学院过程工程研究所	25	2015-01 至 2017-12
19	21476072	B060104	表面活性剂的界面传递行为研究	尚亚卓	华东理工大学	82	2015-01 至 2018-12
20	91434104	B030506	基于胶束结构特性的驱油用表面活性剂分子设计	任 瑛	中国科学院过程工程研究所	80	2015-01 至 2017-12
21	51408271	E080511	基于双子表面活性技术的混凝土气孔调控和作用机理	乔 敏	江苏省建筑科学研究院有限公司	25	2015-01 至 2017-12
22	21402093	B0210	稳定的水相胶束钯催化体系的设计及催化性能研究	陆国平	南京理工大学	25	2015-01 至 2017-12
23	21403173	B0305	基于 CO_2/N_2 开关特性的 O/W 型稠油乳状液的构建和性能研究	鲁红升	西南石油大学	26	2015-01 至 2017-12
24	21463016	B030602	由稀土离子的配位作用构筑的低聚表面活性剂及其在铝合金表面的缓蚀机理研究	刘金彦	内蒙古科技大学	48	2015-01 至 2018-12

续表

编号	项目批准号	申请代码	项目名称	项目负责人	依托单位	批准金额	项目起止年月
25	41401358	D010507	生物表面活性剂影响 Bt 毒素在土壤颗粒表面解吸的作用机制	梁运姗	湖南农业大学	26	2015–01 至 2017–12
26	21406211	B061203	手性双子表面活性剂为模板制备螺旋超微孔功能材料	梁栋	中北大学	25	2015–01 至 2017–12
27	21403051	B0305	介电谱对特殊微乳结构转变、多重极化和界面性质的解析研究	连一苇	河北工程大学	25	2015–01 至 2017–12
28	21473103	B0305	页岩气绿色高效开发中关键理论问题的研究	李英	山东大学	80	2015–01 至 2018–12
29	51474140	E041102	Gemini 微乳捕收剂的制备及对低阶难浮煤泥的表面改性机理和浮选性能研究	李琳	山东科技大学	83	2015–01 至 2018–12
30	21466006	B060805	以大豆粕蛋白为原料可控制备蛋白质基表面活性剂机理研究	李军生	广西科技大学	49	2015–01 至 2018–12
31	51402073	E020801	光磁双功能核壳型介孔氧化硅复合纳米材料的制备及药物输送性能研究	孔德艳	哈尔滨工业大学	25	2015–01 至 2017–12
32	21406186	B061103	利用菌体－表面活性剂协同作用从液相中回收金过程的基础研究	景孝廉	厦门大学	25	2015–01 至 2017–12
33	21473080	B0305	基于双重刺激响应型表面活性剂的智能自组织体系研究	蒋建中	江南大学	85	2015–01 至 2018–12
34	31400033	C010201	铜绿假单胞菌合成鼠李糖脂对环境胁迫条件的响应机制研究	姜天翼	山东建筑大学	26	2015–01 至 2017–12
35	21403301	B030504	甾醇类生物表面活性剂可控制备金纳米材料及在生物检测中的应用	贾寒	中国石油大学（华东）	25	2015–01 至 2017–12

续表

编号	项目批准号	申请代码	项目名称	项目负责人	依托单位	批准金额	项目起止年月
36	21476143	B061203	瞬时纳米沉淀法可控制备纳米银及其颗粒生长规律的 SAXS 研究	郭旭虹	石河子大学	90	2015-01 至 2018-12
37	21473196	B030506	一种新型无表面活性剂离子液微乳液的结构、性质及其形成机理的探索性研究	高艳安	中国科学院大连化学物理研究所	80	2015-01 至 2018-12
38	11422220	A0204	界面流体力学	高 鹏	中国科学技术大学	100	2015-01 至 2017-12
39	21473249	B0304	典型表面活性剂对两种水油界面分子吸附过程影响的研究	干 为	中国科学院新疆理化技术研究所	90	2015-01 至 2018-12
40	21403128	B030506	固体表面诱导单链表面活性剂自组装形成囊泡体系的研究	杜 娜	山东大学	25	2015-01 至 2017-12
41	21406042	B0608	鼠李糖脂生物表面活性剂的模块化设计合成与优化调控	杜 瑾	国家海洋局天津海水淡化与综合利用研究所	25	2015-01 至 2017-12
42	51404039	E0403	Gemini 表面活性剂对原油－水界面性质的影响	程 立	长江大学	25	2015-01 至 2017-12
43	21471130	B010701	表面活性剂条件下硼酸盐的合成、结构及性能研究	程建文	浙江师范大学	80	2015-01 至 2018-12
44	21405114	B050207	发展新型电致化学发光透明生物传感器	陈作锋	同济大学	25	2015-01 至 2017-12
45	21476133	B0601	微乳液体系相组分的新型测定方法及其在多种微乳液体系中的应用研究	柴金岭	山东师范大学	80	2015-01 至 2018-12

专利申请和授权

经过对“表面活性剂”关键词领域专利情况进行检索分析，2014 年国内申请专利数总计 5257 件，公开专利数总计 6844 件，分别较 2013 年的 5941 件和 5692 件同比增长 -11.5% 和 20.2%（表 1、图 1 ~ 图 2 所示）。

表1　2010—2014年“表面活性剂”关键词专利申请、公开统计

年 份	专利申请数量/件	专利申请同比增长/%	专利公开数量/件	专利公开同比增长/%
2010 年	3694	–	3251	–
2011 年	4420	19.65	3640	11.97
2012 年	5279	19.43	5175	42.17
2013 年	5941	12.54	5692	9.99
2014 年	5257	−11.51	6844	20.24

数据来源：表面活性剂和洗涤剂行业生产力促进中心，编辑整理。

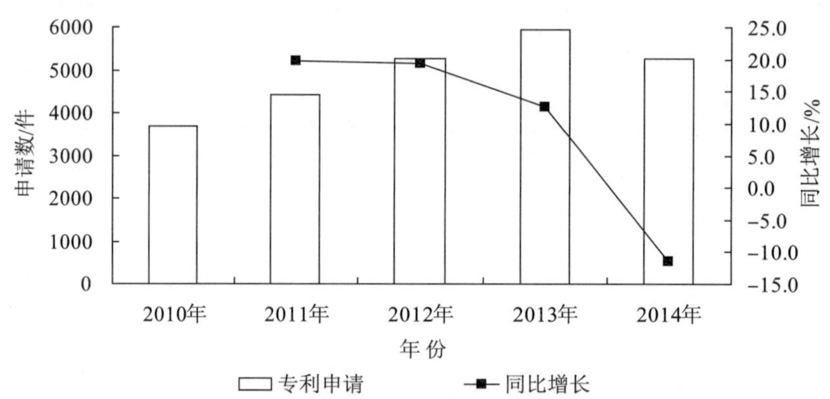

图 1　2010—2014 年国内“表面活性剂”关键词专利申请统计

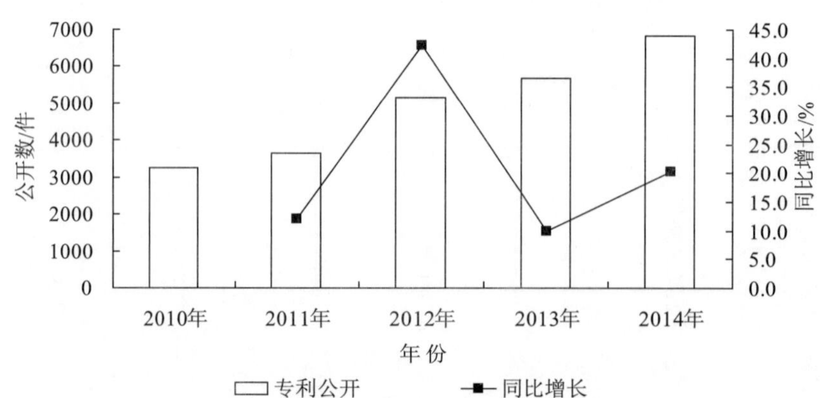

图 2　2010—2014 年国内“表面活性剂”关键词专利公开统计

2014年相关专利申请总计5257件，其中公开848件，实审4270件，有权133项，撤回5项，视为撤回1项。当年公开专利总计6844件，其中新公开专利960件，公开实审5467件，公开有权专利数388件，撤回4件，视为撤回24件。

1 专利申请

表2为2014年1月—12月国内“表面活性剂”关键词月度专利申请数据统计。全年有4个月出现负向增长，其中，2月出现38.4%的同比减少，3月出现53.02%正向增长，12月申请专利数最多，达到765件，环比增长22.79%（图3所示）。

表2　2014年1—12月国内“表面活性剂”关键词月度专利申请数据统计

月　份	1月	2月	3月	4月	5月	6月
公开专利/件	349	215	329	308	347	457
环比增长/%	—	−38.40	53.02	−6.38	12.66	31.70
月　份	7月	8月	9月	10月	11月	12月
公开专利/件	461	402	539	462	623	765
环比增长/%	0.88	−12.80	34.08	−14.29	34.85	22.79

数据来源：表面活性剂和洗涤剂行业生产力促进中心编辑整理。

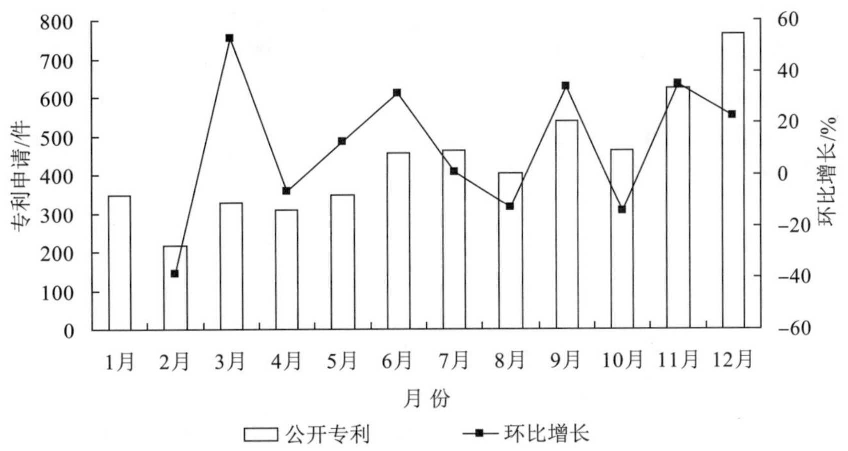

图3　2014年1月—12月国内“表面活性剂”关键词月度专利申请数据统计

1.1　申请人排行

2014年“表面活性剂”关键词专利申请相关申请人排行前十如表3所示，分别是浙江大学、江南大学、华南理工大学、青岛宝泰新能源科技有限公司、中国石油大学（华东）、中国石油天然气股份有限公司、常州大学、中国石油化工股份有限公司、成都顺发消洗科技有限公司和上海交通大学等，申请专利数分别为55件、50件、36件、34件、32件、31件、30件、29件、28件和27件，合计352件，占比6.7%。包括陕西科技大学、北京化工大学、东华大学、西南石油大学等在内的机构单位 2014 年专利申请均跌出前十（表 3 所示）。

表3 2014年专利申请相关申请人排行榜数据统计（Top 20）

编号	申请人	专利数/件	所占比例/%
1	浙江大学	55	0.97
2	江南大学	50	0.88
3	华南理工大学	36	0.63
4	青岛宝泰新能源科技有限公司	34	0.60
5	中国石油大学（华东）	32	0.56
6	中国石油天然气股份有限公司	31	0.55
7	常州大学	30	0.53
8	中国石油化工股份有限公司	29	0.51
9	成都顺发消洗科技有限公司	28	0.49
10	上海交通大学	27	0.48
11	陕西科技大学	24	0.42
12	苏州龙腾万里化工科技有限公司	23	0.40
13	吉林大学	22	0.39
14	清华大学	20	0.35
15	河南牧翔动物药业有限公司	20	0.35
16	东华大学	20	0.35
17	上海艳紫化工科技有限公司	20	0.35
18	青岛科技大学	19	0.33
19	青岛市市南区隆德中医药研究所	19	0.33
20	国家电网公司	18	0.32

1.2 发明人排行

按照申请专利发明人排行分析，排名前十分别是范向奎、梁宗贵、杨伟帅、王璐、陈龙弟、周保华、孙江宏、孙素一、王鑫、倪明光，申请专利数分别为 34 件、28 件、23 件、22 件、20 件、18 件、18 件、18 件、17 件和 17 件，合计 215 件，占比 4.09%。其中陈龙弟专利申请依然保持前十（表 4 所示）。

表4 2014年专利申请相关发明人排行榜数据统计（Top 10）

编号	发明人	专利数/件	所占比例/%
1	范向奎	34	0.18
2	梁宗贵	28	0.15
3	杨伟帅	23	0.12
4	王 璐	22	0.12

续表

编号	发明人	专利数/件	所占比例/%
5	陈龙弟	20	0.11
6	周保华	18	0.10
7	孙江宏	18	0.10
8	孙素一	18	0.10
9	王　鑫	17	0.09
10	倪明光	17	0.09

1.3 按部统计

2014 年国内相关“表面活性剂”专利申请按照部类统计，其中，C（化学；冶金）专利数 3309 件，占比 52.18%，B（作业、运输）专利数 1097 件，占比 17.3%，A（农业）专利数 1070 件，占比 16.87%，H（电学）专利数 283 件，占比 4.46%，D（纺织、造纸）专利 265 件，占比 4.18%，合计 94.99%。（表 5 和图 4 所示）。

表5　2014年“表面活性剂”专利申请按部统计

编号	分类号部	专利数/件	所占比例/%
1	C 化学；冶金	3309	52.18
2	B 作业；运输	1097	17.30
3	A 农　业	1070	16.87
4	H 电　学	283	4.46
5	D 纺织；造纸	265	4.18
6	G 物　理	214	3.37
7	E 固定建筑物	75	1.18
8	F 机械工程；照明；加热；武器；爆破	28	0.44

数据来源：表面活性剂和洗涤剂行业生产力促进中心编辑整理。

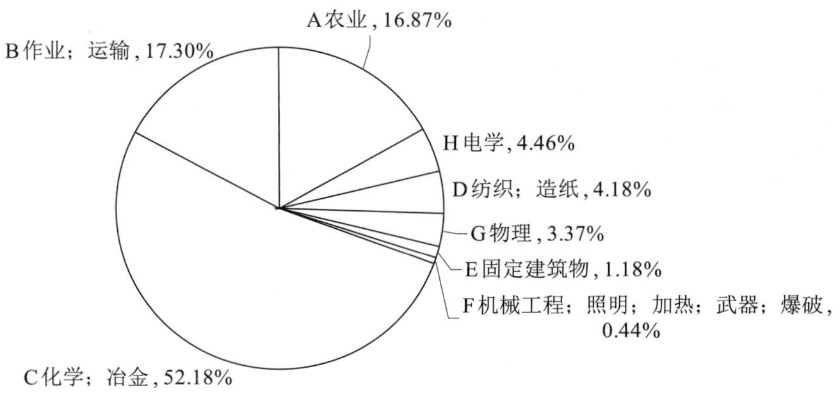

图 4　2014 年“表面活性剂”专利申请按部统计

1.4 按大类统计

2014 年“表面活性剂”关键词专利申请按大类统计，排名前十的分别是 C09、A61、C08、B01、A01、C11、C01、C23、H01 和 C10，专利申请数分别为 901 件、626 件、626 件、553 件、385 件、342 件、288 件、283 件、272 件和 265 件，合计 4541 件，占比 65.73%。部分专利内容涉及多个大类（表 6 和图 5 所示）。

表6 2014年“表面活性剂”专利申请按大类统计

编号	分类号大类	专利数/件	所占比例/%
1	C09 染料；涂料；抛光剂；天然树脂；黏合剂；其他类目不包含的组合物；其他类目不包含的材料的应用	901	13.04
2	A61 医学或兽医学；卫生学	626	9.06
3	C08 有机高分子化合物；其制备或化学加工；以其为基料的组合物	626	9.06
4	B01 一般的物理或化学的方法或装置	553	8.00
5	A01 农业；林业；畜牧业；狩猎；诱捕；捕鱼	385	5.57
6	C11 动物或植物油、脂、脂肪物质或蜡；由此制取的脂肪酸；洗涤剂；蜡烛	342	4.95
7	C01 无机化学	288	4.17
8	C23 对金属材料的镀覆；用金属材料对材料的镀覆；表面化学处理；金属材料的扩散处理；真空蒸发法、溅射…	283	4.10
9	H01 基本电气元件	272	3.94
10	C10 石油、煤气及炼焦工业；含一氧化碳的工业气体；燃料；润滑剂；泥煤	265	3.84
11	B82 超微技术	242	3.50
12	C07 有机化学	234	3.39
13	C04 水泥；混凝土；人造石；陶瓷；耐火材料	202	2.92
14	D06 织物等的处理；洗涤；其他类不包括的柔性材料	185	2.68
15	C02 水、废水、污水或污泥的处理	181	2.62
16	G01 测量；测试	153	2.21
17	C12 生物化学；啤酒；烈性酒；果汁酒；醋；微生物学；酶学；突变或遗传工程	108	1.56
18	B22 铸造；粉末冶金	104	1.51
19	C05 肥料；肥料制造	87	1.26
20	C25 电解或电泳工艺；其所用设备	77	1.11

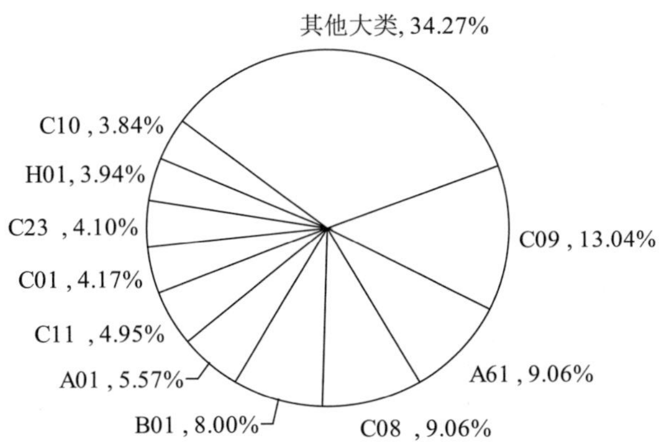

图 5　2014 年“表面活性剂”专利申请按大类统计比重

1.5　按小类统计

2014 年“表面活性剂”关键词按小类统计，排名前五的分别是 A61K（医用、牙科用或梳妆用的配制品）565 件，C09D（涂料组合物，例如色漆、清漆或天然漆；填充浆料；化学涂料或油墨的去除剂；油墨；改正液）399 件，A01N（人体、动植物体或其局部的保存）357 件，B01J（化学或物理方法，例如，催化作用、胶体化学；其有关设备）347 件和 A01P（化学化合物或制剂的杀生、害虫驱避、害虫引诱或植物生长调节活性）343 件，合计 2011 件，占比 22.68%。

表7　2014年“表面活性剂”专利申请按小类统计

编号	分类号小类	专利数/件	所占比例/%
1	A61K 医用、牙科用或梳妆用的配制品	565	6.37
2	C09D 涂料组合物，例如色漆、清漆或天然漆；填充浆料；化学涂料或油墨的去除剂；油墨；改正液	399	4.50
3	A01N 人体、动植物体或其局部的保存	357	4.03
4	B01J 化学或物理方法，例如，催化作用、胶体化学；其有关设备	347	3.91
5	A01P 化学化合物或制剂的杀生、害虫驱避、害虫引诱或植物生长调节活性	343	3.87
6	C09K 不包含在其他类目中的各种应用材料；不包含在其他类目中的材料的各种应用	333	3.76
7	A61P 化合物或药物制剂的特定治疗活性	332	3.75
8	C11D 洗涤剂组合物；用单一物质作为洗涤剂；皂或制皂；树脂皂；甘油的回收	314	3.54

续表

编号	分类号小类	专利数/件	所占比例/%
9	C08L 高分子化合物的组合物	308	3.47
10	C08K 使用无机物或非高分子有机物作为配料	276	3.11
11	A61Q 化妆品或类似梳妆用配制品的特定用途	255	2.88
12	B82Y 纳米结构的特定用途或应用；纳米结构的测量或分析；纳米结构的制造或处理	239	2.70
13	C04B 石灰；氧化镁；矿渣；水泥；其组合物，例如：砂浆、混凝土或类似的建筑材料；人造石；陶瓷	202	2.28
14	C08J 加工；配料的一般工艺过程；不包括在 C08B，C08C，C08F，C08G 或 C08H 小类中的后处理	200	2.26
15	C10M 润滑组合物	192	2.17
16	C08G 用碳—碳不饱和键以外的反应得到的高分子化合物	188	2.12
17	C08F 仅用碳—碳不饱和键反应得到的高分子化合物	182	2.05
18	C02F 水、废水、污水或污泥的处理	181	2.04
19	C23G 电解法除外的化学法金属材料清洗及除油	154	1.74
20	C01B 非金属元素；其化合物	152	1.71

1.6 按大组统计

2014 年专利申请按照大组进行分类统计，排名前十的大组为 A61K8/00、C09K8/00、C11D3/00、C11D1/00 、C09D7/00 C09D 5/00、A61K9/00、C08K3/00、A61K31/00、A01N43/00 和 B82Y30/00。专利数分别为 255 件、233 件、226 件、223 件、219 件、215 件、215 件、200 件、192 件和 174 件，合计占 16.22%（表 8 所示）。

表8　2014年“表面活性剂”专利申请按大组统计

编号	分类号大组	专利数/件	所占比例/%
1	A61K8/00 化妆品或类似的梳妆用配制品	255	1.92
2	C09K8/00 用于钻孔或钻井的组合物；用来处理孔或井的组合物，例如，用于完成或修复操作	233	1.76
3	C11D3/00 包括在 C11D 1/00 组内之洗涤组合物的其他配料成分	226	1.70
4	C11D1/00 主要以表面活性化合物为基料的洗涤组合物；使用这些化合物作为洗涤剂	223	1.68
5	C09D7/00 C09D 5/00 中不包括的涂料成分特征	219	1.65
6	A61K9/00 以特殊物理形状为特征的医药配制品	215	1.62

续表

编号	分类号大组	专利数/件	所占比例/%
7	C08K3/00 使用无机配料	215	1.62
8	A61K31/00 含有机有效成分的医药配制品	200	1.51
9	A01N43/00 含有杂环化合物的杀生剂、害虫驱避剂或引诱剂，或植物生长调节剂	192	1.45
10	B82Y30/00 用于材料和表面科学的纳米技术，例如：纳米复合材料	174	1.31
11	B82Y40/00 纳米结构的制造或处理	170	1.28
12	A01N25/00 以其形态，以其非有效成分、或以其使用方法为特征的杀生剂、害虫驱避剂或引诱剂，或植物生长…	155	1.17
13	A61Q19/00 护理皮肤的制剂	153	1.15
14	A61K47/00 以所用的非有效成分为特征的医用配制品，例如载体、惰性添加剂	151	1.14
15	C09D5/00 以其物理性质或所产生的效果为特征的涂料组合物，例如色漆、清漆或天然漆；填充浆料	148	1.12
16	C08F220/00 具有 1 个或更多不饱和脂族基化合物的共聚物，每个不饱和脂族基只有 1 个碳 – 碳双键，并且只有 1 个…	136	1.03
17	A61P31/00 抗感染药，即抗生素、抗菌剂、化疗剂	134	1.01
18	C08K5/00 使用有机配料	132	1.00
19	C10N30/00 用赋予润滑组合物特性的添加剂改进特定的物理性能或化学性能，如多功能的添加剂	119	0.90
20	C02F1/00 水、废水或污水的处理 C02F 3/00 至 C02F 9/00 优先	118	0.89

1.7 按小组统计

按照小组统计，排名前十分别为 C09D7/12（其他添加剂）、C11D3/60（配料成分的混合物）、B82Y30/00（用于材料和表面科学的纳米技术，例如：纳米复合材料）、B82Y40/00（纳米结构的制造或处理）、A61K8/97（源自植物的，例如，植物提取物）、A61Q19/10（洗涤或沐浴制剂）、A01P3/00（杀菌剂）、A01P7/04（杀昆虫剂）、C08K3/22（金属的）和 C11D3/20（含氧的）等，专利数合计 1374 件，占比 7.58%（表 9 所示）。

依据小组数据分析，主要集中在材料开发、日化产品及药物制品等。

表9　2014年“表面活性剂”专利申请按小组统计

编号	分类号小组	专利数/件	所占比例/%
1	C09D7/12 其他添加剂	217	1.20
2	C11D3/60 配料成分的混合物	180	0.99
3	B82Y30/00 用于材料和表面科学的纳米技术，例如：纳米复合材料	174	0.96
4	B82Y40/00 纳米结构的制造或处理	170	0.94
5	A61K8/97 源自植物的，例如，植物提取物	159	0.88
6	A61Q19/10 洗涤或沐浴制剂	100	0.55
7	A01P3/00 杀菌剂	98	0.54
8	A01P7/04 杀昆虫剂	98	0.54
9	C08K3/22 金属的	92	0.51
10	C11D3/20 含氧的	86	0.47
11	C10N30/06 润滑性；膜强度；抗磨性；耐极压性	83	0.46
12	A01P1/00 消毒剂；抗微生物化合物或其组合物	79	0.44
13	A61Q19/00 护理皮肤的制剂	76	0.42
14	C09K8/584 以使用特殊的表面活性剂为特征的	76	0.42
15	A01P13/00 除草剂；杀藻剂	75	0.41
16	C10N40/22 主要用来切削材料	75	0.41
17	C10M173/00 含水量大于 10 的润滑组合物	75	0.41
18	C11D1/83 非离子型化合物与阴离子型化合物的混合物	75	0.41
19	C11D3/48 药用剂或消毒剂	74	0.41
20	C10N30/12 耐腐蚀性，如防锈剂、防腐剂	73	0.40

2 数据分析

2014 年“表面活性剂”专利申请和公开从内容上分析，主要集中在新产品配方开发、纳米材料、杀菌剂、皮肤护理等，其中新型绿色表面活性剂以及特种表面活性剂的应用开发成为专利申请的主要内容之一，对比国外相关行业专利申请，国内企业和机构更加注重知识产权和新产品创新等专利的保护，一定程度上说明中国行业专利申请进入实质阶段，质量和技术含量得到很大提升。

附表一为 2014 年主要“表面活性剂”专利申请目录。

附表一：2014 年主要“表面活性剂”关键词专利申请

编号	申请号/状态	名 称	申请人	发明人	申请日	分类号
1	201410353495.6 审中－公开	表面活性剂 P–1000 配方	湖北嘉彩新材料有限公司	徐长权	2014–07–24	B01F17/42(2006.01)I
2	201410535706.8 审中－实审	带香型表面活性剂的制备方法	淄博德信联邦化学工业有限公司	耿佃勇，荆晓东，邹瑞，等	2014–10–11	C08G65/28(2006.01)I
3	201410623545.8 审中－实审	含 Gemini 表面活性剂的三元复配表面活性剂及其应用	陕西延长石油（集团）有限责任公司研究院	王香增，高瑞民，赵建社，等	2014–11–07	C09K8/584(2006.01)I
4	201410501622.2 审中－实审	一种印染用表面活性剂	无锡市东北塘宏良染色厂	吴洪良	2014–09–27	C11D10/04(2006.01)I
5	201410704812.4 审中－实审	一种两性表面活性剂组合物	金　　科	金　　科	2014–11–26	A01N25/30(2006.01)I
6	201480002909.9 审中－公开	非离子性表面活性剂及非离子性表面活性剂的制造方法	株式会社新高	森田将基，伊藤纱菜	2014–05–08	C11D1/72(2006.01)I
7	201410365251.X 审中－实审	一种组合表面活性剂及其应用	黄秀荷	黄秀荷	2014–07–29	C11D1/94(2006.01)I
8	201410459491.6 审中－实审	表面活性剂、其用途、及使用其的酚醛树脂泡沫板	山东圣泉新材料股份有限公司	邓刚，彭绵广，彭文杰，等	2014–09–10	B01F17/00(2006.01)I
9	201410398222.3 审中－实审	一种用于人血清白蛋白测定的表面活性剂	苏州康铭诚业医用科技有限公司	杨灵勇，周丽霞	2014–08–14	G01N21/78(2006.01)I
10	201410117339.X 审中－实审	一种改性植物酚表面活性剂及其制备方法	常熟耐素生物材料科技有限公司	邵新明	2014–03–26	B01F17/14(2006.01)I
11	201410850727.9 审中－实审	一种表面活性剂及其制备方法和应用	中国石油大学（北京）	郭继香，余子敬，赵海洋，等	2014–12–31	C09K8/584(2006.01)I

续表

编号	申请号/状态	名 称	申请人	发明人	申请日	分类号
12	201410488142.7 审中－实审	一种低泡聚醚型表面活性剂及其合成方法	浙江皇马科技股份有限公司	万庆梅，金一丰，马定连，等	2014-09-23	B01F17/42(2006.01)I
13	201410202191.X 审中－实审	一种双子表面活性剂的合成方法及其应用	中国石油化工股份有限公司 中国石油化工股份有限公司江苏油田分公司	虞建业，卢敏晖，袁萍	2014-05-14	C07C305/06(2006.01)I
14	201410649342.6 审中－公开	一种采油用表面活性剂组合物及其制备方法	天津大港油田滨港集团博弘石油化工有限公司	胡玉国，梁海臣，李靖，等	2014-11-14	C09K8/584(2006.01)I
15	201410376484.X 审中－实审	一种表面活性剂中全磷的测定方法	湖北富邦科技股份有限公司	蔚霞，王仁宗，刘裕，王瑞	2014-08-01	G01N21/31(2006.01)I
16	201410471938.1 审中－实审	一种含氟季铵盐表面活性剂的制备方法及应用	拉芳家化股份有限公司	胡卫华，庄严，李洪波，等	2014-09-16	C07C215/40(2006.01)I
17	201410648652.6 审中－实审	一种有机硅共聚物表面活性剂及其应用	上海麦浦新材料科技有限公司	龚国安，张家菲，谢海波	2014-11-14	C08F291/06(2006.01)I
18	201410146342.4 审中－实审	一种产表面活性剂细菌及其应用	东华大学	曹张军，徐琴，张铮	2014-04-11	C12N1/20(2006.01)I
19	201410053599.5 审中－实审	茶皂素硫酸酯表面活性剂的制备方法及产品	浙江大学	刘松柏，洪姗，刘昕	2014-02-17	C07J63/00(2006.01)I
20	201410053747.3 审中－实审	茶皂素月桂酸酯表面活性剂的制备方法及产品	浙江大学	刘松柏，冯进，陈盈	2014-02-17	C07J63/00(2006.01)I
21	201410053749.2 审中－实审	茶皂素辛酸酯表面活性剂的制备方法及产品	浙江大学	刘松柏，冯进，陈盈	2014-02-17	C07J63/00(2006.01)I

续表

编号	申请号/状态	名 称	申请人	发明人	申请日	分类号
22	201410053318.6 审中－实审	茶皂素硬脂酸酯表面活性剂的制备方法及产品	浙江大学	刘松柏，洪姗，陈盈	2014-02-17	C07J63/00(2006.01)I
23	201410053748.8 审中－实审	茶皂素棕榈酸酯表面活性剂的制备方法及产品	浙江大学	刘松柏，洪姗，陈盈	2014-02-17	C07J63/00(2006.01)I
24	201410053604.2 审中－实审	茶皂素癸酸酯表面活性剂的制备方法及产品	浙江大学	刘松柏，冯进，陈盈	2014-02-17	C07J63/00(2006.01)I
25	201410632737.5 审中－实审	一种掺杂表面活性剂制备活性炭的方法	山东大学	黄理辉，薛静，王嫚，等	2014-11-11	C01B31/12(2006.01)I
26	201410031036.6 审中－实审	一种腰果酚双子表面活性剂及其制备方法	北京工商大学	周雅文，苏鹏权，徐宝财，等	2014-01-23	C09K8/584(2006.01)I
27	201410819950.7 审中－实审	Gemini 季铵盐类阳离子表面活性剂及其合成方法	陕西师范大学	陈亚芍，杨杰，韩莉君，等	2014-12-25	B01F17/18(2006.01)I
28	201410049227.5 审中－实审	一种基于天然表面活性剂的石蜡系防水剂	北京林业大学	马尔妮，王佳敏，曹金珍，等	2014-02-12	B27K3/50(2006.01)I
29	201410535244.X 审中－实审	一种季铵盐阳离子表面活性剂及其制备方法	齐齐哈尔大学	郭祥峰，贾丽华，赵振龙	2014-10-11	B01F17/18(2006.01)I
30	201410468346.4 审中－实审	一种甜菜碱表面活性剂复合驱体系及其应用	大连东方创新科技有限公司	刘春德	2014-09-12	C09K8/584(2006.01)I
31	201410031326.0 审中－实审	用于钢丝酸洗液中的表面活性剂	江苏兴达钢帘线股份有限公司	刘祥，姚利丽，董小帅，等	2014-01-23	C23G1/08(2006.01)I
32	201410357341.4 审中－实审	表面活性剂、清洁压裂液及其制备方法	中国海洋石油总公司 中海石油（中国）有限公司深圳分公司 中海油田服务股份有限公司	韦红术，张俊斌，张伟国，等	2014-07-24	B01F17/32(2006.01)I

续表

编号	申请号/状态	名 称	申请人	发明人	申请日	分类号
33	201410449918.4 审中－公开	一种驱油用低聚表面活性剂及其制备方法	纳百科创（北京）技术开发有限公司	相明辉，肖贤明，陈启文	2014-09-05	C09K8/584(2006.01)I
34	201410259718.2 审中－实审	一种嘧啶型手性表面活性剂的合成方法	扬州大学	丁元华，汪璐璐	2014-06-12	C07D239/47(2006.01)I
35	201410572526.7 审中－实审	一种新型双子表面活性剂及其合成方法	宁波大学	江峰，胡艳华，翁婉丹，等	2014-10-16	B01F17/52(2006.01)I
36	201410455738.7 审中－实审	一种快速检测生物表面活性剂产量的方法	中国石油化工股份有限公司 中国石油化工股份有限公司胜利油田分公司采油工艺研究院	王增林，冯云，林军章，等	2014-09-09	G01N21/31(2006.01)I
37	201410358272.9 审中－实审	以松香为原料制备表面活性剂的方法	广西众昌树脂有限公司	宣景建	2014-07-25	B01F17/52(2006.01)I
38	201410103738.0 审中－实审	氟碳表面活性剂及其制备方法	中国科学院上海有机化学研究所 上海张江中科产业技术创新与育成中心	姜标，沙敏，潘仁明	2014-03-19	B01F17/00(2006.01)I
39	201410526673.0 审中－实审	一类季铵型阳离子黏弹性表面活性剂体系	西南石油大学	叶仲斌，宋佳蓉，陈洪，等	2014-10-08	C07C211/63(2006.01)I
40	201410598920.8 审中－实审	长链阳离子双子表面活性剂及其制备方法	陕西科技大学	杨晓武，秋列维，刘娟萍，等	2014-10-31	B01F17/18(2006.01)I
41	201410547372.6 审中－实审	包载表面活性剂智能微胶囊的制备方法	西南石油大学	余亚兰，牟川淋	2014-10-16	C09K8/584(2006.01)I
42	201410656808.5 审中－实审	一种驱油用无碱表面活性剂及其制备方法	黑龙江信维源化工有限公司	徐立波，闫喜林	2014-11-18	C09K8/584(2006.01)I

续表

编号	申请号/状态	名 称	申请人	发明人	申请日	分类号
43	201410336250.2 审中－实审	一种烷基糖酰胺表面活性剂及制法	北京工商大学	韩富，武丽丽，周雅文，等	2014-07-15	B01F17/22(2006.01)I
44	201410022720.8 审中－实审	一种利用蓝藻生产表面活性剂的方法及其应用	合肥工业大学	王进，岳正波，尹艺冉，等	2014-01-17	B01F17/00(2006.01)I
45	201410470096.8 审中－实审	一种氨基酸表面活性剂基质的透明固体皂	烟台安世个人护理用品有限公司	冯书记	2014-09-16	C11D1/83(2006.01)I
46	201410854989.2 审中－实审	一种表面活性剂废水的处理装置及其处理工艺	上海发凯化工有限公司 上海明诺环境科技有限公司	杨春光，董万田，姚学柱，等	2014-12-31	C02F9/14(2006.01)I
47	201410031037.0 有权	一种腰果基酰胺表面活性剂及其制备方法	北京工商大学	周雅文，苏鹏权，徐宝财，等	2014-01-23	B01F17/22(2006.01)I
48	201410306261.6 审中－实审	一种含硼、氮的聚乙二醇脂肪酸酯表面活性剂	江南大学	施冬健，陈明清，倪忠斌，等	2014-06-27	B01F17/52(2006.01)I
49	201410154753.8 审中－实审	一种利用表面活性剂强化的地下水修复方法	厦门大学	郑艳梅，李清彪，何宁，等	2014-04-17	C02F3/02(2006.01)I
50	201410622284.8 审中－实审	季铵盐型双子表面活性剂的制备及提纯方法	陕西延长石油（集团）有限责任公司研究院	王香增，高瑞民，赵建社，等	2014-11-07	B01F17/18(2006.01)I
51	201410358275.2 审中－实审	松香基表面活性剂的制备方法	广西众昌树脂有限公司	宣景建	2014-07-25	B01F17/52(2006.01)I
52	201410224214.7 审中－实审	一种除蜡水用表面活性剂及其制备方法	深圳市荣强科技有限公司	朱日东	2014-05-26	C11D1/86(2006.01)I
53	201410730851.1 审中－公开	一种皂角植物表面活性剂及其制备方法	青岛海芬海洋生物科技有限公司	王鑫，李艳妮，陈芬	2014-12-05	B01F17/00(2006.01)I

续表

编号	申请号/状态	名 称	申请人	发明人	申请日	分类号
54	201410339724.9 审中－公开	一种生物表面活性剂的制备方法	山东科技大学	李慧娟，丁瑞，孙云鹏，等	2014-07-16	C12P1/04(2006.01)I
55	201410040399.6 审中－实审	磺酸盐型生物质表面活性剂及其合成方法	中国石油大学（华东）	戴彩丽，付阳，由庆，等	2014-01-27	C09K8/584(2006.01)I
56	201410105456.4 审中－公开	一种含氟阳离子表面活性剂的制备方法	东莞市长安东阳光铝业研发有限公司	李义涛，梁任龙，冯海兵，等	2014-03-20	C07C211/63(2006.01)I
57	201410659050.0 审中－实审	假单胞菌株及其制备复合型表面活性剂的方法	沈阳化工大学	张卉	2014-11-19	C12N1/20(2006.01)I
58	201410684707.9 审中－实审	一种表面活性剂的制造及应用方法	刘国清 李佳	刘国清，李佳	2014-11-25	B01F17/00(2006.01)I
59	201410570403.X 审中－实审 著录变更	一种高浓度表面活性剂废水处理工艺	浙江卓锦工程技术有限公司	刘新辉，杨尚源，刘磊，等	2014-10-23	C02F9/04(2006.01)I
60	201410200519.4 审中－实审	一种表面活性剂极性的检测装置及其检测方法	大连海事大学	宋永欣，周航，孙润哲	2014-05-13	G01N27/60(2006.01)I
61	201410556129.0 审中－实审	一种阳离子表面活性剂油漆清洗剂	山东华亚环保科技有限公司	牟军平，朱娜，刘晓，于春光	2014-10-20	C09D9/04(2006.01)I
62	201410328441.4 审中－实审	制备 β- 氨基丙酸两性表面活性剂的方法	上海发凯化工有限公司	王丰收，张燕山，张威，等	2014-07-10	C07C229/12(2006.01)I
63	201410796593.7 审中－实审	一种季铵盐型三聚表面活性剂及其制备方法	武汉工程大学	刘治田，郑乐驰，张旗，等	2014-12-19	B01F17/18(2006.01)I

续表

编号	申请号/状态	名 称	申请人	发明人	申请日	分类号
64	201410020439.0 审中－实审	一种以碱木质素改性制备表面活性剂的方法	北京林业大学	李明飞，陈昌洲，边静，等	2014-01-16	C08H7/00(2012.01)I
65	201410751751.7 审中－实审	表面活性剂聚醚多元醇及其制备方法	淄博德信联邦化学工业有限公司	耿佃勇，荣若贵，荆晓东	2014-12-09	C08G65/28(2006.01)I
66	201410695662.5 审中－实审	耐温抗盐驱油用表面活性剂及其制备方法	宋培珠	黄学斌，杨昌华，李大庆，等	2014-11-27	C09K8/584(2006.01)I
67	201410306145.4 审中－实审	一种含硼聚乙二醇脂肪酸酯表面活性剂	江南大学	陈益鸣，施冬健，陈明清，等	2014-06-27	B01F17/52(2006.01)I
68	201410334012.8 审中－实审	一种烷基糖酰胺双子表面活性剂及制法	北京工商大学	韩富，武丽丽，周雅文，徐宝财	2014-07-15	B01F17/56(2006.01)I
69	201410729825.7 审中－实审	一种掺层表面活性剂镍铝水滑石的制备方法	常州大学	雷春生，朱晓锋	2014-12-04	B01J20/08(2006.01)I
70	201410789789.3 审中－公开	一种表面活性剂水溶液提取橘皮精油的方法	杨玉峰	杨玉峰	2014-12-19	C11B9/02(2006.01)I
71	201410290362.9 审中－实审	一种阳离子表面活性剂及其应用	广州市金浪星非织造布有限公司	冯灼辉，郑成，毛桃嫣，等	2014-06-24	D06M13/463(2006.01)I
72	201410748931.X 审中－实审	一种原油表面活性剂及其制备方法和应用	中国石油天然气股份有限公司	刘占广，安志杰，李文军，等	2014-12-09	C09K8/584(2006.01)I
73	201410486264.2 审中－公开	一种耐温抗盐高分子表面活性剂的制备方法	中国石油大学（华东）	张宏玉，李继勇，陈渊，等	2014-09-22	C08F220/56(2006.01)I
74	201410284316.8 审中－实审	腰果酚季铵盐表面活性剂的合成方法	江苏万淇生物科技有限公司	金　瑞	2014-06-24	B01F17/18(2006.01)I

续表

编号	申请号/状态	名 称	申请人	发明人	申请日	分类号
75	201410269136.2 审中－实审	一种表面活性剂废水处理系统及工艺	南京绿岛环境工程有限公司	李家祥，余泽强，王亚丹	2014-06-17	C02F9/14(2006.01)I
76	201410120965.4 审中－实审	一种添加表面活性剂的培养基及其应用	江南大学	常明，李婧，刘睿杰，等	2014-03-27	C12P7/64(2006.01)I
77	201410048136.X 审中－实审	一种含表面活性剂的立方氮化硼砂轮	当涂县南方红月磨具磨料有限公司	胡光胜	2014-02-11	B24D3/14(2006.01)I
78	201410489676.1 审中－实审	一种阳离子三硅氧烷表面活性剂的制备方法	广州大学	毛桃嫣，陈晓琳，郑成	2014-09-23	C07F7/18(2006.01)I
79	201410318579.6 审中－实审	糖苷表面活性剂产品中糖含量的测定方法	中国日用化学工业研究院	张军，杨秀全，白亮，等	2014-07-07	G01N30/02(2006.01)I
80	201410272743.4 审中－实审	一种不含表面活性剂的水包油乳液及其用途	中国科学院过程工程研究所	马光辉，吴颉，杨柳青，等	2014-06-18	A61K39/39(2006.01)I
81	201410160493.5 审中－实审	一种多功能表面活性剂及其制备方法	成都科宏达科技有限公司	张豫红，吕亮，白芸	2014-04-21	B01F17/18(2006.01)I
82	201410768693.9 审中－实审	一种可聚合两性离子表面活性剂的制备方法	辽宁石油化工大学	陈平，贾慧，安会勇	2014-12-12	C07C233/38(2006.01)I
83	201410696067.3 审中－实审	一种两性表面活性剂组合物在除草剂中的应用	金　科	金　科	2014-11-26	A01N25/30(2006.01)I
84	201410697425.2 审中－实审	一种两性表面活性剂组合物的制备方法	金　科	金　科	2014-11-26	A01N25/30(2006.01)I
85	201410291864.3 审中－实审	一种表面活性剂改性的膨润土及其制备方法	安徽普源分离机械制造有限公司	沈云翔，黄帅，沈云旌	2014-06-26	B01J20/26(2006.01)I

续表

编号	申请号/状态	名 称	申请人	发明人	申请日	分类号
86	201410757614.4 审中－公开	一种含表面活性剂的稀土盐助镀剂	天长市飞龙金属制品有限公司	孙长志	2014-12-10	C23C2/04(2006.01)I
87	201410103175.5 有权	一种阴离子型氟碳表面活性剂及其制备方法	中国科学院上海有机化学研究所 上海张江中科产业技术创新与育成中心	姜标，沙敏，潘仁明	2014-03-19	B01F17/14(2006.01)I
88	201410675723.1 审中－实审	一种 Bola 型甜菜碱表面活性剂的制备方法	广州天赐高新材料股份有限公司	吴海龙，黄建帮，李琳	2014-11-21	C07C231/08(2006.01)I
89	201410779193.5 审中－实审	一种功能化 Gemini 表面活性剂构筑的粘弹体系及制备方法	江南大学	裴晓梅，刘喆，宋冰蕾，等	2014-12-16	B01F17/38(2006.01)I
90	201410389200.0 审中－实审	正负离子表面活性剂复配混合物及其制备方法	中国石油天然气股份有限公司 长江大学	赖璐，梅平，吴小梅，等	2014-08-08	C09K8/584(2006.01)I
91	201410519634.8 审中－实审	一种十四醇葡萄糖双子表面活性剂复配物及其制备方法	浙江大学	刘松柏，冯进	2014-09-30	B01F17/56(2006.01)I
92	201410521042.X 审中－实审	一种十二醇葡萄糖双子表面活性剂复配物及其制备方法	浙江大学	刘松柏，冯进	2014-09-30	B01F17/56(2006.01)I
93	201410179033.7 有权	一种新型双子型阳离子表面活性剂及其制备方法	河北工业大学	王月欣，曹宇奇，张倩，等	2014-04-30	B01F17/32(2006.01)I
94	201410588076.0 审中－实审	一种含复合表面活性剂的平版印刷润版液组合物	湖南师范大学	杨春明	2014-10-29	B41N3/08(2006.01)I
95	201410466490.4 审中－实审	一种甜菜碱表面活性剂复合驱组合物及其应用	大连东方创新科技有限公司	刘春德	2014-09-12	C09K8/584(2006.01)I

续表

编号	申请号/状态	名 称	申请人	发明人	申请日	分类号
96	201410817672.1 审中－实审	一种复配表面活性剂改性蒙脱土的方法以及制备的改性蒙脱土	武汉工程大学	刘治田，李超，张旗，等	2014-12-24	C01B33/44(2006.01)I
97	201410104197.3 审中－实审	含壬基酚聚氧乙烯醚磺酸盐二元复配表面活性剂	西北大学	赵建社，董珍，刘永永，等	2014-03-14	C09K8/584(2006.01)I
98	201410606483.X 审中－实审	氨基酸类阴离子－阳离子表面活性剂复合型发泡剂	陕西师范大学	陈亚芍，韩莉君，杨杰，等	2014-10-31	C04B24/12(2006.01)I
99	201410669067.4 审中－实审	一种超低界面张力表面活性剂复配体系及其制备方法	陕西科技大学	沈一丁，马国艳，王磊	2014-11-20	C09K8/584(2006.01)I
100	201410647872.7 审中－实审	一种含全氟壬烯基的两性型表面活性剂及其制备方法	东莞市长安东阳光铝业研发有限公司	张少凯，梁任龙，冯海兵，等	2014-11-14	B01F17/26(2006.01)I
101	201410685595.9 审中－实审	负载表面活性剂茶籽壳活性炭及其制备方法和应用	湖南大学	翟云波，徐碧波，朱云，等	2014-11-25	B01J20/20(2006.01)I
102	201410784007.7 审中－实审	一种温和的表面活性剂体系及其在洗浴用品中的应用	广州潮徽化工科技有限公司	张鹏，郑华生，谢培镇，等	2014-12-16	A61K8/92(2006.01)I
103	201410162651.0 审中－实审	一种利用氟碳表面活性剂提高纤维制品脱水效率的方法	浙江理工大学	王际平，刘晓芸，陈涛	2014-04-22	D06M13/463(2006.01)I
104	201410014321.7 审中－公开	反应性醇酸树脂表面活性剂和由其制备的稳定的乳液	陶氏环球技术有限公司	G·E·斯皮尔曼，R·S·奥蒂兹，T·J·杨，等	2014-01-13	C08G63/49(2006.01)I
105	201410488917.0 审中－公开	一种鼠李糖脂生物表面活性剂在第三次采油中的应用	新疆农业科学院微生物应用研究所	娄恺，史应武	2014-09-23	C09K8/584(2006.01)I

续表

编号	申请号/状态	名称	申请人	发明人	申请日	分类号
106	201410053188.6 审中－实审	茶皂素肉豆蔻酸酯表面活性剂的制备方法及产品	浙江大学	刘松柏，冯进，陈盈	2014-02-17	C07J63/00(2006.01)I
107	201410171403.2 审中－实审	微生物及表面活性剂处理受PAHs污染河道底泥的方法	天津大学	吴卿，黄建军，王雪飞，等	2014-04-25	C02F11/04(2006.01)I
108	201410160641.3 审中－实审	离子液体/表面活性剂修饰玻碳电极及其制备方法和应用	河南师范大学	卓克垒，刘丽红，王春风，等	2014-04-22	G01N27/30(2006.01)I
109	201410084627.X 审中－实审	一种多孔材料吸附催化剂生产表面活性剂的方法	河南理工大学 偃师然合生物材料有限公司	袁海滨，戴亚辉，曹新鑫，等	2014-03-10	C07B61/00(2006.01)I
110	201410744321.2 审中－实审	表面活性剂改性凹凸棒土去除垃圾渗滤液中重金属的方法	厦门理工学院	阳艾利，黄国和，赵珊，等	2014-12-09	C02F1/28(2006.01)I
111	201410021139.4 审中－实审	含氨基末端及双胺基的表面活性剂的制备方法及分离方法	中国科学院化学研究所	江龙，马雪，盛仲瀚	2014-01-16	C07C233/18(2006.01)I
112	201410827783.0 审中－实审	一种阴阳离子表面活性剂混合体系凝胶及其制备方法	中国石油大学(北京)	张娟，林梅钦，董朝霞	2014-12-25	B01J13/00(2006.01)I
113	201410525875.3 审中－实审	一类磺酸盐型两性高分子表面活性剂及其合成方法	西南石油大学	叶仲斌，张轩，陈洪，等	2014-10-08	C09K8/584(2006.01)I
114	201410196851.8 审中－实审	饱和腰果酚醚磺酸盐表面活性剂及其制备方法和应用	中国科学院理化技术研究所	靳志强，赵濉，徐志成，等	2014-05-09	B01F17/12(2006.01)I
115	201410468053.6 审中－实审	一种功能性聚合物表面活性剂强化复合驱组合物及其应用	大连东方创新科技有限公司	刘春德	2014-09-12	C09K8/588(2006.01)I
116	201410355821.7 审中－实审	含纳米碳管和黏弹性阴离子表面活性剂的压裂液及其制法	中国石油天然气股份有限公司	杨江，崔伟香，管保山，等	2014-07-24	C09K8/68(2006.01)I

续表

编号	申请号/状态	名称	申请人	发明人	申请日	分类号
117	201410664992.8 审中－实审	基于季铵盐－磷酸盐的两性杂双子表面活性剂及其制备方法	陕西科技大学	吕斌，高建静，马建中，等	2014-11-20	B01F17/18(2006.01)I
118	201410353964.4 审中－实审	一种表面活性剂－生物炭复合吸附剂的制备方法	浙江工商大学	吕黎，柴奇伟，林燕，等	2014-07-24	B01J20/20(2006.01)I
119	201410222003.X 审中－实审	一种表面活性剂协同纳米铁降解多溴联苯醚的方法	北京航空航天大学	梁大为，杨雨寒，徐伟伟，等	2014-05-23	A62D3/37(2007.01)I
120	201410060601.1 审中－实审	表面活性剂压裂液用稠化剂及在线交联工厂化作业方法	亿城淄博石油陶粒制造有限公司	马少云，吕婷阳	2014-02-21	C09K8/68(2006.01)I
121	201410037604.3 审中－实审	羟磺基甜菜碱粘弹表面活性剂及其在三次采油中的应用	中国石油天然气股份有限公司	张帆，马德胜，王强，等	2014-01-26	C09K8/584(2006.01)I
122	201410108295.4 审中－实审	一种具备杀菌活性的阴离子表面活性剂及其制备方法	中北大学	胡志勇，郭建峰，营丰田，等	2014-03-21	B01F17/32(2006.01)I
123	201410208296.6 审中－实审	一种表面活性剂和络合剂联合酸处理活化高岭土的方法	龙岩高岭土有限公司	沈新华，沈俭一，徐军，等	2014-05-16	C01B33/40(2006.01)I
124	201410037684.2 审中－实审	羧基甜菜碱粘弹表面活性剂及其在三次采油中的应用	中国石油天然气股份有限公司	张帆，王强，王红庄，等	2014-01-26	C09K8/584(2006.01)I
125	201410347430.0 审中－实审	一种阴离子表面活性剂－电絮凝处理污水的方法	天津城建大学	骆尚廉，李爽，孙力平，等	2014-07-21	C02F1/463(2006.01)I
126	201410347531.8 审中－实审	一种阳离子表面活性剂－电絮凝处理污水的方法	天津城建大学	骆尚廉，李爽，孙力平，等	2014-07-21	C02F1/463(2006.01)I
127	201410164907.1 审中－实审	一种油井双子表面活性剂压裂液及其制备方法	中国石油集团川庆钻探工程有限公司长庆井下技术作业公司	陈亚联，张冕，王祖文，等	2014-04-23	C09K8/68(2006.01)I

续表

编号	申请号/状态	名 称	申请人	发明人	申请日	分类号
128	201410736853.1 审中－实审	芳基烷基聚氧乙烯醚羧基甜菜碱表面活性剂及制法和应用	中国石油天然气股份有限公司	张帆，蔡红岩，张群，等	2014-12-05	C09K8/584(2006.01)I
129	201410742156.7 审中－实审	芳基烷基聚氧乙烯醚磺基甜菜碱表面活性剂及制法和应用	中国石油天然气股份有限公司	张帆，王强，罗文利，等	2014-12-05	B01F17/04(2006.01)I
130	201410736872.4 审中－实审	芳基烷基聚氧乙烯醚氧化胺表面活性剂及制法和应用	中国石油天然气股份有限公司	张帆，马德胜，杨思玉，等	2014-12-05	B01F17/42(2006.01)I
131	201410659332.0 审中－实审	一种含有高分子表面活性剂的微乳化柴油及其制备方法	山东永泰化工有限公司	尤晓明，王显涛，李洋，等	2014-11-18	C10L1/32(2006.01)I
132	201410131646.3 有权	气溶性表面活性剂用于二氧化碳驱油流度控制中的方法	中国石油大学（华东）	李兆敏，张超，李松岩，等	2014-04-02	E21B43/16(2006.01)I
133	201410090112.0 审中－实审	一种调控养殖水体环境的方法及复合表面活性剂	华南理工大学	牛晓君，王彩虹	2014-03-12	B01F17/22(2006.01)I
134	201410254037.7 审中－实审	一种洗涤剂用表面活性剂的制备方法及洗涤剂组合物	深圳市新纶科技股份有限公司	张原，管映亭，许云丽	2014-06-10	C11D1/44(2006.01)I
135	201410524661.4 审中－实审	一类两性磺酸盐型可聚表面活性剂及其合成方法	西南石油大学	叶仲斌，张轩，陈洪，等	2014-10-08	B01F17/18(2006.01)I
136	201410141073.2 审中－实审	近临界水解羽毛角蛋白制备多肽表面活性剂的工艺方法	上海大学	陈晋阳，季益梅，吕婧潇，等	2014-04-09	C07K1/12(2006.01)I
137	201410827687.6 审中－实审	一种含高浓度阴离子表面活性剂废水处理方法	东北电力大学	张海丰，王斌，张兰河，等	2014-12-26	C02F9/06(2006.01)I
138	201410838176.4 审中－实审	一种 Bola 离子液体型有机硅表面活性剂的制备方法	九江学院	谭景林，肖梅红，严平，等	2014-12-30	B01F17/54(2006.01)I

续表

编号	申请号/状态	名 称	申请人	发明人	申请日	分类号
139	201410350157.7 审中－实审	一种联接链含羟基的阳离子双子表面活性剂的制备方法	武汉工程大学	刘治田，郑乐驰，张旗	2014-07-22	B01F17/18(2006.01)I
140	201410014365.X 审中－公开	一种新型疏水缔合类高分子表面活性剂的制备方法	山东理工大学	赵剑英，董云会，赵键	2014-01-14	C08F218/08(2006.01)I
141	201410341548.2 审中－实审	用于车用尿素溶液的表面活性剂及其制备方法和用途	天津悦泰石化科技有限公司	赵扬，张新昌	2014-07-17	B01F17/46(2006.01)I
142	201410585810.8 审中－实审	1,1,1-三(羟甲基)乙烷为联接基三子表面活性剂及其制备方法	齐齐哈尔大学	邢凤兰，李旭，李兴涛，等	2014-10-28	B01F17/44(2006.01)I
143	201410111344.X 审中－实审	一种N-长链酰基含羟基氨基酸表面活性剂及制造方法	广东肇庆星湖生物科技股份有限公司 华南理工大学	廖能，张逸伟，伍文锋	2014-03-24	B01F17/28(2006.01)I
144	201410236027.0 审中－实审	一种阴离子双子表面活性剂及其制备方法及应用	于文 西安开米股份有限公司	于文，李妮妮	2014-05-30	B01F17/22(2006.01)I
145	201410784026.X 审中－实审	一种温和的氨基酸型表面活性剂及其制备方法与应用	广州潮徽化工科技有限公司	郑华生，张鹏，谢培镇，等	2014-12-16	C12P21/00(2006.01)I
146	201410649349.8 审中－公开	一种新型芳烷氧基烷基磺酸盐表面活性剂及其制备方法	天津大港油田滨港集团博弘石油化工有限公司	胡玉国，梁海臣，李靖，等	2014-11-14	B01F17/02(2006.01)I
147	201410038931.0 审中－实审	利用非离子表面活性剂提高甘蔗渣微生物转化率的方法	华南理工大学	程镜蓉，朱明军	2014-01-26	C12P3/00(2006.01)I
148	201410016021.2 审中－公开	可用作表面活性剂的含氟化合物及其制备和应用	中国科学院上海有机化学研究所	陈庆云，郭勇，马娇丽，等	2014-01-14	C07C309/10(2006.01)I

续表

编号	申请号/状态	名称	申请人	发明人	申请日	分类号
149	201410637085.4 审中－实审 著录变更	一种表面活性剂辅助合成高结晶度氮化硼的方法	河北工业大学	刘超，李佳，纪秀杰，等	2014-11-12	C01B21/064(2006.01)I
150	201410450237.X 审中－实审	一种阳离子反应型双子聚氨酯表面活性剂及其制备方法	四川大学	范浩军，刘世勇，陈意，等	2014-09-05	C08G18/50(2006.01)I
151	201410029024.X 审中－实审	官能化氨基的琥珀酸单酯氨基酸表面活性剂及其制备方法	湖南师范大学	陈学伟	2014-01-22	B01F17/28(2006.01)I
152	201410196491.1 审中－实审	一种利用地沟油制备烷基糖苷表面活性剂的方法	中国石油大学（华东）	陈爽，关宇，刘会娥，等	2014-05-12	C07H15/04(2006.01)I
153	201410649344.5 审中－公开	一种驱油用的石油磺酸盐表面活性剂的制备方法	天津大港油田滨港集团博弘石油化工有限公司	胡玉国，梁海臣，李靖，等	2014-11-14	C09K8/584(2006.01)I
154	201410735350.2 审中－实审	由表面活性剂参与改性的茶渣生物除氟剂及其制备方法和应用	安徽农业大学	蔡荟梅，宛晓春，彭传燚，等	2014-12-04	B01J20/24(2006.01)I
155	201410459184.8 审中－实审	生物表面活性剂与铁联合促进污泥厌氧发酵产酸的方法	南京理工大学	孙秀云，李娜，王连军，等	2014-09-10	C12P7/40(2006.01)I
156	201410212430.X 有权	一种评价气溶性表面活性剂起泡性能的装置及其应用	中国石油大学（华东）	李兆敏，张超，李宾飞，等	2014-05-19	G01N33/00(2006.01)I
157	201410336291.1 审中－实审	一种乙氧基改性的烷基糖酰胺表面活性剂及制法	北京工商大学	韩富，武丽丽，周雅文，等	2014-07-15	B01F17/22(2006.01)I
158	201410124438.0 审中－实审	一种高表达脂肽类生物表面活性剂的工程菌及其应用	清华大学	于慧敏，李煦，杨欢，等	2014-03-28	C12N1/21(2006.01)I

续表

编号	申请号/状态	名称	申请人	发明人	申请日	分类号
159	201410419616.2 审中－公开	一种阳离子型微泡钻井液用表面活性剂及其制备方法	中国石油化工集团公司 中石化中原石油工程有限公司钻井工程技术研究院	谢建宇，周亚贤，宋雅静，等	2014-08-22	C09K8/584(2006.01)I
160	201410333957.8 审中－实审	一种含糖酰胺基的四硅氧烷双子表面活性剂及制法	北京工商大学	韩富，武丽丽，周雅文，等	2014-07-15	B01F17/56(2006.01)I
161	201410213649.1 审中－实审	一种抗高温 Gemini 阳离子黏弹性表面活性剂及其合成方法	中国石油化工股份有限公司 中国石油化工股份有限公司江苏油田分公司	袁萍，虞建业，卢敏晖，马巍	2014-05-21	C09K8/74(2006.01)I
162	201410419917.5 审中－公开	一种阴离子型微泡钻井液用表面活性剂及其制备方法	中国石油化工集团公司 中石化中原石油工程有限公司钻井工程技术研究院	谢建宇，周亚贤，宋雅静，等	2014-08-22	C09K8/035(2006.01)I
163	201410654596.7 审中－实审	一种不含表面活性剂的吉非替尼药物组合物及其制备方法	成都新恒创药业有限公司	蒲洪，李长生，陈小宁，等	2014-11-17	A61K9/20(2006.01)I
164	201410271113.5 审中－实审	一种复合表面活性剂驱油体系及其制备方法、应用	林南平	林南平	2014-06-07	C09K8/584(2006.01)I
165	201410281725.2 审中－实审	谐振波作用下表面活性剂吸附性能测试实验装置及方法	中国石油大学（华东）	刘静，蒲春生，郑黎明，等	2014-06-23	G01N15/06(2006.01)I
166	201410454033.3 审中－实审	用于降解表面活性剂催化的臭氧催化剂及其制备和应用	上海纳米技术及应用国家工程研究中心有限公司	何丹农，董亚梅，万晓佳，等	2014-09-09	B01J23/14(2006.01)I
167	201410029018.4 审中－实审	含咪唑/苯并咪唑琥珀酸单酯表面活性剂及其制备方法	湖南师范大学	陈学伟	2014-01-22	B01F17/42(2006.01)I

续表

编号	申请号/状态	名 称	申请人	发明人	申请日	分类号
168	201410133158.6 审中－实审	一种无表面活性剂的铂纳米立方块催化剂及其制备方法	北京化工大学	卫敏，陈嘉乐，段雪	2014-04-03	B01J23/42(2006.01)I
169	201410173524.0 审中－实审	一种胆碱类离子液体表面活性剂及其制备方法	河南师范大学	宋世理，张丽婕，罗二凤，等	2014-04-28	B01F17/18(2006.01)I
170	201410658266.5 审中－公开	一种基于生物表面活性剂的环保型三次采油驱油剂	合肥学院	朱仁发，邵国泉，侯嫒瑛，等	2014-11-17	C09K8/584(2006.01)I
171	201410089532.7 审中－实审	一种 *N*- 脂肪酰基氨基酸钠表面活性剂及其制备方法	苏州大学	张雨青，伍敏晖，万良泽	2014-03-12	C07C233/47(2006.01)I
172	201410785451.0 审中－实审	一种植物油脂阴离子型高分子表面活性剂及其制备方法	中国林业科学研究院林产化学工业研究所	刘鹤，黄旭娟，王爱婷，等	2014-12-16	C08G65/22(2006.01)I
173	201410452267.4 审中－实审	一种快速高效的生物表面活性剂产生菌的筛选方法	中国石油化工股份有限公司 中国石油化工股份有限公司江苏油田分公司	林晶晶，姚峰，王彪，等	2014-09-09	C12N1/20(2006.01)I
174	201410333942.1 审中－实审	一种含糖酰胺基的三硅氧烷双子表面活性剂及制法	北京工商大学	韩富，武丽丽，周雅文，等	2014-07-15	B01F17/54(2006.01)I
175	201410532922.7 审中－实审	石油降解菌群与表面活性剂联合降解水中脱水原油的方法	浙江大学	赵和平，孟帆，温丽莲，等	2014-10-10	B09C1/10(2006.01)I
176	201410740544.1 审中－实审	一种无表面活性剂的多用途果蔬餐具清洗剂及其制作方法	王先军	王先军	2014-12-09	C11D7/60(2006.01)I
177	201410671111.5 审中－实审	表面活性剂辅助原位共沉淀制备核壳结构纳米粉体的方法	中国计量学院	张景基，王疆瑛，姬卢东，等	2014-11-21	C04B35/468(2006.01)I

续表

编号	申请号/状态	名 称	申请人	发明人	申请日	分类号
178	201410195788.6 审中－实审	一种腰果酚基非离子型双子表面活性剂及其合成方法	江南大学	胡学一，李涛，陈泽阳，等	2014-05-12	B01F17/52(2006.01)I
179	201410803809.8 审中－实审	表面活性剂作用下的单晶硅全晶面刻蚀速率的获取方法	东南大学	幸研，张辉	2014-12-22	G06F17/50(2006.01)I
180	201420014790.4 有权	一种表面活性剂恒温箱	惠州市泰和化工有限公司	陈海东	2014-01-09	B65D81/18(2006.01)I
181	201410271114.X 审中－实审	一种无碱低渗透表面活性剂驱油体系及其制备方法、应用	林南平	林南平	2014-06-07	C09K8/584(2006.01)I
182	201410524699.1 审中－实审 著录变更	一种针对非离子表面活性剂废水的预处理方法	浙江卓锦工程技术有限公司	杨尚源，刘新辉，刘磊，等	2014-10-08	C02F9/06(2006.01)I
183	201410211268.X 审中－实审	一种新型的产生物表面活性剂海水发酵型菌株	盐城师范学院	张祥胜，张飞，苗丽平，等	2014-05-16	C12N1/20(2006.01)I
184	201410851210.1 审中－实审	一种含全氟壬烯基的季铵盐表面活性剂的制备方法	东莞市长安东阳光铝业研发有限公司	肖琪，梁任龙，冯海兵，等	2014-12-29	C07C303/40(2006.01)I
185	201410148800.8 审中－实审	一种 IAEO-AA-SMAS 三元共聚物表面活性剂及其制备方法和应用	陕西科技大学	张昌辉，李丹，李强	2014-04-14	C08F222/20(2006.01)I
186	201410424798.2 审中－实审	表面活性剂催化剂处理垃圾渗滤液中高浓度氨氮装置	常州大学	赵远	2014-08-26	C02F9/08(2006.01)I
187	201410580516.8 审中－实审	一种不含表面活性剂的盐酸厄洛替尼药物组合物	成都新恒创药业有限公司	蒲洪，黄汉伟，徐杰，等	2014-10-27	A61K9/20(2006.01)I

续表

编号	申请号/状态	名称	申请人	发明人	申请日	分类号
188	201410318403.0 审中－实审	烷基糖苷表面活性剂产品组分的凝胶过滤色谱分析方法	中国日用化学工业研究院	张军，杨秀全，白亮，周媛	2014-07-07	G01N30/02(2006.01)I
189	201410201886.6 审中－实审	一种添加非离子表面活性剂促进黄铜矿生物浸出的方法	东北大学	魏德洲，张瑞洋，刘文刚，等	2014-05-14	C22B3/18(2006.01)I
190	201410425533.4 审中－实审	表面活性剂处理稀土废水中高浓度氨氮装置	常州大学	赵远	2014-08-26	C02F9/10(2006.01)I
191	201410012744.5 审中－公开	一种油脂基氨基酸盐系列表面活性剂的制备方法	石家庄菠莉亚日用化工有限公司	刘雪玲，崔静，高扬	2014-01-13	C07C231/02(2006.01)I
192	201410599220.0 审中－实审	一种壬基酚聚氧乙烯醚硫酸盐表面活性剂的生产工艺	中国日用化学工业研究院	杨效益，李全红，郭朝华，等	2014-10-30	C07C305/10(2006.01)I
193	201410639829.6 审中－实审	一种添加表面活性剂进行改性的活性炭滤料及其制备方法	蚌埠德美过滤技术有限公司	孙夕雨	2014-11-13	B01J20/20(2006.01)I
194	201410407625.X 审中－实审	一种中药与表面活性剂复配的电热蚊香液及制备方法	中山市品汇创新专利技术开发有限公司	庄云皓，庄可香，魏国营	2014-08-18	A01N65/40(2009.01)I
195	201410083943.5 有权	用于提高凝析气藏采收率的长效混合氟碳表面活性剂处理剂及其应用	中国石油大学（华东）	王彦玲，金家锋，蒋官澄	2014-03-07	C09K8/584(2006.01)I
196	201410127720.4 审中－实审	一种表面活性剂增溶结合微波辐照技术修复多溴联苯醚污染土壤的方法	江苏大学	叶丹，解清杰，沈彬	2014-04-01	B09C1/08(2006.01)I
197	201410175852.4 审中－实审	一种利用表面活性剂形成的水基泡沫去除土壤中重金属离子的方法	山东大学	李英，路建	2014-04-28	B09C1/04(2006.01)I

续表

编号	申请号/状态	名 称	申请人	发明人	申请日	分类号
198	201410100730.9 审中－实审	一种磺丙基甜菜碱型两性离子碳氟 Gemini 表面活性剂及其制备方法	山东大学	王明刚，李传龙，谭业邦，等	2014-03-18	B01F17/38(2006.01)I
199	201410729466.5 审中－实审	一种油井可回收双子表面活性剂类水基压裂液及其制备方法	中国石油集团川庆钻探工程有限公司长庆井下技术作业公司	陈亚联，廖乐军，韩文哲，等	2014-12-04	C09K8/68(2006.01)I
200	201410090524.4 审中－实审	一种表面活性剂自吸复合页岩水力压裂液及其制备方法与应用	中国石油大学（华东）	王彦玲，白宝君，金家锋，等	2014-03-12	C09K8/68(2006.01)I
201	201410790765.X 审中－公开	一种 CO_2/N_2－光双重刺激响应型表面活性剂及其合成方法	江南大学	蒋建中，马宇萱，崔正刚	2014-12-17	C07C245/08(2006.01)I
202	201410235682.4 审中－实审	醇醚三乙醇胺盐溶液和适用于婴幼儿洗护用品的表面活性剂及其制备方法	湖南丽臣奥威实业有限公司	滕斯军，申元龙，肖红霞，等	2014-05-30	A61K8/46(2006.01)I
203	201410466855.3 审中－实审	一种功能性聚合物表面活性剂强化甜菜碱复合驱体系及其应用	大连东方创新科技有限公司	刘春德	2014-09-12	C09K8/584(2006.01)I
204	201410326622.3 审中－实审	一种木质素基阴阳离子型高分子表面活性剂及其制备方法	华南理工大学	邱学青，周明松，王文利，等	2014-07-09	B01F17/50(2006.01)I
205	201410514585.9 审中－实审	一种无盐阴／阳离子表面活性剂稳定的黏弹性乳液及其制备方法	山东大学	郝京诚，李洪光，张娜，等	2014-09-29	B01F3/08(2006.01)I
206	201410466488.7 审中－实审	一种嵌段共聚物强化甜菜碱表面活性剂复合驱体系及其应用	大连东方创新科技有限公司	刘春德	2014-09-12	C09K8/584(2006.01)I
207	201410147663.6 审中－实审	一种有机碱／表面活性剂二元复合驱油体系及其制备方法与应用	中国石油大学（华东）	王增宝，赵修太，等	2014-04-14	C09K8/584(2006.01)I

续表

编号	申请号/状态	名 称	申请人	发明人	申请日	分类号
208	201410401989.7 审中－实审	脂肪胺聚氧乙烯醚二乙基双磺酸盐表面活性剂及其制备方法	中国地质大学（北京）	由庆，戴彩丽，赵健慧，等	2014-08-15	B01F17/04(2006.01)I
209	201410102187.6 审中－实审	一种含有机硅表面活性剂的代森锰锌类可湿性粉剂及其制备方法	桂林集琦生化有限公司 郭正 陈铖	郭正，陈铖	2014-03-19	A01N47/14(2006.01)I
210	201410097019.2 审中－实审	一种双子型聚氧乙烯醚三硅氧烷表面活性剂及其制备方法	五邑大学	陈耀彬，罗儒显，姜少华，等	2014-03-18	B01F17/54(2006.01)I
211	201410477211.4 审中－实审	Gemini 表面活性剂改性蒙脱土磷酸化菜籽油阻燃加脂剂的制备方法	陕西科技大学	吕斌，王泓棣，马建中，等	2014-09-18	C14C9/02(2006.01)I
212	201410412619.3 审中－实审	一种纳米介孔材料／表面活性剂型复合抗静电剂及其制备方法和应用	复旦大学	唐萍，李锐，邢士理	2014-08-20	C08K9/12(2006.01)I
213	201410092305.X 审中－实审	1,2-二（2-醇醚亚甲基咪唑啉基）乙烷表面活性剂及其制备方法	陕西省石油化工研究设计院	刘彦锋，刘世川，任海晶，等	2014-03-13	B01F17/42(2006.01)I
214	201410057346.5 审中－实审	一种表面活性剂协同微波－超声波提取枳椇子总黄酮的方法	武汉工程大学	吕萌，黎莉	2014-02-20	A61K36/72(2006.01)I
215	201410613364.7 审中－实审	琥珀酸酯磺酸化 $C_{16/18}$ 醇表面活性剂及其制备方法	陕西科技大学	吕斌，段徐宾，高党鸽，等	2014-11-05	C14C9/02(2006.01)I
216	201410528474.3 审中－实审	阳离子型表面活性剂强化单线态氧降解水中磺胺类抗生素的方法	大连理工大学	乔显亮，周菲，陈景文	2014-10-08	C02F1/30(2006.01)I
217	201410313607.5 审中－实审	一种处理低浓度含盐有机废水并回收其中离子型表面活性剂的方法	厦门紫金矿冶技术有限公司	陈启斌，黄怀国，张卿，等	2014-07-02	C02F9/04(2006.01)I

续表

编号	申请号/状态	名 称	申请人	发明人	申请日	分类号
218	201410155855.1 审中－实审	用于模拟含水层中DNAPL污染物的表面活性剂强化修复过程的实验装置及方法	中国环境科学研究院	伍斌，李慧颖，杨宾，等	2014-04-17	G01N13/00(2006.01)I
219	201410056185.8 有权	一种能恢复皮肤微生态的非离子表面活性剂囊泡及其制备方法	珀莱雅化妆品股份有限公司	蒋丽刚，毕永贤	2014-02-19	A61K8/97(2006.01)I
220	201410763719.0 审中－实审	一种酰胺型双羟丙基磺基甜菜碱表面活性剂及其制备方法和应用	江南大学	刘学民，余潇潇，王敬文，等	2014-12-11	B01F17/18(2006.01)I
221	201410572525.2 审中－实审	回收胶团强化超滤浓缩液中表面活性剂和重金属离子的方法	兰州交通大学	赵保卫，李瑞瑞，许仁智	2014-10-23	C02F1/62(2006.01)I
222	201410439238.4 审中－实审	一种利用经非离子型表面活性剂处理的真菌修复铀(VI)污染水体的方法	南华大学	谭倪，陈芳，杨司坤，等	2014-09-01	C02F3/34(2006.01)I
223	201410134153.5 审中－实审	用作表面活性剂的含氨基双膦酸盐修饰Brij化合物及其制备方法	西南交通大学	晏为力，张家彬，刘新荣	2014-04-03	C08G65/00(2006.01)I
224	201410452567.2 审中－实审	一种具有Gemini表面活性剂结构的非离子型自乳化水性环氧固化剂及其制备方法	广州秀珀化工股份有限公司	高南，马超，张虎	2014-09-05	C08G59/64(2006.01)I
225	201410108784.X 有权	一种光控开关型TiO_2纳米颗粒表面活性剂及制备方法	西南交通大学	孟涛，张青，郭婷，等	2014-03-21	C09C1/36(2006.01)I
226	201410634564.0 审中－实审	一种包载两种表面活性剂的抗肿瘤耐药的纳米递释系统及其制备方法	中国人民解放军第二军医大学	高申，王晓宇，张玮，等	2014-11-12	A61K9/19(2006.01)I

续表

编号	申请号/状态	名称	申请人	发明人	申请日	分类号
227	201420869978.7 有权	一种表面活性剂废水的处理装置	上海发凯化工有限公司 上海明诺环境科技有限公司	杨春光，董万田，姚学柱，等	2014-12-31	C02F9/14(2006.01)I
228	201410812841.2 审中－实审	一种水泥混凝土构建物固相填充料表面活性剂及其制造、使用方法	熊　敏	熊　敏	2014-12-24	C04B24/12(2006.01)I
229	201410111152.9 审中－实审	耐盐耐乙醇耐蛋白酶及耐表面活性剂的外切菊粉酶及其基因、载体、菌株	云南师范大学	黄遵锡，周峻沛，张蕊，等	2014-06-06	C12N9/24(2006.01)I
230	201410784952.7 审中－实审	一种纤维素接枝环氧植物油脂阴离子型高分子表面活性剂及其制备方法	中国林业科学研究院林产化学工业研究所	刘鹤，黄旭娟，王爱婷，等	2014-12-16	C08B15/00(2006.01)I
231	201410206587.1 审中－实审	一种由表面活性剂 CTAB 辅助合成的 YPO_4 纳米颗粒及其制备方法	陕西科技大学	刘运，李朋，郭雅欣，等	2014-05-15	C01B25/37(2006.01)I
232	201410221136.5 审中－实审	一种用于低渗透砂岩铀矿地浸采铀的复合型表面活性剂的制备方法	南华大学	谭凯旋，刘江，王艳龙，等	2014-05-23	C09K8/86(2006.01)I
233	201410649505.0 审中－实审	一类用于多晶硅制绒的表面活性剂复配物，含该复配物的制绒液及制绒方法	大连理工大学	乔卫红，熊展瑜，侯军	2014-11-14	C30B33/10(2006.01)I
234	201420672659.7 有权	非离子表面活性剂浊点测试仪	江苏新淮河医药科技有限公司	唐鹏飞，李亚夫，易思利	2014-11-12	G01N25/12(2006.01)I
235	201420718404.X 有权	一种脱墨剂表面活性剂混合添加设备	江西晨鸣纸业有限责任公司	陈洪国	2014-11-26	B01F15/02(2006.01)I

续表

编号	申请号/状态	名称	申请人	发明人	申请日	分类号
236	201410002673.0 审中 – 实审	一种以 CTAB 为表面活性剂制备油溶性纳米二氧化铈荧光粉的方法	东华大学	周兴平，郑学双	2014–01–03	C01F17/00(2006.01)I
237	201410415569.4 审中 – 实审	基于电镀液中表面活性剂浓度控制氧化亚铜半导体导电类型的方法	西北大学	杨鹰，韩娟，宁晓辉，等	2014–08–22	C25D7/12(2006.01)I
238	201410840862.5 审中 – 实审	一种用于水基金属加工液的多功能环保型硼酸酯表面活性剂及其制备方法	韶关市广化科技有限公司 暨南大学韶关研究院 东莞暨南大学研究院	杨长岭，蔡智奇，蒋宝衡，等	2014–12–30	C10M139/00(2006.01)I
239	201420244425.2 有权	一种表面活性剂极性的检测装置	大连海事大学	周航，孙润哲，宋永欣	2014–05–13	G01N27/60(2006.01)I
240	201420161700.4 有权	一种表面活性剂混合分散装置	广州艾科化学有限公司	李红领，陆卫忠，杨志勇	2014–04–04	B01F7/18(2006.01)I
241	201410451419.9 审中 – 实审	含 4– 硝基苯肼基缩对羧基苯甲醛聚乙二醇 400 月桂酸酯表面活性剂的电解液及制备方法	桂林理工大学	刘峥，谢思维，张菁，等	2014–09–07	H01M10/26(2006.01)I
242	201410451418.4 审中 – 实审	含有苯肼缩对羧基苯甲醛聚乙二醇 400 月桂酸酯表面活性剂的电解液及其制备方法	桂林理工大学	刘峥，谢思维，张菁，等	2014–09–07	H01M10/26(2006.01)I
243	201410749093.8 审中 – 实审	二氧化碳开关型表面活性剂存在下尺寸可控纳米金的制备方法及在电化学传感器中的应用	江南大学	刘俊康，李在均，张娟娟	2014–12–09	G01N27/26(2006.01)I
244	201410368738.3 审中 – 实审	一种 1,3– 二取代马来酰亚胺化合物及其作为表面活性剂临界胶束浓度荧光探针的应用	南方医科大学	朱秋华，刘叔文	2014–07–30	C07D207/456(2006.01)I

续表

编号	申请号/状态	名 称	申请人	发明人	申请日	分类号
245	201420687474.3 有权	一种利用生物表面活性剂生产化妆品乳化剂的系统	合肥学院	朱仁发，邵国泉，王旭，等	2014-11-17	A61K8/06(2006.01)I
246	201420275765.1 有权	一种小型一体化表面活性剂废水治理装置	南京绿岛环境工程有限公司	李家祥，江葱，张勇	2014-05-28	C02F9/04(2006.01)I
247	201420025304.9 有权	利用海水进行发酵生产表面活性剂的简易生物反应器	盐城师范学院	张祥胜，张飞，张立洁，等	2014-01-09	C12M1/12(2006.01)I
248	201420685592.0 有权	一种化妆品、食品、化工以及农业用生物表面活性剂的发酵釜	高忠青	高忠青	2014-11-14	C12M1/34(2006.01)I
249	201410758296.3 审中－实审	一种弱酸性高透明皂及其制备方法	无限极（中国）有限公司	吴志韵，邹士玉，马忠华	2014-12-12	C11D1/37(2006.01)I
250	201410570638.9 审中－实审	一种同时去除水中铬酸根和三氯乙烯的方法	兰州交通大学	赵保卫，李玮，王璐	2014-10-23	C02F1/44(2006.01)I
251	201410178082.9 审中－公开	一种计算机硬盘盘基片的精抛光液	杰明纳微电子股份有限公司 李维民	李维民，陈杏辉	2014-04-29	C09G1/02(2006.01)I
252	201410002100.8 审中－实审	环氧丙烷专用泡沫灭火剂	江苏锁龙消防科技有限公司 中国船舶重工集团公司第七二六研究所	潘德顺，徐友萍	2014-01-03	A62D1/04(2006.01)I
253	201410172616.7 审中－公开	一种塑料餐具洗洁精及其制备方法	天津天狮生物发展有限公司	胡建刚，张嘉美	2014-04-25	C11D1/86(2006.01)I
254	201410689976.4 审中－实审	一种钢碳表面的水基清洗剂	成都川硬合金材料有限责任公司	周保华	2014-11-26	C23G1/00(2006.01)I

续表

编号	申请号/状态	名称	申请人	发明人	申请日	分类号
255	201410022535.9 审中－公开	聚乙烯系树脂发泡片	积水化成品工业株式会社 日本电气硝子株式会社	阿南伸一，落合哲也，植田晃司，等	2014-01-17	C08L23/06(2006.01)I
256	201410162138.1 审中－实审	甲基磺草酮专用助剂以及由其配制的可分散油悬浮剂	南京太化化工有限公司	张家斌，洪宗阳，黄树华	2014-04-22	A01N25/30(2006.01)I
257	201410518937.8 审中－公开	一种铝合金表面防锈清洗剂组合物	刘方旭	刘方旭	2014-10-06	C23G5/036(2006.01)I
258	201410229256.X 审中－公开	基于葡萄糖烷基糖苷的废纸脱墨分离剂	南京恩泽维生物技术有限公司	李治，魏建军	2014-05-28	C09D9/04(2006.01)I
259	201410159120.6 审中－公开	一种具有多种组合体系的脱墨分离剂	常熟西西材料科技有限公司	李　治	2014-04-21	C09D9/04(2006.01)I
260	201410246492.2 审中－实审	一种配制高屈服值油基钻井液用有机土及其制备方法	浙江丰虹新材料股份有限公司	宋海明，李静静，林鸿福，等	2014-06-05	C09K8/035(2006.01)I
261	201410650537.2 审中－实审	化妆品、食品、化工及农业用生物表活剂微乳液生产系统	程叶红	程叶红	2014-11-14	C12M1/34(2006.01)I
262	201410197561.5 审中－实审	一种耐盐抗高温型三次采油用驱油剂	青岛蓬勃石油技术服务有限公司	李祥国	2014-05-12	C09K8/584(2006.01)I
263	201410095718.3 审中－实审	一种用于油田开发的发泡剂	长江大学	任朝华	2014-03-14	C09K8/03(2006.01)I
264	201410321646.X 审中－实审	一种具有除果蜡功效的果蔬清洗剂及其制备方法	广州立白企业集团有限公司	张龙秋，沈兵，张利萍，等	2014-07-04	C11D1/94(2006.01)I

续表

编号	申请号/状态	名 称	申请人	发明人	申请日	分类号
265	201410071540.9 审中－实审	一种温和安全的洗衣液	刘　菊	刘　菊	2014-02-28	C11D1/83(2006.01)I
266	201410518940.X 审中－公开	一种钢铁表面冲压油水基清洗液	刘方旭	刘方旭	2014-10-06	C23G1/26(2006.01)I
267	201410295626.X 审中－实审	图像记录方法、成套墨和成套墨的制备方法	佳能株式会社	田谷彰大，寺田匡宏，河村英孝，等	2014-06-26	B41M5/00(2006.01)I
268	201410689975.X 审中－实审	一种铝表面的水基清洗剂	成都川硬合金材料有限责任公司	周保华	2014-11-26	C23G1/00(2006.01)I
269	201410690099.2 审中－实审	一种铜表面的水基清洗剂	成都川硬合金材料有限责任公司	周保华	2014-11-26	C23G1/00(2006.01)I
270	201410689978.3 审中－实审	一种锌表面的水基清洗剂	成都川硬合金材料有限责任公司	周保华	2014-11-26	C23G1/26(2006.01)I
271	201410143205.5 审中－实审	可储存式水性冷拌乳化沥青混合料及制备方法	大连市政设施修建总公司	权惠文，丁银萍，徐广忠，等	2014-04-11	C04B26/26(2006.01)I
272	201410059277.1 审中－实审	喷墨用油墨组和记录装置	精工爱普生株式会社	向井启，水谷启，新原俊广，等	2014-02-21	C09D11/54(2014.01)I
273	201410071810.6 审中－实审	一种氯氰菊酯水基型微乳剂的合成方法	江苏省激素研究所股份有限公司	孔繁蕾，张旺庚，丁武松	2014-02-28	A01N25/04(2006.01)I
274	201410073227.9 审中－实审	一种氯氰菊酯生物型微乳剂的合成方法	江苏省激素研究所股份有限公司	孔繁蕾，张旺庚，丁武松	2014-02-28	A01N53/08(2006.01)I
275	201410071989.5 审中－实审	一种氯氰菊酯诱致型微乳剂的合成方法	江苏省激素研究所股份有限公司	孔繁蕾，张旺庚，丁武松	2014-02-28	A01N53/08(2006.01)I

续表

编号	申请号/状态	名 称	申请人	发明人	申请日	分类号
276	201410412772.6 审中－实审	低氟环保型水成膜泡沫灭火剂及其制备方法	中国科学技术大学先进技术研究院	盛友杰，赵传文，陆守香	2014-08-20	A62D1/04(2006.01)I
277	201410236007.3 审中－实审	发泡剂及其应用	李剑鸣	李剑鸣，陈俊丞	2014-05-30	C11D17/00(2006.01)I
278	201410067446.6 审中－实审	一种用于 CO_2 驱油中封堵气窜的起泡剂	中国石油化工股份有限公司 中国石油化工股份有限公司华北分公司工程技术研究院	李克智，罗懿，张永刚，等	2014-02-26	C09K8/594(2006.01)I
279	201410328097.9 审中－实审	一种用于测定高密度脂蛋白胆固醇的试剂盒	深圳市新产业生物医学工程股份有限公司	袁锦云，时敏，韦锐，等	2014-07-10	G01N33/92(2006.01)I
280	201410785651.6 审中－实审	一种抗甲醇、抗凝析油、抗高矿化度的泡沫排水剂	中国石油天然气股份有限公司	刘毅，郭自新，吕亚博，等	2014-12-18	C09K8/584(2006.01)I
281	201410689974.5 审中－实审	一种镁铝合金表面的水基清洗剂	成都川硬合金材料有限责任公司	周保华	2014-11-26	C23G1/00(2006.01)I
282	201410459860.1 审中－实审	电极保护膜用组合物、电极保护膜、电子装置及液晶显示组件	奇美实业股份有限公司	蔡宗沛	2014-09-11	C09J183/04(2006.01)I
283	201410208609.8 审中－实审	一种黏弹性酸化液及其制备方法	中联煤层气有限责任公司 成都理工大学	吴建光，冯文光，张平，等	2014-05-16	C09K8/74(2006.01)I
284	201410250615.X 审中－实审	土体稳定剂	包宗义	包宗义	2014-06-09	C09K17/40(2006.01)I
285	201410002935.3 审中－实审	耐海水高倍数泡沫灭火剂	江苏锁龙消防科技有限公司	潘德顺，徐友萍	2014-01-03	A62D1/04(2006.01)I

续表

编号	申请号/状态	名 称	申请人	发明人	申请日	分类号
286	201410069985.3 审中－实审	一种环保型污油处理剂	陕西省石油化工研究设计院	李俊华，王佳，张建国，等	2014–02–28	C10G33/00(2006.01)I
287	201410604672.3 审中－实审	一种笔舌润湿处理溶液及其使用方法	杭州东方表面技术有限公司	郭伟荣，项昕	2014–11–03	C08J7/00(2006.01)I
288	201410465439.1 审中－实审	一种透明无硅油洗发组合物及其制备方法	广州市天吻娇颜化妆品有限公司	刘伟成，梁高卫，吴培诚，等	2014–09–12	A61K8/92(2006.01)I
289	201410543687.3 审中－实审	一种治理粉尘用润湿型抑尘剂	北京华扬怡和科技有限公司	吴枫	2014–10–15	C09K3/22(2006.01)I
290	201480001869.6 审中－实审	涂料组合物	关西涂料株式会社	松浦千里，児岛敬	2014–01–21	C09D201/06(2006.01)I
291	201410793356.5 审中－公开	一种安塞曲匹纳米乳及其制备方法	长沙佰顺生物科技有限公司	不公告发明人	2014–12–20	A61K9/107(2006.01)I
292	201410574838.1 审中－实审	缓冲氧化腐蚀液制备方法	江阴市化学试剂厂有限公司	朱祥龙	2014–10–25	C09K13/00(2006.01)I
293	201410504011.3 审中－实审	消毒洗洁组合物及其制备方法	李建华	李建华，唐凯亮	2014–09–28	C11D1/83(2006.01)I
294	201410779979.7 审中－实审	一种油水两溶性金刚石研磨膏及其制备方法	郑州磨料磨具磨削研究所有限公司	达朝鸿，王丽萍，王志强	2014–12–17	C09K3/14(2006.01)I
295	201410443010.2 审中－实审	一种瓦斯泵专用防腐剂	贾高锋	贾高锋	2014–09–03	C23F11/00(2006.01)I
296	201410556363.3 审中－实审	一种芝麻油中凝絮物脱除方法	河南工业大学	汪学德，黄维，任勇	2014–10–20	C11B3/02(2006.01)I

续表

编号	申请号/状态	名 称	申请人	发明人	申请日	分类号
297	201410057468.4 审中－实审	一种低温脱脂清洗剂	苏州龙腾万里化工科技有限公司	杨伟帅	2014-02-20	C23G1/19(2006.01)I
298	201410499792.1 审中－实审	石墨烯的制备方法	深圳粤网节能技术服务有限公司	张麟德，张明东	2014-09-25	C01B31/04(2006.01)I
299	201410723876.9 审中－公开	一种土壤中苯并 [a] 芘的洗脱剂及其洗脱方法	东北林业大学	肖鹏飞	2014-12-03	C09K17/40(2006.01)I
300	201410718549.4 审中－公开	一种对黑土中农药滴滴涕的洗脱剂及其洗脱方法	东北林业大学	肖鹏飞	2014-12-01	B09C1/02(2006.01)I

2014 年相关行业论文发表情况统计

通过对 CNKI（中国知网）文献关键词“表面活性剂”的检索，2014 年全年发表相关论文数量总计 629 篇。对“表面活性剂”篇名进行检索，当年论文发表总计 807 篇。分别较 2013 年的 661 篇和 839 篇同比减少 4.84% 和 3.81%。

按照学科统计，有机化工 188 篇，同比增长 9.94%；化学 104 篇，同比减少 18.11%；石油天然气工业 88 篇，同比减少 14.56%；环境科学与资源利用 75 篇，同比减少 13.79%；轻工业手工业 39 篇，同比增加 18.18%。除此之外，无机化工 37 篇，材料科学 35 篇，一般化学工业 26 篇，矿业工程 17 篇，电力工业 17 篇，燃料化工 16 篇、生物学 12 篇，其他学科 97 篇（表 1，图 1 ~ 图 2 所示）。

表1　2014年国内“表面活性剂”论文发表学科统计

学科	数量/篇	2014年比例/%	数量/篇	2013年比例/%	同比增长/%
有机化工	188	29.89	171	25.64	9.94
化学	104	16.53	127	19.04	−18.11
石油天然气工业	88	13.99	103	15.44	−14.56
环境科学与资源利用	75	11.92	87	13.04	−13.79
轻工业手工业	39	6.20	33	4.95	18.18
无机化工	37	5.88	38	5.70	−2.63
材料科学	35	5.56	56	8.40	−37.50
一般化学工业	26	4.13	29	4.35	−10.34
矿业工程	17	2.70	23	3.45	−26.09
电力工业	17	2.70	15	2.25	13.33
燃料化工	16	2.54	10	1.50	60.00
生物学	12	1.91	9	1.35	33.33
其他学科	97	15.42	111	16.64	−12.61

数据来源：表面活性剂和洗涤剂行业生产力促进中心编辑整理。

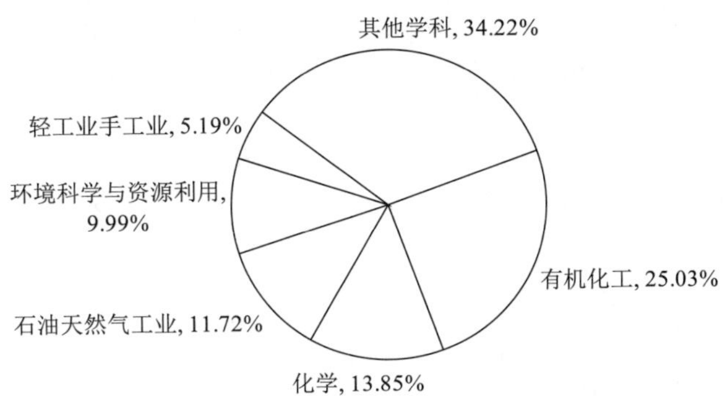

图 1　2014 年国内“表面活性剂”论文发表涉及学科内容统计

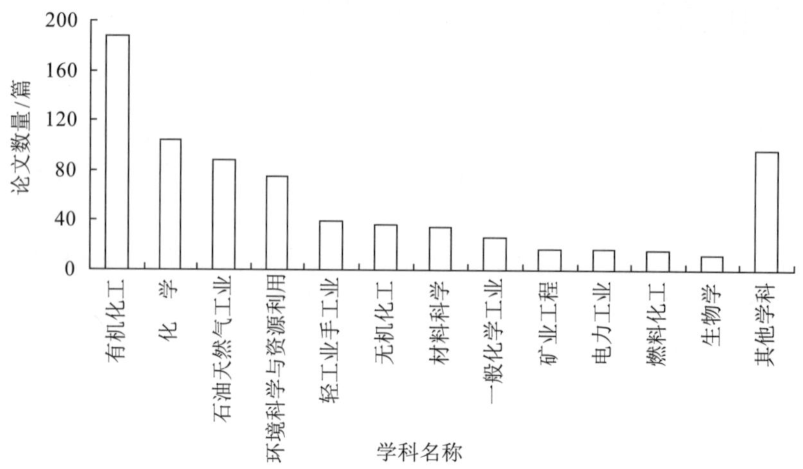

图 2　2014 年国内“表面活性剂”论文发表学科统计

按照发表机构数据统计，排名前十的分别是：陕西科技大学 18 篇、山东大学 17 篇、东北石油大学 15 篇、江南大学 14 篇、北京工商大学 14 篇、浙江大学 12 篇、华南理工大学 10 篇、苏州大学 9 篇、中国日用化学工业研究院 9 篇和西南石油大学 9 篇。排名前十机构发表论文合计 127 篇，占比 20.19%（表 2 所示）。

表2　2014年国内“表面活性剂”论文发表机构统计

编号	论文发表机构	数量/篇	比例/%
1	陕西科技大学	18	2.86
2	山东大学	17	2.70
3	东北石油大学	15	2.38
4	江南大学	14	2.23
5	北京工商大学	14	2.23
6	浙江大学	12	1.91
7	华南理工大学	10	1.59
8	苏州大学	9	1.43
9	中国日用化学工业研究院	9	1.43
10	西南石油大学	9	1.43
11	陕西师范大学	9	1.43
12	中国石油大学（华东）	8	1.27
13	湖南大学	8	1.27
14	北京科技大学	7	1.11
15	华东理工大学	7	1.11
16	太原理工大学	7	1.11

续表

编号	论文发表机构	数量/篇	比例/%
17	吉林大学	7	1.11
18	长江大学	6	0.95
19	河北工业大学	6	0.95
20	广州大学	6	0.95

按照基金类型统计，2014 年相关论文涉及国家自然科学基金论文有 152 篇，占比 24.17%，国家科技支撑计划 27 篇，占比 4.29%，863 计划项目论文 18 篇，占比 2.86%，973 计划项目基金论文 8 篇，占比 1.27%。地方科学基金项目合计 43 篇，占比 6.84%（表 3 所示和图 3 所示）。

表3　2014年国内“表面活性剂”论文发表基金项目统计

编号	论文发表涉及基金项目	数量/篇	比例/%
1	国家自然科学基金	152	24.17
2	国家科技支撑计划	27	4.29
3	国家高技术研究发展计划（863 计划）	18	2.86
4	国家重点基础研究发展计划（973 计划）	8	1.27
5	陕西省教委基金	6	0.95
6	跨世纪优秀人才培养计划	6	0.95
7	高等学校博士学科点专项科研基金	6	0.95
8	山东省自然科学基金	5	0.79
9	北京市优秀人才基金	4	0.64
10	教育部留学回国人员科研启动基金	4	0.64
11	江苏省自然科学基金	4	0.64
12	辽宁省教育厅高校科研基金	3	0.48
13	河北省自然科学基金	3	0.48
14	长江学者奖励计划	3	0.48
15	福建省自然科学基金	3	0.48
16	福建省教委科研基金	3	0.48
17	山西省科技攻关计划	3	0.48
18	北京市科技新星计划	3	0.48
19	陕西省自然科学基金	3	0.48
20	湖北省自然科学基金	3	0.48

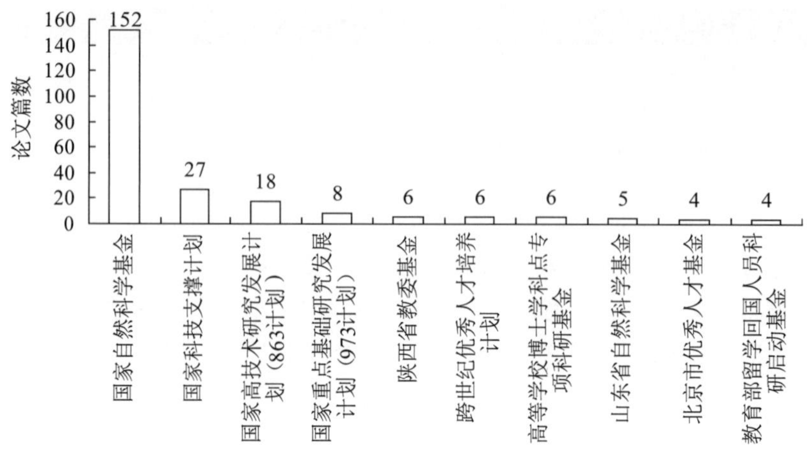

图 3 2014 年国内“表面活性剂”论文发表基金项目前十

按照文献来源统计，主要集中在期刊论文发表和学位论文，排名前五的分别是精细化工 19 篇，占比 3.02%；日用化学工业 17 篇，占比 2.70%，化工进展 14 篇，占比 2.23%，中国洗涤用品工业 11 篇，占比 1.75%，山东大学学位论文 11 篇，占比 1.75%（表 4）。

表4 2014年“表面活性剂”论文来源数据统计

编号	文献来源名称	数量/篇	比例/%
1	精细化工	19	3.02
2	日用化学工业	17	2.70
3	化工进展	14	2.23
4	中国洗涤用品工业	11	1.75
5	山东大学	11	1.75
6	日用化学品科学	9	1.43
7	广东化工	9	1.43
8	化工管理	7	1.11
9	油田化学	7	1.11
10	环境工程学报	6	0.95
11	应用化工	6	0.95
12	化工学报	6	0.95
13	印染助剂	6	0.95
14	浙江大学	6	0.95
15	大庆石油学院	6	0.95
16	材料导报	5	0.79
17	湖南大学	5	0.79

续表

编号	文献来源名称	数量/篇	比例/%
18	苏州大学	5	0.79
19	环境科学学报	5	0.79
20	化学工程与装备	5	0.79

2014 年“表面活性剂”关键词检索论文内容，主要集中在表面活性剂新产品开发、新应用，尤其是工业应用研究论文较多，表面活性剂在石油开采、环境治理等领域相关研究论文呈现较快增长，除此之外，有关表面活性剂的胶体理论研究也成为各高校发表论文主要集中方向。

附件一为 2014 年表面活性剂主题论文印证排名 Top 50。

附件一：2014 年主要行业论文摘要汇总（被印次数 Top 50）

新型含氟季铵盐表面活性剂的合成与表面性能

【作者】徐运欢、郑成、林璟、毛桃嫣、黄武欢、甘茵

【机构】广州大学精细化工研究所

【摘要】以 N- 甲基二乙醇胺（MDEA）和全氟己基乙基碘为主要原料，合成了一种新型的含氟季铵盐表面活性剂。通过单因素和正交实验，考察了溶剂、反应温度、反应物摩尔比、溶剂体积和反应时间对 MDEA 转化率的影响，探讨优化出最佳工艺条件：溶剂为正丁醇，反应温度 90℃，n（全氟己基乙基碘）:n（MDEA）= 2.5 : 1，溶剂体积为 8 mL，反应时间为 42 h，转化率达到 93.75%。通过傅里叶红外吸收光谱、质谱和核磁共振谱对目标产物进行表征，并通过测定其水溶液的表面张力研究了产物的表面活性。其临界胶束浓度（CMC）为 1.518 mmol/L，临界胶束浓度下的表面张力（γ_{CMC}）为 9.3 mN/m；单分子饱和吸附量、单分子饱和吸附面积和胶束化标准自由能分别为 0.354×10^{-10} mol/cm^2、4.69 nm^2 和 −26.03 kJ/mol。与同类产品相比较，产物具有优异的表面性能。

【关键词】含氟季铵盐；表面活性剂；N- 甲基二乙醇胺；表面张力；临界胶束浓度

【基金】国家自然科学基金（21303026）项目

表面活性剂驱乳化作用对提高采收率的影响

【作者】刘鹏、王业飞、张国萍、王桂杰、郭茂雷、陈庆国、程利民

【机构】中国石油大学（华东）石油工程学院；中国石化中原油田分公司采油工程技术研究院；中国石油辽河油田分公司茨榆坨采油厂

【摘要】表面活性剂驱是高温高盐油藏提高原油采收率的重要技术措施，但其乳化作用对提高采收率的影响并未受到足够重视。为了分析濮城油田高温高盐油藏表面活性剂驱乳化作用对提高采收率的影响，通过对表面活性剂降低油水界面张力的性能评价，优选出 2 种表面活性剂 YD-G1 和 SHY-1，用高矿化度的濮城油田现场注入水配制质量分数为 0.3% 的溶液，

将其放入 120℃恒温箱 30 d 后，油水界面张力仍能达到 10^{-3}mN/m 的超低数量级，表明 2 种表面活性剂均具有良好的耐温抗盐性能。将 2 种表面活性剂与濮城油田脱水脱气原油配制成乳状液，在同等质量分数下 YD–G1 乳状液的析水率低于 SHY–1，且液滴的平均粒径也更小，表明 YD–G1 溶液比 SHY–1 溶液的乳化能力强。驱油实验结果表明，YD–G1 溶液比 SHY–1 溶液的驱油效果更佳，表明乳化作用是提高采收率的关键因素之一。通过室内实验优化设计，确定 YD–G1 溶液的最佳注入量为 0.5 倍孔隙体积，最佳注入质量分数为 0.3%。

【关键词】高温高盐；表面活性剂驱；乳化作用；提高采收率；界面张力；驱油效果；

【基金】“泰山学者”建设工程项目（ts20070704）

基于丙二酰胺的不对称双子表面活性剂的合成及其乳化性能

【作者】陶明山、潘忠稳、罗世宏、薛伟、陈赓

【机构】安徽大学化学化工学院

【摘要】将二（3- 二甲氨基丙基）丙二酰胺分别与溴代十六烷和溴代十四烷反应，生成的季铵盐化产物经丙酮 - 乙腈重结晶，得到含丙二酰胺基的不对称阳离子双子（Gemini）表面活性剂（命名为 16–9–14），总收率为 45.9%（以溴代十六烷计）；利用红外光谱和核磁共振谱表征了合成产物的结构，采用电导法测定了其临界胶束浓度（CMC），采用滴体积法测定了其临界张力（γ_{CMC}），进而初步探讨了其发泡沫性能和乳化性能。结果表明，合成的 Gemini 表面活性剂的 CMC 为 1.57×10^{-4} mol/L，γ_{CMC} 为 38.45mN/m；其发泡性能和乳化性能优于相应的单子表面活性剂。

【关键词】丙二酰胺；不对称 Gemini 表面活性剂；合成；乳化性能

对称型双子表面活性剂的合成研究进展

【作者】侯宝峰、王业飞、刘宏刚、王桂杰

【机构】中国石油大学（华东）石油工程学院；克拉玛依市正诚有限公司；辽河油田分公司茨榆坨采油厂

【摘要】简要介绍了对称型双子表面活性剂的合成原理，包括极性头基加入法、疏水链加入法和联接链加入法；详细综述了各种对称型双子表面活性剂按照不同原理的合成路线，包括阳离子型双子表面活性剂、阴离子型双子表面活性剂、非离子型双子表面活性剂、两性离子型双子表面活性剂、具有特殊结构和功能的双子表面活性剂及多聚体等；简单总结了各种合成路线的优缺点，并对对称型双子表面活性剂的发展趋势和应用前景进行了展望。

【关键词】对称型双子表面活性剂；合成方法；特殊功能；研究进展

葡萄糖基双子表面活性剂的制备与表征

【作者】闫顺杰、杜斌斌、杜山山、杨宗锋、丁交通、牛瑞婷、曹丹妮、辛志荣

【机构】烟台大学化学化工学院

【摘要】以葡萄糖和烷基胺（正辛胺、十二胺、十六胺）为原料制备了一系列不同链长的糖基双子表面活性剂，以傅里叶红外光谱和核磁共振氢谱表征了产物的结构。采用悬滴法

和改进的 Ross–Miles 法对产物的表面张力、起泡性能进行了测试。结果表明，糖基双子表面活性剂可以将表面张力降低到 33.0 ~ 38.6 mN/m，其临界胶束浓度在 0.07 ~ 0.45 mmol/L 范围内；同时，产物具有良好的起泡性和稳泡性。这说明具有独特二聚结构的糖基双子表面活性剂有着更高的降低表面张力的能力和效率，表现出比传统线性表面活性剂优越的表面活性。

【关键词】双子表面活性剂；糖基表面活性剂；表面张力；吸附作用；起泡性

【基金】国家自然科学基金资助项目（50873084）；山东省自然科学基金资助项目（ZR2010BM029）

阴离子磺酸盐型 Gemini 表面活性剂与 PEO–PPO–PEO 嵌段共聚物相互作用的研究

【作者】王瑞娟、王毅琳

【机构】中国科学院化学研究所

【摘要】用差示扫描微量热、等温滴定微量量热、动态光散射和核磁共振（NOESY，弛豫时间）技术，研究了在 pH=9 时阴离子磺酸盐型 Gemini 表面活性剂 12–3–12$(SO_3)_2$ 与 PEO–PPO–PEO 嵌段共聚物 F_{127}（$EO_{97}PO_{69}EO_{97}$）和 P_{123}（$EO_{20}PO_{70}EO_{20}$）之间的相互作用。研究发现，随着 12–3–12$(SO_3)_2$ 浓度的增大，聚合物的临界胶束温度（CMT）降低。与传统的单链离子表面活性剂相比，12–3–12$(SO_3)_2$ 具有更强的降低共聚物 CMT 的能力。此外，在低于聚合物的 CMT 时，12–3–12$(SO_3)_2$ 与聚合物单体可以形成聚合物 / 表面活性剂胶束聚集体；在高于聚合物的 CMT 时，12–3–12$(SO_3)_2$ 的加入首先与聚合物单体和胶束的混合物或聚合物胶束形成聚合物 /12–3–12$(SO_3)_2$ 混合胶束，然后随着 12–3–12$(SO_3)_2$ 浓度的增大，混合胶束逐步解离为小的聚集体，但是，即使在很高的 12–3–12$(SO_3)_2$ 浓度时，混合胶束也未完全解离。

【关键词】Gemini 表面活性剂；嵌段共聚物；相互作用；差示扫描微量热；等温滴定微量量热

【基金】国家自然科学基金（Nos.21025313，21021003）资助

聚羧酸大分子表面活性剂的合成及其在模具石膏中的应用

【作者】毛玉成、胡学一、夏咏梅、徐泽跃、徐建华

【机构】江南大学化学与材料工程学院；江苏省陶瓷研究所有限公司

【摘要】以丙烯酸、丙烯酸甲酯、甲基丙烯磺酸钠和甲基烯基聚氧乙烯聚氧丙烯嵌段醚四种单体为原料，过硫酸铵为引发剂，合成聚羧酸大分子。实验结果表明，在 30℃下，聚羧酸大分子溶液浓度为 3.0% 时，其表面张力为 53.6 mN/m。聚羧酸大分子可以明显降低模具石膏的标准稠度，增加模具石膏的凝结时间。掺量为 0.5‰时，可以将模具石膏的标准稠度降低到 48%。掺量为 2.5‰时，模具凝结时间已经接近空白石膏的 2 倍。聚羧酸大分子对硫酸钙具有很好的增溶能力，40℃下，掺量为 20% 时，硫酸钙溶解度增加到空白石膏的 2 倍。

【关键词】表面活性剂；聚羧酸大分子；表面张力；模具石膏

以酯基为连接基的非离子双子表面活性剂的合成

【作者】巴红亮、陈永杰、李月、吴胜男、关瑾
【机构】沈阳化工大学应用化学学院

【摘要】以蓖麻油酸（RA）、聚乙二醇（600）为原料，马来酸酐为连接基，合成了一种新型的非离子双子表面活性剂 MARAPEG-15，考察了催化剂用量、物料摩尔配比、反应时间及温度对酸酐与蓖麻油酸聚乙二醇硼酸酯酯化的影响，并测定了产物的临界胶束浓度和表面张力。马来酸酐与蓖麻油酸聚乙二醇硼酸酯酯化较佳的工艺条件为：催化剂用量为总质量的 3%，n（酸酐）：n（蓖麻油酸聚乙二醇硼酸酯）为 3.1∶2，反应温度为 110 ℃，时间为 4 h；硼酸酯键水解时间为 1.5 h。产物的表面张力及其临界胶束浓度为 γ_{CMC} = 35.73 mN/m，CMC = 1.96 × 10^{-5} mol/L。

【关键词】非离子双子表面活性剂；蓖麻油酸；马来酸酐；聚乙二醇

土壤修复—腐植酸作为天然表面活性剂淋洗高度污染土壤

【作者】PellegrinoConte、AnnaAgretto、RiccardoSpaccini、AlessandroPiccolo
【机构】那不勒斯大学，土壤，植物与环境科学系；INCA 那不勒斯研究中心

【摘要】修复位于意大利北部的前 ACNA 化工厂（萨沃纳）附近的高污染场地是意大利的当务之急。文章目的是致力于寻找环境友好型的新技术用于修复 ACNA 污染场地的土壤。从 ACNA 场地获取质地和有机污染物数量和类型都不同的两种土壤样本 A 和 B，采用多种洗涤剂对两种土壤样本进行淋洗，比较这些洗涤剂去除土壤污染物的效率。实验采用的洗涤剂包括：水，两种合成表面活性剂：十二烷基硫酸钠（SDS）和 TritonX-100（TX100）和腐殖酸（HA）作为临界胶束浓度的天然表面活性剂溶液。在土壤样本淋洗前后分别采用超声处理和索氏法提取污染物。土壤 A 富含多环芳烃,而土壤 B 含有大量噻吩。处理细质土壤 B 时，超声处理具有更高的分析效率，处理粗质土壤 A，索氏法的处理效率处于正常水平。采用清水洗涤土壤不能完全从土壤中除去污染物，而用后几种方法除去污染物时，所有有机表面活性剂的效率基本相同（高达 90%）。因此，使用含天然腐殖酸的溶液淋洗高度污染的土壤似乎是一个更好的选择，因为含天然腐殖酸的溶液能够促进土壤中微生物的活性，而合成表面活性剂则相反，会使被淋洗过的土壤出现进一步的自然衰减。

【关键词】土壤修复；土壤洗涤；索氏；超声；污染土壤

表面活性剂辅助合成纳米氧化锌的研究进展

【作者】余花娃、樊慧庆、王晶、王欣、成鹏飞、严祥安
【机构】西北工业大学材料学院；西安工程大学理学院

【摘要】纳米 ZnO 以其独特的光学、电学、力学和磁学等方面的性能受到关注和重视。表面活性剂可以有效控制所合成 ZnO 纳米材料的形貌、结构和性能，因而广泛应用于制备 ZnO 纳米材料。介绍了表面活性剂的特性和分类，重点介绍了近年来不同表面活性剂辅助合成纳米 ZnO 的研究进展，展示了表面活性剂在纳米 ZnO 制备中的应用前景。

【关键词】纳米氧化锌；表面活性剂；合成
【基金】国家自然科学基金（51277138）；陕西省教育厅专项科研计划项目（2012JK0981）

季铵盐 Gemini 表面活性剂的合成研究进展

【作者】吴彬琳、何政、黄连根、翁景峥
【机构】福建师范大学材料科学与工程学院

【摘要】季铵盐 Gemini 表面活性剂是由两个单链单头基普通表面活性剂在离子头基处通过与氨基成键联接而成，这种特殊的结构使其具有比传统表面活性剂更优的性能。该文介绍了季铵盐 Gemini 表面活性剂的发展简史、结构特点，以及其合成的研究概况，以显示季铵盐 Gemini 表面活性剂的研究价值和实用价值。

【关键词】季铵盐；Gemini；表面活性剂；联接基团
【基金】福建师范大学校级大学生创新创业训练计划（cxxl-2013081）资助项目；福建省基金面上项目（2012J01196）资助项目；福建省教育厅 B 类（No.BJB12023）资助项目；广东省中山市项目（20123A235）资助项目

基于低质量浓度表面活性剂的复合驱效果评价

【作者】谢玉银、侯吉瑞、张建忠、谢东海、任飞、张玥
【机构】中国石油大学（北京）提高采收率研究院；中国石油三次采油重点实验室低渗油田提高采收率应用基础理论研究室；教育部油田开发重点实验室；中国石油大学（北京）石油工程学院

【摘要】以往为了达到超低界面张力，复合驱大多使用较高质量浓度的表面活性剂，通常为 1000 ~ 3000mg/L，不仅增加了成本且未必能取得好的驱油效果。为了探究低质量浓度表面活性剂的驱油效果，设计了低质量浓度表面活性剂的复合驱物理模拟实验。静态实验结果表明，在低质量浓度表面活性剂条件下，油水界面张力可达到 10^{-2}mN/m 数量级及以下，加碱后，界面张力更低；碱和表面活性剂都会对聚合物的黏度和黏弹性产生影响，碱在较高温度下会大幅度降低复合体系的黏度和黏弹性。驱油实验结果表明，与水驱相比，在所选择的低质量浓度表面活性剂驱油体系中，表面活性剂 - 聚合物二元复合驱和碱 - 表面活性剂 - 聚合物三元复合驱均可提高采收率 19.5% 以上，三元复合驱的驱油效果最好，提高采收率 21.8% 以上。这表明低质量浓度表面活性剂驱油体系驱油效果很好。

【关键词】低质量浓度；表面活性剂；化学复合驱；提高采收率；界面张力；黏度；黏弹性
【基金】国家自然科学基金“ASP 复合驱油藏油水界面张力变化规律及残余油启动机制研究”（51174216）

低泡电镀除油剂的表面活性剂筛选与配方优化

【作者】贾路航
【机构】上海喜赫精细化工有限公司

【摘要】电镀工业对金属表面进行电镀之前必须对金属表面进行除油工序，除油工序中使用的除油剂若泡沫过多则会影响生产过程的进行。本文所研究的除油剂是一种低泡

沫的水基金属除油剂，通过提高各种表面活性剂相互之间的协同增效作用，减少表面活性剂的用量来降低除油过程的泡沫，最终筛选出的适用于金属除油的表面活性剂最佳配比为 TX-10：MOA-5：FMES：LAB = 4：1：3：1。

【关键词】电镀；除油；低泡沫；协同增效

表面活性剂的性能与应用（Ⅰ）——表面活性剂的胶束及其应用

【作者】刘静伟、刘红芹、赵莉、邓奥、徐宝财

【机构】北京工商大学食品学院北京市食品风味化学重点实验室　食品添加剂与配料北京高校工程研究中心

【摘要】介绍了表面活性剂胶束的形成、结构及增溶作用。综述了胶束强化超滤技术的原理、主要影响因素及在废水处理领域中的应用，同时阐述了胶束催化的原理及其在有机反应中的应用研究进展。最后对胶束强化超滤技术和胶束催化的发展趋势进行了展望。

【关键词】表面活性剂；胶束；强化超滤；催化；应用

【基金】国家自然科学基金资助项目（21176004，20976003）；“十二五”国家科技支撑计划资助项目（2013BAC01B04）；国家 863 计划资助项目（2012AA021502）

光敏表面活性剂胶束体系的研究进展

【作者】郁丽程、陈洁、方波、吕婷阳、王进爽、金浩

【机构】华东理工大学化工学院流变学研究室

【摘要】综述了近年来光敏流变胶束体系的研究进展，包括光稀化体系、光凝胶体系和光流变可逆胶束体系及其流变特性。介绍了光敏胶束体系的形成原理。进一步对光敏胶束体系的相关研究和应用前景提出了建议和展望。

【关键词】表面活性剂；光稀化体系；光凝胶体系；光流变可逆体系

【基金】国家自然科学基金资助项目（21273072）

表面活性剂对水热合成纳米 $ZnWO_4$ ：Eu^{3+} 性能的影响

【作者】翟永清、李璇、李金航、李晓媛、王艳慧

【机构】河北大学化学与环境科学学院

【摘要】分别以乙二醇（EG）、丙三醇（Gly）、聚乙二醇 -10000（PEG-10000）和十二烷基磺酸钠（SDS）为表面活性剂，采用水热法制备了 $ZnWO_4$ ：Eu^{3+} 纳米棒，通过 X 射线粉末衍射仪、红外光谱、扫描电子显微镜和荧光分光光度计等分析表征了样品的物相结构、形貌和发光性能。结果表明：$ZnWO_4$ ：Eu^{3+} 红色荧光粉均为黑钨矿纯相；不同表面活性剂存在下所得样品颗粒基本呈短棒状，但长径比不同，Gly 存在下所得棒状颗粒的长径比较小，粒度分布比较均匀，而以 EG、PEG-10000 和 SDS 为表面活性剂所得样品的长径比略大，粒度分布不均匀；$ZnWO_4$ ：Eu^{3+} 荧光粉的主峰位于 616nm 处，归属于 Eu^{3+} 的 $5D^0 \rightarrow 7F^2$ 电偶极跃迁；添加不同的表面活性剂对荧光粉的激发峰和发射峰的强度影响很大，其强度大小顺序为：

IPEG–10000 > ISDS > IEG > IGly。

【关键词】$ZnWO_4$ ：Eu^{3+}；红色荧光粉；水热法；表面活性剂

【基金】国家自然科学基金（20675023）

混合表面活性剂 – 浊点萃取法测定沉积物中多环芳烃的含量

【作者】张权、陈文生、洪亮、褚洪潮

【机构】贵州师范大学贵州省山地环境信息系统与生态环境保护重点实验室；贵州师范大学分析测试中心

【摘要】以混合型表面活性剂（十二烷基硫酸钠（SDS）和对叔辛基苯基聚己二醇醚（T_X–114））为萃取剂，采用浊点萃取法萃取沉积物中的 15 种多环芳烃（PAHs），并利用 HPLC 技术测定 15 种 PAHs 的含量。实验结果表明，当混合型表面活性剂的加入量 3%（质量分数）、混合型表面活性剂中 SDS 含量 50%（体积分数）、Na_2SO_4 含量 8%（质量分数）、萃取温度 60℃、超声萃取时间 10 min 时，15 种 PAHs 的线性关系良好，r = 0.9989 ~ 0.9997，检出限 0.4~8.2 μg/L，加标回收率 71.22% ~ 97.36%，相对标准偏差 0.92% ~ 4.36%（n=6）。

【关键词】混合型表面活性剂；浊点萃取；多环芳烃；沉积物；高效液相色谱

【基金】贵州省科学技术基金项目（黔科合 J 字 LKS[2011]31 号）；贵阳市科技局项目（(2010）筑科工合同字 1–80）

表面活性剂改善稠油油藏水驱开发效果实验研究
——以东辛油田深层稠油油藏为例

【作者】李爱芬、任晓霞、江凯亮、王永政

【机构】中国石油大学（华东）石油工程学院

【摘要】针对深层稠油油藏原油黏度高、渗流阻力大、常规水驱效果差、水井注入压力高及注入能力低等现状，以东辛油田深层稠油油藏为例，在评价表面活性剂适应性的基础上，通过低界面张力活性体系室内岩心驱替实验，研究了界面张力、渗透率、注入量和注入速度 4 因素对表面活性剂改善水驱效果的影响。结果表明：使用的表面活性剂与研究区块的注入流体具有很好的配伍性，表现出较好的降低油水界面张力的能力，质量分数为 0.01% 的表面活性剂溶液与模拟油的界面张力在 70℃时最低可达 10^{-2} mN/m 数量级；一次水驱结束后注入表面活性剂溶液段塞，可降低注入压力，改善水驱开发效果，并且当油水界面张力越低、注入量越大、注入速度越低时，二次水驱降压效果越好，采收率提高幅度越大，降压率最高为 18.0%，采收率最大可提高 15.7%；在相同实验条件下，当气测渗透率由 $256.65\times10^{-3}\,\mu m^2$ 降至 $36.16\times10^{-3}\,\mu m^2$，注入 0.7 倍孔隙体积表面活性剂溶液后，二次水驱降压率由 17.1% 降至 10.0%，采收率提高幅度由 15.7% 降至 11.7%，说明当渗透率较低时，因渗流条件变差，导致表面活性剂改善水驱效果变差。

【关键词】界面张力；表面活性剂；稠油油藏；注入参数；渗透率；降压率；提高采收率

【基金】国家自然科学基金项目（51274226）

表面活性剂改性4A分子筛对Cr（Ⅵ）的吸附行为

【作者】吴文炳、林雅彬、陈建华
【机构】闽南师范大学化学与环境学院；福建省现代分离分析科学与技术重点实验室

【摘要】采用浸渍法对4A分子筛进行表面改性，通过引入阳离子表面活性剂，使4A分子筛表面附着季铵型阳离子，并与反离子Br^-形成“阴离子交换膜”，从而促使更多的Cr（Ⅵ）阴离子通过离子交换吸附到改性4A分子筛上，通过X-射线衍射（XRD）和傅里叶变换红外光谱（FTIR）对样品的物相结构和组成进行表征分析。研究表明，表面活性剂的类型和疏水碳氢链结构会影响4A分子筛的吸附能力，十八烷基三甲基溴化铵（OTAB）碳氢链长，在分子筛表面形成的双分子层密，对Cr（Ⅵ）的吸附量最大。采用准一级、准二级、Elovich和Bangham动力学模型对六价铬的吸附数据进行拟合，其中准一级动力学方程最符合十八烷基三甲基溴化铵改性分子筛的吸附行为。同时，分别从Langmuir和Redlich-Peterson等温吸附模型获得六价铬的最大吸附量为13.98 mg/g，且改性分子筛以均一表面吸附为主。

【关键词】六价铬；4A分子筛；表面活性剂；离子交换；动力学模型
【基金】国家自然科学基金资助项目（21076174）；福建省教育厅科技计划资助项目（JA12215）；漳州自然科学基金资助项目（ZZ2013J05）

聚醚接枝硅氧烷类表面活性剂的制备

【作者】吴浩杰、王玉林、周佳丽、陶晓红、陈剑君、蔡青青、胡晨洁、楼文雅
【机构】衢州学院化学与材料工程学院

【摘要】选用甲氧基封端的烯丙基聚醚进行接枝，在高效铂络合物催化剂作用下，通过无溶剂界面聚合，在氮气保护下进行硅氢加成反应制备聚醚接枝硅氧烷类表面活性剂。对催化剂用量、反应物配比、反应温度、反应时间对产物的表面张力影响进行了深入考察。结果表明，在m（聚醚）/m（硅）为2.5，催化剂用量为20滴（HMX-8用量的1%）、140℃下反应5 h所得聚醚改性硅氧烷表面活性剂性能最佳，其0.5%的水溶液的表面张力低至18.83 mN/m。

【关键词】烯丙基聚醚；七甲基三硅氧烷；表面活性剂；接枝
【基金】浙江省科技厅公益性项目（2013C31108，2013C33018）；国家级大学生创新创业训练计划项目（201311488005）；浙江省大学生科技创新活动计划（2013R427012，2014R427011）；衢州市科技计划项目（20111032，2013Y11）

高分子表面活性剂及其在油田中的应用

【作者】李智慧、张庆生、黄雪松、曹言光、朱诚身
【机构】中原油田采油工程技术研究院；中原油田普光分公司；郑州大学材料科学与工程学院

【摘要】表面活性剂是分子中带有性质不同的亲水基和疏水基的两亲结构化合物，是与乳化、增溶、分散、润湿、起泡等表界面现象有关的功能性精细化工产品。高分子表面活性

剂是由连接基团通过化学键将两个或多个单体表面活性剂连接在一起的性能优异的高分子化合物，本文介绍了其结构特征、功能特性、分类和应用情况。

【关键词】高分子表面活性剂；表面活性；胶束形态；油田化学剂

【基金】国家科技重大专项资助（2011ZX05017-003）

一种保留胶原天然结构的新型生物表面活性剂的性能表征

【作者】梁育松、刘文涛、李国英

【机构】四川大学皮革化学与工程教育部重点实验室；四川大学制革清洁技术国家工程实验室

【摘要】研究了一种保留胶原天然结构的生物表面活性剂的表面张力等基本物化性能。由红外光谱和凝胶电泳分析表明改性后的胶原仍保留天然胶原的三股螺旋结构，但相对分子质量相对于天然胶原稍有增加。改性胶原的临界胶束浓度（CMC）为 5.0×10^{-3}mg/mL，在CMC 时表面张力为 50.5mN/m，具有良好的表面活性。改性胶原的等电点由天然胶原的 7.06 下降到 5.26，具有水溶性。其变性温度比天然胶原提高了 7℃。原子力显微镜观察改性胶原仍具有天然胶原的纤维结构，但纤维直径略有增大。

【关键词】天然牛皮胶原；物化性能；表面张力；生物表面活性剂

【基金】国家自然科学基金资助项目（No.21276167）

阳离子表面活性剂在制革工业中的应用进

【作者】吕斌、王泓棣、马建中、高党鸽

【机构】陕西科技大学资源与环境学院；陕西科技大学教育部轻化工助剂化学与技术重点实验室

【摘要】介绍了阳离子表面活性剂的分类、性能特点及发展现状，综述了阳离子表面活性剂在皮革加工过程中浸水、浸酸、鞣制、复鞣、染色、加脂、涂饰等工序中的应用，对制革工业用阳离子表面活性剂的发展趋势进行了展望。

【关键词】阳离子表面活性剂；制革；应用

【基金】陕西省自然科学基础研究计划项目（2013JM2008）；陕西科技大学科技启动基金（BJ13-16）；陕西科技大学科研团队项目（TD12-03）

表面活性剂对超低渗透油藏渗流特征的影响

【作者】赵琳、王增林、吴雄军、何牛仔、肖淑明

【机构】中国石化胜利油田分公司博士后科研工作站；中国石化胜利油田分公司现河采油厂；中国石化胜利油田分公司；中国石化胜利石油工程有限公司钻井工艺研究院

【摘要】针对超低渗透岩心，通过宏观驱替实验研究不同界面张力的表面活性剂对单相启动压力、油水两相启动压力、相对渗透率曲线、降压效果及提高采收率效果的影响，分析表面活性剂对超低渗透油藏渗流规律的影响。研究结果表明，随驱替液界面张力的降低，单相启动压力明显降低。油水两相启动压力实验中，在油水两相相同流速比下，随界面张力的

降低，油水两相启动压力梯度逐渐降低，含水饱和度逐渐增大。从束缚水饱和度到残余油饱和度，随含水饱和度的增加，油水两相启动压力梯度先缓慢下降，后迅速下降。相渗曲线实验中，随表面活性剂质量分数的增加，油水两相渗流区增大，油相相对渗透率增大，残余油下水相相对渗透率增加，残余油饱和度降低，油气采收率升高，水相（端点以内）渗透率基本没有变化。表面活性剂段塞驱替实验中，岩心一次水驱后，注入表面活性剂可明显降低超低渗透岩心的注入压力、提高岩心采收率，且油水界面张力越低，降压效果越好，提高采收率幅度越大。

【关键词】超低渗透油藏；表面活性剂；界面张力；启动压力；相渗曲线；提高采收率

【基金】国家科技重大专项“低渗油气田储层保护技术”（2011ZX05022-004）

表面活性剂与加重材料相互作用对钻井液性能的影响

【作者】韩成、邱正松、黄凯文、魏安超、许发宾

【机构】中海石油（中国）有限公司湛江分公司；中国石油大学（华东）石油工程学院

【摘要】利用近红外透射/反射光扫描仪、Zeta电位仪、激光粒度仪和扫描电镜，分析了表面活性剂与重晶石和铁矿粉颗粒作用后颗粒的沉降速率、Zeta电位、粒度分布以及对金属表面磨损的影响，探讨了表面活性剂改善高密度钻井液流变性、沉降稳定性、润滑性的作用机理。实验结果表明，在质量分数为10%的重晶石或铁矿粉的悬浮液中，加入1%的非/阴离子复合表面活性剂，可使得重晶石和铁矿粉颗粒的沉降速率降低到不加表面活性剂时的0.6%～0.8%，Zeta电位降低70mV左右，平均粒径减小到不加表面活性剂时的69.4%和83.2%。非/阴离子复合表面活性剂可减轻重晶石高密度钻井液对金属表面的磨损，显著改善高密度钻井液的流变性和沉降稳定性。

【关键词】表面活性剂；加重剂；高密度钻井液；磨损；流变性；沉降稳定性

【基金】国家自然科学基金资助项目“海洋深水水基钻井液恒流变性调控的化学、物理方法研究”（51374233）；国家十二五科技重大专项子课题“海外典型油田厚盐岩层钻井液体系研究”（2011ZX05030-005-07）

松香基季铵盐型杂双子表面活性剂的合成及性能研究

【作者】王娟、王丹、商士斌、沈明贵、齐帆

【机构】中国林业科学研究院林产化学工业研究所；生物质化学利用国家工程实验室；国家林业局林产化学工程重点开放性实验室；江苏省生物质能源与材料重点实验室；中国林业科学研究院林业新技术研究所

【摘要】以脱氢枞酸为原料，经酰胺化、还原、季铵化反应制备了*N*, *N*, *N*′, *N*′-四甲基-*N*-去氢枞基-*N*′-十二烷基-二溴化-1, 3-丙二铵（V3）、*N*, *N*, *N*′, *N*′-四甲基-*N*-去氢枞基-*N*′-十二烷基-二溴化-1, 4-丁二铵（V4）、*N*, *N*, *N*′, *N*′-四甲基-*N*-去氢枞基-*N*′-十二烷基-二溴化-1, 5-戊二铵（V5）及*N*, *N*, *N*′, *N*′-四甲基-*N*-去氢枞基-*N*′-十二烷基-二溴化-1, 6-己二铵（V6）等4种松香基季铵盐型杂双子表面活性剂。通过FT-IR及1HNMR表征了产物的结构，并对该系列表面活性剂的表面张力（γ_{cmc}）和临界胶束浓度（CMC）、Krafft点、乳

化性能、泡沫性能等表面活性以及抑菌性能进行了研究。研究结果表明，该系列表面活性剂具有良好的表面性能及抑菌性能；CMC 分别为 3.32×10^{-5}、2.86×10^{-5}、2.54×10^{-5}、2.28×10^{-5}mol/L；γ_{cmc} 值分别为 24.7、26.5、28.9、32.3mN/m；Krafft 点分别为 12、17、20、23℃；松节油 / 水乳化体系中分出 10mL 水的时间分别为 42、45、53、48h；初始起泡高度分。

【关键词】松香；季铵盐；杂双子表面活性剂；表面性能；抑菌性能

【基金】“十二五”国家科技支撑计划资助（2012BAD32B10）

产表面活性剂石油降解菌株的筛选及鉴定

【作者】花莉、洛晶晶、胡阳阳、彭香玉、贾卫华

【机构】陕西科技大学资源与环境学院；国家林业局林产工业规划设计院

【摘要】从长期受油污的土壤中分离得到了 7 株降解石油类菌株，其编号分别为菌 2–1、菌 7–1、菌 1–2、菌 5–2、菌 7–2、菌油 3 及菌油 5。经形态观察、Biolog 鉴定和 16SrDNA 基因序列分析，可鉴定菌 2–1 和菌 7–1 为黏质沙雷氏菌，菌 1–2 为居植物柔武氏菌，菌 5–2、菌油 3 和菌油 5 都为克雷伯氏菌属，菌 7–2 为蜡状芽孢杆菌。其中，菌 1–2、菌 5–2 和菌 7–2 能使发酵液的表面张力从 36.10mN/m 降低至 20.20mN/m、20.74mN/m、21.78mN/m，表明这些菌所产生的表面活性剂能具有较强的乳化原油的能力，展现了较大的应用前景。

【关键词】石油污染；产表面活性剂微生物；筛选；鉴定

【基金】国家自然科学基金项目（41003042）；陕西省科技厅自然科学基金项目（2011JQ5001）；陕西省教育厅科学研究计划项目（2013JK0890）；陕西科技大学研究生创新基金项目

超声波 –Fenton 法协同降解含表面活性剂 SDS 弱酸艳红染料废水的研究

【作者】尤克非、石健、张彦

【机构】南通大学化学化工学院

【摘要】采用 Fenton 氧化、超声辐射和超声 –Fenton 氧化三种方法处理含阴离子表面活性剂 SDS 的弱酸艳红 B 染料废水，考察溶液初始 pH、H_2O_2 投加量、$FeSO_4$ 投加量、反应时间和超声功率对废水色度和 COD 的影响。结果表明：单独超声对废水色度和 COD 的去除没有效果，超声 –Fenton 氧化法对废水 COD 的去除效果明显优于 Fenton 氧化法。在 pH 2.5，温度 50℃，H_2O_2 投加量 4mL/L，$FeSO_4$ 投加量 300mg/L，反应时间 90min 及超声功率 400W 的条件下，废水色度去除率为 98%，COD 去除率为 72%，比单独 Fenton 氧化法 COD 去除率提高 25%。

【关键词】超声；染料废水；Fenton 氧化；COD 去除率

【基金】南通市重点实验平台项目（BM2010589）；南通大学自然科学项目（11Z045）

国内非离子表面活性剂现状及发展前景

【作者】李向阳、杨玉喜

【机构】中国日用化学工业信息中心

【摘要】介绍了国内非离子表面活性剂市场现状，产销量情况。对其发展特点进行了详

细地分析，由于环氧乙烷下游地位发生改变，导致非离子进口量减少，洗涤行业发展缓慢。最后，指出了非离子表面活性剂市场发展前景。

【关键词】非离子表面活性剂；现状；发展前景

生物表面活性剂鼠李糖脂的纯化与表征

【作者】刘洋、钟华、刘智峰、蒋勇兵、谈菲、曾光明、赖明勇、何益斌

【机构】湖南大学环境科学与工程学院；环境生物学与控制教育部重点实验室（湖南大学）

【摘要】生物表面活性剂鼠李糖脂是微生物在一定条件下产生的次级代谢产物，其分子具有极性亲水基团和非极性亲油基团结构，通常表现出很高的表面活性和界面优先分配能力。可靠的分离提纯方法和成分鉴定手段是鼠李糖脂生产工艺成功的重要保证。实验通过好氧发酵培养铜绿假单胞菌 CCTCCAB93066、酸沉降分离得到鼠李糖脂后，利用柱色谱提纯技术得到纯化的鼠李糖脂的单糖脂和二糖脂，最后采用高效液相色谱－质谱联用法进行成分鉴定。结果显示这两种鼠李糖脂均含有 3 种主要成分，其中单糖脂的主要成分为 $RhaC_{10}C_{10}$、$RhaC_{10}C_{12}-H_2$、$RhaC_{10}C_{12}$，二糖脂的主要成分为 $Rha_2C_{10}C_{10}$、$Rha_2C_{10}C_{12}-H_2$、$Rha_2C_{10}C_{12}$。该研究结果表明，铜绿假单胞菌 CCTCCAB93066 是一种良好的鼠李糖脂产生菌；酸沉降－柱色谱技术可以用于鼠李糖脂的深度提纯，且有较好的效果；而高效液相色谱－质谱联用技术对鼠李糖脂成分鉴定具有灵敏度高和准确性好等优点，是一种较为可靠的检测方法。

【关键词】酸沉降；柱色谱；高效液相色谱－质谱联用；鼠李糖脂；铜绿假单胞菌；生物表面活性剂

【基金】国家自然科学基金项目（51378190，50908081，51039001，51378192，51308200）

一种新型含氟聚醚表面活性剂的合成与性能研究

【作者】荆晓文、李英妮、张书香

【机构】济南大学化学化工学院；山东省氟化学化工材料重点实验室

【摘要】以 $CH_2=CH(CH_2)_9O(CH_2CH_2O)_{12}H$ 为原料合成了一种新型部分含氟的聚醚表面活性剂 $F(CF_2)_4CH_2CHI(CH_2)_9O(CH_2CH_2O)_{12}H$。其具有良好的热稳定性，分解温度为 230 ~ 410℃，在达到临界胶束浓度 0.49 mmol/L 时可将水的表面张力降至 25.31 mN/m。这种表面活性剂与全氟辛酸铵（PFOA）有相近的表面性能，有望成为 PFOA 良好的替代品。

【关键词】新型含氟聚醚表面活性剂；表面性能；热稳定性；氧乙烯基

利用表面活性剂介导的方法制备 AgrC 蛋白脂质体

【作者】王丽娜、权春善、许永斌、李西会、瞿晓晶、范圣第

【机构】中国科学院大连化学物理研究所；大连民族学院生物技术与资源利用国家民委－教育部重点实验室；大连民族学院生命科学学院

【摘要】膜蛋白 AgrC 是金黄色葡萄球菌双组分信号转导系统的感受激酶。其信号转导机制的阐明对于解决细菌耐药问题具有重要意义。目前膜蛋白研究的主要瓶颈是难以获得大量

高纯度和功能稳定的蛋白。将目标蛋白表达在大肠杆菌体内，利用表面活性剂将其从细胞膜上溶解，纯化，这一系列步骤容易引起膜蛋白不稳定和功能损失。本文报道了用表面活性剂介导的方法将膜蛋白 AgrC 镶嵌到脂质体上，即形成蛋白脂质体。脂质体和蛋白脂质体的结构、形貌以及平均粒径分别用透射电镜和动态光散射仪表征。蔗糖密度梯度离心的结果表明蛋白重构效率达 80%。硫醇试剂标记实验确定 AgrC 的细胞质域在脂质体中取向于内侧。体外磷酸化实验表明 AgrC 蛋白在脂质体中的自我磷酸化活性远远高于表面活性剂中的活性，且其自我磷酸化活性在 2 周内几乎没有损失。蛋白脂质体的构建不仅解决了膜蛋白的不稳定性问题，也为体外研究 AgrC 蛋白的结构、功能和信号转导机制提供了新的思路。

【关键词】金黄色葡萄球菌；AgrC；表面活性剂；蛋白脂质体；膜蛋白
【基金】国家自然科学基金（Nos.21272031，21172028）资助

生物表面活性剂强化剩余污泥微生物燃料电池产电特性研究

【作者】彭海利、张植平、李小明、杨麒、罗琨、易欣
【机构】湖南大学环境科学与工程学院；湖南大学环境生物与控制教育部重点实验室

【摘要】以剩余污泥为接种液和基质，探讨了添加生物表面活性剂（鼠李糖脂/TSS，0.3g/g）对单室剩余污泥微生物燃料电池（SSMFC）产电特性及剩余污泥减量化的影响。结果表明，在一个运行周期中，对照组的产电周期为 20d，最大功率密度为 236.8 mW/m^2，库仑效率为 5.7%，TCOD 去除率为 28.6%，TSS 去除率为 28.9%，VSS 去除率为 33.4%，而实验组产电周期达到 35d，库伦效率为 11.8%，最大输出功率密度为 516.7mW/m^2，较对照组增加了 118.2%，TCOD、TSS、VSS 去除率分别为 58.5%、56.7% 和 66.3%，较对照组分别提高了 104.5%、96.2% 和 98.5%。随着系统的运行，对照组和实验组系统输出电压均是先稳定一段时间后逐渐降低，污泥中 SCOD、蛋白质和溶解性糖浓度均呈先上升再下降趋势。采用向剩余污泥中投加鼠李糖脂的方法可以增强 SSMFC 的产电效率，同时能显著增强剩余污泥减量化效果。

【关键词】剩余污泥；鼠李糖脂；微生物燃料电池；功率密度；减量化

注射用牛肺表面活性剂联合 CPAP 治疗早产儿特发性呼吸窘迫综合征的效果

【作者】闫利霞、黎敏、梁霞、王勃
【机构】洛阳东方医院儿科

【摘要】目的探讨注射用牛肺表面活性剂联合持续正压通气（CPAP）治疗早产儿特发性呼吸窘迫综合征（IRDS）的临床效果。方法以 2010 年 3 月 –2013 年 6 月本院收治的 28 例早产儿 IRDS 患者为研究对象，观察和比较治疗前后动脉血气指标以及 CPAP 参数的变化情况。结果患儿的临床症状明显改善，动脉血气指标和 CPAP 参数与用药前比较，差异有统计学意义（$P<0.05$）。结论注射用牛肺表面活性剂联合 CPAP 治疗早产儿 IRDS 效果良好，可使患儿的症状、动脉血气指标、CPAP 参数明显改善。

【关键词】注射用牛肺表面活性剂；持续正压通气；早产儿特发性呼吸窘迫综合征

系列新型氟硅表面活性剂的制备及性能

【作者】黄良仙、李婷、李顺琴、苗智、安秋凤

【机构】陕西科技大学化学与化工学院

【摘要】以 1, 3, 5- 三甲基 -1, 3, 5- 三（3, 3, 3 - 三氟丙基）环三硅氧烷（D3F）、八甲基环四硅氧烷（D4）、四甲基环四硅氧烷（D4H）、六甲基二硅氧烷（MM）和烯丙基聚醚等为原料，经开环聚合和硅氢加成二步反应，制得系列新型氟硅表面活性剂（FSS）。用红外光谱（IR）对 FSS 的结构进行表征，研究 FSS 结构对表面张力、发泡力、稳泡性、乳化力、增溶力和耐酸碱盐稳定性的影响。结果表明，在质量分数相同的条件下，当烯丙基聚醚中的聚醚链节为聚氧乙烯、聚氧丙烯（EO/PO）时，所得 FSS 的表面张力比聚醚链节为聚氧乙烯（EO）时大；而在聚醚链节仅为 EO 时，随着 EO 数（12~7）的减小，所得 FSS 的表面张力有减小的趋势。系列 FSS 的发泡力较弱、稳泡性不强，且在浓度和聚醚链节类型相同条件下，发泡力和稳泡性随 EO 数增加而增强；随 FSS 中聚醚链段相对分子质量增大和亲水基增多，FSS 对苯的增溶力会变大。系列 FSS 溶液均具有极佳的耐酸、碱、盐等化学稳定性，对煤油和 50# 机油的乳化力变化规律则不明显。

【关键词】印染助剂；氟硅表面活性剂；表面张力；发泡性能；增溶力；乳化力；稳定性

一种漆脂基季铵盐双子表面活性剂的合成与性能

【作者】陈虹霞、王成章、叶建中、周昊、原姣姣、张宇思

【机构】中国林业科学研究院林产化学工业研究所，国家林业局林产化学工程重点开放性实验室；中国林业科学研究院林业新技术研究所

【摘要】以漆脂、环氧氯丙烷、二乙醇铵、1，4- 二溴丁烷为原料，合成了一种漆脂基季铵盐双子表面活性剂。采用红外光谱、核磁共振碳氢谱对其结构进行分析，并对产物的表面性能进行分析。结果表明：合成产物临界胶束浓度（CMC）为 5×10^{-4}mol/L，表面张力（δ）可达 33.6mN/m；当质量分数为 0.1% 时，分出 5mL 水的时间为 10min；表面张力和乳化性能与传统的十六烷基三甲基溴化铵（CTAB）相当。

【关键词】漆树；漆脂；表面活性剂

【基金】“十二五” 国家科技支撑计划资助项目（2012BAD32B10）

浅析生物表面活性剂的开发与应用进展

【作者】陆鉴

【机构】辽宁盘锦辽河油田钻采院

【摘要】随着活性剂在各类生产中应用的范围越来越广泛，其生产工艺技术也得到了发展，本文主要对生物表面活性剂相关的生产开发进行了分析，并对其在各行业中的应用进展进行了讨论。

【关键词】表面活性剂；生产开发；应用

羧酸盐型双子表面活性剂合成研究进展

【作者】张爽

【机构】大庆炼化公司质量检验与环保监测中心

【摘要】羧酸盐双子表面活性剂因其具有独特的物理化学性能及易生物降解等特性而广受国内外学者关注。本文主要对羧酸盐双子表面活性剂分子的疏水链、亲水基及联接基团的键合方式进行了概述。

【关键词】羧酸盐表面活性剂；Gemini 表面活性剂；合成

表面活性剂对有机硅包覆松香基环氧树脂微胶囊的影响

【作者】林广沅、吴国民、孔振武

【机构】中国林业科学研究院林产化学工业研究所；生物质化学利用国家工程实验室；国家林业局林产化学工程重点开放性实验室；江苏省生物质能源与材料重点实验室

【摘要】以马来海松酸酐缩水甘油酯型环氧树脂（MPTGE）为原料与聚乙二醇反应合成了一种与 MPTGE 具有相似分子结构的松香基非离子型表面活性剂（MP），再以 MP 及其他 5 种常用表面活性剂乳化 MPTGE 作为囊芯，正硅酸四乙酯（TEOS）为囊壁，采用溶胶 – 凝胶法制备了一种新型有机硅包覆环氧树脂微胶囊。研究了不同种类及用量的表面活性剂对微胶囊粒径及其分布的影响，并通过光学显微镜、扫描电镜、Zeta 粒径测定等分析方法表征了微胶囊的表面形貌、粒径尺寸及分布。结果表明，表面活性剂 MP 有助于有机硅包覆环氧树脂微胶囊的形成；在 MP 用量为 16.7%（质量分数）时，制备的微胶囊表面光滑致密、分散均匀。

【关键词】表面活性剂；微胶囊；有机硅；马来海松酸；环氧树脂

【基金】林业公益性行业科研专项（201104031）

表面活性剂复配在三次采油中的应用进展

【作者】江路明、宋昭铮、檀国荣、肖啸、侯春娟

【机构】中国石油大学（北京）理学院；海洋石油高效开发国家重点实验室；中海油研究总院

【摘要】在三次采油技术中应用最广泛的是阴离子型和非离子型表面活性剂。阴离子表面活性剂界面活性高，吸附量小，但其耐盐性能较差；非离子表面活性剂耐盐性好但不耐温；将不同的表面活性剂进行混合复配，所得到的混合物存在着协同效应，可改善单一的表面活性剂性能。本文介绍了阴离子表面活性剂与阴离子、非离子表面活性剂以及新型表面活性剂复配的应用进展，讨论了表面活性剂复配协同机理的研究进展。

【关键词】复配协同；阴离子表面活性剂；非离子表面活性剂；甜菜碱；综述

【基金】“十二五”国家科技重大专项基金项目（2011ZX05024-004-12）；中国石油大学（北京）基础科研基金资助

表面活性剂对煤层气压裂伤害研究

【作者】夏永江、管保山、梁利、刘萍

【机构】中国矿业大学（北京）地球科学与测绘工程学院；中国石油勘探开发研究院廊坊分院

【摘要】为评价压裂液中表面活性剂对煤层气压裂过程的影响，利用煤岩样品针对阳离子、非离子、阴离子表面活性剂和表面活性剂复配体系，开展膨胀性、润湿性、吸附性能、表面张力、煤岩伤害和煤层气吸附解吸附物理模拟实验。将不同表面活性剂和复配体系的煤岩膨胀高度、接触角、煤粉中吸附形态和吸附量、措施前后表面张力和煤岩渗透率、吸附和解吸附曲线进行对比分析，进而优选表面活性剂体系。研究结果表明：水和表面活性剂溶液对所选煤岩膨胀性影响不大；阳离子可以增加憎水性，非离子保持煤岩水润湿性，阴离子会增加煤岩水润性；非离子表面活性剂有利于扩大煤岩孔隙进而提高煤层气的解吸附作用；双子表面活性剂（GM）为点状吸附，烷基酚聚氧乙烯醚（OP）为平铺吸附，十八烷基三甲基氯化铵（1831）为连体状吸附；双子－烷基酚聚氧乙烯醚（GMOP-4）复配体系措施前后表面张力较低，大幅度降低了 GM 的吸附量且对煤层气解吸附过程具有促进作用；GMOP-4 复配体系实现了阳离子表面活性剂在煤层气压裂措施中低成本、高性能的应用。

【关键词】煤层气；水力压裂；表面活性剂；煤岩伤害实验

【基金】国家科技重大专项（2008ZX05037）

长链酰胺基磺酸盐型双子表面活性剂的合成及性能研究

【作者】秦文龙、刘旋、肖曾利、杨江、杨珍

【机构】西安石油大学陕西省油气田特种增产技术重点实验室；中石油勘探开发研究院廊坊分院

【摘要】以二聚酸和 *N*- 甲基牛磺酸钠为原料，经酰氯化和 Schotten-Baumann 缩合反应合成了一种磺酸盐型双子表面活性剂，并对其相关性能进行了表征。结果表明，通过正交试验获得的磺酸盐型双子表面活性剂 $C_{34}H_{66}[CON(CH_3)CH_2CH_2SO_3Na]_2$ 的优化合成条件为：反应温度 15℃，反应时间 5 h，碱质量分数 40%，n（N- 甲基牛磺酸钠）：n（二聚酸酰氯）= 2.3 ∶ 1。合成的 $C_{34}H_{66}[CON(CH_3)CH_2CH_2SO_3Na]_2$ 具有更高的表面活性，其 γ_{cmc} 和 CMC 分别为 30.4mN/m 和 3.55×10^{-4} mol/L。泡沫性能分析表明其具有良好的起泡性和稳泡性，水溶液的泡沫高度和半衰期分别是传统表面活性剂的 1.3~3.2 倍和 12~33 倍。

【关键词】双子表面活性剂；合成；表面活性；泡沫性能

【基金】国家自然科学基金资助项目（51174163，51304159）；西安石油大学博士科研启动基金资助项目（2013BS002）；陕西省教育厅科研计划资助项目（11JK0780）

氨基有机硅表面活性剂的合成及性能研究

【作者】谢妃军、成晓玲、余林、余培荣、张兆宏

【机构】广东工业大学轻工化工学院；广州市椰氏化工有限公司

【摘要】采用八甲基环四硅氧烷与四甲基二氢基二硅氧烷在浓硫酸作用下合成含氢硅油，然后以氯铂酸为催化剂，烯丙基缩水甘油醚与含氢硅油发生硅氢加成合成环氧改性有机硅，最后通过二乙醇胺对环氧改性有机硅进行开环反应得到氨基有机硅。采用 FTIR 和 1HNMR 对产物结构进行表征，研究氨基有机硅的润湿性能，测定得到其临界胶束浓度为 0.102g/L，并与嵌段硅油 9906 和共聚改性嵌段硅油进行比较研究。结果表明，润湿力随氨基有机硅含量的增加而增强，相同含量下，氨基有机硅的氨值越大，其对帆布的润湿力越强，所合成氨基有机硅微乳液的稳定性、整理后织物的亲水性和柔软手感均比嵌段硅油 9906 和共聚改性嵌段硅油好。

【关键词】氨基有机硅；稳定性；润湿性；亲水性；手感

表面活性剂的性能与应用（Ⅲ）——表面活性剂的相转移催化作用及其应用

【作者】王楠、赵莉、徐宝财、周雅文

【机构】北京工商大学 食品学院 北京市食品风味化学重点实验室 食品添加剂与配料北京高校工程研究中心

【摘要】按照反应系统分类，分别介绍了液－液相转移催化剂、固－液相转移催化剂、三相相转移催化剂和反相相转移催化剂的催化机理、常用的表面活性剂类型，并给出了一些应用实例。最后提出了目前存在的问题并对其应用前景进行了展望。

【关键词】表面活性剂；相转移催化；催化机理；应用

【基金】国家自然科学基金资助项目（21176004，20976003，21203005）；“十二五”国家科技支撑计划资助项目（2013BAC01B04）；国家 863 计划资助项目（2012AA021502）；北京市属高等学校人才强教计划资助项目（PHR20110890）

反应型季铵盐表面活性剂的合成与应用研究进展

【作者】黄颖虹、郑成、林璟、毛桃嫣、徐运欢、陈瑞兰

【机构】广州大学精细化工研究所

【摘要】系统综述了反应型季铵盐表面活性剂的合成路线和方法，并按照其不同的分子结构特点进行了分类比较，着重介绍了几种含有特定功能基团的反应型季铵盐表面活性剂（双键型、环氧型、羟基型以及酰胺型）的合成方法，并阐述了其作为缓蚀防垢剂、增溶增敏剂、可聚合乳化剂、黏土稳定剂、纸张柔软剂以及相转移催化剂等在工业上的应用。最后分析了反应型季铵盐表面活性剂目前存在的不足并对其发展趋势进行了展望。

【关键词】阳离子表面活性剂；反应型季铵盐；合成；应用

新型表面活性剂改性膨润土对蓝藻去除性能的研究

【作者】谢伟楠、范恒、温其旺、吴光锋、聂锦旭

【机构】广东工业大学土木与交通工程学院

【摘要】采用 C12 烷基多糖苷季铵盐和 $AlCl_3 \cdot 6H_2O$ 作为改性剂对钠基膨润土进行改性，制备改性膨润土，对该改性膨润土用于城市湖泊中蓝藻的絮凝去除进行了研究。结果表

明，在微波辐射功率为400W，时间为9min，有机改性剂用量为7.0g/100g，铝改性剂用量为3mmol/g条件下制备的改性膨润土，在改性膨润土投加量为0.4g/L，pH为7时，对OD值为0.134的蓝藻溶液去除率达到75%以上。

【关键词】新型表面活性剂；改性膨润土；蓝藻

【基金】广东省科技计划（2012B09040030）；广东省大学生创新实验项目（xj201211845047）

表面活性剂对 α- 亚麻酸多重乳状液稳定性的影响

【作者】张世仙、刘焱

【机构】遵义师范学院化学化工学院，黔北特色资源应用研究实验室

【摘要】以多重乳液相对体积为衡量标准，借助显微镜直接观察，考查影响 α- 亚麻酸多重乳液稳定性的表面活性剂的参数变化，以确定制备 α- 亚麻酸多重乳液的适宜条件。结果表明，以Tween80作亲水乳化剂，Span80作亲油乳化剂制备的多重乳状液，当 *m*（油相）：*m*（内水相）：*m*（外水相）= 4：1：2.5，*m*（Span80）：*m*（Tween80）= 3.5：1，乳化剂的含量为7%时，多重乳液相对体积达到97%，稳定性最好。

【关键词】表面活性剂；α- 亚麻酸；多重乳状液；稳定性

【基金】贵州省科技厅资助（黔科合J字[2011]2082号）

使用四铵基头 Bola 型表面活性剂合成 MFI 片层分子筛

【作者】段倩倩、朱智洪、陈菲、葛敬辉、奚红霞

【机构】华南理工大学化学与化工学院

【摘要】以正硅酸乙酯作为硅源，以偏铝酸钠作为铝源，以四头刚性Bola型表面活性剂（$C_{6-6-10}Br_4$）作为模板剂，在碱性条件下以30 NaOH：2.5 $NaAlO_2$：125SiO_2：5 SDA：5000 H_2O作为配比，成功水热合成出了具有规整片层结构的MFI片层分子筛，并用XRD、SEM、TEM等对其进行了表征。选用苯甲醛与乙二醇的缩醛反应以及苯酚与叔丁醇的傅克烷基化反应对片层分子筛的催化性能进行了测定。结果表明：在大分子反应物催化反应中，由于扩散路径的缩短以及中微双孔结构的存在，MFI片层分子筛显示出了比普通ZSM-5分子筛更为强大的催化性能。

【关键词】Bola型表面活性剂；MFI片层分子筛；催化反应

表面活性剂及其原料市场与发展趋势

【作者】李向阳、李伟年、裴鸿

【机构】全国表面活性剂和洗涤剂行业生产力促进中心

【摘要】介绍了日用化工在国民经济发展中的重要作用，指出了表面活性剂在各个行业中的应用和发展。分析了烷基苯、脂肪醇、脂肪酸、环氧乙烷和脂肪胺等表面活性剂原料市场，同时指出了表面活性剂的发展趋势。最后，提出了一些新兴的表面活性剂品种。

【关键词】表面活性剂；分析；发展战略

简述聚电解质－表面活性剂复合物为模板合成多级孔结构材料

【作者】史成香、孙平川、陈铁红

【机构】南开大学化学学院天津化学化工协同创新中心

【摘要】采用以聚电解质/表面活性剂复合物介晶为模板引导无机硅源前驱体组装的方法，首次合成了具有多级孔结构的介孔二氧化硅 SBA-1 的单晶颗粒。改变合成条件可调变多级孔结构介孔二氧化硅的形貌及结构，由此合成了一系列具有多级孔结构的介孔二氧化硅样品，并通过直接掺杂法合成了多级结构的介孔杂原子分子筛，并将其应用在催化反应中。将此方法应用于介孔沸石的合成中，成功合成了介孔沸石 Silicalite-1。结果表明，聚电解质/表面活性剂为动态模板制备的多级孔结构材料具有单晶体的特征，同时还具有二次孔，有利于物质传输以及物料扩散。与单一孔道的介孔及沸石材料相比，具有多级孔结构的材料在催化、吸附等应用中均表现出优越的性能。

【关键词】聚电解质－表面活性剂复合物；多级结构；介孔二氧化硅；介孔沸石

【基金】国家自然科学基金项目（21373116）；天津市自然科学基金项目（13JCYBJC18300）；教育部博士点基金项目（20120031110005）资助

2014 年主要行业书籍出版

Gemini 表面活性剂的合成及性能研究

作者：梅平、赖璐、郑延成 著

出版日期：2014 年 3 月

书号：978-7-122-19188-5

内容简介：本书以近十多年的科研成果为基础，结合国内外最新研究成果，按照表面活性剂类型，全面、系统地介绍了 Gemini 表面活性剂的结构、分类与特性，对阳离子型、阴离子型及两性 Gemini 表面活性剂的合成方法以及性能的研究成果进行了深入介绍。

纺织印染助剂实用手册

作者：邢凤兰、王丽艳、高淑珍 等编著

出版日期：2014 年 10 月

书号：978-7-122-20515-5

内容简介：本书在简介纺织品（棉、毛、丝、麻）生产工艺的基础上，按纺织助剂、印染助剂、后整理助剂共 420 个品种分别进行介绍。其中，纺织助剂 173 个，印染助剂 139 个，后整理助剂 108 个。对各品种从品名、别名、英文名、组成、分子式或结构式、性质、质量指标、制法、应用、生产厂家等各方面给予介绍，对重要品种以实例说明。

食品乳状液及乳化新技术

作者：曹雁平、许朵霞、侯占群 编著

出版日期：2014 年 10 月

书号：978-7-122-21417-1

内容简介：本书以乳状液体系和乳化技术的最新研究与应用为出发点，主要介绍新型乳化剂制备、乳状液最新类型、乳状液制备方法与设备，涵盖该领域的最新研究成果与技术，并特别介绍功能性油脂、色素、香精、益生菌等乳状液体系的检测方法、理化稳定特性与消化吸收特性。

实用洗涤剂配方手册（六）（第三版）

作者：李东光 主编

出版日期：2015 年 1 月

书号：978-7-122-22097-4

内容简介：本书是洗涤剂配方系列图书中的第六册，收集了包括洗涤皂、浴用洗涤剂、其他日用洗涤剂、空气清新剂、印刷工业洗涤剂、车用洗涤剂、电子工业洗涤剂、食品工业洗涤剂等洗涤剂种类中几百种洗涤产品的新颖配方，可供从事洗涤剂研发、生产、应用领域的人员参考。

现代精细化工生产工艺流程图解

作者：李和平 主编

出版日期：2014 年 2 月

书号：978-7-122-18695-9

内容简介：本书以精细化工产品的生产工艺及流程为核心，详细介绍了精选的 500 余种精细化工产品的生产或合成原理、生产工艺流程及流程图。为了更好地理解这些流程，还介绍了产品的中英文名称、分子式或组成、性能指标、生产原料与用量、产品用途等。本书内容涵盖了精细化工产品的主要类别，包括表面活性剂、胶黏剂、涂料、香料与香精、化妆品、食品与饲料添加剂、洗涤剂、电子信息化学品、功能高分子与智能材料、精细化工合成功能与助剂、油田化学品、纺织染整助剂、水处理化学品、皮革化学品、造纸化学品、精细纳米材料、有机染料与颜料、无机精细化学品、气雾剂与喷雾剂、油墨、农用精细化工产品等。

实用化妆品配方手册（三）（第三版）

作者：李东光 主编

出版日期：2014 年 2 月

书号：978-7-122-18798-7

内容简介：本书为《实用化妆品配方手册》第三版，第三册。共收集化妆品新品种 250 余种，新配方约 900 个。品种、配方力求细化、环保、安全、健康、天然、时尚，生产过程力求环保、温和、绿色，性能、作用力求针对性和多功能、传统性与先进性、辅助治疗功能与美容性兼顾。

实用洗涤剂配方手册（五）（第三版）

作者：李东光 主编

出版日期：2014 年 4 月

书号：978-7-122-19457-2

内容简介：洗涤剂属于配方密集型产品，对于健康和卫生有着非常积极、有效的作用。人们安全意识和文明水平的提高决定着洗涤剂市场的发展趋势。洗涤剂按用途可分为工业用洗涤剂与民用洗涤剂，并经常把个人卫生用品归入洗涤剂范畴。洗涤剂要具备良好的润湿性、渗透性、乳化性、分散性、增溶性及发泡与消泡等性能并有环保、安全、健康、经济的要求。本书系系列图书第五册，共收集了织物洗涤剂、香皂、个人卫生洗涤剂、家用洗涤剂以及工业清洗剂约 310 种洗涤剂产品的 800 余个配方，可供从事洗涤剂研发、生产、应用领域如日化工业、洗衣业、工业清洗业等人员参考。

实用化妆品配方手册（五）（第三版）

作者：李东光 主编

出版日期：2014 年 6 月

书号：978-7-122-19201-1

内容简介：本书为《实用化妆品配方手册》第三版，第五册。共收集护肤、美白、面膜、祛斑、染发整发、痤疮防治等化妆品新品种 200 多种，新配方约 700 个。品种、配方细化、环保、安全、健康、天然、时尚，生产过程环保、温和、绿色，针对性和多功能、传统性与先进性、疗效性与美容性兼顾。

本书可供从事化妆品生产、应用领域技术、生产、经营、营销人员参考。

金属防腐涂料配方· 制备· 应用

作者：李东光 主编

出版日期：2014 年 6 月

书号：978-7-122-18383-5

内容简介：金属腐蚀经常导致金属性能下降、寿命缩短而最终失效，是金属材料最大的损耗原因。防腐涂料是应用最广泛的金属防腐蚀技术，它施工方便，适应性强，费用也较低，与其他防腐措施配合使用（如阴极保护等）效果更佳。

第八章

LISTED COMPANIES

主要上市公司

中国三江（02198HK）

目前三江化工拥有环氧乙烷产能约合 33 万 t，表面活性剂生产及服务产能约合 21.8 万 t，减水剂大单体产能约合 20 万 t，拥有自己独立的甲醇制烯烃装置以及乙烯规模储罐，兄弟公司配套成熟的高级脂肪醇和低碳醇设备。

从公司的发展规划来看，2014 年是发展建设的一年，公司主要致力于第五期环氧乙烷/乙二醇以及甲醇制烯烃等项目建设。从经济运行来看，在原油和环氧乙烷价格持续下跌的大背景下，主要产品业务和收益以及毛利润出现同比减少。

2014 年集团公司合计收益 36.37 亿元人民币，较 2013 年的 39.40 亿元同比减少 7.7%，其中环氧乙烷收益 32.11 亿元，占当年总收益的 88.3%，较 2013 年的 34.37 亿元同比减少 6.57%；表面活性剂业务收益 1.77 亿元，占当年总收益的 4.87%，较 2013 年的 2.26 亿元同比减少 21.65%；表面活性剂加工服务收益 3991 万元，占当年总收益的 1.10%，较 2013 年的 3575 万元同比增长 11.63%；其他业务收益 2.08 亿元，占当年总收益的 5.74%，较 2013 年的 3.94 亿元同比减少 13.68%。

具体产品销售情况，2014 年集团公司环氧乙烷总销售 36.5 万 t，较 2013 年的 37.6 万 t 同比减少 2.82%，表面活性剂生产及加工服务总计 11.21 万 t，较 2013 年的 10.58 万 t 同比增长 5.95%，其中表面活性剂加工服务增长接近 11.9%。

环氧乙烷售价降低是 2014 年中国三江化工相关业务收益减少的一个主要原因，当年环氧乙烷销售平均价较 2013 年跌幅超过 3.8%。国际油价持续走低，以及下游行业市场价格的压缩，2014 年公司环氧乙烷毛利率降至 4.6%，表面活性剂生产降至 13.7%，表面活性剂加工服务降至 78.1%。

2014 年公司毛利 2.42 亿元，较 2013 年的 6.38 亿元同比减少 62.07%，当年毛利率也降至 6.7%，较 2013 年下跌 9.5%；2014 年公司纯利获取 1.31 亿元，较 2013 年的 6.05 亿元同比减少 78.35%，年内纯利率也由 2013 年的 15.3% 降至 3.6%，下降 11.7 个百分点；2014 年公司非流动资产负债接近 19.16 亿元，资产负债率达到 54.2%（图 1 ~ 图 3 所示）。

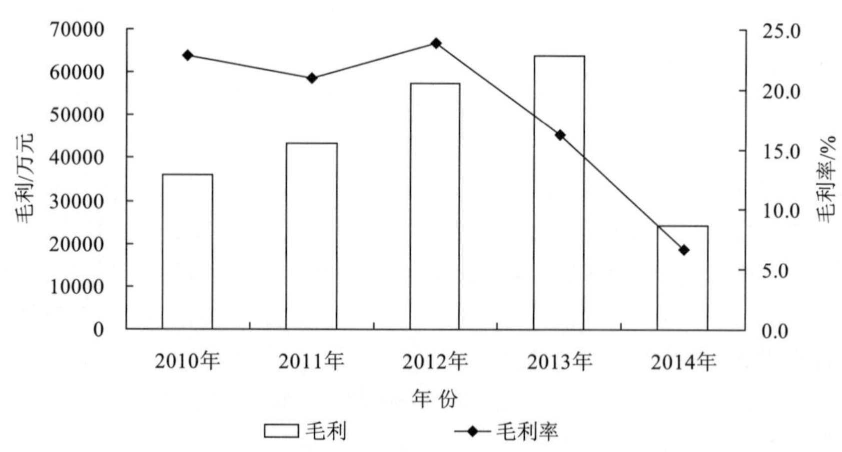

图 1　中国三江 2010—2014 年公司毛利及毛利率

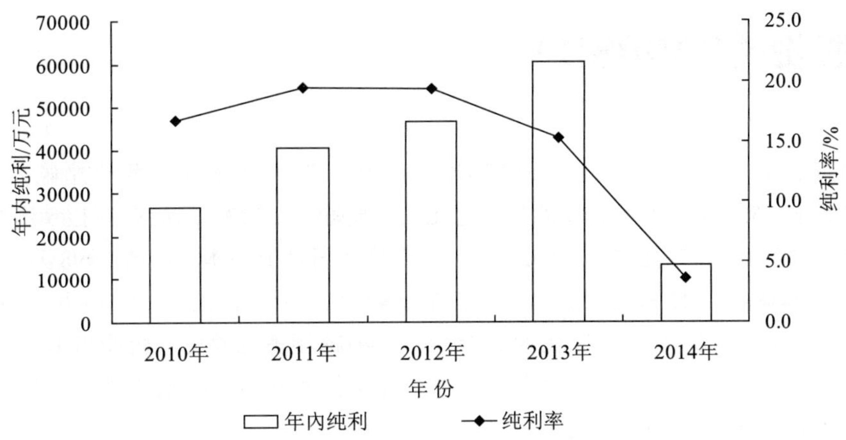

图 2 中国三江 2010—2014 年公司年内纯利及纯利率

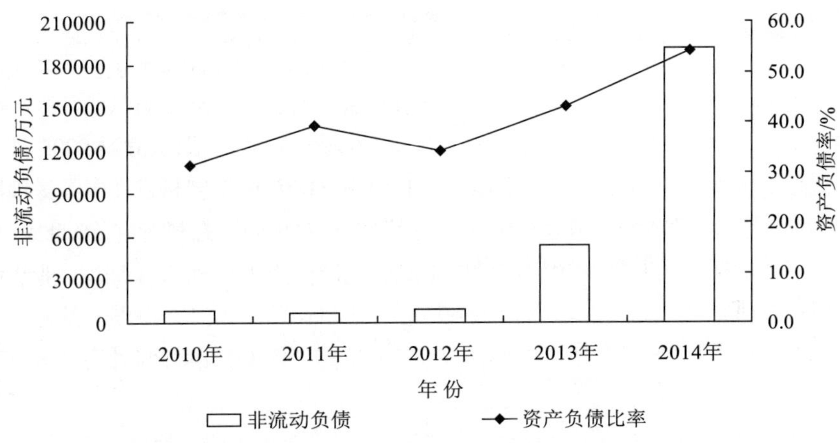

图 3 中国三江 2010—2014 年公司年内负债情况统计

中国三江作为中国最大的民营环氧乙烷表面活性剂生产企业，2010—2014 年公司项目建设和规模生产能力增长尤为突出。

奥克股份（300082）

2014年，公司实现产品总销量27.37万t，同比增长23.83%；营业总收入28.83亿元，同比增长15.60%；利润总额超1.14亿元，同比增长20.13%；归属于上市公司股东的净利润9186.62万元，同比增长13.32%。其中：减水剂聚醚单体的销量20.98万t，同比增长17.82%，营业收入21.37亿元，同比增长7.68%；切割液产品的销量4.88万t，同比增长56.64%，营业收入4.93亿元，同比增长59.45%。2014年奥克股份总营业成本超过25.8亿元，较2013年的22.27亿元同比增长15.84%，营业利润超1.09亿元，较2013年同比增长24.55%，其具体财务指标表1所示。

表1　奥克股份2014年财务指标

业务指标	2014年	2013年	同比增长/%
营业收入/元	2883095180.38	2494097815.52	15.60
营业成本/元	2580108817.29	2227270932.83	15.84
营业利润/元	109267422.01	87731018.01	24.55
利润总额/元	114538631.67	95341744.02	20.13
归属于上市公司普通股股东的净利润/元	91866189.94	81067885.22	13.32
归属于上市公司普通股股东的扣除非经常性损益后的净利润/元	75918745.03	74645741.32	1.71
经营活动产生的现金流量净额/元	−475169206.15	112046895.44	−524.08
每股经营活动产生的现金流量净额/(元/股)	−1.41	0.33	−524.12
基本每股收益/(元/股)	0.27	0.24	12.50
稀释每股收益/(元/股)	0.27	0.24	12.50
期末总股本/股	336960000.00	336960000.00	0.00
资产总额/元	5195708935.44	3934617182.65	32.05
负债总额/元	2092568447.03	884968811.92	136.46
归属于上市公司普通股股东的所有者权益/元	2876823814.62	2830640654.44	1.63
归属于上市公司普通股股东的每股净资产/(元/股)	8.54	8.40	1.63
资产负债率/%	40.8	22.3	17.78

2014年，公司控股的扬州奥克石化仓储有限公司5万m^3低温乙烯储罐及配套项目于2014年11月26日接收乙烯，这标志着具有国际先进水平和国内最大的5万m^3低温乙烯储罐项目全面竣工并生产投入运行，为公司年产20万t环氧乙烷项目提供了充分的乙烯原料保障。

上述项目的全面建成投产，是公司发展环氧乙烷衍生精细化工新材料事业的里程碑，标志着公司进入产业链上下游联动和沿江沿海区域互动的全新发展阶段，使公司形成了乙烯、环氧乙烷以及环氧乙烷衍生精细化工新材料三个盈利支撑点，塑造了以稳固的 EOD 市场地位为根基、以环氧乙烷资源的供应保障为支撑、以乙烯资源的业务扩展和产业延伸为杠杆的上下游发展新格局。

在武汉,奥克建成投产年产 12 万 t 聚醚装置,武汉奥克特化 5 万 t 助剂项目相继开工建设。截止到 2014 年年底，奥克环氧乙烷衍生精细化工新材料产能达到百万吨。

为了应对国内减水剂聚醚产品日趋同质化、竞争激励的市场形势，公司技术中心致力于现有产品升级、提高性价比以及差别化、功能化新产品开发，推出 OXHP–702、OXHP–703 差别化聚醚系列产品和 OXHP–704 功能化聚醚新品种，同时以自主开发的应用技术实施强有力的市场技术支持，有力地支持了减水剂聚醚产品产销增长，提高了产品市场竞争力，巩固和扩大了市场份额。

2014 年奥克股份主营业务收入和主营业务利润主要集中在聚醚大单体和切割液产品，其中聚醚单体收入占比 76.87%，利润占 76.23%，切割液产品主营业务收入占比 17.74%，利润占比 19.06%（图 1 所示）。

从公司主营产品生产和销售地区来看，公司主营业收入和利润销售主要集中在华北地区、华东地区和中南地区（图 2 所示）。

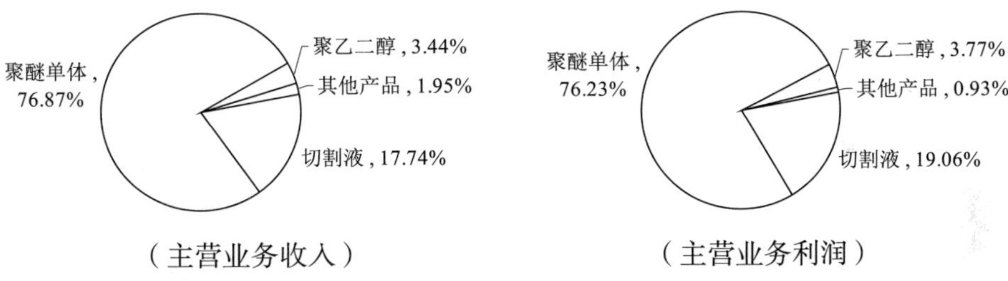

图 1　奥克股份 2014 年主要产品主营业务数据统计

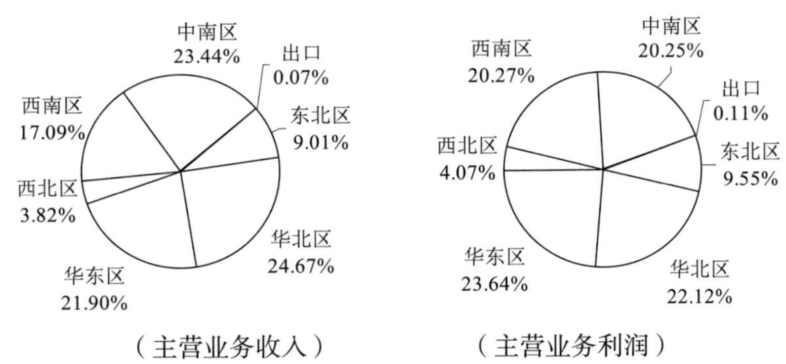

图 2　奥克股份 2014 年分地区主营业务数据统计

2014 年奥克股份基本每股收益约为 0.27 元，净利润率为 3.19%，流动比率为 1.65 倍，资产负债比率为 40.28%（表 2 所示）。

表2　2014年奥克股份公司综合能力指标

项目 / 报告期		2014年度	项目 / 报告期		2014年度
投资与收益	基本每股收益 / 元	0.27	盈利能力	净利润率 /%	3.19
	每股净资产 / 元	8.5376		总资产报酬率 /%	2.01
	净资产收益率—加权平均 /%	3.23	经营能力	存货周转率 / 次数	12.51
	扣除后每股收益 / 元	0.23		固定资产周转率 / 次数	4.46
偿债能力	流动比率 / 倍	1.65		总资产周转率 / 次数	0.63
	速动比率 / 倍	1.48	资本构成	净资产比率 /%	55.37
	应收账款周转率 / 次	5.48		固定资产比率 /%	14.64
	资产负债比率 /%	40.28			

数据来源：巨潮资讯。

2014年，奥克股份主要以产业布局为主，目前公司乙氧基化规模超过100万t，布局东北、华东、华南和华中地区，产品呈多元化。

赞宇科技（002637）

2014年，公司积极采取有效措施应对大宗材料及产品价格下跌风险，努力开拓国内、国际市场，油脂化工及检测服务在2014年度取了较好的业绩增长。在日用化工业务方面，公司克服了市场竞争激烈、运营成本上升、原材料价格波动等多种困难，不断提升产品产量、降低能源消耗及费用支出，以严格控制生产成本，降低日化产品业务对公司总体经营业绩的影响。

公司2014年度实现营业收入24.95亿元，比2013年同期增长12.50%；实现利润总额6654.86万元，比2013年同期下降1.72%；归属于上市公司股东的净利润5456.80万元，比2013年同期下降4.02%。

项目建设方面，公司运用超募资金投资建设河北赞宇6万t表面活性剂项目顺利完工，并于2014年10月试车成功，同时停止了徐州基地的生产；嘉兴赞宇CAB 5000 t项目竣工验收，完成新增成品罐等的配套设施的完善工作；四川赞宇通过技术改造提高生产供货能力，全年实现了满负荷生产，满足了西南地区市场销售需求；江苏赞宇顺利完成工厂的竣工验收投产；2014年10月公司新增了广东江门生产基地，为华南市场开拓提供支持保障。

2014年赞宇科技表面活性剂生产量超过26.44万t，较2013年的25.51万t同比增长3.64%，其中销售量26.05万t，同比增长4.28%，库存量2.92万t，同比增长15.31%，表面活性剂业务销售总额接近17.9亿元，同比增长1.3%。

油化产品当年生产量总计9.31万t，较2013年同比增长50.14%，其中销售量9.12万t，同比增长41.23%，库存量6731 t，同比增长38.37%，表面活性剂销售当年毛利率为10.37%，较2013年减少2.14%。当年油化产品总销售收入6.2亿元，油化产品销售毛利率10.60%，较2013年同比增长2.75%。另外公司服务检测收入4700万元，同比增长34.51%，检测服务毛利率高达65.78%，同比增长4.18%（表1和图1所示）。

从地区收入来看，境内营业收入22.90亿元，占比超过92.9%，同比减少0.87%；境外营业收入1.74亿元，占比7.1%，同比减少3.78%。2014年赞宇科技主要产品生产和销售还是以国内为主。

2014年赞宇科技综合能力指标见表4所示，当年公司净利润率在2.19%，总资产报酬率为3.23%，公司负债比例为37.17%。

表1　2014年赞宇科技主要产品业务收入指标

产品分类	2014年	2013年	同比增长%
表面活性剂产品销售 / 元	1789967435.14	1767028579.84	1.30
油化产品销售 / 元	619928283.49	401227295.69	54.51
检测服务 / 元	47017347.94	34955015.81	34.51
加工劳务 / 元	6613802.79	2299709.20	187.59
合计 / 元	2463526869.36	2205510600.54	11.70

数据来源：赞宇科技2014年年报

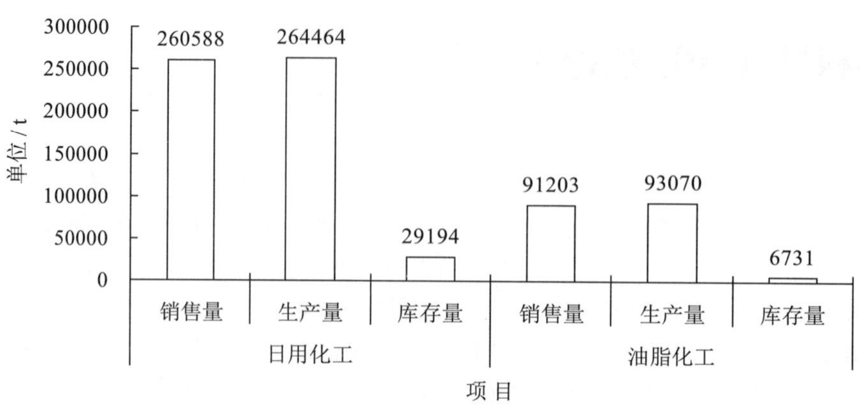

图 1　2014 年赞宇科技主要产品产销数据统计

表2　2014年赞宇科技公司综合能力指标

项目 / 报告期		2014年度	项目 / 报告期		2014年度
投资与收益	基本每股收益 / 元	0.34	盈利能力	净利润率 /%	2.19
	每股净资产 / 元	6.619		总资产报酬率 /%	3.23
	净资产收益率—加权平均 /%	5.24	经营能力	存货周转率 / 次数	5.38
	扣除后每股收益 / 元	0.30		固定资产周转率 / 次数	4.30
偿债能力	流动比率 / 倍	1.54		总资产周转率 / 次数	1.48
	速动比率 / 倍	0.79	资本构成	净资产比率 /%	59.95
	应收账款周转率 / 次	26.17		固定资产比率 /%	34.42
	资产负债比率 /%	37.17			

数据来源：巨潮资讯。

天赐材料（002709）

2014年，公司实现营业务收入7.06亿元，同比增长18.39%；实现营业利润6496.97万元，同比下降12.66%；其中实现归属于上市公司剔除非经常性损益净利润为5310.72万元，同比下降12.29%。

公司主营业务为精细化工产品的研发生产和销售，主要产品为个人护理品材料、锂离子电池材料和有机硅橡胶材料。2014年实现主营业务收入7.03亿元，同比增长18.43%。其中，个人护理品材料实现营业收入4.19亿元，同比增长20.44%；锂离子电池材料实现营业收入1.98亿元，同比增长28.17%；有机硅橡胶材料实现营业收入8635.86万元，同比下降5.61%（表1所示）。

表1　广州天赐材料2014年主要经济指标

分产品	营业收入/元	营业成本/元	毛利率/%	营业收入同比/%	营业成本同比/%	毛利率同比/%
个人护理品材料	418845650.32	305826049.05	26.98	20.44	27.22	−3.90
锂离子电池材料	197929252.71	131217693.65	33.70	28.17	41.41	−6.21
有机硅橡胶材料	86358608.48	59141799.86	31.52	−5.61	−9.04	2.58
分地区						
境　内	559962177.01	395497242.13	29.37	14.95	20.95	−3.50
境　外	143171334.50	100688300.43	29.67	34.33	41.42%	−3.53

数据来源：天赐2014年版

在客户结构调整升级方面，报告期内，锂离子电池材料业务成功拓展了SONY、比亚迪等一线客户，锂离子动力电解液继续占据市场有利地位；个人护理品材料业务除现有的宝洁、联合利华、安利和高露洁等国际大客户外，报告期内成功开发雅芳、玫琳凯等国际客户，同时通过国外经销商渠道的出口业务也获得了较大幅度的增长。

2014年，公司开发了耐高温高压、耐低温等一系列新型高性能动力锂电池电解液产品，并成功应用于公司动力客户电池产品中，新型电解质的研究取得了良好的进展。同时，公司还成功拓展了个人护理品材料在新领域的应用，如成功开发了阳离子聚合物在造纸行业的应用、表面活性剂产品在石油二次采油领域的应用、硅油产品在农药添加剂上的应用。

截至2014年年底，公司共申请专利57件，获授权专利26件，其中发明专利22件，实用新型专利1件，外观专利3件，其中2014年共获授权专利4件，全部为发明专利。

图1为主要业务产品生产、销售和库存数据统计。2014年公司个人护理产品总计生产量为4.51万t，较2013年同比增长46.78%，其中销售4.43万t，同比增长46.25%，库存量3276t。

2014 年公司净利润率为 8.72%，资产负债比率低于 20%，仅为 17.44%，成为 2014 年表面活性剂行业少有的低负债率潜力股企业（表 2 所示）。

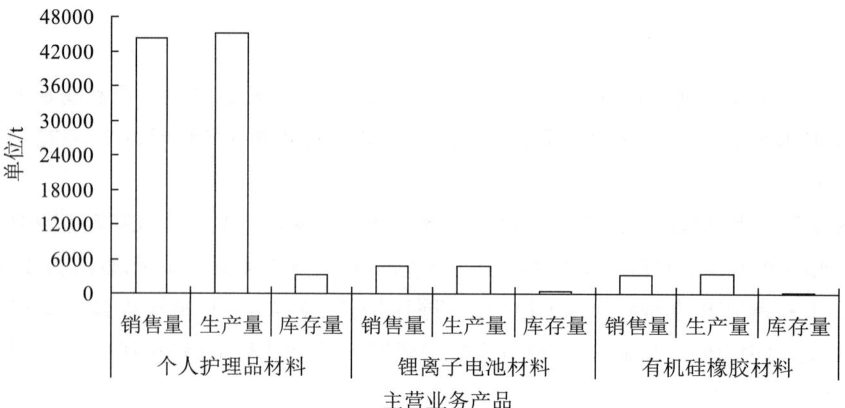

图 1　主营产品 2014 年生产、销售和库存统计

表2　2014年广州天赐材料综合能力指标

<table>
<tr><th colspan="2">项目 / 报告期</th><th>2014年度</th><th colspan="2">项目 / 报告期</th><th>2014年度</th></tr>
<tr><td rowspan="4">投资与收益</td><td>基本每股收益 / 元</td><td>0.52</td><td rowspan="2">盈利能力</td><td>净利润率 /%</td><td>8.72</td></tr>
<tr><td>每股净资产 / 元</td><td>7.0341</td><td>总资产报酬率 /%</td><td>6.76</td></tr>
<tr><td>净资产收益率—加权平均 /%</td><td>7.61</td><td rowspan="3">经营能力</td><td>存货周转率 / 次数</td><td>5.37</td></tr>
<tr><td>扣除后每股收益 / 元</td><td>0.45</td><td>固定资产周转率 / 次数</td><td>1.96</td></tr>
<tr><td rowspan="4">偿债能力</td><td>流动比率 / 倍</td><td>3.02</td><td>总资产周转率 / 次数</td><td>0.78</td></tr>
<tr><td>速动比率 / 倍</td><td>2.44</td><td rowspan="2">资本构成</td><td>净资产比率 /%</td><td>82.56</td></tr>
<tr><td>应收账款周转率 / 次</td><td>4.36</td><td>固定资产比率 /%</td><td>38.59</td></tr>
<tr><td>资产负债比率 /%</td><td colspan="4">17.44</td></tr>
</table>

数据来源：巨潮资讯。

传化股份（002010）

2014年，公司业务进展情况良好，业务规模继续保持增长。公司全年实现营业收入50.3亿元，比上年同期增长11.15%；实现利润总额3.68亿元，比上年同期增长17.72%；归属于上市公司股东的净利润2.12亿元，比上年同期增长8.19%。

营业收入的增长主要原因是公司在保持原有客户的基础上，积极争取到新的优质客户，不断扩张业务量，市场拓展效果显著，从而使公司业务规模和业绩同比增长。2014年，经营活动产生的现金流量净额同比增加271.19%，主要原因是公司货款回笼情况好且现金收款增加，承兑到期托收增加和贴现增加所致。投资活动产生的现金流量净额同比减少27.85%，主要原因是公司收购浙江传化涂料公司、浙江天松新材料股份公司支付的现金等价物增加所致。筹资活动产生的现金流量净额同比减少33.82%，主要原因是公司分配股利、偿付利息支付的现金增加所致。

从2014年传化股份控股子公司营业收入和营业利润指标来看，杭州传化化学品有限公司营业收入11.55亿元，占比24.91%，营业利润6411万元；泰兴市锦鸡染料有限公司营业收入12.77亿元，占比27.56%，营业利润1.63亿元；杭州传化精细化工有限公司营业收入8.84亿元，占比19.08%，营业利润6606万元（表1所示）。

表1　2014年传化股份子公司营业经济指标

公司名称	营业收入 / 元	营业利润 / 元	净利润 / 元
杭州传化化学品有限公司	1154687916.29	64106130.80	48367404. 66
杭州传化精细化工有限公司	884165306.03	66062086.84	60715349. 49
佛山市传化富联精细化工有限公司	228753355.47	23091429.24	19825054. 52
浙江传化合成材料有限公司	348532845.31	-123520842.02	-131054818.55
杭州传化建筑新材料有限公司	100823097.05	3127111.09	2597019. 16
传化（香港）有限公司	190478032.63	-384141.03	907545.04
泰兴市锦鸡染料有限公司	1277469106.46	163300512.98	138576981.13
浙江天松新材料股份有限公司	282156101.06	16462623.99	15696602. 59
浙江传化涂料有限公司	167546904.46	12395290.29	11243446.50

数据来源：传化股份2014年报。

2014年传化股份分产品、分地区营业收入指标见表2所示，当年印染助剂及染料营业收入29.43亿元，较2013年同比增长17.01%，毛利率超过30.53%，同比增长0.4个百分点；皮革化纤油剂营业收入11.52亿元，同比减少12.29%，产品主营毛利率为11.76%；

从主营业务收入地区分布来看，当年主要集中在华东地区，超过40.33亿元，同比增长10.11%，该地区营业毛利率也是达到了22.64%（表2所示）。

表2　2014年传化股份主要业务分产品、分地区经济指标

	主营业务收入/元	主营业务成本/元	毛利率/%	业务收入同比/%	业务成本同比/%	毛利率同比增加
分行业						
精细化工	4988791287	3877468689	22.28	11.88	10.53	0.95 个百分点
分产品						
印染助剂及染料	2943773975	2045118699	30.53	17.01	16.34	0.4 个百分点
皮革化纤油剂	1152216870	1016674841	11.76	–12.29	–13.14	0.85 个百分点
涂料及建筑化学品	545891651	424200867	22.29	10.82	8.28	1.82 个百分点
顺丁橡胶	346908791	391474282	–12.85	153.25	108.18	24.42 个百分点
分地区						
华北地区	161512865	132453900	17.99	16.7	9.82	5.14 个百分点
华东地区	4033071243	3120025201	22.64	10.11	9.71	0.28 个百分点
华南地区	555794270	426795900	23.21	9.28	3.97	3.92 个百分点
其他（包括出口）	238412910	198193688	16.87	59.54	48.94	5.92 个百分点

数据来源：传化股份2014年报。

2014 年传化股份每股收益为 0.44 元，净利润率为 4.22%，总资产报酬率为 5.09%，资产负债率为 5056%（表 3 所示）。

表3　2014年传化股份综合能力指标

项目 / 报告期		2014年度	项目 / 报告期		2014年度
投资与收益	基本每股收益 / 元	0.44	盈利能力	净利润率 /%	4.22
	每股净资产 / 元	3.7773		总资产报酬率 /%	5.09
	净资产收益率—加权平均 /%	11.70	经营能力	存货周转率 / 次数	8.04
	扣除后每股收益 / 元	0.40		固定资产周转率 / 次数	6.29
偿债能力	流动比率 / 倍	2.22		总资产周转率 / 次数	1.21
	速动比率 / 倍	1.88	资本构成	净资产比率 /%	42.12
	应收账款周转率 / 次	8.29		固定资产比率 /%	17.83
	资产负债比率 /%	50.56			

数据来源：巨潮资讯。

嘉化能源（600273）

2014 年公司实现营业总收入 33.85 亿元，比 2013 年增长 45.32%，归属于上市公司股东的净利润 5.79 亿元，比 2013 年上升 34.92%，归属于上市公司股东的扣除非经常性损益的净利润 5.34 亿元，比 2013 年增长 24.55%。

2014 年公司硫酸销售收入较 2013 年增长 14.58%；公司脂肪醇（酸）业务 2013 年 9 月投产，2014 年创造了较好运行态势，销售收入较 2013 年增长 245.97%，该业务为公司氯碱和蒸汽产业链的延伸，有效利用公司内部生产的氢气、烧碱、盐酸、蒸汽等产品，更将原本放空的氢气加以回收利用，极大地增强了产品的成本优势和竞争力。

2014 年公司主营业务收入主要还是集中在化工行业，接近 25.64 亿元，占比 76.91%，能源方面营业收入总计 7.70 亿元，占比 23.09%。具体产品来看，脂肪醇（酸）营业收入超过 13.06 亿元，占比 40.2%，氯碱占比 21.73%（表 1 所示）。

从主营产品毛利率来看，当年蒸汽产业毛利率超过 33.2%，氯碱行业毛利率为 40.45%，脂肪醇（酸）产品毛利率较低，仅为 8.03%，硫酸行业为 14.55%，邻对位为 41.26%，氢气产业毛利率为 93.8%（表 1 所示）。

综合经济指标分析，当年每股收益 0.57 元，公司净利润率为 17.11%，资产负债率超过 42.5%（表 2 所示）。不完全统计，2014 年公司脂肪醇产销量分别为 8.7 万 t 和 8.5 万 t，脂肪酸产销量分别为 15 万 t 和 6.0 万 t，其中相当一部分脂肪酸用于脂肪醇生产的自消化。消化量超过 8.7 万 t，当年公司甘油产量为 1.2 万 t，主要为脂肪酸生产副产物。

表1　2014年嘉化能源主营业务经济指标

	营业收入/元	营业成本/元	毛利率/%	营业收入同比/%	营业成本同比/%	毛利率变动/%
分行业						
能源	769877849	514209027	33.21	0.43	0.80	↓ 0.24
化工	2563838076	1958754115	23.6	65.17	90.70	↓ 10.23
分产品						
蒸汽	769877849	514209027	33.21	0.43	0.80	↓ 0.24
氯碱	706320659	420591380	40.45	5.39	–0.49	↑ 3.52
脂肪醇（酸）	1306632707	1201728887	8.03	245.97	320.12	↓ 16.23
硫酸	74731664	63861704	14.55	14.58	10.90	↑ 2.83
邻对位	360974741	212020123	41.26	16.00	16.60	↓ 0.3
氢气	32021911	1986316	93.8	9.69	–38.94	↑ 4.94

数据来源：嘉化能源2014年报，备注：↓表示减少，↑表示增加。

表2 2014年嘉化能源综合能力指标

项目 / 报告期		2014年度	项目 / 报告期		2014年度
投资与收益	基本每股收益 / 元	0.57	盈利能力	净利润率 /%	17.11
	每股净资产 / 元	2.1929		总资产报酬率 /%	12.65
	净资产收益率—加权平均 /%	33.65	经营能力	存货周转率 / 次数	13.81
	扣除后每股收益 / 元	0.53		固定资产周转率 / 次数	1.28
偿债能力	流动比率 / 倍	0.86		总资产周转率 / 次数	0.74
	速动比率 / 倍	0.75	资本构成	净资产比率 /%	57.20
	应收账款周转率 / 次	17.45		固定资产比率 /%	52.07
	资产负债比率 /%	42.65			

数据来源：巨潮资讯。

德美化工（002054）

2014年末公司总资产为26.0亿元，较去年增长14.91%；2014年末公司负债总额为8.0亿元，较去年增长49.08%；2014年末公司资产负债率为30.79%，较去年增加7.03个百分点；2014年末公司股东权益18亿元，比2013年末增加7369.36万元。

公司2014年营业总收入为12.3亿元，与去年同期增长3.74%，主要系公司英农农牧事业部的农产品实现规模销售以及濮阳市中炜精细化工有限公司（以下简称“中炜化工”）托管经营后纳入公司合并报表所致；公司2014年营业利润为1.33亿元，较去年同期下降28.67%，主要是2014年第四季度原油价格下跌，中炜化工计提了较大的存货跌价准备，同时异辛烷产品毛利下降所致；公司2014年利润总额为1.4亿元，较去年同期下降26.31%，主要是营业利润同比下降所致；归属于公司普通股股东的净利润为9576.75万元，较去年同期下降16.94%，主要原因是利润总额同比下降所致；报告期内公司实现每股收益0.30元，比上年下降0.06元，下降16.67个百分点，主要是由于归属于公司普通股股东的净利润降低所致（表1所示）。

2014年德美化工主营产品以纺织助剂为主，当年产量超过11.35万t，销量11.35万t，库存6407 t，营业收入9.16亿元，占比约75%，该产品毛利率超过43.0%（图1所示）。

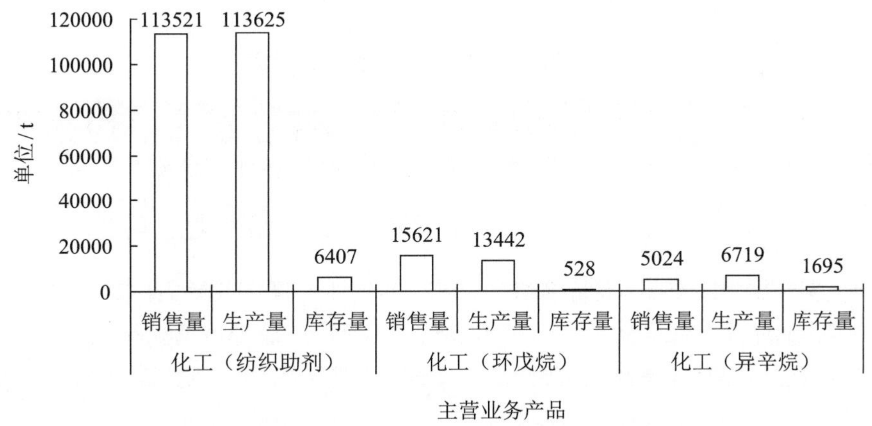

图1 2014年德美化工主营业务产品产销数据统计

表1 2014年德美化工主营业务经济指标

	营业收入/元	营业成本/元	毛利率/%	营业收入同比/%	营业成本同比/%	毛利率变动/%
分行业						
化工制造业	1171392892	743094842	36.56	−0.02	3.40	−2.09
农牧业	51708423	44930916	13.11	576.59	520.95	7.79

续表

	营业收入/元	营业成本/元	毛利率/%	营业收入同比/%	营业成本同比/%	毛利率变动/%
分产品						
纺织助剂	916183529	522255253	43.00	−5.85	−7.70	1.14
环戊烷	231066332	190851470	17.40	16.42	24.84	−5.57
异辛烷及聚氨酯类	24143031	29988119	−24.21			
农产品	51708423	44930916	13.11	576.59	520.95	7.79
分地区						
东北地区	8994402	6682877	25.70	−33.24	−38.66	6.56
华北地区	20153671	11192885	44.46	42.30	74.10	−10.15
华东地区	669864689	426885255	36.27	−5.87	−5.55	−0.22
西北地区	55622046	45693954	17.85	48.84	51.25	−1.31
西南地区	37074569	24997110	32.58	14.02	11.36	1.61
中南地区	398033496	243274703	38.88	16.02	35.90	−8.94
出　口	33358441	28486203	14.61	23.73	14.08	7.23

数据来源：2014年报。

2014 年德美化工每股基本收益为 0.3 元，净利润率为 7.8%，总资产报酬率为 3.95%，公司资产负债率为 30.79%，整体业务运行情况比较良好（表 2 所示）。

表2　2014年德美化工综合能力指标

项目 / 报告期		2014年度	项目 / 报告期		2014年度
投资与收益	基本每股收益 / 元	0.3	盈利能力	净利润率 /%	7.80
	每股净资产 / 元	4.9174		总资产报酬率 /%	3.95
	净资产收益率—加权平均 /%	6.12	经营能力	存货周转率 / 次数	4.66
	扣除后每股收益 / 元	0.24		固定资产周转率 / 次数	2.99
偿债能力	流动比率 / 倍	2.01		总资产周转率 / 次数	0.51
	速动比率 / 倍	1.65	资本构成	净资产比率 /%	61.17
	应收账款周转率 / 次	4.15		固定资产比率 /%	20.08
	资产负债比率 /%	30.79			

数据来源：巨潮资讯。

广州浪奇（000523）

2014 年，公司以建立重点项目方式强化目标的推进工作，一方面，通过电子商务、品牌推广、对外投资项目等重点项目的开展，拉动公司主营收入增长，其中电子商务销售收入同比去年增长近五倍，广东奇化化工交易中心股份有限公司销售收入超过 10 亿元；另一方面，着力推进南沙浪奇运作优化和产能提升，实现产能新突破。

2014 年广州浪奇主营业收入总计约 54 亿元，较 2013 年同比增长 32.39%，平均毛利率为 5.25%。其中工业产品主营业收入 35.6 亿元，同比增长 29.57%，毛利率为 1.17%，民用产品营业收入 18.43 亿元，同比增长 38.19%，毛利率为 13.11%，从地区毛利率来看，国内市场毛利率略高于国外，国外出口产品仅为 1.47%，低于国内近 4 个百分点。（表 1 所示）

2014 年广州浪奇每股收益约为 0.1 元，净利润率为 0.81%，总资产报酬率为 1.60%，2014 年公司资产负债率超过 64%（表 2 所示）

表1　2014年广州浪奇主营业务经济指标

	营业收入/元	营业成本/元	毛利率/%	营业收入同比/%	营业成本同比/%	毛利率同比增减/%
分行业						
日化行业	5399076036	5115863904	5.25	32.39	30.43	1.85
分产品						
工　业	3555562542	3514075754	1.17	29.57	30.43	–0.65
民　用	1843513493	1601788150	13.11	38.19	41.84	–2.23
分地区						
国　内	4891548445	4615774889	5.64	27.50	28.56	–0.78
国　外	507527590	500089016	1.47	110.06	114.40	–2.00

数据来源：广州浪奇2014年报。

表2　2014年广州浪奇综合能力指标

<table>
<tr><th colspan="2">项目 / 报告期</th><th>2014年度</th><th colspan="2">项目 / 报告期</th><th>2014年度</th></tr>
<tr><td rowspan="4">投资与收益</td><td>基本每股收益 / 元</td><td>0.099</td><td rowspan="2">盈利能力</td><td>净利润率 /%</td><td>0.81</td></tr>
<tr><td>每股净资产 / 元</td><td>2.3942</td><td>总资产报酬率 /%</td><td>1.60</td></tr>
<tr><td>净资产收益率—加权平均 /%</td><td>4.13</td><td rowspan="3">经营能力</td><td>存货周转率 / 次数</td><td>11.51</td></tr>
<tr><td>扣除后每股收益 / 元</td><td>0.093</td><td>固定资产周转率 / 次数</td><td>11.37</td></tr>
<tr><td rowspan="4">偿债能力</td><td>流动比率 / 倍</td><td>1.12</td><td>总资产周转率 / 次数</td><td>1.96</td></tr>
<tr><td>速动比率 / 倍</td><td>0.81</td><td rowspan="2">资本构成</td><td>净资产比率 /%</td><td>35.39</td></tr>
<tr><td>应收账款周转率 / 次</td><td>6.95</td><td>固定资产比率 /%</td><td>15.19</td></tr>
<tr><td>资产负债比率 /%</td><td colspan="4">64.26</td></tr>
</table>

数据来源：巨潮资讯。

联创节能（300343）

报告期内，公司“3万吨/年组合聚醚及配套聚醚多元醇项目”、“420万平方米/年硬质聚氨酯高效防火保温板项目”、子公司山东联创聚合物有限公司（原“山东态生洁能新材料有限公司”，于2014年11月27日完成名称变更）、子公司山东联创精细化学品有限公司已取得试生产手续，产品正式投产。

围绕聚氨酯前沿技术，克服技术难关，优化技术配方，全面攻克并改进了全水替代141b发泡技术，降低生产成本，提高批次稳定性，提升产品性价比。同时在聚氨酯弹性体、防水材料、特种聚醚的技术研发进行了突破性创新，形成了具有核心竞争力的拳头产品，有效支撑了公司领先的市场地位，扩大品牌的市场影响力在精细化学品、水泥添加剂、涂料等应用产品领域进行了技术创新，推出了具有竞争力的产品，高纯度的EGDA、新一代聚羧酸减水剂单体等，并在各自应用领域间获得了客户的高度认可。

2014年，公司组合聚醚产量2.44万t，销售2.38万t，产销基本持平，企业新增减水剂聚醚产量3.2万t，销量3.7万t，有效解决2013年高库存压力（图1所示）。

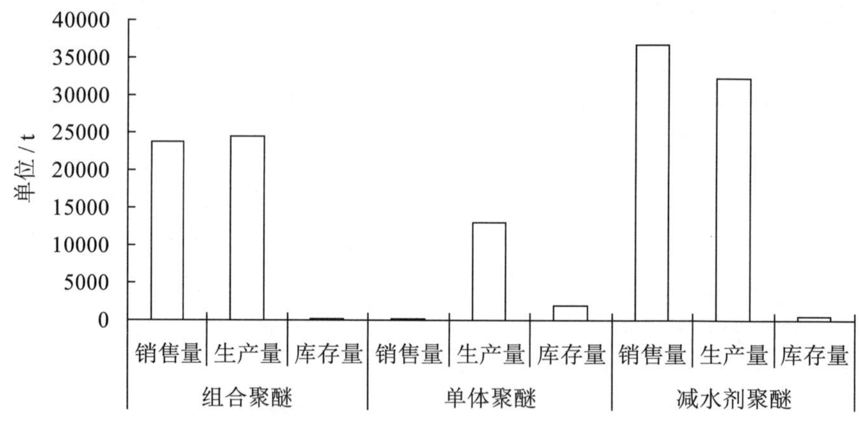

图1　2014年联创节能主营业产品产销及库存情况

2014年，公司营业收入总计8.33亿元，同比增长67.10%，主要因新增卓星化工业务所致。当年总营业成本超过7.43亿元，同比增长80.45%，营业利润1477万元，同比减少70.11%，利润总额1672万元，同比减少75.91%。

从主营业产品来看，当年组合聚醚业务收入接近2.9亿元，占比38.49%，同比减少7.5%，毛利率为15.79%，同比减少5.15%；当年公司减水剂聚醚营业收入4.05亿元，占比53.89%，为新增业务收入，毛利率为7.24%（表1所示）。

表1 2014年联创节能主营业经济指标

	营业收入/元	营业成本/元	毛利率/%	营业收入同比/%	营业成本同比/%	毛利率同比增减/%
分产品						
组合聚醚	289557286.7	243848289.5	15.79	-7.50	-1.48	-5.15
聚氨酯保温板	23712519.5	20950289.8	11.65	66.68	88.60	-10.27
工　程	33591553.9	26781878.8	20.27	-26.63	-21.45	-5.26
减水剂聚醚	405379897.1	376018556.5	7.24	100.00	100.00	100.00
分地区						
国　内	732628015.7	652255309.5	10.97	112.95	138.76	-9.63
国　外	19613241.4	15343705.1	21.77	338.69	374.91	-5.97

数据来源：联创节能2014年报。

2014 年联创节能基本每股收益为 0.08 元，净利润率为 0.77%，总资产报酬率为 0.79%，公司总资产负债率为 40.63%，负债压力情况有所缓和（表 2 所示）。

表2 2014年联创节能综合能力指标

项目 / 报告期		2014年度	项目 / 报告期		2014年度
投资与收益	基本每股收益 / 元	0.08	盈利能力	净利润率 /%	0.77
	每股净资产 / 元	5.8433		总资产报酬率 /%	0.79
	净资产收益率—加权平均 /%	1.35	经营能力	存货周转率 / 次数	12.19
	扣除后每股收益 / 元	0.06		固定资产周转率 / 次数	4.48
偿债能力	流动比率 / 倍	1.21		总资产周转率 / 次数	1.04
	速动比率 / 倍	0.97	资本构成	净资产比率 /%	51.18
	应收账款周转率 / 次	7.70		固定资产比率 /%	29.57
	资产负债比率 /%	40.63			

数据来源：巨潮资讯。

宝莫股份（002476）

2014年，公司积极应对行业形势和市场变化，大力实施市场开拓和技术创新，深入开展精细管理和挖潜增效，积极推进产业升级和战略转型，油田化学品、油气工程技术服务、油气勘探开发、环保水处理四大业务开拓进展顺利，产业协同优势和市场竞争力显著增强。公司充分发挥聚合物驱、表面活性剂驱、油水分离产品和技术优势，针对客户需求，实施针对性研发和服务，市场优势地位进一步增强。国内市场方面，进一步加强与中石化、中石油、中海油的战略合作，与中石化合作开发的耐温抗盐聚合物研发进展顺利，合营公司天津博弘年产1万t聚丙烯酰胺装置投产，中石油市场份额稳步提高，中海油聚合物驱油水分离产品现场试验取得显著效果，国内油田市场优势进一步巩固；国际市场方面，公司进一步加大海外市场拓展力度，重点开拓东南亚、中亚和北美市场，公司参与印度凯恩公司三次采油项目国际招标，通过资质审查、产品评价和商务评估，近期获得合同额为8113万美元的大额订单，占公司年度业务收入的75%，标志着公司三次采油产品和技术实施“走出去”战略取得重大突破。

2014年，公司实现营业收入6.68亿元，其中化学品收入6.05亿元，较2013年同期减少7.84%，油气工程技术服务收入6029.95万元；营业成本5.39亿元，较2013年同期减少5.20%，主要是报告期内油田用化学品销量较2013年同期有所下降（2014年销售4.44万t，同比减少10.0%）。管理费用、销售费用分别较2013年同比增长29.47%、29.78%，主要是本期合并子公司锐利能源、康贝油气费用增加所致；财务费用较2013年同期增加264.03万元，同比增长97.58%（表1所示）。

表1　2014年宝莫股份主营业务经济指标

	营业收入/元	营业成本/元	毛利率/%	营业收入同比/%	营业成本同比/%	毛利率同比/%
分行业						
化学原料及化学制品制造业	604847052	491627340	18.72	−7.84	−9.16	1.18
专业技术服务业	60299509	45832987	23.99			
分产品						
油田用化学品	456545087	360981461	20.93	−14.86	−16.99	2.03
非油田用化学品	148301964	130645879	11.91	23.52	22.88	0.46
油气工程技术服务	60299509	45832987	23.99			
分地区						
国　内	644084264	520520953	19.18	0.84	−1.03	1.53
国　外	21062297	16939374	19.57	19.93%	11.15	6.35

数据来源：宝莫股份2014年报。

2014 年宝莫股份每股净资产约为 1.66 元，基本每股收益为 0.078 元，净利润率为 7.18%，总资产报酬率为 3.86%，资产负债率为 16.85%（表 2 所示），公司的整体运行情况比较良好。

表2　2014年宝莫股份综合能力指标

项目 / 报告期		2014年度	项目 / 报告期		2014年度
投资与收益	基本每股收益 / 元	0.0783	盈利能力	净利润率 /%	7.18
	每股净资产 / 元	1.6635		总资产报酬率 /%	3.86
	净资产收益率—加权平均 /%	4.75	经营能力	存货周转率 / 次数	6.91
	扣除后每股收益 / 元	0.0528		固定资产周转率 / 次数	1.92
偿债能力	流动比率 / 倍	3.69		总资产周转率 / 次数	0.54
	速动比率 / 倍	3.40	资本构成	净资产比率 /%	74.54
	应收账款周转率 / 次	2.19		固定资产比率 /%	26.48
	资产负债比率 /%	16.85			

数据来源：巨潮资讯。

科隆精化（300405）

2014年，公司营业收入11.37亿元，同比增长13.29%，主要是公司总体销售规模上升所致；实现营业利润4015万元，同比下降30.68%；净利润3820万元，同比下降27.5%。营业收入主要集中在聚醚单体和聚羧酸减水剂，占公司营业收入总额84.87%，其中混凝土外加剂行业产销接近或超过13万t（图1所示）。

2014年，公司营业成本9.57亿元，同比增长14.78%，主要是公司产品销售总量增加，导致成本同比增加。其中，销售费用为4682万元，同比增长14.20%；管理费用3417万元，同比降低5.54%，主要是河道费和价调基金免征所致；财务费用4160万元，同比增长64.87%，主要是贷款利息增加所致（表1所示）。

2014年，公司研发投入6529万元，同比增长11.38%，主要是公司加大研发投入所致。公司经营活动产生的现金流量净额为861万元，同比增长107.62%，主要是由于销售持续增长，加大回款所致；公司筹资活动产生的现金流量净额3.06亿元，同比增长102.18%，主要是由于2014年公司上市募集资金所致。

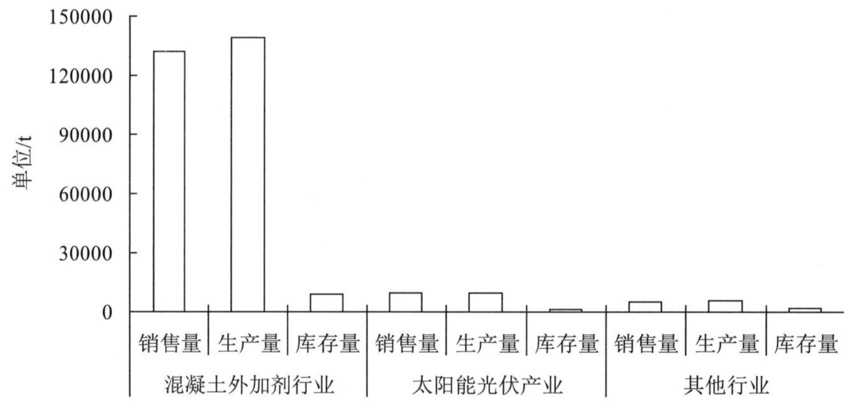

图1　2014年科隆精化主营业产品产销及库存情况

表1　2014年科隆精化主营业务经济指标

	营业收入/元	营业成本/元	毛利率/%	营业收入同比/%	营业成本同比/%	毛利率同比/%
分行业						
混凝土外加剂行业	965262043.56	805393235.32	16.56	10.24	10.77	–0.40
分产品						
聚醚单体	661979557.56	574438605.96	13.22	24.37	25.97	–1.10
减水剂浓缩液	232601061.48	183047718.35	21.30	–23.20	–24.84	1.71
分地区						

续表

	营业收入/元	营业成本/元	毛利率/%	营业收入同比/%	营业成本同比/%	毛利率同比/%
西南地区	290601258.41	245584790.93	15.49	27.36	28.06	–0.46
华北地区	233580094.53	195815467.27	16.17	5.05	6.17	–0.88
东北地区	125160885.36	97330715.89	22.24	–15.28	–17.27	1.87
华东地区	171914243.62	151399227.77	11.93	33.74	39.73	–3.78
西北地区	103316903.72	84951780.23	17.78	67.16	68.82	–0.81

数据来源：科隆精化2014年报。

2014 年科隆精化每股净资产为 9.18 元，每股基本收益为 0.71 元，净利润率为 3.36%，总资产报酬率为 3.24%，当年公司资产负债率超过 55.5%，整体运行情况比较平稳（表 2 所示）。

表2　2014年科隆精化综合能力指标

项目 / 报告期		2014年度	项目 / 报告期		2014年度
投资与收益	基本每股收益 / 元	0.7096	盈利能力	净利润率 /%	3.36
	每股净资产 / 元	9.1796		总资产报酬率 /%	3.24
	净资产收益率—加权平均 /%	9.57	经营能力	存货周转率 / 次数	7.38
	扣除后每股收益 / 元	0.6067		固定资产周转率 / 次数	7.17
偿债能力	流动比率 / 倍	1.64		总资产周转率 / 次数	0.97
	速动比率 / 倍	1.42	资本构成	净资产比率 /%	44.38
	应收账款周转率 / 次	3.96		固定资产比率 /%	14.27
	资产负债比率 /%	55.58			

数据来源：巨潮资讯。

红 宝 丽（002165）

公司主营产品包括硬泡组合聚醚、异丙醇胺、高阻燃聚氨酯保温板。公司硬泡组合聚醚产品主要应用在冰箱（柜）冷藏集装箱等领域，异丙醇胺被广泛应用在合成表面活性剂、石油天然气炼制中的脱硫剂、清洗剂、医药中间体、农药中间体、水泥外加剂、助剂等行业，高阻燃保温板主要用于建筑保温领域。

2014 年，公司通过积极拓展产品市场，所经营产品市场地位进一步巩固，公司实现主营业务收入 20.7 亿元，比上年增长 10.11 %。通过开发新产品、新技术，为老客户提供技术服务，帮助老客户降低生产成本、提高生产效率，提高了依存度，同时，开发国内国际冰箱（柜）、集装箱新客户，和国内国际著名的家电冰箱企业建立合作关系，拓展国际市场，全年硬泡聚醚实现营业收入 14.45 亿元，较上年增长 11.26%，产品出口量较上年增长 40.9%；公司加大异丙醇胺国内宣传力度，努力开拓国内市场，通过应用技术研究，拓宽异丙醇胺应用领域，取得较好的成效，同时通过调整销售策略，与优质代理商合作，国际市场销量稳中有升，异丙醇胺实现营业收入 5.9 亿元，较上年增长 12.66%。

为了拓宽聚醚产品的应用领域，开发新市场，公司在聚氨酯基地建设年产 3 万 t 特种聚醚项目，生产减水剂聚醚大单体等特种聚醚；公司拥有世界最大的异丙醇胺生产装置，产能规模为 4 万吨，为了做大醇胺产业，公司投资建设 5 万 t/ 年醇胺系列产品技改项目，生产改性异丙醇胺。

2014 年，公司主营化工产品产量 15.3 万 t，同比增长 2.99%；销量 15.5 万 t，同比增长 5.89%；库存 1.1 万 t，同比减少 17.58%。硬泡聚醚年毛利率达 16.68%，同比增长 3.66%；异丙醇胺毛利率 21.28%，同比减少 1.02%。

2014 年红宝丽每股净资产为 1.87 元，基本每股收益约合 0.17 元，净利润率为 4.39%，总资产报酬率为 5.17%，资产负债率为 41.97%（表 1 所示）。

表1　2014年红宝丽综合能力指标

项目 / 报告期		2014年度	项目 / 报告期		2014年度
投资与收益	基本每股收益 / 元	0.1728	盈利能力	净利润率 /%	4.39
	每股净资产 / 元	1.8672		总资产报酬率 /%	5.17
	净资产收益率—加权平均 /%	9.57	经营能力	存货周转率 / 次数	7.39
	扣除后每股收益 / 元	0.17		固定资产周转率 / 次数	3.02
偿债能力	流动比率 / 倍	1.37		总资产周转率 / 次数	1.18
	速动比率 / 倍	1.02	资本构成	净资产比率 /%	56.63
	应收账款周转率 / 次	6.94		固定资产比率 /%	39.54
	资产负债比率 /%	41.97			

第九章

MAIN COMPANIES AND MANUFACTURERS

主要行业企业介绍

1 浙江赞宇科技股份有限公司

浙江赞宇科技股份有限公司是专业从事日用化工、表面活性剂、油脂化工等领域研发、生产和销售的高新技术企业。前身是创建于1965年的“浙江省轻工业研究所”，2000年改制，2007年实施股份制改革，2011年11月在深交所成功上市（股票简称：赞宇科技，股票代码：002637）。长期以来，公司凭借先进的理念、科学的管理以及技术和人才的优势，坚持自主创新，走科技成果化的发展道路，在浙江乍浦、四川眉山、湖南邵阳、河北沧州、江苏镇江、广东江门等地建有生产基地，拥有 SO_3 磺化、非离子、两性及天然油脂系列表面活性剂等小试、中试和工业化装置，年销售各类表面活性剂近30万t，现已成为国内研究和生产日化表面活性剂龙头企业之一。

公司建有浙江省表面活性剂重点实验室，先后承担或完成国家创新基金、国家重点新产品、省市重大科技专项、省自然科学基金等一大批科研项目，在科研开发、科技成果转化、产品标准制修订及质量分析检测等方面成效显著。经过多年的技术研发和市场开拓，建立了遍布全国的销售网络，与国内众多知名洗涤用品、化妆用品和个人护理用品的品牌企业建立了紧密的合作关系。2014年实现营业收入25亿元。

公司将继续以国际先进水平为标准，坚持“科技领先，行业领先”的发展战略，以绿色、环保的天然油脂基表面活性剂为主攻方向，以高市场占有率、高附加值为目标，成为表面活性剂行业国际知名整体解决方案供应商。

联系方式：

地址：杭州市西湖区古墩路702号

电话：0571-87811813

传真：0571-87830983

邮箱：sales@zzytech.com

网址：www.zzytech.com

2 北京道融科技有限公司

北京道融科技有限公司是一家以销售为龙头、管理为基础、质量为生命、技术为核心的科技型技术企业。公司业务涉及个人护理、家居护理、汽车清洁护理、纺织、涂料、食品等行业。

凭借多年的客户基础，专业的产品知识，敏锐的市场洞察力，将国内外的最新技术及产品不断引进和整合创新，致力于向客户提供更高品质、独具特色的原料，以提高客户产品的质量与竞争力，为客户赢得市场创造条件。同时，公司不断寻求新的合作，开拓新的市场模式，持续为客户创造最大价值。

公司技术服务中心设有开放性实验室，试验设备完善，能随时为客户提供成熟的参考配方，解决生产技术问题，提供最新最快的国内外资讯。

公司建立了科学的管理系统及一系列完善的服务体系，拥有一批素质高、专业精通、经验丰富的销售团队，加上灵活的经营方式，致力为客户提供快捷、高效、稳定、可靠的服务。

主营产品：

（1）日化、化妆品、清洗方面技术问题解决方案。

（2）特殊技术性能的化学用品：醇醚糖苷（AEG）、增稠剂、阳离子表面活性剂、ACUSOL系列表面活性剂、EVONIK（赢创）产品、CRODA（禾大）产品、SNF（爱森）产品、STEPAN（斯泰潘）产品、DOW（陶氏）产品。

联系方式：

地址：北京市朝阳区来广营东路98号

电话：010-64313556

网址：www.daoron.com

3 上海孚凌自动化控制系统有限公司

上海孚凌自动化控制系统有限公司坐落于上海市漕河泾高新技术松江园区，是专业从事自动化仪器仪表制造加工、欧美先进自控仪器仪表及控制系统工程项目实施的高新技术企业。

公司自2002年9月成立以来，秉着“真诚、专业、努力、创新”的企业理念，一直处于高速健康发展中。通过与EMERSON和ABB、E+H等自控优秀企业深入合作，提升企业管理水平，研发创新，在竞争激烈的仪器仪表领域，形成了孚凌独特的产品体系及自控解决方案。

作为专业的工业自动化仪表生产制造商和进口仪器销售工程商，公司在全国都设有市场营销及服务人员，提供有完善的服务体系，能够快速响应客户需求。产品在日用化工，纺织化纤，城市燃气及供暖，市政水务，食品制药等行业被广泛应用，整体自动化解决方案获得用户一直认可。

主营产品：265系列高端压力变送器，H&B高温高真空吹气液位计，温度仪表，一体化差压流量整体解决方案。

公司为Emerson、ABB的中国市场首席自动化销售商，提供的主要产品为压力变送器、温度变送器、流量测量产品（包括高准质量流量计）、界面/液位测量产品、分析仪器、WinCS/ ABB-Bailey过程控制系统等，同时也可提供特殊工况的自动化产品。

联系方式：

地址：上海市松江区沈砖公路5398号7幢

电话：021-61372330

传真：021-61372358

网址：www.fl-automation.com

4 广州市浪奇实业股份有限公司

广州市浪奇实业股份有限公司（简称：广州浪奇，股票代码 000523），创立于 1959 年，是我国知名的洗涤用品企业。总部设在广州，公司业务覆盖资产管理、优质产品供应、现代服务业等业务。

一直以来，浪奇人以“浪尖搏击、奇兵制胜”的创业精神艰苦奋斗，公司已成长为年销售收入超 54 亿元，拥有“浪奇”“高富力”2 个“中国驰名商标”的知名企业。

广州浪奇公司重技术创新，不断完善自主研发机构的能力，提高科技水平。2013 年获得认定为国家级企业技术中心，获批设立博士后科研工作站、国家认可实验室，或认定为高新技术企业、广东省创新型企业。先后获得各级科技进步奖多项。这些科研成果的取得，有力地强化了公司技术领先的行业先进地位，保证了企业在剧烈竞争的市场之中的竞争优势。在中国改革开放经济发展大潮中，广州浪奇公司以自身的科技进步发展为民族日化洗涤行业树立了榜样。

浪奇公司拥有南沙、韶关、辽阳、重庆等多个日化产品生产基地，具有 50 万 t 洗衣粉、50 万 t 液体洗涤剂的生产能力，客户包括多个知名跨国企业。通过上下游业务的整合，体现产能成本最优，打造有全球竞争力的全球日化 OEM 产品供应基地。其中南沙日化生产基地于 2012 年底全面建成，占地 81865 平方，工程总投资 4.5 亿元，致力于提供环保、安全、节能的绿色日化优质产品制造服务。

浪奇更拥有日化行业最完整的磺化试验装置等绿色日化原料和产品中试装置，致力于为消费者提供环保、安全、节能的绿色日化产品。工厂拥有和租赁五套磺化装置，是华南地区最大的磺化产品供应商。通过奇宁公司，引进美国 CHEMITHON 公司 5 t / h MES 生产设备，是中国国内唯一的 MES 优质全产品供应商，2012 年 6 月投产后，已为 MES 产品实现国内日化行业和其他行业应用奠定了良好的基础。

2015 年浪奇站在新历史起点，浪奇人将继续以“浪尖搏击、奇兵制胜”的激情和勇气，以市场为导向，以客户为中心，创新思路，谋求发展，继续谱写新的篇章。

主营产品：脂肪酸甲酯磺酸钠（MES）、脂肪醇聚氧乙烯醚硫酸钠（AES）、十二烷基硫酸钠（28% K12）、十二烷基苯磺酸（LAS）、民用洗涤剂、个人护理产品、工业清洗产品等。

联系方式：

地址：广州市黄埔大道东 128 号

电话：020-82161128

传真：020-82162986

网址：www.lonkey.com.cn

5 德源（中国）高科有限公司

德源（中国）高科有限公司是马来西亚一家历史悠久的大型集团企业，由 70 多家跨行公司组成，主要涉及资源基础工业、非资源基础工业、农业、贸易等行业，拥有大片的可可、橡胶、棕榈种植园，具备很强的资金实力和较高的科技开发水平。公司总部位于马来西亚

Sabah(沙巴)州。

德源公司订购了目前全球同行业技术水平领先的德国鲁奇公司的设备，采用先进的蜡脂处理技术，保证了项目工艺的先进性和产品质量的稳定性，此项目的实施在工艺和设备上填补了国内空白，处于全国领先地位。

德源公司在江苏如皋港经济开发区投资2亿美元建设生产多功能表面活性剂的工厂。工程分二期建设，一期工程建设年处理13万t棕榈仁油的工厂，年生产13万t脂肪酸和10万t天然脂肪醇，同时联产1.7万t医药级高含量甘油及5万t级蜡酯；二期工程建设生产醇醚和醇醚硫酸盐等化学品的装置，全部以一期工程生产的脂肪酸和脂肪醇为原料。

主营产品：脂肪醇、脂肪酸、水解甘油、天然蜡酯。2014年德源（中国）高科公司脂肪醇产销量分别为7.0万t和7.5万t，脂肪酸产销量分别为9.3万t和2.1万t，水解精制甘油产销量分别为1.2万t和1.5万t，脂肪醇装置年平均开工率超过70%。

联系方式：

地址：如皋港经济开发区德源路1号

电话：0513-87589955

传真：0513-87583388

邮箱：webmaster@teckguan.com

网址：http://www.teck-guan.com

6 广州市椰氏化工有限公司

广东椰氏实业股份有限公司成立于2013年，注册资本金5000万元。公司位于珠三角黄金海岸东侧的东莞立沙岛精细化工园区，占地约3.8万平方米，设有各种中大型生产设备和完善的理化实验室，是华南地区一家专门从事优质绿色表面活性剂研发、生产和销售的综合型企业。公司下设广州市椰氏化工有限公司、椰氏（广东工业大学）绿色生物化学品研发中心。

广州市椰氏化工有限公司创办于2003年，是我国拥有首套自主知识产权的超大型烷基醇酰胺生产装置研发企业，拥有我国华南地区最大的烷基醇酰胺生产基地，“椰氏”、“YESER”、“PKDE-90”等系列产品畅销海内外，主要包括烷基醇酰胺（6501系列）、椰油酸单乙醇酰胺（CMEA系列）、椰油酰胺丙基氧化胺（CAO系列）、椰油酰胺丙基甜菜碱（CAB系列）等。公司拥有多项专利及科研成果，下设“椰氏（广东工业大学）绿色生物化学品研发中心”，并通过ISO9001、ISO14001、GB/T28001等体系认证，多次荣获中国化工学会精细化工专业委员会“质量过硬产品”、广州进出口交易会“优质供应商”等荣誉称号。

主营产品：6501系列、CMEA系列、CAB系列、CAO系列、乙醇胺贸易等。

联系方式：

地址：广州市天河区岑村花果山一号

电话：020-87239938

传真：020-87239938

网址：www.yeser.com.cn

7 泰柯棕化（张家港）有限公司

泰柯棕化（张家港）有限公司成立于2004年1月，是马来西亚吉隆坡甲洞集团（简称“KLK OLEO”）独资公司，总投资为11000万美金。KLK OLEO是马来西亚著名的跨国种植集团，其历史可以追溯到1906年，发展至今已经有一百多年的历史，在吉隆坡股票交易所上市，KLK OLEO在2006年已经拥有种植总面积超过19万公顷，其多元化经营涉及制造、零售和房地产。制造业包括油脂化工、香皂、维生素、乳胶家用手套、镶木地板、可可产品及精细化工等。

泰柯棕化（简称“TPO”）是中国领先的油脂化工制造商之一，工厂坐落于江苏张家港扬子江国际化学工业园，拥有先进的技术装备。TPO采用绿色、环保的可再生资源——棕榈油、棕榈仁油及椰子油等。它的系列产品包括蒸馏脂肪酸、油酸、硬脂酸、高纯度分馏脂肪酸、甘油及皂基等。产品广泛应用于日化行业、保健和医药、涂料、纺织、造纸、食品和饲料、冶金、塑料、燃料和能源、农化及采矿业，产品畅销海内外。

TPO现年产量达15万t，目前公司正在筹建二期项目，预计2015年上半年完工，建成后年产量达30万t，将成为世界上主要的油脂化学品生产基地。

联系方式：

地址：扬子江国际化学工业园长江路60号

邮箱：tpohr2@klkoleo.com.cn

传真：0512-82592028

网址：www.klkoleo.com/

8 安庆市中创技术工程技术有限公司

安庆市中创工程技术有限责任公司成立于1996年，专业从事高端磷脂产品生产、研发及成套磷脂工程设计、设备制造、安装调试。

公司专心致力于打造高端磷脂系列产品和磷脂生产线，并与上海、郑州等多家高校展开技术合作，对扩大高端磷脂的使用范围，提升使用效果等方面进行更深层次的研究。

利用先进的生产设备和雄厚的技术力量为依托，以严格的生产管理与品质控制做保证，公司将发展“中创”品牌高端优质磷脂视为终身目标。

联系方式：

地址：安庆市大桥经济开发区纬五路

邮编：246003

电话：0556-5185188/5185186

传真：0556-5592161

邮箱：ahwfh@163.com

网址：www.aqzcgc.com.cn

9 腾辉油脂化工有限公司

腾辉油脂化工有限公司始建于2005年5月，经过多年的发展，目前已建成全国主要的半饱和脂肪酸生产基地。油脂综合加工能力6万t/年，年产脂肪酸2万t，脂肪胺、季铵盐系列产品3万t、甘油5000 t、脂肪酸钠皂20万t。产品广泛应用于矿山浮选、塑料、橡胶、印染、日化、医药、沥青、制蜡、石油化工等行业。

多年来，公司深入贯彻落实科学发展观，持续强化内部管理，积极开展节能减排，努力创建资源节约型和环境友好型企业，认真履行企业的经济责任、政治责任和社会责任。公司奉行“以市场为先导，以客户为中心”的经营理念，产品倡导绿色环保，“追求卓越品质，满足客户需要”是公司永恒的目标。

公司注重新工艺、新技术、新产品的持续创新发展，与国内化工院校及多家科研机构建立了良好的合作关系。公司在国内已建立起完善的市场营销网络，同时配套供应齐鲁石化公司橡胶厂脂肪酸、脂肪酰胺等产品。

公司致力于海外市场的开发与拓展，同多家国际知名企业建立良好合作关系，与新西兰Gardner Smith NZ Ltd，美国第三大油品及能源供应商Gavilon Group，LLC达成战略合作伙伴关系，同年被美国油类化学家学会（American Oil Chemists' Society（AOCS））吸纳为会员单位，同时加拿大油脂熔炼产业著名的西岸熔炼、Rothsay、Sanimax、Cargill等公司也先后与腾辉公司在技术与商务方面进行了深度交流并达成合作意向。

联系方式：

地址：山东省淄博市齐鲁石化橡胶厂西邻

电话：0533-7509688

传真：0533-7509288

邮箱：zbthhg999@163.com

网址：www.zbtenghui.com

10 成都科宏达科技有限公司

成都科宏达科技有限公司是一家专业生产表面活性剂、消毒剂原料和油田助剂的生产企业，公司占地23000m^2，拥有生产、行政及研发大楼面积16000 m^2，公司通过了质量管理体系ISO9001:2008、环境管理体系ISO14001:2004和职业健康安全管理体系OHSAS18001:2007三大管理体系的认证，消毒剂原料车间通过了农业部GMP认证。经过十二年的发展，已成为表面活性剂、功能性精细化学品和消毒剂原料的专业制造商。

主营产品列表

商品名称	化学名称	CAS No.	规格
KHD411-LHSB	月桂酰胺丙基羟磺基甜菜碱	13197-76-7	35%
KHD404-芥酸酰胺丙基甜菜碱	芥酸酰胺丙基甜菜碱		35%

续表

商品名称	化学名称	CAS No.	规格
KHD403-油酸酰胺丙基甜菜碱	油酸酰胺丙基甜菜碱		35%
KHD306-1831	十八烷基三甲基氯化铵－硫酸盐型\氯型\溴型	112-03-8	70%
椰油酸甲基单乙醇酰胺	椰油酸甲基单乙醇酰胺		95%
KHD415-LAO	月桂酰胺丙基氧化胺	61792-31-2	30%
KHD414-CAO	椰油酰胺丙基氧化胺	68155-09-9	30%
KHD413-DSB	十二烷基二甲基羟磺基甜菜碱		35%
KHD411-CHSB	椰油酰胺丙基羟磺基甜菜碱	501-30-4	35%
KHD410-BS-12	十二烷基二甲基甜菜碱	683-10-3	30%
KHD416-OA-12	十二烷基二甲基氧化胺	1643-20-5	30%
KHD402-LAB	月桂酰胺丙基甜菜碱	4292-10-8	35%
KHD401-CAB	椰油酰胺丙基甜菜碱	61789-40-0	35%
KHD332-双癸基二甲基氯化铵	双癸基二甲基氯化铵	230-525-2	50%，70%

联系方式：

地址：四川省成都市新津县金华镇新材料产业功能区新材24路

电话：028-82511760

传真：028-82515978

网址：www.kehongda.com

11 南京良友化工有限公司

南京良友化工有限公司专业生产、经营羧甲基纤维素钠（CMC）、聚阴离子纤维素（PAC）等纤维素系列化工产品，广泛应用于石油开采、牙膏、日用化工、纺织、造纸和电子等轻工行业。纤维素系列产品（CMC、PAC）具有高纯度、超低黏度等特点，耐酸、抗盐、抗高温等优良性能。生产基地坐落在中国江苏，年产量1.2万t。长期合作客户有中国石油公司、几家美国龙头石油服务公司以及世界各地的石油钻井液服务公司。

主营产品：钻井石油开采用聚阴离子纤维素PAC、蚊香用CMC、陶瓷用CMC、造纸用CMC、牙膏用CMC、洗涤剂/纺织用CMC、钻井泥浆用CMC等。

联系方式：

地址：江苏省南京市江宁经济技术开发区双龙大道1008号

电话：025-52103259

传真：025-58325099

邮箱：sales@cmcpac.cn

网址：www.cmcpac.cn

12 广州市东雄化工有限公司

广州市东雄化工有限公司成立于1994年，是国内较早致力于研发、生产化妆品原材料的专业生产厂家之一。经过近20年坚持不懈的探索与创新，秉承“随需应变、创新价值”的经营理念，如今，广州东雄已经发展成为一家年产量达数万吨的精细化工生产企业。通过不断的优化产品结构，公司已经拥有了膏霜乳化剂、高分子硅油、阳离子聚合物、温和表面活性剂、丙烯酸共聚物（卡波姆以及定型胶浆）等系列旗舰产品，广泛应用于洗发护发、护肤洁肤、头发定型以及面部彩妆等产品中。自2008年开始，公司在稳固国内市场的基础上大力拓展国外市场，至今，产品已经销往三十多个国家和地区。

主营产品：高效乳化剂、硅氧烷系列、阳离子调理剂、丙烯酸酯聚合物、温和表面活性剂、特色添加剂、高效防腐剂等。

联系方式：

地址：广州白云区竹料大罗村飞来岭8号

电话：020-87481635

传真：020-87481639

邮箱：gzdxchem@163.com

网址：www.dxchemical.com.cn

13 华界化学（上海）有限公司

华界化学（上海）有限公司成立于2003年，是由台界化学工业股份有限公司100%投资的外商投资企业，总投资资本额为2500万美元，厂址位于上海市金山第二工业区（邻近上海石油化工股份有限公司），占地约65000平方米，设计产能年产非离子表面活性剂50000 t；高效能化学助剂20000 t。

华界化学（上海）有限公司作为专业的原料化学品生产供货商，并依托台界化学是台湾信誉专门研究制造表面活性剂与特用化学品的科技公司，拥有专业研发团队与遍及全球行销网。多年来创造出无数的优良产品，为客户提供了便利与高附加价值的产品组合。这些高效能的产品被广泛地运用在各式各样的工业上，成为日常生活中不可或缺的一部分。

主营产品：阳离子表面活性剂、非离子表面活性剂、印染助剂用原料化学品、日化品用表面活性剂、农业用助剂、塑胶机橡胶用添加剂、土木建筑用助剂、电子工业用化学品、光伏产业化学品等。

联系方式：

地址：上海市金山区金山第二工业区春华路111号

电话：021-67262323

传真：021-67261137

邮箱：sinosurfactant@sinosa.net

网址：www.sinosa.net

14 北京洛娃日化有限公司

洛娃集团成立于1994年，是一家集日化、食品、旅游地产三大产业于一体的多元化企业集团。2002年至今连续十余年被认证为“高新技术企业”，是北京市重点企业、全国文明单位、首都文明单位标兵。洛娃集团的产业集群现已延伸到资源产业，并形成了平行于洛娃集团的另一独立经济实体——紫铜矿业。

自创立以来，洛娃集团始终将实业报国作为企业使命，从关乎国计民生的基础产业做起，本着保护环境、造福社会的经营理念，坚持以科学发展观为指导，致力于构建全面、协调、可持续发展的产业格局，注重对能源、资源、环境的科学利用与开发。洛娃集团以科技为先导，以创新推动产业进步，不断加大产品科技含量，增强企业竞争力，致力于为客户提供绿色、环保、健康的高科技产品和服务。目前各产业已先后有多项产品填补国内空白，共有9项成果被列入全国和北京市火炬计划，5个项目被列入北京市重大科技成果推广计划。

作为洛娃集团的创始产业，洛娃日化以“低碳、绿色、环保、健康”作为产品的基本理念，在国内首家提出了环保洗涤用品概念，旗下的洛娃皂粉成为中国首个获得环境标志认证的洗涤产品。洛娃日化致力于环保型洗涤用品的开发和生产，目前已形成了五大系列，上百个种类的产品，销售网络遍及全球，产品远销欧洲、中东、非洲等地。连续十余年被评为“高新技术企业”

联系方式：

地址：北京市朝阳区利泽中园2区203号洛娃大厦

电话：4006006955

传真：010-64391010

邮箱：office@luowa.com

网址：http://www.luowa.com

15 琪优势化工（太仓）有限公司

琪优势化工（太仓）有限公司（以下简称“琪优势”）是由新加坡伟东化工私人有限公司投资的生产企业，全部股份由印度尼西亚三林集团和韩国梨树化学株式会社持有，各占50%。公司成立于2009年12月份，注册资本3800万美元，主要从事烷基苯的生产和销售业务。

公司股东之一的梨树化学株式会社成立于1969年，是韩国唯一的综合烷基苯生产商，年产能18万t，居世界前五名，其优质的产品质量闻名于全球。同样，在安全生产和环境保护方面，梨树化学也处于世界领先水平。梨树化学可为琪优势的生产和发展提供充足的原料和生产技术上的大力支持。

另一股东印尼三林集团是一家多元化的跨国公司，其业务涵盖食品、农业、房地产、基础设施建设、通信和化工等多个领域。其投建洗涤剂工厂遍布印尼、马来西亚和新加坡，其中，洗衣粉、液态和糊状洗涤剂的年产能合计46万t，磺化能力年产8万t。

琪优势坐落于江苏省太仓市太仓港港口开发区，占地面积100亩，引进了世界先进的烷基苯生产技术，一期项目于 2012 年投产，年产能 10 万 t/ 年烷基苯。

联系方式：

地址：江苏省太仓市太仓港港口开发区滨江南路 11 号

电话：0512-33019082

传真：0512-53599019

邮箱：jamesxu@gocchina.com

网址：www.gocchina.com

16 中日合成化学

中日合成化学系国内主要合资表面活性剂专业制造商，由日本三共株式会社与国内的中国化学制药及大胜化学工业公司于 1970 年集资成立。1982 年公司投资在高雄林园石化工业区扩建 EOD 合成工厂，专业生产表面活性剂。

产品主要应用：举凡纤维 / 纸浆 / 合成橡胶 / 合成树脂工业和农药工业、食品工业、化妆品工业、金属工业、土木建筑业、畜牧业、皮革等工业领域。产品大致可分为非离子型、阴离子型、阳离子型、两性离子型、配合型，以及聚乙二醇、聚丙二醇和乙二醇醚八大类。公司于 1991 年增资设立乙二醇醚制造设备，生产高沸点的特殊溶剂。于 2005 年扩增产能及提升技术水平，将原先的工业级制品延伸至电子级产品，满足业界多样化与高层次需求。

公司于 1997 年取得 ISO-9002 制成品保体系验证，2000 年取得 ISO-9001 品质管理系统验证。另于 2006 年取得 ISO-14001 环境管理系统以及 2007 年取得 OHSAS-18001 职业安全卫生管理系统二项验证。

联系方式：

地址：台北市中正区仁爱路二段 99 号 14 楼

电话：+886 (0)2-2396-6223

传真：+886 (0)2-2341-4628

邮箱：service@mail.sjc.com.tw

网址：www.sjc.com.tw

17 杭州碱泵有限公司

杭州碱泵有限公司成立于 1958 年，总部位于中国杭州，坐落在美丽的西子湖畔，是中国化学工业部化工流程泵的定点生产基地，是国内规模较大、技术先进、设备齐全的化工耐腐蚀泵专业生产企业。

生产许可证号 XK06-216-01180，1995 年通过 ISO9002：1994 标准认证，2002 年通过 ISO9001：2000 标准认证。2003 年又被杭州市政府授予首批《优质信用企业》，是杭州市市级先进企业，企业资信等级为 AAA 级，连续 12 年被评为“重合同、守信用”单位。2005 年获得杭州市名牌产品荣誉称号，公司列入杭州市政府重点扶持成长型企业；2005 年通过计量检测体系二级确认；2006年企业标准化良好的行为通过AAA确认；2006年被评为浙江省高新技术企业，浙江省劳动保障诚信单位，杭州市职业卫生管理示范企业。

公司研制的各种耐腐蚀泵，具有良好的抗酸、抗碱强腐蚀以及抗磨介质的性能。公司研制的IJ系列耐腐蚀泵是国家级重点新产品，曾获得中国机械工程学会泵专业委员会颁发的化工流程泵推荐产品证书，中国新技术新产品博览会金奖，浙江省优质泵等荣誉证书。产品广泛应用于化工、石油、化肥、化纤、矿山、冶金、制药等行业，用以安全、高效输送高温、低温、易燃、易爆、剧毒及含有悬浮物的液体。

联系方式：

地址：杭州市西湖区三墩镇西湖科技园西园五路12号

电话：0571-89905601

传真：0571-89905602

邮箱：sales@alkalipump.com

网址：www.alkalipump.com

18 淮南华俊新材料科技有限公司

淮南华俊新材料科技有限公司是安徽省高新技术企业，是以表面活性剂和聚丙烯酸系列聚合物的研发、生产、销售于一体的企业，产品广泛应用于日化、石油开采、水处理、农药助剂、水性涂料、金属加工液等多个领域。

凭借着公司自身强大的科研及技术开发实力，公司已成为国内阳离子及两性表面活性剂生产品种齐全的企业。公司已通过ISO9001:2008国际质量管理体系认证，确保了公司能为各界客户提供提供质量更为可靠的产品和服务。

主营产品：十八烷基二甲基苄基氯化铵、芥酸酰胺丙基三甲基氯化铵、油酸酰胺丙基三甲基氯化铵、十二烷基三甲基氯化铵(1231)、十六烷基三甲基氯化铵(1631)、十八烷基三甲基氯化铵(1831)、十六烷基甲基酰胺丙基氯化铵（PATC）、油酸酰胺甲基羟乙基氯化铵、十二烷基苄基氯化铵（1227，洁尔灭）、油酸酰胺丙基甜菜碱、芥酸酰胺丙基甜菜碱、十六烷基羟磺甜菜碱、辛癸酸酰胺丙基甜菜碱、牛脂基羟乙基氯化铵、十二烷基甜菜碱（BS-12）、月桂酰胺丙基甜菜碱(LAB)、椰油酰胺丙基甜菜碱(CAB)、二十二烷基酰胺甜菜碱、硬脂酰胺丙基二甲胺(S-18)、珠光片（乙二醇硬脂酸酯）油酸二乙醇酰胺、非离子瓜尔胶、易分散汉生胶、改性纤维素等产品。

联系方式：

地址：上海市沪闵路7580号

电话：021-34226176

传真：021-54142863

邮箱：cwdzwsh@163.com

网址：www.huajunchemicals.com/

19 山西山大合盛新材料股份有限公司

山西山大合盛新材料股份有限公司系山西大学参股校办企业，对外简称“山大合盛”，是集聚醚单体、混凝土外加剂的研发、生产、销售、技术服务于一体的专业化、技术创新型化工建材企业，年生产能力12万t，拥有稳定的销售网络和完善的服务体系。公司创建于2009年，总部位于山西省会太原市国家级高新技术开发区，生产基地分别设在山西太原和河北邢台，目前已在新疆、重庆、内蒙古、安徽、江苏等地成立了子公司。公司现为山西省国家级高新技术企业、中国混凝土外加剂协会理事单位，现有员工70余人，其中教授级专业技术顾问6名，本科以上学历人员32名（其中研究生以上学历人员16名），发表研究论文10余篇，在聚羧酸减水剂生产工艺技术方面具有自主知识产权（申请国家发明专利9项，已取得专利证书6项），在全国混凝土外加剂行业、特别是外加剂生产工艺技术研发领域享有崇高的声誉和良好的口碑。

“山大合盛”通过聚集社会精英、联合同行伙伴，聚合山西大学、中北大学、中国日用化学工业研究院等知名高校及科研院所的科研力量，专业从事聚合反应（高分子表面活性剂——混凝土减水剂新产品技术）的研究与开发，并将其科研成果直接转化为聚合工艺技术，全部应用到聚羧酸减水剂生产实践中，已经实现从大单体制备到聚羧酸产品聚合生产线的自动化控制，能够独立完成从原材料到半成品、成品的各项质量检测，公司已获得ISO9001国际质量管理体系认证，相关产品通过了国家CCC强制性认证和国家铁路产品认证（CRCC），产品的技术含量和性价比不断提升，产品质量达到国际领先水平。目前公司自主研发的高性能甲代烯丙基聚氧乙烯醚大单体(聚醚单体)及聚羧酸盐减水剂,已经广泛应用于建筑、水电、桥梁、道路等领域，产品覆盖华北、西南、新疆、长江沿岸等地区。

联系方式：

地址：山西太原高新区振兴街11号

电话：0351-7675118

传真：0351-7675113

网址：www.sxhsbt.com

20 上海发凯化工有限公司

上海发凯化工有限公司是中国日用化学工业研究院实施“产业化”战略，于2006年5月在上海市金山区成立的有限责任公司，集研发、生产、销售、服务为一体，旨在把中国日用化学工业研究院的技术优势转化为产业优势。公司以“绿色、安全、环保”为使命，重点生产、销售烷基糖苷（APG）系列非离子表面活性剂、醇醚羧酸盐（AEC）系列阴离子表面活性剂、咪唑啉系列两性表面活性剂等有市场前景的新型绿色系列产品。

公司拥有年产15000 t烷基糖苷、1000 t醇醚羧酸盐和2000 t咪唑啉的生产装置，占地14441m^2、拥有12046m^{2}的建筑，通过了质量管理体系ISO9001：2008、环境管理体系

ISO14001:2004 和职业健康安全管理体系 OHSAS18001:1999 三大管理体系的认证，2008 年年底公司首次荣获了上海市高新技术企业，2009 年又新增了自主进出口经营权，产品出口欧、美、澳大利亚、东南亚等国家及台湾地区，通过了欧盟 REACH 、ECOCERT 、COSMOS 等化学物质及绿色化妆品原料等认证。

主营产品：烷基糖苷系列产品（APG）、咪唑啉系列两性表面活性剂、无盐型两性咪唑啉羧甲基型两性咪唑啉、FC–06 强耐碱表面活性剂、FC–39 和 FC–40 两性表面活性剂、FC–41 强耐碱表面活性剂、FC–12 型多功能阳离子表面活性剂、醇醚羧酸盐（AEC）和依捷邦 A 等。

联系方式：

地址：上海市金山区亭林镇林宝路 318 号

电话：021–67231369

传真：021–37910201

邮箱：sales@shfinechem.com

网址：www.shfinechem.com

21 中轻日化科技有限公司

中轻日化科技有限公司是国资委重点支持的国有企业，隶属中国轻工集团公司，于 2011 年 11 月正式成立，承担年产 20 万 t“非离子表面活性剂产业化示范基地建设项目”。地址位于上海市精细化工产业园区，占地 91 亩，一期建设规模为 10 万 t/ 年，总投资为 3.3 亿元，计划 2015 年中期投入生产，公司人数达到 100 人左右。公司引进先进的美国 HH 喷射式乙氧基化反应装置，采用先进的 DCS 集散控制系统，SIS 仪表系统以及 MTL 安全栅，实现全自动化控制。公司产品是国家认定的重点新产品，获得多项国家发明专利及各级科技进步奖，技术优势明显。其中 FMEE、油脂乙氧基化物、改性油脂乙氧基化物等绿色表面活性剂工业化产品和制备技术首次在示范基地投入工业化生产和示范。

目前公司拥有两套 4.5 万 t 进口乙氧基化装置和 1 套 1.0 万 t 国产装置，主要产品包括脂肪醇醚、油脂乙氧基化物、改性油脂乙氧基化物、脂肪酸甲酯乙氧基化物等。

联系方式：

地址：上海市金山区远望路 1 号

电话：021–60277200

传真：021–60277200

网址：http://www.slsac.cn

22 中国三江精细化工有限公司

中国三江精细化工有限公司（股票代码：HK2198），公司成立于 2003 年 9 月，旗下拥有三江化工有限公司及嘉兴永明石化有限公司，注册资金为 22745 万美元，占地面积为 600 亩，公司现有员工 490 余人。2012 年公司工业实现总产值 24 亿元，净利润 4.6 亿元，上缴税金 5.1 亿元。

公司目前已建成引进美国科学设计公司（SD）公司专利技术的环氧乙烷装置四套，年生产28万t/年环氧乙烷(EO),引进德国TGE公司技术建设的20000Nm^{3}低温乙烯贮存装置二套。建有20万t/年非离子表面活性剂装置，6000Nm^3/h空分装置二套，4000Nm^3/h氮气液化装置二套，5万t/年二氧化碳装置及公用配套设施。

三江化工有限公司与韩国Honam石油化学株式会社合资项目10万t EO/年和配套的18000Nm^3/h空分装置已于2012年9月28日投料开车。

公司投资建设的甲醇制烯烃项目（MTO）180万t/年项目（浙江兴兴新能源有限公司）于2012年10月18日举行了开工奠基仪式，目前已进入土建施工阶段。浙江三江化工新材料有限公司38万t EO/EG/年项目，长周期设备已开始采购招标，计划2014年年底至2015年投产。新建的20万t/年表面活性剂项目也已开工建设，2014年年底投产。

主营产品：环氧乙烷、表面活性剂、表面活性剂加工服务。

联系方式：

地址：中国浙江省嘉兴港区平海路

邮箱：chenx@jxsjchem.com

电话：0852-28516511

传真：0852- 28517133

网址：www.chinasanjiang.com

23 威莱（广州）日用品有限公司

威莱（广州）日用品有限公司成立于2000年，总部设于广州，自投资设厂以来，威莱一直秉承“优质产品，巩固健康生活”的企业宗旨，致力于家用清洁及卫生消毒产品的研究。企业走多品牌经营路线，从最初的一个品牌“威露士”，现已延伸至十多个品牌，如卫新、妈妈壹选、极是、威洁士等。威莱是一家集自主研发、生产管理、品牌推广、市场策划及产品销售为一体的综合性企业。

公司产品有消毒类（如消毒液、除菌液等）、硬表面类（如厨房去油污、地板净等）、衣物洗护类（如洗衣液、柔顺剂等）、个人护理类（如沐浴露、洗发水等）、妇婴类（如婴儿洗衣液）。威莱在2013年度中国轻工业百强企业评价中，荣登专项能力百强企业榜单。威露士消毒水及洗手液、卫新洗衣液获“广东省名牌产品”称号。2013年获“中国洗衣液行业领军企业”及“中国家用清洁剂行业领军企业”称号。

联系方式：

地址：广州市天河区天河路228号之一广晟大厦26楼

电话：020-38330368

传真：020-38331798

网址：www.walch.net.cn

24 西安开米股份有限公司

开米品牌创建于1992年，历经20余年的创业发展，开米公司已成为我国环保型液体洗涤剂研发、生产、销售的国家级高新技术企业，并已是国内、外同行公认的中国洗涤用品技术领军企业，开米公司开创了中国洗涤用品工业“衣用液体洗涤剂、洗手液、无毒级果蔬清洗剂和餐具清洗剂”的三大科技进步和消费潮流，为我国洗涤用品赶超世界先进水平做出了更大的贡献。

二十多年来，公司荣获国家、省、部、市级荣誉百余项，主要荣获“国家高技术产业示范工程百家重点项目”、“中国环境标志杰出贡献奖”、“中国驰名商标”、“中国名牌”、“全国商业信用企业”、“最具市场竞争力品牌”、“陕西3A纳税企业”等国家和省部级荣誉，2012年又荣获国家发改委等五部委授予的“国家认定企业技术中心”及国家工信部和财政部颁发的“国家级技术创新新型示范企业”荣誉称号。开米系列产品是中国唯一纳入联合国采购目录的洗涤用品，并被指定为人民大会堂专供产品，开米消毒系列产品被国家工信部列入政府采购目录。公司主持和参与制订、修订国际、国家和行业标准29项，开米商标在美国、英国等一百多个国家陆续注册成功，产品已批量出口澳大利亚、俄罗斯等国家，“开米”已成为中国液体洗涤剂形象代表。

目前，开米公司正快速建设马鞍山工厂和上海嘉定工厂，西安高新区总部基地项目正在设计中，未来五年，公司将坚持科技创新，以国家“十一五”科技支撑计划项目“含MES超浓缩液体洗涤剂”及国家“十二五”科技支撑双子表面活性剂项目为重点产业化项目，形成年产60万t，产值过百亿元的经济规模，以改变我国环保型洗涤产品及原料落后的局面，为洗涤行业技术进步、转型升级，为我国环境保护事业发展做出应有的贡献。

联系方式：

地址：西安市高新技术产业开发区科技一路15号

电话：029-85225666

传真：029-85261333

网址：www.kaimi.com.cn

25 中轻化工股份有限公司

中轻化工股份有限公司是中国轻工集团公司（简称中轻集团）的下属企业，总部位于浙江省杭州市萧山经济技术开发区。

中轻集团是国务院国资委监管的中央企业，集中了中国国内轻工行业最先进的技术和人才，拥有中国日用化学工业研究院等4个国家级研究院，3个国家工程（技术）研究中心和国家工程实验室，4个省部级工程研究中心和重点实验室。

中轻化工是中国国内较早从事阴离子表面活性剂产品生产的企业之一。主导产品有：*α*-烯基磺酸盐系列、脂肪醇聚氧乙烯醚硫酸盐系列、脂肪醇硫酸盐系列、烷基苯磺酸系列等，商标为“洁浪”牌。产品主要应用于洗涤及个人护理行业，也在纺织、建筑、洗矿、采油等工业领域应用。公司拥有15万t/年磺化产品生产能力，产销量一直位居国内同行业前列。

公司拥有较为先进的生产装置，完善的质量控制体系，较强的产品研发能力，以及较高的生产组织和企业管理水平,通过了 ISO9001 ：2008 质量体系认证。公司产品品质优良稳定，产品的适用性和满意度在业内得到高度评价和认同，国内各知名品牌洗涤产品生产厂家都将本公司纳入其合格供应商名单，作为其产品稳定可靠的原料来源。

2013 年公司完成了中轻化工总部及所属生产杭州车间的搬迁工作，2014 年启动了中轻海鸥洗涤用品有限公司的搬迁工作。虽然此两项搬迁属当地政府行为，但也契合了公司对低效资产进行处置的规划要求和目的。顺利实施后公司的资产质量、运营效率得到了进一步优化和提升，并为今后的发展创造条件。

联系方式：

地址：浙江省杭州市萧山区钱江世纪城保亿中心 B 幢 2902–2903 室

电话：0571–82831730

传真：0571–82831382

邮箱：slzc@sinolight–chem.com

网址：www.sinolight–chem.com

26 中国中轻国际工程有限公司

中国中轻国际工程有限公司 (CLIEC) 即原中国轻工业北京设计院，成立于 1953 年 1 月。2000 年 10 月成为交中央管理的大型科技型设计企业，2001 年 3 月更名为中国轻工国际工程设计院，2002 年 12 月改制重组后更名为中国轻鑫工程有限责任公司，2004 年 4 月更名为中国中轻国际工程有限公司。现为国务院国资委监管的中央企业“中国轻工集团公司”的下属企业。

CLIEC 是以咨询、设计、监理、项目管理、工程总承包为主体业务的大型工程公司，拥有进出口企业资格证书；持有轻纺全行业、化工石化医药行、市政、农林、建筑、电力、商物粮、建材、环境工程等工程设计资质和工程咨询、工程造价、工程监理、城市规划、招标代理等资质以及压力容器设计、压力管道设计许可证。

CLIEC 是国际咨询工程师联合会（FIDIC）、中国勘察设计协会、中国国际工程咨询协会、中国工程咨询协会等国际及国内 100 余个协会、学会的主要成员；1995 年 1 月在世界银行 "DACON" 数据库认可登记（登记号：576）；1992 年 6 月在国内设计单位中首批获得国家授予的对外经营权；2009 年通过国家高新技术企业认证，2012 年通过复评审核。

CLIEC 现有注册员工 741 人,其中:国家级设计大师 1 人、享受政府特殊津贴的专家 10 人、教授级高级工程师 114 人、高级工程师 156 人、工程师 210 人;各类国家注册工程师 238 人次、工程总承包项目经理 77 人 ,2013 年荣获中国洗协颁发的“中国洗涤用品行业技术贡献奖”。

化工工程部是 CLIEC 主要部门之一，主要承接以下类型项目：

—— 洗涤原料、用品（烷基苯、烷基苯磺酸、洗衣粉、液体洗涤剂、聚醚、脂肪醇硫酸钠、脂肪醇醚硫酸钠等）

—— 油脂化工（硬化油、硬脂酸、脂肪酸、精甘油、脂肪胺、脂肪醇、油酸、单碳酸、生物柴油、肥皂、香皂等）

——生物化工（食用酒精、燃料乙醇、溶剂等）

——食品、食品添加剂及保健品行业

——其他化工行业业务

联系方式：

地址：北京市朝阳区白家庄东里 42 号

电话：010-65827371

传真：010-65826115

网址：www.cliec.cn

27 轻工业杭州机电设计研究院

该研究院主要为制浆造纸、日用化工、食品包装等轻工相关行业提供从设备开发设计、技术服务、总体规划、工程咨询、工程设计、设备成套到项目总承包等全方位的服务，是我国唯一的集设计、装备研发为一体的轻工行业科研设计单位。

该院设有中国造纸学会机械设备专业委员会、全国轻工机械标准化技术委员会、国家轻工业造纸食品日用化工塑料机械质量监督检测中心、《轻工机械》编辑部等行业组织机构，建有《制浆造纸国家工程实验室》、《工业（轻工机械）产品质量控制和技术评价实验室》。该院具有对外承包工程经营资质、工程设计和工程总承包甲级资质，工程咨询资质，一二三类压力容器及 GC1 级压力管道设计资质等证书。

近年来，该院承担国家科技攻关项目多项，其中承担和完成国家“863”项目 1 项、国家十一五科技支撑项目 3 项、科技部“科研院所技术开发研究专项资金”项目 10 项和“社会公益研究专项”项目 1 项，省科技计划项目 3 项。获得各种奖励 85 项，中国专利 38 项，完成行业标准编制 80 多项。

该院日用化工专业在行业内具有较大的影响力，具备开发国际先进水平设备及装置的能力，主要从事洗衣粉、肥皂、液体洗涤剂、表面活性剂、油脂化工、化妆品、香精香料、木糖（醇）等业务领域。

近年来，为国内众多大中型企业提供了工程设计和项目管理等技术服务，如纳爱斯集团、浙江赞宇科技、杭州油脂化工、浙江华诺化工、浙江嘉宝化工、上海制皂（集团）如皋公司、马鞍山和广州立白日化、江苏涤诺日化、四川赞宇科技、南风安庆日化、中轻化工、江门景升、上海白猫、广西奥奇丽和石家庄光明正大日化等；为国外企业提供了项目总承包服务，如阿联酋磺化生产线，格鲁吉亚、马来西亚、埃塞俄比亚及利比亚等国家的高塔喷雾干燥洗衣粉生产线装置。

联系方式：

地址：杭州市体育场路 71 号

电话：0571-85283908

传真：0571-85186614

邮箱：hankeh@mail.hz.zj.cn

网址：www.hmei.com.cn

28 中轻物产股份有限公司

中轻物产股份有限公司是一家规范改制设立的股份制企业，是中国轻工集团公司的全资子公司，中国轻工集团公司的出资人是国务院国资委。公司经国家经贸委批准，国家工商行政管理总局核准，于1999年5月11日在上海市工商行政管理局注册，总股本1.5亿股，是上海市政府确定的市外在沪大型企业，是上海市国税局、上海市地税局确定的A类纳税信用等级单位，被外经贸部授予进出口经营权。公司在天津、青岛、湛江设立分公司，在香港设立全资子公司即中轻物产香港有限公司。

中轻物产股份有限公司下属化工事业部主营表面活性剂类产品，主要有：脂肪醇醚系列，壬基酚醚系列，磺化系列，聚乙二醇系列，烷基糖苷系列，脂肪醇系列，α－烯烃系列，木质素磺酸钠等产品。长期以来与国内外知名生产商和贸易商有着良好的代理合作关系，在上海和浙江均有长包化工液体储罐和产品仓库，从而保证了货源的长期稳定性。

化工事业部总部设在上海，并在天津、武汉、广州、青岛设有直属的化工营业部，长年稳定经营脂肪醇聚氧乙烯醚（AEO3，AEO7，AEO9等）系列，壬基酚聚氧乙烯醚（TX-4，TX-6，TX-7，TX-9，TX-10等）系列，磺化产品（AES，AOS，烷基苯磺酸等）系列，聚乙二醇（PEG400，PEG600等）系列，烷基糖苷（APG）系列，脂肪醇（C12~14醇等）系列，α－烯烃（C14，C16等）系列，木质素磺酸钠等产品。

联系方式：

地址：上海市浦东新区东方路877号23楼

电话：021-68752200

传真：021-68750202

网址：http://smc.sinolight.cn/

29 金陵石化南京烷基苯厂

金陵石化烷基苯厂隶属于中国石化集团金陵石油化工有限责任公司，位于江苏省南京市长江南岸，南京二桥绕城连接线东侧，南京经济技术开发区南侧，是以生产合成洗涤剂原料——烷基苯为主要产品的工厂，同时生产NC10~14正构烷烃、航空煤油、轻质油、催化剂等十余种产品。工厂拥有烷基苯联合装置，原料罐区及专用铁路线、可通达世界各主要港口的专用船舶码头等其他辅助生产设施。烷基苯厂建成投产后，对引进技术进行了消化吸收和再创造，注重自主创新。经多次技术改造，联合装置产能达到20万t烷基苯/年、40万t正构烷烃/年，单套装置产能位居世界前列。

联系方式：

地址：江苏省南京市尧化门谢冲120号

电话：025-85090500

传真：025-85090500

30 南京佳和日化有限公司

南京佳和日化有限公司是中石化集团金陵石化公司的改制单位，是技术力量雄厚、机制灵活、管理严格、责权明晰的日化企业。公司现有四套由意大利引进的烷基苯磺酸生产装置，具有年产 10 万 t 优质“加佳”牌烷基苯磺酸,20 万 t 洗衣粉和 10 万 t 液体洗涤剂的生产能力。其中“加佳”牌烷基苯磺酸,国内市场占有率超过了 10%,先后与宝洁、联合利华、丽水雕牌、广州立白建立了战略合作关系。先后获得南京市质量信得过产品证书，江苏名牌产品证书。

公司有完善的质量管理体系，已取 ISO9001、ISO14001、GB/T28001 管理体系认证证书。公司提出了“科技创新、严细管理、精益求精、超前发展、顾客满意”的质量方针和“出厂合格率 100%、顾客满意率 99%”的质量目标。

联系方式：

地址：江苏省南京市栖霞区尧化门尧新大道 99 号

电话：025-58975912

传真：025-58973519

邮箱：ka@gige.cn

网址：www.gige.cn

31 天津浩元精细化工股份有限公司

天津浩元精细化工股份有限公司主要生产“金竹”牌非离子、阴离子、阳离子型表面活性剂及功能性助剂产品。现为全国表面活性剂协会理事单位，全国表面活性剂标准化委员会委员单位。

“十一五”末期，绿色表面活性剂产业成为国家重点扶持的项目之一，2010 年浩元化工的 5 万吨非离子表面活性剂项目得到国家发改委的资金扶持，引进一套意大利第五代乙氧基化工艺设备及国内具有国际水平的工艺装置两套，年内即可具备 5 万 t / 年的生产能力。浩元化工届时将成为国内生产非离子表面活性剂品种最全、产品品质达到国际最好水平的生产厂家之一。

联系方式：

地址：天津经济技术开发区汉沽现代产业区翠微街 18 号

电话：022-67161521

传真：022-67161522

网址：www.haoyuanchem.cn

第十章

INDUSTRY MEMORABILIA IN 2014

行业大事记

2014年1月初，工业和信息化部发布《关于石化和化学工业节能减排的指导意见》。到2017年年底，石化和化学工业万元工业增加值能源消耗比2012年下降18%，重点产品单位综合能耗持续下降，全行业化学需氧量、二氧化硫、氨氮、氮氧化物排放量分别减少8%、8%、10%和10%，单位工业增加值用水量降低30%，废水实现全部处理并稳定达标排放，水的重复利用率提高到93%以上，新增石化和化工固体废物综合利用率达到75%，危险废物无害化处置率达到100%。

1月1日，美国PMC集团公司宣布完成对阿科玛旗下的北京化学公司的收购。此举也是PMC公司先前宣布收购阿科玛的全球锡稳定剂、有机金属和有机磷等特种化学品业务的最后工作。阿科玛北京化学公司（Arkema Beijing Chemical）已变更为PMC北京化学公司（PMC Beijing Chemicals）。

1月2日，美国商务部对华柠檬酸及柠檬酸盐作出反倾销行政复审终裁：日照金禾生化集团进出口有限公司（RZBC Imp. & Exp. Co., Ltd.）倾销幅度为0.00%；宜兴协联生物化学有限公司（Yixing Union Biochemical Co., Ltd）在调查期内没有可审查交易。2013年6月10日，美国商务部作出初裁：日照金禾生化集团进出口有限公司（RZBC Imp. & Exp. Co., Ltd.）的倾销幅度为0。本案调查期为2011年5月1日～2012年4月30日。涉案产品海关编码为：2918.14.0000、2918.15.1000、2918.15.5000、3824.90.9290、3824.90.9290。

1月初，美国食品和药品管理局（FDA）出台一份法规提议，该项提议建议抗菌皂和抗菌洗浴液生产商必须向人们证明其产品在日常应用中是安全的，同时也必须证明其产品比普通肥皂在除菌方面效力更佳；不能证明其产品是安全和有效的公司必须重新更改产品配方或更换产品标签。FDA相关负责人对外表示，FDA提出此项建议是因为近年来关于抗菌成分引发的健康问题呈现增长趋势，另外这类产品具有导致抗生素抗性的潜在危险。动物实验的数据表明，日常生活中长期接触一些抗菌皂所用的活性抗菌成分如三氯生和三氯卡班，可能产生激素方面的副作用。

2014年1月起，赢创高斯密特公司全部并入赢创集团，而不再是独立的法定单位，公司将继续致力于开发新品，在消费护理品市场加大发展力度，创造价值。赢创消费特种产品部将为多个行业提供原料，其产品不仅可用于生产润滑软化剂、汽车保养产品、洗发水、护发素和牙膏等日用消费品，还可用于农药、金属加工、石油和天然气工业等行业。

1月7日，农业部农药检定所在北京召开农药助剂管理专家研讨会，探讨在中国实施农药助剂管理名单的必要性和可行性、以及农药助剂分类管理的原则。加强农药助剂管理是保障农药产品质量的需要，也对保护农药使用者及农产品消费者的健康，对保护环境安全具有重要的意义，在中国实行农药助剂分类管理势在必行，尤其是乳化助剂和分散剂原料表面活性剂的选择及使用等。

1月7日，荷兰阿克苏诺贝尔宣布完成出售伯酰胺化学品业务给PMC集团。具体的财务细节没有透露。该产品主要用于聚合物生产环节添加。

1月8日，印商工部反倾销局对华双氯芬酸钠（Diclofenac Sodium）反倾销日落复审调查召开听证会。2007年6月4日，印度对华双氯芬酸钠进行反倾销立案调查；2008年5月29日，印度对此案作出肯定性终裁；2008年7月30日，印度消费税和海关中央委员会发布征税公告，自 2008 年 4 月 10 日起征税。2013 年 4 月 9 日，印度对原产于中国的双氯芬酸钠进行反倾销日落复审调查。

1 月 10 日，中国石化集团首套甲醇制烯烃工业化示范项目——中原石化 60 万 t /年甲醇制烯烃示范项目通过竣工验收。该项目是中国石化集团公司自 2011 年 10 月 10 日起经过 14 个月的时间完成了 MTO 示范工程建设，是中国石化首套煤化工示范项目，其建成投产标志着中国石化在煤化工领域实现了重大突破。

1 月 10 日，全球领先的特种化学品制造商科莱恩公司宣布，扩建其位于中国惠州市大亚湾的乙氧基化工厂。2011 年投产的大亚湾厂是科莱恩特种工业与消费品业务单元在亚洲设立的首个乙氧基化工厂，初始产能为年产 5 万 t，扩建后该厂的产能将提升至年产 10 万 t。

1 月 15 日，由石油化工科学研究院牵头、巴陵石化和催化剂分公司配合开展的“多产丙烯和异丁烯的催化裂化助剂开发及应用”项目，在北京通过总部科技开发部组织的技术鉴定。

1 月 16 日，银河集团旗下的 TRLK 工业公司宣布收购表面活性剂国际公司的业务及其产品安全试验部，收购协议在 2014 年 1 月 16 日正式生效。表面活性剂国际公司成立于 1977 年，主要生产个人及家具护理用原材料、特种工业化学品、特种表面活性剂、聚合物和防腐剂。

1 月 17 日，利尔化学股份有限公司发布公告称，利尔化学与广安经济技术开发区管理委员会于 2014 年 1 月 16 日签署了附生效条件的《精细化学品制造基地项目投资协议》。项目主要建设有机磷中间体甲基二酯、含磷阻燃剂、氯代吡啶中间体等精细化工项目，建成后可实现年产值约 15 亿元，年创税超亿元。

1 月 20 日，商务部正式公布对原产于美国的进口太阳能级多晶硅征收倾销税和补贴税，对原产于韩国的该产品征收倾销税。公告显示，对自美国进口的太阳能级多晶硅的补贴税率为 0 ~ 2.1%，倾销税率为 53.3% ~ 57.0%，而对韩国公司所适用的倾销税率为 2.4% ~ 48.7%。补贴税和倾销税的实施期限为自 2014 年 1 月 20 日起 5 年。五年内，中国光伏产业将实现重新振兴，一定程度上将重新带动国内多晶硅切割聚醚市场的活跃。

1 月 22 日，欧盟委员会在比利时布鲁塞尔发布 2030 年气候及能源政策框架的提案，并公布 2030 年气候和能源政策目标，立志要在恰当应对气候变化的同时促进经济的发展。欧盟委员会规定欧盟成员国在 2030 年之前将温室气体排放量削减至比 1990 年水平减少 40% 的水平，并保证新能源在欧盟能源结构中至少占 27%。

1 月 25 日 ~ 26 日，中国合格评定国家认可委员会（CNAS）组织评审组对国家洗涤用品质量监督检验中心、国家轻工业洗涤用品质量监督检验中心暨中国日用化学工业研究院分析测试中心进行了实验室国家认可、计量认证和中心授权三合一定期监督评审，通过两天的检查，专家组认为实验室工作符合国家要求，同时确认了中心的有效性。

1 月 26 日，坐落于吉林化工园区内的全国最大、生产工艺最先进的吉神化工 30 万 t 环氧丙烷项目，日前完成全部设备安装，进入正式生产阶段。该项目采用世界最先进的德国固赛公司 HPPO 工艺技术建设，工艺技术水平国际领先，从投资数量、建设规模来看，是目前世界第二大装置，是国内第一套采用过氧化氢直接氧化技术生产环氧丙烷的装置。其中过氧化氢的转化率大于 98%，丙烯的选择性大于 95%。该工艺流程简单，占地面积小，生产 1 t 环氧丙烷只产生 0.8 t 废水，是目前世界上生产环氧丙烷工艺中技术最先进、最环保、最节能的清洁生产工艺。

1月28日，IHS化学公司发布的最新报告显示，全球表面活性剂市场将继续从衰退中复苏，新兴经济体将引领增长，而成熟市场的表面活性剂配方正在发生变化，以满足消费者的偏好。总体而言，2012—2017年，全球表面活性剂需求将以年均2.6%的速度增长，这个增速高于2000—2012年年均2.3%的增速。

2月7日，位于江苏张家港的扬子江石化有限公司60万t/年丙烷脱氢制丙烯项目开工建设。扬子江石化由东华能源、飞翔化工、华昌化工共同投资，以该公司为主体投资建设的丙烷脱氢生产丙烯装置，利用进口的高纯度丙烷，采用目前国际先进的美国UOP脱氢生产工艺和装置生产丙烯，项目总投资约40亿元。整个项目分为两期建设，第一期计划投资建设年产60万t的装置，达产后预计可实现年产丙烯66万t，将为该公司聚丙烯高分子新材料项目建设、打造千亿级页岩气新材料产业基地提供重要支撑。项目二期建成达产后将形成年产120万t丙烯的生产能力。

2月11日，锦州石化第三套甲基叔丁基醚（MTBE）脱硫装置完成标定，生产出硫含量小于2×10^{-6}的合格产品，标志着该公司自主研发的MTBE脱硫技术已经成熟。至此，锦州石化已对3套闲置装置完成MTBE脱硫工艺改造，并实现工业化生产。

2月12日，红宝丽公告称与和创新天（北京）环保科技有限公司共同出资设立南京和创新天环保科技有限公司，注册资本5000万元，双方出资比例各为50%。该公司主要生产和销售聚羧酸减水剂母液等。

2月13日，阿克苏诺贝尔公司发布2013年第四季度及全年业绩。该公司2013年全年销售额达145.9亿欧元，较2012年下降5%；不计算杂项在内的运营收益为8.97亿欧元（不包括资产减值）；归属股东的净收益达7.24亿欧元，较2012年的3.86亿欧元有大幅提升。

2月中旬，数据显示，能源大力开发促使未来北美页岩气用油田化学品市场将保持健康增长。美国作为最大的市场，预计2019年市场规模将增长到60.9亿美元。相比美国市场，加拿大这一拥有全球第五大页岩气储量的国家，尚未完全开始大规模地商业开采，预计未来将保持更高的增速。到2019年，加拿大页岩气用油田化学品市场规模将达到13.1亿美元。墨西哥也拥有大量的页岩气资源，从2011年开始，墨西哥国家石油公司已经完成了6个页岩气井的钻井工作并计划2016年前再完成16个页岩气井的钻井工作。墨西哥的页岩气油田化学品市场也将获得较好发展，到2019年，市场规模将达到1.3亿美元。

2月根据浙江省农药生产简报统计，浙江省2013年12月当月生产原药（折百，下同）13352t，同比下降40%。2013年全年累计生产原药234121t，同比增长6%，其中杀虫剂26514t，同比增长28%，杀菌剂15192t，同比下降4%，除草剂187794t，同比增长4%，生长调节剂3266t，同比增长5%。农药产量增加带动其助剂原料表面活性剂需求增长。

2月20日，四川兴远翔海贸易有限公司宣称拟投资4500万元在四川德阳市旌阳区工业集中发展区新建年产2万t塑料助剂生产项目。该项目采用先进技术和先进工艺生产，属于国家鼓励的“三废”治理综合利用项目，符合国家产业政策。主要建设内容包括建设4F制腈蒸馏车间一座、建2层厂房3座（1间加氢车间、2间复配车间）、建单层厂房1座（制氢车间），同时配套建设相应的反应釜、各种泵类、管道等生产设备。

2月28日，据IHS化学公司发布最新报告，全球采矿化学工业将稳步增长。2013年全球采矿化学品的消费量达到88.9万t，预计未来5年将以年均4.2%的速度增长，到2018年全球采矿化学品消费量将达到109万t。其中，主要用于水泥生产的助磨剂将引领采矿化学品需求增长，未来5年其年均增速达5%，消费量将从2013年的43.8万t增长至2018年的55.9万t。

3月3日，巴斯夫宣布将在南京化学工业园现有全资生产基地内新建一个全新世界级的特种胺生产装置。该装置计划于2015年年底投产，主要生产二甲基胺基丙胺(DMAPA)和聚醚胺（PEA）。DMAPA主要用于生产甜菜碱，后者常在洗发水和沐浴露等个人护理产品中被用作助表面活性剂。此外，DMAPA还可用于染料中间体、润滑油添加剂、电镀、橡胶耦合剂及其他应用中。PEA是环氧固化剂使用的一种化学中间体，主要用于塑料、聚脲涂料、黏合剂、反应注射成型和轮机叶片复合材料的生产。

3月3日，由河北精信化工集团有限公司自主研发的环保型PVC有机稳定剂获得国家知识产权局发明专利授权。该产品以优良的环保、物化性能填补了我国高端PVC稳定剂产品市场上的空白，并进一步提升了PVC制品的环保性能。目前精信化工已建成2万t级工业化生产装置。

3月7日，南京红宝丽股份有限公司董事会对外披露，为满足市场需要，做大异丙醇胺产业规模，公司控股子公司南京红宝丽醇胺化学有限公司（简称“醇胺化学”）决定投资建设5万t/年醇胺系列产品项目。此新建项目将充分利用醇胺化学现有的公用设施，新增醇胺系列产品装置一套，产能为5万t：包括改性异丙醇胺Ⅰ型2万t、改性异丙醇胺Ⅱ型1万t以及改性异丙醇胺Ⅲ型2万t。预计项目总投资3464.5万元，建设期一年，项目全面达产后将实现年销售收入3.64亿元，利润总额约4300万元。

3月17日，巴斯夫公司和凯米拉公司达成协议，凯米拉公司将收购巴斯夫旗下烷基烯酮二聚体（AKD）乳剂业务。该交易计划于2014年上半年完成。收购巴斯夫公司AKD乳剂业务是公司长期发展战略的一部分，公司将进一步强化服务于造纸工业客户的能力，尤其是欧洲大陆市场。

3月18日，中科院新疆理化技术研究所开发的环氧大豆油丙烯酸酯合成方法日前获得专利授权。该专利是将大豆油、甲酸和溶剂在室温下混合均匀，滴加过氧化氢与催化剂的混合物，静置分层后对油层进行处理即可得到环氧大豆油，其环氧值5～8，酸值＜1，收率90%～95%。进一步对环氧大豆油进行酯化反应得到环氧大豆油丙烯酸酯。该方法工艺清洁、实施安全、操作简便，可以实现低浓度过氧化氢的有效利用，便于进行规模化生产。经丙烯酸酯化的环氧大豆油黏度低、刺激性小、颜料润湿性优良，可广泛用于制造涂料、油墨、颜料等，且其较低的黏度及固化条件使之成为一种理想的树脂基体。

3月28日，中国轻工业联合会三届四次理事会暨全国轻工行业工作座谈会在济南召开并在会议期间举行了2013年度中国轻工联合会科学技术颁奖活动。中国日化院“十一五”国家科技支撑计划“催化氧化制备醇醚羧酸盐工艺技术开发”项目获中轻联科技进步二等奖。该技术属清洁生产工艺，产品无氯乙酸钠残留，更具安全性，符合国家的产业、技术政策，具有自主知识产权和明显的创新性。目前该技术成果正在上海发凯化工有限公司实施产业化。

4 月 9 日—12 日，2014（第十三届）国际表面活性剂和洗涤剂会议在中国上海光大会展中心召开。本届会议经中华人民和共和国科学技术部批准，由中国洗涤用品工业协会和中国日用化学工业研究院主办，中国日用化学工业信息中心、全国表面活性剂和洗涤剂行业生产力促进中心、国家洗涤用品质量监督检验中心承办，中国洗协表面活性剂专业委员会、中国洗协科学技术专业委员会、表面活性剂国家工程研究中心、全国表面活性剂和洗涤剂标准化技术委员会协办。来自于全球 14 个国家和地区的表面活性剂及洗涤剂行业的产业界、企业界、学术界的 300 余位代表出席会议并参加了会议的相关活动。

4 月 10 日，丰益国际全资子公司丰益欧洲控股宣称计划收购亨斯迈欧洲普通表面活性剂业务，此次交易的财务细节没有透露。

4 月 12 日，提高原油采收率峰会在美国俄克拉荷马州召开，巴斯夫宣称将于 2014 年 9 月推出 Aspiro™ 系列产品用于提高原油采收率，Aspiro™ 系列产品采用聚丙烯酰胺工艺生产，其成分主要为水溶性聚合物。有的油田开采难度较低，可以使用普通的阴离子聚丙烯酰胺聚合物，而有的油田开采难度较大，则需要使用增稠后的聚合物，因为他们在用量较小时也具有较高迁移率。Aspiro™ 系列产品包含多种表面活性剂、助表面活性剂和溶剂产品等。巴斯夫在新加坡、德国和美国都有研发实验室，因此可以针对实际油田状况给石油公司提供定制服务。

4 月 14 日，巴斯夫获得了欧洲化妆品原料联合会（EFfCI）颁发的化妆品原料《良好生产规范 (GMP)》认证。这一认证覆盖了全球各地生产个人护理产品原料的 11 个巴斯夫生产基地。获得此项认证表明这些基地在生产过程中达到了严格的产品质量与工业卫生规范要求。从长期来看，巴斯夫的目标是使全球所有化妆品原料生产基地均通过 GMP 认证。化妆品原料 GMP 指导方针按照化妆品行业的最新趋势定期更新，2012 年最新修订版纳入了质量风险管理和适用于当前行业的其它原则。EFfCI 是 2000 年成立于欧洲的行业协会，代表了欧洲 100 多家化妆品原料公司的共同利益。

4 月 29 日，印度对原产于中国和韩国的橡胶助剂作出反倾销日落复审终裁。涉案产品海关编码为 2902、2907、2909、2917、2921、2925、2930、2933、2934、2935、2942、3811、3812、3815。2013 年 4 月，印度对原产于中国和韩国的橡胶助剂进行反倾销日落复审立案调查。

4 月 30 日，苏威宣布，目前已经全面完成对 ERCA 特种化学品业务的收购。完成此次收购后，苏威集团在巴西的表面活性剂产能将增加一倍，也由此打开了这个全球最大的个人护理和农用化学品市场。收购内容包括 ERCA 公司在当地的特种化学品业务、农用化学品投资组合和家具及个人护理产品业务，用于加强苏威 Novecare 的商业网络、顾客服务和创新渠道。

5 月 2 日，湖北化肥煤制乙二醇装置平稳运行。标志着中国石化第一个煤制乙二醇项目打通了产、销、运全流程。

5 月 5 日，东营市华兴化工有限责任公司总投资 2.5 亿元的 2 万 t / 年聚丙烯酰胺项目建成试生产。该项目采用丙烯酰胺前加碱共水解合成超高分子量耐温抗盐聚丙烯酰胺的方法，其工艺流畅、过程易控制、产品质量稳定，并且能够实现自动化控制，减小了劳动量，提高了整个装置的稳定性和可靠性。

5 月 15 日，湖北道明日用化工有限公司年产 18000 t 表面活性剂新建厂区项目环评公示，该项目总投资 3000 万元，占地 35 亩，项目产品主要为乙二醇脂肪酸酯、烷醇酰胺、聚乙二醇脂肪酸脂、珠光浆、甜菜碱等表面活性剂，高分子丙烯酸聚合物，以及新型有机硅材料，年生产量为 18000 t。

6 月 6 日，赞宇科技发布公告，公司控股子公司杭州油脂化工有限公司（以下简称“杭油化”）拟使用自筹资金投资 3 亿元在杭州市萧山区临江高新技术产业园区实施“20 万 t / 年天然油脂绿色化学品项目”，其中固定资产投资 15000 万元，配套流动资金 15000 万元，预计 2015 年 12 月前完成主体项目建设。该项目主要开发油酸、氢化脂肪酸、单碳链脂肪酸、助剂等产品，达产后正常年份预计利润总额 1.0 亿元。预计投资回收期为 4.4 年（包括建设期），经济效益较好，并具有一定的抗风险能力。公司宣称：油脂化工行业持续发展的大背景下，整个市场对于深层次、高附加值的油化产品需求日益增大，这两方面因素对于杭油化来讲，既是机遇又是挑战。另外，随着人们安全、环保意识的增强，以非石油基为基础原料的化工产品受到更多青睐。诸如牛、羊等动物油脂，棕榈（仁）油、豆油、葵花籽油、菜籽油等植物油脂为主的天然油脂作为一种可再生资源，将得到广泛的应用。开发天然油脂深加工项目一方面能丰富杭油化的产品线，提升其整体技术水平和综合竞争力；另一方面有利于其打通上游市场，减轻对上游原料（棕榈油）的依赖，有效地降低成本，创造更多经济效益。由于油脂化学品涉及的下游行业领域比较广，需求增长依然维持在较高水平，对原料进口依赖程度高，受原料价格波动影响大等问题日益突显。未来，随着油脂行业进一步发展，对于天然油脂为基础的深层次、高附加值的油化产品需求会日益增大。从对公司整体影响来看，此项目的实施，符合赞宇科技战略发展规划。项目建成后，有利于公司可持续发展，将进一步提升公司的整体竞争力和盈利水平，为公司长期发展奠定基础。

6 月 23 日，杜邦公司宣布，其基于氢氟烯烃（HFO）技术的新型环保发泡剂解决方案取得显著进展，公司已制定明确计划，启动 HFO-1336mzz 的小规模生产，并以 Formacel 1100 发泡剂作为商品名投放市场。基于 HFO-1336mzz 的 Formacel 1100 发泡剂除了具有极低的全球变暖潜能值和零臭氧消耗潜值，有助于减少硬质聚氨酯泡沫保温材料对环境的影响外，还具有卓越的隔热性能，可降低能耗，从而进一步减少温室气体的排放。

7 月 1 日，美国环境保护署（EPA）表示，已确定软质聚氨酯（PU）泡沫和聚苯乙烯建筑物保温材料内常用阻燃剂的更加安全的替代品。该机构发布了一份聚苯乙烯保温材料用阻燃剂六溴环十二烷（HBCD）替代品的最终报告，以及有关用于软质 PU 泡沫的五溴联苯醚阻燃剂的最新报告草案。据称，这两份报告均通过了 EPA 的《环保替代品评估计划构想》研究并已发布。EPA 建议用丁二烯苯乙烯溴化共聚物替代 HBCD，因为这种共聚物已在美国实现了商业化生产。EPA 已确定用低聚磷酸酯多元醇替代五溴联苯醚。据介绍，五溴联苯醚报告草案是早在 2005 年就形成的一份替代品评估文件，即《低密度 PU 泡沫用化学阻燃剂替代品的环保概况》的后续报告。

7 月 7 日，美国国际贸易委员会发布公告，决定对原产于中国的柠檬酸及柠檬酸盐进行反倾销和反补贴日落复审产业损害调查，将审查若取消反倾销措施，在合理的、可预见的期间内，涉案产品对美国国内产业造成的实质性损害是否会继续或再度发生。

7 月 8 日，吉林市年产 30 万 t 环氧丙烷产业链项目正式投产，该项目由吉林神华集团、德国赢创工业集团、德国林德工业集团共同打造。环氧丙烷产业链由吉神化工年产 30 万 t 环氧丙烷项目、赢创集团年产 25 万 t 过氧化氢项目和 2.4 万 m^3/h 林德氢气项目组成。该项目的建成投产，为环氧丙烷产业链下一环节——吉林神华集团聚源化学有限公司的 40 万 t / 年聚醚多元醇项目提供了可靠的原料供应。

7 月 14 日，比利时索尔维与上海三爱富新材料股份有限公司正式签署关于成立四氟乙烯（TFE）单体和聚四氟乙烯（PTFE）聚合物的生产型合资公司的合资协议，双方将在江苏省常熟市组建全新的 TFE 单体和 PTFE 氟聚合物生产工厂。新的合资公司名称为三爱富索尔维(常熟)高性能聚合物有限公司，将为两家公司生产高性能聚合物，从而使双方能够更好地服务于快速增长的区域市场。目前，新工厂基础设施建设已完工，预计将于 2014 年的第三季度正式投产。索尔维将占股 10%，上海三爱富负责合资生产厂的日常管理与运营工作。同时，通过签署此 协议，上海三爱富常熟工厂将向邻近的索尔维特种聚合物生产装置供应 R142b 和 HFP 等主要原材料，以联手增进双方的合作伙伴关系。

7 月 14 日，上海麦浦新材料科技有限公司环保水性有机硅表面活性剂生产建设项目第二次环评公示，该项目拟投资 2000 万元人民币，租赁上海美宝科技创业园内已建的 52 号厂房，建设年产 3000 t 环保水性有机硅表面活性剂生产建设项目。

7 月 16 日，由中科院微生物研究所承担，中科院天津工业生物技术研究所建设的工业酶国家工程实验室通过中科院组织的专家验收。该实验室将主要开展工业酶发现、改造、规模化表达及制备等关键和共性技术研发，建立酶制剂工业化发酵控制技术、低成本分离技术、先进的发酵废液后处理技术研发平台，推动我国酶制剂工业的快速发展。

7 月 25 日，中国石化“十条龙”重点攻关项目、国内首套自主研发的双氧水制环氧丙烷装置在长岭炼化建成。项目设计产能 10 万 t / 年，投产后预计每年可创造销售收入超 11 亿元。双氧水直接氧化法制环氧丙烷是一种新兴的清洁生产工艺，与氯醇法等传统工艺比较，具有能耗低、污染少等优点，基本无工业污水排放。在外国少数公司实行技术垄断、引进难度极大的情况下，长岭炼化与石油化工科学研究院、湖南长岭石化科技开发有限公司、中石化上海工程有限公司、青岛安全工程研究院合作，成功自主开发出这一工艺，打破了国外对这一绿色环保技术的垄断。

7 月 30 日，天龙集团使用超募资金及自有资金投资建设的广东天龙精细化工有限公司一期项目正式试运行。广东天龙精细化工有限公司以开发松节油深加工业务为主，项目设计产能为年加工松节油 16000 t，年产 6000 t 蒎烯、6000 t 松油醇、2000 t 月桂烯、1500 t 莰烯等系列产品。

7 月 30 日，在“973”计划、国家自然科学基金项目等支持下，中科院福建物质结构研究所结构化学国家重点实验室曹荣课题组在金属 - 有机框架材料（MOFs）的吸附分离研究中取得新进展。该研究小组采用溶剂热法利用三齿含氮羧酸配体与铟盐在四乙基铵盐作模板剂的条件下，成功得到一例阴离子 MOFs。

7 月 31 日，泉港区总投资 10 亿元的环氧乙烷下游精细化学品项目正式开工建设。该项目位于泉港南山石化片区，占地 240 亩，由江苏金浦集团旗下的福建钟山化工有限公司投资建设，主要对接福建联合石化上游的环氧乙烷资源，年产表面活性剂 15 万 t、3.5 万 t 炼化助剂，产品主要应用于日用品化工、橡胶工业等领域，年产值可达 18 亿元。

7 月 31 日上午，奥克化学扬州有限公司 20 万 t / 年环氧乙烷装置及配套工程中交仪式在 F2 厂区举行，环氧项目以 11 个月的建设周期，完成施工。该项目投资 24 亿元，引进了国际先进的 SHELL 氧化法专利，项目建设以 20 万 t / 年环氧乙烷为核心装置的 30 万 t / a 环氧衍生精细化工新材料项目建设一期工程，占地 416 亩。

8 月 18 日，远东联石化（扬州）有限公司年产 40 万 t 环氧乙烷项目在扬州化工园区开工。该项目作为台湾远东集团系列绿色石化项目之一，是扬州化工园区海峡两岸（扬州）绿色石化产业合作区的重点项目，也是重要的产业链和循环经济项目，建成后将全面加快海峡两岸（扬州）绿色石化产业合作区建设步伐，推动扬州化工园区产业实力迈上新台阶。

8 月 18 日，辽宁奥克医药辅料有限公司 1 万 t / 年药用辅料项目开工典礼在芳烃基地新厂址举行。该项目是奥克公司年产 2 万 t 药用辅料项目的一期工程，项目总投资 2 亿元，采用奥克具有自主知识产权的药用聚乙二醇系列产品生产技术，按照国际通用的 CGMP 和美国 FDA 标准设计，预计 2015 年 3 月底建成。辽宁奥克医药辅料有限公司是奥克集团股份公司控股的子公司。

8 月 21 日，近日，由河北衡水新光化工有限责任公司承担的“十二五”河北省重点环保型水性乳液研发项目取得突破，成功开发出 XG2013、2013A 超低 VOC 乳液等系列新产品。其中环保型建筑涂料专用水性丙烯酸系共聚乳液等 9 项填补了国内空白，并规模化生产，满足了建筑水性涂料生产企业的原料需求。

8 月 22 日，福建联合石化新建 EO/EG 装置核心设备、目前国内最大的两台环氧乙烷反应器近日在南化公司化工机械厂制造成功，由南化码头运往工程现场。环氧乙烷反应器属典型的超大型固定管板式厚壁容器，过去只有日本、德国等几家知名公司能够制造。2011 年，南化机靠自主创新为扬子石化成功制造国内首台环氧乙烷反应器，结束了该设备长期依赖进口的历史。据了解，南化机目前已为扬子石化、武汉石化、德纳（南京）化学等企业提供了 16 台环氧乙烷反应器。

8 月 22 日，三爱富发布公告，公司下属子公司内蒙古三爱富万豪氟化工有限公司与内蒙古奥特普氟化学新材料开发有限公司签署了《股权转让协议》，内蒙万豪以 9800 万元的交易价格收购奥特普 100% 股权。奥特普注册资本 1 亿元，所处行业为氟化工行业。此次股权转让评估基准日为 2013 年 9 月 30 日，截至评估基准日，奥特普资产总额为 25529.78 万元，负债总额为 14446.07 万元，所有者权益为 11083.71 万元。

8 月 23 日，由湖北省科技厅主持召开了由武汉华轩高新技术有限公司联合武汉理工大学、中南大学共同研制完成的“新型聚羧酸减水剂绿色制造系统的研究与应用”项目科技成果鉴定会，项目技术顺利通过行业内著名专家的会审。经专家们的严谨缜密评议，项目技术体现了两方面的“新”——新型聚羧酸减水剂和新型减水剂绿色制造系统，技术达国际领先水平。项目具有五大创新成果，开发出聚羧酸减水剂温度自调节工艺，引入预处理、高效能主反应器、功能化调控三大核心系统，集合实现绿色制造，零排放，高效率，高品质保障，多牌号多体系产品，并基于先进生产技术与工艺，融合信息技术、物联网技术、专家级知识库为一体，将配方、生产工艺、设备设计全面优化，导入专家云制造概念并实际应用与案例工程，目前项目已在西北、西南、东南、中部、东部等地得以广泛应用和好评，推进绿色商品混凝土体系的构建。

9月6日，据业内人士透露，台湾东联化学的脂肪醇聚氧乙烯醚工厂已经投产，该工厂位于中国南京，其生产效率为60%。该工厂每年可生产6万t的表面活性剂，其中包括脂肪醇聚氧乙烯醚。

9月11日，随着青海英东油田英29-1井和英30-3井日前相继完钻，由青海油田钻采工艺研究院和青海钻井公司联合研发的胺基聚醇MEG钻井液体系现场应用取得成功，一举攻克了泥岩水化膨胀后引起的缩径、页岩破碎性地层井壁失稳和严重井塌三大井下难题，提高了钻井安全和钻速。

9月11日，伊士曼化工公司（EMN）宣布，将以18亿美元收购特种化学品制造商Taminco Corp(TAM)。包括承担的大约10亿美元净债务在内，这桩收购交易价值28亿美元。Taminc是世界级的烷基胺和烷基胺衍生品生产商，主要生产甲酸及其衍生物。

9月10日，索尔维在德国根廷工业园建成的特种表面活性剂工厂正式投产，其产品将投放中东欧市场。该工厂的成立标志着索尔维Novecare业务部正式进驻德国。新工厂将生产特种表面活性剂，涉及清洗、扩散、保湿及增稠等领域。

9月18日，青海油田经过3年的攻关研究和实践，完成了柴达木盆地低孔低渗储层开采的4套压裂液体系配方、压裂改造、试油配套等系列开采工艺技术开发。“柴达木盆地低孔低渗储层试油试采技术研究”成果通过了中国石油天然气集团公司的评审验收。针对在低孔低渗储层的开发，青海油田研制成功了常温低浓度胍胶、高温低浓度胍胶、增能压裂液、稠化酸4套压裂液体系配方；形成了昆北复杂砂砾岩储层小排量、小砂量、小液量、高砂比“三小一高”的控水压裂工艺技术；东坪气区基岩致密储层水平井水力喷射分段压裂、直井K344封隔器滑套分层压裂、大排量复合压裂、液氮泡沫快速返排的压裂改造工艺技术；扎哈泉致密油储层酸预处理、组合支撑剂、高前置液压裂等7项压裂配套技术；探井分压分试、通井+刮削+洗井一体化作业、射孔+压裂+测试+排液求产四联作和快速封堵等高效试油配套工艺技术。这些技术为扎哈泉致密油田、东坪天然气田、昆北油田的高效开发、快速建设和达产提供了强有力的技术支撑。

9月24日，由江苏金陵特种涂料有限公司研发的有机硅丙烯酸改性水性环氧乳液及其制备方法，目前获得国家发明专利。有机硅丙烯酸改性水性环氧乳液，采用具有亲水乳化性质的改性胺作为成膜固化剂，除具有活性胺基外，固化剂分子上还含有大量环氧树脂类似结构的组分，可与环氧树脂较好互溶，解决了水性环氧树脂成膜遇水泛白的问题。使用该乳液可大幅提升涂料胶膜的抗冲击、耐热、耐水、耐化学品、耐盐雾及附着性能，胶膜软硬还可根据需要调整配方，生产和施工过程中无有毒、有害气体挥发。

9月24日，巴斯夫集团宣布改变其造纸化学品业务的组织架构，以增强该业务的竞争力，并更好地满足造纸行业的需求。从2015年1月1日起，造纸化学品业务部将被分拆。目前位于瑞士巴塞尔的造纸化学品总部将在2014年年底关闭。在新的组织架构中，全球总共将减少50个职位。造纸化学品业务将整合到特性产品业务领域的其他业务部。湿部化学品和高岭土业务将被整合入特性化学品业务部，与聚丙烯酰胺价值链形成互补。在特性化学品业务部内将成立一个新的全球业务部门“造纸化学品”。造纸用分散体业务和可持续纸包装中心将被整合入分散体与颜料业务部，和乳胶分散体价值链互补。巴斯夫造纸化学品业务提供全面的造纸和纸张涂布化学品，2013 年全球销售额为 14.4 亿欧元。

9 月 26 日，中石化胜利油田牵头承担的国家“863”课题——微生物采油关键技术通过科技部组织的中期检查。胜利油田承担的课题子项目中高温油藏微生物驱油技术研究得到专家组肯定。中高温油藏微生物驱油技术项目由中石化胜利油田、中石油科学技术研究院和大庆华理公司共同承担，项目最终目标是达到现场试验提高采收率 5% 以上，并初步建立国内微生物采油示范工程。据介绍，课题组针对胜利油田典型中高温油藏区块的微生物群落进行系统分析和研究，并在沾 3 区块展开微生物驱油现场试验。微生物采油是廉价有效、技术含量较高的一种提高采收率技术，有望成为未来油田开发后期稳油控水、提高采收率的主要技术之一。我国在“十一五”时期就将内源微生物采油技术研究纳入国家“863”计划项目，微生物采油关键技术项目就是在上述项目基础上滚动立项。

10 月 14 日，我国最大的石油与化工装备产业园——兰石集团兰州新区高端装备产业园项目建成投产。产业园总占地面积近 5000 亩，总投资 180 亿元。园内有大型高端设备 3000 余台（套），数显数控化率达 80% 以上。其中重型全液压四辊卷板机、3 万 t 大型液压机等近百台（套）设备达到了国际领先水平。

10 月 15 日，大庆油田化工有限公司东昊分公司承担完成的烷基苯磺酸盐表面活性剂研制及工业化生产项目荣获大庆油田 2013 年度技术创新特等奖。这种表面活性剂过去只能以每吨 2 万元的价格从美国进口，而“国”字号产品的规模化生产，让三元复合驱技术节省了一半的成本。

10 月 21 日，由中国纺织工程学会主办的 2014 全国染整可持续发展技术交流会在上海召开。大会主题——推动染整行业技术创新和进步，降低资源消耗，减少环境污染，提高产品附加值，提高经济增长的质量和效益，创新营销模式，促进生态纺织面料研发，加快推进结构优化调整和发展方式转变，实现染整行业的可持续发展。

10 月 24 日，赢创在巴西投资的护理用品助剂工厂投产。新工厂总投资上千万欧元，年产能为 5 万 t，主要生产特种表面活性剂，处理剂，润滑剂，乳化剂，增稠剂和织物柔软剂活性物等产品。

10 月 27 日 –29 日，在荷兰阿姆斯特丹举行的 2014 年世界石油天然气协会技术年会暨展览会上，德国瓦克化学集团推出一款新型 WACKER SG 3377 原油低温破乳剂，能够在老式油气井或北极油气田等温度不高的作业现场将石油乳状液破乳。此外，该公司还展示专为石油天然气行业研制的基于有机硅和聚合物的产品组合。瓦克推出的这款新型破乳剂在原油温度为 40℃甚至更低时也能充分发挥作用，适用于全球所有的陆上和海上油田。该产品具有较高的表面活性，能迅速破乳并有效去除水分，将原油中的水分含量降至 1%，同时能最大限度地将废水中的石油残余量减少到百万分之一。在此次技术年会暨展览会上，瓦克还展出了用于水下固井的产品组合。

11 月 3 日，安徽金桐精细化学有限公司年产 6 万 t 表面活性剂（扩建）工程二次环评公示，该项目 2012 年一期、二期已全部建成，占地面积约 68.40 亩，年产表面活性剂 7 万 t。为满足日益增长的表面活性剂产品市场需求，该公司拟在现有厂区南面新增约 28.25 亩用地，新增年产 6 万 t 表面活性剂的产能。项目总投资 16086.25 万元，分两期进行（三、四期），其中两期各建设一套 3.8t/h 磺化、中和、水解装置及配套公用工程。

11 月 4 日，山东省博兴县达昌油脂化工有限公司 5000 t/a 表面活性剂生产项目对外第二次环评公示，该项目分两期进行建设，一期工程主要建设 1500 t 脂肪伯胺的生产装置及所需共用工程、辅助工程及环保设施，建成后年产脂肪伯胺 1500 t，二期工程主要建设 3500 t 脂肪伯胺生产装置及所需共用工程、辅助工程，建成后全厂年产脂肪伯胺 5000 t。

11 月 19 日，芬兰化学品公司凯米拉宣布，其在南京化工园区投资建设的造纸化学品项目正式落成。凯米拉南京工厂坐落于江苏省南京市化学工业园区，工厂总投资额将达 1 亿美元，占地总面积达 77000m^2，主要为水密集工业如造纸化学品行业客户提供广泛的功能和过程化学品，年产量预计将达到 10 万 t。该项目自 2010 年 9 月宣布确立以来，经过 3 年时间的周密建设，工程部分在 2013 年 8 月竣工，2013 年 12 月开车试生产，并与 2014 年 7 月正式取得生产许可。新工厂目前共设有 5 条不同造纸相关化学品的生产线，其中主要应用于中高档纸张的 ASA 施胶剂生产规模将为全亚洲最大,而其所产制浆造纸化学品的品种亦是亚洲最全。除 ASA 施胶剂外，南京工厂还主要生产聚丙烯酸酯、聚丙烯酰胺乳液、杀菌剂、消泡剂，脱墨剂等产品，可广泛应用在制浆添加剂、造纸助留剂、纸机微生物控制等造纸关键领域。凯米拉南京工厂着眼于满足亚洲市场，特别是中国地区的需求，主要服务于造纸行业，同时为石油和矿业以及市政水处理提供产品和服务。

11 月 19 日，巴斯夫护理化学品 (上海) 有限公司年产 15000 吨表面活性剂扩建项目二次环评公示，该项目投资 1.25 亿元，属于改扩建项目。

12 月 1 日，隶属巴菲特拥有的伯克希尔哈撒韦公司旗下的特种化学品公司路博润宣布将收购威德福国际公司的油田化学品业务。此次收购包括威德福国际的集成工业钻井流体业务和生产水力压裂用添加剂的工程化学部门，收购价格不低于 7.5 亿美元。路博润将通过本次收购进军水力压裂和其他石油和天然气田运营用添加剂业务。

12 月 1 日，由中科华宇 (福建) 科技发展有限公司等单位参与制订的国家标准《GB/T 30779—2014 鞋用水性聚氨酯胶粘剂》正式实施。该标准的实施，可推动绿色环保、安全无毒的水性 PU 胶的发展。该标准由中国石油和化学工业联合会提出，全国胶粘剂标准化技术委员会归口，中科华宇 (福建) 科技发展有限公司牵头，联合莆田市海西鞋业研发设计中心等单位共同起草。标准规定了鞋用水性聚氨酯胶粘剂的要求、试验方法、检测规则和标志、包装、运输和贮存的要求。

12 月 2 日，大化集团总投资 3.98 亿元、以废弃油脂为原料的 15.8 万 t / 年废弃油脂生产醇酯系列精细化学品项目可研报告通过专家组评审。该项目拟在大连松木岛化工园区新建 10 万 t / 年生物柴油 (脂肪酸甲酯)、2 万 t / 年脂肪酸和 1 万 t / 年植物沥青生产线，以及 2 万 t / a 硝酸异辛酯、2000 t / 年氨基甘油和 6000 t / 年环氧氯丙烷生产线。项目达产后，年实现销售收入 11.65 亿元、利润总额 1.35 亿元。该项目实施方案设计科学合理，与大化集团现有产品互补性强，降低了产品生产成本，预期经济和社会效益良好。

12 月 3 日 ~ 5 日，2014 中国国际涂料展在广州举行，亚什兰集团旗下业务部门亚什兰特种添加剂推出用于水性建筑涂料的低 VOC 表面活性剂 Strodex FT-68。Strodex FT-68 是曾获殊荣的 Strodex FT-428 表面活性剂的第二代产品，不含烷基酚聚氧乙烯醚 (APEO) 成分，能显著减少涂料中 VOC 的含量。通过使用 Strodex FT-68 特殊表面活性剂，涂料生产商可在配方中减少或不再使用二醇类溶剂，从而使涂料更加环保。Strodex FT-68 表面活性剂专为增强乳胶涂料稳定性而设计，使其具有出色的冻融稳定性和机械稳定性。该产品在改善涂料冻融稳定性测试中的表现优于其他表面活性剂，并能通过取代部分防冻剂来降低涂料中 VOC 的含量。

12 月 9 日，美国对原产于中国的次氯酸钙作出反倾销和反补贴终裁。裁定对中国企业倾销幅度 210.52%，征收 200.90% 的保证金；补贴率为 65.85%。此项裁定有待美国国际贸易委员会 (ITC) 的终裁，终裁将于 2015 年 1 月 22 日出炉。2014 年 1 月，美国对原产于中国的次氯酸钙进行反倾销和反补贴立案调查；2014 年 5 月，美国对此案作出肯定性初裁。

12 月 12 日，瓦克化学集团宣布推出一种新的芳基烷氧基硅烷单体 GENIOSIL XL70。该产品是瓦克专门针对硅烷交联型胶黏剂及密封胶设计而成，尤其适用于不允许散发异味的产品。GENIOSIL XL70 是一种低黏度、透明、无色的芳基烷氧基硅烷类液态硅烷产品。与传统的硅烷交联型胶黏剂及密封胶用去水剂不同，该产品能够使生产商配制出无异味的地板胶黏剂或液体防水涂料等产品，特别适用于大面积使用胶黏剂和密封胶的场合。硅烷交联型胶黏剂和密封胶能够与水发生反应，因此，去水剂是此类产品的核心组分。它能够使聚合物不受随配方填料等带入的潮气损害，并能保障产品的使用性能在保质期内不受损。

12 月 18 日，全球特殊化学品公司科莱恩宣布已经将阿根廷、巴西以及哥伦比亚的水处理业务出售给艺康化工。具体的财务细节没有披露，该交易尚需得到监管部门的批准。此次出售不包括拉丁美洲石油天然气工业的水处理业务。该业务已经被并入自然资源石油采矿业务。科莱恩拉丁美洲水处理业务为众多领域提供了大量的化学品与服务，包括纺织、食品饮料、化工、纸张以及个人和家庭护理。

12 月 19 日，《新和（太仓）材料科技有限公司新建年产 9 万 t 阴离子表面活性剂项目》环境影响评价第一次环评公示，该项目包括 3 条 3.8 t / h 的磺化装置。项目完成后，将形成新建年产 9 万 t 阴离子表面活性剂项目（其中包括 2 万 t 烷基苯磺酸（LABSA）、2 万 t 脂肪醇硫酸盐（K12）、5 万 t 脂肪醇聚氧乙烯醚硫酸盐（AES））的生产能力。

12 月 23 日，亚什兰集团旗下亚什兰特种添加剂业务部门宣布已与大连化学工业公司签署协议，后者作为为亚什兰独家生产 AQUAPAS 可再分散乳胶粉供应商。该协议自 2015 年 1 月 1 日起生效。大连化学工业公司是全球最大的可再分散乳胶粉生产商，此项协议将使亚什兰继续凭借旗下丰富的产品线如 CULMINAL 和 COMBIZELL 甲基纤维素衍生物等产品为建筑行业服务。亚什兰特种添加剂业务部门是全球第一大纤维素醚生产商和乙烯基吡咯烷酮的领军企业，为客户提供各种行业领先的产品、技术和资源，用以解决众多应用领域中的配方或产品性能难题。亚什兰特种添加剂业务部采用从植物或植物籽提炼的天然、合成或半合成聚合物以及纤维素醚、乙烯基吡咯烷酮、丙烯酸黏合剂和聚氨酯黏合剂，为消费品和工业应用领域提供全面和创新的解决方案。

第十一章

ORGANIZATION, INSTITUTION AND ASSOCIATION

教育、协会、组织机构

1 中国洗涤用品工业协会

中国洗涤用品工业协会创建于1983年9月，现处于第七届理事会期间，是经民政部批准登记注册的具有独立法人的国家一级社团组织，业务受国有资产监督管理委员会和民政部监督管理。

协会性质：中国洗涤用品工业协会是由洗涤用品、表面活性剂、油脂化工及相关领域内的生产企业、事业、科研、教育等单位、组织和个人自愿结成的全国性、行业性、非营利性社会组织。

协会宗旨：遵守宪法、法律、法规和国家政策，遵守社会道德风尚；做好政府部门的参谋助手，反映企业的愿望和要求，在政府、行业、企业、公众之间起好桥梁和纽带作用；着力于为会员服务，维护会员的合法权益，维护消费者合法权益；立足于行业发展，为振兴行业服务，为发展中国特色社会主义服务。

业务范围：制订本行业的行规行约和管理规范，并组织实施；向政府反映会员单位的愿望和要求，反映行业中有关问题，提出建议，维护会员的合法权益；对行业发展中的问题进行调查研究，向政府部门提出有关行业政策和法规的建议；组织并参与本行业技术标准、经济标准、管理标准的制订修改工作，组织标准的贯彻实施；开展行业统计工作，做好信息的收集、分析、市场预测和发布工作，为政府部门制订产业政策提供依据，为行业提供信息指导与服务；对本行业的产品质量和产品安全实行自律监督和评估，发布行业产品质量及产品安全信息，宣传推广优质产品和科技新技术、新产品等。

第七届理事会领导成员

理 事 长：郑舞虹　中国洗涤用品工业协会

副理事长：庄启传　纳爱斯集团有限公司　董事长兼总裁

陈凯旋　广州立白企业集团有限公司　董事长兼总裁

于　文　西安开米股份有限公司　董事长兼总经理

王万绪　中国日用化学工业研究院　院长

傅勇国　广州市浪奇实业股份有限公司　董事长

胡克勤　洛娃科技实业集团有限公司　董事长

朱涤飞　杭州传化日用品有限公司　总经理

贾齐正　湖南丽臣实业股份有限公司　董事长兼总经理

徐昌诚　南京佳和日化有限公司　董事长兼总经理

钟延国　上海制皂有限公司　总经理

白子武　中国石油抚顺石化公司洗涤剂化工厂　厂长

杜志强　上海和黄白猫有限公司　董事长

金勤勇　中轻化工股份有限公司　总经理

曾锡文　联合利华（中国）有限公司　北亚区副总裁

崔新宇　益海嘉里投资有限公司　油化事业部总监
方银军　浙江赞宇科技股份有限公司　董事长
狄永红　山焦盐化南风化工集团股份有限公司　副总经理
蒋伟民　中国石化金陵石化公司烷基苯厂　厂长
潘　东　广州蓝月亮实业有限公司　集团董事会主席兼研发总裁
邢培栋　中国中轻国际工程有限公司　总经理
魏建华　北京绿伞化学股份有限公司　董事长兼总经理
张正基　中国铝业山东分公司　副总经理
李　丽　宝洁（中国）有限公司　宝洁（北京）总经理
特邀副理事长：方　云　江南大学化学与材料工程学院　院长
徐宝财　北京工商大学食品学院　院长
副理事长兼秘书长：王　燕　中国洗涤用品工业协会
副秘书长：张华涛　中国洗涤用品工业协会
联系方式：
地址：北京市海淀区高梁桥斜街 59 号中坤大厦 1015 室
电话：010-65271583
传真：010-65121880
邮箱：ccia@ccia-cleaning.org
网址：http://www.cassdi.org/

2 中国洗涤用品工业协会表面活性剂专业委员会

中国洗涤用品工业协会表面活性剂专业委员会（简称中国洗协表委会）隶属于中国洗涤用品工业协会，挂靠单位是中国日用化学工业研究院。目前中国洗协表委会的委员单位涵盖了中国国内涉及表面活性剂（包括阴、阳、两性及非离子等）及其原料（包括烷基苯、脂肪酸、脂肪醇、脂肪胺等）的生产、科研、教学、设计和营销的多个单位。中国洗协表委会主要的工作任务是组织国内外技术经济交流与合作，对中国国内表面活性剂及其原料的产销情况进行行业统计及分析，为委员单位提供信息咨询服务。

从 2000 年起，中国洗协表委会先后与中国洗涤用品工业协会科学技术专业委员会、中国日用化学工业信息中心、全国表面活性剂和洗涤剂行业生产力促进中心等单位联合承办或协办“国际表面活性剂和洗涤剂会议”“全国磺化乙氧基化技术与市场研讨会”“表面活性剂在纺织、皮革、造纸、石油等领域的研讨会”以及“阳离子／两性离子表面活性剂研讨会”等专题会议和其他交流活动。依托中国洗协表委会组建和成立的全国表面活性剂及其原材料的产销统计网络组建于 1998 年，截至 2014 年年底，加入该网络的企业达到 60 多家，涵盖了国内主要表面活性剂及其原料的主要生产厂家，其统计的全国表面活性剂原料和产品的产销量大约占到全国实际产销量的 80%～90%，具有广泛的代表性和宏观的统计学意义。

中国洗协表面活性剂专业委员会工作条例

第一条 中国洗涤用品工业协会表面活性剂专业委员会（以下简称表委会），是隶属于中国洗涤用品工业协会的专业机构，由中国洗涤用品工业协会（以下简称中国洗协）从事表面活性剂及其原料的生产、科研、教学、设计和贸易的成员单位组成。

第二条 表委会在中国洗协理事会领导下，依照《中国洗涤用品工业协会章程》和《中国洗涤用品工业协会专业委员会管理办法》开展工作，努力为企业和行业提供相关服务，搭建行业企业机构单位之间桥梁与纽带，以促进行业的健康、快速与可持续发展。

第三条 表委会的主要工作任务

（1）组织国内外相关行业合作与交流，为企业发展创造条件；

（2）经中国洗协授权进行表面活性剂及其原料产销量的统计、分析和提供信息服务，重点加强工业产品及应用领域的统计分析；

（3）开展表面活性剂国内外技术、市场和发展趋势调研，提出发展我国表面活性剂工业的相关技术经济政策的意见和建议；

（4）开展表面活性剂应用的宣传推广工作，尤其是加强绿色型、环保型、安全型、高附加值产品的开发及应用；

（5）组织各种活动，促进成员单位间的联系和沟通；

（6）反映成员诉求，为成员单位做好服务；

（7）承办中国洗协委托的其他任务。

第四条 表委会的成员构成以及其权利与义务

（1）凡涉及表面活性剂及其原料的生产、科研、教学、设计和贸易并且已加入中国洗协的会员单位均可申请成为表委会的成员，申请单位需推举一名负责人为代表，报至表委会秘书处。

（2）对于尚未成为中国洗协正式会员的单位，如承认并履行表委会工作条例，愿意并积极参加表委会活动的可先行参加表委会的相关活动，同时应尽快办理申请加入中国洗涤的相关手续。

（3）凡生产表面活性剂及其原料的成员单位，应纳入表委会的信息统计范畴，为此上述成员单位应在本单位指定专人为信息统计员，并将名单报至表委会，信息统计员须每季末10日内将本单位应统计产品的产销量用规定报表报至表委会秘书处，表委会将各方数据汇总后返回给各上报单位，以实现成员间的数据共享。

（4）表委会的日常办公费用由中国洗协下拨，不足部分由挂靠单位承担，此项费用主要用于表委会日常办公、通讯费用及奖励等。

（5）表委会的成员有选举和被选举权，有权监督表委会的工作并提出批评和建议。

第五条 表委会的组成机构与任务

（1）表委会全体成员单位组成表委会全体委员会（简称全委会），原则上每年召开一次全委会或相关专题会议，目的是交流技术、市场与管理信息及探讨行业性问题，同时讨论表委会的各项工作计划及安排。

（2）全委会通过民主协商选举产生常务委员单位，常委单位推举一名负责人出任常委，常委会由 15 ~ 20 名常委组成，每届常委会任期五年，原则上每年召开一次常委会或专题会议，研究行业内的共性问题、安排相关活动及评选优秀统计员等事宜。

（3）由全委会选举产生主任委员 1 名，副主任委员 6 ~ 10 名，每届任期五年。

（4）常委会设秘书处（设在表委会挂靠单位），秘书处设秘书长 1 名，可根据需要设副秘书长 1 ~ 2 名，秘书长及副秘书长负责处理日常工作和信息统计工作。

（5）表委会主任委员、副主任委员、秘书长由表委会全委会选举产生并上报中国洗协备案。

（6）表委会可根据需要成立相关的专业工作小组，由表委会常委会提名任命组长，组织本小组内的成员单位开展相关活动，并协助表委会秘书处开展工作。

（7）表委会可根据需要聘请长期从事本行业工作，并有较高学术造诣的老同志为表委会顾问。

（8）表委会委员在任期内有退休、离职、卸任等情况，原单位应及时以书面形式向表委会秘书处通报并提出变更人选，由表委会全委会表决通过后报中国洗协备案。

第六条 为做好表委会的信息统计工作，每年将评选优秀信息统计员，评选优秀统计员需满足下列条件：

（1）担任所在单位信息统计员工作满一年；

（2）及时按要求准确上报产品的产销量及其他相关信息（含装置运行情况），并能对全年与上年的统计报表做出对比分析；

（3）能够积极参加表委会就信息统计工作的专题会议或培训；

（4）能够及时完成表委会委托的其他工作等。

每年由表委会秘书处通过民主方式评选出年度优秀信息统计员，并提出表彰和奖励，并报中国洗协予以通报表扬。

第七条 本条例经表委会全委会制定修改，经全委会讨论通过生效后并报中国洗协备案。

第八条 本条例解释权归中国洗协表委会常委会。

第七届中国洗协表面活性剂专业委员会成员

主 任 委 员：王万绪　中国日用化学工业研究院　院长

副主任委员：方银军　浙江赞宇科技股份有限公司　总经理

管建忠　三江化工有限公司　总经理

蒋伟民　中国石化集团金陵石化有限公司烷基苯厂　厂长

刘国彪　湖南丽臣实业股份有限公司　副总经理

刘希贵　辽宁华兴集团化工股份有限公司　总裁

任林松　中国石油抚顺石化分公司洗涤剂化工厂　副厂长

施建刚　江苏飞翔化工集团　董事长

徐昌诚　南京佳和日化有限公司　董事长

杨永年　天津浩元精细化工股份有限公司　总经理

张春峰　中国石化上海石化化工部　总经理助理

常 务 委 员：蔡熙扬 广州市浪奇实业股份有限公司 副总工
陈文新 琪优势化工（太仓）有限公司 总经理
程 宁 表面活性剂和洗涤剂行业生产力促进中心 主任
方心仪 德源（中国）高科有限公司 市场总监
胡 起 中轻物产股份有限公司 副总经理
李金彪 佳化化学股份有限公司 董事长
聂树国 宁波得利时泵业有限公司 总经理
孙永强 表面活性剂国家工程研究中心 副主任
王 芃 天津市轻工业化学研究所有限公司 总工程师
王自卫 山西山大合盛新材料股份有限公司 董事长
夏咏梅 江南大学 教授
杨海君 四川石达化学股份有限公司 技术总监
於水新 上海艾肯化工科技有限公司 总经理
张东义 南风化工集团股份有限公司 副主任
张 涛 金桐石油化工有限公司 常务副总经理
张 涌 四川花语精细化工有限公司 总经理

秘 书 长：裴 鸿 中国日用化学工业信息中心 主任

副 秘 书 长：赵永杰 中国日用化学工业研究院 工程师

联系方式：

地址：山西省太原市文源巷 34 号
电话：0351-4070639
传真：0351-4085741
邮箱：xxbwh-ty@163.com

3 中国洗涤用品工业协会科学技术专业委员会

中国洗涤用品工业协会科学技术专业委员会（以下简称中国洗协科技委）隶属中国洗涤用品工业协会，由中国国内从事洗涤用品和表面活性剂的生产、科研、高校等单位所推荐的委员组成。成立该机构的主要目的是发挥行业桥梁与纽带作用，促进中国表面活性剂和洗涤剂行业的科技合作与交流。

中国洗协科技委的主要工作任务是：提出我国洗涤用品工业的科学技术发展方向和主要任务、科学研究规划等设想建议；针对行业发展和存在的共性问题，提出建议、制订计划、组织协调，发挥成员单位的特长，促进行业技术合作；推动和促进我国与国外同行的国际科技合作与人员交流；加强与企业的联系，积极开展应用技术交流研讨活动，加速科技成果转化及生产力；组织行业职工教育培训工作以及技术咨询服务等工作。

中国洗协科技委员会成立于 1989 年 12 月，迄今已经历六届。中国洗协科技委员会挂靠单位是中国日用化学工业研究院，秘书处办公设在中国日用化学工业信息中心。目前，第六届中国洗协科技委主任委员由中国日用化学工业研究院院长王万绪担任，秘书长是由国家洗涤用品质量监督检验中心常务副主任姚晨之担任。

第七届中国洗协科学技术专业委员会领导成员

主 任 委 员：王万绪　中国日用化学工业研究院　院长
副主任委员：陈　韬　广州市浪奇实业股份有限公司　副总经理
刘晓东　中国石油抚顺石化公司合成洗涤剂厂　厂长
马建中　陕西科技大学　副校长
滕伟林　纳爱斯集团　副总监
张　辉　北京绿伞化学股份有限公司　副总经理
郑春颖　伽蓝（集团）股份有限公司　董事长
常 务 委 员：杜志平　山西大学　教授
高欢泉　西安开米股份有限公司　研发中心主任
黄建滨　北京大学化学与分子工程学院　教授
黄文军　荆州活力二八沙市日化有限公司　质技部部长
李　锰　北京一轻日用化学有限公司　董事长
李秋小　表面活性剂国家工程研究中心　主任
沈　俊　联合利华（中国）有限公司上海分公司　研发总监
束毅峰　杭州德高化工开发有限公司　总经理
王　军　郑州轻工业学院　教授
王泽云　南风化工集团股份有限公司　副总工程师
吴国炎　江苏省日化协会　秘书长
吴惠平　轻工业杭州机电设计研究院　副院长
翟洪志　北京紫晶石精细化工技术有限公司　总经理
张桂菊　北京工商大学食品学院　副教授
赵厚玉　成都舒乐科技发展有限公司　总经理
赵建红　广州市日用化学工业研究所　所长
赵建利　洛娃科技实业集团有限公司　董事
郑利强　山东大学胶体与界面化学教育部重点实验室　教授
秘　书　长：姚晨之　全国表面活性剂和洗涤用品标准化技术委员会　秘书长
副 秘 书 长：张　静　中国日用化学工业信息中心　责编
联系方式：
地址：山西省太原市文源巷 34 号
电话：0351-4065712
传真：0351-4085741
邮箱：zgxxkjw@163.com

4 轻化工助剂化学与技术省部共建教育部重点实验室

轻化工助剂化学与技术省部共建教育部重点实验室依托陕西科技大学化学与化工学院，是在已经运行并开放10年的“轻工业部应用化学重点实验室”和已建设4年的“陕西省轻化工助剂重点实验室”基础上整合组建而成的。2008年11月18日，经陕西省科技厅和教育厅组织专家评审，轻化工助剂化学与技术省部共建教育部重点实验室通过论证，并正式开始组建。

重点实验室对造纸、皮革、染整、陶瓷轻工业领域涉及的各种助剂的合成及应用进行基础研究，重点利用现代功能分子设计思想、探索新型轻化工助剂的合成及与蛋白纤维、纤维素纤维、陶瓷浆料等作用机理，探索利用各种化工中的高新技术改造传统轻工业中所需的各种化学品进行理论创新与技术创新。研究方向：造纸助剂化学与应用技术、皮革助剂化学与技术、染整助剂化学与技术、陶瓷助剂化学与技术、食品助剂化学与技术、新材料助剂化学与技术。

研究方向：

1. 造纸助剂化学与应用技术

（1）新型造纸助剂的合成及其应用：针对造纸工业在原料、污染、能耗等方面存在的问题，通过新型造纸助剂的开发及应用，实现利用高新技术改造传统造纸工业想法。利用纳米材料制备技术、反相微乳液制备技术等合成的超高分子质量阳离子聚丙烯酰胺系列助留剂、助滤剂和废水处理剂、聚氨酯改性有机硅高分子防水涂布剂、聚醚改性有机硅消泡剂、超分子丙烯酸系分散剂，特别是在提高箱板纸环压强度和抗水性能、提高造币纸湿强度及耐水洗性、利用短纤维和二次纤维制备高强度纸、减少造纸废水污染和节能减排方面，涉及高分子合成及改性的前言课题和创新领域的研究，获得多项国家攻关项目及陕西省重大攻关项目的资助。

（2）新型造纸助剂与纤维作用机理：系统研究造纸助剂微观结构对纸张的微观结构影响，重点研究各种新型无污染制浆用蒸煮助剂、漂白助剂、助留剂、助滤剂合成及应用，特别是相关作用机理的探讨；新型造纸助剂在表面处理中对纸的结构形态和纸张强度的影响，研究助剂对纸浆的胶体化学体系和性能的影响，完善和发展制浆造纸基础理论和助剂应用技术，该方向的研究成果可为造纸助剂新品种的设计、制备以及新造纸原料开发提供重要的理论和技术的指导。该方向已获得国家自然科学基金、教育部博士点基金项目等项目的资助。

该方向的研究在国内处于领先水平，利用无皂乳液和微乳液技术合成的中性施胶剂及表面施胶剂、中性松香施胶剂、环压增强剂和挺度剂的研究、合成聚氨酯改性聚酰胺多胺增湿强剂以及新型育果袋纸，均曾获得陕西省科学技术奖；该方向同时还为企业提供成熟技术16项。

2. 皮革助剂化学与技术

（1）绿色皮革助剂的合成理论及应用技术：合成水性高分子表面活性剂及高分子助剂，研究聚合物结构对皮革纤维结构及性能的影响，通过合理的工艺配合，进行皮革和毛皮的表面修饰和改性，以改善其手感、弹性、强度等性能。主要研究代替铬鞣剂的高分子鞣剂及复鞣剂，重点研究无铬鞣剂、酶法脱毛等绿色皮革加工理论及生产新技术，进行制革清洁工艺与环境保护。胶原蛋白化学及其复合材料、生物工程技术在皮革工业中的应用研究，该方面研究曾获得多项国家级及省部项目的资助。

（2）皮革助剂与胶原纤维的作用机理研究：研究新型皮革助剂对胶原蛋白的作用方式及影响，探讨脱脂、鞣制、染色、加脂及整饰等机理，研究新型助剂对成革强度、弹性及表面性能的影响，丰富和发展制革和毛皮加工制备基础理论。

学术委员会

主　任：姚　穆　西安工程技术大学，中国工程院院士

副主任：陈克复　华南理工大学制浆造纸国家重点实验室，中国工程院院士

　　　　段镇基　中国皮革工程研究院，中国工程院院士

委　员：沈一丁　陕西科技大学校长，教授，博士生导师

　　　　张淑芬　大连理工大学精细化工国家重点实验室主任，教授，博士生导师

　　　　张美云　陕西科技大学，教授，博士生导师

　　　　王尧宇　西北大学化学系主任，教授，博士生导师

　　　　马建中　陕西科技大学，教授，博士生导师

　　　　何北海　华南理工大学制浆造纸国家重点实验室主任，教授，博士生导师

　　　　黄剑峰　陕西科技大学，教授，博士生导师

　　　　张秋禹　西北工业大学，教授，博士生导师

联系方式：

地址：西安市草滩路杜家

电话：029-86168073

传真：029-86168958

网址：http://sy.sust.edu.cn

5 中国建筑材料联合会混凝土外加剂分会

中国建筑材料联合会混凝土外加剂分会（简称“中国混凝土外加剂协会”）是由全国混凝土外加剂生产企业、科研、设计、高校、工程应用单位及相关的社会团体和个人自愿联合组成的行业组织，是在民政部注册的、非营利性的全国社会经济团体，是中国建筑材料联合会的分支机构，挂靠在中国建筑材料科学研究总院。

分会是在黄大能先生倡导下于1986年10月成立的，当时有会员78家。20多年来，在上级联合会的领导下，在老一辈专家的关怀下，混凝土外加剂分会得到了蓬勃的发展，现有会员单位近500家，理事单位93家，分布在全国各地。分会现任理事长为中国建筑材料科学研究总院姚燕院长。

20多年来，混凝土外加剂分会积极为会员单位服务，在政府和同行业间起相互沟通作用，传达和贯彻政府的方针、政策、法令、法规，反映本行业的愿望和要求，促进了我国混凝土

外加剂行业的进步，为本行业的发展做出了应有的贡献。分会承担的主要工作有：

（1）每两年开展一次行业基本情况调查，研究行业技术、经济、发展趋势和市场需求情况，及时向政府领导部门和中国建材联合会反应本行业的问题和意见，并通过制定、贯彻行业标准、规范、行规、行约来加强行业管理；向有关部门提出行业技术进展和发展规划以及技术、经济政策和经济法规等方面建议。

（2）加强行业间及行业内的技术、经济合作，协调产销和竞争中出现的问题。

（3）开展各种技术服务、培训、咨询、交流等活动，加强技术情报、市场信息的沟通，帮助企业了解国内外最新发展动向及技术热点，使企业尽快掌握外加剂的新技术。

（4）积极开展与海外同行间的联系与交流，开展对外技术、经济交流与合作。

（5）组织会员单位参加展览会、展销会，帮助企业开拓市场。

（6）组织编辑出版协会刊物、简报和相关技术资料。

（7）承担政府部门和上级协会委托的其他任务。

联系方式：

地址：北京市朝阳区管庄东里 1 号

邮编：100024

电话：010-51167954

传真：010-51167954

邮箱：chinacaa213@163.com

6 全国精细化工行业协会

中国全国精细化工原料及中间体行业协作组（以下简称协作组）是由本领域化工生产、科研、贸易、应用、信息诸单位及大专院校自愿参加组成的协作组织，成立于 1999 年 6 月，挂靠在中国化工信息中心。

协作组自成立之日起充分发挥会员单位的优势，在互利互惠原则下，在技术、产品、市场、信息、培训、管理及国内外贸易等方面，开展协作与咨询服务，从而推动了本领域的发展，提高了会员单位开发新产品、开拓市场的能力。

目前协作组有会员单位 300 多家，集中了全国该领域大部分最优秀的单位，以及大部分最优秀的企业家、科学家和工程技术人员。

联系方式：

地址：北京安外小关街 53 号化信大厦 B 座 6F

邮编：100029

电话：010-64444097 64438936

传真：010-64437118

邮箱：dusm@cheminfo.gov.cn

7 中国日用化学工业信息中心

中国日用化学工业信息中心成立于1971年，现为以中国日用化学工业研究院为依托的行业机构，中心以行业科技期刊与年鉴出版、行业信息研究与咨询、行业会议于展览组织承办为核心业务，以卓越的成绩致力于中国表面活性剂、洗涤剂、化妆品和个人护理用品的行业技术进步与国际交流及合作。

信息中心依托中国日用化学工业研究院的技术、人才与政府支持优势，根据国内外行业发展及企业需求，积极为企业提供全方位的技术、市场和政策咨询服务，努力打造行业信息交流平台，构建企业与政府沟通、企业与科研所合作的渠道。

信息中心现与百余家国内外行业协会、大学、研究机构与企业建立了工作联系，一大批具有丰富经验的技术、市场、管理专家将以国际化的视野为客户提供各项服务，是客户了解、参与、获利于中国日化行业的便捷途径。

2006年由国家科技部和国家事业单位登记管理局批准在北京中关村注册成立了以中国日用化学工业研究院为依托，以信息中心为主体的全国表面活性剂和洗涤剂行业生产力促进中心，与业内企业共同打造行业服务平台，2009年被科技部认定为国家级示范中心，已成为产学研合作共赢的又一重要通道。

联系方式：

地址：山西省太原市文源巷34号

邮编：030001

电话：0351-4128323

传真：0351-4128323

邮箱：pcsd_china@126.com

网址：www.cicdci.net.cn

8 中国日用化学工业研究院

中国日用化学工业研究院前身是成立于1930年的中央工业试验所，于1963年定名重组，是我国最早从事表面活性剂/洗涤剂研究开发工作的专业机构。表面活性剂国家工程研究中心、国家洗涤用品质量监督检验中心、全国表面活性剂/洗涤剂标准化中心、中国日用化学工业信息中心、表面活性剂和洗涤剂行业生产力促进中心、山西省表面活性剂重点实验室、山西省表面活性剂工程研究中心、山西省纳米技术应用工程研究中心等国家和地方机构均依托并设在该院。日化院拥有一支本领域权威性的专家队伍及一批求实上进的高素质专业技术人员，其中享受政府特殊津贴的专家15人，省部级劳动模范2人，全国“五一”劳动奖章获得者1人。“八五”以来，完成科研项目350余项，其中国家攻关、863、973、国家自然基金及部省项目百余项，获部省以上各种奖励90余项。具有硕士学位授予权，建有联合博士点和博士后科研工作站，每年可培养12名硕士生，并与高等院校联合培养2~4名博士生。

1999年转制以来，日化院建立了开放、流动、竞争、协作的运行机制，集实验研究、工程技术开发、分析与标准化、信息与市场研究、工程咨询、工程设计于一体，向行业辐射技术。随着产业实体的设立与发展，日化院已逐步成为产、学、研相结合的现代科研院所。

联系方式：

地址：山西省太原市文源巷34号

邮编：030001

电话：0351-4044836

网址：www.ridci.cn

9 河南省表界面科学重点实验室

河南省表界面科学实验室是在原国家轻工业部重点实验室“应用化学实验室”，依托“应用化学”河南省重点学科，经过连续多年投资和建设而成。2007年5月，经河南省科技厅批准组建河南省表界面科学重点实验室。

实验室依据国家、河南省科技发展规划，结合自身特色和优势，针对我国特别是河南省经济建设和社会发展的要求，重点开展以下五个方向的研究：聚合物表界面科学与技术；材料表面修饰与电极界面性质研究；气（液）/固界面性质及应用；两亲分子的合成与性能研究；功能纳米材料的可控制备及微纳器件加工研究。自2007年5月组建以来，实验室承担国家自然科学基金项目15项（包括2010年新申请4项），河南省2010年重大公益科研项目1项、教育部重点攻关项目1项、河南省杰出人才基金、河南省重大科技攻关、河南省杰出青年基金、河南省高校科技创新人才支持计划等省级项目53项。

联系方式：

地址：郑州市东风路5号

邮编：450002

电话：0371-63556510

网址：bjm.zzuli.edu.cn

10 中国香料香精化妆品工业协会

中国香料香精化妆品工业协会（简称：中国香化协会），英文名称：China Association of Fragrance Flavour and Cosmetic Industries（缩写为CAFFCI）。本协会成立于1984年8月21日，是经国家民政部批准，具有社会团体法人资格的国家一级工业协会。协会是由香料香精、化妆品生产企业及其原料、设备、包装企业和相关科研、设计、教育等企、事业单位和个人自愿组成的全国性、行业性、非营利性的社会组织，现有会员单位1100余家。本协会按照协会章程开展活动，其最高权力机构是会员代表大会。

理事会工作机构，设九个专业委员会：香精香料法规事务工作委员会、天然香料专业委员会、合成香料专业委员会、香精专业委员会、化妆品专业委员会、科技工作委员会、化妆品法规事务工作委员会、美容线产品专业委员会、化妆品原料专业委员会等。

中国香料香精化妆品工业协会组织机构

理 事 长：陈少军　中国香料香精化妆品工业协会

副理事长：李德明　中土畜三利香精香料有限公司

李　锰　北京一轻日用化学有限公司

侯政红　资生堂丽源化妆品有限公司

乌　兰　欧莱雅（中国）有限公司

佘丰宁　北京宝洁技术有限公司

邢海明　天津春发生物科技集团有限公司

张金奎　天津郁美净集团有限公司

赵永良　天津普兰娜天然植物化妆品集团有限公司

陈东辉　上海应用技术学院

魏中浩　爱普香料集团股份有限公司

朱林瑶　华宝食用香精香料（上海）有限公司

刘凤莉　奇华顿食用香精香料（上海）有限公司

蒋　敏　芬美意香料（中国）有限公司

刘钦宣　国际香料（中国）有限公司

詹　强　上海高砂鉴臣香料有限公司

曲建宁　上海家化联合股份有限公司

马　文　联合利华（中国）有限公司

顾锦文　上海华银日用品有限公司

李　华　强生（中国）有限公司

封　帅　上海相宜本草化妆品股份有限公司

郑春颖　伽蓝（集团）股份有限公司

刘　薇　雅诗兰黛(上海)商贸有限公司

翁悦梅　汉高（中国）投资有限公司

徐之伟　江苏隆力奇生物科技股份有限公司

李元儿　杭州西湖香精香料有限公司

张之涤　浙江绿晶香精有限公司

朱维君　嘉兴市中华化工有限责任公司

金建民　高丝化妆品有限公司

章华东　浙江章华保健美发实业有限公司

沈志荣　浙江欧诗漫集团有限公司

殷　涛　玫琳凯（中国）化妆品有限公司

卫　洁　滕州市悟通香料有限责任公司

雷　霆　拜尔斯道夫个人护理用品（中国）有限公司

李振辉　青蛙王子（中国）日化有限公司
陈杰华　福建片仔癀化妆品有限公司
邱金倬　山东新和成药业有限公司
钟炼军　广州百花香料股份有限公司
王明凡　深圳波顿香料有限公司
杨安坪　广州立颖有限公司
吴焕清　广东铭康香精香料有限公司
陈勤发　名臣健康用品股份有限公司
吕南明　广东雅丽洁精细化工有限公司
刘光荣　无限极（中国）有限公司
孙宝国　北京工商大学（专家）
陈　坚　江南大学（专家）
金其璋　上海香料研究所（专家）

秘 书 长：张京原　中国香料香精化妆品工业协会

联系方式：

地址：北京市丰台区宋庄路顺三条 21 号嘉业大厦 2 号楼 508 室
电话：010-67626799
传真：010-67626799
邮箱：caffci@caffci.org
网址：http://www.caffci.org

11 中国印染行业协会

中国印染行业协会成立于 1995 年 3 月，是由印染行业的企事业单位、相关行业企事业单位、社会团体和具有一定经验的专业人员自愿组成的非营利性社会组织。本协会的宗旨是遵守宪法、法律、法规和国家政策，维护行业的整体利益和会员的合法权益，充分发挥行业组织的桥梁和纽带作用，协助政府部门加强行业管理，为企业、行业、政府服务，促进我国印染行业持续稳定健康发展。

中国印染行业协会聚集了中国众多的优秀印染企业及相关行业企业、事业单位和社会团体。为更好的开展行业工作，本协会秘书处下设办公室、对外联络部、产业部、信息部、咨询部及印花专业技术委员会、环保专业技术委员会等机构，并有协会刊物《染整技术》和协会网站（www.cdpa.org.cn）等信息平台为行业提供服务。

中国印染行业协会的主要工作有：开展对行业的调查研究，向政府等有关部门反映行业、会员诉求；协助政府部门统一协调企业之间、行业与外部之间的关系，保护行业的合法权益；掌握国内外行业发展动态，收集、发布行业信息；参与印染行业产业政策、技术政策、经济政策以及标准、法规等方面的研究、制定，并组织宣传、贯彻、落实；参与制订行业发展规划，完善行业管理，促进行业发展；组织行业有关业务的咨询、诊断、鉴定、论证和各项专业管理、生产技术和经验总结、推广、交流，举办各类为行业服务的培训班，提高行业素质；开展行业品牌培育、质量管理和产品开发工作，推荐行业的高新技术产品和名牌产品；发展与国外、境外有关经济团体和协会的联系，参加有关国际会议，组织出国考察、访问，促进对外经济贸易、技术合作。

联系方式：

地址：中国北京东长安街 12 号 329 室

电话：010-85229329 /85229466

传真：010-85229365

邮箱：cdpabeijing@sina.com

12 表面活性剂山西省重点实验室

表面活性剂山西省重点实验室于 1999 年在山西省科技厅和依托单位中国日用化学工业研究院的共同支持下挂牌成立。实验室的前身为中国日用化学工业研究院物化和应用基础研究室。经过多年的努力建设，中国日化院将其下属的物化和应用基础研究室申报并获山西省科技厅批准，成立表面活性剂山西省重点实验室成立。实验室的主要研究方向为表面活性剂溶液体系物化性能研究、相体系和相行为研究；表面活性剂结构鉴定和定性定量分析；各类新型表面活性剂及其原料、中间体的合成；探索各种反应的反应机理、研究和表征与合成相关的各种新型催化剂；考察表面活性剂制备工艺放大过程中的各种影响因素；各种新型表面活性剂在能源、新材料、环境污染治理、生命科学等方面的应用性能。经过几年的努力，实验室在表面活性剂研究方面已经具备了相当的实力，成为这一领域内研究方向明确、人员结构合理、实验装备完备、综合实力较强的研究机构。

联系方式：

地址：山西省太原市文源巷 34 号

邮编：030001

电话：0351-4084691

网址：http://www.ridci.cn

13 浙江省表面活性剂重点实验室

浙江省科委、省计经委、省财政厅于 1997 年 10 月批准组建省级试验基地——浙江省日化工业表面活性剂试验基地，是浙江省从事表面活性剂工艺技术研究、新产品开发及成果产业化的开放式的研发中试基地，于 2008 年升级为浙江省表面活性剂重点实验室。依托单位为浙江赞宇科技股份有限公司。

研究内容：新型绿色表面活性剂的开发研究；表面活性剂的物化性能及应用基础理论研究；表面活性剂合成新工艺及装备的开发研究；表面活性剂工业应用研究；表面活性剂生物降解性能及安全性能评价研究。

研究成果：近三年来，获得省级及以上科技进步奖四项，承担省市级以上纵向项目共38项，与企业合作、为企业解决重大难题与关键技术的课题（横向课题）27项，对外开放课题14项。三年内实施技术成果转让12项；共获国家发明专利授权9项；已受理国家专利20项，主持和参与制定了行业和国家标准6项，在国家核心期刊上发表论文70余篇，其中SCI收录7篇。三年来设立的对外开放的“赞宇基金”项目共立项资助32项，通过赞宇基金的支持，由赞宇基金项目延伸申报立项或引用技术的项目共有8项。主要成果有：大豆磷脂SO3气相膜式磺化制取表面活性剂，醇（醚）硫酸铵研究开发，应用表面活性剂制取纳米碳酸钙的研究，脂肪酸单乙醇酰胺的研究开发，气相法制备新型磺化类皮革加脂剂，SPS结构与性能的研究，脂肪酸甲酯磺酸盐、磺基甜菜碱、醇醚磷酸酯、二甲苯磺酸铵、重烷苯磺酸、十二醇硫酸钠节能环保新工艺、烯基磺酸盐、天然油基钙皂分散剂等产品的研究开发及产业化，三氧化硫膜式磺化系统工程优化的研究开发、绿色节能干燥新工艺及装备的研究开发等。

14 广东省工业表面活性剂重点实验室

广东省工业表面活性剂实验室于1989年11月通过验收成立。依托于广东省石油化工研究院，以研究开发工业表面活性剂为主，将表面活性剂应用技术渗透到多个行业工业过程，形成了科研开发、工业应用、销售服务一体化的技术创新平台和成果转化基地。

研究方向：以工业表面活性剂应用基础研究和应用研究为主，结合广东省经济建设与产业发展的特点及需要，进行有重点的多向性工业应用技术研究和开发，将表面活性剂应用技术渗透到多个行业工业过程，形成了以工业表面活性剂为主导，在电子、皮革、业工水处理、食品、日化等专业领域进行产品及其应用技术的研发方向。

研究内容：工业表面活性剂及应用技术的研究：新型专用表面活性剂的产业化技术的开发；表面活性剂协同增效复配研究；印制电路板表面处理化学品研究：黑化综化系列产品开发；蚀刻液系列产品开发；化学镀和有机膜的技术研究应用开发；工业防霉剂研究：金属加工防菌防霉、农作物杀菌防霉、水产养殖和饲料防菌防霉等产品开发；皮革化学品研究：皮革防霉、防腐防霉系列产品开发；水处理剂研究开发；食品添加剂研究开发。

15 精细化工国家重点实验室

精细化工国家重点实验室是1989年经国家计划委员会批准，依托大连理工大学筹建而成，1995年9月通过国家验收并正式对外开放，在2009年和2014年国家重点实验室评估中被评为优秀国家重点实验室。精细化工国家重点实验室以精细化工领域科学前沿和国家重大战略需求为导向，着力开展功能化、高附加值精细化学品的结构设计、功能调控和清洁制备等方面的科学研究和技术创新。

主要研究方向及内容：

（1）染料及其光化学：重点开展染料激发态的释能调控、分子结构创新，在荧光染料探针、数码喷墨染料、染料敏化太阳能电池、人工光合作用、光电材料、生态纺织染料等领域，揭示染料分子结构与性能关系的规律、实现染料分子功能强化。

（2）精细化工新材料：开展精细高分子等特殊功能材料和无机功能研究，从分子设计、结晶性能调控、介观结构创新出发，着力研发高立构规整性二氧化碳共聚物、耐温杂萘联苯聚芳醚腈砜树脂、高性能化特种阻尼橡胶和炭素材料、硼镁氟等高新技术用精细化学品。

（3）精细化工清洁制备技术：聚焦精细化工中的分子活化和界面作用调控，通过模拟酶活性中心和酶作用微环境，研究复杂分子在温和条件下的选择性催化合成、高效分离纯化、能量质量梯级利用及过程耦合，实现精细化工清洁制备和节能降耗。

实验室在国内精细化工领域科技创新工作中具有重要地位。早在20世纪50年代，著名染料化学家侯毓汾教授在大连理工大学创建了我国最早的染料专业，80年代初拓展为精细化工学科，被批准为首批博士点，也是全国唯一的精细化工 国家重点学科，随后国家统一将精细化工调整为应用化学二级学科。在2001和2007年两次全国重点学科评审中，该学科均总分第一名。2012年以实验室为核心的大连理工大学化学工程与技术一级学科名列全国第三。这一优势学科为精细化工相关领域培养了大批高层次人才。

1989年国家计委批准在大连理工大学精细化工国家重点学科基础上建设精细化工国家重点实验室。经过20年的发展，实验室在2009年评估中被评为优秀国家重点实验室，这是全国化工一级学科国家重点实验室首次进入优秀实验室行列。2013年，实验室在荧光染料识别领域获国家自然科学二等奖；自1999年国家科技奖励制度改革以来，全国共评选出4项染料相关的国家科技奖，实验室获得了其中的3项。2014年，依托实验室组建的“染料分子功能调控”被评为国家自然科学基金委创新研究群体，这是自2000年国家自然科学基金委员会设立“创新研究群体科学基金”以来全国化工一级学科领域的第三个获批群体。2014年，实验室再次被评为优秀国家重点实验室，也是化工领域唯一的优秀国家重点实验室。

16 精细化工助剂及表面活性剂四川省高校重点实验室

精细化工助剂及表面活性剂四川省高校重点实验室前身为四川理工学院精细化工实验中心及化工研究所。四川理工学院于1987年开始正式招收精细化工专业学生，是四川省最早设立精细化工专业及学科的高校，为四川及西部地区培养了一大批精细化工产业及科研人才。经过多年的建设，四川理工学院精细化工学科现有专职教学科研人员96人，其中教授26人，副教授32人，70%以上教研人员具有硕士研究生以上学历和学位；拥有傅立叶在线红外光谱仪、XRD、XRF、SEM、GC-MS、LC-MS、TPD/TPR、ICP-MS、电子探针、精细化学品合成中试系统等大精设备50余台（套），设备价值2000余万元，这些都为精细化工助剂及表面活性剂重点实验室开展科研工作打下坚实的基础。

近年来，精细化工助剂及表面活性剂四川省高校重点实验室与共建单位精诚合作，开展了系列科学研究项目，合作基础良好。其中共建单位之一的四川化工控股（集团）公司是四川省最大的集重化工产品、精细化学品生产、研发的企业集团，中昊晨光化工研究院是我国最大的氟化工产品研发及生产基地、全国第二大有机硅产品生产及研发基地，中昊鸿化公司是四川省最大的氯氟化学品生产基地，四川省精细化工研究设计院是我省唯一的集精细化工产品开发、生产和设计的科研生产单位。

学术委员会

职位	姓名	研究方向	工作单位
主　任	梁　斌	化学工程	四川大学化工学院
副主任	颜　杰	精细化工	四川理工学院 材料与化学工程学院
副主任	李辑超	特种助剂合成及应用	四川化工（控股）集团有限公司
委　员	乔卫红	表面活性剂合成及应用	大连理工大学精细化工国家重点实验室
委　员	谢学端	化学工程与技术	昊华鸿鹤化工有限责任公司
委　员	屈　均	氟材料合成应用	中昊晨光化工研究院有限公司
委　员	李建伟	反应工程	北京化工大学
委　员	谢　斌	有机合成及应用	四川理工学院 科技处
委　员	杨　虎	化工工程开发	四川理工学院 材料与化学工程学院

17 胶体与界面化学教育部重点实验室

胶体与界面化学教育部重点实验室（山东大学）在山东大学胶体与界面化学研究所的基础上组建，于1993年12月经原国家教委批准，并于1996年通过验收正式对外开放。多年来，实验室秉承胶体与界面化学研究内容的传统，注重学科前沿及国家（行业、区域）重大需求，不断拓展研究方向和领域，研究内容注重基础理论与应用基础紧密结合，逐步形成自身的特色和优势，学科整体实力和研究水平保持在国内同类学科前列，是我国胶体与界面化学研究和人才培养的重要基地。现任实验室主任为郝京诚教授，学术委员会主任为张希院士。

近年来，本着“依照国家中长期发展规划、着眼国际前沿领域、提升基础研究水平、强化应用成果转化”的指导思想，依据胶体与界面化学及其相关交叉学科发展前沿和趋势，根据学科自身的特点和已有的学科积累，通过全面的规划、设计、凝炼和培育，逐步形成了以下五个特色研究方向：① 两亲分子溶液聚集体及功能化；② 功能体系的界面化学组装；③ 聚集体化学模拟与设计；④ 纳米结构材料纳米粒子制备与组装；⑤ 分散体系与油田应用。已汇聚了一支团结协作、富有凝聚力与创新活力的研究群体（2006年教育部“创新团队发展计划”项目），取得了一批有影响力的研究成果，在国内外产生了重要影响。

将基础研究与实际应用紧密结合，与对国民经济有重要影响的行业和特大型企业集团密切合作，服务于国家和地方经济建设是本实验室的重要特色。在钻井液、完井液、提高石油采收率等领域为我国石油化工的发展做出了突出贡献，先后与胜利石油管理局、滇黔桂石油管理局等共建油田化学实验室，设有联合博士后流动站。实验室还与国内20余个油田和企业建立了长期、稳定的合作关系，推动实验室的学科建设和基础科研成果的转化。

学术委员会

姓名	性别	出生年月	学委会职务	专业	工作单位
张　希	男	1965.7	主　任	高分子物理化学	清华大学
钱逸泰	男	1941.6	副主任	材料科学	中国科技大学 山东大学
薛群基	男	1942.11	副主任	表面化学	中科院兰州化物所
江　龙	男	1933.1	委　员	物理化学	中科院化学所
佟振合	男	1938.5	委　员	有机化学	中科院理化所
朱道本	男	1942.8	委　员	物理化学	中科院化学所
包信和	男	1959.8	委　员	物理化学	中科院大连化物所
赵东元	男	1963.6	委　员	物理化学	复旦大学
马季铭	男	1938.9	委　员	物理化学	北京大学
郭　荣	男	1954.2	委　员	物理化学	扬州大学
李峻柏	男	1964.12	委　员	物理化学	中科院化学所
王琪珑	男	1964.4	委　员	有机化学	山东大学
徐桂英	女	1949.8	委　员	物理化学	山东大学
刘成卜	男	1948.9	委　员	物理化学	山东大学
郝京诚	男	1964.11	委　员	物理化学	山东大学
郑利强	男	1964.4	秘　书	物理化学	山东大学

18 食品胶体与生物技术教育部重点实验室

江南大学“食品胶体与生物技术教育部重点实验室”于 2011 年 12 月经教育部批准立项建设，2012 年 5 月通过建设计划论证，现任实验室主任为陈明清教授，学术委员会主任为石碧院士。实验室建设紧密围绕国家中长期科学和技术发展规划，通过汇聚一批优秀的中青年学术带头人和学术骨干，以及化学、生物、食品、发酵、材料等多学科的交叉互融，探索胶体相关领域的重大理论问题及共性关键技术。实验室以培养胶体相关领域的科学与技术创新人才，促进交叉学科和新兴学科的形成和发展，在国内建成具有特色的学科方向为建设目标。

表面活性剂行业主要研究方向：

（1）基于共轭化 - 诱导组装 - 自交联耦合从亚油酸制备有序微胶囊的微加工机制

对人体必需脂肪酸亚油酸 (LA) 进行双键共轭化分子修饰（共轭亚油酸 CLA），诱导有序组装（不饱和脂肪酸囊泡 ufasome），自交联固化（有序微胶囊 OMC）应用评价等研究，并研究其安全性和包埋 / 释放性，以一种包埋缓释载体承载成分绿色化、尺度多元化、构造有序化、形貌稳定化、载体功能化等特征。

（2）新型表面活性剂合成及其构效关系

小分子表面活性剂是胶体理论基础研究的主要对象和应用研究的主要载体，对以小分子表面活性剂为主的新型双亲物质的分子设计、制备方法、结构与性能关系以及分子间相互作用研究是胶体科学理论及应用的永恒主题。本方向主要研究：①油脂基、gemini 型、离子液体型、可聚合型等表面活性剂合成及其构效关系。②新型表面活性剂的分子设计和合成方法学，生物质基（油脂基、糖基、氨基酸类脂等）或生物（酶法及发酵法）表面活性剂开发，传统石油基表面活性剂分子改造和替代工程。③适应胶体新用途的 Gemini 型、bola 型、extended 型、polymeric 型等表面活性剂的分子设计、合成、结构与性能研究；④上述小分子表面活性剂在组装胶体过程中的分子间相互作用研究。

（3）基于双烷基甘油醚的新型绿色无碱驱油用表面活性剂的构 – 效关系研究

常规表面活性剂一般不能获得超低界面张力，本方向拟通过改变表面活性剂的分子结构来解决这一难题。借助于双烷基甘油醚中间体，制备双尾单头型表面活性剂，一方面可以使烷基链的总碳原子数突破的限制，大幅度提高表面活性剂的亲油性；另一方面，双烷基链的存在相当于引入支链结构，有利于抑制胶束的形成以及结晶或沉淀趋势，能改善水溶性和增强表面活性剂分子在油 / 水界面的吸附，并且双尾单头型结构显著增加了烷基链的体积，使得表面活性剂的结构参数更接近于 1，从而有利于形成平面状吸附层，易于获得超低界面张力。

（4）非球状纳米结构阵列型 SERS 基底及其构效关系研究

合成多系列的咪唑基表面活性剂，研究分析烷基取代基碳数与表面化学性质的构效关系，为新型离子液体型表面活性剂的设计合成及性质提供理论支撑。进一步制备合成多种刚性纳米粒子组装体，以其呈均匀周期性排布的大面积阵列为模板，构筑等同面积和规律排布的阵列型表面增强拉曼散射 (SERS) 基底，探索设计和制备高质量 SERS 基底的关键调控因素，并考察该类 SERS 基底在食品安全和环境等领域的分析检测应用。

19 四川大学皮革化学与工程教育部重点实验室

四川大学皮革工程系源于 1921 年燕京大学皮革系，1952 年汇集多所学校的师资在四川化工学院组建“皮革毛皮及鞣皮剂”专业，1986 年成立皮革工程系，1988 年“皮革化学与工程”学科被评为国家重点学科，1991 年在国家重点学科建设的基础上批复建设“皮革工程国家专业实验室”，2000 年 8 月 17 日批准建设四川大学“皮革化学与工程教育部重点实验室”，并于同日正式对外开放。

皮革化学与工程教育部重点实验室经过 211 和 985 建设，已拥有国内一流的科研条件，现有建筑面积 5000 余平方米实验用房，固定投资已超过 8000 余万元，有成套皮革、合成革专用制造设备、大型分析仪器设备和皮革分析检测设备共计 1000 余台套，其综合科研实力达到国内外同类实验室领先水平。实验室现有固定研究人员 42 人，其中中国工程院院士 1 人，教授 20 人（博士生导师 15 人），副教授和高级工程师 12 人，具有博士学位研究人员 32 人。教育部创新团队 1 个，985 科技创新平台一个，常年有流动研究人员在实验室工作交流，形成了结构合理、富有活力、具有良好合作精神的科研队伍。

实验室的代表性研究成果集中在以下 4 个主要研究方向：

（1）制革化学方向—在多酶复合系统对皮胶原的协同作用原理、皮胶原基先进功能材料等方面取得研究突破，发表 IF>3.0 的论文 29 篇，1 人获全国百篇优秀博士论文奖。

（2）制革清洁技术与原理方向—在制革生物技术、制革主要污染物源头削减技术等方面取得研究突破，批准建设“制革清洁技术国家工程实验室”，学术带头人当选中国工程院院士。

（3）绿色皮革化学品方向—在无铬鞣剂合成及应用原理方向取得的研究成果，对制革行业清洁生产、节能减排具有重要价值，其技术水平达到国际领先。

（4）皮蛋白质化学及制革废弃物资源化利用方向—在鞣性化合物对胶原蛋白构象的影响规律、制革废弃物的循环利用方法与原理等方面取得研究突破，成果被我国制革行业广泛采用。

20 中国洗涤用品工业协会技术装备专业委员会

中国洗涤用品工业协会技术装备专业委员会（以下简称技术装备委），由中国中轻国际工程有限公司向中国洗涤用品工业协会提出申请成立，在“2014年中国洗涤用品工业协会理事长（扩大）办公会议以及中国洗涤用品工业协会第七届一次常务理事（通讯）会议”通过，于2014年10月31日在中国中轻国际工程有限公司成立，成立大会选举中国洗涤用品工业协会副主任委员、中国中轻国际工程有限公司总经理邢培栋同志担任专业委员会主任委员。

技术装备要由全国范围内从事洗涤用品技术装备应用的企业及技术开发（研发）、设备制造的专业性公司、大专院校、科研机构等自愿组成的行业组织。旨在为全体会员搭建一个技术研究、技术应用和装备制造密切联系的平台，提高行业技术装备水平。

委员会成员名单

主　　任：邢培栋　中国中轻国际工程有限公司　总经理
副 主 任：吴惠平　轻工业杭州机电设计研究院　副院长
杨效益　中国日用化学工业研究院　院长助理
常务委员：邢培栋　中国中轻国际工程有限公司　总经理
管大松　中国中轻国际工程有限公司　主任
吴惠平　轻工业杭州机电设计研究院　副院长
杨效益　中国日用化学工业研究院　院长助理
孙宇琳　中国中轻国际工程有限公司　主任工程师
汤建华　江苏汤姆机械包装有限公司　董事长、总经理
聂树国　宁波得利时泵业有限公司　董事长、总经理
王国林　江苏福斯特石化装备有限公司　总经理
魏　兵　天津市鹏博自动化设备有限公司　总经理
王志红　大连理工环境工程设计研究院大连龙源环保科技有限公司　总经理
专家名单：蒋智英　中国中轻国际工程有限公司　行业副总工程师
王全贵　中国中轻国际工程有限公司　顾问副总工程师
王玉德　中国中轻国际工程有限公司　主任工程师
徐宝财　北京工商大学食品学院　院长
倪邦庆　江南大学（原无锡轻工大学）化学与材料工程学院　系主任
章岳青　纳爱斯集团有限公司　副处长（主持工作）

何宜斌　广州立白企业集团有限公司　工程技术部总监
胡红新　西安开米股份有限公司　机动部总经理
周立群　中国石化集团金陵石化有限责任公司烷基苯厂　副总工程师
程　禹　中国石油抚顺石化公司洗涤剂化工厂　技术总工程师
张　涛　金桐石化系列公司　总经理
张东义　南风化工集团股份有限公司　技术中心副主任
孙建雄　湖南丽臣实业股份有限公司　副总经理
陈树旭　广州市浪奇实业股份有限公司　副总经理
童　年　浙江嘉化能源化工股份有限公司　副总工程师
刘晓东　抚顺石化公司合成洗涤剂厂　厂长、党委书记
徐昌诚　南京佳和日化有限公司　总经理
戚　宁　安阳市兴亚洗涤用品有限责任公司　副部长
肖　克　天津达一琦精细化工有限公司　总经理
杨永年　天津浩元精细化工股份有限公司　总经理
蔡一静　福州麦丹化工机械有限公司　副总经理
彭正伟　上海孚凌自动化控制系统有限公司　副总经理

秘 书 长：管大松　中国中轻国际工程有限公司　化工工程部主任
副秘书长：孙宇琳　中国中轻国际工程有限公司　主任工程师
联系方式：
地址：北京市朝阳区白家庄东里 42 号
电话：010-65826125
传真：010-65826115
邮箱：cciacleaning_1020@163.com

21 油气藏地质及开发工程国家重点实验室

油气藏地质及开发工程国家重点实验室于 1988 年由西南石油大学和成都理工大学联合申请，1989 年批准立项建设，1995 年通过国家验收并正式向国内外开放，是我国油气工业上游领域最早的国家重点实验室和我国油气勘探开发学科方向设置最为完整的研究实体。实验室学术委员会由 16 位国内知名专家学者组成，学术委员会主任是中国工程院马永生院士。实验室主任由中国工程院周守为院士担任。

油气藏开发工程分室共建成了岩石物理参数、油气储层组成及结构微观分析、油气层工作流体可视化微观模型实验、油气藏储层流体及油井工作流体分析、油气及储层工作流体岩心流动行为实验、油气藏开发工程数字（数值）模拟、油气藏开发工程新技术大型实验架 等公共实验研究平台，形成了提高采收率基础理论及配套技术、复杂油气藏开发渗流理论与应用、复杂油气藏开发相变行为与应用、油气井建井安全工程与科学、储层保护与欠平衡钻井理论及关键技术、特殊工艺井基础理论及关键技术、储层改造基础理论及关键技术、碳酸盐

岩与天然气地质 8 个主要的学术研究方向。

油气藏开发工程实验室紧密围绕油气勘探与开发的国家重大工程技术任务开展科学研究，在服务于国民需要、推动石油与天然气科技进步等方面作出了重要贡献。在提高深探井、复杂井钻井成功率、储层保护、欠平衡钻井（尤其气体钻井）、化学驱提高原油采收率、复杂油气层压裂酸化、天然气开发开采和新型油田化学剂研究等方面形成了系列特色技术。

学术委员会组成

姓名	职称	任职	工作单位
刘宝珺	中国科学院院士	名誉主任	中国地质科学院
马永生	中国工程院院士	主　任	中国石油化工集团公司
周守为	中国工程院院士	副主任	中国海洋石油总公司油气藏地质及开发工程国家重点实验室
贾承造	中国科学院院士	副主任	中国石油天然气集团公司
罗平亚	中国工程院院士	副主任	西南石油大学
康玉柱	中国工程院院士	副主任	中国石油化工集团公司
莫宣学	中国科学院院士	委　员	中国地质大学
袁士义	中国工程院院士	委　员	中国石油天然气集团公司
金之钧	中国科学院院士	委　员	中国石油化工集团公司
赵文智	中国工程院院士	委　员	中国石油天然气集团公司
牟书令	教授级高级工程师	委　员	中国石油化工集团公司
林畅松	教　授	委　员	中国地质大学（北京）
杨春和	教　授	委　员	中国科学院
杜志敏	教　授	委　员	西南石油大学
刘家铎	教　授	委　员	成都理工大学
刘树根	教　授	委　员	成都理工大学

22 表面活性剂国家工程研究中心

表面活性剂国家工程研究中心始建于 1996 年，为中国政府利用世界银行贷款实施的科技发展项目之一。中心以建设开放的扩大实验室与积木式的关键技术中试验研究装置为基础，通过与其项目依托单位中国日用化学工业研究院及其设在该院内的国家洗涤用品质检中心、国家洗涤用品标准化中心和全国日用化学工业信息中心进行密切配合，不断吸收国内外上游科技成果，以社会经济发展和市场需求为向导，进行表面活性剂的工艺、工程、应用、分析、标准化等相互结合的系统集成，持续不断地为表面活性剂 / 洗涤剂行业的规模生产提供成套的表面活性剂生产技术成果和应用技术成果，主要有以下 4 个研究方向：

（1）进行表面活性剂及其原料与中间体的生产工艺技术开发，及用于上述工艺过程的高效催化剂的工程化研究与开发。

（2）进行安全、环保、高效的新型阴离子、阳离子、两性离子型表面活性剂及具有特殊用途的表面活性剂合成技术的研究开发。

（3）进行新型反应器及单元设备的开发。

（4）进行表面活性剂在各工业应用领域的配方技术及应用技术的工程化研究与开发，特别是除了常规应用领域以外，开拓在材料、微电子、生命科学、能源及环保等技术产业中的应用开发。

联系方式：

地址：山西省太原市文源巷 34 号

邮编：030001

电话：0351-4040802

23 表面活性剂和洗涤剂行业生产力促进中心

表面活性剂和洗涤剂行业生产力促进中心系根据国家科技部[国科高函 2004]68 号文批准，依托中国日用化学工业研究院在北京成立的面向全行业的服务性机构。中心于 2005 年经国家事业单位登记管理局注册成立，具有独立事业法人资格。2008 年通过 ISO9001 质量体系认证，2010 年国家科技部以[国科高发 2010]263 号文件认定为国家级示范生产力促进中心。2012 年 9 月 3 日，被国家科技部列为首批技术转移服务试点单位。

表面活性剂和洗涤剂行业生产力促进中心以提高行业技术创新能力为宗旨，充分利用包括依托单位在内的各种行业资源，通过引入新的运行机制，为企业尤其是中小企业提供各项优质服务，并实现自身发展壮大。作为中国日用化学工业研究院联系政府、服务企业的重要通道和桥梁，中心将在项目申报、技术咨询与推广、项目合作与培训、检测与标准、会议组织与交流等方面开展各项工作，组建面向全行业的产学研联盟，加快成果的推广与转化，实现行业的可持续发展。

联系方式：

地址：北京市海淀区永丰高新技术产业基地永澄北路二号院 1 号楼 B 座

邮编：100094

电话：010-58937468

邮箱：sc58937468@163.com

网址：www.cicdci.net.cn

24 中国农药工业协会

中国农药工业协会 (China Crop Protection Industry Association 缩写“CCPIA”) 成立于 1982 年 4 月，是中国化工行业最早成立的行业协会之一，是跨地区、跨部门、跨行业的具有独立法人资格的全国非营利性社团组织。

成立 30 年来，在全体会员的共同努力下，协会队伍不断壮大，已经从初创时的 45 个会员单位发展到现在的 548 个会员单位，其中包括农药原药与制剂加工、中间体、助剂、包装材料、包装机械和施药机械为主的生产、科研、设计和大专院校等企事业单位以及省、市、自治区农药(工业)协会。企业性质包括国营、股份制和民营企业以及台资、中外合资和外商独资企业，会员单位的产值、产量与销售额占全行业的85%以上。

协会的宗旨是：团结全体会员，遵守国家法律、法规和政策，遵守社会道德风尚，坚持为行业、为企业服务，发挥政府与企业、企业与企业之间的桥梁和纽带作用，贯彻国家发展农药工业的方针政策，促进农药行业持续、健康、和谐发展。

中国农药工业协会重点工作包括：落实政府宏观调控政策，加大产业结构调整力度；加强经济运行监测和热点问题研究，积极反映行业诉求；促进行业科技进步和技术创新，提高行业核心竞争；担当实施行业自律职责，引导推动行业企业履行社会责任；大力开展大宗产品协作组工作，保持大宗产品持续发展；切实履行服务宗旨，搭建信息交流平台；加强对外交流与合作，不断扩大协会的国际影响；加强协会自身建设，增强服务能力和水平等方面。面对新的发展形势和政策环境，当前和今后一个时期，中国农药工业协会将继续以调整产业结构和转变发展方式为主线，紧密围绕关系行业发展全局的重要工作，在保持行业经济运行平稳发展、推动产业结构调整上有新的进展，在技术创新、节能减排、发展循环经济上有新的提升，在拓展服务空间、增强服务能力和水平上有新的提高，在规范自身建设、加快协会的改革与发展上有新的突破，以开拓创新、求真务实的精神，团结协作，搞好协会建设，促进农药行业持续健康发展。

协会领导组织结构

终身名誉会长：谭竹洲

名誉会长：罗海章

高级顾问：尹仪民、王律先、李正名、沈寅初

会　　长：孙叔宝

副 会 长：（以姓氏拼音为序）

葛尧伦　海利尔药业集团股份有限公司
郭前玉　青岛瀚生生物科技股份有限公司
黄明智　湖南海利化工股份有限公司
黄延昌　山东滨农科技有限公司
李　彬　沈阳化工研究院有限公司
李大军　南通江山农药化工股份有限公司
李钟华　中国农药工业协会
李作荣　湖北沙隆达股份有限公司
卢柏强　深圳诺普信农化股份有限公司
陆明若　江苏常隆化工有限公司
戚明珠　江苏扬农化工股份有限公司
苏　毅　中农立华生物科技股份有限公司
王　伟　浙江新安化工集团股份有限公司

谢　平　安徽华星化工股份有限公司
许　辉　山东中农联合生物科技股份有限公司
杨寿海　南京红太阳股份有限公司
杨振华　江苏苏化集团有限公司
叶纪明　农业部农药检定所
张　庆　河北威远生物化工股份有限公司

秘 书 长：李钟华（兼）
副秘书长：曹承宇、李正先、杨光亮

25 国家洗涤用品质量监督检验中心

国家洗涤用品质量监督检验中心（太原）暨国家轻工业洗涤用品质量监督检验中心（以下简称中心）挂靠在中国日用化学工业研究院。1982 年经原轻工业部审查验收成为全国合成洗涤剂质量检测中心，1990 年经国家技术监督局审查批准，命名为“国家洗涤用品质量监督检验中心（太原）”。2000 年通过国家实验室认可成为中国国家实验室，同时继续履行质检中心职责。

中心在业务上受国家质量监督检验检疫总局、中国轻工行业联合会的领导，是具有相对独立建制的第三方公正地位的产品质量检验单位。近 10 年来中心多次承担国家指定的有关洗涤用品的质量监督抽查检验及洗涤用品的仲裁检验和其他委托检验。中心还常年接待各地企业、质检机构的技术指导和人员培训，并对企业提供一些洗涤用品检测中所用到的某些专用器材和试剂。

中心位于山西省太原市，现有建筑面积 900m^2，除按承检产品标准和能力分析表配备质检仪器外，还拥有气相色谱、高效液相色谱、红外光谱等多台大型精密仪器。中心下设办公室负责对外业务及检验室负责具体的分析测试，测试项目分五大类：洗衣粉、肥香皂、液体洗涤剂、洗涤剂用助剂、洗涤剂中间体和原料等 20 多种产品。

26 全国表面活性剂洗涤用品标准化中心

1976 年 3 月 2 日轻工业部以（76）轻科字第 024 号文“关于建立轻工业标准化工作第一批专业技术标准归口单位的通知”，批准在山西省日用化学研究所（现中国日用化工研究院）设立了“日用洗涤产品及检验方法标准化工作”的专业技术归口单位。1980 年 3 月，国家标准局“国标发（80）58 号”经轻工业部转发，确认轻工业部太原日用化学研究所（前身即山西省日用化学研究所）为《国际标准化组织技术委员会》“表面活性剂技术委员会（ISO/TC91）”在我国的归口单位，活动身份为 O 成员（观察成员）。次年 4 月，国家标准局“国标发 [1981]140 号”[轻工业部“（81）轻生字第 30 号”转发]，确定在 ISO/TC91 组织中，我国由 O 成员变更为 P 成员（积极成员）。同年，根据轻工业部“（81）轻塑化字第 5 号”文，在原标准化专业技术归口单位设立了“中国日用化学工业标准化质量检测中心站”，从此以

"站"的名义，担负起了合成脂肪酸、合成洗涤剂、烷基苯及三聚磷酸钠等方面的标准化与检测工作。

1990 年轻工业部以（90）轻质字第 32 号"关于命名轻工业专业标准化中心和颁发新印章的函"，对轻工行业标准化机构重新进行了命名，成立了"全国表面活性剂洗涤用品标准化中心"，从此该中心一直负责本领域轻工行业标准的技术归口工作，以及本领域全国标准化技术委员会成立以前的国家标准技术归口工作。

标准化中心作为中国日用化学工业研究院下设的二级机构，目前实际承担着全国表面活性剂和洗涤用品标准化技术委员会（SAC/TC272）、表面活性剂分技术委员会（SAC/TC272/SC1）、洗涤用品分技术委员会（SAC/TC272/SC2）和全国食品用洗涤消毒产品标准化技术委员会（SAC/TC395）四个委员会的秘书处工作，同时具体承担 ISO/TC91 国内技术支持工作。

27 中国造纸化学品工业协会

中国造纸化学品工业协会是经国家民政部注册登记、国务院国有资产监督管理委员会下属的国家一级行业协会，协会成立于 1995 年 3 月。

中国造纸化学品工业协会由化工、造纸、机械、仪表、科研、教育等领域从事造纸化学品研究、开发、生产、销售、应用、教育及咨询服务的企事业单位自愿组成，是跨部门、跨地区、跨所有制的非营利性的全国性社会团体，现有会员单位 259 家，协会会刊为《造纸化学品》。

自 1987 年以来，中国造纸化学品工业协会及其前身"全国造纸化学品开发应用技术协作站"在推动中国造纸化学品行业的形成和发展方面作了大量工作。"协会"成立之后，每两年举办一次中国造纸化学品开发与应用国际经济技术交流会，并成功地举办了几十次全国性的造纸化学品开发应用技术研讨会、研修班、培训班和展览会，对促进国内外造纸化学品行业的交流与合作，普及造纸化学品应用技术、促进造纸化学品在纸厂的应用发挥了重要作用。协会接待了众多国际造纸化学品厂商的来访并与国外许多著名造纸化学品厂商建立了广泛密切的联系。协会还为政府管理部门编制行业发展计划与远景规划，为行业的发展作了大量的服务工作。

近年来，中国的经济快速健康成长，造纸化学品的应用范围及使用效果越来越为社会各界所关注，造纸化学品的应用可显著提高造纸工业产品的质量和档次，对造纸企业降低生产成本，消除生产障碍，减轻废水污染，提高纸厂的经济效益发挥着重要作用。中国造纸化学品工业协会愿与国内外同行真诚合作，广泛开展技术交流、经济合作，为中国造纸化学品工业和造纸工业的发展作出贡献。

28 中国聚氨酯工业协会

中国聚氨酯工业协会（CPUIA）是在 1994 年 12 月 31 日经国家民政部登记注册成立的。其前身是 1984 年成立的具有十余年历史经验的"全国聚氨酯行业协作组"。

中国聚氨酯工业协会是由全国从事聚氨酯行业的企业、科研、大专院校等单位自愿组成的社会团体，是一个跨地区、跨部门、跨行业的全国性行业组织，业务上受国有资产监督管理委员及中国石油和化学工业协会指导。目前有团体会员单位250多家，本届为第四届理事会，理事长单位为黎明化工研究院，协会秘书处在河南省洛阳市邙岭路5号黎明化工研究院院内。

中国聚氨酯工业协会下设异氰酸酯、聚醚、泡沫、弹性体、涂料、革鞋用树脂六个专业委员会，新申请成立的聚氨酯水性树脂和铺装材料专业委员会正在办理当中。本协会的会刊为《聚氨酯工业》（双月刊），本协会建有网站：www.pu.org.cn。

中国聚氨酯工业协会与国际异氰酸酯协会、国际化学品制造商协会、日本聚氨酯工业会、韩国聚氨酯协会、台湾接着剂工业会等之间有着良好的交流活动，与荷兰国际工业促进公司、英国克雷恩公司合作在国内共同举办聚氨酯行业最大的国际性展览会。

本协会的宗旨是：反映会员单位的愿望和要求，维护会员单位的合法权益，协助政府部门对聚氨酯行业进行管理，在政府与企业之间发挥桥梁和纽带作用。为企业、行业和政府决策服务，促进企业之间的横向联系、协作，组织行业信息交流和技术交流活动，积极发展与国外同行业组织的业务联系，开展经济技术等方面的合作与交流活动。

29 全国表面活性剂和洗涤用品标准化技术委员会

全国表面活性剂和洗涤用品标准化技术委员会（SAC/TC272）成立于2004年，现为第二届。经国家标准化管理委员会批准，所从事的专业范围是表面活性剂和洗涤用品领域标准化工作，同时为ISO/TC91国内对口单位，秘书处设在中国日用化学工业研究院。

全国表面活性剂和洗涤用品标准化技术委员会按专业领域下设两个分技术委员会：表面活性剂分技术委员会（SAC/TC272/SC1）和洗涤用品分技术委员会（SAC/TC272/SC2）。两个分委员会秘书处也均设在中国日用化学工业研究院。

全国表面活性剂和洗涤用品标准化技术委员会全面负责表面活性剂、洗涤用品领域的国家标准管理和制定工作，对外则提供以下服务：①收集有关表面活性剂和洗涤用品的国际标准及国外先进标准。现已有美国、德国、英国、日本和法国等发达国家的标准，且配有中文译本，可以提供本专业所有的国家标准及行业标准文本，更好地为企业提供标准资料，设有标准资料网，凡参加者，均可在短期时间内获得本专业最新标准文本；②负责本行业的国标及行标制定的归口工作，接待对标准来信来电的咨询；③不定期举办宣贯标准及标准试验方法的培训班；④承担为企业制定企业标准，或修订企业标准；⑤为企业采标出证。

委员会成员

序号	姓名	TC272职务	职务/职称	工作单位
1	郑舞虹	主任委员	高级工程师	中国洗涤用品工业协会
2	王万绪	副主任委员	教授级高工	中国日用化学工业研究院
3	张　蕾	副主任委员	教授级高工	上海和黄白猫有限公司

续表

序号	姓名	TC272职务	职务/职称	工作单位
4	武荣鑫	副主任委员	高级工程师	中国石油抚顺石化公司洗涤剂化工厂
5	于　文	副主任委员	高级工程师	西安开米股份有限公司
6	姚晨之	秘书长	教授级高工	全国表面活性剂洗涤用品标准化中心
7	王　燕	委　员	教授高工	中国洗涤用品工业协会
8	李秋小	委　员	教授级高工	表面活性剂国家工程研究中心
9	樊　平	委　员	高级工程师	国家洗涤用品质量监督检验中心（太原）
10	张　春	委　员	高级工程师	国家洗涤用品质量监督检验中心（重庆）
11	黄文军	委　员	高级工程师	荆州活力二八沙市日化有限公司
12	杨作毅	委　员	工程师	广州立白企业集团有限公司
13	叶建忠	委　员	工程师	广州市星业科技发展有限公司
14	贝　澄	委　员	高级工程师	中轻化工股份有限公司
15	陈　文	委　员	高级工程师	广州市浪奇实业股份有限公司
16	段玉臣	委　员	高级工程师	湖南丽臣实业有限责任公司
17	叶建泉	委　员	高级工程师	博兴华润油脂化学有限公司
18	张　辉	委　员	高级工程师	北京绿伞化学股份有限公司
19	潘　东	委　员	高级工程师	广州蓝月亮实业有限公司
20	雷　珍	委　员	高级工程师	成都蓝风（集团）股份有限公司
21	刘五一	委　员	高级工程师	桂林雪芙莲日化有限公司
22	黄亚茹	委　员	高级工程师	浙江赞宇科技股份有限公司
23	孙佳波	委　员	工程师	上海金山经纬化工有限公司
24	王　刚	委　员	工程师	天津天女化工集团股份有限公司
25	赵建利	委　员	副总裁	洛娃科技实业集团有限公司
26	张东义	委　员	高级工程师	南风化工集团股份有限公司
27	马　林	委　员	工程师	飞翔化工（张家港）有限公司
28	黄爱忠	委　员	工程师	中国石化集团资产经营管理有限公司金陵石化分公司烷基苯厂
29	苏连建	委　员	工程师	天津市浩元精细化工有限公司
30	袁万泰	委　员	高级工程师	苏州博克企业集团有限公司
31	袁　靖	委　员	工程师	北京茂华科技有限公司
32	徐有其	委　员	高级工程师	纳爱斯集团有限公司
33	林宣贤	委　员	高工、副研	福建生物工程职业技术学院
34	吴晓雷	委　员	高级工程师	上海和黄白猫有限公司
35	王寒洲	委　员	高级工程师	上海家化联合股份有限公司
36	欧阳友生	委　员	研究员	广东省微生物研究所
37	张若昕	委　员	高级工程师	广州天赐新材料股份有限公司
38	董晋湘	委　员	教　授	太原理工大学精细化工研究所
39	汪宏飞	委　员	高级工程师	武汉市武汉化工厂
40	李　锰	委　员	高级工程师	北京金鱼科技股份有限公司

续表

序号	姓名	TC272职务	职务/职称	工作单位
41	杨永年	委　员	工程师	天津先光化工有限公司
42	李　琼	委　员	教　授	上海香料研究所
43	林　燕	委　员	高级工程师	上海市日用化学工业研究所
44	王　萍	委　员	工程师	天津市产品质量监督检测技术研究院
45	张　涌	委　员	工程师	四川花语精细化工有限公司
46	许洪民	委　员	工程师	安利（中国）日用品有限公司
47	张　剑	委　员	高级工程师	杰能科生物工程有限公司
48	胡　茵	委　员	工程师	联合利华（中国）投资有限公司
49	高红梅	委　员	工程师	花王（中国）投资有限公司
50	李　斌	委　员	工程师	北京宝洁技术有限公司
51	赵　力	委　员	工程师	诺维信（中国）投资有限公司
52	李　清	委　员	工程师	汽巴精化（中国）有限公司北京分公司
53	李　征	委　员	工程师	强生（中国）有限公司
54	孙　艳	委　员	工程师	沙索（中国）化学有限公司
55	李智钢	委　员	工程师	杭州传化花王有限公司
56	陈志云	委　员	工程师	艺康化工有限公司
57	边　放	委　员	高级工程师	山西省日用化学行业协会

主要承担标准目录

标准编号	标准名称	级别	性质
GB/T 5328—1985	表面活性剂简化分类	国家标准	推荐性标准
GB/T 9103—1988	工业硬脂酸	国家标准	推荐性标准
GB/T 11985—1989	表面活性剂 界面张力的测定 滴体积法	国家标准	推荐性标准
GB/T 11986—1989	表面活性剂 粉体和颗粒休止角的测量	国家标准	推荐性标准
GB/T 11987—1989	表面活性剂 工业烷烃磺酸盐 总烷烃磺酸盐含量的测定	国家标准	推荐性标准
GB/T 15045—1994	脂肪烷基二甲基叔胺	国家标准	推荐性标准
GB/T 15357—1994	表面活性剂和洗涤剂 旋转黏度计测定液体产品的黏度	国家标准	推荐性标准
GB/T 7462—1994	表面活性剂 发泡力的测定 改进 Ross-Miles 法	国家标准	推荐性标准
GB/T 5173—1995	表面活性剂和洗涤剂 阴离子活性物的测定 直接两相滴定法	国家标准	推荐性标准
GB/T 15816—1995	洗涤剂和肥皂中总二氧化硅含量的测定 重量法	国家标准	推荐性标准
GB/T 15817—1995	洗涤剂中无机硫酸盐含量的测定 重量法	国家标准	推荐性标准
GB/T 16801—1997	织物调理剂抗静电性能的测定	国家标准	推荐性标准
GB/T 17829—1999	聚乙氧基化脂肪醇	国家标准	推荐性标准
GB/T 17830—1999	聚乙氧基化非离子表面活性剂中聚乙二醇含量的测定 高效液相色谱法	国家标准	推荐性标准

续表

标准编号	标准名称	级别	性质
GB/T 17831—1999	非离子表面活性剂 硫酸化灰分的测定（重量法）	国家标准	推荐性标准
GB 9985—2000	手洗餐具用洗涤剂	国家标准	强制性标准
GB/T 19464—2004	烷基糖苷	国家标准	推荐性标准
GB/T 5174—2004	表面活性剂 洗涤剂 阳离子活性物含量的测定	国家标准	推荐性标准
GB/T 9983—2004	工业三聚磷酸钠	国家标准	推荐性标准
GB 19877.1—2005	特种洗手液	国家标准	强制性标准
GB 19877.2—2005	特种沐浴剂	国家标准	强制性标准
GB 19877.3—2005	特种香皂	国家标准	强制性标准
GB/T 12028—2006	洗涤剂用羧甲基纤维素钠	国家标准	推荐性标准
GB/T 15818—2006	表面活性剂生物降解度试验方法	国家标准	推荐性标准
GB/T 20198—2006	表面活性剂和洗涤剂 在碱性条件下可水解的阴离子活性物 可水解和不可水解阴离子活性物的测定	国家标准	推荐性标准
GB/T 20199—2006	表面活性剂 工业烷烃磺酸盐 烷烃单磺酸盐含量的测定（直接两相滴定法）	国家标准	推荐性标准
GB/T 20200—2006	α- 烯基磺酸钠	国家标准	推荐性标准
GB/T 20214—2006	层状结晶二硅酸钠	国家标准	推荐性标准
GB/T 21241—2007	卫生洁具清洗剂	国家标准	推荐性标准
GB/T 11983—2008	表面活性剂 润湿力的测定 浸没法	国家标准	推荐性标准
GB/T 13173—2008	表面活性剂 洗涤剂试验方法	国家标准	推荐性标准
GB/T 13174—2008	衣料用洗涤剂去污力及循环洗涤性能的测定	国家标准	推荐性标准
GB/T 13216—2008	甘油试验方法	国家标准	推荐性标准
GB/T 11988—2008	表面活性剂 工业烷烃磺酸盐 烷烃单磺酸盐平均相对分子质量及含量的测定	国家标准	推荐性标准
GB/T 11989—2008	阴离子表面活性剂 石油醚溶解物含量的测定	国家标准	推荐性标准
GB/T 13530—2008	乙氧基化烷基硫酸钠试验方法	国家标准	推荐性标准
GB/T 15963—2008	十二烷基硫酸钠	国家标准	推荐性标准
GB/T 16451—2008	天然脂肪醇	国家标准	推荐性标准
GB/T 19421—2008	层状结晶二硅酸钠试验方法	国家标准	推荐性标准
GB/T 5177—2008	工业直链烷基苯	国家标准	推荐性标准
GB/T 5178—2008	表面活性剂 工业直链烷基苯磺酸钠平均相对分子质量的测定 气液色谱法	国家标准	推荐性标准
GB/T 5327—2008	表面活性剂 术语	国家标准	推荐性标准
GB/T 7463—2008	表面活性剂 钙皂分散力的测定 酸量滴定法（改进 Schoenfeldt 法）	国家标准	推荐性标准
GB/T 8447—2008	工业直链烷基苯磺酸	国家标准	推荐性标准
GB/T 9104—2008	工业硬脂酸试验方法	国家标准	推荐性标准
GB/T 9984—2008	工业三聚磷酸钠试验方法	国家标准	推荐性标准

续表

标准编号	标准名称	级别	性质
GB/T 13171.1—2009	洗衣粉(含磷型)	国家标准	推荐性标准
GB/T 13171.2—2009	洗衣粉(无磷型)	国家标准	推荐性标准
GB/T 24691—2009	果蔬清洗剂	国家标准	推荐性标准
GB/T 24692—2009	表面活性剂 家庭机洗餐具用洗涤剂 性能比较试验导则	国家标准	推荐性标准
GB/T 26388—2011	表面活性剂中二噁烷残留量的测定 气相色谱法	国家标准	推荐性标准
GB/T 26396—2011	洗涤用品安全技术规范	国家标准	推荐性标准
GB/T 26398—2011	衣料用洗涤剂耗水量与节水性能评估指南	国家标准	推荐性标准
GB/T 26458—2011	脂肪烷基二甲基氧化胺	国家标准	推荐性标准
GB/T 26463—2011	羰基合成脂肪醇	国家标准	推荐性标准
GB/T 13206—2011	甘油	国家标准	推荐性标准
GB/T 13529—2011	乙氧基化烷基硫酸钠	国家标准	推荐性标准
GB/T 15046—2011	脂肪酰二乙醇胺	国家标准	推荐性标准
GB/T 28191—2011	表面活性剂 洗涤剂 对酸解稳定的阴离子活性物 痕量的测定	国家标准	推荐性标准
GB/T 28192—2011	表面活性剂 洗涤剂 在酸性条件下可水解和不可水解的阴离子活性物的测定	国家标准	推荐性标准
GB/T 28193—2011	表面活性剂中氯乙酸(盐)残留量的测定	国家标准	推荐性标准
GB/T 28201—2011	合成洗衣粉生产能耗评定规范	国家标准	推荐性标准
QB 1034—1991	食品添加剂 三聚磷酸钠	行业标准	强制性标准
QB/T 1035.1—1991	食品添加剂 三聚磷酸钠 重金属(以铅计)含量的测定	行业标准	推荐性标准
QB/T 1035.2—1991	食品添加剂 三聚磷酸钠 砷含量的测定	行业标准	推荐性标准
QB/T 1035.3—1991	食品添加剂 三聚磷酸钠 氟化物含量的测定	行业标准	推荐性标准
QB/T 1035.4—1991	食品添加剂 三聚磷酸钠 硫酸盐含量的测定 重量法	行业标准	推荐性标准
QB/T 1036—1991	工业用三聚磷酸钠(包括食品工业用)氯化物含量的测定 电位滴定法	行业标准	推荐性标准
QB/T 1323—1991	洗涤剂 表面张力的测定 圆环拉起液膜法	行业标准	推荐性标准
QB/T 1324—1991	洗涤剂用表面活性剂含水量的测定 卡尔·费休双溶液法	行业标准	推荐性标准
QB/T 1429—1992	工业烷基磺酸钠	行业标准	推荐性标准
QB/T 1914—1993	脂肪烷基三甲基卤化铵及脂肪烷基二甲基苄基卤化铵平均相对分子量的测定 气液色谱法	行业标准	推荐性标准
QB/T 1915—1993	阳离子表面活性剂 脂肪烷基三甲基卤化铵及脂肪烷基二甲基苄基卤化铵	行业标准	推荐性标准
QB/T 2114—1995	低磷无磷洗涤剂中硅酸盐含量的测定 滴定法	行业标准	推荐性标准
QB/T 2115—1995	洗涤剂中碳酸盐含量的测定	行业标准	推荐性标准

续表

标准编号	标准名称	级别	性质
QB/T 2117—1995	通用水基金属净洗剂	行业标准	推荐性标准
QB/T 2152—1995	工业氢化油	行业标准	推荐性标准
QB/T 2345—1997	脂肪烷基二甲基甜菜碱 平均相对分子质量的测定 气液色谱法	行业标准	推荐性标准
QB/T 2573—2002	十二烷基硫酸铵	行业标准	推荐性标准
QB/T 1768—2003	洗涤剂用 4A 沸石	行业标准	推荐性标准
QB/T 2623.1—2003	肥皂试验方法 肥皂中游离苛性碱含量的测定	行业标准	推荐性标准
QB/T 2623.2—2003	肥皂试验方法 肥皂中总游离碱含量的测定	行业标准	推荐性标准
QB/T 2623.3—2003	肥皂试验方法 肥皂中总碱量和总脂肪物含量的测定	行业标准	推荐性标准
QB/T 2623.4—2003	肥皂试验方法 肥皂中水分和挥发物含量的测定 烘箱法	行业标准	推荐性标准
QB/T 2623.5—2003	肥皂试验方法 肥皂中乙醇不溶物含量的测定	行业标准	推荐性标准
QB/T 2623.6—2003	肥皂试验方法 肥皂中氯化物含量的测定 滴定法	行业标准	推荐性标准
QB/T 2623.7—2003	肥皂试验方法 肥皂中不皂化物和未皂化物的测定	行业标准	推荐性标准
QB/T 2623.8—2003	肥皂试验方法 肥皂中磷酸盐含量的测定	行业标准	推荐性标准
QB 1994—2004	沐浴剂	行业标准	强制性标准
QB 2654—2004	洗手液	行业标准	强制性标准
QB/T 1913—2004	透明皂	行业标准	推荐性标准
QB/T 2739—2005	洗涤用品常用试验方法 滴定分析（容量分析）用试验溶液的制备	行业标准	推荐性标准
QB/T 2116—2006	洗衣膏	行业标准	推荐性标准
QB/T 2850—2007	抗菌抑菌型洗涤剂	行业标准	推荐性标准
QB/T 2851—2007	3– 二甲胺基丙胺	行业标准	推荐性标准
QB/T 2852—2007	双烷基（C14 ~ C18）二甲基卤化铵	行业标准	推荐性标准
QB/T 2853—2007	脂肪胺	行业标准	推荐性标准
QB/T 2387—2008	洗衣皂粉	行业标准	推荐性标准
QB/T 2485—2008	香皂	行业标准	推荐性标准
QB/T 2486—2008	洗衣皂	行业标准	推荐性标准
QB/T 2487—2008	复合洗衣皂	行业标准	推荐性标准
QB/T 2949—2008	磷酸酯	行业标准	推荐性标准
QB/T 2950—2008	醇（酚）醚羧酸（盐）	行业标准	推荐性标准
QB/T 2951—2008	洗涤用品检验规则	行业标准	推荐性标准
QB/T 2952—2008	洗涤用品标志和包装要求	行业标准	推荐性标准
QB/T 2953—2008	洗涤剂用荧光增白剂	行业标准	推荐性标准
QB/T 2967—2008	饮料用瓶清洗剂	行业标准	推荐性标准
QB/T 2974—2008	聚乙二醇单甲醚	行业标准	推荐性标准
QB/T 2975—2008	三羟甲基丙烷油酸酯	行业标准	推荐性标准

续表

标准编号	标准名称	级别	性质
QB/T 2153—2010	工业油酸	行业标准	推荐性标准
QB/T 4081—2010	脂肪酸甲酯磺酸钠	行业标准	推荐性标准
QB/T 4082—2010	脂肪酰胺丙基二甲基甜菜碱	行业标准	推荐性标准
QB/T 4083—2010	双烷基（C8 ~ C10）二甲基卤化铵	行业标准	推荐性标准
QB/T 4084—2010	双脂肪烷基甲基叔胺	行业标准	推荐性标准
QB/T 4085—2010	磺基琥珀酸单酯二钠盐	行业标准	推荐性标准
QB/T 4086—2010	玻璃清洗剂	行业标准	推荐性标准
QB/T 1223—2012	表面活性剂 用作试验溶剂的水 规格和试验方法	行业标准	推荐性标准
QB/T 1224—2012	衣料用液体洗涤剂	行业标准	推荐性标准
QB/T 2118—2012	两性表面活性剂 十一烷基咪唑啉	行业标准	推荐性标准
QB/T 2344—2012	两性表面活性剂 脂肪烷基二甲基甜菜碱	行业标准	推荐性标准
QB/T 2572—2012	乙氧基化烷基硫酸铵	行业标准	推荐性标准
QB/T 2738—2012	日化产品抗菌抑菌效果的评价方法	行业标准	推荐性标准
QB/T 4308—2012	双脂肪酸乙酯基羟乙基甲基硫酸甲酯铵	行业标准	推荐性标准
QB/T 4309—2012	衣物柔顺剂再润湿性能的测定	行业标准	推荐性标准
QB/T 4310—2012	氧漂剂	行业标准	推荐性标准
QB/T 4311—2012	氯漂剂	行业标准	推荐性标准
QB/T 4312—2012	乙二醇硬脂酸酯	行业标准	推荐性标准
QB/T 4313—2012	食品工具和工业设备用酸性清洗剂	行业标准	推荐性标准
QB/T 4314—2012	食品工具和工业设备用碱性清洗剂	行业标准	推荐性标准
QB/T 4348—2012	厨房油垢清洗剂	行业标准	推荐性标准

30 全国食品用洗涤消毒产品标准化技术委员会

经国家标准化管理委员会批准，2008 年在原全国表面活性剂和洗涤用品标准化技术委员会基础上成立了全国食品用洗涤消毒产品标准化技术委员会（SAC/TC395），主要承担食品用洗涤消毒产品，如清洁剂、消毒剂及饮用水处理剂领域的国家标准制定工作，委员会秘书处设在中国日用化学工业研究院。

委员会成员

序号	姓名	TC395职务	职务/职称	工作单位
1	郑舞虹	主任委员	高级工程师	中国洗涤用品工业协会
2	王万绪	副主任委员	教授级高工	中国日用化学工业研究院
3	李沿飞	副主任委员	高级工程师	国家洗涤用品质量监督检验中心（重庆）
4	李新武	副主任委员	主任技师	中国疾病预防控制中心环境与健康相关产品安全所
5	于 文	副主任委员	高级工程师	西安开米股份有限公司

续表

序号	姓名	TC395职务	职务/职称	工作单位
6	姚晨之	秘书长	教授级高工	全国表面活性剂洗涤用品标准化中心
7	樊　平	委　员	高级工程师	国家洗涤用品质量监督检验中心（太原）
8	张　春	委　员	高级工程师	国家洗涤用品质量监督检验中心（重庆）
9	徐　良	委　员	高级工程师	北京日用化学研究所
10	陈　文	委　员	高级工程师	广州市浪奇实业股份有限公司
11	黄亚茹	委　员	高级工程师	浙江赞宇科技股份有限公司
12	贾淑萍	委　员	高级工程师	山西南风化工集团股份有限公司洗化分公司
13	叶建忠	委　员	经　理	广州市星业科技发展有限公司
14	李　锰	委　员	高级工程师	北京金鱼科技股份有限公司
15	张　蕾	委　员	教授级高工	上海和黄白猫有限公司
16	张华涛	委　员	助理工程师	中国洗涤用品工业协会
17	连工宝	委　员	高级工程师	飞翔化工（张家港）有限公司
18	王丰收	委　员	高级工程师	上海发凯化工有限公司
19	林尚鹏	委　员	高级工程师	广州蓝月亮实业有限公司
20	林宣贤	委　员	高级工程师	广州市微量元素研究所
21	罗文姗	委　员	高级工程师	湖南丽臣实业有限责任公司科研所
22	杜志平	委　员	教授级高工	中国日用化学工业研究院
23	於水新	委　员	高级工程师	上海金山经纬化工有限公司
24	赵宝新	委　员	主任医师	太原市疾病预防控制中心
25	赵厚玉	委　员	工程师	四川奔威科技发展有限公司
26	张　辉	委　员	高级工程师	北京绿伞化学股份有限公司
27	徐有其	委　员	高级工程师	纳爱斯集团有限公司
28	杨作毅	委　员	工程师	广州立白企业集团有限公司
29	余雪玲	委　员	工程师	广东省日化商会

31 全国染料标准化技术委员会印染助剂分技术委员会

全国染料标准化技术委员会印染助剂分技术委员会（简称印染助剂分委会）于2008年10月在浙江省杭州市萧山区正式成立，秘书处落户浙江传化股份有限公司。

印染助剂分委会第一届委员共聚集了来自印染助剂领域（包括企业、高校、科研机构等）的专家学者二十余人，覆盖了印染助剂行业的科研、生产、使用单位及相关检测机构、高等院校等，其中来自企业的委员共14名占63.6%；科研院所和大专院校的委员3名，占13.6%；检测机构的委员4名，占18.2%；其他机构的委员1名，占4.5%，并有本专业领域享有盛誉的专家、学者3人担任本技术委员会顾问。

分委会的主要职责定位是：负责印染助剂领域国家标准和行业标准的制、修订工作。通过构建印染助剂标准体系框架，从行业基础标准、通用产品标准、通用方法标准的制定及国际先进标准采标、转化等几个方面开展工作，不断提升印染助剂领域的标准化技术水平。

印染助剂对于纺织品的升级换代以及提升纺织品附加价值至关重要，近二十年来得到快速发展，但一直以来印染助剂的标准化工作非常薄弱，没有形成体系化的管理，从方法标准到产品标准都严重缺失，已有的一些标准也修订不力。印染助剂分委会立足于行业高度，以科学发展观为指导，以市场为导向，以服务为中心，坚持自主创新，致力于提升印染助剂行业标准化水平，为行业立法。在国家“十二五”规划的总体领导下，印染助剂分委会将充分发挥染料标委会印染助剂分会的桥梁作用，不断提高我国纺织染整助剂行业的标准化工作水平和标准的市场适用性；促进研究开发与标准化工作的有效结合，以科研促进纺织染整助剂行业标准化工作的跨越式发展；不断充实完善纺织染整助剂标准体系，提高标准的有效性；并积极采用国际标准，加快与国际接轨的步伐，着力提升我国在国际标准化活动中的地位，提升我国纺织染整助剂产业水平和综合竞争力。

委员会成员

序号	姓名	本会职务	工作单位	职务/职称
1	沈日炯	主任委员	沈阳化工研究院	全国染料标准技术委员会秘书长
2	王胜鹏	副主任委员	浙江传化股份有限公司	技术中心主任
3	王建平	副主任委员	天祥检验集团	总经理/教授级高工
4	赵　梅	秘书长、委员	浙江传化股份有限公司	分析测试中心主任/高工
5	王建庆	委　员	东华大学国家染整工程技术研究中心	技术研究中心副主任/副教授
6	刘今强	委　员	浙江理工大学	教授
7	曹锡忠	委　员	江苏出入境检验检疫局纺织实验室	副主任/高工
8	李瑞萍	委　员	中国纺织信息中心	主任
9	谢维斌	委　员	浙江出入境检验检疫局	工程师
10	鲍国芳	委　员	绍兴市质量技术监督检测院	主任/工程师
11	唐晓萍	委　员	北京出入境检验检疫局轻工纺织品检测中心	副研究员
12	兰淑仙	委　员	浙江传化股份有限公司	应用研究中心主任/高工
13	刘金华	委　员	广州德美精细化工股份有限公司	主任/高工
14	孙洪滨	委　员	广州金瑞鹰生物化学有限公司	教授/高工
15	何齐海	委　员	杭州美高华颐化工有限公司	工程师
16	涂胜宏	委　员	苏州联胜化学有限公司	副总经理
17	钟仁标	委　员	上海天坛助剂厂（原上海助剂厂）	副总/高工
18	刘俊波	委　员	上海成大化学有限公司	研发部经理
19	王新荣	委　员	浙江皇马集团	副总/高工
20	王　炜	委　员	浙江三元控股集团	副总经理/副教授
21	敬仲吉	委　员	泉州海天轻纺有限公司	技术总监/高工
22	刘中正	委　员	广东新纶印染有限公司	副总/高工

续表

序号	姓名	本会职务	工作单位	职务/职称
23	徐龙鹤	顾问	沈阳化工研究院	副院长 / 教授级高工
24	查刘生	顾问	东华大学	分析测试中心主任 / 教授
25	罗巨涛	顾问	浙江传化股份有限公司中国印染行业协会	副理事长 / 高工

印染助剂分会已批准发布的国家标准

序号	标准号	标准名称	实施日期
1	GB/T 21884—2008	纺织印染助剂 螯合剂 螯合能力的测定	2008-11-1
2	GB/T 21885—2008	纺织印染助剂 消泡剂 消泡效果的测定	2008-11-1
3	GB/T 23972—2009	纺织染整助剂中烷基苯酚及烷基苯酚聚氧乙烯醚的测定 高效液相色谱 - 质谱法	2010-2-1
4	GB/T 25798—2010	纺织染整助剂的分类	2011-10-1
5	GB/T 25799—2010	纺织染整助剂名词术语	2011-10-1
6	GB/T 25800—2010	纺织染整助剂命名原则	2011-10-1
7	GB/T 27593—2011	纺织染整助剂 氨基树脂整理剂中游离甲醛含量的测定	2012-3-1
8	GB/T 29493.1—2013	纺织染整助剂 有害物质的测定 第 1 部分：多溴联苯和多溴二苯醚的测定 气相色谱 - 质谱法	2013-9-1
9	GB/T 29493.2—2013	纺织染整助剂 有害物质的测定 第 2 部分：全氟辛烷磺酰基化合物 (PFOS) 和全氟辛酸 (PFOA) 的测定 高效液相色谱 - 质谱法	2013-9-1
10	GB/T 29493.3—2013	纺织染整助剂 有害物质的测定 第 3 部分：有机锡化合物的测定 气相色谱 - 质谱法	2013-9-1
11	GB/T 29493.4—2013	纺织染整助剂 有害物质的测定 第 4 部分：稠环芳烃化合物 (PAHs) 的测定 气相色谱 - 质谱法	2013-9-1
12	GB/T 29493.5—2013	纺织染整助剂 有害物质的测定 第 5 部分：乳液聚合物中游离甲醛含量的测定	2013-9-1
13	GB/T 29493.6—2013	纺织染整助剂中有害物质的测定 第 6 部分：聚氨酯预聚物中异氰酸酯基含量的测定	2013-12-1
14	GB/T 29493.7—2013	纺织染整助剂中有害物质的测定 第 7 部分：聚氨酯涂层整理剂中二异氰酸酯单体的测定	2013-12-1
15	GB/T 29493.8—2013	纺织染整助剂中有害物质的测定 第 8 部分：聚丙烯酸酯类产品中残留单体的测定	2013-12-1
16	GB/T 29599—2013	纺织染整助剂 化学需氧量 (COD) 的测定	2013-12-1
17	GB/T 29493.9—2014	纺织染整助剂中有害物质的测定 第 9 部分：丙烯酰胺的测定	2014-12-1

印染助剂分会已批准发布的行业标准

序号	标准号	标准名称	实施日期
1	HG/T 4164—2010	纺织染整助剂 pH 值的测定	2011-3-1
2	HG/T 4266—2011	纺织染整助剂 含固量的测定	2012-7-1
3	HG/T 4260—2011	纺织染整助剂 氨基硅油总氨值的测定	2012-7-1
4	HG/T 4264—2011	纺织染整助剂 防水防油加工剂 防水性的测定（喷淋法）	2012-7-1
5	HG/T 4265—2011	纺织染整助剂 防水防油加工剂 防油性的测定	2012-7-1
6	HG/T 4261—2011	纺织染整助剂 涤用匀染剂 高温分散性的测定	2012-7-1
7	HG/T 4263—2011	纺织染整助剂 涤用匀染剂 移染性能的测定	2012-7-1
8	HG/T 4262—2011	纺织染整助剂 涤用匀染剂 缓染性能的测定	2012-7-1
9	HG/T 4268—2011	纺织染整助剂 棉用固色剂 固色效果的测定	2012-7-1
10	HG/T 4267—2011	纺织染整助剂 离子性的测定	2012-7-1
11	HG/T 4434—2012	涤纶低弹丝油剂	2013-6-1
12	HG/T 4435—2012	纺织染整助剂 密度的测定	2013-6-1
13	HG/T 4436—2012	纺织染整助剂 涤用匀染剂 染色消色性的测定	2013-6-1
14	HG/T 4437—2012	纺织染整助剂 氟系防水防油剂	2013-6-1
15	HG/T 4438—2012	纺织染整助剂 还原清洗剂 清洗效果的测定	2013-6-1
16	HG/T 4439—2012	纺织染整助剂 聚醚嵌段氨基硅油乳液	2013-6-1
17	HG/T 4440—2012	纺织染整助剂 磷含量的测定	2013-6-1
18	HG/T 4441—2012	纺织染整助剂 渗透剂	2013-6-1
19	HG/T 4442—2012	纺织染整助剂 涂料印花增稠剂	2013-6-1
20	HG/T 4443—2012	纺织染整助剂 黏度的测定	2013-6-1
21	HG/T 4444—2012	纺织染整助剂 阻燃剂 阻燃效果的测定	2013-6-1
22	HG/T 4445—2012	纺织染整助剂 富马酸二甲酯的测定	2013-6-1
23	HG/T 4446—2012	纺织染整助剂 固色剂中甲醛含量的测定	2013-6-1
24	HG/T 4447—2012	纺织染整助剂 精练剂 通用试验方法	2013-6-1
25	HG/T 4448—2012	纺织染整助剂 聚合物乳液最低成膜温度的测定	2013-6-1
26	HG/T 4449—2012	纺织染整助剂 抗静电剂 通用试验方法	2013-6-1
27	HG/T 4450—2012	纺织染整助剂 树脂整理剂中游离乙二醛的测定	2013-6-1
28	HG/T 4451—2012	纺织染整助剂 液体产品氧化性的测定	2013-6-1
29	HG/T 4452—2012	纺织染整助剂 液体产品易燃性的测定	2013-6-1
30	HG/T 4653—2014	纺织染整助剂 氨基树脂硬挺整理剂	2014-10-1
31	HG/T 4654—2014	纺织染整助剂 螯合分散剂 螯合分散性的测定（过滤法）	2014-10-1
32	HG/T 4655—2014	纺织染整助剂 涤用匀染剂	2014-10-1
33	HG/T 4656—2014	纺织染整助剂 氟系防水防油剂中氟含量的测定	2014-10-1
34	HG/T 4657—2014	纺织染整助剂 过氧化氢酶 酶活力的测定	2014-10-1
35	HG/T 4658—2014	纺织染整助剂 含氢硅油中活泼氢含量的测定	2014-10-1
36	HG/T 4659—2014	纺织染整助剂 聚合物玻璃化转变温度的测定 差示扫描量热法（DSC）	2014-10-1

续表

序号	标准号	标准名称	实施日期
37	HG/T 4660—2014	纺织染整助剂 棉用皂洗剂 皂洗效果的测定	2014-10-1
38	HG/T 4661—2014	纺织染整助剂 无磷精练剂	2014-10-1
39	HG/T 4729—2014	纺织染整助剂 酸性固色剂	2015-06-1
40	HG/T 4730—2014	纺织染整助剂 锦纶固色剂 固色效果的测定	2015-06-1
41	HG/T 4731.1—2014	纺织染整助剂 锦纶匀染剂应用性能的测定 第 1 部分：缓染性	2015-06-1
42	HG/T 4731.2—2014	纺织染整助剂 锦纶匀染剂应用性能的测定 第 2 部分：移染性	2015-06-1
43	HG/T 4731.3—2014	纺织染整助剂 锦纶匀染剂应用性能的测定 第 3 部分：消色性	2015-06-1
44	HG/T 4734—2014	纺织染整助剂 氨基硅油柔软剂 黄变性能的测定	2015-06-1
45	HG/T 4735—2014	纺织染整助剂 抗紫外线整理剂 抗紫外线性能的测定	2015-06-1
46	HG/T 4736—2014	纺织染整助剂 还原清洗剂 还原能力的测定	2015-06-1
47	HG/T 4737—2014	纺织染整助剂 液体产品离心稳定性的测定	2015-06-1
48	HG/T 4738—2014	纺织染整助剂 去油剂 去污力的测定	2015-06-1
49	HG/T 4739—2014	纺织染整助剂 含水量的测定	2015-06-1
50	HG/T 4740—2014	纺织染整助剂 磷酸盐含量的测定	2015-06-1
51	HG/T 4741—2014	纺织染整助剂 锦纶阻染剂 阻染效果的测定	2015-06-1
52	HG/T 4742—2014	纺织染整助剂 纺织乳液涂层整理剂	2015-06-1

32 中国洗涤用品工业协会工业与公共设施清洁分会

中国洗涤用品工业协会工业与公共设施清洁分会（以下简称中国洗协 I&I 清洁分会），隶属于中国洗涤用品工业协会（以下简称：中国洗协），秘书处设在中国洗协。中国洗协 I&I 清洁分会由从事 I&I 清洗剂、原料、清洁设备的生产、科研、教学、设计、贸易以及清洁服务及其他相关的成员单位组成。

凡从事与 I&I 清洁行业相关领域的生产、科研、教学、设计、贸易及清洁服务的单位和个人、已经是中国洗协会员的，均可申请成为中国洗协 I&I 清洁分会的成员，申请单位需推荐一名负责人为代表，报至中国洗协 I&I 清洁分会秘书处。

中国洗协工业与公共设施清洁分会第一届委员名单

会　　长：王　燕　中国洗涤用品工业协会　副理事长兼秘书长

执行副会长：盖东海　中国洗涤用品工业杂志社　主编

副 会 长：杨　军　北京万恩化学制品有限公司　总经理

顾建栋　上海白猫专用化学品有限公司　总经理

郭继东　北京日光旭升精细化工技术研究所　所长

乌依沁　艺康（中国）投资有限公司　副总裁
王晓风　三达奥克化学股份有限公司　常务副总经理
郭　钧　希悦尔（中国）有限公司　市场总监
马　宏　凯驰（上海）清洁系统有限公司　总经理
董万田　中国日用化学工业研究院　副院长
张　雷　北京安洁康生物科技有限公司　副总经理
常务委员：董万田　中国日用化学工业研究院　副院长
符　劲　广州市龙慧贸易有限公司　总经理
顾建栋　上海白猫专用化学品有限公司　总经理
郭继东　北京日光旭升精细化工技术研究所　所长
郭　钧　希悦尔（中国）有限公司　市场总监
盖东海　中国洗涤用品工业杂志社　主编
李贵良　河北省商业联合会洗染专业委员会　副会长兼洗染委主任
罗　纲　赢创特种化学（上海）有限公司　亚太区销售总监
缪志刚　巴斯夫（中国）有限公司　总监
马　宏　凯驰（上海）清洁系统有限公司　总经理
牟建海　陶氏化学（中国）投资有限公司　亚太区技术经理
裴　鸿　中国日用化学工业信息中心　主任
潘恒奇　上海恒臣实业有限公司　总经理
潘　华　中国洗涤用品工业协会 I&I 分会（筹）　秘书长
檀锦华　北京锦坤环尚商贸有限公司　总经理
田立京　北京市新美达工贸有限公司　总经理
王　燕　中国洗涤用品工业协会　副理事长兼秘书长
王　骏　上海和黄白猫有限公司　市场总监
王晓风　三达奥克化学股份有限公司　常务副总经理
乌依沁　艺康（中国）投资有限公司　副总裁
吴　磊　海特斯（北京）洗涤服务有限公司　开发经理
杨　军　北京万恩化学制品有限公司　总经理
左　娅　亚峰阳光（北京）生物科技有限公司　总裁
张　朝　北京金洁利实业有限责任公司　副总经理
赵建红　广州市浪奇实业股份有限公司　所长
朱思聪　广州市科灵精细化工有限公司　总经理
张惠文　上海神鹰康星化工有限公司　副总经理
张　雷　北京安洁康生物科技有限公司　副总经理
专　　家：高英琪　中国化工网专家　总工程师
宫　娜　中国商业企业管理协会清洁服务商专业委员会　秘书长
韩　富　北京工商大学　化工专业教授

蒋惠亮　江南大学　化工专业教授
刘美菊　中国乳制品工业协会　秘书长
李天铎　齐鲁工业大学化学与制药工程学院　院长、教授
马建中　陕西科技大学　副校长
裴　亮　中国连锁经营协会　秘书长
平安稳　中国饭店协会　副秘书长
孙宝春　北京中石瑞达科技有限公司　工程师
陶　晔　中国饮料工业协会　副秘书长（主持工作）
王东战　中国贸促会建筑行业商会建筑物清洁委员会　秘书长
王　琦　中国酒业协会　副理事长兼秘书长
王　琪　江苏科技大学（张家港）　院长、教授
王奎涛　河北工业大学　化工专业教授
赵建新　江南大学　食品专业教授
张仁里　核工业化工冶金研究院　获国务院政府特殊津贴教授
张卫泽　厦门市泽润食品研究所　副总裁、高级工程师
张国宏　江苏新美星包装机械股份有限公司　总工艺师

第十二章

APPENDIX

附录部分

表面活性剂生物降解数据库

化学品	降解度	试验方法	时间	分析方法	参考文献
G. 13-Carbon alkyl group	100;95	SF	5;9D	MB;UV	Swisher 1972a
2ΦC_{13}	100;98	In	2;27D	MB;UV	Divo 1980a
	97	In	29D	C	
3ΦC_{13}	96	In	19D	C	
4ΦC_{13}	88	In	26D	C	
2Φ2MeC_{12}	99;21	CAS	6h	RA;RS	
5Φ5MeC_{12}	100	SF	7D	MB	Huddleston 1963b
2Φ6,10Me_2C_{11}	94;96	BAS;RW	1;20D	MB	Cohen 1965
5Φ5PrC_{10}	0	SF	7D	MB	Huddleston 1963b
2Φ2,6,8,8Me_4C_9	6;0	BOD	30D	MB;O_2	Hammerton 1962
	62;4	CAS	6h	RA;RS	Sweeney 1964a
3Φ3,6,8,8Me_4C_9	3;0	RW;BOD	39D	MB;O_2	Huyser 1960
H. 14-Carbon alkyl group	12;52	Wa	1;8D	O_2	Ryckman 1956,1957
1ΦC_{14}	54-61	BOD	14D	O_2	
	99	RW	6D	MB	Swisher 1963b
	100;40	In	10;8D	MB;O_2	Kolbel 1964
	100;64	In	9;27D	MB;O_2	Kolbel 1967
	100;57	In	8;10D	MB;O_2	
	20	In	20D	MB	Eden 1968
	59	In	4D	MB	Cain 1976,P.295
1ΦC_{14}ortho Σ	90	RW	13D	MB	Swisher 1963b
2ΦC_{14}	55;57	Wa	6h;8D	O_2	Ryckman 1956,1957
	27;63	BOD	5;12D	O_2	
	100;70	In	9;30D	MB;O_2	Ruschenbeg 1963a,b
3ΦC_{14}	40	Wa	1D	O_2	Brink 1966
7ΦC_{14}	100;47	In	21;30D	MB;O_2	Ruschenbeg 1963a,b
	85;97	RW	20;5D	MB	Sweeney 1964b
	50	In	20D	MB	Eden 1968

续表

化学品	降解度	试验方法	时间	分析方法	参考文献
2Φ2MeC_{13}	100;33	In	13;27D	MB;O_2	Kolbel 1967
	100;72	In	13;16D	MB;O_2	
1Φ11,11Me_2C_{12}	27;17	In	27D	MB;O_2	Kolbel 1967
	66;33	In	27;28D	MB;O_2	
2Φ8Cy_6C_8	100;51	BOD	20D	MB;O_2	Huddleston 1962
I. 15-Carbon alkyl group					
8ΦC_{15}	95	RW	2-6D	MB	Huyser 1960
J. 16-Carbon alkyl group					
1ΦC_{16}	77;63	In	20D	MB;O_2	Kolbel 1964
	20	In	20D	MB	Eden 1968
	100	In	2D	MB	Cain 1976,P.295
2ΦC_{16}	100;75	In	9;30D	MB;O_2	Ruschenbeg 1963a,b
1Φ2,4,6,8,10Me_5C_{11}	95;50	In	16;24D	MB;UV	Willetts 1974b
K. 17-Carbon alkyl group					
1Φ3,5,7,9,11Me_5C_{12}	95;50	In	16;24D	MB;UV	
L. 18-Carbon alkyl group					
2ΦC_{18}	80	RW	17D	MB	Smith 1966
M. 烷基碳链不确定					
1Φ-n-alkane	100;+	RW;BOD	4D	MB;O_2	Huyser 1960
1Φ-n-alkane-ortho Σ	100;0	RW;BOD	9-11D	MB;O_2	
2Φ-n-alkane	100;+	RW;BOD	5-11D	MB;O_2	
2Φ-n-alkane-ortho Σ	0	BOD		O_2	
直链（Cx)$_2$CΦ	100;0	RW;BOD	11D	MB;O_2	
直链（Cx)$_3$CΦ	30;0	RW;BOD	39D	MB;O_2	
O. 单碳烷基苯磺酸盐（LAS）					
C_6LAS	20-30	SF	7D	MB	Huddleston 1963
	82	RW	60D	MB	Swisher 1963b
C_7LAS	90	RW	43D	MB	
C_8LAS	70-80	SF	7D	MB	Huddleston 1963
	100	RW	35D	MB	Swisher 1963b
C_9LAS	100	RW	20D	MB	Tarring 1965

续表

化学品	降解度	试验方法	时间	分析方法	参考文献
	77；85	In	28D	CO_2;C	Gledhill 1975a
C_{10}LAS	100	SF	7D	MB	Gledhill 1975a
	100	RW	15D	MB	Swisher 1963b
	77；85	In	28D	CO_2;C	Gledhill 1975a
	100;99	BAS	1D	MB;UVF	Gledhill 1979
	99;97	In	10;33D	MB;UVF	
	99	In	40D	CO_2	
C_{11}LAS	100;60	In	5;30D	MB;O_2	Ruschenbeg 1963a,b
	96	RW	14D	MB	Swisher 1963b
	98	SF	5D	MB	Swisher 1966a
	100	RW	10D	MB	Ciattoni 1968
	98	In	4D	MB	Halvorson 1969b
	100	In	7D	DGC	Cain 1971
	77;85	In	28D	CO_2;C	Gledhill 1975a
	70	In	27D	CO_2	Tuvell 1978
	95;99	LMSM	30;23D	MB	Eggert 1979
C_{12}LAS	100	SF	7D	MB	Huddleston 1963
	98;79	In	20D	MB;O_2	Pitter 1963b,1964c,d
	≈ 100	In	20D	SO_4	
	100;60	In	5;30D	MB;O_2	Ruschenbeg 1963a,b
	100	RW	6–8D	MB	Swisher 1963b
	82;58	CAS;RW	3h;5D	MB	Cordon 1964
C_{12}LAS	80;98	SCAS		CODCr; 亚甲蓝	李遵峰 2007
C_{13}LAS	100;60	In	5;30D	MB;O_2	Ruschenbeg 1963a,b
	94	RW	19D	MB	Swisher 1963b
	100;38	CAS	6h	RA;RS	Sweeney 1964a
	100	RW	8D	MB	Ciattoni 1968
	69;84	In	28D	CO_2;C	Gledhill 1975a
R–^{14}C	63;59	In	28D	$^{14}CO_2$;CO_2	
R–^{14}C	77	GW/soil	12D	$^{14}CO_2$	Larson 1984
C_{14}LAS	100;25	In	20;30D	MB;O_2	Ruschenbeg 1963a,b

续表

化学品	降解度	试验方法	时间	分析方法	参考文献
	98	RW	21D	MB	Swisher 1963b
	99	CAS	3h	MB	Swisher 1964a
	99	SF	5D	MB	Swisher 1966a
	80	RW	16D	MB	Tarring 1965
	98	In	4D	MB	Halvorson 1969b
	69;84	In	28D	CO_2;C	Gledhill 1975a
	100	BAS	1D	MB;UVF	Huddleston 1979
	99	In	40D	CO_2	
C_{15}LAS	100;20	In	30D	MB;O_2	Ruschenbeg 1963a,b
	93	RW	24D	MB	Swisher 1963b
	99;10	CAS	6h	RA;RS	Sweeney 1964a
	100	RW	8D	MB	Ciattoni 1968
	58;76	In	28D	CO_2;C	Gledhill 1975a
C_{16}LAS	100;25	In	30D	MB;O_2	Ruschenbeg 1963a,b
	100	RW	14D	MB	Swisher 1963b
	95	RW	16D	MB	Setzkon 1964
C_{17}LAS	50	In	1.3D	MB	Tarring 1965
C_{18}LAS	100	RW	14D	MB	Swisher 1963b
P. 混碳：不同牌号，支链度。					
LAS-C	85	Soil	MB		Husmann 1963b
LAS-C;D	97;94	RW	20;35D	MB	
10% Branched(10% 支化度)	75;93	In	7;14D	MB	Jendreyko 1963
	47	In	22D	O_2	
5% Branched(5% 支化度)	85;97	In	7;14D	MB	
	55	In	22D	O_2	
0% Branched(0% 支化度)	85;97	In	7;14D	MB	
	55	In	22D	O_2	
商业化产品 LAS	76;54	In	5;21D	MB;COD	Konecky 1963
	63;80	CAS;RW	3h;4D	MB	
LAS- 美国	100; 22	RW; AnRW	9D	MB	Wayman 1963a
LAS- 德国	92;17	RW; AnRW	9D	MB	
实验室产品 LAS	94;69	In	13;21D	MB;COD	Konecky 1963
$C_{11-13,}$10% Me branch	97	In	30D	MB	Ruschenbeg 1963a

续表

化学品	降解度	试验方法	时间	分析方法	参考文献
C_{11-13},5% Me branch	100	In	21D	MB	
C_{11-13},0% Me branch	100	In	9D	MB	
C_{11-15}LAS	100;30	In	7;30D	MB;O_2	Ruschenbeg 1963a,b
C_{11-13}LAS	100	In	15D	MB	
C_{10-13}LAS	30-40	ST	5D	RA	Straus 1963
	90-95	ST+soil	5D+	RA	
	70-80	CAS	2D	MB	
LAS,A,B,C	98	BAS	6;8h	MB	Orgel 1964
C_{10-13}LAS	83-91	CAS	8h	MB	Pitter 1964a
	0-16	BAnD	32D	MB	Pitter 1964b,d
LAS-No.1	67-85	RW;SF	32;4D	MB	Renn 1964a;Orgel 1964
No.2	97;88	RW;SF	32;4D	MB	
No.3	45;98	RW;SF	32;4D	MB	
No.4	95;96	RW;SF	32;4D	MB	
No.5	93;95	RW;SF	32;4D	MB	
various	45-97	RW	32D	MB	
	85-96	SF	4D	MB	
	85-97	BAS	1D	MB	
	50-99	CAS	5h	MB	
LAS	98	CAS	2D	MB	
	99;71	Aqu	30;184D	RA;RS	Sharman 1964a
	88	CAS	3h	MB	Fischer 1965
	97	RW	30D	MB	Knaggs 1965
	100	RW;SF	7;8D	MB	Lang 1965
	85-100	RTF	7D	MB	Jenkins 1967
	100	In	17D	MB	
	91-96	SF		MB	Oba 1968b
	80-95	In	20D	MB	Pitter 1968c
	45-65;10	In	20D	COD;UV	
	80;90	CAS	3h	C;UV	
	98;85	CAS	3h	MB;COD	Moreno Danvila 1979
	57;25	In	15;8D	O_2;C	
	92;98	CAS;RW	3h;13D	MB	Rismondo 1968

续表

化学品	降解度	试验方法	时间	分析方法	参考文献
	30	ST	12h	MB	
	35	In	10D	CO_2	Itoh 1976
	83	In	13D	SO_4	Cordon 1968b
	19	BOD	7D	O_2	Krone 1968
	50;85	In	5;11D	MB	
	≈ 100	Soil	30D		Citernesi 1976
	85(58–97)			MB;IR	Oba 1975a
	93;89	In	8D	MB;F	Bruschweiler 1975
	64–82	In	20D	COD	Narkis 1980
	66 ± 5	CAS	3h	COD	
	94 ± 5	CAS	3h	COD	
	96	CAS	3h	MB	
	68	In	30D	O_2	Fischer 1972
	59	Aner	6D	MB	Danzik 1972
	95;54	In	6;21D	MB	
C_{10-13}LAS	98	CAS	3h	MB	
	94	*TF		MB	
	83–97	In	40D	MB	Mann 1968
C_{10-14}LAS	85;94	RW;CAS	9d;6h	MB;COD	Livingston 1965
C_{11-15}LAS	95	*TF		MB	
	10–88	In	40D	MB	
	95–96	CAS	3h	MB	
	11月15日	CAnD	15D	MB	Pitter 1971b
	95;98	RW;CAS	17d;6h		
C_{10-18}LAS	95;98	RW;CAS	24d;6h		
C_{11-14}LAS(high 2Φ)	99	CAS	6h		
C_{11-14}LAS(low 2Φ)	99	CAS	6h		
C_{10-16}LAS	100	CAS	3h	MB	Berber 1965
LAS 1–1	92.1–94.8	SF	8D	MB	SDA 1965
	95.9–98.6	BAS	1D	MB	
LAS 3–S	94.5–96.5	SF	8D	MB	

续表

化学品	降解度	试验方法	时间	分析方法	参考文献
	97.1–99.2	BAS	1D	MB	
LAS–A	92.2–96.5	SF	8D	MB	
	95.6–98.8	BAS	1D	MB	
LAS–B	87.2–92.5	SF	8D	MB	
	92.8–96.0	BAS	1D	MB	
LAS C	91.3–96.1	SF	8D	MB	
	95.0–99.1	BAS	1D	MB	
C_{5-6}LAS	11	Wa	30h	O_2	Brink 1966
C_{11-14}LAS	103	Wa	30h	O_2	
C_{11-20}LAS	98	Wa	30h	O_2	
C_{12-14}LAS	97	SF	7D	MB	
	96–98	In	7D	MB	
C_{10-15}LAS	98	CAS	6h	MB	Brown 1978b
	90–93	In	7D	MB	Bunch 1967a
LAS Ⅰ；Ⅲ	27–70	Wa	8h	O_2	Hartmann 1967
德国 LAS No.415	95;90	CAS;BAS	3;24h	MB	Heinz 1967
美国 LAS No.509	95	CAS;BAS	3;24h	MB	
德国 LAS	89;90	In	6D	MB	
英国 LAS	88	In	9D	MB	
LAS Ⅰ	87–95	CAS	3h	MB	Anastasiu 1971
LAS Ⅲ	95–199	CAS	3h	MB	
C_{8-13}(Dob 83)	98	SW	11D	MB	Cossa 1973
C_{8-13}(Dob JN)	98	SW	11D	MB	
C_{10-13}	94–97	In	12D	MB	Pitter b1979b
	54–73	In	12D	COD	
	97	In	7D	MB	Pecenik 1984
	80;68	In	13D	UV;C	
	64	In	27D	CO_2	Larson 1982b
	62;75	MEW;RW	11D	O_2	Larson 1982a
	98	RW	2;6D	HP;MB	Yoshimura
	85	RW	10D	DOC	
	53–71	In	12D	C	
	98	SW	40D	MeGC	Hon–nami 1980a

续表

化学品	降解度	试验方法	时间	分析方法	参考文献
	53–68	In	12D	UV	
	64;75	In	28D	CO_2;C	Gledhill 1975a
C_{11-14}	47;68	In	28D	CO_2;C	
C_{12-14}	91	In	17D	MB	Dolan 1976
	37;59	In	28D	CO_2;C	
C_{10-14}	100;70	In	7;10D	MB;C	Okumura 1976
	90–100	Soil		MB	Rizet 1977
	75	In	28D	RS	
$C_{11.7}$	71	RW	11D	O_2	
	90–95	CST	20h	MB	Hrsak 1876a
$C_{11.7}$ Hi 2Φ	80;81	CAS	6h	MB	
	99	CAS	6h	MB	Swisher 1981
$C_{11.7}$ Lo 2Φ	99	CAS	6h	MB	
	85;83	CAS	6h	MB	
$C_{11.8}$	80;95	CAS	3;15h	MB	Johanides 1975
	0–100	InP	1–3D	MB	Goodnow 1972
	57	CAS	3;15h	UV	
$C_{10.4}$	86	SF	4D	MB	Gebril 1969a
$C_{12.1}$	88	SF	4D	MB	
$C_{14.4}$	89	SF	4D	MB	
C_{11-13}LAS	98	In	5D	MB	Halvorson 1969b
$C_{11.3}$	98	In	4D	MB	
$C_{13.3}$	98	In	4D	MB	
C_{12}	98;98	In	20D	MB;UV	Kravertz 1979
	85	CAS	7D	MB	Miura 1982
	62	In	37D	CO_2	
	90	15D	15D	MB	Arthur 1970
C_{13}	26;39	In	29D	CO_2;C	Kravetz 1978
	100;86	In	37;39D	MB;UV	
	76	In	39D	CO_2	
	47;25	In	29D	BOD	

续表

化学品	降解度	试验方法	时间	分析方法	参考文献
C_{11}	95	CAS	3h	MB	Markusovska 1978
C_{11-12}(1)	98;98	CAS	10h	MB;Pol	Cosovic 1979
C_{11-12}(2)	89;92	CAS	10h	MB;Pol	
C_{11-13} R–^{14}C	62	BAS	1D	$^{14}CO_2$	Huddleston 1979
	99;95	BAS	1D	MB;UVF	
C_{10-15}	100;29	In	10D	MB;CO_2	Itoh 1979
C_{10-13} low MW	73;81	In	30D	CO_2;C	Larson 1979
	92	BAS	1D	C	
C_{10-13} hi MW	48;55	In	30D	CO_2;C	
	93	BAS	1D	C	
C_{11-12} R–^{14}C	57–72	CAS	43D	$^{14}CO_2$	Steber 1979
	42–52	In	3h	$^{14}CO_2$	
C_{11-13} R–^{14}C	98;98	BAS	1D	MB;UVF	Nielsen 1980,1981
	62;90	BAS	1D	$^{14}CO_2$;^{14}C	
	93;99	BAS+In	1+91D	$^{14}CO_2$;^{14}C	
	98;100	BAS+In	1+190D	$^{14}CO_2$;^{14}C	
C_{9-14}	89–98	CAS	10h	MB	Hrsak 1981
	82–93	In	27D	C	Canton 1982
	66;8	In;CAS	30D10h	O_2;UV	Hrsak 1981
C_{10-14} 平均 C_{12}	91	In	15D	MB	Kraveta 1982a
	42;85	In	15D	CO_2;UV	
C_{10-14} 平均 C_{13}	89;95	In	30;28D	MB	
	23;45	In	30;28D	CO_2	
	33;51	In	30;28D	UV;C	
LAS^n	99.7	BAS		MB	Gerike 1984c
	73 ± 6	CAS	3h	C	
$LA^{35}S$	100;98	In	8;3D	MB;RA	
	81;71	In	21D	UV;C	
	85;75	In	21D	RS;SO_4	

生物降解数据库备注说明：

一、基团或官能团的缩写或简称	
简 称	含 义
AOS	α- 烯基磺酸盐
APE_n	烷基酚聚氧乙烯醚（含 n 个 EO）
Am	戊烷基
B_n，B_n^0	丁氧基团，含有 n 摩尔丁氧基
BI	支链系数
br–	支链的
CWO	裂解脂肪烯烃
Cy	环状的
Cy6	环己烷或取代的环己烷
CyG	每个分子中环烷烃基团
DBAS	二硫蓝活性物
DEA	二乙醇胺或二乙醇酰胺
DMG	每个分子中邻二甲基
E_n	聚氧乙烯醚衍生物，分子的 EO 加合数为 n，以 % 表示；E_n^0 表示不含 EO
EA	乙醇胺或乙醇酰胺
Eb	*p* - 乙苯
EGG	乙二醇糖苷
EI	乙烯亚胺
ES	乙烯基硫化物
ex	从衍生
FA	脂肪酸
Fal	脂肪醇
G_n	聚甘油及衍生物，每个分子含 n 个甘油基团
GG	甘油葡糖苷
Hdg	氢化的
HE_n	聚乙二醇，每分子含 n 个 EO
HTA	氢化牛油酰胺
H_x	*n*- 己基
i–	异 -
iQ^+	异喹啉
Iz^+	咪唑啉
kero	煤油
Lin	线性
MEA	单乙醇（酰）胺
MG	每分子含甲基
n–	普通，线性

续表

简 称	含 义
NR	非随机的，通常是连接在第二个碳原子上的
P_n	聚氧丙烯加合物，*n* 每分子环氧丙烷加合数
PEG	聚乙二醇
s–	次级的
SAS	仲烷基磺酸盐
So	山梨醇
t–	奇
TEA	三乙醇胺
Tal	牛油脂肪醇
TO	妥尔油
tp–	三丙基或四丙基
x，y	不确定的基团或碳链
Φ	苯环或取代苯环
Σ	磺酸基团，OΣ 是指硫酸盐
二、生物降解度公式	
对于在参考文献中没有具体的降解度（率）数值情况，一般根据图表或曲线的估计数值计算而得。	
B 表示生物降解指数，B=% 表面活性剂消失率 /%BOD 消失率	
F 以 O_2 消耗表示的相对稳定系数，F=（表面活性剂 O_2 消耗 / 表面活性剂 COD）/（人工污水 O_2 消耗 / 人工污水 COD）	
L 表示以 LAS 的 O_2 消耗量为基准设定值 1 计算所得的其他物质 O_2 消耗量	
M 以摩尔表示的 O_2 消耗率，M= 消耗的 O_2 摩尔数 / 表面活性剂基体摩尔数	
R 表示通过 DS/GC 技术研究的道德机体的相对初级降解率	
+ 表示在缺乏定量数据时的定性降解情况	
+ 表示由研究者选择的中断测试时的任意值，一般是 50%、80% 或者 90%。	
三、测试条件	
简 称	**含 义**
Acc	特殊的环境适应性
Alg	用于生物降解测定的藻类
An	厌氧的
AnSew	厌氧条件污水消失
Aqu	消失实验用水箱
ASEff	活性污泥流出消失
BAnD	厌氧消失测试单元
BOD	标准的 BOD 测试步骤
CAnD	连续的厌氧降解，通常是逐日或株洲增加含量（实际是半连续的）
CAS	连续活性污泥法

续表

简称	含义
Chan	在生活区废水流经一个厂河流（或渠道）室测得的生物降解。
CST	恒温器
Enz	无接种物的酶降解
EW	河水
GW	地面水
In	用环境微生物接种的天然或人工的介质，用于震荡培养法，BOD 法等测试。
InP	单一菌种接种物
LMSM	湖水微生物
LR	实验室模拟河流
MEW	水生态系统模型
Pond	污水氧化池或模拟污水氧化池
RTF	循环滴滤池
RW	河水消失
Sew	污水消失
SF	震荡培养
SMSM	海水微生物
Soil	通过土壤间歇式渗流或消失在土壤中
ST	化学废池或模拟池
Sunfl	向日葵生物降解性
SW	海水
TF	滴滤池
W; S	冬天；夏天
Wa	Warburg 呼吸器；生物降解性可以通过除了生成氧气之外的其他参数来估算
*	场地测试或大规模污水处理测试
四、分析方法	
方法	含义
ATx	水生物毒性
B	微生物生长
BI	碘化铋法
BTx	微生物毒性
C	有机碳；^{14}C 研究
COD	化学需氧量
Col	比色法
CO_2	二氧化碳产生法
CT	硫氰酸钴法

续表

方法	含义
DGC	脱硫 / 气相色谱法
F	泡沫性质
Fish	鱼类毒性
Gas	厌氧条件下气体生成量
GC	气相色谱法
HgI	碘化汞
HP	高效液相色谱
IR	红外光谱
KI_3	碘化钾 - 非离子表面活性剂
MB	甲基蓝、甲基绿以及其他方法 - 阴离子表面活性剂
MeGC	甲基化气相色谱
MP	代谢物测定
NH_3	氨生成
NO_3	硝酸盐生成
O_2	氧气吸收
OP	有机磷
PC	纸色谱
PoL	极谱法
PM	钼磷酸盐
PW	磷钨酸盐
PWC	磷钨酸沉淀碳含量
PX	离子对萃取
RA	示踪标记硫或硫酸盐
RC	原子示踪碳
RS	从标记的磺酸盐或硫酸盐示踪硫酸盐的形成
RΦ∑	环磺化物 → 酚融合
SMB	硫酸化亚甲基蓝
SO4	无机硫酸盐生成
TLC	薄层色谱
UV	紫外可见光谱
UVF	紫外可见荧光光谱
Wt	无细胞介质中溶解有机物的质量
σ	表面张力

Tainolin SCI-65/SCI-85
Sodium Cocoyl Isethionate
椰子油酸羟乙基磺酸钠

近年来生活水平的提升，经典的手工皂越来越多，在许多先进国家，肥皂从简单的清洁功能逐渐具备护肤的特性，使肥皂不再只是清洗剂，具备了温和性、药性、皮肤护理性及特殊香氛性的肥皂等，且不失去原来肥皂的基本清洁功能。

传统的一般肥皂，在使用硬水的家庭中，会有明显的皂垢(钙皂或镁皂)产生而且很难产生明显的泡沫。肥皂的另一个缺点是它的碱性，洗后容易造成皮肤紧绷及干涩，人体的肌肤正常pH值是5.5~6.5，对于干燥地区及敏感性肌肤的人群肥皂用在个人的清洁并不是很理想。

椰子油酸羟乙基磺酸钠（SCI）是一种以天然椰子油脂肪酸为原料的绿色环保型表面活性剂，pH 值在5.0~7.0，与人体肌肤的酸碱值接近，对肌肤刺激性低。SCI 富脂性好，具有极佳的亲肤性，不管在清洗时或清洗后的触感都不错，洗后皮肤不会干涩紧绷，具有柔嫩丝绸般的亲肤感。SCI 抗硬水能力强，发泡性及泡沫稳定性都极佳，易产生丰富、细致且具弹性的泡沫。

SCI 的皂垢分散性佳，特别适合添加于传统香皂中，使香皂在硬水中也能产生细致丰富的泡沫，且具有极佳的亲肤性，减少了对皮肤的刺激，有效改善洗后皮肤干痒紧绷的不适感。

SCI 配伍性佳，在配方中可以与大多数的表面活性剂与功能性添加剂进行复配，对配方体系中的泡沫性及洗感产生加成增效的作用。

在洗面奶配方添加 SCI 具有撑体的效果，并可形成丰富的珍珠般膏体，并在洗净时同时兼具滋润的功效，使洗后的肌肤滑顺不干涩。

在沐浴露中添加 SCI，可以有效改善传统表活型沐浴露不易冲洗、洗后黏腻的不舒适感觉，亦能克服皂基型沐浴露洗后皮肤干涩搔痒的缺点，保持洗后皮肤滋润柔肤的舒适感。

广州轻工
GZLIT
浪奇

MES
浪奇
全效护理 洗衣液
Total Care
解决衣物清洗
大难题
7
浪奇—采用天然、可再生的生物基活性剂MES

浪奇

浪奇
浪奇
Total Care

中轻化工股份有限公司
Sinolight Chemicals Co.,Ltd.

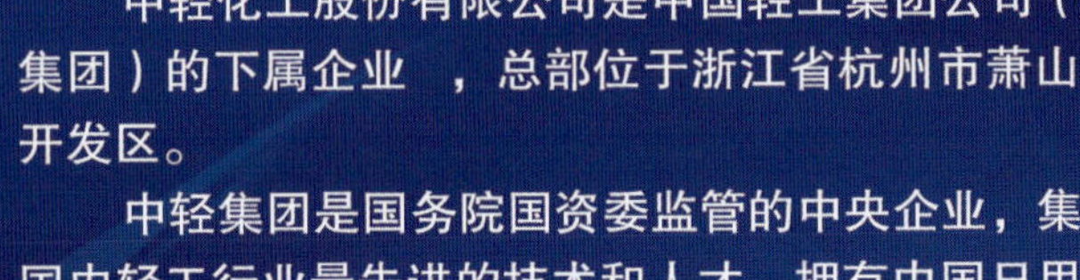

中轻化工股份有限公司是中国轻工集团公司（简称中轻集团）的下属企业 ，总部位于浙江省杭州市萧山经济技术开发区。

中轻集团是国务院国资委监管的中央企业，集中了中国国内轻工行业最先进的技术和人才，拥有中国日用化学工业研究院等4个国家级研究院，3个国家工程（技术）研究中心和国家工程实验室，4个省部级工程研究中心和重点实验室。

中轻化工是中国国内较早从事阴离子表面活性剂产品生产的企业之一。主导产品有：α-烯基磺酸盐系列、脂肪醇聚氧乙烯醚硫酸盐系列、脂肪醇硫酸盐系列、烷基苯磺酸系列等，商标为“洁浪”牌。产品主要应用于洗涤及个人护理行业，也在纺织、建筑、洗矿、采油等工业领域应用。公司拥有15万吨/年磺化产品生产能力，产销量一直位居国内同行业前列。

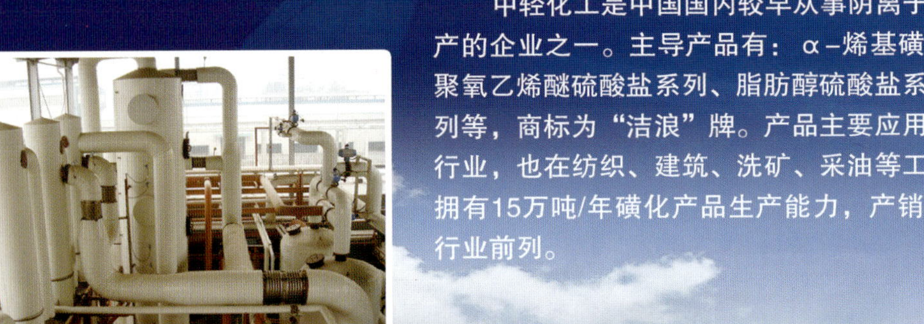

公司拥有较为先进的生产装置，完善的质量控制体系，较强的产品研发能力，以及较高的生产组织和企业管理水平，公司通过了ISO9001：2008质量体系认证。公司产品品质优良稳定，产品的适用性和满意度在业内得到高度评价和认同，国内各知名品牌洗涤产品生产厂家都将本公司纳入其合格供应商名单，作为其产品稳定可靠的原料来源。

2013年公司完成了中轻化工总部及所属生产杭州车间的搬迁工作，2014年启动了中轻海鸥洗涤用品有限公司的搬迁工作。虽然此两项搬迁属当地政府行为，但也契合了公司对低效资产进行处置的规划要求和目的。顺利实施后公司的资产质量、运营效率得到了进一步优化和提升，并为今后的发展创造条件。

合作蕴育机遇，机遇成就未来，让我们携手并进！

表面活性剂

脂肪醇聚氧乙烯醚硫酸钠（AES）

本产品广泛用于餐洗、洗手液、洗发香波、复合皂、沐浴液及洗面奶、纺织工业中的维纶油剂、合成纤维油剂、静电消除剂、以及液体洗涤剂、复配型洗衣粉等。

脂肪醇聚氧乙烯醚硫酸铵（AES-A）

本产品广泛用于高档洗手液、洗发香波、复合皂、沐浴液及洗面奶等。

十二烷基硫酸钠（33%K12）

本产品广泛用于牙膏发泡剂、香波、浴剂、医药乳化剂、去污剂、分散剂、润湿剂、起泡剂、制剂、颗粒剂、胶囊剂、乳膏剂以及印染工业的均染剂、矿物的浮选剂等。

十二烷基硫酸铵（K12-A）

本产品广泛用于洗发香波、沐浴液、面部清洁液、婴幼儿浴液。

α-烯基磺酸钠（35%AOS）

本产品广泛用于各类洗衣粉、复合皂、餐具洗涤剂、洗发香波、沐浴液、洗面奶和纺织、印染、纸张、皮革、石油开采等。

十二烷基苯磺酸（LAS）

本产品广泛用于洗手液、洗衣粉、洗衣液、餐洗等。

粉状表面活性剂

α-烯基磺酸钠（92%AOS）

十二烷基硫酸钠（95%K12）

地 址：浙江省杭州市萧山区钱江世纪城保亿中心B幢2902-2903室
邮 编：311215
电 话：0571-82831730 82833786
传 真：0571-82835260 82831382
网 址：www.sinolight-chem.com
E-mail：slzc@sinolight-chem.com

中国日化院装备与设计研究部

装备与设计研究部直属中国日用化学工业研究院，具备人才、技术、专利三大优势，拥有日用化工行业和高标准尾气处理领域的优势资源，竭诚为您提供工程咨询、工程设计及总包、自动化控制解决方案、成套设备的开发生产、标准检测仪器生产等专业化服务。

标准检测仪器

- RHLQ 型多功能立式去污测定机
  符合国标 GB/T13174-2008《衣料用洗涤剂去污力及循环洗涤性能的测定》
- FJZ 型紫外恒温老化箱
  符合国标 QB/T4348-2012《厨房油垢清洗剂》
- RHBX 型金属摆洗机
  符合国标 QB/T2117-1995《通用水基金属净洗剂》
- AD 型表观密度测定仪
  符合国标 GB/T13173-2008《表面活性剂 洗涤剂试验方法》
- SD-I 型样品分样器
  符合国标 GB/T13173-2008《表面活性剂 洗涤剂试验方法》
- AR 型休止角测定仪
  符合国标 GB/T11986-1989《表面活性剂 粉体和颗粒休止角的测量》
- MRM-RI 型改进罗氏泡沫仪
  符合国标 GB/T7462-1994《表面活性剂 发泡力的测定 改进 Ross-Miles 法》
- FJ-II 型透明皂切片机
  符合国标 QB/T1913-2004《透明皂》

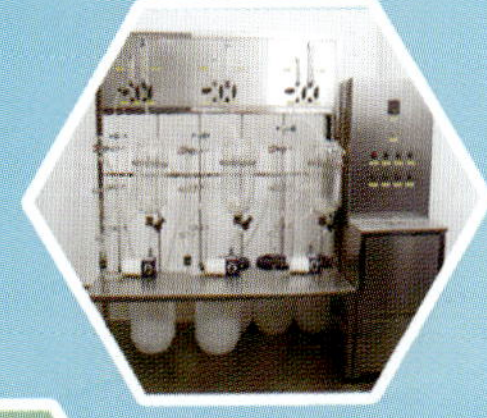

工业化及试验装置

- 磺化系列装置生产线
- 静电除雾器（ESP）及湿式静电除雾器（WESP）
- 燃煤电厂烟气调质系统
- 洗衣粉生产线
- 香皂、透明皂成型生产线
- 化妆品、液洗生产线
- 叔胺系列产品生产线
- 分子精馏（短程蒸馏）生产线
- 洗涤剂助剂系列产品生产线
- 水玻璃系列产品生产线
- FJEE 型实验室三氧化硫磺化装置
- 乙氧基化反应试验装置
- FJW 生物降解试验装置

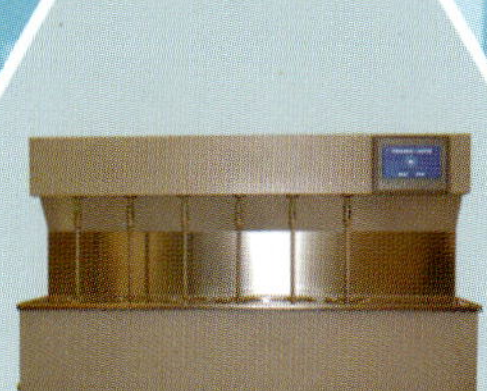

地址：山西省太原市文源巷 34 号 030001
电话：标准仪器 0351-4031817 工业化装置 0351-4132017
传真：0351-4040802
邮箱：ridcigch@126.com

醇醚羧酸盐（AEC）系列

“九五”攻关科研成果，带有非离子性的阴离子表面活性剂，具有良好去污、乳化、发泡、增溶和配伍性能，耐硬水、耐酸碱、耐高温和氧化剂，对眼睛和皮肤温和，无毒，易生物降解。主要用于化妆品、民用及工业洗涤剂、纺织、造纸、皮革和石油开采等行业，典型的质量指标为：

	AEC-9Na	AEC-9Na	AEC-10Na	AEC-H	IAEC-7Na
外　观	透明液体	白色固体	黏稠液体	琥珀色液体	黏稠液体
固含量w/%	28±1	98±2	98±2	88±2	98±2
w(NaCl)/%	2.5±0.5	9±1	8±1	<0.5	8±1
pH	6±1	9±1	9±1	2±1	2±1

醇（酚）醚磷酸酯（MAP）系列

磷酸酯(MAP3-H、MAP9-H、MAP10-H)系列是一类性能优良的阴离子表面活性剂，具有抗静电、乳化、润湿、去污、缓蚀、防锈、润滑、增溶等性能，可以作为化纤、塑料工业的抗静电剂，金属切削润滑剂、防锈剂、抛光剂、造纸脱墨剂、农药乳化剂、皮革加脂乳化剂、纤维碱炼助剂等。同时其高单酯含量的磷酸酯在个人清洁和保护用品领域也得到了广泛应用。

固含量 w/%	98±2
酯含量 w/%	≥90
pH	2±1

醇（酚）醚封端系列

“基金专项”项目科研成果，新型非离子表面活性剂，具有低泡、稳定性好，耐强酸、强碱和氧化剂，配伍性好，易生物降解，适宜配制低泡类工业清洗剂、纺织助剂等。典型质量指标为：

	2101	1091
外　观	无色或浅黄色液体	无色或浅黄色液体
固含量 w/%	≥95	≥90
pH（1%水溶液）	7~8	7~8

叔胺系列　双$C_{8\sim10}$、双C_{10}、C_{12-14}、C_{16-18}等

季胺盐及衍生物系列　双$C_{8\sim10}$、双C_{10}、1231、D1821、1831、1227、BS-12、OA等

其他

生产脂肪酸甲酯乙氧基化专用高效催化剂MCT-09、APG系列、咪唑啉系列等产品，并承接特定产品的技术开发。

欢迎行业同仁协商合作，共同发展。

成都办事处

电话：028-66416166

邮箱：jiayy21@yahoo.com.cn　　网址：www.finechem-ridci.com

中创® 磷脂

安庆中创工程技术有限责任公司创始于1996年，是一家专业从事高端磷脂产品生产、研发的生产企业，公司专心致力于打造高端磷脂系列产品和磷脂生产线，对扩大高端磷脂的适用范围、提升使用效果等方面进行更深层次的研究。磷脂在我国的产量每天1500吨，每年约50万吨。

天然表面活性剂

磷脂系列产品采用新型工艺和技术，从大豆油中提取制得。是天然营养安全型食品乳化剂、优质的保健品、药品原料和环保型生物表面活性剂。

主要用途

食品：乳化、防溅、速溶/润湿/分散、脱模与分离、黏度调节、结晶控制、抗氧化等。

化工：润湿、分散、催化、乳化、抗氧化、防腐蚀、色浆研磨辅助、脱模、粘合辅助、润滑、稳定、皮革加脂等。

医药：抗氧化、脂质体包囊、营养补充等。

公司产品

我公司根据磷脂的特性，生产出来的系列磷脂产品可以满足不同客户的需求。

TY，TYY

可用于溶剂型涂料，工业脱模，羊毛脂踢皮油，原油加工等。

TS，TSS

可用于水型涂料，色浆研磨，皮革加脂剂，农药，纺织，化妆品等。

粉末，PC

可用于涂料，研磨、喷涂等。

粉　末

PC

表面活性剂——磷脂的组成

Surfactant —— Lecithin Composition

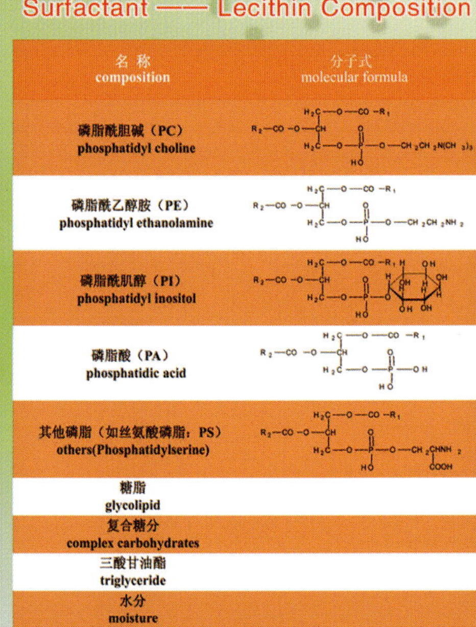

名称 composition	分子式 molecular formula
磷脂酰胆碱（PC） phosphatidyl choline	
磷脂酰乙醇胺（PE） phosphatidyl ethanolamine	
磷脂酰肌醇（PI） phosphatidyl inositol	
磷脂酸（PA） phosphatidic acid	
其他磷脂（如丝氨酸磷脂：PS） others(Phosphatidylserine)	
糖脂 glycolipid	
复合糖分 complex carbohydrates	
三酸甘油酯 triglyceride	
水分 moisture	

安庆市中创工程技术有限责任公司

地址：安庆市大桥经济开发区纬五路　　网址：www.aqzcgc.com.cn

联系人：杨先生　胡先生　TEL: 0556-5185188/86　　FAX: 0556-5592161

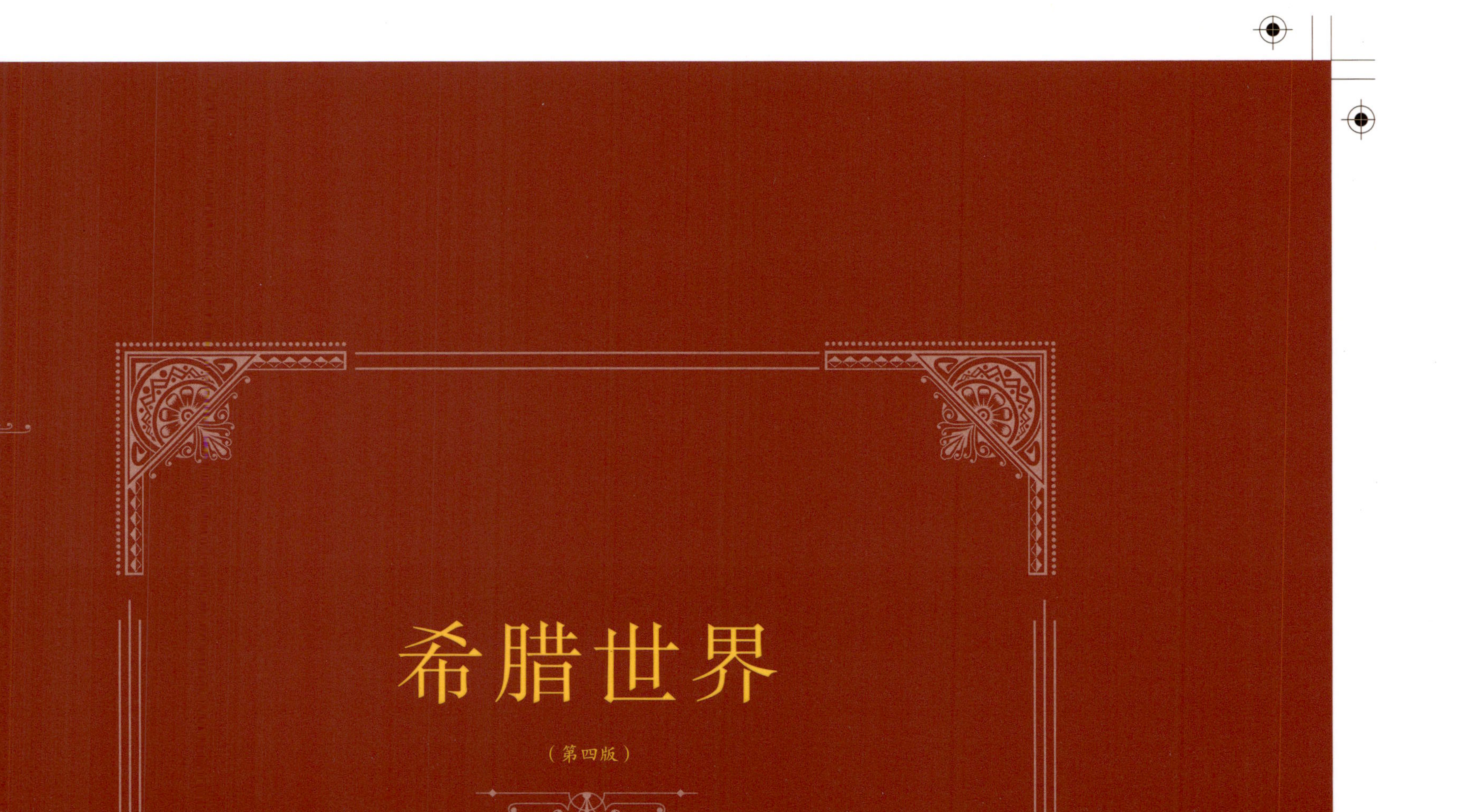
希腊世界
（第四版）